격국
용신

은실 이영례 著

신수대전

동양서적

추천사

우리 인생은 이세상에 태어나면서 응아(應我)하고 제일성(第一聲)내고 첫울음을 터트린다. 왜 하필이면, 응아, 라고 소리를 내어서 울까?. 즉 응아(應我)란 뜻은 너와 나다. 다시 말하면 너와 내가 이세상 고해(苦海)를 어찌 살아 같고하는 근심스러운 울음이다.

이세상은 상대성이다. 부모 형제 처가와도 너와 나며 대인관계도 너와 나다. 너와 내가 이세상을 살아가는데 있어 영고성쇠(榮枯盛衰)와 희노애락(喜怒哀樂)의 희비쌍곡(喜悲雙曲)을 거듭하면서 살아간다.

우리 사람들을 가리켜 만물의 영장이라고 한다. 고로 사람들은 항상 생각하고 배우고 행동하며 의사표현을 하는 어려운 일을 당할때마다 예지본능(藝知本能)이 발로(發露)된다. 다시 말하면 앞일을 알고자 하는 욕망이 앞서간다. 바로 이것을 해결하기 위한 학문이 역학에 뿌리한 신수비결이다.

옛 글에 옥불탁(玉不琢)이면 불성기(不成器)요, 인불학(人不學)이면 부지도(不知道)라고 하였다. 이 말은 옥은 쫓지 않으면 그릇을 이룰 수가 없고 사람은 배우지 않으면 도를 알 수가 없다는 말이다. 고로 사람들은 출생하면서 부터 죽을 때까지 배우고 닦아도 항상 만족함을 느끼지 못하고 보다 더 좋은 것을 배우기에 최선을 다하다가 급기야는 어느 날 한줌의 흙으로 돌아가는 것이 인생이다.

은실(恩實) 이영례(李英禮) 여사는 숙대를 졸업한 후 역학계에 뜻을 두고 오묘한 역학의 진리를 탐구하고자 20여년간 국내의 유명한 역학계의 대가들을 찾아 헤매면서 사주 육효 관상 산수지리 등을 사사 받으면서 이치를 터득하기에 전심전력하였고 혹은 산사(山寺)에서 역학을 연구하는 등 오행학(五行學)에 조예가 깊은 역학계의 중추적인 인물로 성장하였다.

본인이 역학에 뜻을 둔 많은 사람들에게 근 이십년간 강의를 해왔는데 그 중의 한사람인 은실여사의 뛰어난 학구열과 총명함과 추리력에 대해서 늘 감탄하여 왔었다. 신수를 보는 책이 허다하나 그 내용이 어려울 뿐만 아니라 조잡한 것들이 많아서 초보자들은 신수보는 방법을 배우기가 어려운 현실이고보니 좀더 쉽게 정확하게 보는 신수책이 출판되었으면 하는 아쉬움을 가지고 있던 차에 은실여사가 각 문화센타에 동분서주 강의를 하면서 신수교재의 필요성을 절실히 느끼고 격국용신 신수대전이란 책을 출간하고자 근 이십년동안 쓰고 갈고 닦아온 원고의 내용을 보았더니 그 내용이 훌륭하고 충실하여 아주 쉽게 되어 있어 그 원고내용을 고정하여 출판케 되었는데 역학계 발전을 위하여 크게 공헌할 것을 믿고 축하해 마지 않는다.

바로 이 신수대전이 거치른 세파에서 헤매이는 많은 사람들의 이정표와 나침반이 되고 등불이 될 것은 물론 제반 액(厄)을 면하고 소화제가 되어 개운선도 하는데 많은 도움이 될 것을 믿으며 많은 분들에게 애독하시기를 성심으로 권장하는 바이다.

乙亥年 新春
청운 嚴 允 文 합장

머리글

역학계에 입문한지 벌써 이십년의 세월이 흘렀습니다.

그 동안 여러 잡지사에 운세 별자리를 기고하고 서울시내에 있는 문화센타에 나가 역학강의를 하고 있지만 몇가지 아쉬운 것이 있었습니다. 특히 6신수를 강의함에 있어 교재의 부족함을 뼈저리게 느꼈습니다.

많은 출판사에서 역학에 관한 책자들이 수없이 출간되어 있고 신수에 관한 책들도 더러 있기는 하지만 본문 자체가 한문으로 되어 있고 그 내용도 어려워 역학을 공부하려는 분들에게는 큰 장애가 되어 왔습니다. 더러 한글로 쓰여져 쉽게 접근할 수 있는 책도 나와 있으나 깊이에 있어서 부족함이 많아 겉핥기에 머무르고 있습니다.

그래서 그 모든 부족함을 만족시킬 수 있는 신수에 관한 책의 저술을 오랫동안 염원해 오다가 후학들에게 길잡이가 될 수 있는 격국용신 신수대전을 쓰게 되었습니다.

신수를 보기 위해서는

첫째로 정격원칙(定格原則)을 알아야 하고,

둘째로 신왕(身旺) 신약(身弱)과 한(寒) 난(暖) 습(濕) 생극제화(生剋制化)를 알아야 하며,

세째로 용신을 정확하게 잡을 줄 알아야 하고,

네째로 격국용신에 따라서 그 사람의 출생 성장과정 처자 문제와 천직(天職)을 알아야 하기 때문에 이 책에서는 보자라도 쉽게 알 수 있도록 정격원칙과 용신잡는 법을 자세히 설명하였으며, 각 격별(格別)로 상세하게 그 실례를 들어 놓았고 신수보는 방법을 정확하게 육친별로 기록하였습니다. 그리고 이책 끝에 고문비결(古文祕訣)을 실었습니다.

이것이 미완성의 것임을 스스로 알면서 독자님들의 많은 채찍질을 달게 받아 더 좋은 책을 출간할 것을 약속드립니다.

마지막으로 이책을 냄에 있어 많은 지도를 하여 주신 은사 엄윤문 선생님과 출판사 동양서적 안영동 사장님께 깊은 감사의 말씀을 드립니다.

乙亥年 新春

恩實 李 英 禮

신수문장(身數文章) 보는 법

一. 신수보는 사람의 사주 네기둥을 빼어가지고 격국과 용신을 정확하게 결정하고

二. 신수보는 해 즉 금년이 무슨 해인가를 보고 나의 일주와 대비하여 육친상으로 관 재 인수 상관식신 비견 비겁 중 어느 해에 해당하는가를 판단하여야 하며

三. 용신과 형 충 파 해 공망과 기타의 흉신(凶神)이 용신을 해치지 안는 가를 보아야 하고

四. 아무리 길신이라고 하더라도 용신을 해치는 일이 있으면 흉신으로 변한다는 것을 생각하여야 한다.

五. 예를 들어 금년신수보는 해가 간여지동(干與支同)이라면 (甲寅 乙卯 丙午 丁巳 戊辰 己未 庚申 辛酉 壬子 癸亥)

六. 신수보기에 별 문제 없이 간단하겠으나

七. 기타의 해라면 그해의 천간과 지지가 어떻게 변화하는가를 잘 보아서 판단하여야 한다.

八. 다시 말하면 천간은 원인이고 지지는 결과다. 또는 천간은 일의 시작이 되고 지지는 일의 마무리라고도 보고 다하게 된다는 점을 특별히 유의하여야 한다. 그리고 월지와 일지가 형충과해되면 용신과는 별도로 생각하게 되는데 즉 변동수가 있다든가 부부간에 불화 관재

九. 구설 시비 변동수가 있음을 암시하게 된다. 한가지 예를 들면 인수년일때 귀인 즉 윗사람이나 스승이 나를 도와주는 일이나 문서를 쥘 수가 있을 것이고 신약에 비견 용신인 데 견겁년이 왔다면 친구와 형제의 도움으로 매사가 성사 된다고 볼 것이다.

十. 신왕사주에 인수나 비견이 왔다면 부모뻘 되는 사람이나 윗어른 또는 친구나 형제로 인하여 손해를 보게 될 것이니 믿는 도끼에 발등찍힌 다든가 상대의 마음은 뱀의 마음인데 말은 부처님의 말씀이다. 또는 겉으로는 화려한 속으로는 고하다라고 판단하게 된다.

十一. 이와같이 용신을 기준으로 하여 신수를 판단하면 어느 육친에 해당하는가에 따라서 판단방법이 달라진다.

十二. 그리고 용신이나 희신을 도와주는 해와 사주의 병(病)을 제거하여 해인 즉 약운(藥運)이 길한 해로 판단하면 된다.

十三. 만약 사주가 인수용관격(印綬用官格)을 찾아서 그 사람 성격과 직업 기타 주의사항을 말해 준 다음 인수격중에서 인수용관격을 찾아가지고 신수보는 해가 일주(日主) 기준 하여 관년이면 관년이 기재되어 있는 문장을 본다. 그해에 해당되는 말이니 그 문장중에서 자기 마음에 드는 문장을 몇가지 말해 주면 되고,

十四 월별신수도 인수용관격 중의 인수년 문장을 인수월로 생각하고 견겁년을 견겁월로 상식월을 상식월로 재월로 관살년 문장을 관살월 문장으로 활용하여 설명해 주면 된다.

十五 한가지 유의할 점은 신수를 보는데는 연천간(年天干)과 월천간(月天干)에 중점을 두고 인수년인가 인수월인가를 판단하여야 한다는 점을 명심하라.

十六 그 이유는 인년 인월은 항상 인년 인월이 이유이다. 다시 말하면 연보로는 정월은 항상 인월이니 해마다의 정월신수는 똑같다는 결론이 된다.

十七 고로 특히 월변신수는 월천간을 중요시하고 인수월인가 재월인가를 기준하여 판단한다는 뜻이 된다.

十八 예를들면 丙火일주가 신약하여 木으로 용신하였을 때 甲申월의 신수는 甲으로 볼때는 분명 인수월이 되어서 길하다고 판단하겠으나 甲木인수가 절지(絶地)에 앉았으니 인수의 역활을 충분히 할 수가 없게 되고,

十九 丙火가 申금을 보면 무력하여지니 바로 이것이 겉으로는 화려하나 속으로는 고하다는 표현을 하게 된다.

二十 다시 말하자면 월천간의 변화가 지와 어떻게 되는가를 잘 보고 판단하여야 한다는 뜻이다. 바꾸어 말하면 월천간은 일주를 극한다고 하더라도 지지가 나를 생하여 주면 흉함이 화하여 길하게 된다고 판단하면 된다.

二一 그리고 설사 용신이나 일주를 기준하여 월천간이 이롭지 못하더라도 그 지지가 사주원국과 삼합이나 육합을 이루어서 길신이 될때는 오히려 좋아진다는 점을 기억하여야 한다.

二二 신수를 보는데는 맨 처음에 총평을 먼저 말해주어야 하는데 그 총평도 인수용관격 사주에 관연이라면 인수용관격을 찾아서 그중의 관살연에 기록되어 있는 문장중에 몇가지를 골라서 말해 주는 것도 역시 그 문장 중에서 총평을 써주면 되는 것이다.

二三 종상격은 인수용관살격을 찾아보면 되고
종재격은 인수용재격을 찾아보면 되며
종아격은 인수용상식격을 찾아보면 되고
종강격은 인수용인격을 찾아보면 된다.
유의할 문제

★ 결론(結論)

역술가의 대다수가 그해 신수를 써주는 것을 꺼리는데 그 이유는 써주었다가 신수가 맞지 않을까 하는 두려움 때문이다. 그러나 격국용신을 정확하게 잡아서 원리원칙대로 소신을 가지고 정성껏 판단하여 써준다면 두려울 것이 없다. 만약 용신을 잘못 판단한다면 동문서답의 신수평이 될 것이니 격국용신의 중요성을 강조하는 바이다.

차 례

· 추천사 ·· 12
· 머리글 ·· 14
· 신수문장 보는 법 ····································· 15
· 차례 ··· 17

격국용신

제1장 격국 기초

(1) 격국의 의의 ·· 26
(2) 격의 구분 ··· 26
 ① 내격 ··· 27
 ② 외격 ··· 27
(3) 내격선정의 원칙 ································· 27
 ① 본기 투간자 선정 ······························· 28
 ② 암장중 투간자 선정 ···························· 28
 ③ 강자선정 ·· 28
 ④ 동류(비견 비겁) ································· 29
 ⑤ 취격원칙예외의 경우 ··························· 29
제2장 용신입문 ·· 31

(1) 격국용신의 중요성 ······························ 31
(2) 진소암의 용신정법 ······························ 31
(3) 용신정법 유형 ···································· 33
 ① 약자용신정법 ····································· 33
 ② 강자용신정법 ····································· 33
(4) 용신종류와 그 성질 ····························· 36
 ① 용신의 종류 ······································· 36
 ② 용신의 성질 ······································· 36
(5) 용신의 실례 ······································· 37
 ① 격국용신례 ·· 37
 ② 억부용신례 ·· 38
 ③ 병약원리용신례 ·································· 38
 ④ 조후용신례 ·· 39
 ⑤ 통관용신례 ·· 39
(6) 용신분류의 결론 ································· 39
(7) 중요용어 ··· 40
 ① 정신기 ·· 40
 ② 희신 기신 구신 한신 ··························· 40
 ③ 유정 무정 ·· 41

17

④ 기반... 42
⑤ 중화... 42
⑥ 통관... 42
⑦ 조후... 42

제3장 격국연습 43

제4장 정격국 입문

(1) 정관격 98
　① 정관격의 의의와 구성 98
　② 정관격의 용신원칙 100
　③ 정관격의 실례 100
(2) 편관격 104
　① 편관격의 의의와 구성 104
　② 편관격의 용신원칙 107
　③ 편관격의 실례 107
(3) 인수격 118
　① 인수격의 의의와 구성 118
　② 인수격의 용신원칙 119
　③ 인수격의 실례 121
(4) 정재격 124
　① 정재격의 의의와 구성 124
　② 정재격의 용신원칙 126
　③ 정재격의 실례 126
(5) 편재격 130
　① 편재격의 의의와 구성 130
　② 편재격의 용신원칙 130
　③ 편재격의 실례 132
(6) 식신격 133
　① 식신격의 의의와 구성 133
　② 식신격의 용신원칙 136
　③ 식신격의 실례 136
(7) 상관격 140
　① 상관격의 의의와 구성 140
　② 상관격의 용신원칙 143
　③ 상관격의 실례 144
(8) 양인격 148
　① 양인격의 의의와 구성 148
　② 양인격의 용신원칙 152
　③ 양인격의 실례 152
(9) 건록격 156
　① 건록격의 의의와 구성 156
　② 건록격의 용신원칙 157
　③ 건록격의 실례 157

신수평론비결

제1장 정격국의 성격과 추리

(1) 정관격
　① 정관격의 성격 ······ 160
　② 정관격의 추리 ······ 160
(2) 편관격
　① 편관격의 성격 ······ 160
　② 편관격의 추리 ······ 160
(3) 인수격
　① 인수격의 성격 ······ 161
　② 인수격의 추리 ······ 161
(4) 정재격
　① 정재격의 성격 ······ 161
　② 정재격의 추리 ······ 162
(5) 편재격
　① 편재격의 성격 ······ 162
　② 편재격의 추리 ······ 162
(6) 식신격
　① 식신격의 성격 ······ 163
　② 식신격의 추리 ······ 163
(7) 상관격
　① 상관격의 성격 ······ 164
　② 상관격의 추리 ······ 164
(8) 양인격
　① 양인격의 성격 ······ 164
　② 양인격의 추리 ······ 165
(9) 건록격
　① 건록격의 성격 ······ 165
　② 건록격의 추리 ······ 165

제2장 격국별 신수평론

(1) 정관용인격
　① 사주의 예 ······ 166
　② 정관용인격의 특징 ······ 167
　③ 신수도표 ······ 167
(2) 정관접격
　① 사주의 예 ······ 167
　② 정관용겁격의 특징 ······ 168
　③ 신수도표 ······ 168
(3) 정관용상식격
　① 사주의 예 ······ 168
　② 정관용상식격의 특징 ······ 169

19

(4) **정관용재격** ... 183
　③ 신수도표 ... 188
(5) **정관용관격** ... 188
　① 사주의 예 ... 188
　② 정관용관격의 특징 ... 189
　③ 신수도표 ... 194
(5) **정관용관격** ... 194
　① 사주의 예 ... 194
　② 정관용관격의 특징 ... 195
　③ 신수도표 ... 200
(6) **편관용인격** ... 200
　① 사주의 예 ... 200
　② 편관용인격의 특징 ... 201
　③ 신수도표 ... 206
(7) **편관용겁** ... 206
　① 사주의 예 ... 206
　② 편관용겁격의 특징 ... 207
　③ 신수도표 ... 212
(8) **편관용상식격** ... 212
　① 사주의 예 ... 212
　② 편관용상식격의 특징 ... 213
　③ 신수도표 ... 218
(9) **편관용재격** ... 218

　① 사주의 예 ... 218
　② 편관용재격의 특징 ... 219
　③ 신수도표 ... 224
(10) **편관용관격** ... 224
　① 사주의 예 ... 224
　② 편관용관격의 특징 ... 225
　③ 신수도표 ... 230
(11) **인수용인격** ... 230
　① 사주의 예 ... 230
　② 인수용인격의 특징 ... 231
　③ 신수도표 ... 236
(12) **인수용겁격** ... 236
　① 사주의 예 ... 236
　② 인수용겁격의 특징 ... 237
　③ 신수도표 ... 242
(13) **인수용상식격** ... 242
　① 사주의 예 ... 242
　② 인수용상식격의 특징 ... 243
　③ 신수도표 ... 248
(14) **인수용재격** ... 248
　① 사주의 예 ... 248
　② 인수용재격의 특징 ... 248

- (15) 인수용관격 ……………………………………… 249
  - ③ 신수도표 ………………………………………… 254
- (16) 정재용인격 ……………………………………… 254
  - ① 사주의 예 ……………………………………… 254
  - ② 인수용관격의 특징 …………………………… 255
  - ③ 신수도표 ………………………………………… 260
- (17) 정재용겁격 ……………………………………… 260
  - ① 사주의 예 ……………………………………… 260
  - ② 정재용인격의 특징 …………………………… 261
  - ③ 신수도표 ………………………………………… 266
- (18) 정재용상식격 …………………………………… 266
  - ① 사주의 예 ……………………………………… 266
  - ② 정재용겁격의 특징 …………………………… 267
  - ③ 신수도표 ………………………………………… 272
- (19) 정재용재격 ……………………………………… 272
  - ① 사주의 예 ……………………………………… 272
  - ② 정재용상식격의 특징 ………………………… 273
  - ③ 신수도표 ………………………………………… 288
- (20) 정재용관격 ……………………………………… 288
  - ① 사주의 예 ……………………………………… 288
  - ② 정재용재격의 특징 …………………………… 289
  - ③ 신수도표 ………………………………………… 284
- (21) 편재용인격 ……………………………………… 284
  - ① 사주의 예 ……………………………………… 284
  - ② 정재용관격의 특징 …………………………… 285
  - ③ 신수도표 ………………………………………… 290
- (22) 편재용겁격 ……………………………………… 290
  - ① 사주의 예 ……………………………………… 290
  - ② 편재용인격의 특징 …………………………… 291
  - ③ 신수도표 ………………………………………… 296
- (23) 편재용상식격 …………………………………… 296
  - ① 사주의 예 ……………………………………… 296
  - ② 편재용겁격의 특징 …………………………… 297
  - ③ 신수도표 ………………………………………… 302
- (24) 편재용재격 ……………………………………… 302
  - ① 사주의 예 ……………………………………… 302
  - ② 편재용상식격의 특징 ………………………… 303
  - ③ 신수도표 ………………………………………… 308
- (25) 편재용관격 ……………………………………… 308
  - ① 사주의 예 ……………………………………… 309
  - ② 편재용재격의 특징 …………………………… 314

21

③ 신수도표 ·································· 315
㉖ 식신용인격
　① 사주의 예 ······························ 320
　② 식신용인격의 특징 ················· 320
　③ 신수도표 ·································· 320
㉗ 식신용겁격
　① 사주의 예 ······························ 321
　② 식신용겁격의 특징 ················· 326
　③ 신수도표 ·································· 326
㉘ 식신용상식격
　① 사주의 예 ······························ 326
　② 식신용상식격의 특징 ············· 327
　③ 신수도표 ·································· 332
㉙ 식신용재격
　① 사주의 예 ······························ 332
　② 식신용재격의 특징 ················· 332
　③ 신수도표 ·································· 333
㉚ 식신용관격
　① 사주의 예 ······························ 338
　② 식신용관격의 특징 ················· 338
　③ 신수도표 ·································· 339
㉛ 상관용인격 ································ 344

① 사주의 예 ······························ 344
② 상관용인격의 특징 ················· 345
③ 신수도표 ·································· 350
㉜ 상관용겁격
　① 사주의 예 ······························ 350
　② 상관용겁격의 특징 ················· 351
　③ 신수도표 ·································· 356
㉝ 상관용상식격
　① 사주의 예 ······························ 356
　② 상관용상식격의 특징 ············· 356
　③ 신수도표 ·································· 357
㉞ 상관용재격
　① 사주의 예 ······························ 362
　② 상관용재격의 특징 ················· 362
　③ 신수도표 ·································· 362
㉟ 상관용관격
　① 사주의 예 ······························ 363
　② 상관용관격의 특징 ················· 368
　③ 신수도표 ·································· 368
㊱ 양인용인격
　① 사주의 예 ······························ 368
　② 양인용인격의 특징 ················· 369

(37) 양인용겁격
　① 사주의 예 ·················· 381
　② 양인용겁격의 특징 ········ 386
　③ 신수도표 ···················· 386
(38) 양인용식격
　① 사주의 예 ·················· 386
　② 양인용상식격의 특징 ····· 387
　③ 신수도표 ···················· 392
(39) 양인용재격
　① 사주의 예 ·················· 392
　② 양인용재격의 특징 ········ 392
　③ 신수도표 ···················· 393
(40) 양인용관격
　① 사주의 예 ·················· 398
　② 양인용관격의 특징 ········ 398
　③ 신수도표 ···················· 399
(41) 건록용인격
　① 사주의 예 ·················· 404
　② 건록용인격의 특징 ········ 404
　③ 신수도표 ···················· 405
(42) 건록용겁격 ················ 410
　③ 신수도표 ···················· 410
　② 건록용인격의 특징 ········ 410
　① 사주의 예 ·················· 411
(42) 건록용겁격 ················ 416

(43) 건록용상식격
　① 사주의 예 ·················· 416
　② 건록용겁격의 특징 ········ 416
　③ 신수도표 ···················· 417
(43) 건록용상식격 ·············· 422
　① 사주의 예 ·················· 422
　② 건록용상식격의 특징 ····· 422
　③ 신수도표 ···················· 423
(44) 건록용재격
　① 사주의 예 ·················· 428
　② 건록용재격의 특징 ········ 428
　③ 신수도표 ···················· 428
(45) 건록용관격
　① 사주의 예 ·················· 429
　② 건록용관격의 특징 ········ 434
　③ 신수도표 ···················· 434

신수평전

제一장 고문비전
　(1) 자년생의 성격과 운명 ···· 442
　(2) 축년생의 성격과 운명 ···· 442
　(3) 인년생의 성격과 운명 ···· 445 448

(4) 묘년생의 성격과 운명 ················· 451
(5) 진년생의 성격과 운명 ················· 454
(6) 사년생의 성격과 운명 ················· 457
(7) 오년생의 성격과 운명 ················· 460
(8) 미년생의 성격과 운명 ················· 463
(9) 신년생의 성격과 운명 ················· 466
(10) 유년생의 성격과 운명 ················ 469
(11) 술년생의 성격과 운명 ················ 472
(12) 해년생의 성격과 운명 ················ 475

제2장 육십육문답법 ························· 478

격국용신

제1장 정격국(正格局) 기초

(一) 격국의 의의

격국(格局)은 명리학의 추리에 기본이 되는 정수로서 격국의 뜻을 모르고 명리학을 논한다는 것은 산에 가서 물고기를 구하고 바나에 가서 산짐승을 구하는것과 같다고 할 수 있다.

고서에 보면 여러격이 많으나 중고이후 선현들께서 실증하여 설명한 바와 같이 팔정격(八正格)은 이름 그대로 정격(正格)이 머 건록격(建祿格)과 양인격(洋刃格)을 합하면 십정격(十正格)이 된다.

변격(變格)으로는 전왕격(專旺格)과 화격(化格)이 또한 중(重)하고 그 밖의 모든 격은 무형중에 유형하고 유형중에 무형하니 실로 말과 예를 들기가 다 어려운 것이다.

사주 팔자중에 격(格)이 있고 용(用)이 있으니 격(格)은 음양만물의 체(體)요, 용(用)은 음양만물의 동작이다. 이를 비유해서 말하면 격(格)은 금판(琴板)과 같고 용(用)은 금현(琴絃)과 같으니 격(格)과 용(用)이 분명하다.

주역에서 가로되 六十四卦는 그 체(體)가 됨이요. 三白八十 四爻는 그 용(用)이 됨과 같은 것이다.

그러니 기형기견자(己形己見者)는 가이언지(可以言之)나 미형미견자(未形未見者)는 불가이명구(不可以明求) 여천지일월귀신(與天地日月鬼神)으로 합치연후(合致然後)에 음양의 진리를 가이득이(可以得이)라.

－朴在玩 著書중에서－

격(格)이란 천간을 뜻하고 국(局)이란 지지(地支)를 뜻하는데 여기서 말하는 천간(天干)이란 일주 천간을 말하고 지지란 월건지지(月建地支)인 월지(月支)를 말하는 것으로 어떤 합국(合局)을 종합하여 일주를 기준으로 지지판국(支持判局)을 살펴서 규격(規格)을 정하므로 관국(判局) 지지국(支持局)이라 하여 국자(局字)를 따르고 규격(規格), 즉 천간대천간(天干對天干)이라 하며 격자(格字)를 따르고 판국(判局)과 규격(規格)을 종합하여 이를 정격국(正格局)이라고 이

고지청탁(高低淸濁)을 발생하는 작용이 된다. 가령 목일주(木日主)에 금관성(金官星)이 왕하다면 수인수(水印綬)가 있어 관성(官星)을 설기시켜 일주를 생하는 통관(通關)이 되므로 인성(印星)이 용이 되고 인수(印綬)가 없고 화(火) 상식(傷食)이

있다면 일주가 설기하여 약해지므로 불길할 듯 하나 적이 되는 관성(官星)을 제복(制伏)함이 더욱 중하므로 식상(食傷)이 용(用)이 된다.

다시 해설하면 오동관(梧桐板)은 일반인데 거문고 줄을 달면 문고의 소리가 나고 가야금 줄을 달면 가야금 소리가 남과 같으니 관격(官格)은 금판(琴板)이요 인성(印星)이나 상식(傷食)은 금현(琴絃)과 같으니 격(格)과 용(用)이 분명하다.

격국용신

름하는 것이다

예를 들면 고도로 문명이 발달하여 산업화된 사회에 있어서 도시계획을 하는데는 그 입지조건에 따라서 정치 경제 사회 문화 등의 지역권으로 분류하여 도시가 형성되고 어떤 물건에 있어서도 물건의 크기와 분량을 보고 규격을 정해 가격을 따지게 되는 것이니 이 우주만물은 격국(格局)이 없는 것이 없으니 어떤 물건을 봄에 있어서는 격국(格局)을 모르고는 물건의 진가를 판정하기가 어려운 것과 같아 사주의 격국을 알지 못하고는 이를 논한다는 것은 심히 어리석은 일이 아닐 수가 없다

(2) 격의 구분

격(格)은 크게 나누어서 내격(內格)과 외격(外格)으로 하고 내격(內格)을 구분하여 육격을 정하는 것이 통상적인 예인데 이를 설명하면 다음과 같다

① 내격(內格)

정관격(正官格) 편관격(偏官格) 재격(財格) 인수격(印綬格) 식신격(食神格) 상관격(傷官格)으로 나누는데 편의상(便宜上) 재격(財格)을 정재격(正財格) 편재격(偏財格)으로 나누고 인수격(印綬格)을 정인격(正印格)과 편인격(偏印格)으로

나누어서 팔격(八格)으로 정하게 된다

② 외격(外格)

외격(外格)이라고 하는 것은 팔격(八格) 외에 내격(內格)과 합치면 七二격으로 분류할 수 있으며 학자에 따라서는 이밖에도 더 많은 격(格)을 논하는 자가 많이 있으나 여기서는 七二격으로 구성된다는 것을 말하여 둔다

(3) 내격선정의 원칙

내격(內格)을 선정함에 있어서는 천간대(天干對) 월지암장(月支暗藏)으로 정하는 바 그 암장(暗藏) 천간자(天干字)가 정관(正官)이면 정관격(正官格) 상관(傷官)이면 상관격(傷官格)으로 선정하는 것인데 암장간(暗藏干)이 하나밖에 없는 子, 酉자 같으면 그대로 정하게 된다

문제가 되는것은 암장(暗藏)에 지장간(地藏干)이 여러가지가 있는 것인데 예를 들면 丹자중에는 丙戊庚의 지장간(地藏干)자 있는데 이중에서 어느 것으로 선정하느냐가 문제된다

이를 다음과 같이 여러가지로 예를 들어본다

① 본기투간자(本氣透干者) 선정

寅月甲 卯月乙 辰月戊 巳月丙 未月己 申月庚 酉月辛 戌月戊 亥月壬 子月癸 丑月己 이와같이 월지(月支)의 본질(本質)을 따지게 되는데 寅月은 甲木이 본기(本氣)로서 甲木字를 (地藏干) 본기투간자(本氣透干者)로 보고 甲木이 투출(透出)되어 있으면 甲木으로서 제일 먼저 격(格)을 잡게된다.

辛丑 암장(暗藏)에 乙木과 己土가 天干에 투출하였으나
乙未 乙木이 본기(本氣)가 되어 을목을 택하여 정관격
戊戌 (正官格)을 정하게 된다. 그러나 辰戌丑未는 부
己未 정지위(不正之位)가 되어 잡기재관격(雜氣財官格)
으로도 볼 수가 있으나 본기(本氣)투간자(透干者)를
잡는 원칙에 따라서 정관격(正官格)으로 정하게 된다.

丁酉
乙巳 月支巳中에 丙戊庚辰의 지장간자(藏干字)가 시상(時上)에 투출
辛巳 丙火의 지장간자(地藏干字)가 시상(時上)에 투출
丙申 (透出)되어 있으니 병자를 본기투출자(本氣透出字)
)로 보아서 丙字를 선정하여 정관격(正官格)으로 결
정하게 된다.

甲辰
戊辰 월지암장계수(月支暗藏癸水)가 시상(時上)에 투출

② 암장중 투간자(暗藏中 透干者) 선정

본기투출자(本氣透出者)가 없을때에는 암장자중(暗藏者中)에서 어느것이나 투간(透干) 된것으로 결정한다.

乙卯 寅月의 경우 甲木의 본기(本氣)인 甲木이 투출
戊寅 (透出)하였으면 甲木으로 편인격(偏印格)이 되겠으
丙戌 나 암장무토(暗藏戊土)가 투출(透出)하니 戊土를
乙未 선정하여 식신격(食神格)으로 정하게 된다.
만약 암장甲丙戊가 전부 투출(透出)하였다면 그 지지전국(地支
全局)을 보아서 화국(火局)을 이루었으면 투출(透出)된 丙火로
격(格)을 정하고 토국(土局)으로 되어있으면 戊土로 결정하는
것이다.

癸巳 (透出)되어 癸水本氣 투간자(透干者)로 선정하여
丙申 정관격(正官格)이 되는데 이 사주에 만약 癸水가
丙子 없었다고 하더라도 正官格이 된다. 그 이유는 앞에
서 설명한바와 같이 卯, 酉, 子, 자(字)는 암장(暗藏)이 하나
밖에 없을때에는 그대로 격(格)으로 쓴다는 원칙에 따라서 癸水
가 시상(時上)에 없다고 하더라도 月支子字로 하여 정관격(正官
格)으로 쓸수가 없다.

戊辰 삼자중(三者中) 戊土가 투출하여 있으므로 戊土를

격국용신

丁巳
庚辰
戊寅

선정하여 편인격(偏印格)으로 결정하게 된다.

甲子
己巳
癸亥
戊午

巳月 癸日生人이 巳月의 본기(本氣)인 丙火가 투출되지 않고 암장의 戊土가 투출하여 정관격(正官格)으로 결정한다.

己巳
丙寅
戊午
癸亥

본기(本氣)인 甲木의 투출이 없고 丙戌가 투출되어 어느것으로 결정하여야 하는지 의문이 생기게 된다. 이때에는 강자우선의 법칙에 의하여 丙火가 강자 지지(地支)에 寅午 巳午半火局을 놓아 丙火가 강자(強者)가 되어서 정재격(正財格)이 된다.

③ 강자선정(強者選定)

암장중에 있는 지장간자(地藏干字) 중에서 본기(本氣)가 타기(他氣)도 투출되지 않았을 경우에는 암장자와 사주를 비교 강약을 구분하여 강자를 선정하게 된다.

예를 들면 巳月生이라면 지장간(地藏干) 중 丙戊庚字의 투출

자(強者)를 선정하게 된다.

이 없을때는 丙戊庚字를 사주의 전국(全局)을 보아서 火가 많을 때는 丙火로 土가 많을때는 戊土로 金이 많을때는 庚金으로 강자(強者)를 선정하게 된다.

丁丑
丁亥
甲子
丙寅

壬戌地藏干이 투출되지 않아서 사주원국전체를 비교하여볼때 亥子丑 水局을 이루고 있어 水局이 유력(有力)하여 임수를 결정하여 인수격(印綬格)으로 결정한다.

辛丑
辛丑
丙寅
辛卯

寅月丙日生人이 암장 甲丙戌三字中에 하나도 투출되지 않아서 이 사주원국을 참작하여 본결과 寅卯木局이 득세(得勢)하여 부득이 인중의 甲木을 선정하여 편인격(偏印格)으로 결정하게 된다.

④ 동류(비견) 비겁

가령 丁月巳月生人이라고 하면 巳中에는 암장에 丙戊庚 있는데 丙火는 버리고 戊庚字중에서 하나를 쓰게 되는 것이고 甲日寅月生人이라고 하면 寅中의 甲木은 버리고 丙戊字를 쓰게 되는

것으로 비견(比肩)이나 비겁(比劫)되는 글자는 쓰지 않는 것이다.

甲寅 申中의 壬水藏干은 비견(比肩)이 되어서 투출되었다고 하더라도 쓰지못하고 申金이 왕(旺)하여 申中庚金字를 써서 편인격(偏印格)으로 결정하게 된다.

壬申

壬申

己丑

戊辰 巳中에 戊土가 있으나 비견(比肩)이 되어서 쓰지못하고 丙火가 강자(强者)가 되니 丙火를 써서 편인격(偏印格)이 된다.

乙巳

壬巳

丁巳

앞에서 본바와 같이 月支 암장(暗藏)에 장간(藏干)서 격이 있으나 예외가 있으니 이는 月支 암장(暗藏)에 장간(藏干)에서 본 원칙이 있으나 예외가 있으니 年月時干이나 時支에서도 六神의 상황에 따라서 격이 되지않고 年月時干이나 時支에서도 六神의 상황에 따라서 격이 성립되는 예가 있으니 이런것은 주로 육신용신(六神用神)으로서 격과 용신(用神)이 달라지는데 이러한 작용이 일어나게 된다.

이를 자세히 설명하면

⑤ 취격원칙예외(取格原則例外)의 경우

戊午 丙日 卯月生人이 乙木이 月上에 투출(透出)하여 인
乙卯 수격(印綬格)인데 인수격(印綬格)은 신왕(身旺)하
丙寅 여 관성(官星)을 용신(用神)하게 되는 바 時上壬
壬辰 水가 있어 편관용신(偏官用神)으로 결정하니 이것이
        日 偏官用印格이 되는예(例)이다.

丁巳 甲日亥月生이 곤명(坤命)의 四柱로서 亥中壬水가
甲午 上에 투출하여 편인격(偏印格)이 성립되는데 月上
辛亥 辛金이 年支 巳中庚金에 착근(着根)하여 日主를 극
壬申 제(尅制)하고 日支 牛中丁火가 착근(着根)한 丁火
        어 조후(調侯)가 시급하여 상관(傷官)으로 용신제살(用神除殺)가 年上에 투출(透出)하여 상관(傷官)으로 용신제살(用神除殺)하는 예이다.

癸未 이 四柱는 卯月生으로 乙木이 투출하고 卯未木局을
乙卯 이루워 인수격(印綬格)이 분명한데 인수격(印綬格)
丙子 은 자연 신왕(身旺)으로 官을 요하는 바 時上癸水
        도 식신제살(食神制殺)로서 식신용신(食神用神)이 되는 예이여 정관격(正官格)이 되고 또는 칠살격(七殺格)이 틀림없는데인수격(印綬格)이 분명한데도 정관용신(正官用神)으로 작용하여 정관격(正官格)이 되고 또는 칠살격(七殺格)이 틀림없는데도 식신제살(食神制殺)로서 식신용신(食神用神)이 되는 예이다.

격국용신

癸巳 로 용신을 정하니 관인상생(官印上生)으로 어사가 된 사주이다.

壬戌
辛亥
甲子
丙寅

亥月 甲日에 壬水가 투출하여 편인격(偏印格)이 분명하다.

丙火 식신(食神)이 자좌(自座) 인장생지에 착근(着根)하고 있는데 부성(夫星) 신금은 술중 신금에 통근(通根)은 하였으나 壬 亥 子로 수왕하여 금침(金沈)되어 있어 식신(食神)이 심히 약하다. 서방 신유 금운에 관성(官星)이 득력(得力)하여 대귀부인(大貴婦人)이 되었으며 丙午運에 이르자 식신(食神) 丙火가 득세(得勢)하여 官星을 극제(剋制)하니 과부(寡婦)가 되었고 이 사주도 인수신왕(印綬身旺)에 官을 요하여 辛金을 써서 정관용신(正官用神)으로 결정하는 예이다.

제 2 장 용신입문

(1) 격국용신(格局用神)의 중요성

용신(用神)이라고 하는것은 四柱에 없어서는 안될 사주자체의 정신을 말한다.

일주(日主)를 격국(格局)과 용신(用神)을 대비하여 보면 주역(周易)에서 말하는 체(體)와 용(用) 관계가 되는 것이다. 사람 일주(日主)와 격국(格局)이 사람의 신체라면 용신(用神)은 정신이라고 할 수가 있다.

사람의 신체가 건강하나 정신이 총명하지 못하면 사회생활에 적응할 수가 없게 되고 반면에 정신이 총명하나 사람의 신체가 건강하지 못하면 사회생활에 적응할 수가 없게 되는데 신체가 병약하여 기동하는데 지장이 있다면 역시 세상을 살아나가는데 어려움이 많은것과 같이 일주격국(日主格局)과 용신은 상호불가분(相互不可分)의 관계가 되는것으로서 명리학(命理學)을 연구하는데는 격국(格局)과 용신(用神)의 판별과 추리를 정확하게 하지 않으면 사람의 운명을 논할 수가 없다는 것을 명심하여야 한다

(2) 진소암(陳素庵)의 용신정법

○ 명이용신(命以用神)이 긴급(緊急)하고 간용신지법(看用神之法)이 불과부억이기(不過扶抑而己)라

명리학(命理學)에 용신(用神)이 가장 중요한 것인데 용신(用神)을 보는 법이 대단히 어렵고 복잡하다고 생각하나 부, 억(扶, 抑)하는 두자 뿐이다.

○ 범약자(凡弱者)는 의부(宜扶)인데 부지자(扶之者)가 즉용신

야(卽用神也)라 무릇 세상만사가 약한자는 부신(扶身)하여 주어야 하는 것이 인지상정(人之常情)인데 사주에서도 예외가 아니어서 약한자를 부신(扶身)하여 주는자가 바로 용신이다.

부지태과(扶之太過)면 억기부지자(抑其扶之者)가 위용신이야(爲用神也)요 생부(生扶)하는 자가 지나치게 태과하면 그 생부(生扶)하는 자를 억제하는 자가 용신이다.

부지불급(扶之不及)이면 부기부지자(扶其扶者)가 용신(用神)이라 생부(生扶)하는 자의힘이 미치지 못하면 생부(生扶)하는 자를 생부(生扶)하는 자가 용신이다.

범강자(凡強者)는 의억(宜抑)이니 억지자(抑之者)가 즉용신야(卽用神也)요. 무릇 강한자는 억제하는 것이 좋으니 억지자(抑之者)가 즉 용신이다.

억지태과(抑之太過)면 억지억지자(抑之抑者)가 위용신(爲用神)이다.

억지(抑制)하는 자가 지나치게 태과하면 억제하는 자를 또다시 억제하는자가 용신이다.

○ 여목약(如木弱)에는 부지이수(扶之以水)인데 수부태과(水扶太過)면 제수이토(制水以土)하고 수부불급(水扶不及)이면 생수이금(生水以金)이라 가령 木이 약하면 그水을 부신(扶身)하여야 하는 자(者)가 인수용신이 되는데 그水가 지나치게 많음.면 약목(弱木)이 물에 뜨는 형상으로 부목(扶木)이 될까 두려우니 그 물을 막는 土가 용신(用神)이 되고 또한 약한木을 생부(生扶)하여 주는 水가 부족할때는 그 水를 생부(生扶)하여주는 金이 용신이 된다.

○ 목강(木強)에는 억지이금(抑之以金)인데 금억태과(金抑太過)면 제금이화(制金以火)이요 금억불급(金抑不及)에는 생금이토(生金以土)라 가령 목이 강하면 강목을 억제하는 金이 바로 용신(用神)이 되는데 그 억제하는 金이 너무 강할때는 金을 억제하는 火가 용신이 된다. 그러나 억제하는 金이 너무 약할때에는 金으로 극목(剋木)하는 것보다 火로서 설기(泄氣)하여 火가 너무 강하면 목분비회(木焚飛灰)가 되어 타서 재밖에 남지 않음으로 이때에는 왕한火를 제(制)하여야 하는 것이니 水가 용신이 되며 또한 왕한 木을 설기시키는데 火가 부족하여 설기를 함에 족하지 못할때는 土를 써서 용신하는 법이다.

앞에서 설명한바와 같이 방(幇)하는 법과 비겁(比肩,比劫) 조(助)하는 방법(生扶즉 印綬) 또 설(泄)하는 방법(食傷)과 극제(極制) 억제(抑制)하는 방법(官殺)의 네가지가 있는바 이것을 총망라하여 방(幇) 조(助) 설(泄) 상(傷)이라고 한다.

○ 지동류지상조(至同類之相助)와 생기지상자(生氣之相資)가 역부야(亦扶也)요 또다른 하나는 인수(印綬)로서 생부(生扶)하는 것과 관살(官殺)로 억제하는 것과 왕희순(旺喜順勢)로서 생부(生扶)하여 왕(旺)한 者를 설기하는 상관(傷官) 식신(食神)으로 용신(用神)

격국용신

하는 이외에 비견 비겁(比肩 比劫)으로 방조(幇助)하는 자가 용신이 된다.

(3) 용신정법(用神定法) 유형

잔소암저(陳素庵著) 명리약언(命理約言)을 보면 용신(用神)을 정하는 법이 어렵고 복잡하게 생각하나 요약하면 단 두자밖에 안되는 것이니 그것은 부억(扶抑)뿐이라고 말하였다.

① 약자용신정법(弱者用神定法)

약한자는 부축하여 주는자가 바로 용신이다. 가령 木이 약하면 木을 생하여 주는 水가 용신이 된다.

그리고 부축하는 자인 水가 太旺할때는 약한 木을 부축하는 것이 아니라 도리어 부목(扶木)케 할 염려가 있으므로 그 水를 제(制)하여야 하는 것인즉 제(制)하는 土가 필요함으로 이때는 土가 용신이 되고 또 그와 반대로 약한 木을 부축하는 水가 미약할때는 그 水를 부축하여야 하는 것이니 그 水를 부축하여주는 金이 용신이 되는 것이다.

또 한가지는 인수로서 생하여 약한자를 부축하는 외에 방조(幇助)하여서 돕는 법이 있으니 이는 비견 비겁으로 생(生)하고 방(幇)하는 것을 합하여 방조라고 말한다.

가령 木이 약한 경우 木을 방부(幇扶)하는 木을 용신으로 정하는데 방부하는 木이 너무 태과하면 木을 삭감하는 金이 용신이 되는 것이고 아니면 사주 상황에 따라왕한 木을 설기(泄氣)시키는 火가 용신이 되는 것이니 또 방조하는 木이 좀 불급(不及)할 때는 부축하여야 하는 것이니 바로 水가 용신이 된다. 그리고 또한가지는 금살(金殺)이 많아서 木이 너무 약하여 부(扶)하여도 방(幇)하여도 도저히 자기자신이 일어설수가 없는때는 차라리 金을 작용하여 완전히 종살(從殺)케하고 또 財로 인하여 약(過弱)한 木은 차라리 土로서 종재(從財)케 함인데 이것이 모두 용신이 (金殺 土財)되는 것이다.

이것을 설명하면 도표—과 같다.

② 강자용신정법(強者用神定法)

강자용신정법은 강자는 의억(宜抑)즉 다시 말하여 억제하여야 한다는 것이니 그 강한자를 억제하는 자가 바로 용신이다.

가령 강할때는 그 너무 강한 木을 억제하는 金이 너무 강하면 과도하게 억제하는 金을 억제하여야 하는 인수로 木을 삭제하지 못하여 金을 부축하(制)하는 금으로 火가 용신이 되며. 또한 강목(強木)의 경우 억제하는 금이 미약한 경우는 木을 삭제하지못하여 金을 생하여주는 土가 용신이 된다.

약자부신 용신정법
(弱者扶身 用神定法)

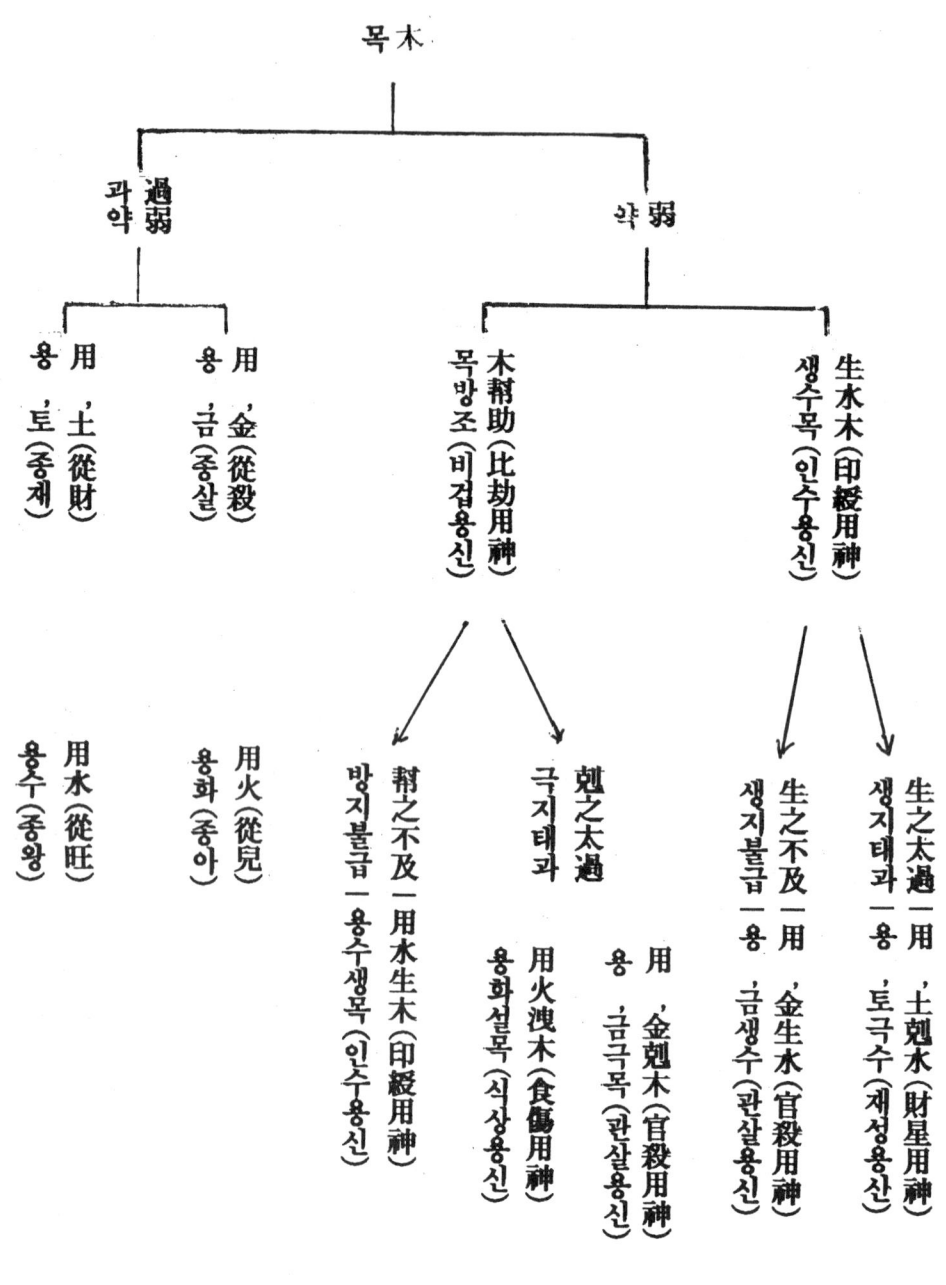

도표-1

격국용신

강자억제 용신정법
(強者抑制 用神定法)

```
                    목木
            ┌────────┴────────┐
           太强              强
          ─用火宜洩         ─金剋木
          (食傷用神)        (官殺用神)
            │                 │
    ┌───┬───┼───┬───┐    ┌────┴────┐
   太强                      剋之太過  剋之不及
   ─용화의설                ─火剋金   ─土生金
   (식상용신)               (食傷用神)(財星用神)

   泄氣太過  泄之不及  설지불급
   ─用水之止 ─用土之成 ─용토지성
   (印綬用神)(財星用神)(재성용신)
   설기태과
   ─용수지지
   (인수용신)
```

도표-2

나음 木이 너무 태강(太强)한 경우는 금으로 극목(剋木)하는 것보다 木이 너무 태강(太强)한 木을 설기(泄氣)시킴이 효과적인 것으로 설기시키는 火가 용신이 되는데 그 설기(泄氣)시키는 火가 너무 강하면 모두 타버려 목분비회(木焚飛灰)서 쓸수가 없게되니 이때는 그 火를 좀 극제(剋制)하여야 하는 것이니 水가 용신이 되는 것이고, 또 태강(太强)한 木을 설기(泄氣)시키는데 火가 부족하여 설기의 도(度)를 미달할때는 土를 써서 火를 많이 설기시킴으로 인하여 그 강목이 生火 설기시키도록 하여야 하는 것이니 이때는 土가 바로 용신이 된다.

이것을 설명하면 도표2와 같다.

이와같이 방(幇)하는 법(法)과 조(助)하는 법(生 扶 즉 印綬) 또설기하는 법(食傷)과 극하여 상(傷)하는 법(官 殺)의 네가지가 있는데 이것을 총칭하여 방(幇), 조(助), 설(泄) 상(傷) 이라고 하는 것이다.

(4) 용신조류와 그 성질

① 용신(用神)의 종류

용신의 종류는 크게 나누어 다섯가지로 나눌수가 있다.
격국용신 억부용신 병약용신 통관용신 조후용신 등이 있다.

② 용신(用神)의 성질

격국용신(格局用神)이란 사주의 규격(規格)과 판국(判局)을 보아서 용신을 정하는 것이고
억부용신(抑扶用神)이란 강자는 억제하고 약자는 방신(幇身)하여 작용하는 것을 말하고
병약용신(病藥用神)이란 사주원국의 병(病)을 보고 그병을 병을 필요로 할 때 그 부신하는 것은 사주 격국에 따라서 세기하는 약을 말하는데 그 병이라고 하는 것은 사주 격국을 극제하는 자가 병이 되고 또한 억제(抑制)할 때 그 억제하는 오행을 극제하는 자가 병이 되는 예다.
그리고 약(藥)이라고 하는 것은 그 극제자(剋制者)를 극제하는 자가 약이 되는 것이다.
이를 다시 병과 약을 일주를 기준하여 설명하면 다음과 같다.

○ 金日主가 토왕(土旺)즉 토다금매(土多金埋)로 토가 병이 되는 것이니 土를 除하는 木이 약이되며
○ 木日主가 화왕(火旺)즉 목분비화(木焚飛灰)로 火가 병이 되니 그 火를 제하는 水가 약이 되며
○ 水日主가 목왕(木旺)즉 설기태심(泄氣太甚)하여 木이 병(病)이 되니 木을 제하는 金이 약이 되며
○ 火日主가 토왕(土旺)즉 화기무광(火氣無光)으로 土가 병이 되니 土를 제하는 木이 약이 되며
○ 土日主가 수왕(水旺)즉 재다신강(財多身弱)으로 水가 병이 되니 水를 제하는 土가 약이 되며
○ 金日主에 금왕(金旺)즉 비견(比肩), 태중(太重)으로 金이 병이 되니 이것을 日主의 병이라고 하며 이를 제하는 火가 약이 되는 예다.

詩에서 이르되 사주에 유병(有病)이라야 방위귀(方爲貴)요 무병(無病)이면 불시기(不是奇)라. 하였으니 격중(格中)에 여기병(如去病)이면 재록(財祿)이 희상수(喜相隨)라고 하였다. 모든 사주에는 병이 있어야 무릇 귀하게 될 명조(命造)이고 만약 병이 없으면 기특하지 못한 것이니 사주에 병을 제거하는 길신이 있으면 재(財)와 록(祿)이 기쁘게 따라온다고 하였다.

④ 조후용신(調候用神)이란 시후(時候)를 살펴서 조후(調候)됨을 말하는데, 三冬에 출생한 木日主(甲乙木)라면 천한지동(天

격국용신

寒地凍) 시절로서 동목(凍木)이 되어 온난(溫暖)을 필요로 하니 조후하는 화기(火氣)가 있어야 하며 하일 염천(夏日 炎天)의 木日主라면 木이 고조(枯燥)하여 목분비회지상(木焚飛灰之象)이니 水가 있어 生木하여야 하는 이치(理致)로 水가 용신이 된다. 이와같이 한난조습(寒暖燥濕) 과유불급(過猶不及)과 개굴편고(皆屈偏枯) 됨을 참작하여 용신을 정하는것을 조후용신이라고 한다.

⑤ 통관용신(通關用神)이라고 하는 것은 어떠한 오행이 상극되어 있을때 이두 중간에서 중재(仲栽)하여 막혀 있는 것을 통관함을 말한다.

가령 木日主(甲乙日)에 금살(金殺)(○辛)이 旺할 때에는 중간에 水가 있어 木을 극하지 않고 金이 생수(生水)하고 그 水가 생목(生木)하여 木日主를 생(生)하게 하는 원리로 水가 중간에서 통관하는 예다.

(5) 용신조류의 실례

① 격국용신례 (格局用神例)

격국용신(格局用神)에서도 일주지용신(日主之用神) 육신지용신(六神之用神)으로 나눌수가 있다.

일주지용신(日主之用神)

정재용인격(正財用印格)

丁卯
丙午
壬子
己酉

壬日 午月生이 午中丁火 본기(本氣)가 투출(透出)하여 정재격(正財格)이 되는데 午中己土가 시상(時上)에 투출(透出)하니 재관이 당권(當權)하여 신약 사주이다. 고로 일주를 생하여주는 시지 酉中 辛金으로 용신(用神)을 정하니 정재용인격으로 일주지용신이 된다.

육신지용신(六神之用神)

인수용재격(印綬用財格)

癸卯
甲寅
丁巳
戊申

寅月 丁日生이 寅中의 甲木 본기(本氣)가 투출하여 정인격인데 寅卯木局으로 인수가 태왕하다. 부지태과(扶之太過) 時支 申中 庚金으로 억기부지자(扶己扶之者)가 용신이라고 하였으니 왈 취재손인(取財損印)용신이 되는 예이다.

행운지용신 (行運之用神)

庚寅
己卯

卯月 乙日生人이 乙木 목기(木氣)가 투출(透出)하였으나 비견(比肩)은 격을 잡지 못한다는 원칙에 극제코저 하니

乙亥　의하여 본기로 격을 잡지 못하고 月上 己土를 생각

乙酉　하여 보나 중목(衆木)이 극토(剋土)하니 酉中 辛金으로 쓰지 못한
　　　다. 고로 왕자(旺者)는 의제(宜制)로 시지 卯와 충극되어 용신이 무력하
　　　다. 용신을 하게되니 관성(官星)이 무력하니 화류계로 기생이 되
　　　어 영빈송객(迎賓送客)으로 신고다단(辛苦多端)하다가 辛巳運
　　　에 이르자 用神 酉辛金과 巳酉金局을 이루워 용신을 보강하여 한
　　　때 성공은 하였으나 午運 甲子年에 용신(用神)이 入火되고 甲
　　　子 卯酉 四正이 모두 충하여 세상을 뜬 사주이다.

② 억부용신례(抑扶用神例)

억강(抑强)

丙申
辛丑
乙亥
丙戌

　　丑月 乙日生人이 丑中辛金 본기(本氣)가 투출하여
　　편관격이 되는데 토금상왕(土金相旺)에 관살이 혼잡
　　하여 일주가 심히 약하나 다행히 年時上에 丙火가
　　있어 時支 戌中 丁火에 착근(着根)하여 조후를 하고
　　있어 丙火 傷官으로 용신하매 제살(制殺)하여 아름답다.
　　壬癸水大運에 용신이 무기(無氣)하여 생불여사(生不如死)하더
　　니 南方火旺運에서 용신 丙火가 득력금살(得力金殺)을 제거하
　　니 집안이 유족하였고 申大運에 이르러 중살(衆殺)이 득세하고

부약(扶弱)

乙巳
丁亥
丙午
己丑
壬戌
己酉
丁丑
甲辰

　　丙日生人이 亥月에 실시(失時)하였으나 年支 巳火에
　　득록(得祿)하고 日支午火에 착근(着根)한 丁火가
　　月上에 투출하니 신왕(身旺)하여 월지 亥中 壬水
　　가 年支 巳火와 巳亥로 상충
　　(相沖)당하매 용신이 무력하다. 申酉大運에 용신 壬水가 득력
　　(得力)하니 대발(大發)하였으니 이는 용신(用神)을 제살태과(制殺
　　太過)로 用神이 피상(被傷)되어 파란만장하다가 巳運 丙戌年에
　　편관용신을 정하고 보니 午未 南方火運에 제살
　　불록(不祿)하였으니 이는 용신(用神) 亥水가 상충(相沖)되어 巳
　　中戌土와 戌中戌土가 재차 壬水用神을 극제한 까닭이다.

③ 병약원리용신례(病藥原理用神例)

　　酉月 丁日生人이 실시한중 土金이 상왕(相旺)하니
　　설기태심하여 시상의 甲木이 대목지토(帶木之土)
　　(辰)에 착근(着根)하여 용신을 정하고자 하나 甲
　　木이 酉月에 무기(無氣)하고 酉丑金局이 있어 무력
　　하다. 고로 용신이 미약할 때는 용신을 돕는 자가 용신이라는
　　원리에 의해서 年上 壬水가 쓸만하여 관인상생(官印相生)(壬水

生甲木하고 甲木生 丁火으로 아름다운데 月上 己土가 壬水를 극하니 己土가 병신(病神)이 된다. 병(病)을 제거하는 자가 약(藥)이니 시상의 갑목이 약신(藥神)으로 용신을 선정하게 된다.

④ 조후용신례(調候用神例)

壬辰
癸丑
辛丑
甲午

辛日生人이 丑中 癸水 본기(本氣)가 月上에 투출하여 식신격(食神格)을 이루고 중토(衆土)에 득력(得力)하니 일주가 고강(高强)하다. 그러나 천한지동(天寒地凍) 시절(時節)에 사주 원국이 한냉하여 조후(調候)가 요망되는데 金水傷官에 요견관(要見官)으로 다행히 시지 午中 丁火가 있어 용신을 정하니 남방(南方) 화왕지지(火旺之地)에 용신이 득세하여 대발한 사주이다.

⑤ 통관용신례(通關用神例)

庚戌
丙午
丁酉
己酉

午月 丁日生人이 午戌火局을 이루고 丙火가 투출되어 일주가 고강(高强)하나 三金이 대치하여 火金상전지상(相戰之象)인데 다행히 己土가 시상에 투출하여 통관(通官)을 이루니 아름답게 火土金으로 상생을 이루어 식신생재격(食神生財格)으로 부귀를 누린 사주이다.

(6) 용신분류의 결론

격국 억부 병약 조후 통관 (格局 抑扶 病藥 調候 通關) 등의 용신은 사람이 이세상을 살아가는 이치(理致)와 같이 억강 부약(抑强 扶弱)의 원리(原理)에 의하여 생극제화(生剋制化) 원칙에 불과하고 약자(弱者)는 부(扶)하고 강자(强者)는 제(制)하고 막힌곳(塞)는 개통(開通)하고 한냉자(寒冷者)는 온난(溫暖)으로 조후하고 염열자(炎熱者)는 수냉(水冷)으로 고조자(枯燥者)는 윤습(潤濕)으로 습냉자(濕冷者)는 건조(乾燥)로 중화(中和)하는 이치뿐인것을 염두에 두고 억강부약(抑强扶弱)이란 중화지도(中和之道)라는 것만 기억하고 다음 용신법을 잘 보고 사주를 추리하면 된다.

일주왕하고 식신상관이 많으면 재가 용신이다.
일주왕하고 상관 식신이 많고 재가 없으면 이수가 용신이다.
일주왕하고 관살이 많으면 상관 식신이 용신이다.
일주왕하고 관살이 많은데 상관 식신이 없으면 재가 용신이다.
일주왕하고 관살이 많은데 상식과 재가 없으면 관이 용신이다.
일주왕하고 재가 있으면 관이 용신이다.
일주왕하고 재가 있고 면 상관 식신이 용신이다.

일주왕하고 재가 많은데 관살과 상식이 없으면 재가 용신이다.

일주왕하고 인수가 많으면 재가 용신이다.

일주왕하고 인수가 많으면 재가 용신이다. 일주왕하고 인수가 많은데 재가 없으면 관살이 용신이다.

일주왕하고 인수가 많은데 재와 관살이 없으면 상식이 용신이다.

일주왕하고 비겁이 많으면 관살이 용신이다.

일주왕하고 비겁이 많은데 관살이 없으면 상식이 용신이다.

일주왕하고 비겁이 많은데 관살이 없고 상식이 없으면 재가 용신이다.

일주가 약하고 상식이 많으면 인수가 용신이다.

일주가 약하고 상식이 많으며 인수가 없으면 재가 용신이다.

일주가 약하고 상식이 많으며 인수도 없고 재도 없으면 비겁이 용신이다.

일주가 약하고 관살이 많으면 인수가 용신이다.

일주가 약하고 관살이 많으며 인수가 없으면 상식이 용신이다.

일주가 약하고 관살이 많은데 인수와 상식이 없으면 비겁이 용신이다.

일주가 약하고 재가 많으면 비겁이 용신이다.

일주가 약하고 인수가 많은데 재가 없으면 비겁이 용신이다.

일주가 약하고 인수가 많으며 비겁과 재가 없으면 관살이 용신이다.

일주가 약하고 인수가 많으면 재가 용신이다.

(7) 중요용어

① 정신기(精神氣)

○ 精이란 日干을 生해주는 六神인 인수를 말하고
○ 神이란 日干을 극(관살)하는 六神을 말하며
○ 氣라고 하는 것은 日干과 동기인 비견과 비겁을 말한다.

유정(有情)한 사주는 이 정신기가 조화를 이루워야 하는데 정(精)(印綬)만 왕하면사주가 비대(肥大)하여 무력하여지고 기(氣)가 (比肩, 比劫) 부족하면 정신이 족하더라도 부귀가 두텁지못하며 신(神)(官殺)이 부족하면 관록이 없으니 무능하여 진다.

이 정신기(精神氣)만 충족된 사주라면 오행이 구족(具足)하여 유통(流通)이 잘되니어떠한 운정(運程)이 닥치더라도 적응하여 대부대귀(大富大貴)하여 진명천하(振名天下)할수가 있는 것이니 이 정신기(精神氣)가 사주상에 중추적(中樞的)인 역활을 하게 된다.

② 희신(喜神) 기신(忌神) 구신(仇神) 한신(閑神)

○ 희신(喜神)은 用神을 생조(生助)하는 六神이 되고

격국용신

○ 기신(忌神)은 用神을 극파(剋破)하는 六神이며
○ 구신(仇神)은 喜神을 극파(剋破)하는 六神이며
○ 한신(閑神)은 아무 이해관계가 없는 예(例)를 들면 甲木이 용신이면 甲木을 생하는 水는 희신(喜神)이 되고, 甲木用神을 극제하는 金은 기신(忌神)이 되고 甲木用神을 생하여 주는 水를 극파하는 土가 구신(仇神)이며, 그외의 火는 한신(閑神)이다.

다시 말하면 한신(閑神)은 용신을 생하거나 극하는것이 아니므로 원래 사주의 길흉에 아무런 영향을 주지 아니한다. 그러나 대운이나 세운이 용신을 파극하고 희신이 용신을 보호하지 못할 때 한신이 대운또는 세운을 억제하거나 합이 되어 희신으로 변경시키거나 해가 없도록 만드는 역활을 할때가 있다. 이때에 한신은 희신의 역활을 하게 된다.

③ 유정 무정(有情 無情)

사주가 유정하면 일간(日干)의 정신이 왕성해져서 귀격이 된다.

그러나 일간과 용신이 접근해 있지 아니하더라도 서로 유정한 경우가 있다. 즉 용신이 일간과 멀리 떨어져 있다고 하더라도 다른 육신이 용신과 합이 되어 그 육신도 용신으로 化한 경우와 사주에 희신이 없고 한신과 기신만 있는 경우 한신과 기신이 합이 되어서 희신으로 化하는 경우가 있다.

예를 들면

① 사주의 용신이 丙火일경우 丙火는 시천간(時天干)에 壬水가 年干에 丁火가 있어 丁壬으로 간합(干合)하여 木으로 化(化)해서 丙火를 생각할때이다.

② 사주의 용신이 庚金인데 이것이 年干에 있어서 日干과 멀리 月干에 乙木이 있으면 서로 干合하여 金으로 化(化)해서 日干에 가깝게 오게 된다.

③ 또한 日干의 용신이 丙火이나 이것이 사주에 없고 癸水가 있을때 戊癸가 합화(合化)하여 火로 되며 사주의 용신이 된다.

③ 그리고 日干의 용신이 金이나 연지(年支)에 酉金이 있어 용신이 멀리 떨어져 있을때 日支에 巳火가 있으면 서로 합하여 기신(忌神)인 巳火가 金으로 化(化)하게 될 뿐만 아니라 年支의 酉金을 日干에 접근시키게 되면 더욱 아름다운 명조(命造)로 화하게 된다.

귀격(貴格) 사주는 용신이 건왕(健旺)하여야 하는데 용신이 일주와 접근할수록 그 작용하는 힘이 강하여 유정이라 하고 멀리 떨어져 있는것을 무정이라고 한다.

41

④ 기반 (羈絆)

사주상 간합(干合)이 있어 그것이 희신으로 화하면 재해가 그치지 아니한다. 사주상 간합(干合)이 있어 그것이 희신으로 화하면 명리(名利)가 뜻과 같고 기신으로 화하면 재해가 그치지 아니한다.

그러나 합이 되었으나 희신이나 기신으로 화하지 못한것이 있나. 이때 합이되어 두 두中에 음간(陰干)은 그 작용을 하지 못하겠 된다. 이를 이름하여 기반이라하며 이 기반된 干은 그 본래의 오행으로서의 사명을 망각하고 합을 탐욕한것인데 이와 마찬가지로 사주중의 용신 또는 희신이 기반이 되면 그 사주의 숙명도 한평생 큰 일 한번 못해보고 무위도식으로 한평생을 보내게 된다.

⑤ 중화 (中和)

사주가 중화를 잘 이루게 되면 부귀와 영화를 누리며 인간 오복을 갖춘 사람이다. 대개의 사주는 오행이 중화되지 아니하여 신약이나 신왕에 이르거나 또는 용신이 부족되거나 한데 이런 사주는 용신과 화합되는 운을 만나면 길하나 일단 용신과 상반되는 운을 만나면 역경에 처하게 된다.

그러나 중화된 사주는 순운(順運)에는 크게 발전하고 역운(逆運)에도 평온하게 지낼수가 있다. 중화된 사주는 오행의 유통에 부족함이 없고 日干을 극루(尅漏)하는 육신과 생조하는 육신

이 서로 중화되어 형평을 이루고 있는것을 말한다. 즉 五行이 상생부절(相生不絶)로 주류무체(周流無滯)되는 것을 중화된 사주라고 한다.

⑥ 통관 (通關)

사주중에 왕성한 두 오행이 서로 대치하여 있어 그 어느것이나 억제하기 곤난한 경우 이를 서로 유통하게 하는 육신으로 용신을 삼는 경우가 있는데 이경우 그 용신을 통관지신이라고 한다. 가령 정재와 인수가 서로 대치하여 있을때 그 세력이 양립(兩立)하여 그 어느 하나를 억제시켜서 오행의 중화를 도모하기 어려울때 관살로 印하여 양자를 서로 유통시켜서 오행의 중화를 도모한다. 따라서 이런 경우 사주의 일반원칙과 달리 용신을 財生官生官印하여 양자를 서로 유통시켜서 오행의 중화를 도모한다. 따라서 이런 경우 사주의 일반원칙과 달리 용신은 관성이 되는 예다.

⑦ 조후 (調候)

사주상 음양의 조화를 조후라고 한다. 조후는 자연계의 천기및 기온과 마찬가지로 한난조습(寒暖燥濕)의 오행상 천간의 金水 즉 庚辛壬癸는 한냉하고 木火 즉 甲乙丙丁은 온난하다. 또 天干의 戊己는 한난 중간에 위치하고 지지의 금수인 申酉亥子는 습(濕)하고 寅卯巳午는 조(燥)하다.

이를 계절별로 보면 추동절(秋冬節)은 한습(寒濕)하고 춘하절

격국용신

(春夏節)은 한난 조조(暖燥)하다.

이와같은 한난 조습의 기후조절은 다음과 같다. 사주전체를 관찰하여 과하게 한습하면 난조지기(暖燥之氣)가 필요하고 과하게 난조하면 한습지기가 필요하다.

이 원칙에 적합한 사주는 길하고 반대되는 사주는 복록이 부족하다.

따라서 사주가 과하게 한습 또는 온난할때는 억부병약(抑扶病藥)등의 원칙에 의하지 아니하고 위에서 말한바 있는 조후에 의하여 용신을 정하게 된다.

제3장 격국연습 (格局練習)

정관격 (正官格)

己丑
甲戌
己卯
戊辰

　己일주가 戌월 토왕 당절에 득령하고 간지 다섯개의 토가 도우니 일주가 고강하여 甲木으로 정관용신 한다. 그러나 甲木이 일주기토와 합하니 화기격이 될것이나 卯辰목국의 뿌리가 있어 화격이 되지 못하여 甲木으로 소토코져한다. 다행히 대운이 북동 水木으로 흐르니 아름다워 다복하였으나 비견겁이 많아서 부부궁이 불미하여 천추한이되어 살아가는 여명의 사주이다.

편재용인격 (偏財用印格)

癸酉
癸亥
己亥
丁卯

　亥월의 己토가 실령하고 월일지 亥수에 뿌리한 두 癸수가 투출하니 己土가 한습지에서 무력한 중에 시상에 丁화가 있어 용신으로 정하니 丁화가 무력하고 재성이 병신이 되어 있는데 다행히 해묘목국이 정화를 생하여 주니 아름답다.

그러나 초년금운에서는 용신이 무력하니 삼십년간 고생이 많았으며 남방대운 삼십년에 부귀를 누린 사주이다.

혹자 간지에 수기가 왕하고 亥卯목국이 일주를 극제하니 종재가 된다고 할것이나 만약 종재격이라면 금운에 대길 할것인데 어찌 금운에서 고생이 많았느냐는 문제를 생각하면 해답은 자명하다.

정재용관격 (正財用官格)

辛酉
己亥
己丑
甲子

　亥월 己토일생이 금수가 태성하니 물이 많아서 토가 조습하다 여명은 남편인 관성이 소중하니 甲목이 용신이 되는데 한점의 화기가 없어 조후를 하지 못하니 사주가 너무 한냉하다. 중년 壬寅 癸卯운은 한절에 약한 목이 왕함을 얻어 길하나 목이 성하면 토가 무너지니 목은 관성이 부목이 되는 형상으로 그 부군이 선원생활로

43

편재격 (偏財格)

해외로 떠돌아 다니니 공방생활을 하는 여명의 사주이다.

丙戌
己巳
己未
庚子

己土가 비록 子月이 약지라고는 하나 화토가 상왕하매 조후가 시급하여 자수재성이 용신이며 경금이 희신인데 병화는 기신이 된다. 금수가 길하고 화토운은 불길하며 甲午운에 금수가 상하면 흉할 것이다.

편재용겁격 (偏財用劫格)

乙亥
戊子
己未
乙亥

己土가 때를 잃고 재살이 태왕하니 신약하여 비겁 戊土로 용신한다. 초운 丙丁운은 부모의 덕으로 길하였고 申酉운은 제살하므로 생계가 유족하였으며 甲乙운은 구설수가 많았으며 巳午未 남방운은 용신이 득력하니 자수로 성가하였으나 사주원국에 화가 없으며 칠살을 제거하는 식신이 없으니 하나의 기술자에 불과한 사주다.

편재용인격 (偏財用印格)

壬申
癸丑

己일생이 丑月에 비록 득력하였다고는 하나 재살이 태왕하여 丁火로 인수용신 한다. 평생대운이 동남

정재용인격 (正財用印格)

丁卯
己亥
乙丑
癸丑

己일주가 亥卯 모국에 乙목 칠살이 투출되고 亥丑 수국을 놓으니 재살이 태왕하다.

고로 인수용신하니 남방 화운에서 부귀를 누리었으나 壬운에 용신丁火를 합거하면 불길할 것으로 본다.

상관조후격 (傷官調候格)

壬午
壬寅
庚子
庚辰

이 사주는 시상에 庚金비견이 있고 辰土가 생하여 주니 일주가 태약은 아니다. 한랭한 사주에 寅午화가 화국을 이루어 온기를 도우니 약신이 된다.

초년목운이 길하고 巳午丙丁未戌운까지 성공하였으며 申운은 기신이 되는 금수가 왕하며 길신인 화가 상하여 불길할 것으로 본다.

칠살용인격 (七殺用印格)

己卯

으로 흐르니 부귀를 누릴 사주이며 庚申운은 원신이 되는 목을 극제하며 기신이 되는 수를 생해주므로 불길할 것으로 본다.

격국용신

丁巳
壬寅
庚辰
丙戌

이 사주는 寅戌 寅辰 목화국에 丙화 칠살이 투출하고 丁巳화가 년간지에 투출하여 壬수가 투출하니 극설이 태심하여 일주가 허약하매 일지 辰토로 인수용신을 정하니 寅목이 병신이다. 戌운 丁未년 巳월칠살이 득세하여 일주를 극제하니 세상을 뜬 사주이다. 토금운은 크게 길하였으나 남방운은 불길하다.

식신제살격(食神除殺格)

丙寅
辛卯
庚戌
丁亥

이 사주는 목이 강하고 금이 약한데 丙화가 투출하여 辛금과 합기하니 길하나 丁화가 시상에 있고 寅戌화국이 있어 일주를 극제하니 화가 병이 되고 시지의 해수가 윤토생금(潤土生金)하는 약신이다. 壬癸辰운은 부유하였고 남방화운은 불길하였으며 申酉운은 비록 금운이나 丙丁화가 천간에 있어서 고생이 많았던 사주이다.

칠살제화격(七殺制化格)

辛亥
辛卯
庚子
丙戌

이 사주는 목이 강하고 두 辛금이 투출하고 亥子수가 있으니 금운이 시상에 있으나 수가 화해하는 길운이 된다. 寅운에 불길하고 己丑운부터 戊子운까지 가세가 흥왕하였으며 丁운은 득실이 반반이며 亥운은 대길하나 丙세가 흥왕하였으며 丁운은 득실이 반반이며 亥운은 대길하나 丙

상관제살격(傷官除殺格)

癸巳
丙辰
庚子
丁丑

토왕당절에 금일주가 巳丑금국에 辰토가 일주를 생하여 주니 신왕하여 관성이 용신이 될듯하나 丙丁화의 관살이 혼잡하므로 이를 극제하는 癸수가 용신이 된다. 동방목운은 불길하였으나 금수운은 대길하였으며 丁운이 불길하였다.

식신조후격(食神調候格)

丙辰
壬辰
庚子
辛巳

이 사주는 辰월 토왕당절에 득령은 하였으나 子辰 수국에 壬수가 투출하여 설기태심하고 사주원국이 금수로 한냉하다. 고로 조후하는 화가 용신이 되니 초년 목화운에서 부귀를 누리었으나 申운에 수세가 왕성하므로 설기가 심하여 신약하니 고생이 많았으며 戊戌운은 병신인 수를 막으니 재물을 모았으나 수운은 불길할 것으로 본다.

칠살용상관격 (七殺用傷官格)

丙午
癸巳
庚辰
丁丑

이 사주는 관살이 태왕한데 癸수가 辰丑암장에 착근하고 월상에 투출하여 관살을 제거하니 아름답다. 남방운은 불길하며 申酉운은 대길하고 戌戌운은 癸수용신을 합거하며 왕화가 입묘하여 인패와 재패가 많았으며 己운도 곤경에 처하였으나 亥운부터는 용신이 득세하니 아름다워 장수하였던 사주이다.

정관용인격 (正官用印格)

戊辰
丁巳
庚午
己卯

화왕당절 금일생이 戊己인수가 辰습토에 윤기(潤氣)를 얻어 왕화의 열기를 흡수해서 일주를 생하여 주는 용신이 된다. 庚申운부터 기발하기 시작하여 壬운까지 이름을 떨쳤으며 戌운은 퇴직하고 亥子丑운은 재물이 유족하였고 寅운은 불길할 것으로 본다.

편관제살격 (偏官制殺格)

甲午
辛未
庚午
丙子

午未화국에 목화가 투출하고 丙辛이 합거하니 이것이 거살유관격(去殺留官格)으로 길조인데 사주의 원국이 너무나 조열하므로 子수로 용신하여 조후하니 아름답다. 금수운에서 길하고 甲戌운은 목화가 상왕하여 칠살을 도와 일주를 극제하니 생불여사하였으나 북방수운에서 기발하기 시작하여 부귀를 누리는 사주이다.

건록용관격 (建祿用官格)

乙酉
甲申
庚申
丁亥

庚金일주가 고강하여 그 기세가 극왕하여 시상의 정화가 시지 亥에 있으니 무력하나 甲乙목이 생하여 주니 힘이 있어 용신으로 정하여 남방화운에서 복록을 누리었으나 庚辰대운에서는 용신이 무력하고 丑운에 왕한금이 입묘하니 불록한 사주이다.

건록용관격 (建祿用官格)

戊寅
庚午
庚申
戊戌

申월은 庚금의 기세가 당당하고 申戌금국에 토금이 투출하여 신왕한데 寅午戌화국이 왕한 금을 제련하여 그릇을 이루니 아름다워 재관이 용신이 되어 辛酉壬운은 불길하고 癸亥甲子운은 이십년간 부귀를 누리다가 辰운 주므로 평안하였고 丙寅운부터 癸丑년 申월에 세상을 떴으니 연구할 문제이다.

양인합살격 (羊刃合殺格)

격국용신

甲戌
癸酉
庚戌
戊寅

酉월에 양인을 얻고 酉戌금국에 토금이 투출하니 일주가 고강하다. 그리고 일시에 寅戌화국이 습한 한기를 제거하는 한편 寅중의 丙火와 酉중의 辛金은 관살혼잡에 용신 금이 상하니 불길할 것으로 본다. 이 丙辛으로 합하니 이것이 양인합살격인데 화가 지에 있으니 대격은 아니다. 초년 壬申대운은 빈한한 가정에 고생이 많았으나 출가후 남동 화목운에서 귀부인이 된 사주이다.

양인용관격 (羊刃用官格)

丁丑
己酉
庚子
庚辰

금일주가 酉월에 양인을 얻고 토금이 상왕하여 종혁격이 될듯하나 子辰수국 상관과 丁화가 투출하니 파격이 되고 사주가 너무 습지가 되어서 정화로 조후하는 용신을 정하여야 할것이나 뿌리가 없어서 무나 용신이 허약하다. 고로 수운은 불길하고 목운은 불길할 것으로 본다.

칠살용겁격 (七殺用劫格)

甲午
甲戌
庚申

갑목이 투출하니 화성토조(火盛土燥)가 되어서 일

丙戌
己未
庚午
庚戌

오월 화왕당절에 관살이 태왕하여 일주를 극제하니 의지할 곳이 없으나 다행히 년상에 己토가 투출하여 인수용신으로 정하니 이것이 살인상생격이다.

칠살용인격 (七殺用印格)

辛酉
甲午
庚子
丙戌

午월 패지인 경금일주가 오술화국에 목화가 투출하니 칠살이 태왕하여 辛금으로 비겁용신하다. 고로 용신은 년지酉에 록지가 되고 辛금이 丙화 칠살을 합거하니 아름답고 子수는 습기를 도우고 午화를 제거하니 더욱 좋다.

칠살용겁격 (七殺用劫格)

甲午
甲戌
丙戌

이 사주는 일지에서 申금에 록을 얻었으나 시상의 卯운에 화를 생하며 酉금을 충하니 손재가 많았으며 寅운은 금의 절지가 되고 寅午戌 화국이 되어 일주를 극제하매 대장 질환 병화 칠살이 午戌화국에 뿌리를 하고 년월상에 두

47

으로 세상을 뜬 사주이다.

인수용관격 (印綬用官格)

癸酉　未月의 庚金일주가 비록 때를 잃었으나 辰酉금국에
己未　己未土가 있으니 신왕하여 午화로 용신을 삼는데
庚辰　동남화운은 용신이 득력하니 대발하였으며 亥丑운은
壬午　수토가 왕하여 화를 상하니 불길하였을 것이나 용신을

충극하므로 불길하다. 그리고 월건에 천을귀인으로 일주를 도
우니 형제덕이 후중하며 庚일주에 辰未는 고장(庫藏)이니 목이
투출하였다면 큰 부자가 되었을 것이나 목의 투출이 없어서 다
만 유족한 생활을 하였을 뿐이다.

칠살용인격 (七殺用印格)

癸巳　戌월 토왕당절에 庚금일생이 壬癸수가 투출하고 시
壬戌　지에 있으니 이것이 극설이 교가라.
庚子　고로 강화위약이 되어서 戊토 인수가 용신이다.
辛巳　대운이 평생 서남 금화운으로 흐르니 가세가 번창하

였는데 이는 용신이 상함이 없는 연고이다. 그러나 재관인 三
奇가 천간에 투출이 없으므로 귀는 없으며 卯운이 불길할 것으
로 본다.

상관용인격 (傷官用印格)

癸亥　亥월 庚금일생이 본래 약지인데 亥子수국에 두癸수
癸亥　가 투출하니 설기가 태심하다.
庚子　수왕당절에 庚일이 종아가 되겠으나 寅중 丙화에 착
戊寅　근한 무토가 시상에 있어서 인수용신한다. 甲子乙

丑운은 온기가 미치지 못하여 집안이 풍요롭지 못하고 丙寅丁卯
戊운에 크게 발전하였으니 이는 목이 화를 생하고 화가 토를 생
하여 준 연고이다. 말년남방 화운에서는 용신戊토가 득세하니 부귀에 장수를 누릴
것으로 본다.

상관용재격 (傷官用財格)

戊辰　亥월 수왕당절에 설기태심하나 일지 申금이 록지가
癸亥　되며 戊己土가 투출되고 戊癸가 합하여 화를 이루
庚申　니 약함이 변하여 왕하여 시지의 卯목으로 용신하
己卯　여 상관용재격이다. 고로 금수목으로 설기하니 이

것을 兒又生兒라고도 한다.

동북운에 대발하였는데 이는 대운 천간에 丙丁화가 용신의 병인
금을 제거하여서 더욱 좋았던 것으로 생각되며 말년화운도 좋을
로 본다.

상관용인격 (傷官用印格)

乙丑
戊子
庚午
丁亥

이 사주는 천지가 한냉한데 亥子丑 수국을 놓으니 비록 丁화가 조후한다고 하나 일지 午가 子午로 상충이 되어서 불미하다. 고로 인수가 무기하여 용신으로 쓸수가 없어 戊토로 인수용신하니 乙목이 병신이 된다. 금수운은 불길하고 木운에 午未합으로 子午가 상충함을 구제하여 대길하였고 巳午운이 비록 길하나 癸壬수가 천간에 있어 丁화 희신을 극제하는 관계로 이것이 첩불봉춘화(蝶不逢春化)하고 한로(寒路)에 방추화격(訪秋花格)이 되어서 辰운도 불길할 것으로 본다.

상관용관격 (傷官用官格)

辛卯
庚子
庚午
辛巳

이 사주는 천간에 두 庚辛금이 있어 天元一氣격을 이루었으나 두子수에 설기하니 사주가 너무나 금수로 한냉하여 시지의 巳중 丙화관성으로 조후 용신하니 수가 병신이고 戊토가 약신이다. 동방 목운은 용신을 도우니 아름다우나 초운 금수운에서는 불길하고 丙丁운이 비록 길하나 지지가 申酉이니 불길하며 乙未甲午 癸巳대운 이후에 재물을 모았으며 壬辰대운은 왕수가 임묘하고 용신이 무력하여지니 세상을 뜰것으로 본다.

상관용관격 (傷官用官格)

丁亥
癸丑
庚子
丙戌

사주가 금수토 한냉하여 丙화로 해동함이 시급하고 丁화로 庚瑕金함이 절실하여 조후용신 한다. 그리고 辰운은 왕수가 입묘되어서 불길할 것이나 천간에 丙화가 있어서 무방하였으며 남방화운은 夫星인 용신巳화 관성이 득력하니 남편이 영달하였으며 庚申운 이후는 불길할 것으로 본다.

인수용칠살격 (印綬用七殺格)

丙申
辛丑
庚辰
辛卯

일주가 토금으로 고강하여 년상의 丙화가 辛금과 합하니 丙화가 무력하다. 고로 금토가 상왕하여 종이 되지 않으며 寅卯辰운이 길하겠으나 습기가 많아서 한냉하므로 고생이 많았으며 乙巳운은 칠살이 득력하여 정치인으로 발전이 있었고 丙午운은 대길하며 丁운에 辛금 용신을 극왕하니 太强則折이 되는 이치로 丙화칠살이 무력하여서 흉 용신을 도우니 길하나 지지가 申酉이니 불길하며 乙未甲午 癸巳대운 이비록 길하나 지지가 申酉이니 불길하며 乙未甲午 癸巳대운사한 고 이기봉씨의 사주이다.

전록용칠살격 (專祿用七殺格)

丙午
辛丑
庚申
戊寅

丑월 토왕당절의 庚금이 토금으로 일주가 태강하여 년상의 丙화로 조후용신하여 동남화운에서 용신이 득력하여 매사가 여의하였으며 丁대운에 병신으로 합하는 신금을 극제하니 병화가 칠살의 권력을 발휘하여 국회의원이 되어 이름을 떨쳤으나 戊申운 이후는 불길할 것으로 본다.

인수용관격 (印綬用官格)

壬戌
壬寅
辛酉
辛卯

금일주가 寅월에 무기하고 두 壬수가 투출하니 약할듯하나 인술암장에 무토가 있고 인술화국이 관인 상생이 되어서 종재가 되지 아니하고 寅중의 丙火가 조후용신으로 木火운에 대발하였다.

인수용상관격 (印綬用傷官格)

戊甲
丙辰
辛丑
辛卯

신왕한 사주로 丙화관성이 용신이 되겠으나 辛금이 있어 丙辛으로 합거하니 丙화가 무기하여 쓸수가 없어 신진수국 상관이 용신이다. 남방화운은 수기가 고갈되므로 고생이 많았으며 금수운에서는 가세

정재용인격 (正財用印格)

丁巳
甲辰
辛卯
庚寅

이 사주는 寅卯辰 木국에 甲木이 투출하고 丁화 칠살이 년상에 있으니 재살이 태왕하다 고로 월지 辰토 인수가 용신이 된다. 巳午未 남방화운은 불길할 것이나 辰토의 습기가 있어서 무방하고 戊申 대운부터 부군이 기발하기 시작하였으니 용신의 병인 목을 금이 극제하여 병신을 제거한 연고이다. 亥운에 병신이 득력하면 불길할 것으로 본다.

관살혼잡용관격 (官殺混雜用官格)

癸亥
丁巳
辛巳
丙申

辛금이 巳월에 무력하다고는 하나 丁癸 巳亥가 상충이 되어서 약화위강으로 巳와 관성을 능히 감당할 수가 있어 용신한다. 초운 동방목왕지에서는 부모의 덕으로 호강하였으며 금수운에서 대패하였으니 이는 용신이 무력한 연고이다. 이 사주를 잘못보면 신약 화왕할듯 하나 절기의 심천과 유정무정(有情無情)을 잘 살펴야 한다.

가 번창하였으나 戊운에 위장병으로 세상을 떴으니 이는 수토가 상극한 연고이다.

50

격국용신

전관용격 (專官用印格)

辛酉
辛卯
庚申
戊寅

금이 한습하여 寅중의 丙火가 용신이다. 그리고 대운이 평생 동남으로 흐르니 아름다워서 부귀를 누린 사주이며 申운 이후는 용신 寅목을 출발하여 불길하니 세상을 뜰것으로 본다.

정재용관격 (正財用官格)

癸酉
甲寅
辛酉
己丑

辛금일주 寅월이 약지가 된다고 하나 土금으로 일주가 왕하고 여자의 사주로 관성이 위주인데 寅중의 丙화의 관성이 조후하는 한편 비겁을 극제하여 주니 용신이 되어서 동남 목화운에서 귀부인이 되었으며 申운에 寅목을 충발하면 사망할 것으로 본다.

전록용편재격 (專祿用偏財格)

戊辰
乙卯
辛酉
戊子

辛일생이 비록 卯월에 약지가 되나 세토가 일주를 생하여주니 약화위강으로 월상의 乙목으로 용신을 정하니 이것이 식신생재격이 된다.

壬子 辛亥 대운에 상업으로 돈을 모았으나 庚운부터 기울기 시작하여 酉운에 세상을 뜬 여자의 사주인데 이는 酉금이 용신의 뿌리인 卯목을 충발한 연고로 본다.

전관용인격 (專官用印格)

壬子
癸卯
辛巳
戊戌

辛일이 卯월에 절지가 되며, 壬癸수가 투출하고 巳화가 극신하니 이것인 극설이 교가격으로 신약하여 戊토로 인수용신하는데 巳화가 희신이 된다 고로 남방 화운에서 재명(財名)이 유기(有氣)하였으며 申운에 퇴짐하였고 辛운은 희신 巳화를 충발하면 불길할 것으로 본다.

편재용인격 (偏財用印格)

甲寅
己巳
辛丑
甲午

辛일주가 巳월 화왕당절에 寅午화국을 이루고 두 甲목이 투출하니 재살이 태왕이다. 고로 丑토로 인수용신하니 초년 화운은 불길하고 壬申 癸酉 금수운에서 제살하는 한편 용신의 병인 목을 극제하니 자수성가 하였고 甲戌 乙亥운은 평길하였으며 子운은 금의 사지가 되므로 불길하다.

정관용인격 (正官用印格)

丁巳
丙午

午월의 辛금이 관살이 혼잡되어서 종살할 것이나 일지의 습한 丑토가 왕화의 기운을 흡수하는 한편

51

辛丑
甲午

일주를 생하여주니 사주의 정신이 丑토로 쏠리어 인수용신한다. 辰운에 결혼하고 癸卯 壬寅운은 병신인 목이 득세하니 불길하였으며 辛丑 庚子 己亥대운 금수지에 서 많은 재물을 모았으며 戌운은 왕화가 입묘하니 불길할 것으로 본다.

거관유살격 (去官留殺格)

壬戌
丙午
辛亥
丁酉

午월 왕화지에서 午戌화국에 丙丁화가 투출하여 관살이 혼잡이라 일주가 의지할곳이 없는데 다행히 亥수에 뿌리한 壬수가 년상에 투출하니 아름다워서 관살을 극제하고 조후하여 주무로 용신을 정한다. 초운 丁未운에서 고생이 많았으며 금수 서북운에서 용신을 도우니 성공하며 부귀를 누린 사주이다.

종살격 (從殺格)

甲午
辛巳
丁未
丁未

巳午未 화국에 두 丁화와 甲목이 투출하니 일주가 무력하여서 부득이 종살한다. 초년 丙午. 乙巳 대운은 부모덕으로 호강하였으나 甲辰대운 이후 평생이 불길하니 처자도 없이 기술가로서 방랑생활을 일삼는 사주이다.

가상관용정관격 (假傷官用正官格)

丙申
辛未
壬辰
辛亥

申월 辛금이 壬수가 투출하니 신약할 듯하나 두 土가 일주를 생하고 辛금이 투출하니 일주가 능히 火를 감당할 수가 있어 정관용신 한다. 고로 금수상관격에 亥未목국이 약신이 된다. 초운 乙未 甲午대운에 유존하게 성장하고 처덕이 있어 가정이 화평하니 일지 亥수가 재성 목의 장생지가 되는 연고이다. 사주의 원국이 순수하고 행운도 무해무덕하니 일생이 편한 사주이다.

편재용상관격 (偏財用傷官格)

乙亥
癸未
辛亥
甲午

未월의 辛금일주가 午未화국에서 甲乙목이 투출하니 사주가 극히 조열하여 상관으로 조후하는 한편 제살하니 바로 이것이 용신이다. 평생대운이 중년 丙 戌운을 제외하고는 길운이 되어서 부귀를 누린 여명의 사주이다. 丙戌운에서 부친상을 당한것은 원국이 조열한데 丙

상관용관격 (傷官用官格)

격국용신

己卯
壬申
辛丑
丙申

이 사주는 금수목화토로 사주가 오행상생상부절로 귀격이다. 또한 일주가 태왕하여 丙화로 정관용신을 정하니 평생 대운이 남동 화목 왕지로 흐르매 용신이 득세하여 아름다워서 관계에 발을 디디어 승진을 거듭하는 사주이다.

건록용칠살격 (建祿用七殺格)

辛未
丁酉
辛未
庚寅

酉월 辛금일생이 토금으로 일주를 생부하여 주니 신왕하여 丁화 칠살이 용신이다. 남방화운에서 기발하기 시작하여 관계에서 승진을 거듭하더니 癸운은 癸丁이 서로 충하나 지지에 巳화가 있어 무방하였으며 壬운은 용신 丁화를 합거하니 사직하였고 寅卯운은 길하고 丑운은 왕금이 임묘하여 불길할 것으로 본다.

건록용재격 (建祿用財格)

壬寅
己酉
辛亥
己亥

辛일주가 酉월에 득록하고 두 己토가 투출하여 일주를 생하여 주니 신왕하여 년상의 상관壬수 상관용신하고자하매 두己토가 수를 극제하므로 쓰지 못하고 寅목으로 용신하니 이것이 식신생재격이다. 고로 수목 북동운지에서 대발하였으며 巳운은 희신 亥수를 충발

인수용칠살격 (印綬用七殺格)

丁卯
庚戌
辛卯
戊子

辛금일주가 토금으로 상왕하여 년상의 丁화 칠살로 용신하니 토금운은 불길하였고 남방화운에서 용신 칠살이 득세하니 크게 부귀를 누리었으며 壬운은 용신 丁화를 합거하면 불길할 것으로 본다.

전록용정관격 (專祿用正官格)

庚午
丙戌
辛酉
辛卯

戌월 토왕당절의 辛금일주가 일지 酉금에 전록이 되고 庚辛금이 투출하니 신왕하여 월상 丙화로 정관 용신하니 午戌화국을 이루어 용신이 건왕하다. 고로 卯목이 생화하는 원신이 되는데 卯酉로 상충됨이 흠이 된다. 戊子己丑운은 불길하고 목화운에서 큰 재물을 얻었으며 辛운은 용신을 상충하고 용신의 뿌리가 되는 戌을 상충하여 처辰운은 辛금이 酉금과 합거하니 壬궁이 불길하였던 사주이다.

상관용관격 (傷官用官格)

丁卯

亥월 수왕당절에 癸수가 투출하니 설기태심에 한냉

辛亥
辛亥
癸巳

이 극심하여 년상의 丁화 칠살로 용신하니 亥卯목 국이 희신이 된다. 신운은 한습하여 처궁에 액이 많았으며 丁未운부터 기발하기 시작하여 남방화운에서 승진을 거듭하여 부귀를 누린 사주다.

시상일위귀격 (時上一位貴格)

癸巳
辛亥
癸亥
辛丑

금일주가 亥월에 두 癸수가 투출하니 설기가 태심하여 이것이 모쇄자왕으로 일주가 허약한데 다행히 酉丑금주의 뿌리가 있어 종아를 면하고 丁화칠살이

丁酉

시상에 있어 조후용신하는데 亥중의 甲목이 있어 희신이 된다. 초년 금수지에서 고생이 많았으며 남방화운에서 용신이 득력하여 크게 부귀를 누리었으며 辰운은 극히 불길하였다.

정관용겁격 (正官用劫格)

甲子
甲子
辛巳
庚寅

辛금일주가 子월에 출생하여 설기태심하나 일지에 천덕귀인이 있고 丙화가 조후하며 甲목 재성이 寅에 록을 얻으니 귀조이다. 그러나 사주원국이 극설뿐이므로 庚금으로 비겁용신한다. 庚辰辛巳 대운에 용신이 득세하매 부귀를 누리었으며 巳운은 일주의 장생지가

종아격 (從兒格)

壬子
壬子
辛酉
癸亥

수왕당절에 두 壬癸수가 투출하니 수세가 왕양하여 부득이 일주가 의지할 곳이 없어 왕희순세로 종아격이 분명하다. 초년癸운은 순세가 되니 더욱 좋았으며 癸亥 왕수가 입묘하는 중에 戊戌년에 년운도 상충이 되고 토가 왕수를 극제하니 왕기가 역세하여 세상을 뜬 사주이다.

칠살용인격 (七殺用印格)

甲午
丁丑
辛巳
甲午

丑월. 토왕당절에 목화가 투출하니 화기가 염열하여 강화위약격이 되어서 丑토로 인수용신한다. 辛巳 토금 운에서 용신이 득력하고 庚辛금운은 병신인 두 甲목 병신을 극제하니 午운부터 왕화 관살이 득세하니 손재를 거듭하다가 丙운에 칠살이 득력하는 한편 왕화가 입묘하매 세상을 뜬 사주이다.

격국용신

편재용인격(偏財用印格)

己酉
丙寅
壬戌
甲辰

壬일주가 寅월에 甲목이 투출하니 설기가 극심한데 寅戌화국에 丙화가 투출하고 세토가 있어 재살이 태왕하다. 고로 양간이 되어서 종이 되지 않고 년지 酉금으로 인수용신한다. 고로 丙화가 기신이며 壬운부터 기신 丙화를 극제하니 기발하기 시작하였으며 토금운은 대길하였고 申운도 길하나 未운부터 남방화운은 불길할 것으로 본다.

식신용편재격(食神用偏財格)

甲申
丙寅
壬寅
辛丑

寅월에 한기가 아직 짙은데 금수가 투출하니 일주가 약하지 않으나 사주원국이 한냉하여 습지로 되니 조후가 시급하여 丙화로 조후용신한다. 戊辰운은 고생이 많았으며 己巳운 남방 화왕지에서 용신을 도우니 길하고 庚辛금이 甲목을 쪼개서 화를 생하니 더욱 좋았으며 辛운은 丙화 용신을 합거하여 손재가 많으므로 혀 申운은 용신의 뿌리가 상하니 불길할 것으로 본다.

시상편재격(時上偏財格)

壬申
癸卯
壬辰
丙午

卯월에 비록 壬일주가 실령은 하였다고 하나 두 申금에 壬癸수가 투출하니 약화위강이 되어서 사주가 한냉하매 조후가 시급하여 시상의 편재인 丙화로 용신을 정하니 남방화운은 대길하고 申운 이후는 불길할 것으로 본다.

癸卯
壬辰
庚子
壬辰

에 壬癸수가 투출하니 윤하격을 이루나 卯목이 있으니 때를 잃은 윤하격이다. 초년 辰운에 왕수가 이묘하며 일곱살때가 되어 역세(逆勢)하므로 부모의 화가 많았으며 남방화운에서는 수화상전이 되어서 불길하고 戊운에 관재가 많았으니 종격이 분명하다. 申酉庚운에 용신이 득력하여 비록 길하나 좋은 격이 되지 못한다.

지전일기종살격(地全一氣從殺格)

戊辰
丙辰
壬辰
甲辰

辰월토왕 당절의 壬일주가 화토목이 투출하니 재살이 태왕하여 일주가 의지할 곳이 없으니 부득이 종살한다. 그러니 종격에 甲목이 병신이다. 火토운에서는 대길하고 금운에서는 병신 甲목을 극제하니 약운이 되어서 더욱 좋았으며 甲운은 병신이 득세하니 불길할 것

윤하격(潤下格)

壬申

壬일주가 卯월에 실시하였다고는 하나 申子辰수국

으로 본다.

만약 사주의 식신이 제살한다고 甲목을 용신으로 보아서는 큰 오류를 범하기 쉽다.

식신용겁격 (食神用劫格)

丁卯
甲辰
壬辰
丙午

壬일주가 辰월 토왕당절에 출생하여 그 기세가 쇠갈하니 혼탁한 물이 되는데 丙丁화가 투출하니 이것이 재살이 태왕이라. 고로 辰중의 癸수가 비겁 용신이 된다. 辛丑운부터 상업에 종사하여 辰子운까지 계속 발전하였으며 己亥운은 평길하고 戌운은 辰戌로 상충하니 수가 용신이 되는 뿌리인 辰을 충발하고 천간의 戊토가 일간을 극제하여 돌록지객이 된 사주이다.

편재용인격 (偏財用印格)

庚午
辛巳
壬戌
乙巳

巳월에 壬수가 절지가 되고 巳午화국을 놓고 화토가 상왕하니 인수庚금이 용신이다. 동방목운에 출가후 고생이 많았으며 丁운에 정인 辛금을 극하니 부모상을 당하였고 丑운은 습토가 되어 왕화를 흡수하며 丑토가 금을 생하여 주니 남편이 크게 치부하였으며 丙운에 辛금을 합거하면서 손재가 많았다. 亥子운 이후는 길운이 없는

사주이다.

이는 용신이 설기하고 무력한 연고로 본다.

편재용인격 (偏財用印格)

乙丑
壬寅
辛巳
丙午

壬일생인 巳월에 무력한데 寅午巳丙이 간지에 있으니 일주의 기세가 심히 약하다. 고로 辛금이 사축에 뿌리를 얻어 일주를 생하여 주니 용신이 된다. 申酉대운에 대길하고 丙운 壬子년에 상부하였으니 이는 용신 辛금을 丙화가 합거하고 巳丑금이 子년에 원인이 되며 일지가 寅이니 용신이 절궁이 되어 불길한 징조가 내포된 연유이다.

칠살용인격 (七殺用印格)

癸酉
戊午
壬戌
乙巳

壬일생인이 화왕당절에 출생하여 화토가 많은 중에 戊토 칠살이 일주를 극제하고 자좌살지가 되어서 일주가 태약한데 다행히 癸수가 칠살인 戊토와 합살하며 己酉금국이 서로 떨어져 있으나 金이 국을 이루니 용신이 된다. 己未초운은 고생이 많았으나 庚申辛酉 금운에서는 용신이 득세하며 그 남편이 영달하였으며 壬戌운은 평탄하며 丑토가 금을 합거하면서 손재가 많았다. 亥子운은 금을 극제하는 화를 제거하여 좋았으나 寅운은 용신 辛금을 합거하면서 손재가 많았다.

양인용정재격(羊刃用正財格)

辛亥
壬子
甲午
辛亥

壬일생인이 午月에 약지가 되나 금수가 태왕하니 약한 수가 변하여 왕하여졌으니 오히려 주가 한냉하여 정재로 용신을 정하매 甲木이 희신이 되나 子午로 양인과 충이됨이 흥조이다. 동방목운은 수가 약하고 화가 생기가 나게되니 크게 길하고 己운에 희신 甲木을 합거하니 재물의 손재가 많았으며 子운에 약한 용신 午火를 충극하니 세상을 뜬 사주이다. 이와 같이 화왕당절의 왕신이 극제당함이 태과하면 오히려 재화와 고액이 중하게 된다는 것을 예시하였다.

신왕용재격(身旺用財格)

庚子
癸未
庚午
壬申

未月의 壬일생이 午未火局을 놓아 비록 화기가 열할때라고는 하나 금수가 태왕하여 약한 일주가 도리어 왕하여 져서 년지의 午火가 용신이다. 년운은 평길하고 丙戌운에 태양이 밝으니 승진을 거듭하고 亥운에 용신 午火가 절지로 되며 癸丑년에 월건을 충하니 사직하였던 사주이다.

편재용인격(偏財用印格)

庚午
癸未
壬戌
丙午

壬일생이 未月 토왕당절에 무력한중 화토가 태왕하니 종재하여야 할것이나 戌中辛金에 뿌리한 庚金이 있어 인수용신한다. 申酉大운은 용신을 도우고 일주가 생을 얻어 크게 길하고 丙戌운은 재살이 태왕하여 용신이 무력하여 가문을 망하다 시피 하였고 丁운도 불가되고 화가 장생지가 되니 불길할 것으로 본다.

윤하격(潤下格)

癸丑
壬辰
庚申
癸丑

壬일수가 금수가 태왕하여 윤하격을 이루고 辰土가 있으나 수국으로 화하고 丑土가 있으나 습토로 양지 금토가 되어서 금을 생하여 주니 수기가 상함이 없는데 대운이 왕희순세로 크게 길한 운명이다. 그러나 말년 甲乙목이 있으니 왕수가 서북지로 흐르고 천간에 辰운에 왕수가 입묘하면 불길할 것으로 본다.

인수용칠살격(印綬用七殺格)

癸丑

申月 壬일아 본래 신왕인데 네금에 두토가 있어 토건을 충하니 사직하였던 사주이다.

庚申
壬申
戊申

　금수로 상생을 이루니 일주가 태강하여 戊土로 용신을 정하니 이것이 살인 상생격으로 아름다우나 약한 戊土용신이 금수를 감당하지 못하여 대격이 되지 못한다. 남방화토 사십년에 부귀를 누리었으나 이는 용신이 득세한 연고이며 乙운에 戊土가 극제 당하니 퇴직하고 癸운에 용신 戊土를 戊癸로 합거하면 사망할 것으로 본다.

인수용재격 (印綬用財格)

庚申
癸酉
壬申
乙巳

　壬일주가 금수가 태왕하니 종강격이 되나 이 사주는 금수목화토로 수기가 잘돌기 때문에 巳중의 丙화로 조후용신하여 남방화운에서 다복하였고 辰운은 왕수가 입묘하는 한편 용신이 무력하니 불길은 머 寅卯 목운은 대길이며 丑운 역시 왕금이 입묘하고 용신이 금국으로 변하니 재난이 많았던 사주이다.

인수용관격 (印綬用官格)

庚戌
壬申
己酉
壬辰

　壬일주가 酉월에 득령하고 세土가 세금을 생하고 다시 금이 일주를 생하니 이것이 살인상생격이다. 고로 여자의 사주는 관성을 위주로 하기 때문에 己土로 용신하니 土를 생하는 화가 없어서 용신이 무

력하고 사주의 원국이 한냉하다. 그러나 대운의 흐름이 좋아서 오십세까지는 동리에서 갑부로 다복하였으나 己土관성을 합거하니 지지의 辰土는 辰酉合으로 용신을 도울수가 없으며 戊土는 왕금을 생하는데 정신이 팔려서 용신을 도우지 못하는 형상이 되어서 세상을 뜬 사주이다.

신약용겁격 (身弱用劫格)

甲子
甲戌
壬午
甲辰

　戌월이 비록 수진기시절이라고는 하나 午戌화국에 세甲목이 투출하여 양기성상격(兩氣成象格)에 극함을 정한다. 초년 亥子수운은 부모덕으로 유족하게 성장하고 다복하였으나 丁丑운 이후 대운이 불길하니 일정한 직업이 없이 돌아다녔더니 辰운에 이르러서 왕금의 고장을 충발하니 戊土가 뛰어나와 일주를 극제하여 세상을 뜬 사주이다.

인수용칠살격 (印綬用七殺格)

辛酉
戊戌
壬申
己酉

　壬일주가 戌월에 약지가 되어 관살이 혼잡이나 세土는 세금을 생하고 화가 없으니 왕한 칠살이 도리어 약하게 되었다. 초년 대운은 丁酉丙申으로 금화가 반반이 되어서 평길하고 巳午未 남방화운은 재물

건록용편재격 (建祿用偏財格)

戊寅
癸亥
壬子
丙午

壬일생이 亥월에 건록을 얻고 일지 子에 양인을 얻은중에 癸수가 투출하니 수세가 왕양하여 일주가 태강하여서 년상의 戊토로 왕한 물을 막고자 하나 寅亥 목국이 戊토를 극제하니 비록 子午로 상충된다고는 하나 그 丙화로 조후용신을 정하니 亥子수국을 이루고 亥수는 다시 寅亥목국으로 그 火국을 이루고 천간 戊토는 戊癸합을 이루며 일간 壬수는 午중의 丁화와 丁壬으로 합을 이루어 시상의 丙화와 丙壬상충을 해구하였으며 사주가 유정하여 모든 충함을 막았다. 그리고 대운의 흐름이 丙寅대운이후 동남으로 흐르니 아름다워서 부귀를 누린 사주이다.

건록용상관격 (建祿用傷官格)

甲戌
乙亥
壬寅
庚子

亥월 수왕당절이 壬일생이 亥子수국에 庚금 인수가 투출하니 일주가 고강하나 사주원국이 한랭한 중에 寅戌화국에 甲乙목이 투출하니 조후를 겸하여 아름다워서 甲乙목으로 상관용신하니 가상관격이다.

甲운에 용신이 득세하여 부귀격이나 재성의 투출이 없으니 대부격은 되지 못한다.

寅卯운에 용신이 득세하여 부귀를 누리었으나 庚금병신인 庚금이 득세하였든 사주 수목가상관격에 병신인 庚금이 득세하니 크게 불길하였던 사주이다.

양인용편재격 (羊刃用偏財格)

丙午
庚子
壬辰
庚子

子월의 壬일이 수세가 왕한중에 두庚금이 일주를 생하여 주니 일주가 고강하다. 사주원국이 너무 한냉하여 丙화재성이 조후용신이 되겠으나 子午로 상충됨이 병이고 목이 없어 통관을 이루지 못함이 아섭다.

壬寅 癸卯 甲乙운은 왕수를 목으로 설기하여 화를 생하여주니 자수성가 였으며 巳丙운은 약한 재성이 왕함을 얻어 길한듯하나 비겁이 재물로 싸우는 형상으로서 재물의 손재가 있으며 또한 처첩으로 인하여 재난이 많았다.

午운 壬子년에 양인이 세운과 상충하여 세상을 뜬 사주이다.

이 사주는 수화상극에 목의 통관이 없어서 불길하였던 사주이다.

양인합살격(羊刃合殺格)

戊戌
　금수로 일주가 태왕하여 戊土로 용신하여 왕수를 막고자하나 양인 子수가 월일시지에 용신이

甲子

壬子
　허약한데 甲목이 있어 병신이며 다행히 庚금이 있어 甲목을 극제하여 약신이 된다. 乙운 丙辰년에 병신이 득세하니 부친상을 당하고 丁卯운은 길하였으나 卯운은 천간의 戊운도 좋았다.

庚子
　辰운중 壬申년 申월에 사망하였으니 이는 수왕토붕(水汪土崩)하였던 원인이다. 만약 이 대운을 잘 지냈으면 삼십대운에 부귀를 누리었을 것이나 이것이 사람의 팔자소관이니 애석한 일이다.

칠살조후격(七殺調候格)

壬申

癸丑

壬午
　丑월 壬일생이 본래 약지가 되나 금수로 태왕하니 조후가 시급하여. 午중 丁화로 정재가 용신인데 목화의 도움이 없어 조후가 못되어 관성을 생하지 못하므로 한습함이 병이 된다. 초년 금수 북서운에서는 고생이 많았으며 戊巳운은 길하고 申酉운에 불길할 것이나

戊申
충파가 없어서 무방하고 丁未 丙午 乙巳 말년운 삼십년이 평생에 걸쳐 길한운이니 크게 부귀를 누릴 귀부인의 사주이다.

귀록용식신격(歸祿用食神格)

辛酉
　丑월이 비록 약지라고는 하나 금수로 일주가 고강하여 丑토로 용신이 되겠으나 부득이 일지의 寅목으

辛丑
로 식신용신을 정하니 寅亥목국을 이루어 巳亥금국이 되고 습기하는 힘이 있으니 더욱 아름답다. 동방목운에서

壬寅
무력한 용신이 득력하며 큰 재물을 모았으며 巳운에 기신이 병신인 辛금의 장생지가 되어서 용신목을 극제하고 寅巳로 형이 되어 용신의 뿌리가 없어지는 형상으로서

辛亥
불길할 것이나 乙목이 巳위에 앉아 있어서 큰 액은 면하고 午운은 용신을 충극하니 세상을 뜰것으로 본다.

신왕식신격(身旺食神格)

辛亥

庚寅
　寅월의 癸일생이 약지가 되나 자양지금축토에 뿌리한 庚辛금이 두출하여 일주를 생하여주니 신왕하

癸丑
다. 고로 庚辛금이 병신이 되는데 寅중의 丙화 庚辛금을 극제하는 약신이며 희신이다. 남방화운에서 병신 庚辛금을

乙卯
을 극제하는 약신이며 회신이다. 이것이 약화위강격으로 시상의 乙목식신으로 용신한 이것이 약화위강격으로 시상의 乙목식신으로 용신한 극제하니 자수성가하였으나 부귀를 누리지 못하였음은 상관격

격국용신

에 인수가 투출하고 丙화가 암장된 연고이다. 申운 癸丑년 巳월에 세상을 떴으니 이는 이 사주의 정신인 寅목을 충극한 연고이다.

상관용재격 (傷官用財格)

壬午
壬寅
癸卯
癸亥

癸일주가 寅월에 실령하고 亥卯 寅午 목화국을 이루니 설기 태심하여 신약일듯하나 시지亥수에 뿌리한 두 壬수와 癸수가 투출하니 약화위강이다. 고로 寅중의 丙화로 용신을 정하니 상관용재격을 귀기한 사주이다.

평생대운이 동남목화운으로 흐르니 대운이 아름다워서 부귀를 누리었으나 戊申대운 이후는 운정이 불길할 것으로 본다. 이 사주는 형충파해가 없고 사주와 대운이 순수하여 일생에 걸쳐서 재난이 없는 사주다.

상관용겁격 (傷官用劫格)

甲寅
丁卯
癸巳
壬戌

癸일이 卯월에 무기한중 목화토가 있어 일주가 심히 약하니 시상의 壬수로 비겁용신한다. 고로 이 사주는 재관쌍미격도 되는데 한점의 금이 투출되지 않았으니 귀격은 되지 못하고 평생서북 금수운으로

상관용인격 (傷官用印格)

甲戌
丁卯
癸巳
庚申

卯월의 癸일생이 때를 잃고 일지巳에 목화토가 있으니 일주가 태약하다. 다행히 庚 금인수가 시간지에서 일주를 생하여 주니 용신이다. 丙寅乙운은 고생이 많았으며 丑운부터 기기 시작하였는데 이는 재성을 제거한 연고이다.

양간부잡용재격 (兩干不雜用財格)

癸酉
丙辰
癸丑
癸亥

癸일주가 화왕당절에 약지가 되나 酉丑금국에 亥수에 뿌리한 세癸수가 투출하니 弱水反旺으로 일주가 태왕하다. 고로 사주가 한냉하여 丙화 조후 용신하나 화의 뿌리가 없으며 목기가 없어 丙화를 통관하지 못하니 수화가 상극이다. 그러니 종도 되지 않고 행운도 불길하다. 초년 乙卯 甲寅 동방운에서는 부모의 덕으로 호강하였으나 癸丑대운 이후부터 오십년간이 용신을 극제하는 대운이여러가지 재난과 처와 생별 사별을 거듭하고 고생만 하다가 세상을 뜬 사주이다.

신약용인격 (身弱用印格)

癸酉
丙辰
癸卯
丁巳

辰月의 癸日생이 본래 무기한데 자좌 卯목에 설기하고 丙丁화가 투출하니 일주가 무력한데 다행히 辰酉 金국에 착근한 癸수가 투출하였으나 일주가 약하여 酉금으로 인수용신한다. 고로 북방수운에서 용신의 병인 화를 제거하여 사업에 성공하고 처덕이 있어 내조 앞으로 금운이 계속 좋을것으로 본다.

를 잘하며 앞으로 금운이 계속 좋을것으로 본다. 앞의 사주는 신왕재약으로 금수운에 길한것이나 이 사주는 신약 재왕격이 되어서 비견과 인수운에 길한것이였으니 일지의 경중과 그 출생 절기의 깊고 낮음이 중요하다는 것을 실증한 예이다.

정재용겁격 (正財用劫格)

壬戌
乙巳
癸未
丙辰

癸일주가 巳월에 절지가 되고 화토가 태왕하니 관살이 태강하고 재다신약이 되어서 비겁으로 용신한다. 고로 申운부터 기발하기 시작하여 庚운에 중역이 되었으나 대운이나 세운은 지지가 중하므로 천간에 戊己토가 있어도 큰해는 없다. 戌운은 일주의 뿌리인 고장 辰토를 충발하니 불길하고 亥子운은 길할것으로 본다.

칠살용인격 (七殺用印格)

己未
己巳
癸未
庚申

巳月 화왕당절에 巳未화국을 이루어 화기가 염열한데 두 己토가 투출하여 일주를 극제하니 관살혼잡으로 종살하여야 할것이나 다행히 申중의 壬수로 뿌리를 내리고 庚금이 투출하여 토, 금, 수로 살인상생격을 이루어 아름다워서 용신 庚금으로 인수용신한다. 초년 남방운에서 고생이 많았으며 乙운에 불길할 것이나 한신 己토와 합거하니 흠이 없었으며 용신 壬申 癸酉 庚금과 상충하여 신인 庚금을 합거하여 재물의 손실이 있었으나 큰해가 없고 말년이 길하다.

거관유살격 (去官留殺格)

癸丑
戊午
癸亥
己未

午월의 癸수가 약지가 되고 午未화국에 己토가 투출하니 재살이 태왕하다. 그러나 다행스러운 것은 월상의 戊토가 戊癸로 합거하니 이것이 거살류관격으로 아름답다. 그리고 癸수는 자좌 亥수를 얻은중 亥丑수국을 이루고 癸수가 투출하니 약한곳에서 도리어 왕하여지니 亥未복국으로 상관용신한다. 초년 丁巳 丙辰운은 고생으로 세월을 보내고 동방목운에서는 용신이 득력하니 부귀를 누리었으며 말년 북방수운도 대길할 것이으로 본다. 이 사주는 사주원국에 금이 있었더라면 癸수가 맑아 서 귀인이 되겠으나 한점의 금이 없어 탁수가 되므로 상업으로 서 성공하였으나 대부는 되지 못하였다. 고로 사주의 청탁의 중요성이 이와같다는 것을 예시하였다.

무계합화격 (戊癸合化格)

癸巳
戊午
癸卯
戊午

午월에 실시한 癸수가 무력한데 戊癸로 각각 합하고 지지의 巳午화에 卯목이 생화하니 이것이 종화격이다. 삼람이 총명하나 대운이 사절지로 흐르고 도화살인 午가 둘이나 있으니 일찍부터 역경에 서 허덕이고 평생이 천한직에 종사하며 고생이 많았다. 만약 이 사주가 동남으로 대운이 흘렀더라면 부귀를 누릴것인데 대운 이 서북으로 흐르니 빛좋은 개살구격이 되었던 연고이다.

편재용인격 (偏財用印格)

丁未
丁未
癸酉
丙辰

未월 염천에 癸일생이 화토가 승왕하여 일지 酉금 으로 인수용신을 하는데 다행히 辰토가 있어 辰酉 금국을 이루고 왕화의 秀氣를 누출시키니 약신이다. 대운이 서북금수운으로 흐르니 평생의 運程이 아름 다워서 부귀를 누리었으며 戌운에 희신 辰토가 충을 당하니 재

물의 손재가 많았으며 수운에서는 용신의 병인 丙丁화를 제거하 여 더욱 좋아서 집안이 창성하였으나 동방목운은 왕화를 도우니 병이 중하여 불길할 것으로 본다.

편재용인격 (偏財用印格)

壬申
丁未
癸酉
甲寅

丁월의 癸일생가 무력한데 화토가 승왕하여 일지酉금 으로 인수 용신하는 바 그 토가 인수를 생하여 주니 이것이 살인상생격이다. 고로 금수운에서 다복하였으며 수운도 약운으로 병 신丁화를 극제하니 더욱 좋아서 평생에 걸쳐서 부귀를 누린 사 주이다.

인수용재격 (印綬用財格)

己未
壬申
癸卯
丙辰

申월의 癸일생인이 申辰수국에 壬수가 투출하니 가 을물이 그 뿌리가 깊어서 신왕하다. 그러나 사주 원국이 한냉하여 시상의 丙화로 정재용신하는데 卯 未목국이 丙화를 생하여 주니 이것이 바로 식신생재 격이다. 평생대운이 남동으로 흐르니 아름다워서 부귀를 누린 사주이다.

양기성상용인격(兩氣成象用印格)

丙午　申月에 금기가 점점 상승하는 때라고는 하나 여섯

丙申　개의 화가 천지에 놓여 있으니 火의 기세가 고강

癸巳　하니 신금으로 용신하여 초년 酉운은 평길하고 戌

丁巳　운에 화의 기세를 도우니 화기가 염열하다. 고로 부

모형제가 큰 화를 당하고 부귀를 누리게 되었으며 寅운 戊申년 辰월 壬戌일

를 극제하니 亥子丑 북방수운에서 용신의 병인 화

에 화재로 세상을 떴으니 이것은 년월일시가 상충됨이요 寅巳申

삼형제 申금용신이 파한 연고로 본다.

癸亥
辛酉
甲寅　재물도 많이 모아서 보귀를 누리었으나 癸丑운이 불
癸亥
辛酉

인수용재격(印綬用財格)

癸丑　이 사주는 금수로 태왕하니 왕수의 기세를 목화로

설기코저 寅중의 丙화로 용신하니 조후를 겸하여 아

름답다. 戊午운부터 화가 승왕하므로 명에도 있고

길하다

윤하격(潤下格)

癸亥　酉월의 癸일생이 천지가 금수이니 일수가 고강하여

辛酉　양기성상격(兩氣成象格)을 이루어 아름답다. 고로

癸亥　왕수의 수기를 설기하고자 하나 亥중의 甲목이 무

력하니 윤하격이 된다. 평생 대운이 수목 북동으로

흐르니 순리가 되어 귀부인으로 그 이름이 사해에 떨치나 재복

은 없는 사주이다.

잡기재관격(雜氣財官格)

癸亥　癸일주가 戌월에 무력하나 酉戌금국에 壬癸수가 투

壬戌　출하였으니 약함이 도리어 왕하여져서 戌중의 재관

癸酉　이 용신이 된다. 그리고 사주원국의 국세를 보면

壬戌　형충파해가 없이 순수하여 아름다운데 초년 금운이

십년에서 고생이 많았으나 己未운부터 화토지에서 삼십오년간

용신이 득세하니 부귀를 누리었으나 辰운에 용신戌토를 충극하

면 불길할 것으로 보며 사주에 목화가 부족하니 고관은 되지못

한 사주이다.

인수용관격(印綬用官格)

癸丑　戌월의 癸일 약지가 되나 酉丑 酉戌금국이 일주를

壬戌　생하고 임계수가 투출하니 신왕하여 戌중의 戊토로

癸酉　관살용신하니 고로 이것이 관인 상생격으로 아름답

壬戌　다. 남방 화토운에서 치부하였으나 귀는 없었으니

거관용재격 (去官用財格)

이것은 정관격에 재성이 부족한 연고로 본다.

戊辰
癸亥
癸酉
丁巳

亥월 수왕당절에 辰酉금국에 癸수가 투출하니 신왕하다. 그러나 사주의 원국이 극히 한랭하여 조후가 시급한데 丁巳화가 시상에 투출하여 아름답다. 또한 관살이 혼잡이라고는 하나 戊토가 癸수와 戊癸로 합거하니 이것이 거관류살격으로 더욱 아름답다. 초년부터 삼십년간 金운에서는 거관류살격으로 고생이 많았으며 己운은 정관이 합하고 편관이 혼잡됨이니 상부하고 재혼하였으며 己未운부터 삼십년간 남방 화토운에서는 용신의 병이 되는 왕수를 극제하고 용신을 보강하여 큰 돈을 모았으며 辰운은 왕수가 입묘하니 세상을 뜰 것으로 본다.

윤하격 (潤下格)

壬申
辛亥
癸酉
壬戌

亥월 수왕당절의 癸수가 금수로 태왕하니 시지의 戌토로 정관 용신하여 왕한 물의 세력을 막고자 하나 戌토는 申酉戌금국으로 합세하여 도리어 수를 생하여 주니 용신을 쓸수가 없고 또한 음일주가 서 당연히 종강으로 윤하격이 되나 戌토가 병신이다. 초년 申

건록용재격 (建祿用財格)

癸丑
丙子
己巳
乙卯

子월에 癸수가 건록을 얻은 중에 子丑수국을 얻으니 일주가 약하지 않으나 엄동설한에 냉기가 심한데 다행히 丙화가 투출하여 巳에 뿌리를 하니 아름다워서 조후용신한다. 戌운에 군출신으로 癸酉운은 불길하고 壬운은 丙화가 보필(輔弼)을 얻어 승진하였으며 申운은 수왕화약하며 화를 생하는 목도 절이 되고 조후로 역활하는 巳화로 합하므로 퇴직하였으며 辛운도 丙화 용신을 합거하니 불길하며 남방운은 대길하다.

재살태왕격 (財殺太旺格)

丙辰
辛丑
癸丑
癸丑

癸일주가 丑월에 출생하여 월일시에 세丑과 辰토가 있으니 총살격도 될듯하고 癸丑일이 많은 축을 만나니 丑遙巳격도 될듯하나 진토관성이 있으니 丑搖巳는 안된다. 이네 토가 수기가 있어 습토이므로 종살도 아니한다. 년상 丙火가 월상에 辛金 인수를 합거하니 살왕신약격이다. 초년은 길하며 亥운에 출가하여 戊운에 부부간 이별하고 재혼하였으나 戌운에 또 이별하며 酉운에 다시 개가하였으며 未운에 상우하므로 상부하였으며 未에서 계속 불길할것으로 본다. 이와같이 생별 사별을 거듭한것은 관살혼잡에 癸丑이 관성 백호대살이 된 연고이다.

인수용재격 (印綬用財格)

丁巳
　금수에도 신왕하나 사주의 원국이 한냉하여 조후가 시급한데 년상의 丁火가 비록 약하나 巳에 뿌리가 견고하여 용신이 된다.

癸丑

癸亥

庚申
　금수운에서 생불여사로 천신만고끝에 살아났으며 말년 丁未대운에 도시 발전으로 조상의 유산인 전토를 팔아서 재물을 얻었으나 사주원국에 비견 비겁이 많으니 집안 친척들로부터 재물을 빼앗기고 평범하게 살아가는 사주이다.

건록용재격 (建祿用財格)

戊辰

甲子

壬寅

壬子
　甲일생인 寅월 목왕당절에 출생하여 寅辰목국에 子수에 뿌리한 두 壬수가 투출하여 일주가 고강하니 寅중의 丙火가 용신이 되겠으나 子수에 뿌리한 두 壬수가 투출하니 쓸수가 없어 시상의 戊토가 용신이

칠살용재격 (七殺用財格)

戊戌
　卯월의 甲일이 양인(羊刃)을 얻고 庚金칠살이 양인과 합살하니 희귀한 격인데 목왕금약하니 제살은 불가하고 재성으로 칠살을 도움이 길하다. 년상의 戊토가 착근하여 庚금을 생하여 줄듯하나 사주의 원국이 조하므로 조토가 금을 생하지 못하니 남방화운은 관재와 구설이 많았으며 庚申辛酉 금왕운에 영화를 누리었으나 크게 귀함을 누리지 못한 사주이다.

乙卯

甲午

癸卯

양인용상관격 (羊刃用傷官格)

　甲일이 卯월에 양인격이 되는데 卯辰목국에 수목이 투출하니 일주가 고강하여 일지 午화로 용신하여 왕목의 기운을 설기하는데 화의 투출이 없으니 대격이 되지 못한다.

戊辰

甲午

乙卯

壬수가 투출하니 쓸수가 없어 시상의 戊토가 용신이

격국용신

편재용상관격 (偏財用傷官格)

甲寅
戊辰
甲子
丙寅

辰月 청명절의 甲일주가 寅辰목국에 子辰수국을 이루어 일주를 생부하니 목의 기세가 하늘을 찌른다 고로 시상의 丙화가 두 寅목에 뿌리가 있어 용신으로 정하여 왕목의 수기를 누출시키니 귀격으로 볼 수 있다. 巳午 남방화운에서 용신이 득력하니 매사가 여의하였고 辛운에 이르자 용신 丙화를 합거하니 상처와 더불어 재난이 많았으며 酉운에 이르자 신병으로 생불여사하였으니 이는 丙화가 궁이 된 연고이다. 사주의 격국은 좋으나 대운이 불길하여 부귀를 누리지 못하였다.

甲申
庚午

의지할 곳이 없다. 그러나 乙庚으로 합거살하고 申子수국에 착근한 壬수가 일주를 생하여 주니 살인상생격을 이루어 인수가 용신이 된다. 남방운은 불길하였고 金왕운에서 관계에 출신하여 그 이름을 떨치었으며 辛亥운은 불길하였으며 子운은 일주와 칠살이 사궁패지가 되어서 불길할 것으로 본다.

진상관용인격 (眞傷官用印格)

癸丑
丁巳
甲午
丙寅

甲일주가 입하절에 출생한중 寅午 巳午화국에 丙화가 투출하여 일주가 설기 태심하여 진상관격으로 조후가 시급한데 다행히 巳丑금국에 착근한 癸수가 투출하여 癸수로 인수용신하는데 토가 병신이 된다. 중년 癸丑운부터 기발하기 시작하여 부귀를 누리었으나 戌운에 왕화가 입묘하여 세상을 뜬 사주이다.

진상관격 (眞傷官格)

甲午
庚午
甲午
丙寅

甲일주가 午월에 실령한중에 망종절기에 천지가 조열하여 진상관격이다. 왕화에 종하고자 하나 시지 寅목에 득록하고 甲목이 년상에 있고 양간은 남자의 성질과 같아서 어지간하면 종하지 않는다는 원칙

칠살용인격 (七殺用印格)

壬子
乙巳

巳月 甲일생이 입하절에 출생하고 巳午화국에 칠살 庚금이 투출한 중 申금에 자좌살지가 되니 일주가

에 의하여 종합할수가 없어서 행운인지 용신을 기대하는 바 壬申대운 부터 이십년간 금수왕지에서 조후하는 한편 일주를 생하여주니 가세가 유족하였으나 戌운에 입묘하여 불록한 사주다.

진상관용인격(眞傷官用印格)

己未
庚午
甲寅
乙亥

甲일생이 午월에 비록 사궁이 된다고 하나 寅亥亥 未 목국을 이루니 태약은 아니다. 그러나 寅午화 (午未 화기가 염열)하나 살인상생으로 토금수목이 오행상생 (五行相生)을 이루니 귀격이라고는 하나 아무리 화 살이 되어 무형의 압력을 받게 되니 日 극설교가로 진상관용인격이 되어서 윤토생금(潤土生金)하니 신왕살왕하여 귀기한 명조인데 亥子丑북방 수운에 부귀를 누리었으나 戌운에 화고(火庫)를 만나 亥수가 상하면 불길할것으로 본다.

인수용재격(印綬用財格)

庚辰
癸未
甲子
甲子

未월 甲일 목의 고장이 되고 소서절에 출생하여 화기가 염열하나 살인상생으로 토금수목이 오행상생 (五行相生)을 이루니 귀격이라고는 하나 아무리 화 왕당절이라고 하나 화가 사주원국에서 투출되지 못하고 수왕금성한 사주이므로 삼복에 生寒으로 申운에 불길하고 丙戌대운에서는 용신토가 득력하니 크게 돈을 모았으며 亥子운

상관용인격(傷官用印格)

丁未
丁未
甲申
乙丑

甲일이 未월에 뿌리가 된다고 하나 두 丁화가 투출 하니 진상관격으로 일주의 설기가 태심하다. 그리 나 甲목이 자좌살지가 된다고 하나 申중의 壬수가 있으니 이것이 절처봉생이 되고 申중의 壬수가 용신이 된다. 寅운은 용신을 충하여 손재와 병으로 고생이 많 았으며 辛亥庚운은 부귀를 누리고 子운은 용신 申금이 사궁이 되어서 불길할 것으로 본다.

칠살용식신격(七殺用食神格)

甲子
丙寅
甲午
庚午

甲일주가 입춘절에 출생하여 월일지에 록을 얻었다 고 하나 약지가 되는데 子수가 뿌리를 생하고 甲목 이 투출하니 아름답다. 그러나 아직 한기가 극심 한데 시상의 庚금이 어린 싹에 극함을 꺼리니 뿌리가 있는 丙戌운은 부모를 잃었으며 巳운은 재물을 얻었으며 庚운은 고생 하고 초운 목화에서는 유족하게 성장하고

격국용신

이 많았고 午운은 기세가 흥왕하였고 辛운 癸丑년은 정관운으로 용신丙화를 丙辛으로 합기하고 丙화가 丑토에 무력하니 세상을 떴다.

건록격 (建祿格)

甲辰
丙寅
甲午
甲戌

寅월 甲일생인 寅午화국에 丙화가 투출하여 목화통 명격이나 사주의 원국이 조열하여 辰중의 戊토가 용신이다. 子운부터 壬운까지 부군의 사업이 발전하였고 戌운중에 辰를 충발하여 己丑庚寅년 인패재 하였으며 본인은 무사 하였으나 이는 운상에 壬수가 있는 연고이다.

辛酉 庚申운에 금왕생수하여 큰 재물을 얻었고 己운 壬子년 六월에 子午 상충으로 화가 폭발하여 수기가 고갈하므로 목이 타 버리는 형상이 되어 세상을 떴다.

춘목 춘토는 남방운이 길하나 甲목은 조열하면 습토인 辰토를 대단히 좋아한다.

칠살용인격 (七殺用印格)

丙午
丙申
甲辰

甲일주가 申월에 비록 절지가 되고 巳午화국에 두 丙화가 투출되니 극설이 교가격이다. 고로 申辰수국으로 인수용신하니 살인상생격이 된다. 戌운에

己巳 약신인 辰토를 충하여 丙寅년에 수의 장생궁이 되는 申금을 충하매 신고가 많았으며 금수운은 길하였으며 卯운은 용신의 사지가 되므로 생명이 위태로울 것으로 본다.

오행상생부절격 (五行相生不絶格)

己未
壬申
甲辰
丙寅

申월 甲일생인 금왕당절에 출생하여 비록 약지가 나 시지에 귀록격을 이루고 申辰수국에 壬수가 투출 하였으니 약화위강이 되었다. 추절의 목은 금으로 마른가지를 치고 수로 潤根하여야 한다. 또한 화로 서 조후하면 땅은 윤기가 있고 천기는 명랑한 격이 답다.

목화운에 용신 식신을 생하여 더욱 좋을 것이나 처궁은 재고가 되니 현처에 수명도 길것으로 본다.

재다신약용인격 (財多身弱用印格)

壬辰
己酉
甲辰
戊辰

酉월의 甲일생이 약지가 되고 五토가 있어 재다신 약이 분명한데 辰酉금국이 년상의 壬수를 생하여 주 니 관인상생으로 인수용신을 정하여 금수운은 길하 고 동방목운은 용신의 병이 되는 왕토를 극제하고 일주를 도우니 더욱 좋았으나 사주원국의 한점의 화기가 없으니

귀는 누리지 못하였고 心性은 어질어 세인의 숭상을 받았으며 午운에 이르면 甲木일주가 사지가 되므로 불길할것으로 辰운에 세상을 떴으니 이는 용신 壬수가 입묘한 연고이다.

월건정관격(月建正官格)

戊午　금왕당절 甲木일주가 토금이 투출하여 일주를 극제
하매 신약사주이나 다행히 亥子수국으로 관인상생을
이루어 약화위강이 되어서 정관으로 용신한다. 이
사주가 귀기한것은 화토금수목으로 오행 상생부절을
이루고 午화가 조후하여 생토하여 주는 것이다. 고로 화토운
사십년에 부귀를 누리는 귀부인이었으나 卯운에 이르면 관성을
충발하니 불록할 것으로 본다.

辛酉

甲子

乙亥

식신제살격(食神制殺格)

壬戌　戌월 상강절 甲木일주가 비록 실시하였으나 다행히 시
지 寅목의 록을 얻고 있어 태약은 아니어서 년상의
壬수로 용신코저 하나 무근지수가 되어서 쓸수가
없고 庚금칠살이 두려워 시상의 丙화로 식신제살한
다. 고로 亥子丑대운에서는 신고가 많았으며 甲寅 乙卯운
용신을 보강하니 부귀를 누리었으나 辰운은 칠살을 도우며 丙화
용신이 회기무광(悔氣無光)이 되고 토다목절(土多木折)로 불길
한 금의 장생지지가 되어서 더욱 좋았으며 午운은 庚금용신이
용신이 기발하기 시작하여 부근이 출세하니 부귀를 누리었으며 巳운 또

庚戌

甲戌

丙寅

제살태과격(制殺太過格)

丁未　戌월에 甲일주가 비록 쇄지가 되나 일시지에 寅록
을 얻으니 약화위강이다. 庚금칠살이 투출하여
두토가 살을 생하여 주니 귀격이나 사주의 원국이
조열하여 한점의 물기가 없으니 천격이 되었다. 乙
酉戌申토금운에는 부모의 덕으로 의식이 유족하였으나 丁운부
터 가세가 몰락하고 남방화운도 제살태과로 신고가 막심하였으
며 辰운에 왕화의 고장을 충하면 화기가 폭발하니 이때 목이 타
서 재만 남게 되는 이치로 세상을 뜰것으로 본다.

庚戌

甲寅

癸亥

시상일위귀격(時上一位貴格)

癸亥　甲일주가 亥월 장생지에서 두 癸수가 투출하니 신
왕하여 午화가 조후용신이 되겠으나 여명은 관성을
위주로 보니 庚금이 용신이다. 목화운에서 신고가
많았으나 戊辰운부터 약한 부근이 출세하니 부귀를 누리었으며 巳운
고로 戌辰운부터 약한 금관성이 생기를 얻으니

甲午

庚

격국용신

사주원국에서도 패지인데다 또 다시 상관운을 만나서 불길할 것으로 본다.

가상관용식신격(假傷官用食神格)

己亥
乙亥
甲辰
丙寅

甲일생인 년월지 亥수에 장생을 얻고 寅亥 寅辰목국에다 시에 록을 얻으니 일주가 태왕하다. 亥월은 천지가 한냉한 절기이고 조후가 시급하다. 丙화로 식신용신을 정한다. 고로 초년 금수운에서는 애로가 많았고 중년이후 남방화운에서 용신이 득력하니 부귀를 누리었다. 辰운에 습기가 성하고 丙화용신이 회기무광격(灰氣無光格)이 되던 중 己酉년에 용신이 병사궁이 되니 세상을 떴다.

가상관용상관격(假傷官用傷官格)

丁卯
辛亥
甲寅
甲戌

甲일생이 亥월에 亥卯寅亥목국을 이루고 시상에 甲목이 도우니 일주가 고강하다. 뿌리한 丁화로 상관용신을 정하여 조후하는 한편 왕목의 수기를 설기코저 하나 용신이 亥월에 무력하니 설기구가 너무나 좁아서 불미하다. 중년까지는 고생이 많았으며 丁未 丙午 남방화운에 이르자 의식이 유족하였으며 앞의

庚寅
戊子
甲辰
乙亥

수왕당절 甲일생이 亥子 辰子 寅辰 寅亥로 수목국을 이루고 乙목양인이 투출하니 일주가 태강한데 戊토의 생을 받는 庚금 칠살이 있어 乙庚으로 합기하니 이것이 양인합살로 귀격이 분명하다. 그러나 사주가 한냉하여 寅중의 丙화로 조후용신하니 한기는 면하였으나 화기가 부족하다. 대운이 동남으로 흐르나 庚辛 壬癸 금수가 천간에 있으니 발달함이 적으나 일지에 재고가 있으니 내조처의 덕이 많았으며 만약 이 사주가 丙寅시에 출생하였더라면 대부대귀 하였을 것으로 본다.

사주는 丙화가 투출하니 남방운에서 부귀를 누리었으나 이 사주는 丁화가 무력하니 좋은 운이 와도 이것을 받아 드릴 만한 힘이 없어 부귀를 누리지 못한 점이다. 이렇게 용신이 유력한가 무력한가에 따라서 사람의 운명이 좌우된다는 점을 명심하여야 한다.

인수용식신격(印綬用食神格)

甲寅
丙子
甲戌
乙亥

子월 甲목이 대설절에 출생하고 亥子수국에 년지 寅록을 얻고 乙목이 투출하였으며 시지 亥수에 장생지가 되어 일주가 태강하나 사주원국이 너무나 한냉하여 조후가 시급하므로 월상의 丙화로 식신 조후용

신한다. 丙화용신은 寅戌화국에 뿌리를 하니 용신이 건왕하여 재성을 생하여 주니 더욱 좋아서 일생에 복록을 누리고 부귀겸 전할 사주이며 丙화용신이 년월상에 있으니 부모덕이 많으며 시에 장생이 있으니 처자의 덕도 많은 사람이다. 고로 평생대운 이 동남으로 흐르매 안락한게 지난 사주이다.

편재용겁격 (偏財用劫格)

戊辰
乙丑
甲戌
己丑
庚申

甲일생이 丑월이 비록 관대궁(冠帶宮)이라고는 하나 네 土에 戊土가 투출하니 재다신약이다. 다행히 辰중 乙목에 뿌리를 하고 甲乙목이 투출하여 있으니 양일주는 잘 종하지 않는다는 원칙에 의하여 종 재를 면하고 비겁으로 용신하는데 토다 즉 목절로 목용신이 허약한중에 토금이 득세하니 일주가 극을 당하고 무력한데 辛未대 운에 이르러 쇠약한 목일주가 입묘하게 되면 사망할 것으로 본다. 차라리 이 사주에 甲乙목 비겁이 없어 종재하였더라면 부귀를 누리었을 것으로 본다.

정재용겁격 (正財用劫格)

庚申
己丑
甲寅
戊辰

丑월의 甲일주가 소한절에 출생하고 재살이 태왕한 중에 다행히 시상의 丁화가 제살조후(制殺調候)함

甲申
丁卯
甲戌
乙丑
丙子
甲子
戊辰
甲寅

이 길하고 시지의 卯양인이 일주를 도우니 이것이 용신이 된다. 신약사주에는 시에 양인도 도움이 되 는 것이니 亥子수운에 양인득력하여 초년에 부모덕으로 유족하 게 자랐으며 丙운에 출가하여 戊乙운까지 가정의 부귀를 누리었 으며 酉운 壬寅년에 양인을 충하고 丁화를 합거하니 庚금 칠살 이 득세하여 일주를 극제당하여 피할길이 없어 세상을 뜬 여명 의 사주이다.

건록용상관격 (建祿用傷官格)

乙일주가 입춘절에 출생하고 子丑수국에 또 子수 가 있으니 사주원국이 한냉하여 조후가 시급한데 丙화 가 寅장생지에서 동일가애(冬日可愛)로 용신을 정 한다. 巳午남방 화운에서 관계에 들어가고 어진 처 와 결혼을 하였으며 辛운은 불길할듯 하나 시상에 丙화가 있어 무방으며 壬申대운이후로는 금수에 용신화가 병사궁이 되므로 불길할 것으로 본다.

곡직격 (曲直格)

戊辰
甲寅

춘절의 목왕당절 乙일생이 寅卯辰목국에 甲목이 되 어 음일주가 곡직격을 이루나 일지의 酉금이 병신

격국용신

전록용관격 (專祿用官格)

乙酉
乙卯
丁丑
己卯
庚寅

이다. 그러나 卯木이 卯酉로 상충하여 병신 酉金을 제거하니 초운 乙卯 丙운은 복록을 누리었으며 辰운은 기신인 酉金과 辰酉로 생합하여 인패와 재패를 거듭하였고 화운은 제거병으로 치부하였으나 未운은 왕목이 입묘하므로 불길하고 金운은 크게 흉하다.

卯월생인이 양기가 점점 오르는 춘절에 월일지 卯에 록을 얻은 중에 寅木이 있으니 신왕한데 庚金 정관 이 시지 丑土에 뿌리를 하고 있어 왕목을 쪼개줌이 너무 좋아서 용신이 된다. 고로 초운 土金운에서 용신을 도우니 부귀를 누리었으며 壬운은 기신 丁火를 합거하 으며 丙운 甲午년에 庚金용신이 상하여 세상을 뜬 사주이다.

정재용겁격 (正財用劫格)

甲申
乙酉
戊辰
己巳

辰월에 목여기가 있다고 하나 申酉 辰酉 巳酉金국 에 일주가 자좌살지가 되니 일주가 의지할 곳이 없 어 甲木으로 비겁용신한다. 그러나 다행히 申辰수 국이 희신이 된다. 寅卯운에 유복하게 자랐고 丑운 에 부친상을 당하고 甲子癸亥운은 용신을 보강하니 크게 좋았으 며 戌운에 관살을 도우니 크게 흉하였다.

관살혼잡격 (官殺混雜格)

庚寅
辛巳
乙卯
戊寅

巳월 화왕당절의 乙일생이 년시지 寅목과 일지 卯에 록을 얻으니 약화위강으로 정관용신을 정한다. 사 주원국이 조열하고 금화목이 상극하며 도화살이 년과 운 보기드믄 미인이나 卯운 己酉운에 도화상관에 이 상충하여 외간 남자와 정을 통하여 가출 방랑생활을 하였으

식신제살격 (食神制殺格)

庚申
己卯

목일주 춘절 목왕당절에 득록하였으나 庚금이 金 투출하고 지지에 酉丑금국에 申금이 일주의 뿌리가

며 사주의 원국이 관살혼잡이니 多夫之象을 면하기가 어려워 천업을 면치 못하였다.

식신격(食神格)

戊辰
丁巳 巳月 乙日생이 본시약이나 일지 卯에 전록을 얻은
乙卯 중에 申辰수국이 일주를 도우고 甲목이 절처봉생(
甲申 絶處逢生)하니 약화위강으로 丁화 식신으로 용신하
매 진상관이 변하여 가상관격이 되었다. 戊午己未
화토운에 집안의 부귀를 누리고 금운이 막심하다가 亥운에
며 壬운에서 용신 丁화를 합거하여 신병으로 고생하였으
나 대운이 불길하니 좋은운을 만나지 못하여 빛을 보지 못하
러나 사주는 오행이 구전하고 간지가 청순하다. 이
사망하였다.
게 된 연고이다.

상관용관격(傷官用官格)

壬子
丙午 午月의 乙목일주가 설기 태심한데 다행히 子辰수국
乙丑 에 子丑수국을 놓으니 약화위강으로 시상의 庚금이
庚辰 용신으로 중화를 이루워 귀격이다.
辰丑은 乙庚의 두 고장이 되니 대부 대귀격이다. 己
운 丁丑년에 등과하고 酉庚금운에 용신이 득력하니 그지위가 높

아지고 갑부가 되었으며 금수운은 병신이 되는 화를 제거하여
더욱 좋았으며 寅운에 庚금용신이 절지가 되고 乙년에 庚금을
乙庚으로 합거하여 세상을 뜬 사주이다.

전록용관격(專祿用官格)

癸酉 午月 화왕당절에 乙목일생인이 丁화가 투출하니 신
戊午 약이 되겠으나 일지卯가 록이 되고 丑중에 습토가
乙卯 있으니 午月의 약한 목이나 약하지 않아 酉丑관성
丁丑 을 용신한다. 庚申 辛酉운에 약한 용신 酉금이 득력
하니 夫榮子秀로 부귀를 누리었으며 壬운은 기신인 丁화를 합거
하니 재복이 유족하였고 戌운은 병신인 午화가 득력하여 고난이
많았으며 亥子丑수운은 병신을 제거하여 더욱 좋았으며 丙寅운
은 병신이 득력하고 酉금용신이 절지가 되어서 불록할 것으로
본다.

상관격(傷官格)

乙卯
癸未 未月의 乙목일주가 卯戌이 합하여 화를 이루고 丙
乙卯 화 상관이 투출하여 설기가 태심한데 다행이 卯未
丙戌 목국을 이루고 년일지 卯가 록지가 되어서 약함이
변하여 신왕사주가 되었다. 고로 왕목의 기운을 丙

격국용신

화로 설기하니 목화통명격에 癸수가 도리어 병신이 된다. 壬辛 庚辰운에 습한 금수토가 병신인 계수를 도와서 신고가 막심하였으며 己卯戊寅 丁운까지 去留淸獨으로 병신이 제거되니 부귀를 누리었으며 丙운도 용신을 도와서 크게 좋으나 子운은 병신 이 득세하면 불록지객이 될것으로 본다.

신왕용칠살격(身旺用七殺格)

乙亥
癸未
乙未
乙酉

乙일주가 비록 未월에 출생하여 입묘하였다고는 하나 亥未 목국에 두乙목과 癸수가 투출하여 일주를 생부하여 주니 여름철의 마른나무가 도리어 기세가 고강하여 酉금이 용신이며 재성이 희신이다. 辛巳 庚辰운은 윤토생금(潤土生金)으로 크게 길하였으나 木火운에서는 발전이 없었고 子운은 용신금의 사궁이 되어서 사망할 것으로 본다.

정관용겁격(正官用劫格)

戊申
庚申
己卯
乙丑

申월에 쇠약한 乙목이 재살이 태왕하여 일주가 의지할 곳이 없는데, 양인이 합살됨이 귀기하고 다행히 시지 卯목이 록지가 되니 용신이 된다. 申과 卯가 현침살이 되어 의사로, 입신하였으나 대운이 불길하여 신고를 거듭하였고, 중년이후 乙卯운부터 용신이 득력하매 기발하기 시작하여 부귀를 누리고 丑운은 칠살이 득세하니 불길할 것으로 본다.

종살격(從殺格)

戊辰
辛酉
乙丑
乙酉

酉월 乙일생인이 절지가 되고 재살이 태왕하니 음 일주는 종세함을 좋아하므로 약한 시상의 乙목이 용신이 되지 못함으로 종살격에 병신이 된다. 년 庚申운은 부모덕으로 유족하게 성장하였으나 대 운이 남동으로 흐르니 평생운정이 불길하여 재난이 많았으며 乙

정관용인격(正官用印格)

甲戌
壬申
乙丑
辛巳

申월 금왕당절 乙목일주가 巳丑금국에 착근한 칠살 인 辛금이 시상에 투출하여 일주가 쇠약하나 申목 이 도우고 금수목화토로 살인상생을 이루고 사주가 오행상생 부절로 유정하니 인수가 용신이 된다.

75

卯운은 왕기역세하여 세상을 뜬 사주이다.

살인상생격 (殺印相生格)

癸巳
酉월에 금이 사령하고 巳酉금국에 칠살 辛금이 투출하니 신약이나 다행히 두 亥수에 착근한 癸수가 연에 두출하여 일주를 생하니 살인상생으로 약화위강이나 금수가 한냉하니 조후가 시급한데 丁화가 시상에 투출하여 아름다워 용신을 정한다. 남방화운 삼십년에 자력으로 성가하여 부자로 유복하였으나 辰운 壬子년 시월에 세상을 떴으니 이는 용신 丁화를 癸수가 극제하고 壬수가 丁壬으로 용신을 합거한 원인이다.

辛酉
乙亥
丁亥

귀록용재격 (歸祿用財格)

癸亥
戌월의 乙일생이 뿌리가 마르고 잎이 떨어지니 그 기세가 허약하나 亥卯목국에 년 간지에 癸亥수가 일주를 생하여 주니 약한 것이 도리어 왕하여졌다 戌월은 수진기지절(水進氣之節)이고 두 亥수가 한 壬癸수가 투출하니 수세가 왕양하여 월지 戌토로 용신하여 왕수를 막고자 하나 용신이 허약한데 초년 금운에서 용신지병인 목을 극제하여 부모덕으로 부유하게 살았으며 화토운에 용신인

壬戌
乙亥
己卯

편재용관격 (偏財用官格)

己酉
乙목이 戌월에 실시되고 酉丑금국에 酉戌금국을 이루니 재살이 태왕하나 다행히 일지 卯목이 전록이 되고 甲목이 투출하여 등라계갑으로 아름다운데 戌월이 수진기가 되어서 일주가 태약하지 않고 여명은 관성을 위주로 하는 관계로 酉금 정관이 용신이다. 사주원국이 화토금으로 사주의 정기가 금으로 모이니 아름다워 부군이 관계에서 출세하였으며 여명사주가 일지 전록과 비겁이 있으니 부군이 풍류로 가정 불화가 많았으나 庚운부터는 용신이 생기를 얻어 비견겁을 제거하여 더욱 좋았으며 辛巳운도 또한 좋을 것으로 본다.

甲戌
乙卯
丁丑

인수용인격 (印綬用印格)

丙戌
乙일생이 亥월에 인수지가 되고 亥未목국에 癸수가 투출하였다고 하나 왕토에 재다신약 사주이다. 고로 인수로 용신하는데 사주원국의 한점의 금기가 없으니 왕재가 병신이다.

己亥
乙未
癸未

戌토가 득력하니 부귀를 누리었으나 乙卯대운에 병신인 목이 득세하여 용신을 극제하면 불록지객이 될것으로 본다.

인수용상관격(印綬用傷官格)

甲申
乙亥
乙未
丙子

亥月 목일주가 천한지동(天寒地凍)이라고 하나 亥未목국에 甲乙목이 투출하니 관인상생으로 귀한 사주이는 중 사주원국이 너무나 한냉하여 丙火로 조후함이 시급하여 용신을 정한다.

동남목화운에 부귀를 누릴 수 있는 사주인데 辛운은 용신 丙火를 합거하여서 불길할 것이나 乙목 閑神이 辛금을 도리어 충발하여 무방하였고 癸未대운에 왕목이 입묘하면 불길할 것으로 본다.

인수용재격(印綬用財格)

乙丑
戊子
乙酉

子月 수왕당절에 亥子丑수국을 이루고 酉丑금국이 생수하니 乙목이 떠내려가는 이치로 나무가 꽁꽁 얼었으니 의당 丁火로 조후 용신을 하여야 할 것이

인수용상관격(印綬用傷官格) (계속)

丁亥

나 丁火가 왕수에 무력하니 부득이 戊土를 써서 제방을 쌓아 물을 막고자 하니 丁火가 희신이 된다. 丙戌운에 용신을 도우니 취처생자(取妻生子)하였으며 乙酉甲운은 용신 戊土를 극제당하는 한편 금에 설기하니, 상업을 경영하다가 실패가 많았으며 말년 남방화운은 용신을 도와서 크게 좋을 것으로 본다.

살인상생격(殺印相生格)

甲寅
丙子
癸未
乙酉

子月 수왕당절에 癸수가 투출하고 甲丙이 투출하여 해동(解凍)하니 귀기한 사주로서 酉금칠살을 감당할 수가 있어 용신을 정하는데 未土가 희신이요. 丙火는 약신이 된다. 丁丑戊寅운은 화토금을 도와 서 크게 길하고 卯운에 용신 酉금을 충발하여 손재가 많았으며 庚辰辛巳운은 약한 용신금을 도와서 부귀를 누리었으며 壬午운은 인수가 온수(溫水)로 목을 생하니 더욱 좋았고 甲申乙酉大운도 말년에 부귀 안락할 것으로 본다.

편재용겁격(偏財用劫格)

乙未
己丑

丑月 토왕당절 乙목일생인이 네 토가 있어 재살이 태왕하다. 고로 종재하여야 할것이나 시지에 寅목

乙酉
戊寅
　이 있어 종재하지 않으며 초년 亥子운 용신 寅목을
도와서 좋았으나 丙戌 乙酉운은 용신이 무력하니 재
물의 손재가 많았으며 申운에 용신을 충극하고 癸巳운에는 寅巳
申 삼형을 이루어 세상을 뜬 사주인데 차라리 이 사주가
없었더라면 종재나 종살이 되었으며 토금운에 크게 발복하였을
것이니 시를 잘못타고 난것이 이렇게 사람의 운명이 달라진다는
것을 참고할 일이다.

인수용인격 (印綬用印格)

丁亥
癸丑
乙酉
壬午
　乙목일주가 丑월에 실령한중 자좌 酉에 살지가 되
고 유축금국을 놓아 칠살이 태왕하여 종하고자 하
나 亥중 甲목에 뿌리가 있고 亥丑수국에 癸수가 투
출하니 인수용신하며 살인상생격을 이룬다. 또한
午중의 丁화가 한냉한 사주를 조후하니 한수온난 (寒水溫暖) 으
로 부귀를 누리었으며 巳운 戊申년에 사망하였으니 이는 용신
癸수가 절지가 되고 巳酉丑 금국이 득세하여 일주를 극제한 연
고이다.

식신용인격 (食神用印格)

乙丑
戊寅
　寅월 목왕당절 丙화 일주가 토금이 투출하니 설기
가 심하고 비록 입춘절이라 하나 신약하여 寅목이

丙寅
庚寅
　용신이다.
고로 木火운에서 대발하였으나 군겁정재가 되고 庚
金재성 (처) 이 三寅에 절지가 된중에 처궁에 탕화살과 삼인의 고
진살을 놓아 그처가 흉사한 사주이다.

인수용관격 (印綬用官格)

丙辰
庚寅
丙申
戊戌
　寅월의 丙일 생인이 득령하고 寅辰목국에 寅戌화국
을 이루고 丙화가 투출하여 일주가 고강하다. 그
러나 寅申상충이 불길한데 申辰수국에 壬수가 용신
이다. 丁운에 원신인 庚
금을 구하여 충함을 구하니 재물의 손재가 많았고 戊운은 辰申수국을 극충하
니 부군으로 인하여 가정에 풍파가 있었으며 乙운은 庚금을 합
거하니 불길하고 申酉재운은 용신을 도우니 크게 좋을 것으
로 본다.

인수용상관격 (印綬用傷官格)

庚寅
己卯
丙辰
甲午
　卯월의 丙화가 약하지 않고 寅卯辰 목국에 寅午화
국을 이루고 甲木이 투출하니 일주가 고강하며 왕
희순세로 己土가 용신이니 木이 병이 되고 庚금이
약신이다.

초년 庚辰 辛巳운에 병신목을 극제하고 용신을 도우니 아름다워서 부귀를 누리었으며 壬癸운 상관이 견관으로 불길할 것이로되 사주원국이 조열한데 수목화토금으로 상생되니 수운도 무방하였고 午운은 己토용신이 득록하여 길하였으며 甲운은 용신 己토를 합기하나 한신 庚금이 충하여 흥함을 면하였으며 申酉운은 길하고 丙戌운은 금수가 상하게 되므로 불길하였다.

인수용재격(印綬用財格)

丙辰
辛卯
丙午
庚寅

卯월의 丙일생인이 寅卯辰 목국에 寅午화국으로 이루고 丙화가 투출하니 신왕하여 식신생재로 庚금을 용신한다. 남방화왕지에서 용신이 무력하니 신고가 막심하였으며 戌운은 왕화가 입묘하고 고장이 되며 辰토 약신을 충발하니 불길할 것으로 본다.

식신용인격(食神用印格)

乙酉
戊辰
丙辰
辛卯

곡우후의 丙일주가 네 土에 설기가 태심하고 辛금이 투출하니 일주가 허약하다. 고로 卯목이 용신이니 辛酉금이 용신지 병이 되나 대운이 평생 동북방수운으로 흐르니 부모덕으로 고생을 모르고 자랐으며 북방수운에서 卯酉상충을 이루면 세상을 뜰것으로 본다. 辛酉운에서 태평세월을 누리었으며 戌운에 용신 卯목이 쇠하고

상관용재격(傷官用財格)

癸巳
丙寅
丙午
己丑

巳월 화왕당절 丙일생이 寅午화국에 丙화가 투출하니 일주가 고강하여 丑중의 신금이 용신인데 비록 巳丑금국을 놓았다 하나 용신이 허약하다. 일주가 귀기한 것은 목화토금수로 오행이 상생되니 부귀함이다. 고로 申酉戌己 토금운에 부귀를 누린 사주이다. 그러나 子운은 양인 午를 충하고 용신이 사지가 되면 불록할 것이다.

양인합살격(羊刃合殺格)

丙午
乙巳
丁卯
丙午

巳월 丙일이 건록격인데 巳午 화국에 목화가 투출하니 일주가 태왕하다. 다행히 시상의 壬수가 辰토에 습한 뿌리를 얻으니 조열한 원국을 조후를 겸

인수용재격(印綬用財格)

壬戌
甲辰
丙辰
庚寅

목화가 상왕하여 일주가 고강하니 화토금으로 식신생재격을 이루니 庚금이 용신이다. 초년 남방화운에 고생이 많았고 戊운에 용신이 득력하니 재산을 모았으며 己酉 庚戌 토금운에서 거부가 되었으며 子운은 용신 금이 사지가 되니 불길할 것으로 본다.

壬辰 하고 용신이 되니 아름다운데 양인과 칠살이 서로 합하여 이것이 수화기제이다. 申운부터 기발하기 시작하고 己운은 음토가 되어서 양수를 극하지 못하니 무방하고 戌운 또한 불길할듯하나 운상에 庚금이 있어 무사히 보냈으며 辛亥운은 용신 壬수를 도우니 귀부인이었으나 壬子대운에 이르면 丙壬 子午로 천격지충을 이루어 양인午를 충발하면 세상을 뜰것으로 본다.

丙辰
戊子 칠살 壬수가 합하니 이것이 양인 합살격이다.
己巳 戊辰운은 토가 제살하니 기발하기 시작하여 丁卯 丙寅 乙목화운은 목화가 왕성하니 관계에서 성공하였고 子운 丙午년에 양인과 년운이 상충하므로 급사하였으니 이는 사주원국의 子午 상충됨이 불길한 연고이다.

양인합살격 (羊刃合殺格)

辛酉
甲午 午월 丙화가 두 午화 양인이 되고 甲목이 투출하
丙午 니 사주원국이 조열하여 조후가 시급하여 亥중의 壬
己亥 수가 용신인데 재성이 희신이 된다. 己토는 시지의 亥수를 극제할듯하나 화기를 설하여 재성을 생하여 주니 무방하고 월일지 양인이 있어 처궁에 불길할듯 하나 己토가 유력하여 재성을 생하며 丙辛으로 합하여 더욱 좋으며 亥子丑 북방 수운에 용신이 득력하니 장관이 되어서 대발한 사주이다.

상관용인격 (傷官用印格)

癸丑
己未 未월토왕 당절에 다섯토에 설기 태심하여 일주가 허
丙辰 약한데 亥未목국이 소토하니 아름다워 亥중 甲목으
己亥 로 인수용신 한다. 乙卯 申寅 동방 목운에서 용신 申목이 득력하여 제토 하는 한편 일주를 생하여 주니 부귀와 건강을 누린 사주이다.

인수용관격 (印綬用官格)

丙辰
乙未 未월 화퇴기라고는 하나 두 丙화와 乙목이 투출
丙辰 하여 일주를 생하여 주니 태양의 丙화가 태왕하다
丙申 고로 辰습토가 열기를 흡수하니 관성이 용신이며 申금 재성이 희신이다 申酉대운에서 부모의 덕으로 다복하게 성장하고 戌운에는 辰토를 충하나 신병으로 고생하였

양인합살격 (羊刃合殺格)

己亥
庚午
己 하나 子辰 亥子 수국을 놓고 壬수 칠살이 투출하여

격국용신

편재용인격(偏財用印格)

癸酉
庚申
丙子
乙亥

　丙子일주가 申월에 무기한중 추수통원(秋水通源)으로 申子 亥子 수국이 申酉 금국의 생을 받으니 혼잡으로 일주가 태약하다. 고로 乙목으로 인수용 신하니 이것이 살인상생격이다. 그러나 왕수에 종하여야 할 것이나 丙화는 태양불이며 양간이 되어서 종하지 않는다. 인수용신에 왕한 금이 병신이 되는데 사주원국이 한냉하여 초운 화토운에 왕금을 제거하고 토로 제수하니 부모의 유산을 받아 부를 누리었으며 辰운은 申子辰 수국으로 일주를 극제하매 불길하고 乙卯甲寅 동방 목운은 용신이 득력하니 크게 길하고 癸丑운은 그수가 성왕하여 약한용신이 물에 뜨게 되므로 불길할 것으로 본다.

정재용인격(正財用印格)

辛巳
丁酉
丙戌
庚寅

　丙일주가 금왕당절에 巳酉금국에 庚辛금이 투출하니 일주가 쇠약한데 통관됨이 부족하여 화금상쟁지상으로 寅목을 인수용신하나 사주에 통관되는 토가 허약하니 사주가 편고하다. 午운은 일주의 양인이 되고 도화살인데 운은 지지가 중요하므로 여자로 인하여 손재가 많았으며 대운에서 비록 좋은 운이 온다고 하더라도 사주원국이 통관을 이루지 못하면 기발하기가 어려운 것이다.

庚寅

　시지 寅목은 천간에 庚금이 누르고 있는 형상이 되어 무력하니 장생을 받고 있는 戊토로 용신하여 왕수를 막고자 하니 이것이 식신제살격이다. 토금운에서는 제병보용(除病補用)으로 길하고 辛亥壬子운 용신 戊토가 표류지상으로 되는 일이 없었으며 癸운은 戊토용신을 합거하니 곤고비일재(困苦非一非再)하였으며 甲寅乙卯대운도 병신이 용신을 극제하니 불길할 것으로 본다. 그러나 이사주는 평생운정이 불길하여 평생을 고생으로 보낸 사주이다.

식신제살격(食神制殺格)

壬子
戊申
丙寅

　丙日생이 申월에 병사궁이 되고 申子수국에 壬수가 투출하니 재살이 태왕이라 다행히 일시지 寅목에 장생을 얻었다고는 하나 寅申으로 상충된 중

정재용인격(正財用印格)

戊寅

　丙일주가 금왕지절에 사궁이 되고 토금이 투출하니

辛酉 일주가 무력하여 인수용신하는데 왕금이 병이 된다
丙寅 丑운은 병신을 도우니 재물의 손재가 많으며 丙寅
戊子 丁卯 목화운은 평생 길운이며 戊辰은 약신이나 子수
가 子辰 수국으로 일주를 극하며 기신인 금 재성을 도우니 불길
하였다.

식신용인격 (食神用印格)

丙戌 戌월 수진기절 丙화일주가 다섯 토에 설기가 극심
戊戌 하여 일지 寅목으로 인수용신하여 초년 북방수운에
丙寅 서 조후하는 한편 용신을 도우니 부유한 가정에서
戊戌 성장하였고 壬寅 癸卯운은 빛이 흐리던 화가 목에 생
기를 얻어 크게 길하였으며 그러나 사주원국에 한점의 금수가
없어 편고하여 대격은 되지 못하고 辰운은 화고를 충발하므로
불길한 것으로 본다.

식신생재격 (食神生財格)

甲寅 戌월 丙일이 비록 실시하였다고는 하나 寅戌 화국에
甲戌 목화가 투출하니 약화위강이 되어서 酉금 재성으로
丙戌 용신한다. 사주원국이 조열한 중에 亥子 子丑수운
丁酉 에서 병신 화를 제거하여 길하고 卯운은 용신을 충극

하니 손재가 많았으며 庚辰 辛巳운은 일생에 가장 좋은 운이며
午운은 寅午 화국으로 병신이 득력하면 불길한 것으로 본다.

칠살용인격 (七殺用印格)

庚寅 亥월 수왕당절에 申辰수국에 壬수가 투출하니 관살
丁亥 이 태왕하였으며 寅중의 甲목으로 용신하여 동방목운에
丙申 서 기발하였으며 乙酉년에 壬辰운에 용신목을 충발하여 불길하였
壬辰 가 입묘하며 乙酉운에 용신목을 충발하여 불길하였
든 사주이다.
그러나 처궁은 일지편재에 寅申으로 三형 살을 놓고 庚금 재성이
자좌(自坐) 寅木이 절지(絶地)가 된중에 亥월수왕당절에 무력
하니 본처 이별하고 재취하였다.

살인상생격 (殺印相生格)

甲子 亥월 수왕당절에 申子 亥子 申酉 금수국을 놓아 일
乙亥 주가 태약하여 종살할 것이나 다행히 목화가 투출
丙申 하고 금수목화가 상생을 이루니 사주원국이 유정하
丁酉 여 북동 수목운에서 제살보용(制殺補用)으로 가세가
유족하였으며 申운에 이르면 목화가 쇄절되어 불길할 것으로 본
다.

격국용신

살인상생격(殺印相生格)

癸亥
甲子
丙寅
壬辰

子月 수왕당절의 丙화일주가 사주원국이 전수로 관살이 태왕하여 丙화가 꺼지는 형상이나 다행히 장생지가 되는 寅목이 寅亥 寅辰 목국을 이루고 甲목이 투출하니 살인상생격을 이루어 甲목을 용신한다. 중년 庚申 辛酉에서 목용신이 상하니 곤고막심 하였으며, 己운은 용신을 합거하니 더욱 불길하고 未戌午 丁巳 대운 말년은 대길할 것으로 본다.

정관용겁격(正官用劫格)

癸亥
丙子
丙辰
戊子

한기가 극심한 子월의 丙화가 지지 금수를 놓아서 극히 냉습하니 일주가 의지할 곳이 없어 종살할 것이나 다행히 丙화가 월상에 있어 비겁용신이다. 평생대운이 동남으로 흐르니 운정이 대길하여 복록을 누린 귀부인의 사주이나 관살이 혼잡하니 多夫之象이 되어서 부부궁이 불미하여 소실을 거느리고 살아가는 여자이다.

귀록용재격(歸祿用財格)

己未

丑월이 비록 이양지절(二陽之節)이라고는 하나 상

丁丑
丙寅
癸巳

관이 태왕하고 癸수가 투출하니 일주가 미약하다. 다행히 寅목장생과 시에 록을 얻은중에 丁화가 투출하니 도리어 왕하여져서 丑중의 辛금으로 용신을 정하여 식신생재격이 되어서 부귀할 명조인데 대운이 평생 금수로 흐르니 고생을 모르고 살아가는 사주이다.

정재용인격(正財用印格)

癸巳
壬寅
丙戌
辛丑

丑월이 비록 양기가 회태한다고는 하나 세 토와 두 辛금이 투출하여 설기가 태심한데 다행히 卯술이 이 합하여 화를 이루고 丙화가 년상에 투출하니 비견으로 용신한다. 평생대운이 동남 목화왕지로 흐르니 부귀지명으로 의사가 되어서 이름을 떨쳤으며 노후도 다복한 사람이다.

인수용겁격(印綬用劫格)

庚戌
丁亥
壬寅
壬寅

寅월이 비록 甲목이 당권하였다고는 하나 금수가 출하여 신약하니 寅목이 용신이 될 것이로되 간지에 금수가 많으니 寅戌화국이 용신이 된다. 평생 동남운에서 평탄하게 살았으나 申운 이후는 희신 寅목을 충극하면 불길할 것으로 본다.

83

인수용관격(印綬用官格)

戊午
甲寅
丁酉
壬寅

寅月 丁일생인이 우수후에 출생하고 寅午화국에 甲목이 투출하니 일주가 고강하여 시상의 壬수정관을 능히 감당할 수가 있어서 용신한다. 대운이 북서 수, 금, 지로 흐르니 평생운정이 좋아 남편이 영달하여 이름을 떨치고 자녀가 현달하였으니 이는 목, 화, 토, 금, 수로 사주원국이 오행상생 부절을 이루고 대운이 좋은 연고이다.

인수용식신격(印綬用食神格)

庚午
己卯
丁巳
戊申

卯月 목왕당절 丁일생이 巳午 화국을 놓으니 식신으로 용신하다. 丙子운에 子申 수국을 이루고 희신 午를 충하면 불길할 것이나 천간에 丙화가 있어 무방하고 乙亥운이 상충하니 부부간에 이별한 사주이다.

살인상생격(殺印相生格)

壬子
癸卯
丁亥
壬寅

丁일생이 亥卯 寅亥로 목국을 이루었으나 寅중 甲목으로 인수가 있어 강화위약이 되어서 인수 수가 있어 강화위약이 되어서 寅중 甲목으로 천지에 인수

상관용인격(傷官用印格)

丁亥
壬寅
丙辰
戊申

용신하니 이것이 살인 상생격이다. 남방화운에서 조후하고 용신을 생하니 財名有氣로 부귀를 누리었으나 申운에 이르면 용신 寅목을 충극하면 불길할 것으로 본다.

상관용인격(傷官用印格)

戊申
丙辰
丁酉
壬寅

오양지절(五陽之節) 丁화일생이 토, 금, 수가 왕하여 극설이 심하니 일주가 약하여 寅중의 甲목으로 용신하는데 평생대운이 동북운으로 흐르니 대운이 아름다워서 부귀를 누리었으며 부군이 영달하였으나 寅목용신을 충극하면 불길할 것으로 본다.

상관용인격(傷官用印格)

己丑
戊辰
丁卯
甲辰

辰月 토왕당절에 다섯개의 토로 인하여 설기가 태심하다. 그러나 나행히 卯辰 목국으로 甲목이 투출하니 甲목으로 인수용신한다. 대운동북 수목운에 서 용신이 득력하여 부귀를 누리었으며 戊운 壬辰년에 토가 태성하여 화와 목이 정기가 상하여 세상을 뜬 사주이다.

격국용신

편재용관격 (偏財用官格)

壬寅
乙巳
丁巳
辛丑

丁일주가 巳월 소만절에 출생하고 목화가 투출하니 일주가 고강하다. 고로 조후가 시급하여 년상의 壬수 정관으로 용신하여 금수운에 대발할 사주이다. 寅운은 수가 휴수되고 화가 장생지이며 금은 절지가 되니 관재와 손재가 많았고 辛丑운부터 기발하기 시작하여 부귀를 누린 여명의 사주인데 戌운에 신병으로 고생하더니 戌운에 세상을 떴다.

인수용관격 (印綬用官格)

丁亥
乙巳
丁亥
乙巳

이 사주는 사주원국이 조열하여 亥중 壬수로 조후 용신을 하는데 사주가 서로 상충하니 외화내곤지상이라 초운 동방운이 불길할 것이나 壬癸가 있어 탄하였으며 중년 이후 금수운을 만나면 평범하게 살아갈 것이나 대격은 되지 못한다.

건록용칠살격 (建祿用七殺格)

壬申
丙午
丁卯

午월에 화기가 염열한데 다행히 申子수국에 壬수가 투출하여 조후하니 아름다워 子중 癸수로 용신한다 평생대운이 금수 서북으로 흐르니 부귀를 누리는 사

庚子   주이나 壬수정관 아들이 丙壬으로 상충하니 늦게 자식하나를 얻은 사주이다.

종강격 (從强格)

丁卯
丙午
丁亥
丙午

사주원국이 조열하여 亥중의 壬수가 용신이 되겠으나 허약하여서 쓸수가 없으니 염상격에 亥수가 병신이다. 戌운은 해수를 극제하여 더욱 좋아서 부자가 되었고 辛亥운 이후는 인패재패를 거듭하더니 壬子운에서 세상을 떴으니 이는 왕화의 중심이 되는 午화를 충발한 연고이다.

식신용인격 (食神用印格)

癸丑
己未
丁巳
辛亥

未월에 화퇴기가 되고 巳未화국을 이루었으나 토금이 투출하여 설기가 태심하다. 고로 亥중의 甲목으로 인수용신 하는데 다행스러운 것은 巳亥로 상충되어 용신이 허약한데 亥未합을 이룬것이다. 동방목운에서 오히려 용신을 도와서 대길하였고 辛운은 약한 목용신을 극제하면 니 관성이 오히려 길하였으며 수운 역시 용신을 도우는 것으로 본다.

인수용재격 (印綬用財格)

丁卯
丁未
丁巳
庚戌

未月이 금의 진기라고는 한다. 巳未 卯戌로 사주의 원국이 조열하여 종강할 것이나 시상의 庚金이 巳중 庚金의 뿌리가 있어 용신을 정한다. 평생대운이 남동으로 흐르니 하는 일이 하나도 성사됨이 없이 허송세월한 사주이다. 그리고 처궁은 巳戌원진에 고진살(홀애비살)을 놓고 군겁쟁재(群劫箏財)가 되어서 본처와 이별 후 재취하였다.

종강격 (從强格)

乙巳
丁巳
辛未
己巳

未月 丁火가 화기가 염열하여 辛金 재성이나 근土 상관으로 용신이 될 것이나 만국이 조열하므로 종강격이다. 또한 대운이 목화왕지로 흐르니 평생에 걸쳐서 부귀를 누린 귀부인이다.

정관용인격 (正官用印格)

辛亥
丁未
壬申
己卯

丁화가 申월에 신약한데 재살이 투출하여 일주를 극제하니 부득히 亥중의 甲목으로 인수용신하여 살인상생격이 되나 辛금이 병신이다. 만약 壬수가 없으면 庚辛운에 재화가 일어나겠으나 재성과 인수가 상극하는 중간이 통관이 되므로 사주의 정신은 壬수가 된다. 지지의 申금에 장생이 되고 시상에 辛금이 두출하니 천간으로 토를 보든지 지지로 토를 보아도 극함을 당하지 않는다. 고로 말년운은 더욱 좋을 것으로 본다.

정재용인격 (正財用印格)

癸丑
庚申
丁卯
癸卯

丁일생이 申월 입추절에 출생하여 재살이 태왕하고 만약 인수용신인 사람은 오직 공부에 열중하여야 출세길이 열리고 만약 여자와 재물을 좋아하면 탐재괴인(貪財壞印)이 되어서 신망가패(身亡家敗)된다는 것을 명심하여야 한다. 특히 丁화운을 면할 수가 없어 卯목으로 인수용신한다. 남방화운에 용신지 병인 금을 극제하고 길하고 卯목운은 용신이 득력하니 크게 치부한 사주이다.

편재용겁격 (偏財用劫格)

戊午
辛酉
丁亥
辛亥

酉월의 丁화가 금수가 태왕하니 신약하여 午화의 록이 용신이다. 초운 삼십년에 고생이 많았으며 丙寅운부터 기발하기 시작하여 치부하였으며 辰운은 수운을 도와서 불길할 것으로 본다. 특히 신약한 사주는 사업을 경영할때는 형제나 친구와 동업을

격국용신

하여야 사업이 번창하게 되는데 이는 나의 힘이 모자랄때는 남의 힘을 얻어야만 서공한다는 것을 명심하여야 한다.

종재격(從財格)

乙巳
丁卯
辛丑
辛未

丁일주가 巳酉丑금국을 놓고 辛금이 투출하니 토금 목이 병신이다. 丑운은 왕한 금이 입묘하여 상처하였고 庚辛운은 길할 것이나 寅운에 金의 절지가 되니 재물의 손재가 많았으며 卯운은 卯목 병신이 녹을 얻게 되어 불록한 사주이다.

종아격(從兒格)

乙酉
丁卯
戊戌
辛未

戊월 약지가 설기태심하니 일주가 허약하여 종아격이다. 丁酉 丙申운은 화가 토를 생하며 金이 왕한 토를 순세로 설기하여 유족하게 살았으며 乙목운은 병신이 득력하니 재패가 있었고 남방화운은 으며 壬辰 辛卯운은 불길할 것으로 본다.

정관격(正官格)

庚戌
丁丑
戊申
丁丑

寅중 丙火로 용신하는데 왕한 금이 병신이고 寅목 이 희신이다. 초년 수운에 희신 寅목을 생하니 유족하게 성장하고 목화운도 길하였으나 辰운은 왕한 토를 충발하니 화용신이 무력 하매 세상을 뜬 사주이다.

戊戌
癸亥
丁未
丁酉

이 사주는 관살이 혼잡이라 하나 戊癸가 합하여 화 를 이루고 亥未목국에 丁화가 투출하니 도리어 신 왕하여 능히 정관을 감당할 수가 있어서 정관용신 한다. 고로 戊토가 병신이며 酉금이 약신이다. 여 명은 정관을 부성으로 보기 때문에 정관으로 용신함도 여기에 원인이 있으며 초년 금운에서는 희신이 되어서 길하고 남방화운은 길흥이 상반하다가 巳운에 용신의 뿌리인 亥를 상하니 부부가 세상을 뜬 사주이다.

식신제살격(食神制殺格)

丙申
己亥
丁丑

亥월 수왕당절의 丁일생이 亥丑 수국에 癸수 칠살 이 투출하였으나 亥卯목국에 丙화가 일주를 생부를 생부하니 약화위강이 되어서 근토 식신을 능히 감

정재용인격(正財用印格)

壬寅

丁日주가 戌토왕절에 토금수가 투출하니 신약하여

癸卯　당하여 용신하니 식신제살격이다.　戊戌　丁 화 토운
에서 부영자귀(夫榮子貴)하였으며 甲寅운 壬寅년중에 두아들을
잃었으니 이는 용신 己토상관을 합거하고 壬년에 희신 丙화를
극한 이유이며 壬운은 관살 혼잡이 되어서 불길할 것으로 본
다.

정관용인격(正官用印格)

壬寅
壬子
丁亥
庚戌　　서 寅목으로 용신한다.

동방목운에서 부귀를 누리었으나 辰운은 왕수가 입묘하니 인패
가 많았고 丁운은 길할듯 하나 한신 壬수가 합극하니 재물의 손
재가 있었으며 己戊午운은 대발하였는데 이는 병신金을 제거하
는 약신이 된 연고이며 庚申운은 寅목을 충발하니 불길하였다.
丁일생이 子월에 때를 잃고 亥子수국에 두 壬수가
투출하니 재살이 태왕하다. 고로 종살하여야 옳을
것이나 寅亥목국과 寅戌화국이 있어 종할수가 없어

편관용인격(偏官用印格)

戊申
甲子
丁未
　　목을 쪼개어 일주를 생하니 이것이 귀격이다. 동

金수가 한냉하여 신약으로서 월상 甲목으로 인수용
신 하는데 庚金이 용신시지병이 되나 庚金으로 甲

庚子　남운에서 가세가 번창하였으며 午운은 용신 甲목이
사궁이 되어서 불길할 것으로 본다.

칠살용인격(七殺用印格)

辛未
癸丑
丁丑
辛亥　　었더라면 운명은 달라졌을 것이다.

丁화일주가 丑월의 亥丑수국을 놓고 금수가 투출하
니 일주가 쇠약한데 다행히 亥未목국이 있어 인수
용신 하나 용신이 허약하다. 평생대운이 금수운으
로 흐르니 큰일 한번 못해 보고 고생 고생으로 허
송세월 하였던 사주이다. 차라리 寅卯辰목국을 만
나서 인수용신을 정하니 金이 용신의 병이다.

살인상생격(殺印相生格)

壬辰
癸卯
丁卯
壬寅　　누리었으나 庚申대운에 이르러 용신 寅목을 충극하여
생명이 위태로울 것으로 본다.

丑월 丁일생이 진축습토에 착근한 두壬과 癸수가 투
출하니 관살이 태왕이라. 다행히 寅卯辰목국이 되
로 흐르니 용신이 태왕하다. 대운이 동남으로 평생 흐르니 除病補用으로 부귀를

인수격(印綬格)

격국용신

己酉
丙寅
戊申
壬子

酉月의 戊土가 금수성왕하니 일주가 무력하여 丙火로 인수용신한다. 기사경오운은 크게 길하였으나 辛운에 이르러 부성 관성을 충극하니 부모상을 당하고 酉운에 丙화가 사지가 되어서 세상을 뜬 사주다.

남편이 일찍 죽거나 남의 소실살이를 하고 시부모와도 불화하게 된다.

인수용상관격(印綬用傷官格)

辛酉
丙戌
丙寅
己巳

寅月 戊일생이 비록 약지가 되나 寅戌화국에 丙화가 투출하니 상관으로 용신한다. 초년수운은 용신의 병인 화를 제거하니 평길하고 庚申 申酉운은 용신을 도우니 크게 길하였으나 남방운은 용신을 극제하여 불길할 것으로 본다.

정관격(正官格)

庚戌
己卯
戊戌
己未

비록, 목왕당절이라고는 하나 토세가 강왕하고 여명은 관성을 위주로 하니 卯목이 용신이니 庚금은 병신이다. 丁운은 庚금을 제거하여 길하고 丑운은 병신을 도우니 신병으로 고생이 많았으며 亥子운은 부군을 도우니 길하였고 辰월에 卯용신이 상하여 불록지객(不祿之客)이 된 여명이다. 특히 여자사주에 비견비겁이 많으면

정관용인격(正官用印格)

癸亥
乙卯
戊子
丁巳

니 戊土가 卯월에 실령한중 亥卯목국에 수목이 투출하니 관살혼잡에 재살이 태왕이다. 다행히 시상 丁화가 있어 인수용신하여 화토대운에 사십년에 부유한 가정에 출생하여 출가후 부귀를 누리었으며 庚申 辛酉대운에 목을 극제하니 길하고 壬운은 용신 丁화를 합거하니 세상을 뜬 여명의 사주다.

편재용인격(偏財用印格)

丙寅
壬辰
戊辰
甲寅

辰월에 戊土가 사령하여 권세를 쥔다고는 하나 寅寅辰목국에 수목이 투출하여 토와 목을 비교하여 볼때 목의 세력이 더욱 고강하여 丙화로 인수용신을 정하니 丙운 丁未운에 과장이 되었으니 丁년은 병신인 壬수를 합거한 연고이다. 戊戌운은 병신을 극제하니 무방하고 亥子운은 불길할 것으로 본다.

인수용관격(印綬用官格)

89

癸亥
丙辰
戊辰
己卯

토왕당절의 戊토가 화토가 상왕하니 능히 정관을 감당할 수가 있어 乙목으로 용신한다. 그리고 癸亥 수는 희신이 되어 약한 목 관성을 생하여 주니 더욱 길조로 어진 처를 만나고 공무원으로 성공하였는데 戌운 이후로는 불길할 것으로 본다.

종왕격(從旺格)

戊午
丁巳
戊午
戊午

이 사주는 화왕당절에 다섯 화에 일주가 생을 받으니 화토가 극왕한데 한점의 습기가 없으니 아무리 양간이라도 화를 따라가게 되니 이것이 종강격이다. 목하운에서는 가정이 안락하였으나 癸운에 상부하였는데 이는 사주원국이 극히 조열한데 수가 와서 왕화를 충발하니 도리어 흉하여 재난이 일어나게 되었던 연고이다. 운 丙午년에 년운이 수화로 상충하여 왕화가 기발하니 세상을 떴다. 사주가 이와같이 편고하여 조화를 이루지 못하면 불길하다는 것을 참고할 일이다.

己巳
戊寅
庚申

신용신한다. 그러나 용신의 뿌리가 寅申으로 상충이 되니 병이 되는데 아울러 삼형을 이루니 더욱 불길한 징조이다. 초운 戊辰대운에서는 유복하게 성장하였고 丁卯운부터 집안이 기울어 지기 시작하여 丙寅운중 庚寅년에 횡사하였으니 이는 식신용신이 칠살을 만나고 다시 삼형이 되어서 충동한 원인이다. 사주원국의 구성도 중요하나 대운과 세운의 흐름이 그 사람의 운명이 길하고 흉함을 판정당하게 된다는 사실을 참고할 문제이다.

양인용식신격(羊刃用食神格)

丁未
丙午
戊戌
庚申

午월 화왕당절에 화기가 염열한데 월지 午에 양인을 놓고 丙丁화가 투출하니 화기가 沖天하다. 고로 시상의 庚금 식신으로 용신하여 왕토의 기세를 설기코저 하나 왕화가 용신의 병이 된다. 사주원국에 한점의 목기가 없어 청절하나 수기가 부족하여 내주장을 하는데 戊申대운에 한하니 부부궁이 불미하여 동분서주하며 내주장을 하는데 戊申대운이 이르러 용신을 천격지중하면 세상을 뜰것으로 본다.

인수용식신격(印綬用食神格)

己未

이 사주는 화토가 서로 왕하여 시상의 庚금으로 식

양인합살격(羊刃合殺格)

격국용신

己亥
庚午
戊午
甲寅

午月 화왕당절에 戊일주가 신왕한데 월일지 午에 양인을 얻으니 일주가 고강하여 시상의 甲木 칠살로 용신하는데 수기가 부족하여 조후가 시급하나 다행히 金水가 있어서 오행이 상생을 이루니 사주가 귀기하다. 또한 甲木 칠살과 午중의 己土가 甲己로 합하니 이것이 양인합살격이다. 대운이 동북으로 흐르니 평생이 다복한 사람이다.

거관유살격(去官留殺格)
辛酉
乙未
戊戌
甲寅

戊일주가 화왕당절에 득령하고 寅戌화국을 이루니 신왕하나 甲乙木이 투출하여 관살 혼잡이라고는 하나 乙木은 辛金에 극제 당하니 이것이 거관유살격(去官留殺格)이다. 고로 칠살이 용신이 되는데 壬辰 대운 이후 삼십년에 과거에 출신 장관이 되었으며 처궁이 불길하여 재혼하였던 사주이다.

귀록약살격(歸祿弱殺格)
戊寅
己未
戊辰

戊일주가 여섯개의 토와 시지에 양인이 있어 일주가 고강하다. 고로 종강하여야 할것이나 寅辰 목국이 있어 寅木 칠살로 용신하는데 용신이 미약하다. 申운 丙戌년에 낙상으로 신고하였으나 북방수운에 용신이 득력하여 대발한 사주이다.

귀록용인격(歸祿用印格)
丁卯
戊申
戊子
丁巳

申월의 戊土가 원래 신약한데 申子수국을 놓으니 신약하나 다행히 시지 巳에 록을 얻고 두 丁火가 투출하니 丁火가 용신이다. 남방 화운에서 유복하게 성장하고 과거에 진출하여 길하였으나 辰운부터 申子辰수국운이 되어서 용신 인수를 극제하므로 불길하였으며 동방운도 천간에 癸壬수가 있어서 좋지 못한 운이다.

진상관용인격(眞傷官用印格)
辛巳
丙申
戊子
癸亥

申월 戊일이 설기하는데 申子 亥子 수국을 놓은 중에 금수가 투출하니 이것이 재다신약인데 丙火인수가 丙辛으로 합거하고 인수 巳火는 申巳로 합하여 巳申 亥子로 네가지의 합을 이루니 일주가 태약하나 다행히 丙辛 戊癸 화가 떨어져 있으나 록이 되어서 인수용신한다. 초년이 길하기는 하나 壬辰辛운이 불길하며 목운이 길하나 천간에 금이 있으니 이 역시 불길하다. 고로 비록 좋은 운이라고는 하나 천간의 운이 좋지 못하니 교원으로 평범하게 사는 사주로서 대격은 되지 못한다.

진상관용인격 (眞傷官用印格)

丁酉 戊일주가 酉월에 실시한중에 금수가 태왕하여 진상
己酉 관격으로 왕한 금에 종하여야 할 것이나 년월에 화
戊子 토가 있고 양일주가 되어서 종하지 않으니 丁화인
庚申 수가 용신이 되나 화토의 뿌리가 없으니 용신이 무력하다. 고로 남방 화운에 한천봉우지격(旱天逢雨之格)으로 크게 길하고 申운은 己토를 설기하니 불길할 것이나 辰운은 습토이나 약한 戊토를 도와서 무방하고 癸卯운은 왕한 금을 충극하니 세상을 뜬 사주이다.

상관용겁격 (傷官用劫格)

癸亥 戊토일주가 금수로 태왕하니 흙이 물에 떠 내려가
癸酉 는 형상이다. 일주가 미온지토인 戊토가 있으며 양
戊戌 일주가 되어서 종하지 않고 비견이 용신이다.
癸亥 남방 화토운이 되어서 크게 재물을 모았으며 辰대운은 일주의 뿌리이며 용신이 戊토를 충발하여 세상을 뜬 사주이다.

살인상생격 (殺印相生格)

甲申 戊월에 戊토가 사령하고 일시지에 양인을 놓고 午
甲戌 戊화국을 놓아서 일주가 고강하여 칠살 甲목을 능
戊午 히 감당할 수가 있어 이것이 살인 상생격이다.
乙卯 고로 북동 수목운에서 크게 길하여 부귀를 누리었으며 庚辰 辛巳대운은 용신이 상하니 신고가 많았으며 午운 子년은 甲목용신이 사궁이 되고 일시지 午양인을 子년이 충발하니 세상을 뜬 사주이다.

살인상생격 (殺印相生格)

乙卯 이 사주는 寅戌 卯戌로 각기 합하여 화를 이루고 丙
丙戌 화가 투출하니 신왕하다. 고로 甲목으로 칠살용신
戊戌 하니 살인상생을 이루어 대격으로 사주원국에 습기
甲寅 가 없음이 아쉽다. 壬癸운은 기발하는 뜻 하였으나 지지가 남방운으로 불길하고 辰운은 왕토를 충극하여 불길한 운이다.

정관용겁격 (正官用劫格)

甲申 亥월 戊일주가 재살이 태왕하여 戊토로 용신을 정

격국용신

乙亥
戊戌
癸亥

에 귀부인이 된 한 사주이다. 그러나 辰대운에 용신 戌토를 충하면 불길할 것으로 본다.

하니 관살이 병신이 된다. 그러니 申금은 약신이 되어 아름답다. 초운 서방 금운에서 육십년 대운

정재용인격 (正財用印格)

癸酉
癸亥
戊寅
丁巳

수왕당절 戊토일생이 두 癸수가 투출하고 寅亥목국 이 일주를 극하니 재살이 태왕하여 신약한데 다행 히 丁巳 화가 일주를 생하는 한편 조후를 하니 용 신이 된다. 己未운부터 습한 수기를 제거하여 대길 하였으며 丙辰대운은 丙화가 정인인 丁화 용신을 만나므로 불길 하고 병탈쟁광(丙奪爭光)하니 辰운은 습지가 되니 역시 불길하 다.

편재용인격 (偏財用印格)

壬申
壬子
戊午
庚申

이 사주는 금수가 한냉하여 조후가 시급한데 다행 히 일지 午화에 양인을 얻어서 용신을 정하나 子午 상충이 불길한데 申子수국을 이루니 충중의 봉합이 라 申운 壬子년 辰월에 금수가 성왕하여 사주원국의 子午충을 또 운로에서 子午충이 되어서 부군이 낙상으로 신고했

으나 그후 화土운 삼십년에서 크게 부자가 되고 辰운에 왕수가 입묘하면 불길할 것이다.

정재용겁격 (正財用劫格)

戊辰
甲子
戊子
辛酉

수왕당절 戊일생이 子辰수국에 목금이 투출하니 일 주가 허약하다. 고로 일지 午戌화국이 있어 丙寅운에 길하고 丁卯운은 수목화토로 상생하니 역시 좋았으 며 辰대운에 사업에 실패하였으니 이는 사주가 한냉 한데 또 습토가 왔으니 불길할 것이며 己巳 辛午운은 대길하고 壬운은 불길하다.

정재용식신격 (正財用食神格)

壬戌
癸丑
戊申
戊午

丑월의 戊토가 다섯개의 토가 있어 일주가 고강한 데 戊癸로 합하여 午를 이루고 午戌화국이 있으니 더욱 아름답다. 고로 일지 申금에 설기하여 식신 이 용신이 된다. 이격이 더욱 좋은 것은 식신격에 관성이 없으므로 귀격이다. 금운 삼십년에서 집안이 화평하고 남편이 출세하며 재물을 모으고 다복하였으며 이 사주에 午화 병신인데 午운을 만나면 불길할 것으로 본다.

가색격(稼穡格)

戊午
乙丑
戊辰
癸丑

戊일주가 다섯개의 토와 년지 午에 양인을 얻으니 일주가 고강하여 가색격을 이루는데 乙木이 병신이나. 丙寅운은 卯辰 丁운에 순세가 되어 길하였으며 卯운은 卯辰木局을 이루어 사주원국 乙木병신이 뿌리를 얻어 가색격을 극제하여 세상을 뜬 사주이다.

정관용인격(正官用印格)

戊寅
甲寅
己卯
丙寅

己일주가 목왕당절에 출생하여 무력한 중에 관살이 혼잡되었으나 다행히 세 寅木의 장생을 받은 丙화가 시상에 투출하니 살인상생으로 희귀한 사주이다 대운이 남방화토운으로 흐르니 아름답고 한점의 습기가 없어 원국이 조열하므로 금운을 만나 왕목을 쪼개서 화를 생하면 너욱 좋을 것이다.

살인상생격(殺印相生格)

甲辰
丙寅
己卯
乙丑

己토일주가 寅월에 한기가 심한데 寅卯辰木局을 놓고 관살이 투출하였으니 일주가 의지할 곳이 없다 다행히 寅木장생을 얻은 丙화가 투출하여 庚午운은 부귀를 누리었으며 辛운에 丙화를 합거하고 관살이 일주를 극제하니 庚寅년에 세상을 뜬 사주이다.

관인상생격(官印相生格)

甲午
丁卯
己巳
乙丑

己토가 卯월에 실시하고 정편관이 투출하니 관살이 혼잡이다. 다행히 丁화를 만나 조후하는 한편 일주를 생하여 주니 아름다워서 인수용신한다. 고로 살인상생격에 丑상관은 약신이 된다. 초년 丙寅운은 용신을 도우니 다복하게 자랐으나 乙운 寅년에 출가하여 수운에서는 용신이 상하니 고생이 많았고 酉운은 용신이 사지가 되어서 불길하니 평생에 좋은 운이 없어서 고생으로 살아가는 사주이다.

편관용인격(偏官用印格)

戊午
乙卯
己巳
丁卯

토일주가 卯월에 쇠약한중 칠살이 월시지에 록을 놓아 칠살의 세력이 태왕하다. 다행히 巳午인수에 뿌리한 丁화가 투출하니 신약은 면하였는데 일주와 칠살을 비교할때 칠살이 더 강하다가 庚운에 검찰청장이 되었으니 이는 戊운에 일주를 도와서 칠살을 제살하지 못했고 또 사주가 조열한 편이었는데 庚금이 목을 쪼개서 용신화를 생하여주는 한편 다행히 寅목장생을 얻은 丙화가 투출하여 庚午운은 부귀를 누리었으며 辛운에 丙화를 합거하고 관살이

격국용신

식신제살격(食神制殺格)

壬午
甲辰
乙酉
乙丑

이 사주는 辰月 토왕당절에 년지午에 록을 얻으니 신왕하여 일지 酉금으로 용신하니, 이것이 식신제살 격이다. 초년 화운은 용신이 무기하니 고생이 많았으며 戊申 乙酉 庚戌 토금운은 용신이 득력하니 부귀를 누릴 것으로 본다.

신왕용살격(身旺用殺格)

己未
戊辰
己酉
乙亥

다섯개의 토를 놓아 일주가 고강하여 칠살 乙목을 감당할 수가 있어 용신을 정하니 용신은 亥未목국 의 뿌리를 얻어 건왕하여 아름답다. 대운이 동북 으로 흐르니 용신이 힘을 얻어 많은 토를 소토하여 귀기한 사주이나 酉금이 병신이 된다. 초년 목하운에서 부모의 덕으로 다복하였는데 화가 약신이 되어서 금을 제거한 연고이다. 辛酉운 이후는 불길하였으니 이는 병신 금이 득력하여 칠살용신을 극제한 연고로 본다.

식신생재격(食神生財格)

辛巳
癸巳
己巳
己巳

巳月의 己일주가 지지 네 巳화를 놓았으니 지전일 기격으로 귀격이나 사주가 너무 조열한데 다행히 금수를 만나 용신을 정하니 뿌리가 미약하여 대격 이 되지 못한다. 금수가 있어 귀격도 되지 못하니 불길하다. 역술인들이 말하기를 지전일기격(地全一氣格)을 놓 으면 대부대귀한다고 하나 이것은 잘못된 해석이고 식신생재격 이 정이치이다. 亥子丑 수운에서 기발하기 시작하여 의식격정 은 하지 않았으나 丙戌운에 화토가 조열하면 불길할 것으로 본 다.

진상관격(眞傷官格)

癸巳
辛酉
己巳
癸酉

己일주가 巳月 화왕당절에 출생하여 득령은 하였으 나 巳酉 두금국에 금수가 투출하니 강함이 변하여 약하여졌으니 이것이 가상관이 변한 진상관격이다 한점의 목이 없으니 통관을 이루지 못하여 사주가 유 정하지 못하다. 초년금수운에서 고생하며 자랐고 己丑 戊子운 에서도 수세가 왕하니 불길하고 고생이 많았으나 사주가 평생 인수운이 없어 되는 일이 없다가 亥운에 세상을 떴으니 이는 이 수인 巳화를 상충한 연고이다.

인수용상관격 (印綬用傷官格)

己巳
庚午
己酉
戊辰

신왕하여 辰酉금국에 월상에 庚금이 투출하니 이를 용신하여 왕토의 기운을 설기하나 사주에 재성인수가 없으니 조후를 하지 못하여 사주원국이 조열하다. 목화운에 관재구설로 고생이 많았으며 처와 생별 사별을 거듭하였으므로 생계도 빈한하였으니 이는 원국에 재성이 없는 연고이다. 子운은 용신금 사궁이 되어서 세상을 뜰 것으로 본다.

인수용재격 (印綬用財格)

丙辰
甲午
己亥
丙寅

일수가 고강하나 甲己가 합하여 화격이 될듯하나 지에 亥수가 있어 종하지 않으며 일주가 왕하니 甲목 관성이 용신이 될듯하나 사주의 원국이 조열하므로 조후가 시급하여 亥수로 용신하나 왕토가 병신으로 용신이 무력하다. 대운이 평생에 금수로 흐르니 상업에 종사하여 치부한 사주이다.

인수용재격 (印綬用財格)

癸丑
己未

일주가 화토로 신왕한데 巳亥 丑未로 년월일시가 전부 충파 되었다. 그러나 巳丑 亥未로 서로 합하여

己巳
辛亥

충파를 구출하여 화가 복으로 되었으니 이것이 충중에 봉합이 되어서 亥수재로 용신하니 사주가 유정하다.

초년에 금운에서는 용신을 생하니 유복한 가정에서 성장하였으며 출가후에 亥子丑 수왕운에서 수목이 있으니 더욱 좋아서 부귀와 영화를 누린 귀부인의 사주인데 丙寅운 이후로는 불길할 것으로 본다.

칠살용인격 (七殺用印格)

辛酉
乙未
己卯
丁卯

사주의 원국이 조열한데 辛금이 酉에 록을 얻었으니 이것이 조후하는 약신하다. 초년 甲午癸巳운에서는 용신이 득력하여 가정이 유족하였으며 동방목운에서는 신고막심하였고 己丑운은 길하였으며 子운은 제살하는 金약신이 사지가 되어서 불록지객이 되었다.

식신용인격 (食神用印格)

辛卯
丙申
己酉
己巳

申월약지의 己토일주가 申酉 巳酉 금국에 辛금이 투출하니 설기태심하나 丙화가 있어 조후용신하는데 丙화는 년상의 辛금이 합거하고 시지巳화는 巳酉가 회국하여 인수용신이 되지못하나 가을에 동토가 되

격국용신

여서 결국 화가 용이 된다. 초운 목화운에 부귀가문에 출생하여 유복하였으며 동방목운은 금수가 있어 대운이 불길하다.

상관용인격 (傷官用印格)

庚辰
甲申
己酉
丙寅

금왕당절 己토가 무력한데 申辰수국에 申酉금국을 놓고 庚금이 투출하여 설기가 태심하다. 다행히 丙화가 寅목 장생을 얻어 유기하니 인수용신이다. 丙戌운부터 丁운까지. 다복하였고 亥운에 희신 寅목을 장생하여 더욱 길하고 戌운은 약한 일주를 도와 좋으며 子운도 길하며 己丑운은 일은 많으나 寅卯운은 대길할 것으로 본다.

식신용재격 (食神用財格)

壬午
己酉
己未
壬申

酉월 己일이 본신약인데 午未화국에 己토가 투출하고 년지 午에 록을 놓으니 申酉 금국에 두 壬수가 투출한중에 신약할 듯 하나 일지의 未토가 다른 조토이기 때문에 壬수 재성이 용신이 된다. 그리고 申토이기 때문에 壬수 재성이 용신이 된다. 그리고 申금이 희신이다. 壬子진운부터 癸丑운까지 길하였고 丙운에 대패하였으니 이는 용신과 희신이 상한 연고이며 처궁이 불미하여 생별한 것은 일주간지가 간여지동이 된 원인이로 상충하면 불길할 것으로 본다.

식신용관격 (食神用官格)

戊寅
辛酉
己未
甲子

己일생이 비록 酉월에 실령한다고 하나 자좌 未토 戊토가 寅장생을 얻은 중에 시상의 甲목과 甲己로 화하여 사주가 유정하여 甲목으로 용신하는 데 용신은 寅에 록을 얻으니 용신이 건왕하여 癸亥甲 子대운에 대길하고 乙丑대운은 편관이 되어 불길할 것이나 원국의 辛금이 乙辛으로 상충하여 乙목이 무력하였으며 丑운은 子丑수국을 이루어서 더욱 좋았고 戌辰운은 불길할 것으로 본다.

식신용관격 (食神用官格)

壬午
庚戌
己亥
壬申

戌토왕당절에 午戌화국을 이루고 년지 午에 건록을 얻으니 일주가 불약하여 亥중의 甲목으로 정관용신 한다. 이 사주가 토금수목화토로 상생이 되어서 욱 좋다. 초년은 빈한한 가정에서 고생이 많았으나 동방운에 기발하기 시작하여 출세한 사주이다 그러나 丁巳대운에 희신 壬수를 丁壬으로 합거하고 용신의 뿌리인 亥수를 巳亥로 상충하면 불길할 것으로 본다.

제4장 정격국(定格局) 입문

(ㅡ) 정관격(正官格)

① 정관격의 의의와 구성

정관격(正官格)은 음대양(陰對陽)이니 갑이 신을 봄과 신이 병을 보는 예이다.

나를 극하기는 하나 상(傷)하기까지는 않으니 나를 관리함과 같다.

남자는 관성이 관청과 같으므로 민중은 관청이 없으면 질서가 없고, 여자는 관성이 남편과 같으니 여자가 남편이 없으면 예절이 없음과 같다.

관성이 왕하고 일주가 약하면 인성이 있어 관성이 일주를 극하는 사이를 통관시켜 길하며, 재성은 나를 생하는 인성을 극하며 나의 해신(害神)인 관성을 도와 일주가 더 약해지므로 불로길 하다.

이때에 비겁이 재성을 극제하고 일주를 도우면 길하니 대운의 흐름도 역시 같다.

관성이 약하고 일주가 왕할 때 재성이 있어 약한 관성을 생하면 길하고 상식은 약한관성을 극하므로 꺼리며 대운도 같다.

만약 일주가 태약하고 간지에 관성이 많으며 재성이 있어 관성을 도우고 인수나 비겁이 없으면 관성이라도 변하여 살성이 되므로 종살격이 된다.

종살격에는 살이 왕성함을 기뻐하므로 재성운은 관성을 생하므로 길하다. 인수운은 왕한 관성을 설기하여 기세가 순하므로 길하고 상식운은 관성을 극하여 기세를 역하므로 꺼리며 종살격은 신왕운도 불길하다.

정관격에 관성이 왕할때에는 관운이 불길하고 관성이 약할때는 관운이 해가 되지 않는다.

대체로 관격에 관운을 만나면 해가 많으니 남자는 변동이 있고 여자는 가정에 근심이 많다. 이것을 더 자세히 정관격의 구성을 설명하면 정관격은 월지 암장에 정관이 있고본기가 투출되어야 하며 타주(他主) 간지(干支)의 정편관이 혼잡되지 않아야 신왕하고 정관이 충파됨이 없어야 한다. 그리고 子卯酉는 투출이 없어도 정관격이 성립되며 또 다른 격으로 구성되어 정관이 용신이 되는 경우에도 정관격으로 다루게 된다. 그러나 이것은 원칙이고 정관이 투출되지 않고 월지에 있어도 정관격으로 판단하는 것이 일반적인 통례이다.

앞에서 보는바와 같이 子卯酉는 암장간(暗藏干)이 하나밖에 없으므로 도표3-③에서 보는바와 같이 午가 없고 午는 암장간이 둘밖에 없으므로 도표3-③ 寅申巳亥辰戌 丑未는 각각 장간(藏干)이 세개씩 있으므로 정관격이 도표3-③ 과 같이 구성된다.

격국용신

도표 3-1

생월 生月	일천간 日天干	토간 土干
寅	己	甲
卯	戊	乙
辰	癸	戊
巳	辛	丙
午	庚	丁
未	壬	己
申	乙	庚
酉	甲	辛
戌	癸	戊
亥	丁	壬
子	丙	癸
丑	壬	己
월지 본기 무출된 것으로 격을 정함		비고

도표 3-2

생월 生月	일천간 日天干	투간 透干
寅	辛	丙
辰	戊	乙
巳	癸	戊
午	壬	己
未	庚	丁
申	丁	壬
戌	庚	丁
亥	己	甲
丑	丙	癸
월지 암장에서 무출된 것으로 격을 정함		비고

도표 3-3

생월 生月	일천간 日天干	투간 透干
寅	癸	戊
辰	丙	癸
巳	乙	庚
未	戊	乙
申	癸	戊
戌	甲	辛
亥	癸	戊
丑	甲	辛
월지 암장에서 무출된 것으로 격을 정함		비고

그리고 寅申巳亥에는 암장에 없는 戊土가 있어 의문점이 있을 것이나 寅은 丑土 다음으로 土의 기운이 있고 巳는 辰土 다음으로 土의 기운이 있으며 申은 未土 다음으로 土기가 있고 亥는 戌土 다음으로 土의 기운이 있어 각각 음양의 월차이(月差異)가 없이 戊土가 암장되어 있는 것으로 三표가 구성되었다.

이 격국용신법은 십이지월율분야법(十二支月律分野法)에 의한다는 것을 염두에 두어야 한다.

② 정관격 용신원칙(用神原則)

정관용재격(正官用財格) = 일주가 강하고 식신 상관이나 인수가 많으면 재로 용신한다.

정관용관격(正官用官格) = 일주가 강하고 비견이나 비겁이 많으면 정관으로 용신한다.

정관용인격(正官用印格) = 일주가 약한데 관살이 많거나 혹은 상식이 많으면 인수로 용신한다.

정관용겁격(正官用劫格) = 일주가 약한데 재가 많으면 비겁으로 용신하고 만약 비겁이 없으면 인수로 용신한다.

정관용상식격(正官用傷食格) = 일주가 약하고 관살이 많을때 상관식신으로 용신하여 제살(制殺)한다.

③ 정관격 실례(實例)

癸丑
甲寅
己未
戊辰
乙未
辛丑
戊戌
庚申

제살태과격(制殺太過格)

寅月己日 생인이 월지암장 갑목본기(甲木本氣)가 월상에 두출하여 정관격을 이루고 일주 역시 三陽之土가 되어 未中 丁火 寅中丙火 에 생을 받고 戊辰 양토가 부신(扶身)하니 신주(身主)가 고강(高强)하여 月上甲木으로 인수용신을 정하니 용신 甲木도 寅辰木局과 癸水가 생부(生夫)하여 용신이 건왕(健旺)하다. 대운서북에 용신이 득력(得力)하여 대발(大發)하다가 土金운에 용신이 무기(無氣)하여 세상을 뜬 사주이다.

곤명(坤命) 제부성격(制夫星格)

戊日생인이 未月에 乙木夫星(官星)이 투출하여 관성이 분명한데 시상 庚金子星이 부명자수(夫明子秀)하여 사주원국이 아름다우나 乙木부성(夫星)이 丑中辛金에 뿌리한 年上辛金으로부터 극설(剋洩)된 중 시상에 상관이 득세(得勢)하여 부성(夫星) 가세(加勢)하니 酉大運이 들자 상관이 득세(得勢)하여 설기가 태심하니 二十세 젊은 나이에 자일사(自日死)한 사주이다.

격국용신

癸卯
甲子
乙巳
癸未

子月乙日生人이 年支卯에 착근하고 水木으로 신왕하여 한랭이 혹심하나 巳未火局이 조후하여 可美하여 巳中庚金으로 용신하매 부귀가문에 출생하여 다복하였으나 丙寅대운에 이르자 용신이 무력하고 寅巳三刑을 이루매 부성(夫星)(官星用神)이 극제태과이니 중환으로 신고하다가 二十歲 젊은 나이에 손명(損命)한 사주이다.

정관격 (正官格)

壬戌
乙酉
甲辰
丙寅

甲일주가 八月 약지(弱地)에 출생하여 壬水가 있고 辰土에 뿌리가 되며 시에 寅木이 있어 온수(溫水)로 지 않으며 丙火가 寅에 뿌리가 있어 온수(溫水)로 목을 생하여 주니 천청지윤(天晴地潤)으로 고지(枯枝)를 전정(剪定)하여야 하므로 월지 酉金정관이 용신이 되며 丙火가 戌土를 보아 酉金을 극하지 못하고 오히려 금을 생하리니 기신이 도리어 복신이 된다. 한온(寒溫)이 조후하여 금수운이 길하고 인묘목운은 유금이 절지가 되고 충이 되어서 불길하다.

정관격 (正官格)

己巳
丁卯
戊辰
丙辰

丁卯
戊辰
丙辰

화가 되므로 卯木정관이 용신이 된다. 대저 태왕한 자는 극제하는 神이 있어야 평균이 되고 약한 자는 생함을 만나야 평균이 되므로 수목 사십년간이 복록을 누리는 운이 되니 문관으로 인신이 귀순(歸順)하며 금운은 병신운이 되어서 불길하니 이것은 억강부약(抑强扶弱)하는 이치다.

女命 금경화중격 (金輕火重格)

壬戌
辛亥
甲子
丙寅

日主가 왕하고 부자성(夫子星)이 (夫는 辛金 子星은 丙火) 투출하고 寅戌火局에 뿌리를 한 丙火가 어 조후를 하니 사주의 원국이 아름답다. 고로 戌中辛金에 착근한 月上의 辛金으로 용신을 하여 西方 金운에서 용신이 힘을 얻으니 그 夫가 등과(登科)어사(御史)로서 가문이 현혁(顯赫)하니 그 夫가 사망하고 丙午年에 이르자 辛金용신이 피상(被傷)하매 신병으로 고생하다가 세상을 뜬 사寅戌火局이 득력(得力)하매 신병으로 고생하다가 세상을 뜬 사주이다.

女命 관경제중격 (官輕制重格)

丁巳

이 사주는 일주가 태왕하니 왕토를 극제하여야 중

日主가 약하지 않으니 申中의 壬水로 용신을 정하

戊申
丁巳
乙巳
　　나 사토에 극제당하여 용신이 무기(無氣)하다.
　　비록 사중에 庚金이 있다. 하나 壬水를 生해주지 못한다. 그 이유는 巳申으로 三刑을 이루나 이는 巳中의 丙火와 申金암장수의 壬水가 어찌 많은 土를 감당할 수 있을 것인가 또하나 日主는 시지 乙木의 生른 바라고 있으나 乙木은 무근지목(無根之木)이 되어 丁火를 생할수도 없고 丁火에 설기가 태심하나 戌運에 이르자 용신 壬水가 극제당하고 丁火가 입묘(入墓)하여 불록(不祿)한 사주이다.

貴女命 거살유관격(去殺留官格)

丁酉
壬寅
辛巳
丙申
　　辛日生人이 寅月에 실령(失令)하였으나 巳酉 金局에 申金이 시지(時支)에 있으니 일주가 약하지 않아서 丙火로 정관용신 하는데 丁火가 투출하여 살관이 혼잡이라 하나 다행히 壬水가 있어 丁壬으로 合去살하고 丙火관성만 남으니 아름답다. 丙火용신은 寅의 長生을 얻었다고는 하나 힘이 없던 중 南方火運에 힘을 얻어서 가문 날에 단비가 내리듯이 대부대귀(大富大貴)하여 귀부인이 된 사주이다.

女命 토중목경격(土重木輕格)

甲辰
癸未
甲戌
壬戌
　　癸日生人이 戌月에 출생하여 수진기(水進氣)다음 달은 亥月인 고로) 하나 四土에 일주가 의지할 곳이 없는데 다행히 年支辰 帶木之土에 착근(着根)한 甲木이 년월상에 투출되어 甲木으로 용신하니 중토를 귀하게 자랐으나 未중大運에 이르자 중토(衆土)가 득력(得力)하매 토기(土氣)가 태중(太重)하여 갑목용신이 무력하고 두未中丁火 두戌中丁火에 甲木이 설기태심(泄氣太甚)에 용신이 입묘(入墓)하여 구혈병(嘔血病)으로 사망하였다.

女命 목소금다격(木少金多格)

丙午
辛丑
甲戌
己巳
　　官殺이 태심한데 설상가상으로 대운이 西方 관살지(官殺地)로 흐르니 자식과 부군을 잃고 음란한 생활을 일삼으면서 살아가다가 申酉 금왕지(金旺之)운에서 좋아야 할 것이나 만약 종하였다면 申酉 금왕지(金旺之)운에서 좋아야 할 것이나 巳丑 金局에 착근한 辛金 정관으로 종하여야 한다고 할 것이나 不吉하였으니 종하지 않음이 분명하다.

女命 부경제중격(夫輕制重格)

癸丑
　　戊巳日生이 未月 토왕절(土旺節)에 생하여 목관성

격국용신

己未
戊辰
庚申
庚辰

(木官星)은 未에 입묘(入墓)한 중에 다시 丑未로 상충하니 未中의 乙木은 丑中辛金으로 부터 극제되어서 부성(夫星)이 불미한데 대운이 西方金運에 이르러 너욱 부성을 극제함이 가중되어 집안이 빈곤하고 남편은 가출하였으며 유운(酉運)에 乙木용신이 손상하니 약물을 마시고 사망한 사주이다.

선부후고빈(先富後孤貧) 부약피제격(夫弱被制格)

庚午
戊寅
己酉
甲子

己日生人이 寅月에 실시(失時)하였으나 다행히 인오술 화국을 이루고 戊土가 투출하니 일주가 건왕(健旺)하여 능히 관성을 감당할 수가 있어 시상甲木으로 용신을 정하니 용신 또한 인록지(寅祿地)에 착근하여 아름답다. 대운 亥子, 甲地에서 용신이 득력하고 부성(夫星)(甲木)을 생부(生扶)하니 부명자수로서 부귀를 누리었으나 大運이 西方申酉 金運으로 들며 부성(夫星)이 극제되니 자(夫子)가 구망(具亡)하였고 말년에 고빈(孤貧)하였던 사주이다.

포정처명(布政妻命) 화중금경격(火重金輕格)

丁巳

時上 庚金으로 용신을 정하니 용신은 年支 巳中庚

丁未
乙未
庚辰
庚辰

金에 착근하고 자양금진토(慈養金辰土)의 생을 받고 있어 가미(可美)한데 왕화(旺火)가 용신지병(用神之病)이라. 고로 西方 金旺地로 대운이 들자 상부상자(相夫相子)로 부유한 가문이요. 亥子丑 北方 水運에서는 용신지병(病)인 丁火를 제거하여 부군(夫君)이 조정의 고관으로 등용되어 평생에 걸쳐서 부귀를 누린 귀부인의 사주이다.

정관용겁격(正官用劫格) 람명여(濫命女)

甲辰
乙亥
己巳
乙亥

己日亥月生人이 甲木 官星이 투출(透出)하고 月時上 乙木이 亥中 甲木에 뿌리를 하여 살관(殺官)이 혼잡이다. 많은 살관木을 극제하는 金이 없어 람격(濫格)으로 변하여 투신 자살을 기도하여 대동강물에 뛰어 들었던 사주이다. 기생과 여관업으로 치부하였으며 부궁(夫宮)이 불미하여 뢰봉전별(雷逢電別)을 거듭하다가 辛未 庚己 巳戊辰 남방 火土運에 제살보신(制殺補身)하여 큰 돈을 모아서 말년에 행복을 누린 사주이다.

시상관성 득약격(時上官星 得藥格)

(2) 편관격(偏官格)

① 편관격의 의의와 구성

편관격은 양대양(陽對陽)과 음대음(陰對陰)이니 甲이 庚을

己亥
辛未
庚子
丁亥

庚日主가 未月에 失令한중에 다행히 土金이 일주를 부축하여서 약이 되나 병중약경(病重藥輕)이다.
사주에 병이 있으면 방위귀(方爲貴)로서 귀격으로 판정된다. 己巳 戊辰 土運 二十年간 일주를 찾아야 하니 상관이 있어 극제하거나 인성이 있어 화살(化殺)하거나 양인이 합살(合殺)한다면 도리어 길신이 되니 대운도 이와 같다.
일주가 왕하고 칠살이 약하면 재성의 도움을 받아야 길하며 관운이 길하니 제살이나 화살이나 합살이 필요치 않다. 일주가 약하고 칠살이 왕할때는 양인이 합살하든지 상식이 제살하든지 인성이 화살하든지 하여야 길하니 인성운이나 비겁운이 길하다.
일주도 왕하고, 칠살로 왕하면 양인이 합살하든지 상식이 제살하거나 인성이 화살하든지 하면 상격(上格)이 된다.
그리고 신왕살왕한 사주는 칠살이 왕하는 운도 길한데 이는 살중에 인성이 장재(藏在)한 연고이다.
신왕살약한데 인성이 용신이 될때에는 재성운이 꺼리게된다. 신약은 인성을 극하므로 빈천하지 않으면 요사한다. 이러한 경우에 인성은 상식이 극하기 쉬우니 일주가 약하고 칠살이 왕한데 상식이 있어 칠살을 제복

봄과 辛금이 丁화를 보는 예이다. 편관은 이르기를 칠살이라고 하는바 나를 극제하는 도적이다.
나를 해하고자 할 도적이 나타날때에는 도적을 제복하는 곳을 부축하여서 약이 되나 병중약경(病重藥輕)이다.

하는바 나를 극제하는 도적이다. 편관은 이르기를 칠살이라고

격국용신

주를 도와 칠살과 통관이 되어 길할듯 하나 투출한 상관을 극하므로 불길하다.

일주는 전국에 있는 타신을 중간역활을 하지 목하고 일주밖에 비겁이 있으면 일주 대신으로 중간 역활을 하는바 일주 대신이라기 보다 한신(閑神)으로 역활을 하게 된다.

칠살격에는 신왕하여야 길하며 신약칠살격에는 인성운을 만나 통관상생하면 부귀하나 일생을 통하여 고난이 일어나게 된다.

득히 살인통관격(殺印通官格)에는 관살운이 길하다. 그리고 칠살격은 일주가 왕하여야 내가 도적을 물리칠 능력이 있는 것이니 이러한 사주는 법관이나 무관이나 권력을 쥐는 고관들의 사주이다.

만약 일주가 태약하고 칠살이 태왕하든지 일주가 태왕하든지 칠살이 태약하든지 하면 남녀간에 의복풍(醫卜風)이나 기술자가 많다.

편관격은 성질이 급하고 강직하며 경륜(經綸)이 월등하다. 칠살이 하나만 있고 상식이 또 하나만 있으면 일대일로 극제하지만 칠살과 정관등이 둘이상이면 적은 자가 많은 자를 당하지 못하니 이때는 반드시 인성이 있어 화살통관하여야만 길하다.

시상편관격도 같은 해설이니 격국이 청수(清粹)하면 대격으로 부귀가 출중하나 자식이 늦은 사람이 많다.

일주가 약하고 칠살이 왕하면 자식이 적으며 흠이있는 자녀를 두기도 한다.

월건에 양인이 있어 시상의 칠살으 합거하면 대귀격이요. 그 자녀도 창성한다.

또는 식신이 월건에 있고 시상에 한점의 칠살이 있으면 재명이 양전(兩全)하며 자녀 또한 많이 두게 된다.

정관격에는 칠살격이 투출하였을 때에는 정관운을 꺼리며 칠살격에는 정관이 투출하였을 때에는 칠살을 꺼리며 경(輕)하면 손재와 근심이 있고 중하면 사망한다.

칠살과 정관이 투출하였을 때에는 칠살격은 정관을 합거하거나 충거하며 정관격은 칠살을 합거하거나 충거하면 거살유관격(去殺留官格)으로 복이 되고 거관유살격(去官留殺格)으로 권력이 있다.

가령 甲일주에 庚과 辛이 투출하였는데 乙이 있으면 乙庚으로 합거하고 甲이 있으면 庚을 충거하고 丙이 있으면 辛을 합거하고 丁이 있으면 辛을 충거하는바 관살간에 하나를 버리지 못하면 관살이 혼잡이 되어 천격이 되고. 신약살왕한데 재성이나 관살이 왕하는 운에 요수(夭壽)하게 된다.

만약 일주가 태약하고 한점의 생기가 없으면 종살격이 되는데 재관에 왕하는 운이 길하면 인성운은 왕한 관성이 설기(泄氣)순세(順勢)하므로 길하고 상식운은 극제하여 역세(逆勢)하므로 흉하다.

대개 월건 칠살격이나 시상의 칠살격은 신왕하면 위대한 인물이 많음을 볼수가 있다.

편관격(偏官格)이 이루워지는 원칙을 설명하면 生月地支 암

도표 4-1

생월 生月	생일 生日	투출 透出
寅	己	甲
卯	戊	乙
辰	癸	戊
巳	辛	丙
午	庚	丁
未	壬	己
申	乙	庚
酉	甲	辛
戌	癸	戊
亥	丁	壬
子	丙	癸
丑	壬	己
비고	월지 본기 두출된 것으로 격을 정함	

도표 4-2

생월 生月	생일 生日	투출 透出
寅	庚	丙
辰	己	乙
巳	甲	庚
午	癸	己
未	己	乙
申	丙	壬
戌	辛	丁
亥	戊	甲
丑	乙	辛
비고	월지 암장에서 두출된 것으로 격을 정함	

도표 4-3

생월 生月	생일 生日	투출 透出
寅	壬	戊
辰	丁	癸
巳	壬	戊
未	辛	丁
申	壬	戊
戌	乙	辛
亥	壬	戊
丑	丁	癸
비고	월지 암장에서 두출된 것으로 격을 정함	

격국용신

장에 편관이 있고 그편관이 투출되어진 격을 말한다. 그러나 투출(透出)되지 않아도 월지에 七殺이 있어도 칠살격으로 보는 것이 통예(通例)이다.

이격은 七殺로서 나를 극함으로 자연신약이 되기 때문에 신왕하여야 하고 타주에 있는 관살을 크게 꺼리는 것이다.

이 七殺을 제(制)하는 방법은 세가지가 있는데 식신(食神)으로 제하는 방법 양인(羊刃)즉 누이 동생으로서 합거살(合去殺)시 키는 방법과 인수를 써서 통관(通關)으로 살인상생(殺印相生)케 하는 협상하는 방법 등 세가지가 있다.

② 편관격 용신원칙 (用神原則)

칠살용식상격(七殺用食傷格)=일주가 강한데 관살이 많으면 식신이나 상관으로 용신하고

칠살용재격(七殺用財格)=일주가 강할 때 인수가 많으면 재로 용신하며

칠살용살격(七殺用殺格)=일주가 강하고 비겁이 많으면 七殺로 용신하며

칠살용인격(七殺用印擊)=일주가 약한데 관살 또는 식신이 많으면 인수로 용신하며

칠살용겁격(七殺用劫格)=일주가 약하고 재가 많으면 비겁으로 용신한다.

③ 편관격 실례(實例)

상서귀명 토중금매격 (尙書貴命 土重金埋格)

丙戌
戊戌   금뢰토생(金賴土生)이나 흙이 너무 많아서 금이 묻
辛未
壬辰   히게 되어서 辛金일주가 무력지상(無力之象)인데 일
          찍 北方水운에서 일주가 설기 태심하고 중살(衆殺)
寅卯)에 피극(被剋)되니 신고가 많았으며 대운동방甲乙
寅卯에서 파토생관살(破土生官殺)하니 그 벼슬이 재상에 오른 사주이다.

다시 말하여 이 사주는 수진기(水辰氣)(來月은 亥月인 고로)에 壬水가 투출하니 한냉하여 年上 丙火로 조후용신하는데 丙火가 五土에 설기태심하여 무력하던중 木운에서 제거병토(除去病土)하는 한편 丙火용신을 생하니 기발(起發)하여 대성한 사주이다.

거식존살격 각로귀명 (去食存殺格 閣老貴命)

庚子
己卯   卯月 癸日생인이 비록 卯月에 실령(失令)(卯월이기
癸卯
辛酉   때문에 제달이 아니라는 뜻)하였다.
          하나 금수가 생부(生扶)하니 일주가 약하지 않아서
          己土편관을 감당할 수가 있어 편관격이 되는데 월,
          일지의 卯목이 극 己土하여 병신(病神)이 된다. 다행히 시지

酉金이 묘유(卯酉)로 충극하니 약신(藥神)이 되고 南方 火運에
己土 쇠살(衰殺)이 득력(得力)하여 과거에 급제하니 일국의 수
상에 올라 명현천하(名縣天下)로 부귀를 누리었으나 亥運에 아
러사 병신(病神)인 두 卯木이 득세하여 亥卯로 木局을 이루어
귀살(貴殺) 己土를 극제당하니 불록지객(不祿之客)이 된 사주
이다.

수중토경격 부명(水重土輕格 富命)

丙子
庚子
丁丑
辛亥

子月 丁日生人이 亥子丑 수국(水局)으로 七殺이 극
왕하고 극화(剋火)함이 자심하다. 비록 水가 많지
만 지지에 복장(伏藏)되었을 뿐 天干에 투출되지 않
음은 그 흉함이 폭동(暴動)하지 않고 정복(靜伏)함
이니 이점이 가히 아름다우니 吉한 사주이다. 만약 살성이 투
출하였더라면 일찍 요사할 것이다. 대운남방 火旺地에서
수신(水神) 중살(衆殺)을 충거(沖去)함에 발재만석(發財萬石)
하여 부귀를 누리었으니 이는 대운 火土가 극수한 연고이다.
申大運에 水가 장생(長生)이며 병신이 득세하여 八十에 세상을
뜬 사주이다.

부명 제살태과(富命 制殺太過)

丁丑
寅月 庚子日 生人이 실령(失令)한 중 사주가 한냉

壬寅
庚子
乙酉

하니 조후가 시급하여 寅月 삼양지화(三陽之火)에
착근한 年上 丁火로 용신하매 금수상관(金水傷官)
에 요견관(要見官)으로 아름다우나 金水가 관살을
제복함이 태과하여 수성(水星)이 병신이다. 기쁜것은 양인유
금(羊刃酉金)이 丑字와 금국(金局)을 이루어 일주가 약하지 않
음이다 戊戌大運에 土약신이 제기병 수신(水神)하고 寅戌로 화
국을 이루어 용신 丁火를 생부(生扶)하니 마른 싹이 단비를 만
나서 생기를 얻음과 같이 발연(勃然)이 흥왕(興旺)하여 거부가
되었고 酉運에 이르자 재생수살(財生水殺)하여 불귀의 객이 된
사주이다.

귀명(貴命) 제살태과(制殺太過格)

癸巳
己未
庚子
甲申

庚生未月 화염지절(火炎之節)에 실시(失時)하였다
하나 시지 申金에 록지(祿地)가 되고 巳火가 己土
를 생하고 己土가 다시 일주를 생하고 金水木火土
오행이 상생부결로 주류무체(周流無滯)하니 과연
귀격으로 巳中의 丙火로 용신하는데 甲乙 丙丁木火大運에 七殺
이 득권(得權)하여 큰 벼슬에 올라 부귀를 누린 사주이다.

제살태과(制殺太過格) 부명(富命)

부명(富命) 살다생인격(殺多生印格)

丙戌
丁卯
庚子
丙午

水神 子中癸水 七殺은 午戌兩土로 부터 극제당한중 午戌火局을 이루고 時上에 丙火가 투출하니 제살함이 태과하다.

그런데 일지의 卯木이 午中의 己土 병신을 파출(破出)하니 卯木이 복신(福神)이 된다. 동방으로 흐르는 壬寅 癸卯 甲乙운에 木약신이 득세하여 약신 木을 도우고 土병신을 제거하니 거부가 되었으나 남방 火土운에 이르러서는 土병신이 중왕(重旺)하고 七殺 癸水가 묘(墓)에 드니 파재여세(派財如洗)로 가산(家産)을 탕진(蕩盡)한 사주이다.

己酉
戊辰
癸酉
丙辰

癸日생인이 관살이 태왕하나 관살은 酉金을 탐생(貪生)하고 辰酉金局으로 합하여 왕토가 금을 생하므로 인성(印星)으로 화하고 인수금(印綬金)이 일주를 생하여 주니 관인상생(官印相生)으로 귀한 명조이고 시상의 丙火는 酉金 용신을 극제하는 병신이다. 丙寅운에 용신금이 절지(絶地)가 되니 파가탕산(頗家蕩産)으로 편와미류(片瓦未留)하니 고빈(孤貧)하였고 북방 水運에 이르자 丙火 병신을 제거하니 일발여뢰(一發如雷)로 부귀를 누리었으나 戌운에 이르자 火土가 태중하니 세상을 뜬 사주이다.

토중수경격(土重水輕格)

庚午
己丑
壬辰
甲辰

丑土가 일주를 극하니 관살이 태왕한데 甲木이 대목지토(帶木之土)에 뿌리를 내리고 제살해 주니 귀명의 사주로 극제할 命運이나 불행하게도 庚金이 甲木을 극제하니 (庚金은 병신이고 甲木木은 약신 약신(藥神) 길성(吉星)이다) 성공하지 못하고 신고하다가 寅卯 壬 水木 대운에 木神 길성(吉星)이 생왕하므로 등과하고 가세가 유족하였으나 辰운에 (酉年酉에) 이르리 戊土 살성(殺星)이 득세 왕극(旺極)하여 일주를 극제하니 귀천(歸泉)한 사주이다.

살중신경격(殺重身輕格)

甲午
丁丑
壬辰
甲辰

壬水가 丑月에 생하였으나 살성이 과다하다 印星 辛金 또한 丑中에 장복(藏伏)되어 일주를 생하여 줄 기력(氣力)이 없으니 너욱 불미(不美)하고 대운에 재살(財殺) 地를 거듭 만나니 一生에 걸쳐 勞苦하고 빈한하며 도고지업(屠枯之業)(백정)으로 세월을 보내다가 미운(未運)에 이르자 중살(衆殺)이 가세하니 사망한 사주이다.

화중수경격(火重水輕格)

壬辰

辛金이 未月에 나서 화기(火氣)가 승권(乘權)한데

丁未
辛丑
甲午

시지에 살(殺)이 중봉(重逢)되고 월상에 丁殺이 투출하여 중살(重殺)이 만국(滿局)이다. 水운에 이르자 제살, 조후로 관계에 진출하여 전형지권(銓衡之權)의 중책을 맡았던 사주이다.

살경제과격(殺輕制過格)

壬辰
丁未
辛丑
壬辰

六水가 합세하여 편관 丁火를 극제하니 제살태과라 이렇게 살을 제과하는 경우를 진법무민(盡法無民)이라고 하는데 戌운에 들자 요동삼만위군(遼東三萬衛軍)을 거느리고 있다가 壬水年에 비명횡사(非命橫死)하였다. 앞의 사주와 시간 하나만 틀리는데 전자는 甲午시로서 격이 화왕수약(火旺水弱)이었으나 이격은 수왕화약(水旺火弱)이다. 따라서 전자는 水운에 대발하였으나 이 사주는 水운에 큰 화를 만난것이니 대조하여 연구할 문제이다.

화다위병격(火多爲病格)

甲寅
辛未
辛未
丁酉

신약 사주에 화신왕화(火神旺火)가 병신이 된다. 대운이 서북금왕지지(西北金旺地支)로 흐르니 可美하여 부유한 집안에 출생하여서 다복하게 성장하였고 북방 水 대운으로 흐르니 제화존금(除火存金)으

제살태과격(制殺太過格)

己未
己巳
庚子
甲申

庚金이 육양지절(六陽之節)인 巳月에 출생하여 巳未火局으로 살성이 강하나 申子水局 水星의 제살이 심하고 三十土에 살신(殺神)의 힘을 빼임이 심하니 日主가 태강한데 木火대운에 조살(助殺)하매 그 지위가 대궐의 재상이 되었다가 亥子水 대운에 이르자 살파신망(殺破身亡)한 사주이다.

제살태과(制殺太過)

丁巳
戊寅
丙午
丁酉

戊寅생이 寅午 巳午 火국에 丙丁火가 투출하여 日主가 태강한데 인목살성(寅木殺星)은 왕화에 설기太심하여 무력한 중 대운이 東北에 七殺 편관이 득력하니 고목봉춘(枯木逢春)에 득우지격(得雨之格)으로 거화존살(去火存殺)하여 대발(大發)한 사주이다.

제살태과격(制殺太過格)

乙酉

丙火가 亥月에 출생하였으나 兩火가 일주를 생하여

로 관계에서 출세하였고 寅대운에 왕한 살(火)이 득세하여 귀록(歸祿)한 사주이다.

신강살천격(身強殺淺格)

乙酉
辛巳
己酉
乙亥

己土가 생왕절(生旺節)인 巳月(六陽)에 金局을 이루니 土金이 청수(淸秀)한 격을 이루워 비상한 귀명인데 재성(財星)이 있어야 七殺을 생조(生助)하나 土金이 약함은 병이 되는바 대운이 평생 동북 木旺地로 흐르니 재자약살(財滋弱殺)로 위권(威權)을 장악하고 명재상(名宰相)이 되었다.

정재용인격(正財用印格)

丁卯
甲辰
戊午
癸亥

戊土일주가 辰月에 출생하니 목여기지절(木餘氣之節)로 亥卯木局을 이루며 월상에 甲木이 투출하니 七殺이 태강한 중 대운이 동북 수목왕지(水木旺지之地)로 흘러 七殺을 생조하니 평생이 불길한 명조인데 이 사주원국이 한점의 金氣도 없어 비록 金운을 만난다 하더라도 무용지물로 일생을 유리 걸식하다가 亥대운에 이르자 살왕(殺旺)하여 사망한 사주이다.

신강살천격(身強殺淺格)

庚辰
甲申
丁未
丙午

丁日生人이 申月金旺당절에 실령(失令)한 중 庚金이 月支 申에 록근(祿根)하고 辰濕土의 生을 받으니 재가 왕하다. 그러나 丁火는 午未화국에 丙火가 투출한 중 甲木이 일주를 생하여 주니 일주 역시 약하지 않아 申中의 壬水로 용신을 정하나 신강살천하여 만호봉후(萬戶封侯)의 사주인데 대운이 북방 水運에 용신이 득력하니 기사회생(起死回生)으로 대권을 잡고 진명천하(振名天下)한 사주이다.

丁亥
丙午
己丑

주니 독살(獨殺)(壬水)이 火土의 제살(制殺)을 감당할 수 없어 초년에 신고가 많았고 대운 西方金運에서 조살(助殺)하여 발신(發身)하니 귀명으로 그 이름이 떨쳤으나 巳대운 丙戌年에 六十二세로 신망(身亡)하였으니 이는 巳亥로 용신인 亥中壬水를 충극하고 왕화가 戌土에 입묘(入墓)한 연고이다.

丁未
己酉
乙巳
丁亥

사주가 왕화로 제살이 태과하다. 일찍 丙午운에 살성(殺星)이 피극되니 여러번 손자(損子)하였고 가산이 몰락하여 신고하다가 辰대운에 이르러 壬癸水가 화병신(火病神)을 거세하여 金殺을 보존하니 복수양전(福壽兩全)에 부귀를 누리었으나 丑대운에 살성이 묘고(墓庫)에 빠지니 八十三세로 귀천(歸泉)한 사주이다.

곤명(坤命) 탐음부성방중(貪淫夫星方重)

丙子
甲午
己亥
乙亥

己土일주가 午月에 得祿하여 火土가 왕하니 일주가 고강하다. (甲木己土合) 고로 종살격을 이루지 못하여 불미하다. 연중에 三甲(亥中의 二甲木)이 있어 관살이 혼잡으로 탐합망부(貪合忘夫)한 형상이 되어서 그 정부를 얻지 못하고 나시 대운이 동북 수왕(水旺)관살지로 흐르니 나부지상(多夫之象)이 되어서 관성(夫)과 뢰봉전별(雷逢電別)한 사주이다.

살중식소격(殺重食少格)

壬辰
己酉
乙未
辛巳

乙未日이 酉月生으로 실시하여 신약한데 금다살중(金多殺重)하니 日. 관살(官殺)이 혼잡한데 水火가 적으니 병신(病神) 金이 너무 강하다. 대운남방 화왕지에서 금병신(金病神)을 제거하여 귀부인이 된 사주이다. 이 사주는 木火土金水로 오행이 구전하여 생생불기(生生不已)로서 오행이 상생부절을 이루어 어떤 대운이 오더라도 크게 해됨이 아니니 귀격으로 본다. 술자(術者)는 무조건 다부지상(多夫之象)으로 불길하다고 속단하여서는 아니된다.

곤명(坤命) 살천격귀조(殺淺格貴造)

丙申
癸巳
己亥
乙亥

己日생인이 巳月 火旺당절에 丙火가 투출하여 일주를 생하고 부성(夫星)이 (正官) 亥中甲木에 착근 투출하니 너욱 아름다워 식신생재로 부귀명조이다. 그리고 亥中에 양갑목(兩甲木) 부성(夫星)이 있으나 巳中의 庚金이 장생하고 申金에 득록하니 다행히 일점의 乙木七殺이 부성(夫星) 甲木이 극거(剋去) 됨이 분명하고 다행히 일점의 乙木七殺이 부성(夫星) 甲木이 극거(孤秀)한데 대운 동방 목왕지지(木旺之地)에서 관성이 득력하니 재상에 올라 부명자수(夫明子秀)로 부귀를 누린 사주이다.

곤명(坤命) 화중이금파경(火重而金頗輕)

辛巳
乙未
乙酉
壬午

乙木이 未月 삼복염상지절(三伏炎上之節)에 출생하였고 시지에 午火가 있어 금관성(金官星)이 쇠약한 중에 극파당함이 태심하다. 따라서 辛金 부성(夫星)을 극해하는 화가 병신이 되는데 일찍 丙丁대운에 신고와 재난이 많았고 금수 서북(金水 西北)대운에 이르러 중년에 편안하였으니 이는 관성이 화왕(火旺)지절이라고 하더라도 巳酉 金局에 착근하여 있었던 공로로 본다.

곤명(坤命) 화중수경격(火重水輕格)

乙卯

辛日生이 재살이 태왕하여 고조(枯燥)한중 癸水가

격국용신

癸卯
辛未
甲午

있어 조후를 한다고 하나 무근지수(無根之水)의 일작(一灼)이 왕화를 제지 할수가 없다 丙戌운은 화수왕시로 들자 왕화를 제압하여 부귀를 누리고 오복이 구전한 사주이다.

가 왕하여 부자(夫子)가 불리하였으며 대운이 北方

곤명(坤命) 선빈후부(先貧後富)

살중식소격(殺重食少格)

辛丑
辛丑
乙亥
丙戌

천한지동(天寒地凍) 시절(時節)의 乙木이 고한(枯寒)한데 五金이 일주를 극하니 신쇠 무의(身衰無依)하다. 다행히 戌中 丁火가 일주를 극하니 丙火 길신이 극제당하니 흉한 일이 많았고 중년 남방 화왕운에서 제살(金)하여 병신이 없어지니 말년에 다복하였던 사주이다.

빈여지명(貧女之命) 살천식왕격(殺淺食旺格)

庚午
甲申
戊申
戊午

日主가 약하지 않으나 甲木 부성(夫星)이 자좌신(自座申)에 살지(殺地)가 되고 식신(食神)이 거듭있음이 불길하다. 대운이 巳午 화왕년로 흐르니 무자로 극히빈한 사주로 부궁(夫宮)이 불미(不美)하고 庚운에 부군(夫君)이 사망하였으니 부성(夫星)이 극제당한 연고이다.

곤명(坤命) 금다화소격(金多火少格)

甲戌
乙丑
辛未
乙酉

七殺이 태과(太過)하니 왈(曰). 금다화소격(金多火少格)이다. 未월에 목기(木氣)는 물러가고 화경(火輕)중(火輕金重)하니 병(金殺)이 자심하다. 대운 토왕지(土旺地)에서 많은 살을 생하여 주니 곤이 막심하고 극부(剋夫)하였으며 丁卯 丙寅대운에 식신이 제살하여 자손수영(子孫秀榮)에 가도가 흥왕하였다.

제살태과격(制殺太過格)

丙戌
丁酉
乙巳
戊寅

乙木日主가 극설(剋洩)이 교가(交駕)하니 신약한데 다행히 寅木이 도우니 아름답다. 남방화왕운에서 가산을 탕진하고 부자(夫子)가 불리하였으니 이는 왕화가 부성(夫星)을 극제하였음이다. 癸巳 壬辰대운에서 의식(衣食)이 유족하였으니 이는 제화 보신(制火補身)이다.

113

천명(賤命) 살다무제격(殺多無制格)

戊申 　수기왕양(水氣汪洋)에 목부지상(木夫之象)으로 乙木이 동목(凍木)에다가 설상가상으로 표류(漂流)하고 있는데 관살이 생수(生水)하니 수세(水勢)가 더욱 고강(高强)하다.

乙酉

乙丑 　고 있는데 관살이 생수(生水)하니 수세(水勢)가 더욱 고강(高强)하다.

甲子 　火가 있어 제살과 조후를 하여야 할 것이나 일점의 화기가 없으니 창기에 불과한 사주이니 영빈송객(迎賓送客) 약야매춘(約夜賣春)으로 세월을 보내다가 금대운(金大運)에 甲木을 극파하니 일주가 의지하던 곳이 극파되어 살성신망(殺盛身亡)한 사주이다.

천비부경제과(賤婢夫輕制過)

丙子

壬辰 　금수상관(金水傷官)으로 사람은 영리(怜悧)하나 丙火가 자좌살지(自座殺地)가 된중에 子子辰 쌍수(雙水)가 극살하니 부기(夫氣)는 사절(死絶)이 되어 일생을 남의 소실로 동분서주한 사주이다.

庚子

庚辰

부살투간격(夫殺透干格)

戊戌

丙戌 　戊月 수진기(水辰氣) 壬水가 申子수국을 놓아 근원(根源)이 유장(流長)으로 수기(水氣)가 용출지시(湧出之時)에 출생하여 아름다운데 丙火재성이 일지

壬午 (得祿)하매 부군이 장원급제로 진명천하(振名天下)하였고 연

戊申 　午에 록근(祿根)하여 戊土官星을 생하여 주니 재관 쌍미격(財官雙美格)으로 아름답다. 그리고 대운이 남방 살왕시지로 흘러 조살상자(助殺相子)하여 부군이 조정의 중신(重臣)으로 명재상에 올라 극귀권부(極貴權富)하였다.

여명(女命) 제과부성격(制過夫星格)

癸巳

己未 　未月 己土 日主가 火土로 신왕한데 부군(夫君) 亥中甲木은 왕화에 쇠약하여 불길한 명조이다. 일찍 庚申대운에 庚金병신이 득록하므로 용신 夫星 甲木이 쇠절당하여 결혼도 하기전에 사망하였는데 이 사주의 원국은 비록 좋으나 대운의 흐름이 불미(不美)하니 근원(根源)은 청수(清秀)하나 유로(流路)가 탁혼(濁混)하여 불길한 명조로 보는 것이다.

己亥

己巳

장원처(狀元妻) 쇠부행부왕운격(衰夫行夫旺運格)

辛亥

庚子 　四土로 일주가 약하지 않은데)은 해수재국(亥水財局)에 생양(生養)하니 아름다운데 庚辛金이 蓋頭에서 夫星甲木을 제손하니 식신

戊戌

己未 　운데 대운 壬寅에 들자 부성(夫星)이 득록
이 병이 된다.

편관용재격

己酉
庚午
癸丑
癸亥

癸水가 午月에 신쇠무의(身衰無依)한데 酉丑亥로 금수국(金水局)을 이루웠고 庚金이 투출하여 약화위 강이다. 다행히 己土 七殺은 土金水로 살인상생(殺印相生)으로 설기하고 있으나 午火에 착근하고 있어 아름답다. 丙寅운에 七殺인 己土가 득력(得力)하여 대장으로 승진하였다가 乙운(乙運)에 己土가 극제되니 퇴역한 사주이다.

재자약살격(財滋弱殺格)

己酉
丙寅
庚申
庚辰

寅月 庚日生人이 본 신약이나 土金이 상왕하니 약화위강격이다. 월상 丙火는 자좌(自座) 寅長生之地에서 유기(有氣)하니 아름다워 용신을 정하고자 하나 허약하여 쓰지 못하고 寅中 甲木으로 용신한다. 신왕에는 억제자(抑制者)가 용신이 되는데 그 억제자(抑制者)가 약할때는 그 억제자를 생부(生扶)하는 자가 용신이 된다는 법칙에 의하여 寅中 甲木을 쓴것이다. 고로 재가 약한 살을 자양한다고 하여 일명 재자약살격이라고 이름하는 것이다. 만약 이 사주가 木火운으로 흘렀더라면 대발하였을 것으로 본다. 신왕 살왕이다. 고로 동방 목운에 용신 丙火가 득세하여 법무부장관에 오른 사주이다.

신살양왕(身殺兩旺) 칠살용재격(七殺用財格)

丙午
戊戌
壬子
辛丑

戊月 수진기(水進氣)에 金水가 생부(生扶)하니 약하지 않은데 시상 辛金 인수가 戌丑의 金氣로 득력하였으며 또한 丑土로 자양신금(滋養辛金)하여 生水하는데. 그 壬水는 자좌왕궁(自座旺宮)하니 신왕하여 戊土 七殺을 감당할 만하다. 또한 七殺은 丙午 화재를 얻어 여 戊土 七殺을 감당할 만하다. 또한 七殺은 丙午 화재를 얻어

살중용인격(殺重用印格)

戊子
甲寅
戊午
甲寅

寅月 戊土가 재살이 태왕하니 신약하여 자좌(自座) 午火로 인수 용신을 정하니 子水가 병신이고 土가 약신이니 日 病藥이 상제(相濟)다. 그러나 子水는 生木하고 木은 용신을 생하여 주니 탐합망충(貪合忘沖)으로 격을 잘 이루어 아름답다. 남방 화운(火運)에서 제수

보화(補火)로 용신이 득세하여 과거에 급제 대귀하였고 토운(土運)도 계속 좋았으니 이는 약신 토가 병신 子水를 극제한 연고로 본다.

식신제살격(食神制殺格)

戊辰
戊午
壬辰
甲辰

　재살(財殺)이 태왕하여 종살하고자 하나 壬水가 三辰에 통원(通源)하여 종살할 수가 없다. 다행히 금기(金氣)가 없어 시상의 甲木이 대목지토(帶木之土)辰에 착근하고 있으니 아름다워 용신으로 정하여 왕토를 제거하니 식신제살격을 이룬다. 고로 이것은 일장당관(一將當官(甲木을 말함)이 많은 살(殺)을 제거하였다 하여 군흉복(群凶伏)이라고 이름하게 된다. 癸亥운이 들자 甲木용신이 장생(長生)을 얻으니 대귀하였다가 壬子운에 이르러 午火를 충하니 태왕살국(太旺殺局)을 충기(沖氣)시켜 불록지객(不祿之客)이 된 사주이다.

거관유살격(去官留殺格)

甲辰
己巳
戊辰
乙卯

　신왕사주이나 두辰中 乙木과 시지 卯木에 뿌리한 乙木이 시상에 있고 甲木은 辰中 乙木에 뿌리하고 있어 살관이 혼잡이라 하나 甲木은 己土와 甲己합거살(合去殺)하고 時上乙木은 자좌묘(自座卯)에 록근(祿根)하고 있으니 거살(去殺)(甲己合去) 유관(留官)으로 아름답다. 따라서 乙木이 용신이 되는데 금운(金運)에 불패(不悖)하고 수목운에 입각(入閣)하였는데 金운에 무사하였던 것은 신유개두(申酉蓋頭)하고 壬癸가 있은 공으로 탐생망극 한 연고이다.

관살혼잡격(官殺混雜格)

壬辰
壬子
丙寅
癸巳

　丙日生이 子月 수왕당절에 수피화상(水被火傷)으로 丙火가 무력한데 다행히 자좌인장생(自座寅長生)하고 시지 巳에 록근(祿根)하여 水木火土로 살인상생(殺印相生)을 이루어 수기(秀氣)가 유행(流行)하니

거관유살격(去官留殺格)

壬辰
丙午
戊午
癸丑

　丙日主가 두午火에 착근하니 일주가 고강하다. 그러나 다행히 시상 壬水용신이 미약하여 戊癸로 합하니 탐합망극(貪合忘剋)으로 癸水의 도움을 받지는 못하나 戊癸

격국용신

이름답다. 丙辰운에 왕살을 제하고 己巳년에 己土로 水官殺을 제거하니 마침내 재상에 오른 사주인데 이 사주에 만약 申酉金이 있었더라면 조살괴인(助殺壞印)으로 불길하였을 것으로 본다.

제살태과격(制殺太過格)

辛卯
戊戌
丙辰
己亥

식신(食神)이 태왕(太旺)하고 亥中壬水 살성(殺星)이 무력하다. 年支 卯木이 식신(食神) 己土를 극제한다하나 개두(蓋頭)에 辛金이 있어 추절지목(秋節之木)으로 왕한 土를 제거하기 어려운데 다행히 亥中 甲木이 상생을 얻고 亥卯로 합세하니 土를 극제할 만하여 甲木으로 용신을 정하게 되는데 乙未대운에 용신이 득력하여 록중권고(祿重權高)로 부귀를 누리었으나 午운에 사망한 것은 甲木용신이 午에 사궁(死宮)이 되고 甲己가 化土하고 己巳년에 亥가 巳亥로 충발한 연고이다.

살인상정격(殺刃傷停格)

己亥
癸酉
庚午
戊寅

庚日 酉月 생인이 득령하였으나 극설이 교가(交駕)로 신약한 중 다행히 酉月을 만나 酉中辛金이 있어 寅中丙火 七殺과 丙辛투출하여 극설이 되는 토를 극제하여 다행히 수용신이 구출되니 권세를 쥐고 병신이 되는 토를 극제하여 부귀를 누린 사주인데 巳운 이후 화토운은 목이 쇠하고 설기하며 토병신이 득세하게 되고 용신수가 무력하여 세상을 뜰것으로 본다. 寅午火局에 癸水가 투출하여 극설이 교가(交駕)로 신약한 중 다행히 酉月을 만나 ... 으로 합거살(合去殺)하여 살인상정격(殺刃傷停格)

식신용조후격(食神用調候格)

丙戌
己亥
庚子
己卯

이 사주는 庚일주가 子월 수왕당절에 출생하여 사주의 원국이 매우 한습하다. 금수진상관에 인수비겁이 당연히 용신으로 써야 하나 이시절이 한냉한 절기가 되어서 조후가 시급하므로 丙火로 조후용신을 정하니 목화운에 대발하게 된다.

편관용관격(偏官用官格)

丁未
丁卯
庚子
丙戌

子월의 丁일생이 본신약이라고 하나 천간에 三火가 있고 지지에 卯未 목국이 있어 일주를 도우니 비록 실령한 화라도 도리어 약화위강이 되니 월지 子수 칠살로 (子中癸水를 쓰는 고로) 비겁을 제거함이 용신이다. 그러나 戌未토가 극수하니 병신이 되는데 卯목이 토병신을 극제하는 약신이 된다. 壬寅癸卯甲운에 한목(寒木)이 왕함을 만나 병신이 되는 토를 극제하여 다행히 수용신이 구출되

丁巳 戊토일주가 여름에 출생하고 사주원국이 조열한 중
丙午 에 일지의 칠살이 용신이 되나 수기가 없어 병이 된
戊寅 다. 乙巳甲운은 가문이 몰라하고 辰운에 취처(娶
丁巳 妻)하여 壬癸운은 성가(成家)하고 寅운에 상처패가
하였으니 약한 寅목관성이 寅운에 왕한 록을 만나면 의당 길할
것이나 화가 寅에 장생이 되어 화열목분(火烈木焚)함이다. 辛
丑운 이후 금수운에서 재취 자손이 크게 장성하며 노년부옹(老
年富翁)이요 戊운에 왕화가 입묘하니 목고비회(木枯飛灰)가 되
어서 세상을 뜬 사주이다.

칠살용인격(七殺用印格)

丙午 庚일주 왕한 관살에 극제를 당하고 일지에 辰토를
乙未 만나니 아름다우나 왕화의 극함을 면하기 어려우나 전
庚辰 전긍긍하는데 戌시가 나의 복이 되는 辰토를 충함
丙戌 이 큰 해가 된다.
또 戌운을 만나서 辰토를 여지없이 파상하면 왕한 화가 금을 극
계하게 된다. 그러니 금은 대장에 속하므로 폐병이나 장암으로
신변에 위태로움을 당하게 된다.

정관용인격(正官用印格)

丁卯 戊일생이 춘목이 득세한 중에 재살이 태왕하다.
癸卯 다행히 丁화가 투출하여 살인상생격을 이루는데 壬
戊午 寅운은 木多火息하여 곤고했으며 子운 辛亥년에 용
癸亥 신 午화를 충하여 세상을 뜬 사주이다.

〈참고〉
관살혼잡에 용불용(用不用)이 있으니 거관유살격과 거살유관은
길하며 칠살이 태약한데 관성운을 만나도 길하며 관성이 태약한
데 칠살운을 만나도 흉함이 없다.
추동절에 庚금이 한냉할 때에는 丁화로 연금(鍊金)하고 丙화로
제습조후(制濕調候)하면 상격이 되니 관살혼잡으로 보지 않는
다.

3) 인수격(印綬格)

① 인수격의 의의와 구성

이격은 음대음(陰對陰)과 양대양(陽對陽)은 편인이니 甲이
壬을 보는 것과 壬이 庚을 보는 예이다.
음대음(陰對陰)과 양대양(陽對陽)은 정인이니 甲이 癸를 보
고 癸가 庚을 보는 예이다.
정인과 편인이 같지 않은 점은 있으나 대체로 생하여 주는 점은
같다.

격국용신

인수는 부모나 같아서 나를 생하여 나의 몸을 보호하는 바 년월에 인수가 있으면 부모의 덕이 있으나 만약 년월인수가 있다고 하더라도 기신이면 불길하니 인수격은 심성이 착하고 학문을 좋아한다.

인성이 천월덕귀인과 같이 있으면 형액을 당하지 않는다.

관성이 왕한 격은 먼저 인수의 유무를 찾아 보아서 인수가 있으면 용신이 된다.

인성은 관살이 생함을 기뻐한다. 고로 관살이 아무리 왕성하더라도 인수만 있으면 관살이 일주를 극제하는 사이를 통관시켜 해가 도리어 복이 되니 이것을 살인상생이라고 한다. 이러한 경우에 재성을 만나 인성을 극하면 탐재파인(貪財破印)이라고 하는바 금속한 재난과 화가 생한다.

사주에 인성이 많으면 일반적으로 자식이 적으며 여자는 특히 유산을 많이 하게 된다.

인수가 국을 이루거나 방합을 이루워 재성과 식상이 없고 비겁도 없이 일주가 고단(孤單)하면 이것을 모왕자약(母旺子弱)이라고 하며 종인격(從印格)이 되니 이때는 재성을 크게 꺼리고 비겁운을 기뻐하는 바 왕한 자는 순세하여 설기함을 기뻐하고 역세(逆勢)하여 극함을 꺼린다. 인성이 보통으로 과다할 때에는 재성을 만나 인성을 극제함을 기뻐한다.

인성이 왕한데 재성을 만나지 못하고 또 인성운을 만나면 신

명이 위험하다.

이 인수격을 더 자세히 설명하면

이 인수격은 정인과 편인을 구분하지 않고 총중하여 극하여 주는 것을 기뻐한다.

고로 월봉인수(月逢印綬)면 희관성(喜官星)이라고 하는 이치도 바로 여기에 있다. 또한 재(財)에 피상(被傷)됨으로 탐재괴인(貪財壞印)재를 크게 꺼리는 것이지만 목일주에 인수가 왕하면 一木이 표류지상(漂流之象)으로 재가 되는 토가 있어야 범람하는 물을 막아 나무가 떠내려가는 것을 막는 것인데 이때는 재를 기뻐하게 되는 것이다.

따라서 인수격에서는 기묘한 이치가 많은 것을 볼수가 있으며 희기편(喜忌篇)에서 말하기를 월간에 재가 없어야만 인수의 구실을 한다고 말하였다.

② 인수격의 용신원칙(印綬格用神原則)

○ 인수용관살격(印綬用官殺格) = 일주가 강한데 재가 많으면 관살로 용신한다.

○ 인수용재격(印綬用財格) = 일주가 강한데 인수가 많으면 재로 용신한다.

○ 인수용상식혹 관살격(印綬用傷食或 官殺格) = 일주가 강한데

두표 5-1

생월生月	생일生日	투간透干
寅	丙丁	甲
卯	丙丁	乙
辰	庚辛	戊
巳	戊己	丙
午	戊己	丁
未	庚辛	己
未	壬癸	庚
酉	壬癸	辛
戌	庚辛	戊
亥	甲乙	壬
子	甲乙	癸
丑	庚辛	己

두표 5-2

생월生月	생일生日	투간透干
寅	戊己	丙
辰	庚辛	戊
巳	壬癸	庚
午	庚	己
未	戊己	丁
申	甲乙	壬
酉		
戌	庚辛	戊
亥	丙丁	甲
暗藏作用	암장작용	

두표 5-3

생월生月	생일生日	투간透干
寅	庚辛	戊
辰	丙丁	乙
巳	庚辛	戊
未	庚辛	己
申	庚辛	戊
戌	戊己	丁
亥	庚辛	戊
暗藏作用	암장작용	

비겁이 많으면 관살로 용신하고 관살이 없으면 상식으로 용신한다.

○인수용겁격(印綬用劫格)＝일주가 약하고 재가 많으면 비겁으로 용신한다.

○인수용인격(印綬用印格)＝일주가 약하고 식상이 많거나 관살이 많으면 인수로 용신이다.

③인수격 실례(實例)

탐재괴인격(貪財壞印格)

壬戌
壬寅
丁卯
戊申

丁火일주가 寅월에 출생하여 입춘후 양삼일(兩三日)이라 극한(極寒)하고 눈목(嫩木)이라서 화를 생할 힘이 없으나 다행히 寅戌화국을 이루어 일주를 도우니 아름다워 인수용신을 정하매 상관용인격에 시지 申금이 병신이 된다. 巳운에 庚금이 장생을 얻고 巳에 용신 寅목이 被傷(巳中庚金과 寅中甲木이 甲庚으로 相沖)하여 세상을 떠난 사주이다.

인수용관격(印綬用官格)

甲辰
丁酉
丙寅
己亥

인수가 왕하여 丙火일주를 생하여 주니 일주가 극왕하여 년지 亥수로 용신한다. 중년 화토운에 용신이 피상하여 신고가 많았으나 壬申癸 금수운에서 대발하였으나 酉운 庚년에 세상을 떴으니 이는 酉시의 재가 酉운과 합세 금이 왕하고 또 금년을 만나 재행재운에 왕목을 극제하니 세상을 뜬 사주이다.

인수용재격(印綬用財格)

乙亥
甲子
丙子
己亥

水汪木浮로 목이 표류중인데 다행히 시지 亥중의 甲목이 있어 착근하니 아름다워 왕수를 제지코저 근土 용신을 정하나 한점의 근土 용신이 미약하다. 고로 남방 화운에서 火土가 득록하여 용신이 힘을 얻으니 토지수류(土止水流)로 대발한 사주이다.

인수용인격(印綬用印格)

乙酉
丁卯
癸未
乙亥

목왕무금지격(木旺無金之格)

丁火일주가 未월에 木火가 부신(夫身)하니 일주가 고강한데 사주원국에 한점의 금기재신이 없어 목을 극제하지 못함이 불길하다. 재행(再行) 목운에서

근일주가 巳월에 출생하여 본신왕이나 사주원국에

辛巳
己巳
壬申

금이 많아서 설기가 태심하다. 고로 인수용신하는데 동방목운에서 인성이 생기를 얻어서 대귀하였으나 子운에 壬水가 시지 申金의 생을 받아 유력한 중에 水가 子운을 만나니 妻와 재물로 인하여 큰 화난을 당한 사주이다.

인수용상관격(印綬用傷官格)

丁亥
乙酉
己亥

亥月 乙일생이 水氣가 왕하여 한냉하니 왕목의 기운을 설기하고 녀지 寅목으로 조후하는 丁화로 용신하는데 亥수가 병신이고 己토가 약신이다. 그러나 화토가 약하므로, 금수운에 가정이 곤고하다가 남방화운에 화토가 득왕하므로 한습한 인성을 제거하여 크게 재물을 모았으며 辰운에 왕수가 입묘하여 재난이 많았다.

정관용인격(正官用印格)

壬寅
辛亥
丁巳
庚戌

방목운에 한목(寒木)이 봄을 만난격으로 일주를 생하니 부귀를 누리었으며 丙辰운까지 계속 흥왕하다가 巳운은 금의 장생지가 되어서 인수를 극제하므로 퇴직하고 午운에 용신목이 사궁이 되어서 세상을 떴다.
이 사주는 약한 丁화가 한절에 생하였다가 午운을 만나면 조후가 되어서 길한듯 하나 그렇지 못하니 용신의 생과 사가 이렇게 중요하다는 것을 실증한 자료가 된다.

정관용인격(正官用印格)

辛亥
辛卯
戊寅
壬子

卯月의 戊일생인이 재살이 태왕하여 일주가 태약하다. 고로 寅中의 丙화로 용신하나 여명에 관살혼잡이 되어서 다부지상(多夫之象)으로 부궁이 불미하여 독수공방으로 한많은 세월을 눈물로 보냈으며 이 사주가 木, 土, 金, 水로 오행상생 부절이 되어서 아름우나 子수가 병신이다.
壬辰, 癸운에 자손의 근심이 낳았으며 巳운부터 대운이 왕지로 흐르자 가세가 창성하였으며 申대운에 들자 寅목을 충극하니 寅中의 丙화를 丙壬으로 상충하니 용신이 극파되어 볼록한 여명의 사주이다.

인수용재격(印綬用財格)

己亥
乙亥

水木으로 일주가 태왕하니 년상 己토가 용신인데 왕목이 병신이다. 일찍 금수운에서 고생이 많았으나

격국용신

乙丑
丁亥

남방 화토운에서 용신을 보강하니 거부가 되었는데 이는 인수가 약다(若多)면 요재견(要財見)이라고 한 글에 적중한 사주이다.

인수용관격 (寅綬用官格)

丁亥
辛亥
丁亥
乙亥
丁亥

신왕할때는 관성을 용신한다는 원칙으로 월상이 辛金으로 용신을 정한다. 수가 태왕하여 부목(浮木)으로 생각하나 亥水亡으로 亥중의 甲木 뿌리가 있으니 수가 순수하니 떠내려감을 면하였다. 토운에서 용신이 득력하여 다복하였으나 申운이 들자 壬水가(亥中壬水) 태왕하여져 폅수(泛水)(물이 넘친)로서 부목(浮木)이 되어 몰락하고 만 사주이다.

합인쇠약외재격 (合印衰弱畏財格)

壬寅
辛亥
丁巳
辛亥

寅亥合木에 丁壬化木으로 류취목국(類聚木局)을 이루어 인수를 용신하매 辛金이 용신지병이 된다. 동방목운에 기발하였고 화운도 좋았으니 이는 辛金 병신을 제거한 까닭이다. 巳운이 들자 巳中庚金이 寅巳삼형으로 용신의 뿌리인 寅木을 충극 파목(破木)하니 자식을 잃었고 午운이 들자 木인수가 死宮에 들게 되니 목숨을 잃은

강화위약용인격 (強化爲弱用印格)

乙丑
辛巳
己巳
庚午

巳월에 득령하였으나 巳丑금국에 庚辛금이 투출하니 일주가 설기태심하여 왕중변약(旺中變弱)으로 인수용신한다. 木火운에서 일주를 보강하여 도지사에 올랐으나 子운이 들자 용신이 피상당하여 불록지객(不祿之客)이 되었다.

거관유살용인격 (去官留殺用印格)

乙丑
辛巳
戊寅
辛卯

살성이 태왕하여 寅중의 丙火로 용신한다. 壬癸운에서 용신이 피상하여 가난한 집에 태어나서 고생이 많았으며 남방 화운에서 대발하였으나 申운에 들자 申중의 壬水가 寅중 丙火용신을 극제하니 세상을 뜬 사주이다.

인수용관격 (寅綬用官格)

庚申
己丑
辛乙

토금이 상왕(相旺)하여 巳중의 丙火 관성으로 용신을 정하니 壬水가 용신의 병이 된다. 巳운에 용신을 보강하니 국회의원에 당선되었으며 午未화운은

壬辰 계속 대발하였으나 申대운에 이르면 巳申으로 삼형을 (巳중丙화와 申중 壬수로 상충) 이루어 용신 丙화를 극제하면 신명이 위태로울 것으로 본다.

인수용인격 (印綬用印格)

乙卯
丙寅
戊寅
乙未

丙화일주가 寅월에 득령하였으나 土金으로 설기가 태심하니 화토상관격으로 강화위약(强化爲弱)이 되어 인수용신한다. 이 사주원국에 관성이 있었으면 화토운에 화토가 왕하여 상부고빈(傷夫孤貧) 하였을 것이나 다행히 관성이 없고 화쇠설심지격(火衰泄甚之格) 사주가 되어 남방화운에서 조부생자(助夫生子)로 부귀를 누리었으나 申대운에 용신 寅중甲목을 상충 극파하니 세상을 뜬 사주이다.

(4) 정재격 (正財格)

① 정재격의 의의와 구성

양대음(陽對陰)과 음대양(陰對陽)이 正財이니 甲이 己를 보고, 己가 壬을 보는 예이며, 양대양(陽對陽)과 음대음(陰對陰)이 편재(偏財)이니 甲이 戊를 봄과, 戊가 壬을 보는 것이

다. 정재격과 편재격을 막론하고 득시 득세하면 왕이 되고 실세하면 약이 된다.

득시라 함은 월령이요, 득세라 함은 류취(類聚) 됨이다. 일주가 왕하고 재성이 약하면 상식이 있어 도움이 길하며, 재성이 왕하는 운과 상식이 생하는 운을 기뻐하고, 일주가 허약하며 재성이 왕하면 인성이 일주를 생하거나 비겁이 일주를 도우면 길하며 대운도 같다.

정편재는 혼잡됨을 꺼리지 않는다. 정재격은 자기 분수대로 일정한 범위 안에서 성가하고, 그 천성이 단정하며 투기성이 적으며 특히 충파를 꺼린다. 즉 정재격은 군자의 성품을 갖는 것이 특징이다.

그러나 편재는 정재보다 그 작용이 커서 의기(義氣)가 있으며 재물을 쓰되 정당하다면 아끼지 않는다. 투기성이 있고 등락도 심하다.

월편재가 신왕재왕하였다가 유근(有根)한 일주가 비겁운이나 인수운을 만나면 대귀대부한다.

그러나 일주가 태약하고 만국(滿局)이 재성이면 종재격이 되는 바, 재성운과 상식운이 길하며 관성운도 길하다. 왕한 자는 설기함을 기뻐하며 순기(順氣)하는데 특히 비겁운을 꺼린다. 그러하면 재성을 극하여 기세를 역(逆)하기 때문이다.

격국용신

도표 6-1

생월 生月	생일 生日	투간 透干
寅	辛	甲
卯	庚	乙
辰	乙	戊
巳	癸	丙
午	壬	丁
未	甲	己
申	丁	庚
酉	丙	辛
戌	乙	戊
亥	己	壬
子	戊	癸
丑	甲	己
비고	본기 자로 정함	투출 격을 정함

도표 6-2

생월 生月	생일 生日	투간 透干
寅	癸	丙
辰	庚	乙
巳	丁	庚
午	申	己
未	庚	乙
申	己	壬
戌	壬	丁
亥	己	甲
丑	丙	辛
暗藏作用	암장 자로 정함	투간 격을 정함

도표 6-3

생월 生月	생일 生日	투출 透出
寅	乙	戊
辰	戊	癸
巳	乙	戊
未	壬	丁
申	乙	戊
戌	丙	辛
亥	乙	戊
丑	戊	癸
暗藏作用	암장 자로 정함	투간 격을 정함

일주가 왕하고 인성이 있어 상식을 극하는데 약한 재성이 용신이 될 때에는 규속한 재물로 횡재하게 되며 재성을 생하든지 재왕운을 만나면 규속한 재물로 횡재하게 되며 비겁운은 크게 꺼린다.

일주가 왕하여 상식이나 관살이 없고 재성운을 만나면 비겁쟁재가 되어 가족에 불화도 있고 재물을 패하는 중에 재물로 인하여 재화가 일어나게 된다.

시상편재격은 편재성이 시상에만 있고 년월일중에는 정편재가 없어야 진격(眞格)이 된다. 일주가 왕하고 상식이 뿌리가 되었다가 상식운을 만나든지 재성이 왕한 운을 만나면 부귀가 거대하다. 일주가 약하고 시상편재가 왕하면 인수운을 만나야 발복한다.

시상편재격은 특히 지지에 재성화국을 꺼린다. 회국(會局)이 있으면 귀격이 못되고 조업을 패산함이 많다. 시상편재격을 대기칠살(大忌七殺)이라 함은 신약재왕한 격을 말한다. 辰戌丑未월의 월건재성이라도 고장(庫藏)의 편견론(偏見論)은 불가하며 천간으로 투출한 용신의 왕약에 따라 작용이 된다.

이 정재격을 더 자세히 설명하면 정재격은 월지의 암장과 천간에 정재를 놓음으로서 이루어지는 격을 말한다.

이 격은 재가 관살을 생하여 주니 신약하여 있음으로 비견 비겁과 인수를 얻어 신왕함을 요하는 것이 원칙이지만 신왕하고 재가 약한 경우에는 상관과 식신을 얻어 재성을 생하여 주어야 한다. 그러나 재다신약(財多身弱)이거나 재약봉겁(財弱逢劫)하다.

거나 재성이 없는 것은 이격 구성에서 전부 꺼리는 것이다. 그러나 이것은 원칙이고 재가 투출되지 않아도 월지의 재만으로 재격으로 보는 격이 통예(通例)이다.

② 정재격의 용신원칙(用神原則)

○ 정재용재격(正財用財格) = 일간의 강하고 인수가 많거나 비견 비겁이 많으면 재로 용신한다.

○ 정재용식상격(正財用食傷格) = 일주가 강하고 비겁이 많으면 식신이나 상관으로 용신한다.

○ 정재용인격(正財用印格) = 일간이 약한데 관살 혹은 상관이나 식신이 많으면 인수로 용신한다.

○ 정재용비겁격(正財用比劫格) = 일간이 약한데 재가 많으면 비겁으로 용신한다

③ 정재격 실례(實例)

辛巳
丁酉
丙寅
己酉

丙일생인이 酉월에 실령(失令)하였으나 일지寅을 놓고 丁화가 투출하였다. 하나 토금이 왕하여 일주가 쇠약하니 재다신약 사주인데 寅중의 甲목으로 정하여 대운 화운에서 용신의 병이 되는 금을 극제하고 일주를 보강하니 왕한 재를 능히 감당하여 갑부가 된 사주이다.

신왕용재격 (身旺用財格)

戊寅
乙丑
丙申
庚寅

丙火가 丑月에 失時하였으나 이양지절(二陽之節)이 되고 년시지에서 寅木 장생을 얻어 신왕하니 재를 능히 감당할 수가 있어 일주에 재와 록을 가지고 부귀를 누리었는데 이는 화일주에 투금(透金)이면 십항구부(十恒九富)란 말에 적중한 사주이다.

화장하천금첩첩격 (火長夏天金疊疊格)

丙寅
甲午
丁酉
乙巳

丁火일주가 午月에 록(祿)을 얻고 목화가 일주를 도우니 일주가 고강한데 일시에 巳酉재국을 이루나 신왕재쇠(身旺財衰)라 화가 병신이 된다. 평생대운이 금수운으로 흐르니 제화존금(制火存金)으로 크게 부귀를 누린 사주이다.

신왕재약격 (身旺財弱格)

甲辰
丙子
己未
戊辰

子月 己일생이 본래 신약이나 화토를 얻어서 약변위강(弱變爲强) 사주인데 재역시 子辰수국을 이루워 아름다우나 일주와 비교하여 볼때 재가 약하고로 대운이 금수로 흐르니 약한 재를 보강하여 소년시절에 과거에 급제하고 그 이름을 세상에 떨친 사주이다.

곤명(坤命) 건록용재격 (建祿用財格)

丁卯
乙巳
丙寅
丁酉

巳月에 丙火가 득령하고 일의 寅木 장생을 얻어 신왕한데 巳酉로 재국을 이루니 아름다우나 재가 좀 약하든 중에 申酉로 대운이 재왕지로 흐르니 자수부영(子秀夫榮)으로 크게 귀하게 된 사주이다. 여자 사주에 관성(官星)이 없더라도 재(財)만 있으면 재생관 원칙(財生官 原則)으로 관성이 존재한다는 것을 기억하여야 한다.

곤명(坤命) 재왕생관격 (財旺生官格)

壬辰
戊申
癸卯
丙辰

癸일주가 申辰수국에 壬수가 투출하니 신왕한데 성(夫星)이 약한 것이 병이 된다. 하게 되는 이치로 남방화운에서 夫星을 보강하여 주증영(夫主增榮)하여 그 남편이 재상이 되었는데 여자의 사주는 관성(夫星)이 좋아야 하는바 이와같이 귀하게 되는것은 관성이 약하던 중에 대운이 관으로 흐른 연고이다.

곤명(坤命) 정재용관격 (正財用官格)

辛酉 女命은 夫星을 위주로 하는데 시지 亥중의 甲木
庚子 부성이 쇠약한 중에 세금이 병이 된다. 대운이
戊子 동남 목왕절로 흐르니 助夫生子로 가세가 유족하였
癸亥 으나 일주가 쇠약하고 재가 왕하니 질병으로 신고하
였다. 재와 관이 태왕하고 일주가 太弱하면 부모의 집안은 극
빈하고 시가집이 흥하는 것인데 巳운에 들자 巳酉금국을 이루고
병신이 득세하여 夫星을 극제당하니 본인과 남편이 세상을 뜬
사주이다.

편재류취격 (偏財類聚格)

己酉 壬일생이 금수로 왕하여 己토로 정관용신을 하고자
丙子 하나 년지 酉금에 설기가 태심하여 쓰지 못하고 용
壬寅 신을 정하는 법에 의하면 신왕자는 그 자를 극제하는 자
乙巳 용신인데 극제하는 자가 약할 때에는 그 자를 생하는
자가 용신이라고 하는 원칙에 의하여 巳중의 丙火가 용신이 된
다. 또한 조후용신으로 볼때에도 금수로 사주가 한냉하여 조후
가 시급하므로 丙火로 용신한다고 생각하여도 결론은 丙火가 용
신이 된다.

신왕용재격 (身旺用財格)

乙未 庚일주가 卯월에 출생하였으나 토금으로 신왕하니
己卯 부성이 쇠약한 중에 乙목으로 정재용신을 정한다.
庚申 수목운에 거부가 되었다가 戌운에 들자 병신금이 득
庚辰 세하여 용신乙목을 극제하니 戌운에 비류천척(飛流千尺)으
로 파가영락(破家零落)하여 말년에 고생을 거듭하다가 申운에
병이 중하여 세상을 뜬 사주이다.

곤명 (坤命) 편재용재격 (偏財用財格)

庚申 戌월 수진기(水進氣) 癸일생이 금수로 일주가 왕
丙戌 여 시지 巳火로 용신코저 하나 巳亥로 상충되어서
癸亥 쓰지 못하고 월상 丙火로 용신한다.
丁巳 남방재왕운에서 순풍에 돛을 단듯이 돈을 벌기 시작
하여 거부가 된 여명의 사주이다.

인수용재격 (印綬用財格)

庚申 卯월 丁일로 인수격이나 재성이 왕하고 투출되어 인
乙卯 수격이 변해서 재격이 된다. 申酉금운에 일약 재벌
丁亥 이 되어서 세상을 떨친 사주이다.
辛丑 혹자 신약한데 어찌 재운에 거부가 되었는가 의문이
갈것이나 신유개두 (申酉蓋頭)에 甲乙목이 있어 일주를 생하여

격국용신

준 원인이다.

식신생재격(食神生財格)

甲子
癸酉
辛酉
辛卯

辛일생이 酉월에 록을 얻고 시상에 辛금이 투출하여 일주를 도우니 재를 감당할 수가 있어 卯목을 용신코저 卯酉로 상충되어 쓰지 못하고 辛卯목에 뿌리한 년상의 甲목으로 용신하니 대운동북 수목지에서 용신을 보강하여 큰 부자가 된 사주이다.

재다용겁격(財多用劫格)

辛卯
戊戌
乙亥
丙戌

乙목일생이 戌월에 수진기하고 亥卯로 목국을 이룬 중에 년지 卯에 록을 얻었으나 신약하여 亥중의 甲목으로 용신을 정하니 辛금이 병이 된다. 수목운에서 용신을 도우니 왕한 재를 감당하여 재물을 모았으나 庚운에 들자 용신 甲목이 상하게 되어 불록지객(不祿之客)이 된 사주이다.

재다신약격(財多身弱格)

辛酉
辛巳
丁卯
癸丑

년지 巳화와 시상에 丁화가 있으나 재를 따르지 못하니, 재다신약 사주이다. 대운이 남방화왕지로 흐

신왕재왕격(身旺財旺格)

丙子
丁酉
丙子

르나 사주원국의 일주가 쇠약하니 왕한 재를 감당할 수가 없어서 평생 빈곤으로 지낸 사주인데 이와 같이 일주가 허약할때는 좋은 운이 와도 왕한 재를 감당하지 못한 예이다.

乙丑
丙午
乙酉
庚寅

丙일이 酉월에 실시하였으나 寅午화국에 乙목이 투출하여 약화위강격으로 酉중의 辛금이 용신을 정작하니 辛巳대운이 작하여 庚辰운까지 이십년에 재벌이 되었으나 卯운이 들면 卯酉로 상충하면 재국이 흔들리게 되니 상처손첩(喪妻損妾)할것이고 寅운이 들면 용신 辛금이 절지(絶地)가 되고 丙子年 七十三세가 되면 세상을 뜰것으로 본다.

편재용인격(偏財用印格)

丁卯
丁未
癸巳
癸丑

이 사주는 년월에 두 丁화가 투출되고 卯未목국이 생화하고 巳丑금국이 일주를 생하여 주니 卯未는 여름철에 당령하고 이 반반이라 하겠으나 丁화는 巳丑금국으로 금수를 약하게 본다. 그러므로 부득이 巳丑금국으

129

로 인수용신하는데 금수운에서 발복하였다.

건록용재격 (建祿用財格)

丙午
甲午
丁酉
丁巳

이 사주는 丁일주가 왕한 중에 지지로 巳酉금국이 화토를 설기하여 윤물(潤物)하므로 재성이 용신이다. 따라서 서방금왕운에 발달하였으니 사주원국에 습토가 없으므로 대격이 못된다. 戌운에 왕화가 입묘하면 흥할터인상에 戊土가 개두(蓋頭)하므로 일견신약 (一見身弱)이나 사망에 이르지 않는다.
亥운은 길하고 子운은 용신금이 사궁이 되고 子午로 상충하면 왕화가 폭발하므로 부부가 다같이 몰락하였다.

(5) 편재격 (偏財格)

① 편재격의 의의와 구성

편재격이라 함은 일간 대 월간 암장으로 편재가 있어 격이 성립되는 것을 말하는데 이것 역시 투출되지 않아도 월지의 재만을 편재격으로 보는 일도 있다는 것을 기억하여야 한다. 이 월편재는 본시 일주의 수궁(囚宮)임으로 일주가 자연히 약하게 되어 있으나 재가 왕하거나 관이 있어 재가 관성을 생하고 있으면 비견 비겁의 도움이 필요한 것이며 또 재가 적을때에는 비견 비겁으로 견비겁의 도움이 필요한 것이며 또 재가 적을때에는 비견

이 많으면 탈재(奪財)가 되므로 그때는 관살이 있어 비겁 즉 비겁 형제를 극제하여야 하는 것이다. 이와 같이 비견 비겁은 돈(財)이 있으면 서로 싸우고 (爭奪財) 외적(外敵)의 침공(侵攻)이 많으면 합력(合力)하는 힘이 있기 때문에 형제간에는 싸움이 많고 가난한 집안의 형제에는 사이가 좋은 것은 이 원리이다. 고로 이 격구성에서 크게 꺼리는 것은 신쇠재왕 (身衰財旺)과 재소겁왕 (財少劫旺)함을 군겁쟁재(群劫爭財) 군비쟁재(群比爭財)라고 이름하는 것이다. 이 격에서는 월편재를 위주로 하고 시상편재는 다음에로 설명한다.

② 편재격의 용신원칙 (用神原則)

○ 편재용재격 (偏財用財格) = 일간이 강한데 인수가 많거나 비겁이 많으면 재로 용신한다.

○ 편재용식상격 (偏財用食傷格) = 일간이 강한데 비겁이 많으나 상관이 많으면 재로 용신한다.

○ 편재용관살격 (偏財用官殺格) = 면 식신이나 상관 혹은 관살로 용신한다.

○ 편재용인격 (偏財用印格) = 일간이 약한데 관살 혹은 식신이 나 상관이 많으면 인수로 용신한다.

○ 편재용비겁격 (偏財用比劫格) = 일간이 약한데 재가 많으면 비협으로 용신한다.

격국용신

도표 7-3

투간 透干	생일 生日	생월 生月
戊	甲	寅
癸	己	辰
戊	甲	巳
丁	癸	未
戊	甲	申
辛	丁	戌
戊	甲	亥
癸	己	丑
암장 투간 자로 격을 정함		비고

도표 7-2

투간 透干	생일 生日	생월 生月
丙	壬	寅
乙	辛	辰
庚	丙	巳
己	乙	午
乙	辛	未
壬	戊	申
丁	癸	戌
甲	庚	亥
辛	丁	丑
암장 투출 자로 격을 정함		비고

도표 7-1

투출 透出	생일 生日	생월 生月
甲	庚	寅
乙	辛	卯
戊	甲	辰
丙	壬	巳
丁	癸	午
己	乙	未
庚	丙	申
辛	丁	酉
戊	甲	戌
壬	甲	亥
癸	戊	子
己	乙	丑
본기 투출 자로 격을 정함		비고

③ 편재격의 실례(實例)

인왕용재격(印旺用財格)

甲寅
甲戌
丁酉
壬寅

신왕하여 壬수로 용신코저 하나 정壬으로 목을 이루워 쓰지 못하고 일지 酉금으로 편재용신을 정하니 金水木火土로 상생을 이루워 아름답다. 庚辰대운에 이르자 쇠약한 편재 酉금용신을 도우니 거부가 된 재벌의 사주이다.

식신생재격(食神生財格)

甲寅
丙辰
己亥
庚戌
丁丑

庚일주가 亥월에 설기하고 있으나 土금으로 왕하니 약화위강으로 丁화 관성으로 용신코저한 丑토에 설기되고 火土金으로 왕자의설(旺者宜泄)로 亥중의 甲목으로 용신을 정하여 왕금의 기를 금수목으로 용신을 보강하여 식신생재로 아름다운데 중년 寅卯동방 목운에서 금수목으로 용신을 치부하였으나 앞으로 巳운에 이르면 巳亥로 상충하여 용신이 피상되고 申년에 용신 甲목이 절지가 되어 신명이 위태로울 것으로 본다.

신왕재왕격(身旺財旺格)

丁巳

癸일생인이 월지 子에 뿌리를 하고 巳酉금국에 辛

壬子
癸巳
辛酉

금이 투출하여 일주를 생하여 주니 일주 극왕하여 왕자(旺者)는 의제(宜制)로 巳중 丙화로 용신을 정하여 금수운에 용신이 무력하니 신고가 많았으나 남방화운에 제수보화(制水補火)로 용신이 득세하여 부귀한 사주이다.

재다신약봉운격(財多身弱逢運格)

癸丑
戊子
壬戌
癸亥

戊토일주가 수진기지절(水進氣之節)에 수세(水勢)가 왕양(旺洋)하여 재다신약 사주가 되어 戊중 토로 용신하니 초운 금왕지에서 곤고(困苦)가 비일비재(非一非再)하다가 화토운에 제수보토(制水補土)로 큰 재벌이 된 사주이다.

상관생재격(傷官生財格)

癸亥
甲寅
庚申
庚辰

신왕하여 편재로 용신을 정하여 금수운에 수기(秀氣)가 유행하니 아름답다. 해자축 수운에서 희신(喜神)이 재를 생하여 가문이 유족했으며 戊申대운이 이르면 戊토가 戊癸로 희신 (喜神) 癸수와 합거하고 용신의 뿌리인 寅목을 충극하면 세상을 뜰것으로 본다.

편재류취격(偏財類聚格)

辛丑
丁酉
丁巳
丁未

丁화가 巳에 뿌리를 내리고 세 丁화가 일주를 도와준다고 하나 酉월에 출생하고 巳酉丑금국에서 인패재패(人敗載敗)를 거듭한 사주이다. 辛금이 투출하니 일주와 비교하여 볼때 재가 더 왕하다. 고로 丁화로 비겁용신을 정하니 목화운에 성공했으나 壬辰대운에 이르자 병신이 득세하고 재다신약이 되어 다.

편재류취격(偏財類聚格)

丙寅
甲午
丁酉
丁巳

丁일생이 午월에 록을 얻고 목화로 상왕하여 酉금으로 용신하는데 申酉 二十년에 재록이 유족하였으나 子운에 이르자 용신 금이 子에 사궁이 되고 용신의 병인 午화를 충발하여 형장의 이슬이 된 사주이다. 그러나 화가 용신의 병이 되니 子수는 약운으로서 좋아질 것이 아니냐고 의문이 갈것이나 강왕한 병신을 도리어 상하는 이치로 추리하여야 한다.

편재용겁격(偏財用劫格)

戊子
丁巳

巳월 화왕당절에 설기가 태심하나 寅辰목국에 착근하여 아름다운데 사주원국이 조열(燥熱)하여 년지

甲辰 子수로 용신을 정하니 화토가 병신이다. 庚申대운부터 六十년간 금수로 대운이 흐르니 제화보용(制火補用)으로 대부대귀한 사주이다.

신왕재약격(身旺財弱格)

癸亥
乙卯
乙未
壬午

수목으로 일주가 태왕하니 극제(剋制)하는 금이 없어 부득이 왕희순세지리(旺喜順勢之理)로 未중의 己토 용신하여 목화토로 설정(泄精)을 잘하니 상관 용재격이 되나 왕한 목火 병신이다. 수목운에 다패 다난(多敗多難)하다가 戌운부터 용신이 득력하니 대발한 사주이다.

(6) 식신격(食神格)

① 식신격의 의의와 구성

양대음(陽對陰)과 음대양(陰對陽)으로 즉 甲일 丁을 보고 丁이 戊를 보는 것이 상관이다.

음(陰)과 양(陽)으로 즉 甲이 丙을 보고 丙이 戊를 보는 것을 식신(食神)이라고 하는바 식신이 하나만 있으면 식신이라 하고 이것이 둘, 셋 이상이면 상관이라 하며 식신과 상관의 혼잡함을

133

통칭 상관이라고 한다.

상관과 식신은 나의 기력을 설기하며 관살을 극제하고 재성을 생한다.

신왕상관을 진상관이라고 하며 신약상관을 가상관이라고 한다. 가령 甲乙목이 화왕당절에 출생하면 신약진상관이요, 甲乙목이 寅卯월에 출생하여 천간에 丙丁을 보든지 지지에 巳午를 보든지 寅戌화국을 놓든지 하면 이것을 신왕가상관격이라고 한다.

진상관격은 원국의 인성을 기뻐하며 인성운에 발달한다. 이것은 약한 일주를 생하며 설기하는 상관을 제거함이라. 왕한 상관은 입묘운에 불길하며 가상관격은 상관이 약하므로 상관이 왕하는 운에 발달하고 입묘운도 길하다. 약한 가상관격에 인성운을 만나면 크게 흉하게 된다.

상관격은 재성이 있어야 발달하며 재성이 없으면 기술가가 많으며 빈한하다. 상관이 관을 보게 되면 화가 백가지로 일어나게 되며, 이에 용불용(用不用)이 있다.

목화상관(木火傷官)에 관성이 필요하다고 하는 것은 가령 성한 목이 화를 보면 목화통명(木火通明)이 되는바, 이렇게 되면 왕목을 작벌(斫伐)하여 화가 잘 타는 이치요. 목화진상관(木火眞傷官)에 관성이 역시 필요하다고 하는 것은 여름의 목이 조(燥)하므로 수가 용신이 되어 목근(木根)을 윤습할 터인데 금관성을 보면 수원(水源)을 도와 길하게 된다.

금수상관(金水傷官)에 관성이 필요하다고 하는 것은 가을철에는 금한수냉(金寒水冷)하므로 화의 관성을 보면 금난수온(金暖水溫)하여 길하게 된다는 뜻이다.

수목상관(水木傷官)과 토금상관(土金傷官)과 화토상관격(火土傷官格)에는 관성이 불길하다. 그러나 상관격에 관성을 보더라도 비겁이 재성을 극할때는 간혹 필요함도 있다. 대개 상관격은 총명함이 출중하며 문인과 학자가 많으며 부귀도 많다.

상관격에 대부대귀격은 격국이 청수하여 유정무파(有情無破)하고 대운간지가 병력(並力)한다.

상관격은 성질이 교만하여 자기 말만 주장하고 남의 말과 의사는 존중하지 않는 것이 특징이다.

여자의 상관격은 고집이 많으며 남편의 덕이 없으며 운명은 험하나 의협심이 있고 재복은 많다. 도화살과 함지살과 역마와 고과살 등이 있으면 천한 집안에서 출생한 사람이며 혼란함이 많다.

여자는 상관을 크게 꺼리나 상관이 관성을 보지 않으면 오히려 정결부인이다. 만약 일주가 태약하여 한점의 생기가 없으며 사주의 만국이 상식이 되는데 이것을 종아격이라 하는바 상식이 왕하는 운이 길하며 설기하여 순세하는 운도 길하고 인성이 극하여 역세하는 운은 불길하며 상관의 입묘운도 또한 크게 흉하다.

격국용신

도표 8-3

생월 生月	생일 生日	투출 透出
寅	丙	戊
辰	辛	癸
巳	戊	戊
未	癸	丁
申	丙	戊
戌	己	辛
亥	丙	戊
丑	辛	癸
비고	암장 자로 정함	투출 적을

도표 8-2

생월 生月	생일 生日	투출 透出
寅	甲	丙
辰	癸	乙
巳	丙	庚
午	丁	己
未	乙	乙
申	庚	壬
戌	乙	丁
亥	壬	甲
丑	己	辛
비고	암장 자로 정함	투간 적을

도표 8-1

생월 生月	생일 生日	투출 透出
寅	壬	甲
卯	癸	乙
辰	丙	戊
巳	甲	丙
午	乙	丁
未	丁	己
申	戊	庚
酉	己	辛
戌	丙	戊
亥	庚	壬
子	辛	癸
丑	丁	己
비고	본기 자로 정함	투출 격을

이를 너 자세히 설명하면 식신은 간단히 말하여 옷과 밥인데 이 식신은 재를 생하여 사람들의 일상생활에 필요불가결의 성질의 것으로 바로 의식주와 관계되는 것이다. 따라서 식신이라고 하는 식자는 의식을 말함이요. 신은 길신을 말하는 것으로 식신격이란 이 식신(食神)으로서 격이 성립되는 것을 말하고 이 격도 다른 격과 같이 일간대 월지의 암장 식신으로 구성된다.

이 격은 아생자(我生者) 식신(食神)으로 일주의 기가 설기되어 (왕상휴수사범(旺相休囚死法))으로는 휴(休)에 해당 본질이 신약이 됨으로 신왕함을 요(要)하고 있는데 그렇다고 하여 식신을 극제하는 도식(倒食)(편인)이 있음을 꺼리게 된다. 따라서 이격 또한 신약설왕(身弱泄旺)에는 보신(補身)하여야 하는 것이고 또 이격은 다른 격에 비하여 변화가 많은 격으로서 잘 살피지 않으면 그 판단에 천양지지(天壤之嵯)로 천리의 오를 범하게 된다는 것을 생각하여야 한다.

② 식신격의 용신원칙 (用神原則)

○ 식신용관살격 (食神用官殺格) = 일주가 강한데 재가 많으면 관살용신한다.

○ 식신용식상격 (食神用食傷格) = 일주가 강한데 비겁이 많으면 식신이나 상관으로 용신한다.

○ 식신용재격 (食神用財格) = 일주가 강하고 인수가 많거나 상관 식신이 있으면 재로 용신한다.

○ 식신용겁격 (食神用劫格) = 일주가 약한데 재가 많으면 비견겁이나 비겁으로 용신한다.

○ 식신용인격 (食神用印格) = 일주가 약한데 상관이나 식신이 많거나 관살이 있으면 인수로 용신한다.

③ 식신격의 실례 (實例)

유여수부족격 (有餘水不足格)

壬寅
丁未
丙寅
壬辰

未월 丙화가 년일지寅에 장생을 얻고 丁화가 투출하니 丙화가 염열(炎熱)하여 고조지상(枯燥之象)이라, 조후가 시급하여 시상 壬수로 용신하니 辰중의 癸수가 있어 수화기제지공(水火旣濟之功)을 이루어 아름다우나 한줌의 물이 왕화를 감당할 수가 없는데 대운이 금수지로 흐르니 용신을 보강하여 재상이 된 사주이다.

상관용인격 (傷官用印格)

壬寅
丁未
丙申
壬辰

丙화일주가 화가 태왕하니 수승화패(水勝火敗)로 신약한데 대운이 금수로 흘러 칠살이 득세하여 한유서생(寒儒書生)으로 고생이 많았으며 북방수운으로 흐르자 결인(乙人)이 된 사주이다.

〈연구(研究)〉

앞의 사주와 일지 申자 하나가 다를 뿐인데 앞의 사주는 화왕수약(火旺水弱)하여 금수운에서 대발하였고 이 사주는 칠살태왕에 금수운을 만나서 걸인(乞人)이 된 사주이니 한 글자가 천리차(天里差)의 운명이 다르다는 것을 염두에 두고 추리하여야 한다.

편재용겁격(偏財用劫格)

庚午
辛巳
丙申
壬辰

巳월 丙화가 재살이 태왕하니 강화위약이 되었다.
고로 午중의 丁화로 비겁용신을 정하니 午未화운에서 화는 용신을 보강하고 土는 병신 수를 극제하여 가세가 유족하였으나 申운이 들자 병신이 득력하고 재살이 태왕하여 병으로 고생하다가 죽은 사주이다.

식신생재격(食神生財格)

庚戌
戊寅
戊申
癸亥

寅월 戊일생인이 재살이 태왕하여 寅중의 丙화로 용신을 정하니 중년부터 午未화운을 만나자 재벌이 되었고 巳운에 기발하지 못한 것은 巳申三刑을 이루고 巳중의 庚금이 寅중의 甲목용신을 충극한 연고이다.

식신생재격(食神生財格)

乙酉
丁亥
庚寅
庚辰

亥월 庚일이 한냉(寒冷)하여 丁화로 용신코저 하나 亥월에 무기하여 용신이 미약할때는 寅중의 甲목으로 용신이라고 하는 원칙에 의하여 寅중의 甲목으로 용신을 정하니 寅亥寅辰으로 木국을 이루고 丁화가 약신이 된다. 木화운에 용신이 건왕하나 금이 병신이 되고 庚辰대운이 들자 병신이 기발하여 신재구몰(身財俱沒)가 되었고 除金補用(甲木)으로 충북갑부(忠北甲富)가 한 사주이다.

상관용인격(傷官用印格)

壬申
丙午
乙巳
戊寅

乙일생인 午월 신약인데 寅午 巳午 화국을 이루니 일주가 태약하다. 고로 壬수가 용신이 된다. 운 화토에서는 용신이 무기하니 천직에 종사하고 酉운중 庚子년에 관직에 나가서 辛丑년에 생관으로 임운하였으니 이는 왕화가 입묘한 연고이다. 亥子丑 대운은 용신이 득력하니 부귀다남이었고 巳운에 기발한 것은 巳申三刑을 이루고 巳중의 庚금이 寅중의 甲목용신을 충극한 연고이 (戊운은 약신이 되어서 더욱 좋았으며 卯운에 용신 壬수가 사궁이 되어서 불록하였다.

귀록용재격 (貴祿用財格)

丙子　子月에 출생하여 양이 중첩하고 亥子水局을 이루니 일주가 태왕하다. 그러나 사주원국이 너무 한냉하여 조후가 시급하므로 丙火로 용신을 정하니 수목

庚子

壬寅　화로 통관하여 왕기를 잘 설기하여 아름다운데 寅亥

辛亥　목국을 이루니 사주가 유정하다.

동방목운에 삼십년에 부귀영화를 누리었으니 이는 약한 용신을 생조한 까닭이다.

巳운에 금의 장생지가 되어서 불길한 듯하나 乙木이 개두(蓋頭)에 있어 금의 무방하였으며 수운중에 용신인 목이 사궁이 되고 양인을 충하여 사망하였으니 오행의 이치가 오묘함을 새삼 실감케 한다.

식신용식신격 (食神用食神格)

癸丑

癸亥　壬日主가 月支 亥가 록지가 되고 亥子水局에 금수가 투출하니 이것이 수취왕양(水聚汪洋)이라.

壬寅

辛丑　고로 왕희순세인 寅亥木局으로 용신을 정하니 가상관격이 된다. 그러나 시상의 辛金이 병신이다. 목화운에서 용신을 보강하고 병신을 극제하여 큰 재벌이 되었으니 여명사주가 용신이 고강하고 수취왕양 사주에 丑中의 己土 관상인 남편

이 물에 떠내려가는 형상이 되어서 부궁이 불미하여 생별 사별을 거듭하였으며 巳대운에 사망하였으니 巳운은 丑土와 금국이 되어 辛金을 도와서 용신을 극제하고 또한 록지인 巳를 상충하여 寅巳로 삼형을 이룬 연고이다. 만약 辛金이 없었더라면 사망하지는 않았을 것으로 본다.

식신용관격 (食神用官格)

丙寅　화왕당절의 甲木이 寅午火局에 丙火가 투출하니 설

甲午　기가 태심하다. 다행히 두 寅木이 록지가 되고

甲寅　甲木의 투출하여 辛金 부성으로 용신을 정하니 초

辛未　운 금수에서 용신을 도우고 화병신을 제거하여 의식이 유족하고 부귀를 누리었으며 寅운에 상부실자(喪夫失子)하고 고독하였으나 己丑戌운에 용신이 득력하며 子亥운에 병신을 떨었으나 丙戌운중 庚寅년에 더욱 좋아서 사회사업으로 그 이름을 떨쳤으며 병신인 화를 제거하니 파란만장하다가 왕한 상관이 戌에 입묘하니 세상을 뜬 여명의 사주이다.

인수용상관격 (印綬用傷官格)

戊子

乙卯　丁日主가 목왕당절에 출생하고 卯未木局에 목화가 투출하니 일주가 고강하여 戊土로 용신을 정하여 왕

격국용신

丁丑
丁未 화의 기운을 설기코자 하나 乙卯목이 용신지병이 된
丁亥 다.
庚子
丙戌 화토운 사십년에 용신이 득력하니 대발하고 금운 이십년에 병신
　　 인 목을 제거하니 더욱 좋아서 거부가 되었으며 壬운은 상관이
상관용인격 (傷官用印格) 관성을 보고 병신 목이 득력하여 관재와 손재가 많았으며 戌운
　　 은 무방하나 亥운은 기신 목이 卯未목국을 이루고 장생지가 되
　　 어서 세상을 떴다.

庚日주가 子月에 출생하니 戌중의 戊토로 인수용신한다. 이사
주는 천간의 丙丁화가 관살혼잡이라고 하여 흉하게
보아서는 안된다. 丁화는 연금(鍊金)하고 丙화는
조후하는 한편 용신을 도우며 辛丑운은 불길하다. 이는 辛금이
희신丙화를 합거하고 丑은 亥丑수국을 이룬 연고이며 寅卯甲운
은 한화(寒火)가 생을 받으니 번창하였고 乙巳, 丙午, 丁未 삼
십년 대운에 관록이 높아지고 부귀를 겸하였으나 酉운에 화토가
死宮이 되면 불길할 것으로 본다.

甲戌
진상관격 (眞傷官格)
　　 午月에 丁화가 투출하니 설기가 태심하여 진상관격

庚午
乙亥 이 된다. 고로 일지 亥중 甲목에 뿌리한 甲목으로
丁丑 용신을 정하여 목하운에 발복하였는데 화운은 불길
　　 하다고 할것이나 용신지병인 庚금을 극제하는 화운
　　 이 약운이 된 연고이다.

가상관격 (假傷官格)

癸卯 신왕하여 戊토로 용신을 정하니 왕목이 병신이 된
甲寅 다. 辛운 癸酉년에 병신을 제거하여 소년등과로 이
丙午 름을 천하에 떨쳤으나 一년도 못되어 甲戌등과로 二
戊戌 세가 되면 亥운으로 바뀌자 병신이 장생을 얻으니
　　 용신戊토를 극제하여 세상을 뜬 사주이다. 혹자는 癸수로 용
　　 신을 하지 않는가 의문이 될 것이나 뿌리가 없으니 쓸수가 없
　　 다.

상관용겁격 (傷官用劫格)

乙酉 丑月 절기가 天寒之凍으로 한냉이 극심하여 시지 午
己丑 화로 조후용신코자 하나 子午로 상충되어서 쓰지 못
庚子 하고 부득이 酉금으로 비겁용신한다.
壬午 丙戌. 丁운에 용신이 극제되어 다질다곤(多疾多困)
　　 하다가 酉申금운에 비겁용신이 득력하니 대업을 성취한 사주이

다.

　丑중의 己토로 인수용신을 하지 않고 비겁으로 용신을 한 것은 년상 乙목이 토를 극제하고 丑토는 酉丑으로 금국을 이루어 쓰지 못하게 되는 것이다.

수목가상관격 〈水木假傷官格〉

庚子
己丑
壬寅
辛亥

　금수가 태왕하여 亥중의 甲목으로 용신을 정하니 금이 병이 된다. 대운이 일찍 동방으로 흐르니 용신이 득력하여 명현천하(名縣天下)하였고 남방화 운도 좋았으니 이는 병을 제거한 연고이다. 巳운이 들자 巳중의 庚금이 亥중의 甲목을 충극하여 불록지객이 되었다.

〈참고〉= 진상관이란 상관이 태심하여 신약할때를 말하는 것으로 진정 상관(辰正傷官)이 되고 있다는 뜻이다. 가상관이란 신왕한데 설기함이 적어 가짜로 설기한다는 뜻이다.

(7) 상관격(傷官格)

① 상관격의 의의와 구성

　상관격이라 함은 글자 그대로 관을 상하게 하는 자이니 다시 말하여 관을 극하는 자를 말한다. 예를 들면 모든 관청의 규제

즉 법규를 지키지 않고, 그 관을 살(殺)(윗 사람을 살상하는 것) 하는 것이니 강적행위(強賊行爲)와도 같은 것이다.

　그리고 상관은 자손을 극하는 자 임으로 상관을 놓으면 자손에 근심이 있게 되고 또 상관은 내가 생함으로 음생양 양생음(陰生陽 陽生陰) 나의 혈기를 도적질 하는 것이기 때문에 도아지기 (盜我之氣)라 하여 신약해지는 것이 원칙이다. 이렇겠거니 볼때에 는 상관은 대단히 나쁘고 쓸데없는 놈이라고만 보게 되겠지만 그것이 아니다. 일주가 왕하였을때는 타(他)를 생하여야 되는 것이니 그때는 도기(盜氣)가 아니라 설정영(泄精英)이 되어 좋아지는 것이고 또 상관이 있으면 상관(식신함)은 재를 생하고 재는 관을 생하니 관은 상하지 않고 또 상관은 인수로 설기하여 나를 생하여 주게 되므로 도리어 흥화위길(凶化爲吉)되는 일이 많은 것이다. 고로 정진편(定眞篇)에서 말하기를 상관이 약견인수(若見印綬)면 귀불가언(貴不可言)이라 하였고 또 시결 (詩訣)에서는 상관(傷官)을 불가예언흥(不可例言凶)하고 辛日, 壬辰이 귀재중(貴在中)이라 하여 辛日 壬은 상관(傷官)이 요, 辰은 인수인고로 위와같이 상관이 인수와 같이 있음을 귀 (貴)로 일치하게 됨을 말하였고. 또 원리부(元理賦)에서는 상 관이 재가 없으면 가지수교(可知雖巧)나 필빈(必貧)이라고 각 각 말하고 있다. 그 이유(理油)는 재가 있으면 그 상관은 관과 싸우지 않고 재를 생하여 재로 하여금 관을 생하게 하여 관을 살리는 까닭이다. 즉 재가 없으면 통관이 되지 못하여 재조와

격국용신

도표 9-3

생월 生月	생일 生日	투간 透干
寅	丁	戊
辰	庚	癸
巳	己	戊
未	壬	丁
申	丁	戊
戌	戊	辛
亥	丁	戊
丑	庚	癸
비고		암장자로 투간 격을 정함

도표 9-2

생월 生月	생일 生日	투간 透干
寅	乙	丙
辰	壬	乙
巳	丁	庚
午	丙	己
未	甲	乙
申	辛	壬
戌	甲	丁
亥	癸	甲
丑	戊	辛
비고		암장자로 투간 격을 정함

도표 9-1

생월 生月	생일 生日	투간 透干
寅	癸	甲
卯	壬	乙
辰	丁	戊
巳	乙	丙
午	甲	丁
未	丙	己
申	己	庚
酉	戊	辛
戌	丁	戊
亥	辛	壬
子	庚	癸
丑	丙	己
비고		본기자로 투간 격을 정함

도표 9-4

생일生日	지지중地支中
甲	午
乙	巳
丙	丑未辰戌
丁	
戊	酉
己	申
庚	子
辛	亥
壬	卯
癸	寅
비고	암장작용

도표 9-5

생월生月	생일生日	투간透干
巳午未辰戌	甲乙	丙丁
庚申酉戌	丙丁	戊己
亥子丑	戊己	庚辛
寅卯辰	庚辛	壬癸
	壬癸	甲乙
비고		암장작용

도표 9-6

생월生月	생일生日	투간透干
寅亥卯子辰丑	甲乙	丙丁
巳寅午卯未辰	丙丁	戊己
辰巳戌午丑未	戊己	庚辛
申辰酉丑戌未	庚辛	壬癸
亥申子酉丑戌	壬癸	甲乙
인수나 비겁 비겁월	일주기준	상관투출

격국용신

기고만 있었지 재와 이름이 없다는 뜻이다. 그런데 상관에 제일 문제가 되는 것은 관이 나타나 있음인데 이렇게 되면 위화백단(爲禍百端)이라고 말하였고 또 시결(詩訣)에서는 그놈이 문제라 하나 상관을 제하면 될것이 아니겠는가 하였다. 명리정종(命理正宗)에서는 상관에 관은 병이 되는데 유병(有病)이라야 방위귀(方爲貴)라 하지 않았는가 고로 때에 따라서는 관즉 병(病)을 제거할 수도 있고 또 재를 얻어 상관생재(傷官生財)케 할 수도 있어 이 상관격에서 큰 부귀가 많이 나타나 있지 않느냐고 말하고 있다.

나음 격구성에 있어서도 좀 복잡한 것이니 일간 대 월지 암장으로 구성되는 원측외에 그 범위가 넓어서 천간에 상관투출 아니고도 일지나 년지나 시지를 막론하고 상관이 구성되는 수가 있고, 그 밖에 진상관 가상관 상관용상관 상관용관 등으로 연해자평상관시결(淵海子平傷官詩訣)에서도 이것을 지적하여 이격은「국중(局中)에 천변만화(千變萬化)하니 추심수요용심기(推尋須要用心機)」누하소라고 주의를 환기(換氣)시키고 있다.

甲見午, 乙見巳, 庚見子, 辛見亥는 모두 그 體로 걸을 보면 陽見陽으로 食神같이 보이나 各各 그 음장간으로 作用하기 때문에 이와같이 傷官이 되는 것이다. 如甲日見午면 午中丁火를 作用하는 고로 傷官이 되는 것이다. 따라서 子는 어디까지

나 그 體는 陽이요, 用은 子中癸水로 陰이 되며 또 亥의 體는 陰用은 亥中壬水로 陽이 되며 또 巳의 體는 丙火요, 또 午의 體는 陽이요, 用은 午中丁火인 것이니 이점 유의하여 體와 用을 혼동하지 말아야 한다.

참고 = 진상관과 가상관격은 상관이 투출되지 않고도 지지만으로도 구성될 수 있으며 또 꼭 지정된 月令이 아니고도 사주상항에 따라 비견 비겁 인수태왕 상관으로 가상관이 되는 경우가 있고 또 진상관이 아닌 가상관월에 출생하고도 가상관이 변하여 진상관으로 변하는 수가 있으나 이것 역시 진상관 가상관격 격체(格體)와 작용을 혼동하지 말것이며 또 이것이 진상관 가상관격 구성원칙이라는 것도 잊어서는 안된다.

② 상관격의 용신원직 (傷官格의 用神原則)

○ 상관용재격(傷官用財格) = 일주가 강한데 재가 많으로 용신한다.

○ 상관용살격(傷官用殺格) = 일주가 강한데 인수가 많으로 살로 용신한다.

○ 상관용인격(傷官用印格) = 일주가 약한데 상관이나 식신이 많거나 관살이 많으면 인수로 용신한다.

○ 상관용겁격(傷官用劫格) = 일주가 약한데 재가 많으면 비겁으로 용신한다.

○ 상관용식상격(傷官用食傷格) = 일주가 왕하고 재관이 없을 때는 상관이나 식신으로 용신한다.

③ 상관격의 실례(實例)

乙亥
甲寅
辛未
甲午

진상관용겁격(眞傷官用劫格)

甲일생인이 午未, 寅午 화국을 놓아 진상관격으로 乙木으로 용신하니 辛金이 병이 되나 午未화국에 앉아서 아름답다. 亥子대운에 制火生木으로 부귀를 누리었으나 丑운이 들자 辛金병신이 득세하여 乙木용신이 극제당하고 丙申년 六十二세에 乙木용신이 절지(絶地)가 되어 불록(不祿)한 사주이다.

戊寅
丙戌
己未
戊午

진상관용인격(眞傷官用印格)

丙화가 많은 土에 설기태심하니 진상관격으로 乙木으로 인수용신한다. 대운 동방 목운에 인수를 보강하여 양조(兩朝)의 봉증(封贈)을 받아 귀부인이 되었으며 丑에서 목숨을 잃었는데 이는 丑중의 辛金이 용신 乙木을 극제한 까닭이다. 부귀를 누린 것은 乙木 용신은 未중 乙木 寅중 甲木에 뿌리하여 衆土를 극제하여 부귀를 누리었든 것이다.

乙亥
丙戌
己未
戊午

진상관용인격(眞傷官用印格)

丙일생이 많은 土에 설기태심하여 亥중 甲木으로 인수용신하나 용신이 미약하다. 庚申, 辛酉, 金운에 죽지 않은 것은 午戌화국이 제금(制金)한 연고이다. 戊운이 들면서 상관이 가중되니 자손을 잃었으나 東北수목운이 들자 인수용신 甲木이 득세하여 명리(名利)가 흥왕(興旺)하였으며 丑운에 불록(不祿)하였으니 丑중의 辛金이 극용신하고 丙화일주가 습토에 설기하니 회화무광(晦火無光)으로 무력해진 까닭이다.

己巳
庚午
甲午
己巳

진상관격(眞傷官格)

甲일이 午월에 진상관격인데 巳운 壬午년 열네살때에 夭壽하였으니 이는 진상관이 巳운 상관운을 만나서 목분비회(木焚飛灰) 되는 형상인데 다시 유년 오(流年午)화에 재차 甲木이 사궁(死宮)에 들게 되니 상관년을 만나서 세상을 뜬 것이다.

가상관격(假傷官格)

戊子
乙卯
丁巳
丁未

일주가 고강하여 戊토로 용신을 정하여 설기를 잘 하나 목이 병신이다. 庚, 辛酉財운에 병신을 제거하니 재상에 올라 부귀를 누리었으나 亥운에 이르자 병신이 득세하여 용신을 극제하니 세상을 하직한 사주이다.

인수용식상격 (印綬用食傷格)

丙子
丁酉
壬申
辛亥

金수로 일주가 심왕하여 亥중 甲목으로 인수용신한다. 동방화운에 용신을 보강하니 왕희순세 이치로 재상이 되어 부귀를 누리었는데 이는 사주원국에서 천지가 청수(淸秀)한 까닭이다.

상관용관격 (傷官用官格)

戊申
己巳
丁巳
庚午

신왕하여 卯목 관성을 능히 감당할 수가 있어서 편관용신을 정하니 금이 용신지 병이 된다. 午未운에는 제금보목(制金補木)으로 무사하였으나 申운이 들자 卯목 용신이 申궁에 절지가 되며 庚辰년 戊寅월 庚辰일에 용신이 왕금에 극제되고 병이 중하여지니 손명(損命)한 사주이다.

상관용인격 (傷官用印格)

己丑
辛未
丙寅
己丑

신약(身弱)하여 寅中甲木을 용신(用神)하니 丁卯운에 제병(制病)(辛金)부신(扶身)으로 관계에 진출하였으며 丙寅운에 재상이 되었으니 병약원리(丙藥原理)용신으로 볼 때 丙일주에 토가 많은 것이 일주의 병이 되고 辛금이 용신의 병이 되는 바 寅목이 일주의 병이 되고 辛금이 용신의 병을 제거하는 약신이다.

辛酉
丁酉
戊午
辛酉

戊토일주가 많은 재성에 설기가 극심하니 진상관격이 되어서 午화로 용신한다. 초운 목화에 체(體)와 용(用)이 모두 유익하여 대과에 급제하였으며 癸巳, 壬辰대운에 화를 극제하고 금을 생하여 주니 퇴직후 고생이 많았으며 패가망신 하였으니 이는 인수가 무력한 중에 설기가 태심한 연고이다.

상관용재격 (傷官用財格)

丙申
丁卯
戊戌
乙巳

戊월이 수진기라 하나 卯戌이 합해서 화를 이루고 巳중 丙화와 乙목이 일주를 도우고 申금재를 감당할 수가 있어서 용신으로 정하매 목화토금으로 사주의 정기가 申금용신에 집중하였으니 아름답다.

辛丑. 壬운에 제화보용(除火補用)으로 발재만금(發財萬金)하였으나 寅운이 들자 용신이 절하고 충극되어 불록지객(不祿之客)이 되었다.

癸亥
乙卯
壬申
乙巳

　壬일이 卯월에 때를 잃었으나 申금에 장생을 얻고 癸亥수를 얻어 약화위강으로 巳중의 丙화로 편재용신을 정하니 북방수운에서 풍상을 겪었고 丙운에 들면서 巳중의 丙화용신이 酉에 사궁이 되고 용신을 생하는 卯목을 충극하여 세상을 뜬 사주이다.

상관용겁격 (傷官用劫格)

癸亥
辛酉
戊申
己未

　토일주가 가을에 설기가 태심하여 근토로 용신을 정하니 토운에 이르자 용신과 일주를 보강하여 재상에 올랐으나 卯운에 亥卯로 목국을 이루어 중병(重病)이 되어서 용신이 파직되었으니 이는 년지 亥와 亥卯로 목국을 이루어 중병(重病)이 되어서 용신이 파상된 연고이다.

상관용겁격 (傷官用劫格)

戊辰
庚申

　토일주가 설기가 태심하여 의지할 곳이 없어서 득히 戊토로 용신을 정하나 용신이 허약하든중 丙

己酉

　寅운에 기발하려다가 寅운에 패하고 丁卯운에 또 기발하려고 하였으나 卯운에 세상을 떴으니 이는 卯辰 목국을 이루어 용신 무토를 극제하고 왕금을 충격한 연고이다.

상관용겁격 (傷官用劫格)

庚辰
己卯
壬辰
庚子

　壬午운 목을 생하고 용신지병인 금을 제거하여 이름을 천하에 떨쳤으며 癸未 甲운에도 계속 좋았으나, 申운에서 불길할 것 같으나 申子辰수국을 이루니 더욱 좋아서 재상(宰相)에 올랐으며 酉운에 죽었으니 이는 용신을 충극한 연고이다.

상관용상관격 (傷官用傷官格)

庚申
丁亥
癸未
甲寅

　이 사주는 금수가 한랭하여 丁화로 조후용신코자 하나 자좌살지가 되어서 쓰지 못하고 庚申금이 용신이 시상의 甲목으로 상관용신을 정하니 庚申금이 용신이 병이 된다 寅卯대운에 왕수가 설기를 잘하고 용신이 기발하여 국방부장관에 오른 사주이다.

격국용신

상관용상관격 (傷官用傷官格)

己卯
甲寅
庚午
丁卯

午월에 때를 잃은 甲목이나 寅卯목이 扶身하니 약
화위강으로 시상의 丁화로 상관용신한다.
丁卯대운에 벼슬길에 올라서 丙寅운에 용신이 득력
하니 부귀를 누리었고 乙丑대운에 들자 乙목은 庚금
과 乙庚합하고 丑토에 용신 丁화가 회기무광(灰氣無光)이 되어
서 낙직(落職)한 사주이다.

상관용상관격 (傷官用傷官格)

乙卯
戊戌
己酉
壬戌

酉월 戊토가 때를 잃었다 하나 卯戌로 합하여 화를
이루고 중토(衆土)가 일주를 도와주니 약변위강(弱
變爲強)으로 시상의 乙목으로 정관용신을 정하니 수
목운이 들자 칠년대한에 소낙비를 만난 형상이 되어
장관이 되어서 그 이름을 떨친 사주이다.

상관용관격 (傷官用官格)

庚午
己卯
壬戌
己酉

卯월에 설기가 태심하나 庚申酉금에 생을 받으니 己
토 관성을 감당할 수가 있어 용신하는데 己토용신
은 년지 午화에 록을 얻었으나 허약하다. 巳운에
등과하여 午未운에 재상에 올랐으나 甲乙목 대운에

상관용관격 (傷官用官格)

辛卯
辛未
壬辰
己酉

辰酉 금국(金局)에 두 신금이 투출하여 일주를 생하
여 주니 신왕하여 己토로 용신한다.
己丑戊토운 소년시절에 유족하게 살았고 벼슬길에
올라서 부귀를 누리었으나 亥운에 이르자 병신(病
神) 卯목이 亥卯로 목국을 이루어 己토용신이 극제당하여 세상
을 뜬 사주이다.

상관용관격 (傷官用官格)

癸巳
己未
丙午
癸酉

사주가 조열(燥烈)하니 조후가 시급하여 癸수로 정
관용신을 정하니 酉금에 생을 받아 아름다우나 己토
가 용신의 병이 된다. 일찍 화토운에 용신이 피상
당하니 재산이 탕진되고 집안의 재난이 많았으나 乙
卯甲寅운이 약운이 되어 병신 己토를 극제 하매 기발하기 시작
하여 북방 수운에서 부귀를 누린 사주이다.

가상관용재격 (假傷官用財格)

용신지병인 卯목이 득세하여 극토하니 병이 중하여 재상자리에
서 물러난 사주이다.

147

戊申
戊午
丁巳
乙巳

午月 丁일생이 신왕하여 戊土로 설정(泄精)코저 하나 설기구(泄氣口)가 적어서 두번 설기하는 것이 원칙이 되어 申金으로 용신을 정하니 화토금으로 상관용재격이다. 庚申辛酉 금대운에 용신이 득세하여 거부가 되었으며 亥운에 들자 용신 申金이 亥에 설기되고 왕화를 충발하여 불록(不祿)한 사주이다.

가상관격 (假傷官格)

戊申
壬子
辛亥
癸卯

일주가 태강하여 亥중의 甲木으로 용신을 정하여 亥卯로 목국을 이루니 아름답다. 甲寅乙卯목운에 용신이 득력하여 대부대귀하였고 丙辰운에 들자 군비쟁재(群比爭財)(丑水가 丙화재를 탈재(奪財))가 되어서 두 아들을 잃고 부부가 같이 세상을 뜬 사주이다.

가상관격 (假傷官格)

壬辰
壬子
壬子
癸卯

수국에 양인이 태중하여 卯辰목국으로 용신을 정한다. 동방목운에 대발하지 못한 것은 목의 투출이 없는 까닭이다. 丙寅운 庚午년에 수화가 상전하니 사십도 못되어서 세상을 뜬 사주이다.

(8) 양인격 (羊刃格)

① 양인격의 의의와 구성

양인은 록전일위이니 甲록의 寅은 록앞의 卯자가 양인이요. 丙戊는 午가 인이 되며 庚은 酉가 壬은 子가 양인이 된다.

양인은 칠살과 합함을 기뻐하는 바 권리직에 출세하며 법관과 무관과 의사가 많이 있음을 본다.

가령 甲일주에 庚이 칠살이라면 卯가 양인이 되어 卯중의 乙목이 庚과 합이 되니 갑이 자기의 여동생인 乙로 庚의 처로 삼게 되면 흉함이 변하여 길하게 된다.

양인격은 재물을 파손하게 되는 특성이 있기 때문에 이때 칠살이 있으면 양인합살격으로 길하게 되고 양인이 왕하고 칠살이 약할때에는 재성이 살을 도와야 길하게 된다.

만약 칠살이 없고 정관만 있어도 흉하게 됨을 면하게 되며 살

148

격국용신

밀한 직업이 많다.

양인살은 관살의 제복함이 없든지 상식의 설기함이 없으면 양인의 왕생운이나 묘(墓)운에 예측하지 못한 화가 발생하게 된다. 양인격에 관살이 없고 상식이 있으면 상식운에 재물을 얻게 된다.

甲申일에 丁卯시는 申중의 庚金이 卯중 乙木을 합하므로 길하다고 하며 일주가 약할때에는 시지의 양인도 도움이 된다. 약한 일주가 양인의 도움을 받는데 사주원국의 양인을 충하고 운로에서 양인을 또 충하게 되면 큰 재난을 당하게 된다. 대개 양인은 충함을 꺼리며 합함도 불길하다. 특히 양인격은 성질이 강하나 극제되든지 화합하게 되면 너무 지나치지 않다.

이 양인격을 더 자세히 설명하면 양인(羊刃)이란 양인으로서 이루워지는 격을 말하고 양인(羊刃)이라고도 표현한다.

예를 들면 甲일주의 양인은 卯가 되고 丙戊일의 양인은 午, 庚일의 양인 酉, 壬일의 양인은 子로서 이루워 지는데 양일주 간의 일주를 기준하여 子午卯酉자로서만 구성되는 양간의 일(陽)자를 딴것이고 인(刃)자를 부친것은 이 양인(羊刃)은 (陽)刃도 같음) 재천위자암성(在天爲紫暗星)으로서 전행주직(專行誅職)(在地陽刃)이 되는 것임으로 (誅職)은 목을 베이는 형모관의 직을 말함) 도인(刀刃)으로 보게 되는 관계로 인(刃)자를 따서 양인(陽刃)이라 한다.

또한 양인(陽刃)은 칠살(편관)과 합이 되는데 甲이르이 양인은 卯가 되며 칠살과 양인묘(羊刃卯)(卯中之木)는 庚金 칠살과 乙庚으로 합하게 되므로 칠살이 무인(無刃)이면 불현(不顯)하고 양인(羊刃)이 무살(無殺)이면 불위(不威)한다고 고가(古歌)에서 말한 이유가 바로 여기에 있는 것이다.

이격은 음일간의 양인에는 작용하지 않는다. 그리고 양인, 즉 양일간의 비겁은 나의 살(殺)과 합하는 것이기 때문에 조금도 칠살을 두려워 하지 않지만 그 양인양(羊刃宮)을 충거(沖去)하게 되거나 또는 재관이 왕하여 양인이 피상하게 되는 것은 모두 큰 재앙이 심하게 일어나게 되며 또한 그 양인을 보(補)하는 비겁이 사주중에서 많이 만나게 되면, 그때는 양인은 그 본성(本性)인 비거으로서 나의 조업(祖業)을 분탈(分奪)하는 형상이 되므로 인해서 도리어 나의 병이 되기도 한다.

양인(羊刃)의 작용과 학설을 보면

一. 신약사주에 칠살이 침범하거나 상관으로 설기가 많을때에 양인이 있으면 그 살이 양인과 합하여 가기 때문에 크게 길하고 또 상관으로 일주가 설기 심할때에 양인이 있으면 일주를 도와주어 상관용겁(傷官用劫)함이 더욱 좋아지는 것이다.

○ 원리부(元理賦)에서 이르되 살인(殺刃)이 쌍현균정(雙顯均停)이면 위지왕후(位至王侯)라.

만상서부(萬尙書賦) ≡ 官星이 대인(帶刃)이면 만장지위권(萬將之威權)이라. 상관유인(傷官有刃)이면 장상공후(將相公侯)하고 양인(羊刃)이 상수(相隨)하면 고관극품(高官極品)이라.

○계선편(繼善篇) ≡ 君子格中에도 야범칠살양인(也犯七殺羊刃)이라 甲以乙妹로 妻庚하니 흉위길조(凶爲吉助)라.

○홍범(洪範) ≡ 신약재성(身弱財星)에 희양인(喜羊刃)하니 형제위조(兄弟爲助)라.

○희기편(喜忌篇) ≡ 일간무기(日干無氣)에 시봉양인(時逢羊刃)이면 불위흉(不爲凶)이라

二 身旺四柱에 관살(官殺)이 없거나 또난 있으나 미약(微弱)한데 양인(羊刃)이 왕(旺)하여 있으면 흉화(凶禍)라.

○역간(易鑑) ≡ 양인(羊刃)이 중중(重重)하면 필극처(必剋妻)라.

○재금법(才金法) ≡ 겁재(劫財)(羊刃) 상인(傷人)은 역상처(亦傷妻)라.

○금불환(金不換) ≡ 신왕비겁중(身旺比劫重)이면 손재우상처(損財又傷妻)라 본비겁(本比劫)이 봉효식(逢梟食)이면 처조산리액(妻助産裡厄)이라

예(例)를 들면 甲의 比劫은 乙이 되고 妻는 己土인데 효신(梟神)은 壬水가 되어 비겁(比劫)을 生하게 되나 壬水가 木이 己土財를 극(剋)하게 되는 바 산망자(産亡者) 그 처재기토(妻財己土之子孫者) 庚辛金인데 生 壬水로 자설모쇠(子泄母衰) 피상지고야(被傷之故也)라.

○육친론운(六親論云) ≡ 日逢刃時에 처첩(妻妾)이 산망(産亡)이다. 일시배마분재(日時背馬分財)에 (背馬者劫財 즉 羊刃) 무구조(无救助)면 (無官殺) 처아이산(妻兒離散)이라.

이와 같음으로 이격 구성(構成)에는 身弱 刃은 방조신(幫身)함으로 吉하고 신강(身强)에는 극재극부(剋財剋父) 극처첩(剋妻妾)함으로 제요(堤要)라는 글에 비견(比肩)(羊刃)은 요봉칠살제(要逢七殺制)라고 단(斷)을 내린 것이다. 따라서 신강(身强) 신약(身弱)을 잘 살펴서 그 羊刃의 거취(去就)를 정(定)하여야 한다는 것과 또 한가지는 우리가 알고 있는 양인(羊刃)은 甲에 묘식(卯式)으로 地支에만 있다는 것임으로 甲에 乙이 월상(月上)에 비겁(比劫)이 되는 것임으로 양인(羊刃)(陽刃)은 陽日主에 비겁(比劫)이 되는 것임으로 甲에 乙 丙에 丁 戊에 己 庚에 辛 壬에 癸가 각각 간두(干頭)에 투출(透出)되어 있어도 이것이 양인(陽刃)으로 작용(作用)될 때가 있다는 것과 또 양인(羊刃)이 일지(日支)에 있으면 그것을 일인(日刃)이라 하여 월인(月刃)(月建陽刃)과 같이 작용(作用)된다는 것을 구성면(構成面)에서 명심(銘心)하여야 한다.

격국용신

도표 10-2

	生生 日일 羊양 刃인 日일 刃인
	丙午
	丙午
	壬子
	비고

도표 10-1

생월간 生月干	생월지 生月支	생일 生日
乙	卯	甲
丁	午	丙
己	午	戊
辛	酉	庚
癸	子	壬
		비고

〈研究〉

양인격은 살인상정격(殺印傷停格) 되었을 때나 살왕하고 양인이 약하였을 때는 세운(歲運)과 양인이 합함을 좋아하고 양인을 충하는 것을 꺼리며 또한 양인이 왕하고 살이 약할 때에는 양인을 충함이 좋으며 세군과 합하는 것인데 이것이 만약 반대로 되면 십중팔구는 생명의 위험이 닥치게 되며 한양인이 년과 합하거나 살을 충하거나 살과 합하는 것으로 양인을 충하는 운으로 흐르면 죽는 것을 많이 보고 있다.

② 양인격의 용신원칙 (用神原則)

○ 양인용살격(羊刃用殺格) = 일주가 왕하였을때 칠살이 거듭 있을 경우 그 살하나를 합거하여 살인상정하고 있을 때는 다른 살로 용신한다.

○ 양인용인격(羊刃用印格) = 戊일생인의 양인은 午인데 년이나 시에 화가 많으면 인수로 용신한다.

○ 양인용식상격(羊刃用食傷格) = 甲 양인이 살과 합하여 살인상정하며 한편으로 양인이 식신이나 상관을 생하는 격이다.

○ 양인용재격(羊刃用財格) = 양인과 인수로 일주가 심히 왕하고 관살이나 식신상관이 없고 재가 있을때 재로 용신한다. 이때는 재를 생하거나 다시 양인이 합세군 하게 되면 위험하게 된다.

○ 양인용인격(羊刃用刃格) = 양인이 강하고 살하나 강하여 살인상정이 되었을 때에 다시 양인이 합세군 하게되는 운이 오면 공훈은 세우나 비참하게 죽는 일이 많으며 또한 양인이 충 또는 합세군(년과 양인이 합함)하여도 (양인이 강할 때) 변사함을 보게 된다.

③ 양인격의 실례(實例)

癸未
乙卯
甲子
乙巳

일주가 고강하고 庚금 칠살은 巳장생궁에 있어 살인 庚금과 양인 乙목이 乙庚으로 합하니 이것이 살인상정격(殺印相停格)으로 아름답다. 또 다시 세운 辛酉에서 양인이 卯酉로 상충하니 본래 약한 칠살 격에 辛酉 관운을 만나서 합살(乙庚)이 양인을 충함으로 살인상정(殺印相停)격이 되는데 이 양인격은 본래 기가 고강하여 싸우면서 항복하지 않는다가 그화로 시결에서 비참하게 죽은 악비장군의 사주이다. 이 사주의 운이 바로 시결에서 말한 양인협충합세군(羊刃 甲의 경우는 합살(合殺)로 용신하고 乙의 경우는 상관이나 식
신으로 용신한다.

격국용신

혐충합세군(嫌沖合歲君)인데 (亥卯合歲君) 유년우비주재연(流年遇比主災連)이라. (流年辛酉가 沖卯羊刃)
삼형칠살여교우(三刑七殺如交遇) 필정염왕출인증(必定閻王出引徵)이라 비참사(悲慘死)에 정중(正中)하게 된 예이다.

권인쌍현격 (權刃雙顯格)

己亥
癸酉
庚午
戊寅

庚일주가 酉月에 양인격인데 酉中의 辛金과 寅中의 丙火가 丙辛으로 합살하였고 년지의 亥水를 생하니 이것이 식거선살거후(食居先殺去後)라고 하는 것이다. 일주는 寅午화국에 무력하고 亥水에 설기하니 극설교가(剋泄交駕)로 신약하여 戊土로 인수용신 戊辰대운에 용신이 득력하여 재상에 오른 사주이다.

살인상정격 (殺印相停格)

庚申
己卯
甲寅
丁卯

양인월에 일주가 고강한데 庚申금 칠살이 일주를 극할 것같으나 양인 卯중 乙목과 乙庚으로 각각 유정하게 합하니 아름다운데 중년 이후 申酉금왕지에서 칠살이 득세하여 부귀를 누린 사주이다.

양인합살격 (羊刃合殺格)

甲寅
丁卯
甲辰
庚午

이 사주는 월건에 양인을 놓고 寅卯辰 목국에 甲목 통명격을 이루나 신왕하여 칠살 庚금이 용신되어 양인 卯중의 乙목과 乙庚으로 합살되어서 귀격이 된다. 그러나 용신이 허약하는 중 戊辰 己巳운에 약한 칠살이 생기를 받게 되어 유복하게 성장하고 庚午 辛未운에 군에서 이름을 떨치고 壬申癸酉운은 약한 庚금이 왕하므로 부귀영화를 누리었으나 甲戌운은 庚금용신이 상하게 되어 재난이 많았든 사주이다.

양인격상관용 (羊刃格傷官用)

丙申
庚子
壬寅
癸卯

壬일주가 양인월에 출생하고 금수가 태왕한데 함이 없으니 寅목으로 용신하여 잘 설기하니 가상관격이다. 그러나 때가 한절기가 어서 丙화가 조후하고 庚금을 극제하는 약신이 된다. 辛丑운에 약신이 되는 丙화를 합거하여 戊戌년에 申월에 부친이 작고 하였으며 수목운에 금융계서 출세하여 재명여뢰(財名如雷)로 부귀를 누리었으며 巳午운에서는 용신인 목을 극하는 庚금을 극제하며 사주원국의 한랭한 수목이 화기를 만나 장관급에 오르고 재물과 자

153

손이 영달하였든 사주이다.

인왕관왕격(印旺官旺格)

戊午
戊午
戊午
甲寅

일주가 태왕하다. 甲木 칠살과 양인午중의 己土가
甲己로 양인이 합살하니 살인양전(殺印兩全)이라 인
수는 왕하고 관성이 약하여 시상 위격으로 변하여
수목운에 대발하였다.

권인상정격(權刃相停格)

乙卯
戊子
壬戌
壬寅

월에 양인을 놓았다하나 일주가 허약하다. 子중의
癸수와 戊土 칠살이 합살하여 위급한 일주가 구출
되니 도리어 위험은 변하여 권인상정(權刃相停)으
로 귀기하다. 금수운에 대발하였으나 午운이 들자
양인子와 충하고 丙辰년을 만나(七殺交遇) 辰戌로 관살궁을 충
하여 살인상정(殺刃相停)으로 비명횡사한 사주이다.

살인상정격(殺刃相停格)

辛酉
甲午
戊午

월시상의 甲木 칠살이 일주를 극한다. 하나 午중
의 己土와 각각 합거하니 살인상정(殺刃相停)이다
甲木은 자기 애인 己土와 합하느라고 일주를 극하

기물제거격(忌物制去格)

甲寅 지않으니 이것이 탐합망극(貪合忘剋)이다. 辛卯운
壬辰년을 만나자 辛金이 합세하여 壬水재를 생하여 오든 丁
화 인수를 제거하고 그 壬수로 하여금 甲卯와 살국을 이루워 일
주를 극하니 일주가 무의하여 칠살을 감당하지 못하고 투신자
살한 사주이다.

壬申
壬子
戊午
乙卯

이 사주는 재살이 태왕하여 종재코자 하나 재가 子
午로 충이 되어서 부득히 乙木 관성으로 종하게 되
어 申金이 병이 된다. 고로 동남 목화운에서 제금
보목(制金補木)으로 재상에 올랐으나 午운이 들자
乙木관성이 사궁에 들고 또 다시 양인이 합세하여 귀물(鬼物)
申금(병신)을 제거하여 정승에 오른 사주이다.

양인용재격(羊刃用財格)

戊寅
乙卯
甲戌
甲子

신왕하여 戊土 편재로 용신하니 왕목이 기를 목화
토로 설정을 잘하나 왕목이 용신의 병이 된다.
화 토운에 크게 발복하였으나 未운에 들자 양인이 세
군과 卯未로 합하고 甲子년 四七세때 다시 甲木이 子
수의 생을 받으니 병신 목국칠살이 득세하여 용신 戊土를 극제

양인격(羊刃格)

戊寅
乙卯
甲子
甲子

일주가 고강한데 丁巳운에 세상을 떴으니 이는 戊토가 寅중의 丙화와 戊토에 의지하여 왔으나 巳운 이 들면서 寅巳로 형파하여 戊土의 뿌리를 잃은 중 또 다시 癸卯년에 왕목이 득세하여 戊토용신을 극제 한 연고이다.

양인격(羊刃格)

甲午
丁卯
戊午
戊午

卯월 戊일이 실령하였으나 양인을 많이 놓아서 약 화위강이 되었다. 고로 巳午 남방운에서 대발하였 는데 이 사주는 관살혼잡과 병이 없어 순수하게 이 루워진 점이 아름답다. 만약 이 사주에 상관이 있었 으면 가상관에 행인운으로 불길하고 재가 있었더라면 군겁이 쟁재하여 불길하였을 것이다.

양인합살격(羊刃合殺格)

丁未
壬寅

재살이 태왕하여 일주가 심약하다. 앞의 사주는 수 운에서 대발하였으나 이 사주는 목화운을 기다리는

丙申
壬辰

데 대운이 평생 서북금수로 흐르니 금운에 한유서생 (寒儒書生)으로 신고하던중 壬子운에 문전걸식하다 가 객사한 사주이다.

(참고)

○ 양인격(羊刃格)은 양인(陽刃)으로만 이루워지는 (陽日主)의 인(刃)을 말하는데 甲日主 卯月 丙戊日午月 庚日酉月 壬日子月만 쓰는 것이고 음일주(陰日主)의 음인(陰刃)은 쓰지 않는다.

○ 또한 양인(陽刃)이 月에 있으면 월인격(月刃格) 日에 있으면 일인격(日刃格)이라 하고 시간에 있으면 작용하지 않음으로 시인법(時刃法)은 없다.

○ 양인(羊刃)은 재마(財馬)가 상(傷)하게 되는데 예를 들면 甲日의 財는 己土인데 양인(羊刃)은 卯인즉 卯中乙木이 己土財를 극(剋)하게 되고, 丙日의 財는 辛金인데 양인(羊刃)은 午인즉 午中丁火가 辛金財를 극(剋)하여 상(傷)하게 된다. (以下 같다)

그리고 이와같이 양인(羊刃)에 상(傷)한 재(財)는 관(官)을 생(生)하지 못하게 되는 까닭에 양인(羊刃)에는 재관(財官) 이 모두 약(弱)하게 된다. 따라서 양인(羊刃)은 日主와 兄弟 가 되는 것임으로 (또는 妹氏) 운(運)에서 양인(羊刃)이 합세

(9) 건록격(建祿格)

① 건록격의 의의와 구성

건록격(建祿格)이라고 함은 관록재마(官祿財馬)(官은 祿이요, 財는 馬이다) 즉 관록(官祿)의 록(祿)을 말하는 것이 아니고, 십간록(十干祿)의 정록(正祿)은 월건(月建)에 놓았다 하여 월건(月建)이라는 건자(建字)와 십干 정록이라는 록자(祿字)를 따서 건록(建祿)이라 하게 되는 것이고 또 그로서 격(格)을 이루었다 하여 건록격(建祿格)이라고 하는 것이다.

건록격은 월건의 록이니 갑일생이 寅월에 출생함과 乙일이 卯월에 출생한 예이다.

건록격은 부조의 유업이 적으며 유산이 있더라도 파가한 후에 자수성가하며 상식이 있고 재성이 있으면 반드시 재성이나 약신이 재물이 왕발하며 관성이

군(合歲君)하면 양인(羊刃)이 완강하게 독재하려다가 귀성(貴星)인 재관(財官)을 모두 극(剋)하고 태강즉절(太强則折)하는 이로 패망하게 되는 예가 허다하다.

○ 양인(羊刃)이 왕(旺)한 사주는 그 기(氣)가 고강(高强)한 용장(勇將)이 최후일전(最後一戰)을 결(決)하는 형상(形象)이 되어서 양인(羊刃)보다 살(殺)이 강하면 그 전쟁에서 전사하는 이치로 크게 전공을 세우게 되나 산화(散華)되기 쉽다.

또한 살(殺)보다 양인(羊刃)이 강하면 재관(財官)을 모두 극(剋)하여 안하무인격(眼下無人格)으로 진법무민(盡法無民)이 되어 자기자신이 망하기 쉬워 중화지도(中和之道)를 이루기가 힘든다. 고로 양인(羊刃)은 신약(身弱)이라야 길하고 대체적으로 생각하면 된다.

되며 재관운에 발전하게 된다.
만약 재관운이나 상식이 지위를 얻지 못하면 신왕무의로 평생이 곤고하다.

건록격에 재성만 있고 상식이 지위를 얻지 못하면 신왕무의로 평생이 곤고하다.

건록격에 재성만 있고 상식이 없으면 왕한 비겁을 설기하지 못하여 불길하며 관성이 없으면 왕한 비겁을 극제하지 못하여 불길하니 대운에 또 인수나 비겁을 만나면 성공이 없고 객사하거나 아사(餓死)하거나 승도(僧道)도 되며 천한 기술가고 된다.

건록격에 관성도 없고 상식도 없고 재성만 있으면 비겁쟁재가 되는바 재성운을 만나면 큰 화가 일어나며 처첩이나 재물에 재화(財禍)가 있다.

격국용신

고로 이 격의 구성은 월건을 위주로 하는 것이고 혹 년지록을 작용하는 수가 있으며 시간의 록은 일록거시(日祿屛時)라 하여 따로 취급하고 있으며 일지 록은 전록격(專祿格)으로 다루고 있다.

그리고 이 격구성에 있어서 그 록궁은 재관이 쇠약하거나 절몰(絶沒)하는 곳이기 때문에 사언독보(四言獨步)에서 말하기를 월령건록(月令建祿)에 다무조옥(多無祖屋)이라고 하였다.

가령 甲의 寅은 록인데 甲의 관성인 辛금은 寅에 절하고, 또 甲목의 재인 己토는 寅에 병궁이 되는 까닭에 관, 재 즉 조업(祖業)이 없다고 하며 그리고 정록(正祿)은 동시에 비견궁이 되러 있기 때문에 예를 들면 甲의 록은 寅으로 寅에는 甲목 비견이 도사려 있기 때문에 예를 들면 甲의 록은 寅으로 寅에는 甲목 비견이 도사려 있기 때문에 재를 극하여 극재하는 수가 많게 된다.

이상은 모두 록이 왕한 경우를 들어서 말한 것이고, 이 록을 극제하고 또는 록의 제압을 받은 재가 왕하여 있을때는 도리어 좋아하는 것이니 사언독보(四言獨步)에서 이르기를 하재관(夏財官)에 자연성복(自然成福)이라고 하여 크게 좋아지게 된다.

그런데 이말도 적당하게 록과 재관이 균형되었음을 말하는 것이 너무조건 건록에 재관을 놓아 구성되면 좋다고 하는 뜻이 아니다.

이말과 달리 건록을 놓고도 신약한데 살이 간두(干頭)에 투출하고 지지에 회살(會殺)이 왕하여 있으면 이것은 곧 희기편(喜忌

篇)에서 말한 그대로 월령에 수봉건록(雖逢建祿)이나 절기회합살위흉(切忌會合殺爲凶)이라하여 흉악해지는 것이다.

고로 이 격격도 중화지도를 좋아함은 말할 것도 없으며 글에서 말하기를 乙목이 생거묘(生居卯)하고 庚辛이 천간에 화가 왕한 사람은 발복하고 살지(殺地)가 되면 수원종(壽元終)(목숨을 마침)이라고 하였다.

② 건록격의 용신원칙(用神原則)

이 건록격은 비견 비겁이 되어 사주의 원국을 본시 내격선정원칙에서 예외로 하고 있는 것임으로 사주의 원국을 잘 살피고 다른 격의 용신원칙을 참작하여야 한다.

③ 건록격의 실례(實例)

丁亥
乙酉
辛丑
庚寅

이 사주는 건록격인데 신왕하여 丁화칠살이 용신이 된다. 戊申운은 어렵게 자랐으며 戊운부터 기시작하더니 남방화왕운에서 부귀를 누리었으니 이는 약한 칠살이 왕화의 힘을 얻은 연고이다. 오십일세 이후 사망하였으니 이는 칠살의 사궁이 된 연고이다.

건록격(建祿格)

庚子

癸일이 약화위강으로 戊토관을 용신으로 정하여 戊

戊午
癸丑
庚申

운에 성공한 사주다. 그리고 이 사주가 천간으로 합하고 지지로 충중봉합(沖中逢合)을 이룬 점이 아름답다. 앞으로 甲子운에 이르면 희신 午火를 충하고 용신 戊토를 극제하면 세상을 뜰 것으로 본다.

건록격(建祿格)

辛丑
甲辰
乙亥
庚寅
辛丑

신왕하여 寅중의 丙화로 용신하여 왕목의 기를 설기하니 아름답다. 丙戌 丁운에 대귀하였으니 이는 용신이 득력 제살한 연고이며 酉운에 고생하다가 申운에 사망하였으니 이는 용신의 뿌리인 寅목을 충극한 원인이며 처궁에 甲辰백호대살에 월지 寅木이 고진살이 된 중에 辰亥로 원진살이 되어서 처와 생별 사별을 거듭한 사주이다.

관살혼잡격(官殺混雜格)

庚辰
乙丑
辛卯
辛丑

관살이 태왕하여 일주가 의지할 곳이 신약한데 亥운에 亥卯로 일주를 보강하여 가세가 유족하였고 丙戌운에 살을 제거하여 발복하였으며 酉운에 이르자 록지를 卯酉로 상충하여 목숨을 잃은 사주이다.

재다신약격(財多身弱格)

庚午
辛巳
丙申

재살이 태왕하여 비겁용신하니 午未운에서 일주를 보강하여 가세가 유족하더니 申운에 들사 재살이 득세하고 용신이 피상되어 불록한 사주이다. 처궁에

壬辰
辛巳
庚午
丙申
乙未

에 庚辛金 재성이 □午화국에 자좌살지(自座殺地)가 되어서 처와 생별 사별을 거듭하였다.

□申삼형살을 놓고 申자가 고진살(홀애비살)이 된중에 앞의 사주와 시가 다르나 이 사주는 申酉금운에 대발하였다. 고로 시가 달라서 일생의 운명이 천지차로 다르게 바뀐다는 것을 염두에 두어야 한다.

웃고 삽시다

「우리 이사갑니다. 좀더 좋은 이웃 옆에서 살게 될 거에요.」
「아, 댁에서도 이사를 가나 보죠?」
「아니요, 우리는 계속 여기서 살거에요.」

신수평론비결

제1장 정격국의 성격과 추리

(一) 정관격 (正官格)

① 정관격의 성격

사람의 성격이 총명하고 정직 고상하나 친화성이 없고 자존심이 강하니 비사교적이며 자기 분수에 넘치는 큰 희망을 가져 대로 되지 않을 때는, 일생을 망치는 일이 있게 될 수도 있다. 특히 불만 불평이 많고 고집이 세어 남을 멸시하고 이기적인 면이 많으며 가정에는 관심이 없고 자기 직책에 충실함을 위주로 하니 가정불화에 조심하여야 하며 상사에 대한 복종심을 기르고 지나친 성공의 욕망을 위주로 하는 성격을 고쳐야 한다.

만약 사주중에 정관이 허약하다면 그 사람은 체통과 규칙이 없는 생활로 권위가 서지 않는다.

즉 우리 사회도 법을 지키지 않는 민족은 혼란을 초래하는 것과 같은 이치이다. 속담에 「50세 이후에 권세를 잡아야 한다」는 말과 같이 사주에 신왕관왕(身旺官旺)을 50대로 보아 노년기 직전으로 보는 관계로 사주에 신왕관왕(身旺官旺)이면서 정인(正印)이 상하로 유력(有力)하다면 고관대작(高官大爵)에 오를 수가 있는 팔자이다.

그러나 관살태왕(官殺太旺)에 재(財)가 있으면 독신이거나 비명횡사할 수가 있다는 점을 유의하여야 한다.

성장과정은 좋은 가문에서 출생하고 정상적인 교육을 받아 예의범절이 뛰어나서 출필고발필면(出必告反必面)하는 습성이 있으니 효자로 통하게 되는데 이는 엄한 부모밑에서 자라면 효자가 난다는 말과 상통하는 원리이기도 하다.

특히 정관격(正官格)은 공직에서 출세하게 되며 매사에 정확하고 한치의 어긋남이 없는 성격이니 비리와 부정을 멀리하며 청렴결백한 청백리(淸白吏) 상(象)이기도 하다.

여명(如命)도 남명과 비슷하나 신약사주(身弱四柱)에 관살태왕(官殺太旺) 제부족(制不足)이면 다부지상(多夫之象)으로 생별 사별을 거듭하게 되고 한많은 세월을 한숨과 수심의 눈물을 흘리며 세상을 보내게 되니 또한 부관(浮官) 신왕관부족(身旺官不足) 또는 관백호(官白虎)가 있거나 관성(官星)이 형, 충, 파, 해와 무력하여도 역시 부부궁이 불미하니 이러한 경우는 자기 개발로 사회활동에 참여(參與)할 수 있는 경제적인 능력(能力)을 키워 앞날을 대비하여야 한다.

② 정관격의 추리

○ 육친(六親)

　남명(男命) = 자식 손부 외가 외조모 관직 증조모
　법 상속 가풍 승진 관직 규율 상사 질고 병액

(2) 편관격(偏官格)

① 편관격의 성격

이 사람의 성격은 호걸형 지도자격이다.

사람의 기상이 고매하고 관대하며 과감하여 의협심이 강하나 친화성이 있어 지나치게 남의 주선에 몰두하고 한편으로는 자기 우월성과 권위를 내세워 남을 멸시하는 경우가 있어 복록(福祿)을 놓치는 경우가 있다. 항상 대인관계에 겸손하고 자기반성에 노력하면 한문출신(寒門出身)이라도 개운발전(開運發展)하게 된다.

출생과정은 엄부밑에서 엄격한 가정교육으로 불의를 증오하고 정의를 위해서는 살신성인하는 마음을 가지고 앞장서서 해결하려는 의협심이 강하니 남으로부터 존경을 받기도 한다.

편관격(偏官格)이 신왕(身旺)하고 재자약살(財滋弱殺)격을 이루거나 인수(印綬)가 있어 관인상생(官印相生)격을 이루면 관직(官職)이 청귀(淸貴)하여 고관대작(高官大爵)에 오르게 되어 처현자귀(妻顯子貴)로 부귀영화를 누리게 된다.

특히 편관격(偏官格)은 장성(將星) 법관 정치계통과 별정직에서 많이 볼 수가 있다.

만약 편관격(偏官格)이 신약하고 재살태왕(財殺太旺)인 경우에는 공처가나 악처로 인하여 평생 부부간에 불화하고 심하면 부부이별을 기듭하게 되니 자연 신세타령이 나오게 되고 자손도 양처득자(良妻得子)로 집안에 화목할 날이 없게 되기도 한다.

그리고 항상 질병으로 건강을 유지하기가 어려우니 평소에 건강유지에 특별 유의하여야 한다.

여명(女命)도 남명(男命)과 비슷하나 편관격(偏官格)에 관살태왕(官殺太旺)이라고 하더라도 상관식신(傷官食神)으로 제살(制殺)하면 무방하나 이러하지 못하고 관살혼잡(官殺混雜)까지 겸하게 되면 다부지상(多夫之象)으로 재가(再嫁) 삼가(三嫁)를 면치 못하고 만약 부관(浮官)에 상관태왕(傷官太旺)이나 혹은 관성(官星)이 형, 충, 파, 해 또는 관백호(官白虎) 공망이나 부성입묘(夫星入墓)가 되면 부군과 사별을 기듭하여 평생 한숨과 눈물로 세상을 보내기도 한다.

② 편관격의 추리

별정직 공무원 질병 관재 구설 시비 무관 승진 규율 상사 란신(亂臣) 사중 폭력 정치인 위협 공갈 정의

O 육친(六親)

남명(男命) = 자손 손부 증조모
여명(女命) = 정편부 애인 외조모

여명(女命) = 정부 조모 애인

(3) 인수격(印綬格)

① 인수격의 성격

이 사람의 성격은 온순하고 유화성이 있으며 공부를 잘하여 우등생으로 통하니 남으로부터 사랑을 받고 복스럽게 보이며 귀여운 곳이 있지만 수줍음을 많이 타고 기질이 유약하니 남에게 의지하려드는 생각이 많으며 결단력이 적고 매사에 추진력이 약하여 타고난 복록도 놓쳐버릴 수 있으므로 쾌활한 기질과 자주 독립심을 기르는데 유의하여야 하나 한편으로는 고집이 세서 남의 말을 듣지 않으며서도 의타적이며 질투심과 시기심이 많다. 고로 이러한 결점을 반성하여 항상 자기 마음을 수양하는데 노력하면 크게 성공할 수가 있다.

정인(正印)을 글자 그대로 인감(印鑑)을 뜻하는 것으로 공부로도 해석하니 만학으로까지 공부에 정력을 다하고 특히 인수용신인 사람은 죽으나 사나 공부만 하면 출세길이 열리게 되는 것이다.

다시 말하면 정인(正印)은 나를 낳아준다는 뜻이니 늦게까지 배움을 게을리 하지 않는다면 문장가로 이름을 떨치게 되며 자연히 관살(官殺)을 인생(引生)하여 이름이 높은 지위에 오르게 된다.

고로 인수는 인간을 학문으로 개화시키는 것으로 이 사람은 매사에 정당성을 판별하여 정직한 행동으로 처세하고 부정 부당한 것은 멀리 답을 쌓는 성격이기도 하다.

인수격은 부모덕과 인덕이 있으며 종교에 귀의하여 제도중생(濟度衆生)하는 마음이 충만하니 항상 많은 사람들에게 덕과 은혜를 베풀기 좋아하고 학구적이고 연구심이 많으니 남보다 선견지명이 있어 어떠한 일을 계획하고 구상하는데는 따를자가 없으며 조실부모하고 부부간에 불화할 수도 있으니 이점을 유의하여 부부화합에 노력하여야 한다.

여자도 남명(男命)과 다를바가 없으나 특히 고집과 자기주장이 강하여 시모와 불화하니 자연 부부간의 애정문제에 갈등이 생기게 되고 심하면 이별까지 하게 되니 이점을 유의하여 족간에 화합을 위주로 세상을 살아나가야만 늦게 후회하지 않고 복록을 누리게 된다.

특히 여자는 인수가 많으면 자손궁이 불미한 점이 특색이 된다.

② 인수격의 추리

문장 공부 의복 사장 가옥 문서 종교 노인심 계약 귀인 신축 매매 소식 학업

○ 육친(六親)

(4) 정재격 (正財格)

남명(男命) = 생모 이모 외숙 조부 편모
여명(女命) = 생모 이모 외숙 편모 사위

① 정재격의 성격

겉으로는 유하게 보이나 속마음은 강직한 성품의 소유자이다. 사람이 온순하고 독실하며 유화한 마음과 정직을 위주로 하지만 내심은 강건하니 자기가 어떠한 목표를 세우고 하고자 계획한 일들은 끝까지 관철하고야 마는 성격이다. 인내력이 강하고 노력가이므로 사업에 성공하여 뭇사람의 존경과 선망의 대상이 되기도 한다.

정재는 글자그대로 정직하게 노력한 대가이므로 정당하게 번돈이니 성실성과 많은 사람의 신임을 한몸에 안고 하는 일이나 일상생활에 검약이다 인색하다는 말을 듣게 되는 것이 흠이 되기도 한다.

따라서 돈버는 재주가 남달리 뛰어나니 사업에 성공하고 치부에 정열을 다하고 말재주와 사교에 능하고 몸도 날씬하나 실리를 위주로 하는 관계로 많은 사람과의 이해관계를 잘 따지니 조화성은 미급하다.

정재가 용신이 되든지 희신(喜神)이 되면 현모양처를 얻게 되고 처덕으로 성공하게 된다. 그러나 재살(財殺)이 많으면 공처가나 악처로 실업자가 되거나 재산권을 처가 가지게 된다.

특히 정재격은 四十대에 성공하는 것을 많이 보게 된다. 그러나 돈을 벌겠다는 생각과 집착력이 절실하여 고집이 세고 인색하며 박정하고 목적을 위해서는 수단과 방법을 가리지 않고 상대방을 배신하거나 사기하려는 잠재적인 성격이 있으니 항상 자기반성으로 처세한다면 개운발전(改運發展)하게 될 것이다.

특히 성장과정은 엄격한 부친의 교육을 받고 돈 그리움을 모르게 살아왔으나 공부는 인연이 멀고 모외유모(母外有母)의 팔자이며 여명(女命)도 남명(男命)과 대동소이(大同小異)하나 여자는 출가하면 시가가 흥하고 남편이 점점 성공하게 되는데 이는 재생관(財生官)의 원리이며 만약 식신생재격(食神生財格)이면 음식솜씨가 뛰어나고 그릇 사기를 좋아하며 집안의 살림보다는 돈버는 재주와 생각이 뛰어나서 급기야는 사회활동으로 돈을 버는데 혼신 노력하는 팔자라.

고로 항상 돈에 궁함이 없고 시가의 일이라면 발벗고 나서며 남을 빌려주고 살아가니 많은 여성으로부터 존경의 대상이 되기도 한다.

남여를 막론하고 재다신약(財多身弱) 사주는 성장과정(成長過程)이 불우하니 조실부모에 타가기식(他家奇食)으로 고생을 많이 한 사람이고 만약 재살태왕(財殺太旺)인 사주에 또 재살(財殺)운이 온다면 비명횡사할 팔자라.

② 정재격의 추리
상업 재정 경제 금전 음식 재물
○ 육친(六親)
남명(男命) = 처 첩 부친 고모 애인 숙부 백부
여명(女命) = 부친 시어머니 증조모 숙부 백부 고모

(5) 편재격(偏財格)

① 편재격의 성격
이 사람의 성격은 겸손온건하고 사치를 잘하며 양성적이다. 한번 생각하면 서두르는 기질이 있어 덤비고 휩쓸리는 경향이 있으며 보기에는 온순하고 훌륭하나 성질이 급하고 내심은 항상 불안하다. 또한 눈치가 빠르고 재간도 있으며 날째어서 시작은 잘하지만 꾸준한 노력을 하지 못하니 용두사미로 실패하는 일도 많다.

편재(偏財)는 정당한 일로 번돈이 아니기 때문에 횡재로 본다. 고로 투기성과 모험으로 돈을 벌려고 하는 기질이 강하다. 편재격의 특성은 남의 돈이라도 있으면 배짱좋게 쓰는 성질이 있으며 사람의 성품은 친절하고 술값이나 점심값은 남보다 앞서서 자기가 먼저 지불하고 의리를 중하게 여기며 부정을 증오하는 마음이 대단하다.

만약 신왕(身旺)에 식신생재격(食神生財格)이면 부자가 될 사주인데 사람됨이 의기남아(意氣男兒)로 풍류와 일도양단(一刀兩斷)의 기질이 있으니 매사를 차일피일 미루지 않고 시원시원하게 처리하는 장점이 있다. 성장과정은 엄격한 부친밑에서 가정교육을 잘 받았으며 돈 고생은 없이 자랐으나 학업에 인연이 없고 일찍 경제활동에 뛰어 들어 사업의 수완과 돈버는 재주는 남이 따라갈 수가 없는 선견지명이 있어 통이 크니 목돈을 버는데는 일가견이 있으며 인색할 때는 한없이 인색하나 쓸때는 아낌없이 써서 남을 도와주고 후원금도 많이 내놓는 기질이 있어 남들이 거물이며 「봉이 김선달」이라는 칭호를 달아 주기도 한다.

여자도 남자와 다를바가 없으나 출가하면 시댁이 점점 흥하고 남편의 출세길이 열리며 시집일을 위해서는 내몸을 아끼지 않고 헌신하며 가정일보다는 돈버는 재주가 더 비상하니 밖으로 나가 활동하면 큰 재물을 모으기도 하니 또순이라는 별명이 붙기도 한다.

특히 남명(男命)은 여자관계가 복잡하여 가정불화가 자주 일어나게 되고 심하면 이혼까지도 불사할 수가 있으니 항상 주색을 삼가하고 자제하여 집안의 화목을 위주로 살아가지 않으면

(6) 식신격(食神格)

① 식신격의 성격

지혜와 재주가 많으며 성품이 온순하고 도량이 넓으니 대인관계에 있어서 사교적이나 고집이 강하고 의심이 많아서 마음중에 고민과 번민이 끊키지 않으며 시비불문하고 자기주의 주장을 끝까지 관철하려고 하니 윗사람과 남으로 부터 미움과 지탄을 받게 되므로 이러한 자기의 단점을 고치지 않으면 성공하기가 어렵다.

또한 매사에 진취와 전진 추진하려는 의욕이 강한 관계로 자기의 지략을 최대한 발휘하지만 항상 조급함이 앞서서 실패하는

늙어서 많은 후회를 남기게 될 것임으로 명심하여야 한다.
고로 견인불발(堅忍不拔)의 정신으로 노력하면 그 재능과 인품을 살려서 다복한 생애를 보내게 될 것이다.

② 편재격의 추리

두기 횡재 탐재괴인(貪財壞印) 재정 경상 재물
○ 육친(六親)
남명(男命) = 부친 처 애인 첩 고모 숙부 백부
여명(女命) = 부친 시어머니 고모 숙부 백부 증조모

위험성을 부담하게 되니 윗어른이나 선배와 주위 사람들의 자문과 의견을 들어 자기의 나아갈 바를 결정하고 매사에 온건한 마음으로 순리에 따라서 매사를 진행하면 세상 사람들로부터 존경과 후원을 받아서 크게 발전하게 될 것이다.

특히 이 사람의 특징은 위타진력(爲他盡力)(남을 위하여 노력함) 하고 말재주가 비상하여 임기응변이 능하니 팔방미인이란 칭호를 받기도 하며 은혜와 덕을 항상 베푸니 따르는 사람이 많으나 여자로 인한 시비와 구설이 있기도 하다.

여자도 남자와 다를 바가 없으나 특히 남편궁이 불미하니 한가지 특성을 살리어 사회활동에 참여할 수 있는 능력을 길러서 어떤 일이 생겼을 때 홀로 살아갈 수 있도록 경제력으로 대비하여야 하고 특히 자손에 대한 기대와 애정이 남달리 강하여 자손 출세에 온 정성을 다하는 모성애가 대단하다.

그리고 식신(食神)에 편인(偏印)이 가까이 있으면 질병의 위험성이 있으나 사주에 편재(偏財)가 있어 편인을 극제(剋制)할 수가 있다면 오히려 장수를 누리게 된다.

또한 식신은 영양질인 관계로 남여를 불문하고 어리게 보이며 정력도 또한 강한 것이 특징이기도 하다.

그러나 편인이 있으면 혈맥불순으로 노쇠하게 보이기도 한다.

② 식신격의 추리

교육 언론 출판 문예 육영 의식 부하 수성 조모 장모

○ 육친(六親)

남명(男命) = 손자 조모 장모
여명(女命) = 자손 조부

※ 식신이 많을 때는 상관으로 보는 관계로 식신이 많으면 재관(財官) 시비 구설 하극상 등의 위법으로도 추리하게 된다.
고로 식신이 많은 사람은 공직보다는 자유직업으로 출발하면 성공이 빠르다.
여자의 경우 식신 상관이 많으면 부궁(夫宮)이 불미하여 남편과 사별하거나 생면한 후 눈물로 세월을 보내며 특히 모쇠자왕(母衰子旺)인 경우 무자식 팔자이다.

(7) 상관격(傷官格)

① 상관격(傷官格)의 성격

상관(傷官)은 글자대로 관을 침해하는 것으로서 자유분방하고 자유주의자이자 남의 간섭 반기를 싫어한다.
이 사람의 본성은 정직 성실하고 유순하며 재주가 많으나 기가 너무 강하여 활동력이 세차니 천운이 풍부하나 사람됨이 교만 편협하여 이기적이며 자존심이 강하고 천하의 모든 사람이 자기만 못한 줄 알고 속임수를 쓰며 남을 멸시하는 태도가 강하니 상대방을 적으로 만드는 관계로 관재와 구설수가 자주 따르게 된다.
또한 자기의 이익을 너무 계산하고 남의 일을 돌보아주는 척 하면서 자기의 이익을 다 챙기며 법을 어겨가며 이익이 생긴다면 염치와 체면에도 불구하고 법을 어겨서라도 일을 꾸미는 계략을 세우다가 급기야는 관재구설을 야기하기도 한다.
항상 허장성세(虛張聲勢)로 세상을 살아가며 특히 주색을 좋아하고 정력도 강한 반면에 비밀을 끝까지 지키지 않고 오히려 그것을 약점의 미끼로 삼아 배신행위를 자주하는 관계로 밀담은 하지 말아야 한다.
특히 투기성과 명예심이 강하여 항상 좋은 곳에 머리를 쓰지 않고 얕은 꾀를 생각하는 관계로 한가지 일에 충실할 수가 없다.
고로 남을 얕보지 말고 상대의 충고에 항상 귀를 기울이며 자기 반성과 성격개조에 힘을 쓴다면 자기가 자기꾀에 넘어가서 남에게 기만당하여 망신하는 일이 없고 빠른 성공으로 생활의 튼튼한 기반을 세울 수 있을 것이다.
가정적으로는 부모덕이 없으며 조부대(祖父代)에 패업(敗業)하고 자수성가의 팔자이다.
또한 자손궁이 불길하니 양가득자(兩家得子)할 수가 있고 만약

신수평론비결

그렇지 않으면 불구자의 자손을 둘 것이다. 특히 남을 시기 모략 배신하는 일들은 절대로 삼가하여야 하고 항상 겸손하며 학업에 열중하고 자기사업에 충실한다면 무엇을 근심하랴.
특히 여자는 부부궁이 불미하여 자손을 임신하거나 출생하면 남편이 작첩하거나 생별 사별하기 쉽고 양가생자(兩家生子)하며 그렇지 않으면 부부간에 불화하여 집안에 풍파가 잦으며 한숨과 눈물로 세상을 보낼 것이니 (상관태왕(傷官太旺) 팔자일때) 자기의 장점과 특기를 살리며 사회에서 활동하는 여성상을 가꾸기에 혼신의 노력을 하여야 생활의 안정을 얻을 수가 있는 직업에 제일인자가 되어야만 말년에 행복을 누릴 수가 있을 것이다.

② 상관격의 추리

교육 언론 출판 문예 복지 육영 관재 구설 시비 위법 식품 기술

○ 육친(六親)

남명(男命) = 조모 장모 손자
여명(女命) = 자손 조부

남명(男命)의 경우 = 상관태왕(傷官太旺)이면 조모나 장모가 두분이고 관귀중중(官鬼重重) 패망극(敗亡剋)이 되어서 무자식 팔자로 남의 자식을 데려다가 양자로 삼거나 자손이 불구자가 된다

여명(女命)의 경우 = 상관태왕(傷官太旺)이면 부부궁이 불미하여 생별 사별하거나 남편이 무능하니 내돈 가지고 남편 먹여살리고 봉변 당할 팔자이며 또한 무쇠자왕(無衰子旺)이면 무자(無子)이다.

(8) 양인격(羊刃格)

① 양인격(羊刃格)의 성격

이 사람의 성격은 영웅호걸의 기상에다가 지도자격이라 담이 크고 배짱이 세어 고집불통이요. 남의 충고와 말에 귀를 기울이지 않고 한번 결심하면 목적을 달성하고야 마는 아집이 있다.

남의 싸움에 잘 끼어들고 항상 시시비비를 따지며 천상천하 유아독존(天上天下唯我獨專)격으로 자존심 또한 강하며 상대를 멸시하고 급기야는 적을 만드니 자기가 어려운 처지에 처하면 돌보아 줄 사람이 없다.

또한 정의와 의협심이 강하니 한번 싸움에 휩싸이면 죽었지 물러서지 않으며 항복하지를 않으니 군인으로서 자기 몸을 희생하여 애국하는 마음뿐이다.

고로 전쟁에서 살신성인하는 사람을 많이 낳으며 이 사람의 특징은 기가 고강하고 눈이 크고 수염이 많이 났으

167

머 광대뼈가 나온 것이나.

옛날에는 양인이 있으면 백정이라고 하였으나 시대의 변천에 따라서 현대에 와서는 군인 경찰 검찰 별정직 공무원 정치인에서 많이 볼 수가 있으며 파렴치한 살인범에서도 볼 수가 있다. 고로 이런 사람은 항상 자기수양에 힘쓰고 매사에 인내하는 마음과 덕을 멀리 베풀고 주위 사람들과 친절 화목 위주로 처세하여야 한다.

득히 성장과정은 부모덕이 없어 정상적인 학업을 진행하는데 애로가 많았으며 의지가 강하고 성질이 급하니 앞뒤를 계산하지 않고 자기 자신만 믿고 사업에 손을 댓가가 루차(累次)에 걸쳐 손재(損財)와 실패를 거듭할 수도 있다.

또한 양인격에 견겁(肩劫)이 많으면 부부간에 인연이 희박하여 손실을 얻어 가정불화가 많고 급기야는 생별 사별을 거듭하는 등 풍파를 겪기도 한다.

여명(女命)도 남명(男命)과 다를 바가 없으나 양인격(羊刃格)에 신왕사주(身旺四柱)일 경우 고집이 세어 시어머니와 불화하고 남편과 동상이몽으로 뜻이 맞지 않아 집안의 싸움이 끊일 날이 없어 결국 이별하거나 사별한 후 재가(再嫁) 삼가(三嫁)를 거듭하다가 결국 과거를 후회하고 한숨과 눈물로 세월을 보내기도 한다.

고로 현모양처의 아름다운 부도를 닦는데 최선을 다하고 주위 사람들과 친족간의 강한 성격을 고치는 한편 자기

에 화목을 위주로 처세하며 종교에 귀의하여 매사를 참고 시은포덕(施恩布德)에 전심전력을 다한다면 개운선도(開運善道)로 말년에 행복을 누릴 수가 있다. 즉 사주가 불여심상(不如心相)이라고 하였으니 사주에 비록 양인이 있다고 하더라도 자기의 마음을 잘 다스리고 착한 마음으로 항상 덕을 쌓고 처세한다면 불길한 액운을 막을 수가 있다는 것을 명심하여야 한다.

② 양인격의 추리

백정 군인 경찰 검찰 별정직 공무원 정치인 폭력 도실 탈재 쟁재(爭財) 의처증 배신

○ 육친(六親)

남여간에 같다. · 형제 자매 친구 자부 손부

(9.) 건록격(建祿格)

① 건록격의 성격

이 사람의 성격은 어질고 겸손온건하며 천재적인 두뇌를 가지고 있어 항상 남의 부러움을 사며 사치를 좋아하고 고집이 세며 사심없는 행동과 처세로 남의 칭찬을 받기도 하나 제털빼서 제구녕에 세우는 사람이니 융통성이 없다고는 하나 한번 생각하면 서두르는 기질이 있어 앞뒤를 생각하지 않고 휩쓸리는 경향이

있으며 보기에는 훌륭하나 성급하여 항상 속마음은 불안하다.

또한 눈치 빠르고 사교성이 있으며 행동이 민첩하여서 매사에 시작은 잘 하지만 꾸준하게 노력하는 인내력이 부족하여 일의 끝맺음을 잘 못하여 실패하는 일이 종종 있다.

고로 항상 자기의 단점을 보완하는 수양이 필요하다.

성장과정은 조상과 부모의 유산이 없으니 넉넉하지 못한 집에서 출생하여 형제는 많으나 유복하게는 자라지 못하였으며 일찍 타향에 나가서 자수성가로 오수억금(烏手億金)할 팔자이며 부선망(夫先亡)으로 모친을 섬길수다.

또한 부부궁이 불길하니 작첩을 하거나 재취 삼취하고 양처득자(良妻得子)할까 두렵구나.

만약 견겁이 태왕하여 돈을 모아도 사방에서 떨어져가는 사람이 많으니 밑빠진 독에 물붓기요. 항상 시기하는 사람이 많으니 동업은 불가하고 특별히 친구나 형제를 조심하여야 한다.

여명(女命)도 남명(男命)과 비슷하나 건록격(建祿格)에 견겁(肩劫)이 많으면 남편이 소실을 얻거나 피차간에 뜻이 맞지 않아 자주 충돌하게 되고 시가와 불화하게 되니 결과적으로 부부 금슬이 끊어져서 이혼하거나 생별 사별을 거듭하고 옛일을 후회하며 수심과 한심과 눈물로 세월을 보낼까 두렵다.

고로 매사를 인내하고 절제하는 현모양처의 길을 걸어가야 하고 많은 사람들에게 은혜와 덕을 베풀어 주위 사람들과 친족간에 화목을 기울이는 것을 위주로 처세를 하여야 말년에 복록(福祿)을 누리게 될 것임을 항상 기억하여야 한다.

② 건록격의 추리

유산이 없다. 탈재 도난 손재 극처 극부 배신 쟁재(爭財)의 처 건강 식록.

○ 육친(六親)

남명(男命) = 형제 자부 (비겁이 있으면)

여명(女命) = 자매 증조부 손부 (비겁이 있으면)

제 2 장 격국별 신수평론

(一) 정관용인격(正官用印格)

정관용인격은 일주가 약한데 관살이나 식신상관이 많으면 인수로 용신한다.

① 사주의 예

辛酉
乙未   戊土가 未月에 득령(得令)하였다고는 하나 申酉戌
戊戌   금국에 설기태심하니 丙火로 인수용신하매 火土운이
丙申   길하다.

丙寅
己未   이 사주는 관성이 태왕하니 살인상생(殺印相生)이
甲寅   는데 앞으로 火土운이 길하다.
癸丑   己土가 水木이 태왕하니 丙火로 통관(通官)용신하다.

● 좋은 운 = 인수와 관살(官殺)운이 좋으며 사주원국에 재가 많을 때는 비견 비겁운은 제거병(除去病)하니 길하다.
● 꺼리는 운 = 상관 식신과 재운이 불길하며 비견 비겁운이 오면 용신이 설기(泄氣)하여 불길하다.

② 정관용인격의 특징

一. 명문대가에서 출생하여 완고하고 엄격한 부친밑에서 교육을 받았으니 항상 정도를 걸어가겠다는 굳은 마음가짐으로 처세를 한다.

二. 고로 사리에 어긋나는 언행과 행동을 절대로 하지 않고 학업에 열중하여 보다 나은 인격형성에 전력을 다한다.

三. 직업으로는 재정계통이나 사업보다는 관직이 좋으며 관계에 진출하면 항상 윗사람의 신임을 받아 승승장구로 출세길이 순조로워서 고관대작에 오를 것이다. 〈대운의 흐름이 좋을 때〉

四. 그러나 본래가 신약사주로서 항상 신병으로 고생할까 염려되니 절대로 과로는 삼가하여야 하며 특별히 여자와 재물을 탐하면 재살태왕(財殺太旺)으로 인수가 파괴되니 즉 탐재괴인(貪財壞印)으로 삭탈관직되거나 생명까지도 위태롭게 될 것임을 명심하라.

五. 처자덕은 더이상 바랄 것이 없으나 고부간에 갈등이 많아서 집안의 불화로 허송세월을 할까 두려우니 가정화합에 최선을 다하여야 한다.

六. 여자도 남자와 다를 바가 없으나 결혼 전후를 막론하고 공직생활을 하여야 함은 팔자소관이다.

정관용인격(正官用印格)
인수년월운세(印綬年月運勢)

人有舊緣 偶來助力	靑龍發動 吉事到門	經營投資 擴張皆吉	貴人恒助 福祿必振	各種試驗 就職如意
인유구연으로 사람이 옛 인연이 있으매 우연히 와서 도와 주는구나	청용발동 길사도문 한 청용이 발동하니 길한 일들이 문에 이른다	경영투자 확장개길 사업을 경영하거나 투자하고 확장하는 것은 다 좋다	귀인항조 복록필진 귀인이 항상 도와주니 복록이 반드시 떨칠 것이다	취직여의 각종시험 여러가지 시험이나 취직은 뜻대로 성사된다
潛龍得珠 興雲吐霧	名利隨身 門戶鼎新	文書賣買 去來有吉	道高名振 名振四海	春風和暢 花落結實
잠용득주 흥운토무 물에 잠긴 용이 여의주를 얻으니 구름이 일고 안개를 토하는 재주를 가졌구나	명리수신 문호정신 명리가 몸에 얽히니 문호가 새로워진다	문서매매 거래유길 문서를 다루거나 매매와 거래하는 일은 다 길하다	도고명리 명진사해 도가 높고 이름이 이로우니 그 이름이 사방에 떨친다	춘풍화락결실 화락결실 봄바람이 화창하니 꽃이 떨어지고 열매를 맺는 운세
尋芳春日 却見開花	江南歸路 故人有情	運數大吉 百事順成	金玉滿堂 一家和平	身運通泰 榮華重重
심방춘일 각견개화 봄날에 꽃다움을 찾다가 문득 꽃핀 것을 찾은 운세	강남귀로 고인유정 강남으로 돌아오는 길에 옛사람이 다정하게 맞이하여 주는구나	운수대길 백사순성 운수가 크게 길하니 백사가 뜻대로 이루어진다	금옥만당 일가화평 금옥이 집안에 가득차니 한 집안이 태평할 운세이다	신운통태 영화중중 신수가 대통하니 영화가 거듭 생기는구나

정관용인격(正官用印格)
비견비겁년월운세(比肩比劫年月運勢)

百花萬發 蜂蝶探香 백화만발 봉접탐향 백가지 꽃이 만발하니 나비와 벌이 꽃향기를 탐내는구나	誠心努力 謀事可成 성심노력 모사가성 성심으로 노력하여 꾀하는 일들이 가히 성사된다	貴人相助 應時成功 귀인상조 응시성공 귀인이 서로 도우니 응당 성공하리라	財物豊滿 或有妻厄 재물풍만 혹유처액 재물운이 풍만하나 혹처의 액이 있을까 염려된다	君子得祿 小人得財 군자득록 소인득재 군자는 관록을 얻고 소인은 재물을 얻는다
枯木逢春 必有生光 고목봉춘 필유생광 고목이 봄을 만나니 반드시 빛이 나는구나	夫婦和合 喜滿家庭 부부화합 희만가정 부부가 화합하니 가정에 기쁨이 가득하구나	新築結社 擴張皆吉 신축결사 확장개길 신축하거나 회사를 설립하는 것들은 길하다	積小成大 百事可成 적소성대 백사가성 작은 것을 쌓아서 큰 것을 이루니 가히 백가지 일들이 가히 성사된다	意外得財 家道樂樂 의외득재 가도락락 뜻밖에 재물을 얻으니 집안에 즐거움이 가득하다
掘土爲山 淘沙見金 도사견금 굴토위산 모래를 일어 금을 얻고 흙을 파서 산을 만드는 운세	兩人合意 何事不成 양인합의 하사불성 두 사람의 뜻이 서로 화합하니 어찌 일이 성사되지 않으랴	掘地得金 終得大理 굴지득금 종득대리 땅을 파서 금을 얻으니 마침내 큰 이익을 얻으리라	偶然得財 可其富名 우연득재 가기부명 우연히 재물을 얻으니 가히 부명하는구나	富貴兼興 名利俱全 부귀겸흥 명리구전 명리가 다 흥왕하니 부귀겸전할 운세

정관용인격(正官用印格)
상관식신년월운세(傷官食神年月運勢)

좌충우돌 진퇴미정 左冲右突 進退未定	부하배신 은인반해 부하背신 恩人反害	수구안분 가면재액 可免財厄 守舊安分	경영악화 수지불균 經營惡化 收支不均	좌불안석 불안공포 坐不安席 不安恐怖
이리 부딪치고 저리 부딪치고도 정하기 어려운 운세	아래사람이 배신하고 은인이 도리어 해를 끼치는구나	때를 기다리고 분수를 지키면 가히 재액을 면할 것이다	사업경영이 부실하니 수입과 진출이 고르지 못하다	앉은 자리가 편치 못하고 불안과 공포속에 헤매이는 운세
부부불화 건강유의 夫婦不和 健康留意	사다진퇴 심번의란 事多進退 心煩意亂	막신인언 피해불소 莫信人言 被害不少	병마침신 건강유의 病魔侵身 健康留意	소녀모해 이덕방화 少女謀害 以德防禍
부부간에 불화 할 운 세며 건강에 유의하라	일의 진퇴가 많아 마음이 번거로운 운세	남의 말을 듣지 말라 그 피해가 적지 않다	병마가 몸을 따르니 건강에 유의하라	관재와 구설수니 덕을 닦아서 화를 막아라
임진무선 하일도강 臨津無船 何日渡江	운우만공 대망불우 雲雨滿空 待望不雨	호사다마 상하이탈 好事多魔 上下離脫	물탐분외 반유손재 物貪分外 反有損財	막계거사 필시손재 莫計巨事 必是損財
나루터에 배가 없으니 언제 강을 건너갈까	구름과 비가 공중에 찼으나 기다려도 비가 오지 않는구나	좋은 일에 마가 많으면 위아래 사람이 불화한다	분수밖의 재물을 탐하지 말라 오히려 손재한다	큰 일을 계획하지 말라 반드시 손재수가 있으리라

정관용인격(正官用印格)
재년월운세(財年月運勢)

비조절익 飛鳥折翼 進退不知 나는 새가 날개가 부러지니 진퇴를 모르는 운세	비리지재 非理之財 其禍非輕 옳지 못한 재물을 탐하면 그 해가 적지 않다	성적부진 成績不振 合格難也 성적이 오르지 않으니 합격하기가 어렵구나	모처불화 母妻不和 心中散亂 어머니와 아내가 불화하니 마음이 산란하구나	유궁무시 有弓無矢 來賊何防 활은 있으나 화살이 없으니 오는 적을 어찌 막을 것인가
갈마산상 渴馬山上 絕無水泉 목마른 말이 산에 오르니 샘물이 없구나	인재인처 因財因妻 損害莫甚 돈과 여자로 인하여 손해가 막심하다	재색지화 財色之禍 名譽損傷 여자와 주색으로 인하여 명예가 손상된다	명산기도 名山祈禱 諸厄消滅 명산을 찾아 지성껏 기도하면 모든 액이 소멸될 것이다	수분상책 守分上策 妄動有害 분수를 지킴이 상책이고 망동하면 해가 있다
재수론지 財數論之 誠求不得 재수를 논하면 정성껏 구하여도 얻을 수가 없구나	막근주색 莫近酒色 必受其害 주색을 가까이 하지 말라 반드시 해를 받게 된다	문서계약 文書契約 賣買不利 문서 다루는 것이나 계약 매매 등은 불리하다	막탐외재 莫貪外財 必有其害 밖의 재물을 탐하지 말라 반드시 그 해가 미치리라	사유다체 事有多滯 虛度光陰 일에 막힘이 많으니 헛되이 세월만 보내는 운세

신수평론비결

정관용인격(正官用印格)
정관편관년월운세(正官偏官年月運勢)

飢者逢豊 除愁喜生 기자봉풍 제수희생 除愁喜生 굶주린 자가 풍년을 만나니 근심은 사라지고 기쁨이 생긴다	潛龍昇天 萬人仰視 잠용승천 만인앙시 잠긴 용이 하늘에 오르니 만인이 우러러 보는구나	積少成大 求兔得獐 적소성대 구토득장 토끼를 구하려다가 노루를 구하니 적은 것을 쌓아서 큰 것을 이룬다	憂散喜生 和氣滿堂 우산희생 화기만당 근심은 사라지고 기쁨이 생기니 집안에 화기가 가득 차는구나	就職試驗 所願成就 취직시험 소원성취 취직과 시험은 원하는 대로 성취할 운세
渴馬得水 勇氣百倍 갈마득수 용기백배 갈마득수 용기백배 목마른 말이 물을 얻었으니 용기가 백배로 생겨난다	官之作事 結果加美 관지작사 결과가미 관지작사 결과가미 관과의 하는 일은 결과가 아름답다	渴龍得水 必有慶事 갈용득수 필유경사 목마른 용이 물을 얻었으니 반드시 경사수가 있으리라	厄消福來 貴人在傍 액소복래 귀인재방 액이 사라져 복록이 오며 귀인이 항상 옆에서 도와준다	官祿扶身 到處慶事 관록부신 도처경사 도처경사 관록이 몸에 임하니 가는 곳마다 경사수라
凶化爲吉 何事不成 흉화위길 하사불성 흉함이 화하여 길해 지니 어찌 일이 이루어지지 않으랴	缺月復圓 萬事如意 결월부원 만사여의 결월부원 만사여의 조각달이 다시 둥글어지니 만사가 뜻과 같구나	意氣揚揚 意外成功 의기양양 의외성공 의외에 성공의 기가 양양하구나	財星隨身 意外得財 재성수신 의외득재 재성이 몸에 따르니 뜻밖에 재물을 얻는다	自天祐之 漸吉振名 자천우지 점길진명 하늘로부터 도우니 점점 길하여지고 이름을 떨친다

175

(2) 정관용겁격 (正官用劫格)

정관용겁격은 일주가 약한데 재가 많으면 비겁 비겁으로 용신 한다.

① 사주의 예

甲辰
乙亥
己巳
戊子

己土가 亥月 수왕당절에 출생하고 水木이 태왕하니 巳중의 戊土로 용신하매 火土운이 길하다.

乙亥
丙子
丙辰
戊子

丙火가 子月 수왕당절에 子辰수국을 놓아서 신약하니 丙火로 비겁 용신하매 木火土운이 길하다.

己酉
己巳
丙辰
戊子

● 좋은 운 = 인수와 비견 비겁운이 길하고 관살이 많을 때는 상관 식신운도 또한 좋다.

● 꺼리는 운 = 재와 관살운이 불길하다.

② 정관용겁격의 특징

一 사람이 정직하고 성실하고 외강내유의 성격이며 명문집안의 출생이나 육친(六親)의 덕이 없으니 자수성가할 팔자라.

二 신약한 사주이니 사람의 기질이 유약하여 결단력이 없고 추진력이 약하여 타고난 복록도 놓쳐버릴 수 있으므로 쾌활한 기질과 자주 독립심을 기르는데 유의하여야 한다.

三 고집과 자존심이 강하여 남의 말은 잘 듣지 않으면서 남을 의지하려 하며 질투심도 강하고 시기심도 많으니 이런 결점을 반성하며 인격형성에 노력하면 대성할 수 있는 팔자이다.

四 직업으로는 재정계통이나 사업계보다는 직장생활로 고정수 입이 있는 생활을 영위하는 것이 좋다.

五 주색을 탐하면 신망가패(身亡家敗)할까 두렵다.

六 만약 부득이 사업길에 들어선다면 형제나 친구와 동업으로 경영한다면 성공할 수도 있다.

七 여명은 부부궁이 불미하여 부부해로 하기가 어려우니 자기의 특기와 능력을 길러 혼자 살아갈 수 있는 생활기반을 튼튼하 게 하여야 한다.

정관용겁격(正官用劫格)
인수년월운세(印綬年月運勢)

其氣洋洋 井魚出海 기기양양 정어출해	賣買有利 新築結社 매매유리 신축결사	家內太平 財祿豊滿 가내태평 재록풍만	飢者逢豊 渴者得水 기자봉풍 갈자득수	所望如意 入學就職 소망여의 입학취직
우물안에 고기가 바다에 나가니 그 기운이 양양한 운세	새로 집을 짓거나 사고 파는 것은 다 유리하다	재와 관록이 풍만하니 집안이 태평한 운세	목마른 사람이 물을 얻고 굶주린 자가 풍년을 만난 운세	입학과 취직하는 것은 소망한 대로 이루어진다
事事如意 貴人來助 사사여의 귀인래조	其利倍得 手弄文卷 기리배득 수롱문권	必是成功 若逢貴人 필시성공 약봉귀인	偶得明燭 暗中行人 우득명촉 암중행인	必有橫財 財運旺盛 필유횡재 재운왕성
귀인이 와서 나를 도우니 하는 일마다 뜻대로 성취된다	문서를 다루니 그 이익이 두배나 된다	만약 귀인을 만나면 반드시 성공할 것이다	밤길을 걷는 행인이 우연히 등불을 얻었구나	재운이 왕성하니 반드시 횡재할 것이다
造化飛翔 龍得大海 조화비상 용득대해	手弄億金 財星隨身 수롱억금 재성수신	小往大來 君子道長 소왕대래 군자도장	振名天下 財官隨身 진명천하 재관수신	必達于海 細流不息 필달우해 세류불식
용이 바다를 얻었으니 그 조화가 비상하구나	재성이 몸을 따르니 수억을 쥐는 운세	군자의 도가 높으니 적은 것은 가고 큰 것이 오는 운세	재와 관성이 몸을 따르니 그 이름을 천하에 떨친다	적은 물도 쉬지 않으면 반드시 바다에 이른다

정관용겁격(正官用劫格)
비견비겁년월운세(比肩比劫年月運勢)

피운견월 太陽照命 披雲見月 태양조명 구름을 헤치고 달을 보니 태양이 명궁에 비치는구나	친우래조 每事速成 親友來助 매사속성 친한 벗이 나를 도우니 매사가 속히 성사된다	어변성용 造化莫測 魚變成龍 조화막측 고기가 변하여 용이 되니 그 변화가 측량함이 어렵구나	경영투자 擴張投資 經營皆吉 확장개길 사업경영에 투자함과 확장하는 것은 길하다	약봉귀인 福祿陳陳 若逢貴人 복록진진 만약 귀인을 만나면 복록이 진진하리라
유재유권 有財有權 人人來賀 인인래하 재물과 권세가 있으니 사람마다 치하하는구나	태평연석 太平宴席 君臣會坐 군신회좌 태평연석에 임금과 신하가 모여 앉은 운세	의외공명 意外功名 名振四海 명진사해 뜻밖에 공명을 이루니 이름이 사방에 떨치는구나	관록천리 官祿千里 奔走四方 분주사방 관록이 천리에 뻗치었으니 사방으로 분주하구나	소망여의 所望如意 喜色滿面 희색만면 소망하는 바가 뜻과 같으니 얼굴에 희색이 가득하구나
금년신수 今年身數 人因成事 인인성사 금년의 신수는 사람으로 인하여 성사된다	복화위재 福化爲財 榮貴無雙 영귀무쌍 복이 화하여서 재물이 되니 영화와 귀함이 한량없구나	일월광명 日月光明 喜事重重 희사중중 해와 달이 광명하니 기쁜 일이 거듭 생긴다	재물흥왕 財物興旺 喜滿家庭 희만가정 재물이 흥왕하니 집 안에 기쁨이 가득하구나	약비횡재 若非橫財 官祿隨身 관록수신 만약 횡재수가 아니면 관록이 몸을 따를 것이다

정관용겁격(正官用劫格)
상관식신년월운세(傷官食神年月運勢)

흉화위길 일진월증 凶化爲吉 日進月增 흉함이 화하여 길해지니 날로 달로 점점 좋아지는구나	수유구설 종내무구 雖有口舌 終乃無咎 비록 구설수가 있으나 염려할 것이 없다	재여구산 차외하망 財如丘山 此外何望 재물이 산과 같으니 이밖에 무엇을 더할까	슬하지력 제수희생 膝下之力 除愁喜生 손아래 사람의 힘으로 수심은 사라지고 기쁨이 나온다	약비횡재 관록수신 若非橫財 官祿隨身 만약 횡재가 아니면 관록이 따를 운세
건마도점 태평세월 蹇馬到店 太平歲月 절룩거리는 말이 짐을 풀었으니 태평세월이로다	가도흥왕 슬하유경 家道興旺 膝下有慶 가도가 흥왕하고 슬하의 경사수가 있는 운세	양인동심 인인성사 兩人同心 因人成事 두 사람의 마음이 같으니 사람으로 인하여 성사한다	막탐비리 관재구설 莫貪非理 官災口舌 옳지못한 재물은 탐하지 말라 관재구설 수가 있다	외허내실 소왕대래 外虛內實 小往大來 겉으로는 허하나 속으로는 실속이 있고 작은 것이 가고 큰 것이 올 운세
삼년병객 우봉명의 三年病客 偶逢名醫 삼년동안 앓던 병객이 우연히 명의를 얻었구나	여인모사 백사구길 與人謀事 百事俱吉 남과 같이 꾀하던 백가지 일들이 다 길하다	막탄선곤 만사형통 莫嘆先困 萬事亨通 곤함을 탄식하지 말라 만사가 형통할 세라	양호유환 매사신지 養虎遺患 每事愼之 호랑이를 길러서 환을 당하는 격이니 매사를 조심하라	심지계교 자연성취 心之計巧 自然成就 마음의 계교는 자연스럽게 성취될 수이다

정관용겁격(正官用劫格)
재년월운세(財年月運勢)

新築結社 擴張不利 신축결사 확장불리 새로 집을 짓거나 사업을 확장하는 것은 다 불리하니 보류함이 좋다	得而多失 反不如意 득이다실 반불여의 얻어서 많이 잃으니 도리어 없는 것만 못하구나	其害莫深 莫近酒色 기해막심 막근주색 주색을 가까이 말라 그 해가 막심하구나	登天可難 老龍無力 노용무력 등천가난 늙은 용이 힘이 없으니 하늘에 등천하기는 가히 어렵구나	守舊安常 事不如意 사불여의 수구안상 일이 뜻과 같이 성사되지 않으니 옛 것을 지키고 편안할 때를 기다려라
賣買貸借 契約不利 매매대차 계약불리 물건을 매매하거나 빌리고 꾸어주며 계약하는 것은 다 불리하다	莫信人言 事多蒼慌 막신인언 사다창황 남의 말을 믿지 말라 일에 창황함이 많다	家庭不和 忍者有吉 가정불화 인자유길 가정의 불화가 있으나 참는 것이 길하다	因財因妻 口舌是非 인재인처 구설시비 재물이나 처로 인해 구설시비가 있으니 조심하라	勞多功少 運數所關 로다공소 운수소관 노력은 많으나 공이 없음은 운수소관이로다
山路走馬 險路困苦 산로주마 험로곤고 산길에서 말을 달리니 길이 험난하여 곤고함이 막심한 운세	日入黑雲 東西未分 일입흑운 동서미분 해가 구름속으로 들어가니 동서를 구분하기가 어려운 운세	有頭無尾 有意未就 유두무미 유의미취 머리는 있으나 꼬리가 없으니 뜻은 있으나 이루어짐이 없다	莫貪虛慾 別無所得 막탐허욕 별무소득 허욕을 탐하지 말라 별로 얻는 것이 없다	雖好財數 入少出多 수호재수 입소출다 비록 재수는 있으나 들어오는 것은 적고 나가는 것은 많구나

정관용겁격(正官用劫格)
정관편관년월운세(正官偏官年月運勢)

誠禱免厄 名山深處 성도면액 명산심처	初吉後凶 諸事浮雲 초길후흉 제사부운	疾病侵身 若無損財 약무손재 질병침신	非理之事 君物生心 비리지사 군물생심	終無活計 池中之魚 종무활계 지중어
명산 깊은 곳에 찾아 가 정성껏 기도하면 액을 면할 수 있으리라	세상일이 뜬 구름과 같으니 처음은 길하나 나중에는 흉하다	만약 손재수가 아니면 질병이 몸에 들어감이 염려된다	사리에 어긋나고 지 못한 일은 생각도 하지 말라	못 가운데 고기가 잘 살 수 있는 계교가 없는 운세
死中求生 漸得生氣 사중구생 점득생기	行路未分 深山失路 심산실로 행로미분	以德防禍 官災口舌 관재구설 이덕방화	先損後益 莫恨困苦 막한곤고 선손후익	恩反爲仇 六親無德 육친무덕 은반위구
점점 생기가 나니 죽 을 뻔하다 살아나는구나	깊은 산에서 길을 잃 었으니 갈길을 분간 하지 못하는구나	관재 구설수가 있으 니 덕을 쌓아서 화를 막아라	곤고함을 한탄하지 말라 먼저는 손해를 보나 후에는 이익이라	육친의 덕이 없으며 은인이 도리어 원수 가 되는 운세
守口如瓶 口舌是非 구설시비 수구여병	所望難成 人多忌我 인다기아 소망난성	日入雲中 慾明未明 일입운중 욕명미명	勞多無功 負馬登山 부마등산 노다무공	反招其禍 分外行事 분외행사 반초기화
구설과 시비수가 있 으니 입막기를 병같 이 하라	사람들이 나를 기피 하니 뜻하는 바를 성 취하기가 어렵구나	해가 구름속으로 들 어가니 밝은 것을 볼 래야 볼 수가 없구나	말을 등지고 산에 오 르니 공은 없고 노력 만 하는 운세	분수에 넘치는 일은 오히려 화를 초래한다

(3) 정관용상식격 (正官用傷食格)

정관용 상식격은 일주가 약한데 관살이 많으면 상관 식신으로 제살(制殺)코저 용신한다.

① 사주의 예

壬申 甲木일주가 土金이 많으니 신약하고 시지 寅木에 록(祿)을 놓았다고는 하나 사주원국이 한냉하고 관살
辛丑 이 많으니 丙火로 용신 제살하는 한편 조후코저 하
甲戌 니 木火운이 길하다.
丙寅

庚申 乙木이 일지에 卯木으로 록지(祿地)가 되나 재살이
甲申 태왕하니 丙火 상관으로 용신하여 제살코저 하니
乙卯 목화운이 길하다.
丙戌

● **좋은 운** = 상관 식신이나 비견 비겁운이 길하다.
● **꺼리는 운** = 관살과 재운이 불길하다.

특히 식신으로 용신하였을때는 편인운이 오면 도식운(倒食運)이 되어 편와미류(片瓦未留)로 생불여사(生不如死)하게 된다.

② 정관용상식격의 특징 (特徵)

一 선조대에는 명문으로 뼈대있는 가문에서 출생하였으나 육친(六親)의 덕이 없으니 부덕치 못한 가정에서 성장하고 매사에 원망하며 수심과 한심으로 눈물을 흘린 때가 한두번이 아니었다.

二 신약사주니 몸은 약한데 짐을 많이 싫은 격이 되어서 위대한 계획과 분에 넘치는 야망을 가지고 매사에 착수하여 보나 뜻대로 되지 않는 것이 세상 일임을 절감(切感)하게 된다.

三 고로 직업으로는 재정계통은 불리하고 출판. 문예. 교직. 육영사업과 복지사업이 좋고 옳지 못한 재물과 검은 돈은 생각하지도 말고 받지도 말라. 결국 크게 명예손상을 가져오게 됨을 명심하여야 한다.

四 주색잡기는 절로 삼가하여야 하고 만약 여기에 빠지게 되면 질병을 얻어 고생하게 되고 심하면 신망가패(身亡家敗)를 면치 못하게 된다.

五 만약 어려운 일이 생겼을 때는 손아랫 사람이나 조모님이나 장모님에게 자문을 구하면 잘 해결될 것이다.

六 여자의 경우도 남자와 다를 바가 없으나 부부궁이 불미하여 재가 삼가를 면치 못할 것이니 부부간 화합을 위주로 이를 극복하여야 한다.

정관용상식격(正官用傷食格)
인수년월운세(印綬年月運勢)

平地風波 驚人損財 經人損財 평지에 풍파가 일어나고 사람으로 인하여 놀라고 손재할 수 이다	與人同事 結果不美 여인동사 결과불미 다른 사람과 같이 하는 일은 결과가 불미하다	心中有憂 誰何可說 심중유우 수하가설 심중에 근심이 있으니 어느 누구에게 속 말을 털어놓을 것인가	家屋賣買 新築保留 가옥매매 신축보류 집을 사고 팔거나 새로 집을 짓는 것은 보류함이 좋다	深山求魚 終時不得 심산구어 종시부득 깊은 산에서 고기를 구하니 끝내 얻지 못한다
文書契約 保證不可 문서계약 보증불가 문서계약을 보증하는 것은 손해가 막심하다	暗夜失燭 不知東西 암야실촉 부지동서 어두운 밤에 촛불을 잃으니 동서를 알지 못하는 운세	魚龍失水 每事無力 어룡실수 매사무력 용과 고기가 물을 잃으니 매사가 무력하다	入學就職 有意未就 입학취직 유의미취 입학하거나 취직하는 것은 뜻만 있고 이루어지지 않는다	貴人自退 心中有憂 귀인자퇴 심중유우 귀인이 스스로 물러가니 심중의 근심만 생기는구나
馬行山路 進退困難 마행산로 진퇴곤난 말이 산길을 가니 진퇴함이 곤난한 운세	錦衣夜行 外華內困 외화내곤 금의야행 겉으로는 화려하나 속으로는 곤하고 비단옷 입고 밤길 걷기라	父母憂患 家庭不安 부모우환 가정불안 부모의 우환이 있으니 가정이 불안하다	奔走東西 謀事不利 분주동서 모사불리 동서로 분주하나 모사하는 일은 불리하다	謀事多數 不得利得 모사다수 부득이득 꾀하는 일은 많으나 이익은 얻지 못한다

정관용상식격(正官用傷食格)
비견비겁년월운세(比肩比劫年月運勢)

兩人同心 何事不成	貴人來助 一朝通泰	名利成遂 人人致賀	立身揚名 終成大器	畫狗爲虎 喜事連續
양인동심 하사불성 두 사람이 한마음이 되니 어찌 꾀하는 일이 이루어지지 않으랴	귀인래조 일조통태 귀인이 와서 도우니 일조에 만사가 형통하고 태평하구나	명리성수 인인치하 이름과 이익이 따르니 사람마다 치하한다	종성대기 입신양명 마침내 큰 그릇을 이루니 입신양명할 수로다	화구위호 희사연속 개를 그리려다가 범을 그리었으니 기쁜 일이 계속 생긴다
每事自身 所望如意	財星照門 福祿自來	龍得明珠 造化非常	與人謀事 必得大財	財星兼全 能小能大
매사자신 소망여의 매사에 자신이 있으니 소망하는 바가 뜻대로 성취된다	재성조문 복록자래 재성이 문에 비치니 복록이 스스로 온다	용득명주 조화비상 용이 맑은 구슬을 얻었으니 그 조화가 비상하구나	여인모사 필득대재 남과 일을 꾀하면 꼭 큰 재물을 얻을 수 있다	재성겸전 능소능대 재성이 겸전하니 매사가 능소능대한 운세로다
兄弟親友 化爲貴人	持心堅貞 名利自足	有人相助 百事順成	吉神隨身 一身榮貴	財官隨身 身上榮貴
형제친우 화위귀인 형제친구가 도리어 귀인이 되었으니 어찌 기쁘지 않으리	지십견정 명리자족 마음 가짐이 굳고 곧으면 명리가 스스로 만족한 운세	유인상조 백사순성 사람이 있어 서로 도우니 백가지 일들이 순리로 성사된다	길신수신 일신영귀 길신이 몸을 따르니 일신이 영화와 부귀를 누릴 수 있다	신상영귀 재관수신 신상이 영귀하니 재관이 몸을 따른다

184

정관용상식격(正官用傷食格)
상관식신년월운세(傷官食神年月運勢)

천지상응 만물화생 天地相應 萬物和生 천지가 서로 상응하니 만물이 화합하고 생기가 난다	장안춘풍 주마홍진 長安春風 走馬紅塵 장안의 봄바람에 말을 홍진에 달리는 운세이다	매사순성 맹호첨익 每事順成 猛虎添翼 매사가 순성하니 맹호가 날개를 단 것과 같구나	소녀모해 종내무구 少女謀害 終乃無咎 관재구설수가 있으나 염려할 것은 없다	적소성대 재록만당 積祿滿堂 財祿成大 작은 것을 쌓아 큰 것을 이루니 재록이 풍만하구나
서입곡창 재리대통 鼠入穀倉 財利大通 쥐가 창고에 드니 재수와 이익이 크게 형통할 수이다	귀인항조 필시성공 貴人恒助 必是成功 귀인이 항상 도우니 반드시 성공할 운세로다	의외횡재 약비관록 意外橫財 若非官祿 만약 관록이 아니면 뜻밖의 횡재수라	부왕태래 신치억금 否往泰來 身致億金 부왕태래 신치억금	문전매화 봉접탐향 門前梅花 蜂蝶探香 문전매화에 나비와 벌이 향기를 탐하는구나
거구생신 복록무궁 去舊生新 福祿無窮 옛 것을 버리고 새 것이 생기니 복록이 무궁하구나	우연호우 은도부흥 偶然呼友 殷道復興 우연히 벗을 부르니 은나라가 다시 흥하는 운이로다	경영사업 배득기리 經營事業 培得其利 경영하는 사업은 그 이익이 두 배나 된다	소망지사 매사순성 所望之事 每事順成 소망하는 것은 매사가 순리대로 이루어진다	부귀영화 재어순간 富貴榮華 在於瞬間 부귀와 영화가 순간적으로 생기는구나

정관용상식격(正官用傷食格)
재년월운세(財年月運勢)

성적미진 成績未盡 合格難也	유두무미 有頭無尾 事事不成	약비처환 若非妻患 夫婦不和	주색신지 酒色愼之 其害非輕	모사불성 謀事不成 勞多功少
성적이 부진하니 합격하기가 어렵다	머리는 있고 꼬리가 없으니 일마다 이루지 못한다	만약 아내의 근심이 아니면 부부간에 불화한다	술과 여자를 멀리하라 그 해가 적지 않다	꾀하는 일을 못이루고 노력은 많으나 공은 적다
여인작원 女人作怨 百事沮戱	경영확장 經營擴張 投資保留	수분상책 守分上策 忘動不利	추초봉상 秋草逢霜 愁心不解	사무시종 事務始終 心身散亂
여자가 원수가 되며 백가지 일을 방해한다	경영을 확장하거나 투자하는 것은 보류함이 제일이다	분수를 지키는게 좋으니 망녕되이 행동하면 불리하다	가을풀이 서리를 만나니 수심을 풀지 못한다	일에 처음과 끝이 없으니 마음이 산란하구나
약무손재 처우하면 妻愛何免	일모서산 귀객실로 日暮西山 歸客失路	입산구어 사유허황 入山求魚 事有虛荒	막탐재리 허황지사 莫貪財利 虛荒之事	친인반구 경이원지 親人反仇 敬以遠之
만일 손재가 없으면 아내의 근심을 어찌 면할것인가	해가 서산에 저문데 돌아가는 길손이 길을 잃었다	산에 가서 물고기를 구하니 일에 허황함이 있다	재물을 탐하지 말라 모두다 허황된 일이다	친한 이가 도리어 원수가 되니 겉으로는 존경하고 속으로 멀리하라

정관용상식격(正官用傷食格)
정관편관년월운세(正官偏官年月運勢)

구설시비 관재가외 口舌是非 官災可畏	상하불화 좌충우돌 上下不和 左冲右突	물위망동 희노일장 勿爲妄動 喜努一場	재공복절 손재가외 財空福絕 損財可畏	상하상역 하망성사 上下相逆 何望成事
구설과 시비에 관재수가 있으니 조심하라	아래 위가 불화하고 좌충우돌격이니 매사를 조심하라	망녕되히 움직이지 말라 한번 기쁘고 한번 슬프구나	재물에 공망이 많고 복이 단절되었으니 손재할까 두렵구나	상하가 서로 거역하니 어찌 일의 성사를 바랄 것인가
유의미취 지상행주 有意未就 地上行舟	우환질고 건강유의 憂患疾苦 健康留意	양수집병 양취하사 兩手執瓶 何取何捨	수유노력 로이무공 雖有奴力 勞以無功	좌정관천 소견불광 坐井觀天 所見不廣
뜻은 있으나 이루어지지 않고 배를 땅에 서서 가고자 하니 어찌 이룰수가 있으랴	우환과 질고가 있으니 건강에 유의하라	두 손에 떡을 들었으니 어느것을 취하고 어느것을 버릴까	비록 노력은 하나 노력은 어디가고 공이 없구나	우물안에서 하늘을 쳐다보니 소견이 넓지 못하구나
막탐비리 일득이실 莫貪非理 一得二失	화병충기 화시면궁 畵餅充飢 何時免窮	가인불화 우수불리 家人不和 憂愁不離	약무구설 질병침신 若無口舌 疾病侵身	물모타영 필유손재 勿故他營 必有損財
일득이실 하나를 얻고 둘을 잃으니 옳지 못한 일을 탐하지 말라	그림안의 떡으로 배를 채우고자 하니 언제 곤궁함을 면할까	집안사람들이 불화하니 근심과 수심이 그칠날이 없구나	약 구설수가 아니면 질병이 걸릴까 염려된다	다른 업에 손을 대지 말라 반드시 손재할까 두렵다

(4) 정관용재격 (正官用財格)

정관용재격은 일주가 강하고 식신상관이나 인수가 많으면서 관이 약하면 재로 용신한다.

① 사주의 예

甲午
丙午   丙火가 子月 수왕당절(水汪當節)에 신약하나 약하
丙子   나 약화위강격(弱化爲强格)이 되어서 酉金財로 용
己酉   신하니 金水운이 길하다.

戊庚
庚辰   庚金日主가 土金으로 신왕하여 丁火로 정관용신하
庚戌   여야 할 것이나 무력하여 寅木으로 정재용신하니 木
丁酉   火운이 길하다. 이것은 용신이 미약할때는 용신을 돕는 자가 용신이라는 법칙에 의하여 재용신할 것이다.

● 좋은 운 = 재, 관운이 길하다. 비견비겁이 많을 때는 인수 운도 길하다.

● 꺼리는 운 = 비견 비겁과 인수운이 불길하다.

② 정관용재격의 특징

一 선조대의 명문 가정으로 고향에서는 남의 존경을 받는 집안에서 출생하여 호강으로 성장하였으며 재물의 궁색함도 없이 살아왔고 처자의 복도 많으니 남부러울 것이 없다.

二 신왕사주니 매사에 추진력과 박력이 있으니 어떤 일에 착수하면 끝장을 보고 마는 집념이 강하다.

三 재물을 모으는 데는 선견지명과 일가견이 있어서 풍요로운 생활을 하게 되며 재물과 권력을 함께 가지려는 집착력이 강하나 대운이 잘 흐른다면 부귀영화를 누릴 수 있는 팔자다.

四 재력과 권력을 가지고 상대방을 억압하고 멸시하며 상대방의 의견을 존중하지 않는 독선적인 성격이 있으니 상대방의 의사를 존중하고 매사에 인내하며 항상 덕과 은혜를 베풀고자 선사업과 육영사업에 적극적으로 참여한다면 그 이름이 천하에 떨칠 것이다.

五 여명도 현모양처의 다복한 운명이나 고집과 자기 주장을 관철하려는 결과 부부간에 불화가 예상되니 가정화합을 위주로 살아가야 한다.

188

신수평론비결

정관용재격(正官用財格)
인수년월운세(印綬年月運勢)

물위경영 불리어재	막탐분외 공연상심	채신봉호 진퇴양난	사무시종 심신산란	신축결사 보류제일
다른 일을 경영하지 말라 이롭지 못하다	분수 밖을 탐하지 말라 공연히 마음이 상한다	나무하러 산에 갔다 범을 만나니 진퇴양난인 운세	일에 처음과 끝이 없으니 마음이 산란하구나	신축하거나 회사를 설립하는 것 등은 보류함이 제일이다
입해구금 금불가득	목전지리 해급십배	허황지사 신물위지	친인반구 교우신지	모사불성 분분이석
바다에서 금을 구하니 금을 가히 얻지 못하는구나	눈 앞의 이익이 해가 십배로 미친다	허황된 일들을 시작하는 것은 삼가하라	친한 사람이 원수가 되니 친구를 조심하라	꾀하는 일을 못이루니 분분히 자리를 옮기게 된다
입학취직 유의미흡	용실기주 막능변화	감언막신 은반위구	보증대차 결과불미	문서계약 투자손재
입학과 취직은 마음에 만족하지 못하다	용이 여의주를 잃으니 능히 변화하지 못하는구나	감언이설을 믿지 말라 은혜가 도리어 원수가 된다	보증서거나 꾸고 빌리는 것은 결과가 불미하다	문서를 계약하거나 투자하는 것은 종내 손재를 보게 된다

정관용재격(正官用財格)
비견비겁년월운세(比肩比劫年月運勢)

莫聽人言 事有虛妄	背恩忘德 兄耶弟耶	求財難得 勞而無功	在家心亂 出他無益	若不祈禱 家有疾苦
남의 말을 듣지 말라 일에 허황함이 있다	은혜를 저버리고 덕을 잊어버리는 것은 형제나 친구로다	재물을 구하려 하나 구할수가 없고 노력은 하나 공이 없는 운세	집에 있으면 마음이 심란하고 밖에 나가도 이익이 없구나	만약 기도하지 않으면 집안에 우환과 질고가 생긴다
兄友同業 其害非輕	日落西山 行客失路	莫計巨事 外部內貧	雖有虛名 實無所得	非理之財 愼之勿貪
형제나 친구와 동업하는 일은 그 해가 적지 않다	해는 져서 서산인데 길손이 길을 잃어버렸구나	큰 일을 경영하지 말라 겉으로는 부자나 속으로는 빈곤하다	비록 헛 이름은 있으나 실상 얻은 바는 없다	옳지 못한 재물을 탐하지 말라 손재할가 두렵다
夫婦不和 忍耐第一	無頭無尾 成事可難	入山求魚 事有虛荒	莫信他言 以財傷心	所望之事 有名無實
부부가 불화하니 인내하는 것이 제일 상책이다	머리도 없고 꼬리도 없으니 일이 성사되기는 어렵다	산에 들어가서 고기를 구하니 일에 허황됨이 많구나	남의 말을 듣지 말라 재물이나 여자로 인하여 상심한다	소망하는 일은 이름만 있고 실속은 없다

신수평론비결

정관용재격(正官用財格)
상관식신년월운세(傷官食神年月運勢)

제수희생 명진사해 除愁喜生 名振四海	일려중천 금옥만당 일려중천 金玉滿堂 日麗中天	노룡등천 광대하우 老龍登天 廣大下雨	슬하지덕 매사형통 膝下之德 每事亨通	일난춘풍 만물화생 일난춘풍 日暖春風 萬物和生
근심은 사라지고 기쁨이 생기니 그 이름이 사해를 떨치는구나	해가 중천에 걸리니 집안에 금옥이 만당하는 운세	늙은 용이 등천하여 널리 큰 비를 내린다	손아래사람의 덕으로 매사가 형통하는구나	날이 따뜻한 봄바람에 만물의 회생하니 이 아니 좋으랴
신등용문 선곤후귀 身登龍門 先困後貴	흥화위길 물식전진 흉화위길 凶化爲吉 勿息前進	인유제발 자연영귀 人有提拔 自然榮貴	심신화평 명고덕성 心身和平 名高德盛	신안심은 백사구길 身安心穩 百事俱吉
몸이 용문에 오르니 먼저는 곤하고 다음으로 귀해지는 운세	흉함이 화하여 길하여지니 쉬지 말고 전진하라	천거하는 사람이 있으니 자연 영귀해지는구나	심신이 화평하니 이름이 높고 덕을 이루는 운세	몸이 편하고 마음이 안온하니 백사가 다 길하구나
양인동심 작사이성 兩人同心 作事易成	천의중흥 하민안락 天意中興 下民安樂	취직시험 목적달성 就職試驗 目的達成	여인동모 불로이득 與人同謀 不勞而得	재록수신 희색만면 財祿隨身 喜色滿面
두사람의 마음이 합하니 하고자 하는 일이 쉽게 이루어지는구나	하늘의 뜻이 중흥하니 아래 백성이 안락한 운세	취직과 시험은 자연 목적을 달성하게 된다	남과 같이 일을 꾀하면 수고롭지 않고도 이득이 있는 운세	재와 관록이 따르니 얼굴에 희색이 찬란 차는구나

정관용재격(正官用財格)
재년월운세(財年月運勢)

재시수신 수롱억금 財是隨身 手弄億金	귀인래조 사사여의 貴人來助 事事如意	일가화평 슬하유영 一家和平 膝下有榮	일난춘풍 만물화생 日暖春風 萬物和生	여인성사 이재기중 與人成事 利在其中
재성이 몸에 따르니 손에 억금을 쥘 운세라	귀인이 와서 도우니 하는 일마다 뜻대로 성취된다	한 집안이 화평하고 슬하에 경사수가 있구나	따뜻한 봄날에 만물이 화합하고 생기가 도는구나	남과 일을 성사하니 이익이 그 가운데 있다
재록풍만 희열만면 財祿豊滿 喜悅滿面	군자도장 소왕대래 君子道長 小往大來	길운왕성 하사불성 吉運旺盛 何事不成	도처재록 차외하망 到處財祿 此外何望	어변성용 변화막측 魚變成龍 變化莫測
재와 록이 풍만하니 얼굴에 기쁨이 가득하다	군자의 도가 깊으니 작은 것은 가고 큰 것이 오는구나	길한 운이 왕성하니 어찌 일의 이루어짐이 없으랴	도처에 재와 록이 있으니 이 밖에 무엇을 더 바랄고	고기가 변하여 용이 되었으니 그 변화를 측량키가 어렵구나
약비생자 관록지수 若非生子 官祿之數	갈자득수 기자봉풍 渴者得水 飢者逢豊	약득공명 명진사해 若得功名 名振四海	경영투자 확장개길 經營投資 擴張皆吉	경사도문 소망여의 慶事到門 所望如意
만약 자손의 경사가 아니면 관록을 얻을 수라	목마른 자가 물을 얻고 굶주린 자가 풍년을 만났구나	만약 공명을 얻으면 그 이름이 사해를 떨치리라	사업경영에 투자하거나 확장하는 것은 다 길하다	경사수가 문에 이르니 소망이 뜻과 같이 이루어지는구나

신수평론비결

정관용재격(正官用財格)
정관편관년월운세(正官偏官年月運勢)

太陽照命 披雲見月 피운견월 태양조명	凶化爲吉 百花爭發 백화쟁발 흉화위길	位高財祿 名振四海 명진사해 위고재록	其色倍新 春草逢雨 춘초봉우 기색배신	天地相應 所望如意 소망여의 천지상응
구름을 헤치고 달을 보니 태양이 명궁에 비치니 아니 좋으랴	흉함이 화하여 길하여지니 백가지 꽃들이 서로 다투어 피는구나	벼슬이 높아지고 록이 따르니 그 이름 이 사해를 떨치는구나	봄풀이 비를 만나니 그 색이 두배로 싱그럽다	처지가 서로 응하니 소망하는 바가 뜻과 같이 성사되는구나
萬物回生 陰陽和合 음양화합 만물회생	人因成事 官祿扶身 관록부신 인인성사	何不成事 仇反恩德 구반은덕 하불성사	天神助我 災去福來 재거복래 천신조아	不必心慮 入學就職 입학취직 불필심려
음양이 서로 화합하니 만물이 회생하는 운세	관록이 나를 도와주니 사람으로 인하여 성사할 운세	원수가 오히려 은인으로 변하니 어찌 일이 이루어지지 않으리	재앙이 가고 복록이 오니 하늘이 나를 도와주는구나	입학과 취직은 염려할 필요가 없다
人人來賀 有財有權 유재유권 인인래하	意氣揚揚 事事亨通 사사형통 의기양양	生男之數 若非官祿 약비관록 생남지수	必是成功 經營之事 경영지사 필시성공	百戰百勝 天地四方 천지사방 백전백승
돈도 있고 권세도 있으니 사람마다 와서 축하하여 주는구나	일마다 잘 형통하니 의기가 양양하구나	만약 관록이 아니면 생남할 수로구나	경영하는 일은 반드시 성공할 것이다	천지 사방에서 싸워서 백번 이기는구나.

(5) 정관용관격 (正官用官格)

정관용관격은 일주가 강한데 비견 비겁이 많으면 관살로 용신한다.

① 사주의 예

甲寅　丙火일주가 子月에 무력하다고 하나 연지 寅木에
丙子　장생이 되며 시지 巳火에 록을 놓고 木火가 투출
丙戌　하였으니 신왕하여 癸수로 정관용신하매 金水운이
癸巳　길하다.

甲寅　丁火가 木火로 신왕하고 사주원국이 너무 과열(過
壬申　熱)하여 壬水로 조후 용신하니 金水운이 길하다
丁巳
乙巳

● 좋은 운 = 재관이 운이 길하며 사주원국에 상관이 많을 때는
인수운이 약운이 되어서 역시 좋다.
● 꺼리는 운 = 상관 식신이나 비견 비겁운이 불길하고 용신이
약할 때는 인수운이 또한 좋지 않다.

② 정관용관격의 특징

一 조부 선대에 명문대가로 귀한 가문의 출생하였으며 엄한 부모밑에서 정상적인 교육을 받아서 매사에 원리원칙을 위주로 처세하고 불의 부정과는 타협하지 않는 정의파의 성격이다.

二 신왕사주로 사람이 박력이 있고 매사에 추진력과 정력이 강하고 의욕이 대단하여 책임감이 강하니 맡은 일에는 밤낮을 가리지 않고 직장에 충실하니 가정생활에는 자연 등한점이 많다.

三 직업으로 사업보다도 관계에 진출하여 록중권고하겠고 중년이후에는 정치계통에서 크게 활동하여 그 이름이 천하를 떨치게 될 것이다.

四 성격이 지나치게 강직하여 항상 남의 말에 귀를 기울이지 않고 측근의 충고를 받아들이지 않으며 타인을 억압하고 멸시하는 경향이 있어 남으로부터 지탄의 대상이 되기로 한다. 고로 이러한 단점을 보완하기 위해서는 주위와 화합하는 포용력과 매사를 순리로 처세하여야 함을 명심하여야 한다.

五 여자도 남자와 다를 바가 없으나 신왕사주로 가정보다는 사회활동에 참여하게 되니 자연 부부간에 불화하게 되어 해로하기가 어렵다. 고로 직장생활보다는 가정생활을 위주로 하고 항상 부부간에 화합한다면 모든 액을 면할 수가 있다.

194

정관용관격(正官用官格)
인수년월운세(印綬年月運勢)

인유구연 우래조력 人有舊緣 偶來助力	성적향상 승진합격 成績向上 昇進合格	신운통태 영화중중 身運通泰 榮華重重	고목봉춘 필유생광 枯木逢春 必有生光	신축결사 매매불리 新築結社 賣買不利
사람이 옛 인연이 있어 우연이 와서 나를 도와주는구나	성적이 향상되니 승진하거나 합격할 수 있으라	신운이 대통하니 영화가 거듭 생기는구나	고목이 봄을 만나 꽃을 피우니 반드시 사수가 있으리라	새로 집을 짓거나 회사를 설립하고 매매하는 것은 다 불리하다
잠용득주 흥운토무 潛龍得珠 興雲吐霧	재록수신 일진월증 財祿隨身 日進月增	재소복래 사사여의 災消福來 事事如意	범사순성 기리배액 凡事順成 其利倍額	보증대차 문서지해 保證貸借 文書之害
물에 잠긴 용이여 주를 얻었으니 구름이 일고 안개를 토하는구나	재와 관록이 몸을 따르니 날로 달로 점점 좋아지는구나	재액은 사라지고 복록이 오니 일마다 뜻대로 성취된다	범사가 순리대로 취되며 그 이익이 배로 생기는구나	남의 보증을 서고 빌리며 꾸어주는 것과 문서를 다루는 것은 불리하다
청용발동 길사도문 青龍發動 吉事到門	춘풍화창 화락결실 春風和暢 和落結實	귀인래조 신치억금 貴人來助 身致億金	도사견금 굴토위산 淘沙見金 堀土爲山	노다공소 손재비경 勞多功少 損財非輕
청용이 발동하니 한 경사수가 집에 들어 오는구나	춘풍화창한 낮에 꽃이 떨어지고 열매를 맺는구나	귀인이 와서 도우니 억금이 내 몸에 이른다	땅을 파서 금을 얻고 땅을 파서 산을 만드는 운세	노력은 많으나 공이 적으니 손재수가 별지 않구나

정관용관격(正官用官格)
비견비겁년월운세(比肩比劫年月運勢)

형우지연 기해비경 兄友之緣 其害非輕 형제나 친구의 인연으로 그 해가 적지 않다.	막탐비리 수분제일 莫貪非理 守分第一 옳지 못한 재물은 탐하지 말라 분수를 지킴이 제일 좋다	입해구주 유의미취 入海求珠 有意未就 바다에 들어가 구슬을 구하고자 하니 뜻은 있으나 이루어지지 않는다	수유모사 별무취재 雖有謀事 別無取財 비록 여러가지 일을 꾀하나 별로 이익을 얻지 못한다	경영지사 허망나하 經營之事 虛妄奈何 경영하는 일이 허망하니 이를 어찌할고
은인반해 신부할족 恩人反害 信斧割足 은인이 도리어 나를 해하니 믿는 도끼에 발등 찍히는 격이라	용입사혈 이상임하 龍入蛇穴 以上臨下 용이 뱀의 굴을 들어가니 높은데서 낮은 곳으로 내려오는 형상이다	심중부민 수하설화 心中煩悶 受何說話 마음이 번민하니 구를 향하여 심중의 말을 할까	심여부운 백무일성 心如浮雲 百無一成 마음이 뜬구름 같으니 백에 하나도 성사됨이 없다	약비손재 횡액가외 若非損財 橫厄可畏 만약 손재하지 않으면 횡액이 가이 두렵구나
막계거사 보류제일 莫計巨事 保留第一 큰 일은 계획하지 말라 보류함이 제일 좋다	신재결사 투자불리 新築結社 投資不利 신축하거나 회사를 설립하고 투자하는 것은 절대로 불리하다	신재곤경 거처불안 身在困境 居處不安 몸이 곤경함에 처해 있으니 거처가 불안하다	사유다체 구사난성 事有多滯 求事難成 일에 막힘이 많으니 일을 구하나 못 이룬다	어룡실수 매사부진 魚龍失水 每事不進 고기가 물을 잃었으니 매사가 부진하다

정관용관격(正官用官格)
상관식신년월운세(傷官食神年月運勢)

수유묘계 부중나하 雖有妙計 不中奈何	여인동사 필유실패 與人同事 必有失敗	사두무서 소망난성 事頭無緖 所望難成	모사불리 허송세월 謀事不利 虛送歲月	관재구설 좌불안석 官災口舌 坐不安席
비록 묘한 계교는 있으나 맞지 않으니 어찌하리요	남과 같이 일을 하면 반드시 실패한다	일에 두서가 없으니 소망하는 바를 이루지 못한다	꾀하는 일이 이롭지 않으니 세월만 허송하는구나	관재구설수가 비치니 앉은 자리가 편치 못하구나
약비횡액 가유풍파 若非橫厄 家有風波	욕비무익 보정절족 欲飛無翼 寶鼎折足	범사다역 수심난면 凡事多逆 愁心難免	설만춘산 초목부장 雪滿春山 草木不長	슬하지인 기해불소 膝下之人 其害不小
만약 횡액이 아니면 집안에 풍파가 있구나	날으려 하나 날개가 없고 보배솥에 발이 부러진 운세	범사다 거슬리니 수심을 면하기 어렵다	눈이 봄산에 가득하니 초목이 깨어나지 못하는 운세	아랫사람으로 인하여 그 해가 적지 않다
명산대천 성도면액 名山大川 誠禱免厄	막탄재궁 초곤후태 莫嘆財窮 初困後泰	선공무덕 욱인무나 善功無德 旭人無奈	유명무실 소영귀허 有名無實 所營歸虛	풍기사방 낙모하처 風起四方 落帽何處
명산대천을 찾아가서 지성껏 기도하면 액을 면하리라	재물이 궁한 것을 탄하지 말라 처음은 곤하나 뒤에는 형통한다	선공무덕하니 남을 허물하여 무엇하리요	이름만 있고 실속이 없으니 경영하는 바가 모두 허사로구나	바람이 사방에서 부니 모자를 어느 곳에 떨어뜨렸는가

정관용관격(正官用官格)
재년월운세(財年月運勢)

부왕태래 명전사방 否住泰來 名傳四方	소망여의 금옥만당 所望如意 金玉滿堂	귀인래조 득리가득 貴人來助 得利可得	금당길운 소원성취 今當吉運 所願成就	길운회태 생기백배 吉運回泰 生氣百培
흉한 운은 가고 태평함이 계속되니 그 이름이 사방에 떨친다	소망하는 바가 뜻과 같으니 집안에 금옥이 만당할 운세	귀인이 와서 도우니 재물과 이익을 가히 얻으리라	이제야 길운을 만났으니 소원을 성취하는구나	길한 운이 돌아오니 생기가 백배나 생기는구나
적덕지행 재산흥왕 積德之行 財産興旺	약비관록 자손경사 若非官祿 子孫慶事	재성조문 도처유재 財星照門 到處有財	가유길경 슬하유영 家有吉慶 膝下有榮	관록수신 재취여산 官祿隨身 財聚如山
공덕을 쌓았으니 재산이 흥왕하구나	만약 관록이 아니면 자손의 경사수가 있다	재성이 가문을 비치니 가는 곳마다 재물이라	집안에 경사수가 있고 자손에 영화가 있을 수이다	관록이 몸에 따르고 재물이 산과 같구나
모처불화 종내무구 母妻不和 終乃無咎	재수흥왕 적수성가 財數興旺 赤手成家	신운통태 무왕불리 身運通泰 無往不利	군명신현 가기태평 君明臣賢 可期泰平	정심적선 재복진진 正心積善 財福津津
어머니와 아내가 불화할 수가 있으나 종내는 염려할 필요가 없다	재수가 흥왕하니 빈손으로 집안을 일으키는구나	신수가 형통하니 이롭지 아니함이 없구나	왕이 밝고 신하가 어지니 가히 태평성세를 기약할 운세	마음을 바로 하고 착함을 쌓으니 재복이 진진하구나

198

정관용관격(正官用官格)
정관편관년월운세(正官偏官年月運勢)

一朝富貴 萬人仰視 일조부귀 만인앙시 하루아침에 부귀를 얻었으니 만인이 우러러 보는구나	名播遠近 人人來賀 명파원근 인인래하 이름이 멀리 떨치니 사람마다 찾아와서 축하하여 주는구나	甘雨時逢 百草茂盛 감우시봉 백초무성 단비가 때로 나리니 백초가 무성하구나	貴人來助 何不成事 귀인래조 하불성사 귀인이 와서 도와주니 어찌 일이 성취되지 않으리	寒谷回春 百花爭發 한곡회춘 백화쟁발 추운 산골에 봄이 돌아오니 백가지 꽃들이 다투어 피는구나
入學就職 不必心慮 입학취직 불필심려 입학과 취직은 심려할 필요가 없다	家人同心 必受天福 가인동심 필수천복 집안사람이 다 합심하니 반드시 복을 받으리라	小往大來 事事如意 소왕대래 사사여의 작은 것이 가고 큰 것이 오니 일마다 뜻과 같이 성취되는 운세	官祿扶身 喜中可喜 관록부신 희중가희 관록이 와서 몸에 붙으니 기쁜 중에 더욱 기쁘구나	植蘭青山 更無移意 식란청산 갱무이의 난초를 청산에 심으니 다시 옮길 뜻이 없구나
魚龍得水 活氣百倍 어용득수 활기백배 고기와 용이 물을 얻었으니 그 활기가 백배로다	龍得明珠 慶事重疊 용득명주 경사중첩 용이 명주를 얻었으니 경사가 거듭있을 운세	乘龍上天 造化非常 승용상천 조화비상 용을 타고 하늘을 오르니 그 조화가 비상하구나	若非官祿 生男之數 약비관록 생남지수 만약 관록이 아니면 생남할 수로구나	今年之數 百事如意 금년지수 백사여의 금년의 신수는 백가지 일들이 뜻과 같이 잘 되는구나

199

(6) 편관용인격 (偏官用印格)

편관용인격은 일주가 약한데 관살 또는 상관이나 식신(食神)이 많을 때는 인수로 용신한다.

① 사주의 예

戊子
甲寅
戊午
甲寅
　　戊土가 寅月 목왕당절에 출생하여 水木이 태왕하니 재살 태왕격이 되어서 午火로 용신 살인상생격이 되는데 火土운이 길하다.

己巳
庚申
丙寅
戊子
　　丙日주가 甲月에 일락서산격(日洛西山格)으로 신약하니 寅中甲木으로 인수용신하매 혹자 寅申충이 되어서 甲木으로 용신할 수 없다고 할 것이나 甲子수국이니 탐합망충이 되어서 무방하나.

● 좋은 운 = 인수와 관살운이 길하며 사주원국에 병이 많을 때는 비겁 비겁이 좋다.

● 꺼리는 운 = 상관 식신과 재운이 불길하다.

② 편관용인격의 특징

一 이 사람은 선조대의 명문대가의 출생으로 엄한 교육을 받으면서 성장하였기 때문에 매사에 정의감이 앞서고 불의와는 타협할 생각이 없어 항상 원리 원칙에 의한 정도(正道)를 걸어 가는 성격이다.

二 부모덕이 없어서 일찍에 객지에 나와 자수성가 할 팔자이며 재물과는 인연이 없으며 죽으나 사나 공부를 하여야만 출세 길이 열린다는 생각으로 학업에 열중하여야 한다.

三 직업으로는 재계(財界)와는 인연이 없고 관직이나 직장생활 계통으로 진출하면 항상 상사가 끌어 주어서 일찍 출세하여 고관대작에 진출하여 그 이름이 전하에 떨칠것이다. (단 대운이 좋았을 때) 그러나 항상 건강에 특별유의 하여야 한다.

四 사람이 너무 강직하고 가정보다는 직장을 우선으로 열중하기 때문에 자연 가정일에 등한하게 되는 관계로 부부불화가 많음이 흠이 된다.

五 주색잡기는 절대로 삼가하여야 하고 여자와 재물을 탐하면 명예가 손상되니 결국 좌천하거나 파직된다는 것을 염두에 두고 처세하여야 한다.

六 여자도 남자와 다를 바가 없으나 미혼시절에 애정관계로 염문이 많았고 출가이후는 시모와 불화하고 자손궁이 불미하니 가정화합에 최선을 다하라.

편관용인격(偏官用印格)
인수년월운세(印綬年月運勢)

背暗向明 動作有光 배암향명 동작유광	若非官祿 必有慶事 약비관록 필유경사	財旺福興 貨泉湧出 재왕복흥 화천용출	千里來客 扶身助我 천리래객 부신조아	凶化爲吉 何不成事 흉화위길 하불성사
어두움을 등지고 밝음을 향하니 움직이며 그 빛이 찬란하다	만약 관록이 아니면 반드시 경사수가 있으리라	재왕흥복하니 돈이 샘에서 물솟듯 하는 운세	천리에서 온 사람이 나를 밀어 주고 도와 주는구나	흉함이 화하여 길해 지니 어찌 일이 성사되지 않으리요
乘龍乘虎 變化無雙 승용승호 변화무쌍	深高志足 求財如意 심고지족 구재여의	正心修德 利在其中 정심수덕 이재기중	新築結社 勿息前進 신축결사 물식전진	進學就職 所願成就 진학취직 소원성취
용을 타고 범을 타니 그 변화가 무쌍하구나	마음이 높고 뜻이 족하니 재물을 구하면 뜻이 마음대로 성취된다	바른 마음으로 덕을 닦으면 이익이 그 가운데 있다	신축하거나 회사를 설립하는 것 등은 쉬지 말고 추진하라	진학 취직 등은 소원하는대로 성취된다
貴人扶身 因伸成事 귀인부신 인신성사	賣買得利 文書契約 매매득리 문서계약	凡事如意 所望成就 범사여의 소망성취	每事順成 經營之事 매사순성 경영지사	與人謀事 經營順調 여인모사 경영순조
사람으로 인하여 성사되고 귀인이 나를 도와주는구나	문서를 계약하거나 사고파는 일들은 이익이 있다	범사가 뜻과 같으니 소망하는 바를 성취하다	경영하는 일은 매사가 순리대로 성취된다	남과 더불어 같이 하는 사업은 경영이 순조롭다

편관용인격(偏官用印格)
비견비겁년월운세(比肩比劫年月運勢)

시봉대운 만사유성 始逢大運 萬事有成	화기도문 만물소생 和氣到門 萬物蘇生	형우득력 매사순성 兄友得力 每事順成	화발춘산 봉접자래 花發春山 峰蝶自來	형야제야 필연손재 兄耶弟耶 必然損財
큰 운을 만난 때이니 만사가 다 잘 성취된 다	환한 기운이 집으로 감도니 만물이 소생 하는 운세	형제나 친구의 힘을 얻으니 매사가 순성 한다	봄 산에 꽃이 만발하 니 벌과 나비가 찾아 오는구나	형이나 친구나 동생 등으로 인하여 반드 시 손재를 볼 수라
관화위복 관록수신 官化爲福 官祿隨身	용득천문 필유영귀 龍得天門 必有榮貴	화구위호 소왕대래 畫狗爲虎 小往大來	계입봉군 심중대계 鷄入鳳群 心中大計	은인반해 불구사심 恩人反害 佛口蛇心
관이 화하여 복록이 고 관록이 몸을 따른 다	용이 천문에 오르는 형상이니 반드시 영 화와 부귀를 누릴 것 이다	개를 그리다가 호랑 이를 그리었으니 더 욱 좋다	닭이 봉황 속으로 들 어가니 심중의 큰 계 획을 세우는구나	은인이 도리어 나를 해치니 상대의 말은 부처 말씀이나 속마 음은 뱀이로구나
봉황생추 서기영롱 鳳凰生雛 瑞氣玲瓏	의외영귀 필시귀인 意外榮貴 必是貴人	일가화평 기불미재 一家和平 豈不美哉	여인모사 재물흥왕 與人謀事 財物興旺	양인동사 신부할족 兩人同事 信斧割足
봉황이 새끼를 까니 상서로운 기운이 더 욱 영롱하구나	뜻밖에 영화와 귀함 을 얻었으니 반드시 귀인이 도와줌이다	한집안이 화평하 리요 어찌 아름답지 않으 리요	남과 더불어 하는 일 한 일을 계획하니 재 물이 흥왕하는구나	두 사람이 같이 하는 일은 믿는 도끼에 발 등 찍히는 형상이라

202

신수평론비결

편관용인격(偏官用印格)
상관식신년월운세(傷官食神年月運勢)

만리변성 노장무공 萬里邊城 老將無功	잔설불소 백초부장 殘雪不消 百草不長	경영지사 유두무미 經營之事 有頭無尾	외실내허 수유가지 雖有可知 外實內虛	성적부진 소망난성 성적난성 所望難成 成績不進
만리병성에서 늙은 장수가 전과를 지지 못하니 공이 없다	아직 남은 눈이 녹지 않으니 백초가 자라지 못하는 운세	경영하는 일들은 머리만 있고 꼬리가 없구나	겉으로는 화려해 보이나 속으로는 허한 것을 누가 알랴	성적이 오르지 않으니 소망하는 바는 이루어지기가 어렵구나
이하극상 사고불성 以下剋上 事故不成	운색시지 신물모사 運塞時遲 愼勿謀事	불안공포 좌불안석 不安恐怖 坐不安席	대립관천 불견호월 帶笠觀天 不見好月	비리지재 기해비경 其害非輕 非理之財
아랫사람이 위를 극하니 모든 일이 이루어지지 못한다	운수가 비색하고 지연되는 때가 많으니 삼가 일을 꾀하지 말라	불안 초조 공포 등으로 앉은 자리가 편치 못하다	초립을 쓰고 하늘을 쳐다보니 좋은 달을 쳐다볼 수가 없구나	옳지 못한 재물은 그 해가 적지 않구나
분외지사 유해무익 分外之事 有害無益	수왈친지 물설내정 雖日親知 勿說內情	흉살래침 관재구설 官殺來侵 凶災口舌	유의미취 노이무공 有意未就 勞而無功	운조명색 재다모산 재다모산 運阻命塞 財多耗散
분수 밖의 일은 손해만 있고 이익은 없다	비록 친한 사람이라 도 나의 사정을 말하지 말라	흉살이 몸에 임하니 관재구설수가 두렵다	뜻은 있으나 이루어짐이 없고 노력은 하였으나 공이 없다	운수왕명이 막히니 재물이 흩어짐이 많을 운세

편관용인격(偏官用印格)
재년월운세(財年月運勢)

막근주색 필수기해 莫近酒色 必受其害	비조절익 진퇴부지 飛鳥折翼 進退不知	모처불화 입장난처 母妻不和 入場難處	사사허황 물탐분외 事事虛荒 勿貪分外	육친무덕 은반위구 六親無德 恩反爲仇
주색을 가까이 하지 말라 반드시 해가 있을 것이다	날으는 새의 날개가 부러지니 진퇴를 모르는구나	모처간에 불화하니 입장이 난처하구나	일마다 허황하니 분수밖의 일은 탐하지 말라	육친의 덕이 없으니 은혜가 도리어 원수가 된다
구사다처 별무소익 求事多處 別無所益	물타경영 필시손재 勿他經營 必是損財	경영부실 수지불균 經營不實 收支不均	임강무선 욕도부도 臨江無船 欲渡不渡	물신우인 기실부전 勿信友人 其實不全
일을 여러 곳에 구하나 별로 이익이 없구나	다른 일을 경영하지 말라 반드시 손재수가 있으리라	경영하는 사업이 부실하니 수지가 고르지 못하다	강을 임하여 배가 없으니 건너고자 하나 건너지 못하는구나	친구나 형제를 믿지 말라 실제로 손재가 막심하다
내환가외 성심기도 內患可畏 誠心祈禱	사유다체 허도광음 事有多滯 虛度光陰	각종시험 소망난성 各種試驗 所望難成	형야우야 극재하고 剋財何故 兄耶友耶	인재인처 기해비경 因財因妻 其害非輕
내환이 있을까 두려우니 명산을 찾아가 정성껏 기도하라	일에 막힘이 많으니 헛되이 세월만 보내는구나	여러가지 시험하는 바 소원을 성취하기가 어렵구나	형이나 친구가 재물의 손해를 끼치니 어찌된 일인가	돈과 여자로 인하여 그 해가 적지 않다

신수평론비결

편관용인격(偏官用印格)
정관편관년월운세(正官偏官年月運勢)

약비관록 슬하경사 若非官祿 膝下慶事	신상영귀 재록수신 신상영귀 身上榮貴 財祿隨身	전화위복 기불미재 轉禍爲福 豈不美哉	약비혼인 의외득재 若非婚姻 意外得財
건마도점 희열만면 蹇馬到店 喜悅滿面	만약 관록이 아니면 슬하에 경사수가 있다	신상에 영화와 부귀가 따르니 재와 록이 겸하여 오는구나	재앙이 변하여 복이 되니 어찌 아름답지 않으리요	만약 혼인인 아니면 뜻밖의 재물을 얻는다
절룩거리는 말이 주막에 와서 짐을 부리니 얼굴에 기쁨이 가득하다	심신화평 일신안락 心神和平 一身安樂	거구생신 재수대통 去舊生新 財數大通	재성조문 구재여의 財星照門 求財如意	세류합천 진작대해 細流合川 振作大海
유인다조 소망여의 所望如意 有人多助	일신이 안락하고 심신이 화평한 운세이다	옛 것은 가고 새로운 것이 오니 재수가 대통하는구나	재물운이 오니 구하는 재물은 뜻과 같이 성사된다	작은 물이 합쳐서 큰 내를 이루고 큰 냇물이 바다를 이루는구나
많은 사람들이 나를 도우니 소망하는 바는 뜻대로 성취된다	귀인상조 소구필득 貴人相助 所求必得	경영지사 도처유리 經營之事 到處有利	호위백수 의기양양 虎威百獸 義氣揚揚	재수대통 만사여의 財數大通 萬事如意
흥화위길 관인협조 凶化爲吉 官人協助	귀인이 서로 도우니 구하는 일은 반드시 성취할 것이다	경영하는 일은 가는 곳마다 유리하구나	범이 백마리 짐승을 위협하니 의기가 양양하구나	재수가 크게 형통하니 만사가 뜻과 같이 성사될 운세라
흥함이 화하여 길해지고 관인이 협조하여 주니 대길하다				

(7) 편관용겁격 (偏官用劫格)

편관용겁격은 일주가 약한데 재가 많으면 비견 비겁으로 용신한다.

① 사주의 예

乙卯
甲寅
庚申
戊申

甲木일주가 申月 금왕당절에 土金이 투출하였으니 신약사주가 되어서 부득히 乙木으로 비겁 용신하매 水木운이 길하다.

辛卯
丁卯
辛丑
甲寅

신금일주가 寅月에 포궁(포궁)이 되고 木火가 태왕하니 신약사주가 되어서 辛금으로 비겁 용신하며 토금운이 강하다.

● 좋은 운 = 인수나 비견 비겁운이 길하고 관살이 많을 때는 상관 식신운에서 제거병(除去病)하여 좋다.

● 꺼리는 운 = 재나 관살운이 불길하다.

② 편관용겁격의 특징

一 사람의 근본은 선조대의 명문대가에 용호거문(龍虎踞門) 집안의 출생으로 뼈대있는 자손이나 육친(六親)의 덕이 없으니 일찍 객지에 나와 자수성가할 팔자라.

二 관살이 많아서 항상 몸에 신병이 있을까 염려되니 특별히 강에 유의하여야 하고 관재구설과 시비송사는 몸에 짊어지고 다니는 팔자이니 매사에 인내하여야 하며 남의 시비에 참석하지도 마라.

三 재물과는 인연이 없으니 월급쟁이로 진출한다면 큰 해는 없고 매사에 착실하게 맡은 일에 열중한다면 상사의 신임을 받아 승진을 거듭하여 안정한 생활을 영위하게 될 것이다.

四 결혼후에 자식을 낳으면 집안에 불화가 많아지고 부부간에 시비가 자주 생길것이니 항상 사람과 애정으로 집안을 이끌어 나가야만 집안이 화목하다.

五 사회에 처세함에 있어서도 항상 온순하고 양보하면서 남을 위하여 살아 가야 하고 많은 사람과 친형제처럼 사랑을 주고 받아 내사람을 많이 만들어야만 어려운 일이 닥쳤을때 피해 나가는 길이 생길것이다.

六 여자도 또한 같으나 이성풍파(異性風波)가 많으니 마음의 수양과 덕을 쌓아서 현모양처상을 구현하여야만 말년에 다복할 것이다.

206

신수평론비결

편관용겁격(偏官用劫格)
인수년월운세(印綬年月運勢)

비왕태래 신치억금 否往泰來 身致億金	상하태평 신안심화 上下泰平 身安心和	상하태평 일가화평 一家和平 身旺財旺	신왕재왕 이기불소 以羊易牛 其利不少	월명사창 귀인래조 月明紗窓 貴人來助
나쁜 것은 가고 큰 것이 오니 손에 억금을 쥐는구나	상하가 태평하니 이 편안하고 화합한 운세	몸도 재물도 왕성하니 한 집안이 태평한 운세로다	양을 가지고 소를 바꾸니 그 이익이 적지 않다	달 밝은 사창에 귀인이 와서 도우니 매사가 순조롭다
수복겸전 명과원근 壽福兼全 名播遠近	명파사방 만인앙시 名播四方 萬人仰視	신규투자 확장득리 新規投資 擴張得利	백화쟁발 천리유광 百花爭發 千里有光	여인모사 이재기중 與人謀事 利在其中
수복이 겸전하니 이름이 원근에 퍼지는 운세	이름이 사방에 떨치니 만인이 우러러 보는구나	신규사업에 투자하거나 확장하면 반드시 이익이 있다	백가지 꽃이 다투어 피니 천리에 빛이 퍼진다	다른 사람과 같이 일을 꾀하니 이익이 그 가운데 있다
백사유성 인인앙시 百事有成 人人仰視	입학취직 소망여의 入學就職 所望如意	문서계약 매매개길 文書契約 賣買皆吉	어용득수 활기수배 魚龍得水 活氣數倍	우봉귀인 득재억금 偶逢貴人 得財億金
백사에 이름이 있으니 사람들이 우러러 보는구나	입학과 취직은 소망하는 대로 성취된다	문서를 계약하거나 매매하는 것은 다 길하다	고기와 용이 물을 얻으니 활기가 수배 된다	우연히 귀인을 만나서 억금의 재물을 얻는다

편관용겁격(偏官用劫格)
비견비겁년월운세(比肩比劫年月運勢)

형제친우 귀인항조 兄弟親友 貴人恒助	맹호첨익 매사용진 猛虎添翼 每事勇進	백사순성 인인앙시 百事順成 人人仰視	한천서일 대우강림 旱天暑日 大雨降臨	운수형통 하사불성 운수형통 何事不成
형제와 친구 그리고 귀인들이 항상 도와주는 운세	맹호가 날개를 달았으니 매사를 용감하게 정진한다	백가지 일에 이로움이 있으니 사람마다 우러러 본다	가뭄 하늘에서 큰 비가 내리니 만물에 생기를 더하여 주는구나	운수가 크게 형통하니 어찌 일이 이루어 지지 않으리
서입창고 재리대통 鼠入倉庫 財利大通	출문대길 의외득재 出門大吉 意外得財	약비절계 의외횡재 若非折桂 意外橫財	적소성대 재록만당 積小成大 財祿滿堂	용득천문 필유영귀 龍得天門 必有榮貴
쥐가 곡창에 들어간 형상이니 재물과 이 일이 크게 형통한다	집을 나서면 크게 길하고 뜻밖에 재물을 얻는다	만약 벼슬을 하지 않으면 뜻밖의 횡재수라	적은 것을 쌓아서 큰 것을 이루니 재록이 만당하구나	용이 천문을 얻었으니 반드시 영화와 부귀가 있을 것이다
우연호우 은도부흥 偶然呼友 殷道復興	재성조명 여인모사 利在其中	재성조명 소영여의 財星照命 所營如意	귀성조택 귀인래조 貴星照宅 貴人來助	일가화평 희열만면 一家和平 喜悅滿面
우연히 벗을 부르니 은나라가 다시 흥하는 형상이니 대길하다	남과 더불어 하는 일들은 이익이 되는 운세	재물복이 비치니 경영하는 일들이 뜻과 같구나	귀성이 집에 비치니 귀인이 와서 도와 주는구나	한 집안이 화평하니 얼굴에 기쁨이 가득 하구나

208

편관용겁격(偏官用劫格)
상관식신년월운세(傷官食神年月運勢)

계수희생 흉화위길 除愁喜生 凶化爲吉	백사성취 희만가정 百事成就 喜滿家庭	약비횡재 관록지수 若非橫財 官祿之數	록중권고 금옥만당 祿重權高 金玉滿堂	거구종신 사야회춘 去舊從新 四野回春
수심은 사라지고 기쁨이 생기며 흉함이 화하여 길하여지는구나	백가지 일들이 뜻대로 성취되니 가정에 기쁨이 가득하구나	만약 횡재수가 아니면 관록이 따를 운세	녹이 중하고 권세가 높아지니 금옥이 만당할 운세	옛 것을 버리고 새 것을 쫓으니 사방에 봄빛이 돌아오는구나
관재구설 불필심려 官災口舌 不必心慮	용득하해 조화막측 龍得河海 造化莫測	건천봉우 기수갱다 乾泉逢雨 其水更多	남아득의 의기양양 男兒得意 意氣洋洋	도처유재 안가태평 到處有財 安家泰平
관재구설수가 있으나 염려할 것은 없다	용이 하해를 얻었으니 그 조화를 측량하기가 어렵구나	마른 샘이 비를 만나니 그 물이 다시 많아진다	남아가 뜻을 얻었으니 의기가 양양하구나	가는 곳마다 재물이 있으니 집안이 태평하구나
재록겸전 만인앙시 財祿兼全 萬人仰視	수조창파 만득대어 垂釣滄波 晩得大魚	심산류수 불식귀해 深山流水 不息歸海	재왕신왕 일가화락 財旺身旺 一家和樂	구토득장 이소역대 求兎得獐 以小易大
재록이 만인이 따르니 만인이 우러러 보는구나	낚시를 창파에 던졌으나 이제서야 큰 고기를 얻었구나	삼산에서 흐르는 물이 쉬지않고 흘러 바다에 이르는 운세	재수와 신수가 왕하니 한 집안이 화락하구나	토끼를 구하려다가 노루를 얻고 적은 것으로 큰 것을 바꾼다

편관용겁격(偏官用劫格)
재년월운세(財年月運勢)

막근주색 기해막심 莫近酒色 其害莫甚	전후고산 거취미분 前後高山 去就未分	구설시비 불의쟁송 口舌是非 不宜爭訟	심산소토 호군하방 深山少兎 虎群何防	탐재괴인 명예손상 貪財壞印 名譽損傷
주색을 가까이 하지 말라 그 해가 막심하다	앞뒤로 높은 산이 있으니 거취를 분별할 수 없는 운세	구설시비수가 따르니 송사함이 불길하니 참는 것이 제일이다	깊은 산에 작은 토끼가 호랑이 떼를 어찌 막으랴	재물을 너무 탐하면 명예가 손상될까 염려된다
물탐비리 종내후회 勿貪非理 終乃後悔	추차산상 노력무공 推車山上 努力無功	막출욕심 반위실패 莫出慾心 反爲失敗	임진무선 하일도강 臨津無船 何日渡江	맹호함정 여난가외 猛虎陷穽 女亂可畏
옳지 못한 재물은 탐하지 말라 종내는 후회할 것이다	수레를 밀어 산에 오르니 노력하여도 공이 없구나	욕심을 내지 말라 도리혀 실패할까 두렵구나	나루터에 배가 없으니 언제 나루를 건널까	맹호가 함정에 빠지고 여자로 인해 어려움이 많은 운세
음양불화 만물불성 陰陽不和 萬物不成	다사다체 구사난성 多事多滯 求事難成	어룡실수 시종불리 魚龍失水 始終不利	심산실로 행로불능 深山失路 行路不能	성적부진 합격난망 成績不進 合格難望
음양이 불화하니 만물이 소생할 수가 없구나	일에 막힘이 많으니 일을 구하려 하나 이루지 못한다	고기와 용이 물을 잃으니 시종 운세가 불길하다	깊은 산에서 길을 잃었으니 갈길이 아득하구나	성적이 부진하고 합격하기가 어려운 운세

신수평론비결

편관용겁격(偏官用劫格)
정관편관년월운세(正官偏官年月運勢)

막탐외재 기해막심 其害莫甚 莫貪外財	고목무춘 개화난망 故木無春 開花難望	수분안거 망동즉해 守分安居 妄動則害	약비관재 질병가외 若非官災 疾病可畏	막탄여의 도시운수 莫嘆如意 都是運數
분수 밖의 재물을 탐하지 말라 그 해가 막심하다	고목은 봄이 없으니 꽃피기는 바라기가 어렵다	분수를 지키고 편히 있으라 망녕되히 움직이면 해가 있으리라	만약 관재가 아니면 질병이 가히 두렵구나	막탄식하지 말라 이것이 다 운수소관이다
연운불리 성심기도 年運不利 誠心祈禱	사다와해 차역나하 事多瓦解 此亦奈何	모사개암 대시이행 謀事皆暗 待時而行	사유분수 막탐외재 事有分守 莫貪外財	호진기진 매사부진 虎進氣盡 每事不進
일년 운세가 불리하니 성심으로 기도하라	일에 와해가 많으니 이것을 어찌할 것인가	꾀하는 일이 다 어두우니 때를 기다려 행하라	일에 반드시 분수가 있는 것이니 밖의 재물을 탐하지 말라	범이 나가려고 기진맥진하니 매사가 진전이 없는 운세
행봉귀인 횡액가면 幸逢貴人 橫厄可免	여인모사 필유허황 與人謀事 必有虛荒	약비구설 송사가외 若非口舌 訟事可畏	매사유체 심신산란 每事有滯 心身散亂	사무두서 심사난정 事無頭緒 心思難定
다행이 귀인을 만나면 횡액을 가이 면할 수 있으리라	남과 꾀하는 일은 반드시 허황됨이 있을 것이다	만약 구설시비수가 아니면 송사수가 두렵구나	매사가 막힘이 많으니 심신이 산란하구나	일에 두서가 없으니 마음을 정하기가 어렵구나

(8) 편관용상식격 (偏官用傷食格)

편관용상식격은 일주가 강한데 관살이 많으면 상관 식신으로 용신한다. 그리고 일주가 약할때도 관살이 많으면 상식으로 용신한다.

① 사주의 예

壬戌
庚戌
甲戌
丙寅

구추갑목(九秋甲木)이 본신약인데 土金이 태왕하여 丙火로 용신 식신제살(食神制殺)코저 하니 木火운이 길하다.

甲寅
戊辰
甲子
丙寅

甲일주가 水木으로 신왕하여 丙火로 식신용신하니 화토운이 길하다. 원칙적으로는 戊토재로 용신하여야하나 용신이 미약할때는 용신을 돕는 자가 용신이라는 법칙에 따른 것이다.

● 좋은 운 = 상관, 식신이나 비겁 비겁운이 길하다. 사주원국에 병이 많을 때는 재운도 좋다.〈제거병하는 관계〉

● 꺼리는 운 = 관살과 재운이 불길하며 인수운은 용신이 피상되니 또한 불길하다.

② 편관용상식격의 특징

一 이 사람의 성격은 외유내강으로 겉으로는 유한것 같으나 속으로는 강한 편이다. 육친의 덕이 없어 세상풍파를 많이 겪었으니 어려운 중에서도 살아나가는 끈질긴 지혜와 재주가 비범하다.

二 이 격은 신약사주가 대체적으로 많아서 항상 신병으로 건강이 염려되니 지나친 과로와 과음은 삼가하라. 만병의 근원이 된다.

三 본래 성격이 모가나서 윗사람에게 덤벼드니 소위 하극상이다. 고로 직장생활은 취미와 성격에 맞지 않으니 언론출판 문예 교직 육영사업 복지사업 등 자유직업이 제일 좋다.

四 재물을 탐하고 여자를 탐하면 신병이 위태롭다. 또 돈 들어오고 여자를 많이 상대하면 결과적으로 적은 것을 탐하다 큰 것을 잃어버리게 되니 이점 특별히 명심하여야 한다.

五 어려운 일에 닥쳤을때는 손아래 사람이나 할머니벌 되는 분이나 장모의 도움을 받으면 잘 해결될 수 있다.

六 사람의 두뇌가 비상하여 어려운 일에도 잘 처리하고 요령이 좋으니 남들이 조조라고 하는 별명을 지어주기도 한다.

七 여명도 대동소이하나 이성풍파가 많아서 부도(婦道)를 쌓고 수양하여 화합을 위주로 살아야 어려우니 부도(婦道)를 쌓고 수양하여 화합을 위주로 살아야 한다.

212

편관용상식격(偏官用傷食格)
인수년월운세(印綬年月運勢)

문서계약 보증불가 文書契約 保證不可	만리장정 거거고산 萬里長程 去去高山	락화무실 광풍하사 落花無實 狂風何事	보신지도 성심근신 保身之道 誠心謹愼	수유생재 득이반실 雖有生財 得而半失
문서계약과 보증매 등은 불리하다	갈 길이 만리인데 가면 갈수록 높은 산이로구나	꽃이 떨어지고 열매가 없는데 광풍은 어인 일인고	몸을 보전하는 도는 성심으로 근신하는 것이 제일이다	비록 재물이 생기나 얻어서 반은 잃는구나
신축결사 보류제일 新築結社 保留第一	은인반해 신부할족 恩人反害 信斧割足	입즉심란 출즉노심 入則心亂 出則勞心	용입사혈 망신운세 龍入蛇穴 亡身運勢	외실내허 수하신지 外實內虛 誰何信之
새로 집을 짓거나 회사를 설립하는 것은 보류함이 제일이다	은인이 도리혀 해를 끼치고 믿는 도끼에 발등 찍힌다	들어오면 마음이 어지럽고 나가면 노심하리라	용이 뱀의 굴을 찾아 들어가니 망신할 운세로다	밖으로는 실해보이나 속으로는 허하니 어느 누가 믿어줄까
금의야행 허화무실 錦衣夜行 虛花無實	상하각심 매사난성 上下各心 每事難成	인명구조 은반위구 人命救助 恩反為仇	사불여의 심다번민 事不如意 心多煩悶	입소용다 수지불균 入少用多 收支不均
비단 옷을 입고 밤길 걷기요 허한 꽃이 열매가 없는 것이다	위아랫사람의 마음이 서로 다르니 매사가 이루어지기는 힘 들다	인명을 구하여 주었으니 은인이 원수로 되는구나	일이 여의치 못하니 마음 속에 번민만 생기는구나	들어오는 것은 적고 쓰는 것은 많으니 수지가 고르지 못하는구나

편관용상식격(偏官用傷食格)
비견비겁년월운세(比肩比劫年月運勢)

漸漸生氣 死中求生	順風駕帆 前途無碍	先損後益 苦盡甘來	除愁喜生 喜悅滿面	經營得利 勞半功倍
점점 생기를 사지에 구하는 운세	순풍에 돛을 길에 장애가 없구나	먼저는 저조하나 음은 크게 길하니 진감래의 운세	수심은 없어지고 기쁨이 생기니 얼굴에 기쁨이 가득하구나	경영하는 사업에 이익이 있으며 노력보다 공이 더 많다
財祿豊滿 每事如意	幸運己回 福祿自來	以少易大 財運大通	渴者得水 自然生氣	背暗向明 勇氣百倍
재록풍만 매사여의	행운기회 복록자래 다행히 운수가 돌아오니 복록이 스스로 오는구나	이소역대 재운대통 작은 것으로 큰 것을 바꾸니 재운이 대통 하였구나	갈자득수 자연생기 목마른 자가 물을 얻으니 자연 생기가 나는구나	배암향명 용기백배 어두움을 등지고 밝음을 향하니 용기가 백배로구나
貴人相助 兄耶弟耶	心正待時 必有興旺	他人多助 何不成事	就職試驗 不必心慮	以賤換貴 每事自身
귀인상조 형야제야 귀인이 도우니 나 친구의 힘이로다	심정대시 필유흥왕 마음을 곧게 먹고 때를 기다리면 반드시 흥왕하게 되리라	타인다조 하불성사 다른 사람들이 많이 도와주니 어찌 일이 이루어지지 않으리	취직시험 불필심려 취직시험은 염려할 필요가 없다	이천환귀 매사자신 천한 곳을 옮겨서 귀한 곳으로 앉으니 매사에 자신이 있다

편관용상식격(偏官用傷食格)
상관식신년월운세(傷官食神年月運勢)

暮春三月 花落結實 花落結實	凶化爲吉 先損後益 흉화위길 선손후익	久情相逢 意氣投合 구정상봉 의기투합	山野更新 花色更新 산야갱신 화색갱신	若逢貴人 每事亨通 약봉귀인 매사형통
춘삼월이 지나니 꽃이 떨어지고 열매를 맺는 운세	흉함이 화하여 길해지니 먼저보다 뒤에 이익을 얻는구나	오랜 정을 만나니 기가 서로 맞아서 매사가 잘 성취된다	산과 들에 봄이 돌아오니 꽃빛이 새롭구나	만약 귀인을 만나면 매사가 형통할 것이다
雲散月出 景色一新 운산월출 경색일신	身安心平 百事俱吉 신안심평 백사구길	他人多助 身上有吉 타인다조 신상유길	意外貴人 友來助力 의외귀인 우래조력	家內泰平 萬事如意 가내태평 만사여의
구름은 흩어지고 달이 밝으니 천하의 모든 색이 더욱 새롭구나	몸과 마음이 태평하니 백가지 일들이 다 길하구나	다른 사람들이 많이 도와주니 신상에 길함이 있구나	뜻밖에 귀인이 와서 도우며 친구 또한 도와주는 운세	집안이 태평하니 만사가 뜻대로 성취되는구나
福居旺地 手弄億金 복거왕지 수롱억금	身運大通 吉事重重 신운대통 길사중중	花開結實 事多成功 화개결실 사다성공	橫財可期 財祿身位 재록신위 횡재가기	若非揚名 必得大財 약비양명 필득대재
사는 곳이 복지가 되니 빈손으로 수억을 다루는 운세	신운이 대통하니 백가지 일들이 길사가 중중하구나	꽃이 피고 열매를 맺으니 일에 성공함이 틀림없다	재록신위 횡재가 따르니 횡재가 틀림없다	만약 이름을 떨치지 않으면 반드시 큰 재물을 얻으리라

편관용상식격(偏官用傷食格)
재년월운세(財年月運勢)

불의지재 막근주색 不意之財 莫近酒色 뜻하지 않은 재물과 주색을 탐하지 말라	탐심불기 복변위재 貪心不己 福變爲災 탐욕이 끊임이 없으면 복록이 변하여 재앙이 되는 운세	사다반복 막탐여색 事多反復 莫貪女色 일에 반복함이 많으니 여색을 탐하지 말라	물생허욕 반수기해 勿生虛慾 反受其害 허욕을 내지 말라 그 해를 받는다	모처불화 입장난처 모처불화 입장난처 母妻不和 入場難處 어머니와 아내간에 불화하니 입장이 난처하구나
지단모천 욕교반졸 智短謀淺 欲巧反拙 지혜가 짧고 꾀가 얕으니 교묘하게 하고자 하는 일이 오히려 졸열해진다	수구안상 물영타사 守舊安常 勿營他事 옛 것을 지키고 편안히 있으라 다른 일을 경영하면 불리하다	욕행미로 거취미분 慾行迷路 去就未分 가고자 하나 길이 없으니 거취를 정하기 어렵구나	매사유체 막계거사 每事有滯 莫計巨事 매사에 막힘이 많으니 큰 일을 계획하지 말라	약비손재 실물가외 若非損財 失物可畏 만약 손재수가 아니면 실물할까 두렵구나
경영지사 여성불성 經營之事 如成不成 경영하는 사업이 될것 같으면서도 성사되지 않는구나	여인모사 도무성공 與人謀事 徒無成功 남과 더불어 같이 사업을 하면 잘 성사되지 않는다	소탐대실 자고이연 小貪大失 自古而然 작은 것을 탐내다가 큰 것을 잃음은 예로부터 그러하다	인재인처 시비구설 因財因妻 是非口舌 재물과 여자로 인하여 시비와 구설수가 두렵구나	유의미취 구재난득 有意未就 求財難得 뜻은 있으나 이루지 못하니 재물을 구하려 하나 구할 수가 없다

편관용상식격(偏官用傷食格)
정관편관년월운세(正官偏官年月運勢)

심산유곡 지로자수 深山幽谷 指路者誰	월입운중 동서불변 月入雲中 東西不辨	일신곤고 심다번민 一身困苦 心多煩悶	이하극상 유해무익 以下剋上 有害無益	사사다마 사번의란 事事多魔 事煩意亂
심산유곡에서 길을 잃었으니 어느 누가 길을 가르쳐 줄까	달이 검은 구름 속으로 들어가니 동서를 분별하기가 어렵구나	일신이 곤고하니 마음에 번민이 많구나	아랫사람이 윗사람에게 덤벼드니 해만 있고 이익이 없다	일에 마가 많으니 이번거롭고 뜻이 흔들림이 있구나
산로주마 험로곤고 山路走馬 險路困苦	질병가외 건강유의 疾病可畏 健康留意	가정불화 풍파불식 家庭不和 風波不息	외소내번 유두무미 外笑內煩 有頭無尾	막탐허욕 별무소득 莫貪虛慾 別無所得
산길에서 말을 달리니 길이 험함에 곤고함이 많은 운세	질병이 두려우니 건강에 조심하라	가정불화가 있어 풍파가 그칠 날이 없다	겉으로는 웃으나 속으로는 번민하고 머리는 있으나 꼬리가 없는 운세	허욕을 탐하지 말라 별로 소득이 없다
득이반실 반이다실 得而多失 反不如無	관재구설 이덕방화 官災口舌 以德防禍	언어필신 구설시비 言語必愼 口舌是非	물청타언 반위허황 勿聽他言 反爲虛荒	노용무력 등천가난 老龍無力 登天可難
얻어서 많이 잃으니 도리혀 없는 것만 같지 못하구나	관재구설수가 비치니 덕으로 화를 막아라	말조심 하여라 구설과 시비수가 있다	남의 말을 듣지 말라 오히려 허황됨이 있다	늙은 용이 힘이 없으니 어찌 하늘에 올라갈까 어렵기만 하다

(9) 편관용재격 (偏官用財格)

편관용재격은 일주가 강한데 관이 허약하면 재로 용신한다.

① 사주의 예

己酉　癸水가 오월 화왕당절(火旺當節)에 출생하였으나
庚午　금수로 사주원국이 한냉하여 午중 丁火로 용신하
癸丑　니 木火운이 길하다.
癸亥

戊午　사주원국이 너무 조열하여 亥중의 壬수로 조후용신
乙壬　(調侯用神)하니 금수운이 길하다.
己亥
己巳

● **좋은 운** = 상관식신이나 재운이 길하며 용신지병(用神之病)
이 많을 때는 관살운도 좋다.

● **꺼리는 운** = 비견 비겁이나 인수운이 불길하다.

② 편관용재격의 특징

一　부모의 덕이 있어 정상적인 교육을 받았으며 신왕사주니 배짱이 세어서 영웅호걸의 기상으로 많은 사람을 지휘통솔하는 능력이 뛰어났다.

二　관계보다는 상경계가 좋으며 벼슬보다는 돈을 위주로 살아가니 일찍 치부(致富)하여 남부러울 것이 없는 팔자이다.

三　돈이 많으면 재생관(財生官)의 원리로 정치계에 뛰어들어서 두각을 나타내어 그 이름이 천하에 떨칠 것이다. (단 대운의 흐름이 좋을 때)

四　결혼하고 부터는 집안의 재산이 점점 늘어갈 것이니 남들이 처자덕이 있는 사람이라고 말하기도 한다.

五　그러나 사람의 성격이 너무 완강하고 돈이면 만사가 해결된다는 그릇된 생각으로 돈을 버는데는 수단과 방법을 가리지 않고 인색하다.

六　특히 남을 무시하고 친구의 정성어린 충고를 도외시하는 단점이 있으니 이점을 고치고 덕과 은혜는 베풀고 남을 위해 남의 일을 열심히 돌보아 주는 성격을 가진다면 금상첨화라 하겠다.

七　여자도 남자와 같으나 출가 이후 시집의 재산이 늘어나고 남편의 출세길이 열리게 되나 시모와 불화하고 너무 개성이 강하여 부부불화로 해로하기 어려운 일이 생길까 염려되니 인격수양에 더욱 노력하라.

신수평론비결

편관용재격(偏官用財格)
인수년월운세(印綬年月運勢)

莫信兄友 佛口蛇心 막신형우 불구사심 형제나 친구의 말을 믿지 말라 말은 부처님의 말씀이나 속은 뱀의 마음이다	春後尋花 勞而無功 춘후심화 노이무공 봄은 지나갔는데 꽃을 찾으니 노력은 많으나 공이 없다	有頭無尾 每事不成 유두무미 매사불성 머리는 있으나 꼬리가 없으니 매사가 성사되기 어렵다	勿營他事 守舊安常 물영타사 수구안상 다른 일을 경영하지 말라 옛것을 지키고 편안하게 근신하라	莫信他人 以財傷心 막신타인 이재상심 남의 말을 듣지 말라 돈으로 마음을 상하게 하는 운세
非理之財 其禍非輕 비리지재 기화비경 옳지 못한 재물은 그 미치는 화가 적지 않다	失物之數 盜難防止 실물지수 도난방지 실물지수도 있으니 도적을 방지하라	入海求珠 事有虛荒 입해구주 사유허황 바다에 들어가 구슬을 구하니 일에 허황됨이 있구나	親人作怨 百事沮戱 친인작원 백사저희 친한 사람과 원한을 지어서 백사를 방해받는 운세	雖有虛名 實無所得 수유허명 실무소득 비록 빈 이름은 있으나 실상은 얻은 바가 없다
有聲無形 呼訴無處 유성무형 호소무처 소리는 있으나 형상이 없으니 호소할 곳이 없구나	勿貪虛慾 反有損財 물탐허욕 반유손재 허욕을 탐하지 말라 오히려 손재할까 렵구나	日暮西山 貴客失路 일모서산 귀객실로 해는 저물어서 서산인데 귀객이 길을 잃었구나	在家心亂 出他無益 재가심란 출타무익 집에 있으면 심란하고 나가도 이익이 없구나	內患可畏 家內不和 내환가외 가내불화 내환이 염려되고 집안 사람과 불화할 운세

편관용재격(偏官用財格)
비견비겁년월운세(比肩比劫年月運勢)

(5)	(4)	(3)	(2)	(1)
虎入陷穽 有志無計 호입함정 유지무계 범이 함정에 빠졌으니 마음은 있으나 계획은 없다	終始不得 求兎於海 종시부득 구토어해 토끼를 바다에서 구하니 마침내 구하지 못하는 운세	更踏虎尾 僅避虎狸 갱답호미 근피호리 여우와 이리를 피하니 다시 호랑이의 꼬리를 밟는구나	貴人反害 信斧割足 귀인반해 신부할족 귀인이 도리혀 나를 해하고 믿는 도끼에 발등 찍힌다
상하불화 유의미취 上下不和 有意未就 상하가 불화하니 뜻은 있으나 이루워지지 않는다	錦衣野行 外華乃困 금의야행 외화내곤 겉으로는 화려하나 속으로는 곤하고 비단옷 입고 밤길 걷기이다	終見失敗 莫信親人 종견실패 막신친인 친한 사람을 믿지 말라 마침내는 실패하리라	雖有財利 大往小來 수유재리 대왕소래 비록 재물은 생기나 큰 것이 가고 적은 것이 오는 운세	新築結社 賣買不利 신축결사 매매불리 새로 집을 짓거나 회사를 설립하고 매매하는 것은 다 불리하다
성적부진 합격난망 成績不進 合格難望 성적이 부진하니 합격하기가 어렵다	憂苦不絶 家運否塞 우고부절 가운불절 가운이 불길하니 생과 근심이 끊일 날이 없구나	若非損財 名譽毀損 약비손재 명예훼손 만약 손재수가 아니면 명예가 훼손될까 염려된다	偶逢險路 江上行人 우봉험로 강상행인 강상을 행하는 나그네가 우연히 험한 길을 만나는구나	保證貸借 文書操心 보증대차 문서조심 남의 보증을 서거나 금전대차 문서계약 등은 특별히 조심하라
勿爲强求 損財落名 물위강구 손재락명 분수밖의 것을 강제로 구하려 하지 말라 손재와 낙명할 수라				

220

편관용재격(偏官用財格)
상관식신년월운세(傷官食神年月運勢)

의기왕성 매사여의 意氣旺盛 每事如意	의외공명 명진사해 意外功名 名振四海	길성수신 하불성사 吉星隨身 何不成事	구정상봉 희중가희 舊情相逢 喜中加喜	상하화순 희만가정 上下和順 喜滿家庭
의기가 왕성하니 매사가 뜻대로 성취된다	뜻밖의 공명을 얻으니 이름이 사해에 떨치는구나	길성이 몸을 따르니 어찌 일이 이루어지지 않으리	옛 정인을 다시 만나니 기쁜 중에 더욱 기쁘구나	위아래가 서로 화합하니 가정에 기쁨이 가득하구나
재록겸전 축하지객 財祿兼全 祝賀之客	전화위복 희색만면 轉禍爲福 喜色滿面	춘회산곡 백화쟁발 春回山谷 百花爭發	정성소도 금석가투 精誠所到 金石可透	운도대길 도처유영 運到大吉 到處有榮
재와 관록이 겸전하니 축하객이 당도하는 운세	화가 변하여 복이 되니 얼굴에 기쁨이 가득하구나	산골에 봄이 돌아오니 백가지 꽃들이 다투어 피는구나	정성이 이르는 곳에 금과 돌을 뚫을 수가 있으리라	큰 운이 돌아오니 가는 곳마다 영화로구나
자천우지 길사중중 自天佑之 吉事重重	재거복래 천신조아 災去福來 天神助我	청용득수 조화무궁 靑龍得水 造化無窮	소망여의 사사형통 所望如意 事事亨通	복록수신 차외하망 福祿隨身 此外何望
하늘이 스스로 도우니 길한 일이 거듭 생기는구나	재앙은 사라지고 복록이 오니 천신이 나를 돕는구나	청룡이 물을 얻었으니 그 조화가 무궁하구나	바라는 바가 뜻과 같으니 일마다 형통하는구나	복록이 뒤따르니 이 밖의 무엇을 더 바랄 것인가

편관용재격(偏官用財格)
재년월운세(財年月運勢)

漸漸榮華 福祿非輕 점점영화 복록비경 점점 영화가 깃드니 복록이 가볍지 않은 운세	日月明朗 必有慶事 일월명랑 필유경사 일월이 명랑하니 반드시 경사가 있을 수 이다	雲外萬里 得財還鄉 운외만리 득재환향 구름밖에 만리의 재물을 얻고 고향으로 돌아오는 운세	投資擴張 日進月增 투자확장 일진월증 사업에 투자하거나 확장하는 것은 날로 달로 점점 성장한다	內外和合 萬事如意 내외화합 만사여의 내외가 화합하니 만사가 뜻과 같이 성사되는구나
新規事業 結果有利 신규사업 결과유리 새로 시작하는 사업도 결과는 유리하다	財祿隨身 貨泉湧出 재록수신 화천용출 재록과 관록이 따르니 재물이 샘에서 물솟는 듯 하다	內外相生 財可如意 내외상생 재가여의 내외가 상생하니 재물을 얻는 것이 뜻과 같구나	意氣旺盛 前道揚揚 의기왕성 전도양양 의기가 왕성하니 앞길이 양양하구나	若非官祿 必得大財 필득관록 약비관록 필득대재 만약 관록이 아니면 반드시 큰 재물을 얻을 것이다
身運通泰 家運興旺 신운통태 가운흥왕 신운이 대통하니 집안의 운세가 더욱 왕한다	靑鳥傳信 偶結良緣 청조전신 우결양연 청조가 소식을 전하니 반드시 좋은 인연을 맺을 수이다	衆人助我 每事亨通 중인조아 매사형통 많은 사람들이 나를 도우니 매사가 형통한다	時來運到 自然成功 시래운도 자연성공 때가 오고 운이 오니 자연 성공하는구나	貴人來助 福祿如山 귀인래조 복록여산 귀인이 와서 도우니 복록이 산과 같구나

신수평론비결

편관용재격(偏官用財格)
정관편관년월운세(正官偏官年月運勢)

到處有財 名振四海 도처유재 명진사해 도처에 재물이 있으니 그 이름이 사방에 떨친다	花發春山 萬紫千紅 화발춘산 만자천홍 꽃이 봄동산에 만발하니 만가지가 붉고 화려하구나	龍得天門 造化無雙 용득천문 조화무쌍 용이 천문을 얻었으니 그 조화가 무궁하구나	凶化爲吉 財祿隨身 흉화위길 재록수신 흉함이 화하여 길해지니 재와 록이 기쁘게 따라오는구나	春園桃李 郁郁靑靑 춘원도리 욱욱청청 봄 동산에 복숭아 꽃이 피니 더욱 청청하구나
魚變成龍 變化無雙 어변성용 변화무쌍 고기가 변하여 용이 되었으니 그 변화가 무쌍하구나	名利隨身 必有慶事 명리수신 필유경사 명리가 마음에 맞으니 반드시 경사가 있으리라	所望如意 因人之德 소망여의 인인지덕 소망이 뜻과 같으니 사람으로 인한 덕이라	積少成大 財祿陳陳 적소성대 재록진진 작은 것을 쌓아서 큰 것을 이루니 재록이 진진하구나	雲捲靑天 明月自新 운권청천 명월자신 구름이 청천에 걷히니 밝은 달이 스스로 새롭구나
家道興旺 此外何望 가도흥왕 차외하망 가도가 흥왕하니 이 밖의 무엇을 더 바랄 것인가	去舊生新 百事如意 거구생신 백사여의 옛 것은 가고 새 것이 오니 백가지가 뜻과 같구나	若非官祿 生男之數 약비관록 생남지수 만약 관록이 아니면 자식을 얻을 수거나 경사가 있을 수	金玉滿堂 財利可得 금옥만당 재리가득 금옥이 꽉차고 재물과 이익을 얻는 운세	貴星照門 因人成事 귀성조문 인인성사 귀성이 몸에 비치니 남으로 인하여 성사 될 운세

(10) 편관용관격 (偏官用官格)

편관용관격은 일주가 강한데 비견 비겁이 많을때는 관살로 용신한다.

① 사주의 예

癸巳
癸亥
丙午
甲午   丙火일주가 亥月에 출생하여 무력하나 巳午 화국에 甲木이 투출하여 신왕하니 癸水로 정관용신하매 金水운이 길하다.

癸巳
丙午
壬申
甲寅   丙火일주가 申月에 壬水가 투출하였으니 본래 신약 사주이나 木火를 신왕하니 壬水로 용신하니 金水운 이 길하다.

● **좋은 운** = 관살과 재운이 길하고 사주원국에 병신(病神)이 많을때는 인수운도 좋다.

● **꺼리는 운** = 상관식신과 비견 비겁운이 불길하고 용신(用神)이 허약할 때는 인수운이 또한 불길하다.

② 편관용관격의 특징

一 의기남아(意氣男兒)로 태어나서 영웅호걸의 기상으로 남의 지도자격이니 그 기상이 고매하고 성품이 매사에 관대하며 호장과감(豪壯果敢)하여 의협심이 강하며 정직 성실하니 정보다는 직장생활이 우선적이다.

二 매사에 정직하고 불의는 용서치 않으며 원리원칙과 맡은 바 책임에 성실하니 상사의 신임을 독차지하여 출세길이 남보다 빠르다.

三 사람이 양성적이며 일단 목표를 설정하면 하고자 하는 일들을 기어코 관철하고야 마는 성격이며 인내력이 강하고 노력가이 니 남으로부터 항상 존경의 대상이 되기도 한다.

四 그러나 성격이 너무 강직하고 자존심이 강하고 남을 멸시 하대하는 경향 융통성이 없으며 상대방을 적으로 만들어 피해를 당하는 예도 있다.

五 이러한 단점을 보완하고 매사를 친절과 인내 우정으로 많은 사람을 포용하는 아량을 베푸는 처세술에 익숙하기 바란다.

六 여명도 가정보다는 직장생활을 위주로 하기 때문에 자연 가정에 등한하게 되고 이성풍파가 많으니 이점 유의하여 가정 위주로 부부화합에 온 정성을 단하여야만 말년에 행복을 누 릴 수 있을 것임을 명심하라.

편관용관격(偏官用官格)
인수년월운세(印綬年月運勢)

길성수신 吉星隨身 도처유영 到處有榮	어용득수 활기도도 魚龍得水 活氣滔滔	인인성사 의기왕성 因人成事 意氣旺盛	유유미취 유두무미 유의미취 有頭無尾 有意未就	수유노력 노다공소 수다공력 雖有努力 勞多功少
길성이 몸을 따르니 도처에 영화가 있을 수이다	고기와 용이 물을 얻으니 그 활기가 도도 하구나	사람으로 인하여 성사되니 의기가 왕성 하구나	뜻은 있으나 성사되기 어렵고 머리는 있으나 꼬리가 없구나	비록 노력은 하나 그 공은 적은 운세
문서계약 매매득리 文書契約 賣買得利	시래운도 자연성공 時來運到 自然成功	신축결사 투자확대 新築結社 投資擴大	유명무실 화중지병 有名無實 畫中之餅	추봉초목 일비일우 秋逢草木 一悲一憂
문서를 계약하거나 사고 파는 것은 이익이 있을 운세	때가 오고 운이 이르니 자연히 성공할 것이다	새로 신축하거나 투자하는 것은 다 길하다	이름만 있고 실속은 없으며 매사가 그림의 떡이로다	가을 초목이 한번 슬프고 한번 근심한다
흥화위길 도처생광 凶化爲吉 到處生光	재록수신 차외하망 財祿隨身 此外何望	시험취직 소망여의 試驗就職 所望如意	금의야행 부옥빈인 錦衣野行 富屋貧人	투자계약 매매불리 投資契約 賣買不利
흥함이 화하여 길해 지니 도처에 빛이 나는구나	재와 관록이 따르니 이밖에 무엇을 더 바랄고	시험 취직하는 것은 소망하는 대로 성사된다	비단옷 입고 밤길 걷기요 겉으로는 부자나 속으로는 가난하다	투자하거나 계약 매매 등은 다 불리하니 보류함이 좋다

편관용관격(偏官用官格)
비견비겁년월운세(比肩比劫年月運勢)

설만춘산 초목불생 雪滿春山 草木不生	형세친구 종내손재 兄弟親舊 終乃損財	사유미결 우고하사 事有未決 憂苦何事	범사다역 수심난면 凡事多逆 愁心難免	막근주색 손재구설 莫近酒色 損財口舌
눈이 봄산에 가득하니 초목이 소생하지 못하는 운세	형제나 친구로 인하여 종내 손재를 보게 되는구나	일에 미결함이 있는데 근심 걱정은 어찌된 일인가	매사가 많이 거슬리니 수심을 면하기가 어렵구나	주색을 탐하지 말라 손재와 구설수가 두렵구나
유명무실 소영귀허 有名無實 所榮歸虛	수유묘계 부중나하 雖有妙計 不中奈何	모사불리 허송세월 謀事不利 虛送歲月	막탄신고 초곤후태 莫嘆辛苦 初困後泰	친지신지 은반위구 親知慎之 恩反爲仇
이름만 있고서 실속이 없으니 경영하는 일이 순조롭지 않다	비록 묘한 계교는 있으나 맞지 않으니 어찌하랴	꾀하는 일이 이룹지 않으니 세월을 허송하는구나	고생스러움을 한탄하지 말라 처음은 곤하나 나중에는 형통할 수	친한 사람을 조심하라 은인이 변하여 원수가 되는구나
사무두서 소망난성 사무무두서 所望難成	여인동사 필유실패 與人同事 必有失敗	경영부실 수지불균 經營不實 收支不均	물탐인재 소득대실 勿貪人財 所得大失	부부불화 가정불안 夫婦不和 家庭不安
일에 두서가 없으니 소망하는 바를 이루기가 어렵구나	남과 동업하는 일은 반드시 실패할 수라	경영하는 일이 부실하니 수지가 균형을 맞추기 어렵구나	사람과 재물을 탐하지 말라 적게 얻고 많이 잃는다	부부간에 불화하니 가정이 불안하다

편관용관격(偏官用官格)
상관식신년월운세(傷官食神年月運勢)

初焦燥不安 坐不安席 초조불안 좌불안석 항상 초조 불안하니 앉은 자리가 편치 못하다	職場不滿 離職生覺 직장불만 이직생각 직장에 불만이 많으니 직장을 떠날 생각 뿐인 운세	事無頭緒 謀事不成 사무두서 모사불성 일에 두서가 없으니 꾀하는 일이 성사되기 어렵구나	部下之事 吾之責任 부하지사 오지책임 부하의 책임이 되니 청천벽력이라	老龍無力 登天難望 노용무력 등천난망 늙은 용이 힘이 없으니 등천하기는 어려운 운세
上下不和 去就未定 상하불화 거취미정 위아랫사람이 불화하니 거취가 분명치 못한 운세	子孫疾患 家內愁心 자손질환 가내수심 자손에 질환수가 있으니 집안에 수심이 많을 수	隱仇誰知 尙在近地 은구수지 상재근지 숨은 원수를 누가 알꼬 오히려 가까운 곳에 있구나	反爲他營 勿爲損財 물위타영 물위손재 다른 일을 경영하지 말라 오히려 손재할 수라	反爲其害 勿爲退職 물위퇴직 반위기해 직장에서 퇴직하지 말라 오히려 해가 있으리라
口舌是非 以德防禍 구설시비 이덕방화 구설 시비수가 있으니 덕으로 화를 막아라	莫與人爭 以財傷心 막여인쟁 이재상심 남과 더불어 다투지 말라 재물로 인하여 상심할 수라	守分安居 動則有害 수분안거 동즉유해 분수를 지키면 편안하나 동하면 해가 있다	捕蟹放水 世事如夢 포해방수 세사여몽 게를 잡았다가 놓치니 세상일이 꿈만 같구나	事事多滯 埋事愼之 사사다체 매사신지 일에 막힘이 많으니 매사를 조심하라

편관용관격(偏官用官格)
재년월운세(財年月運勢)

약비관록 생자결혼 若非官祿 生子結婚	록중권고 입신양명 祿重權高 立身揚名	귀인항조 하사불성 貴人恒助 何事不成	갈용득수 오수억금 渴龍得水 烏手億金	부창부수 가도흥왕 夫唱婦隨 家道興旺
만약 관록이 아니거나 결혼할 운세 득자하거나	록이 중하고 권세가 높으니 입신양명할 수라	귀인이 항상 옆에 있으니 어찌 일이 이루어지지 않으리	목마른 용이 물을 얻은 형상이니 빈손으로 수억을 만질 수	남편이 부르면 처가 따르니 집안이 흥왕할 운세
유재유권 남아생기 有財有權 男兒生氣	재수대길 우연득재 財數大吉 偶然得財	갈자득음 기자득식 渴者得飮 飢者得食	시래운도 어약용문 時來運到 魚躍龍門	소왕대래 가득억금 小往大來 可得億金
돈과 권세가 있으니 사람이 생기가 도는구나	재수가 크게 길하니 우연히 재물을 얻는구나	목마른 자가 물을 마시고 굶주린 자가 밥을 얻는 운세	때가 오고 운세가 이르니 고기가 용문에 오르는구나	소왕대래 가득억금이 적은 것이 가고 큰 것이 오니 가히 억금을 희롱하는구나
용득명주 필득공명 龍得明珠 必得功名	재리구길 희열만면 財利俱吉 喜悅滿面	여인동사 백사길리 與人同事 百事吉利	소망여의 모사순성 所望如意 謀事順成	구토득록 소구가득 求兎得鹿 所求可得
용이 여의주를 얻었으니 반드시 공명을 얻을 운세	재물과 이익이 따르니 얼굴에 기쁨이 가득할 운세	남과 같이 하는 사업은 백가지 일이 길하다	소망하는 바가 뜻과 같고 꾀하는 일이 순리대로 이룬다	토끼를 구하려다 사슴을 얻었으니 구하는 바가 넘치는구나

편관용관격(偏官用官格)
정관편관년월운세(正官偏官年月運勢)

약비필유배필 若非得財 必有配匹	귀인상조 복록겸전 貴人相助 福祿兼全	명재권위 도처춘풍 名財權威 到處春風	관귀부신 만사여의 官貴扶身 萬事如意	관록수신 일진월증 官祿隨身 日進月增
만약 관록이나 재물을 얻지 않으면 좋은 배필을 맞이할 운세	귀인이 서로 도우니 복록이 겸전하는 운세	명예와 권리가 있으니 도처에 봄바람이라	관귀가 나를 도우니 만사가 뜻과 같구나	관록이 몸을 따르니 날로 달로 점점 좋아지는구나
의외성공 하객만당 賀客滿堂 意外成功	가운왕성 액운자퇴 家運旺盛 厄運自退	가정화평 복록자래 家庭和平 福祿自來	약비공명 가득대재 若非功名 可得大財	경영지사 필시성공 經營之事 必是成功
뜻밖에 성공하니 하객이 집에 가득하는구나	가운이 왕성하니 액운이 스스로 물러간다	가정이 화평하고 복록이 스스로 오는구나	만약 공명을 얻지 않으면 큰 재물을 얻을 수	경영하는 일은 반드시 성공할 것이다
운수형통 백사순성 백사순통 運數亨通 百事順成	자손경사 희중가희 子孫慶事 喜中加喜	인인성사 만금자래 人因成事 萬金自來	재자천래 횡재가기 橫財可期 在自天來	굴정생수 적토성산 掘井生水 積土城山
운수형통하니 백가지 일이 성사되는 운세	자손에 경사수가 있으니 기쁜 중에 더욱 기쁘다	사람으로 인해 성사되니 만금이 스스로 오는구나	하늘에서 내리니 재수가 있구나 횡	샘을 파서 물을 얻고 흙을 쌓아서 산을 만드는구나

(11) 인수용인격 (印綬用印格)

인수용인격은 일주가 약한데 상관식신이 많거나 또는 관살이 많을때는 인수로 용신한다.

① 사주의 예

庚子
丁亥
己卯
乙亥

卯月 목왕당절에 을목본기(乙木本氣)가 투출하였다고는 하나 亥子 水局에 庚금이 있으니 재살(財殺)이 태왕하여 乙木으로 통관(通關) 용신한다.

庚子
丙申
戊寅
乙卯

인월에 을목본기(乙木本氣)가 투출하여 인수격으로 신왕(身旺)으로 보이나 丙火가 신금(辛金)병사궁(病死宮)에 앉아있고 寅月에 아직도 한기가 여심야 하고 공부에 너무 열중하여 가정일의 소홀함이 있으니 자연 부부간에 불화하게 되고 오매불망 친정생각뿐이다. 이점을 고치면 가정이 화목하고 부부의 금슬도 좋아질 것임을 명심하라.

○ **직업** = 언론 출판 문예 교직 육영사업 사회복지사업 의류계통이 길하다

● **좋은 운** = 木火운이 길하다. 다시 말하면 인수(印綬)나 비견 비겁(比肩 比劫)운이 길하다.

● **꺼리는 운** = 土金운이 불길하다. 즉 상관 식신(傷官 食神)운과 재(財)운을 꺼린다.

② 인수용인격의 특징

一 학업성적이 뛰어나고 평생 공부에 열중하여야 출세한다.

二 두뇌가 명석하여 창작 발명가의 기질이 있다.

三 부모덕이 있으나 특히 윗사람과 의지하려는 마음이 많다.

四 어려운 일이 있을때는 부모나 윗사람의 자문을 받아서 모든 일에 착수함이 성공의 비결이다. 그리고 인수가 많으면 부선망(父先亡)한다.

五 고부간의 갈등으로 부부간의 금슬이 깨어질까 걱정된다.

六 여자도 남자와 다를 바가 없으니 시모와의 불화를 조심하여야 하고 공부에 너무 열중하여 가정일의 소홀함이 있으니 자연 부부간에 불화하게 되고 오매불망 친정생각뿐이다. 이점을 고치면 가정이 화목하고 부부의 금슬도 좋아질 것임을 명심하라.

신수평론비결

인수용인격(印綬用印格)
인수년월운세(印綬年月運勢)

신안심길 百事俱吉 神安心穩	필유공명 若得功名 必有大成	성적향상 취직진학 成績向上 就職進學	경영착실 일취월장 經營着實 日就月將	상생상응 명진사해 相生相應 名振四海
몸이 편하고 마음이 아늑하니 백사가 모두다 길하구나	만약 공명을 얻으면 반드시 대성할 것이다	성적이 향상되니 취직과 진학은 염려할 것이 없구나	경영을 착실하게 행하니 날로 달로 더욱 좋아지는구나	서로 상생상응하는 운세이니 그 이름이 사해를 떨친다
도처귀인 매사순조 到處貴人 每事順調	여인모사 불로이득 與人謀事 不勞利得	노룡등천 광대하우 老龍登天 廣大下雨	의기왕성 물식전진 意氣旺盛 勿息前進	문서계약 매매개길 文書契約 賣買皆吉
도처에 귀인이 나를 도우니 매사가 순조롭게 진행된다	남과 같이 일을 꾀하면 수고롭지 않고도 이익을 얻는 운세	늙은 용이 등천하여 천하에 단비를 내리는 운세	매사에 의기왕성한 운세이니 쉬지말고 진행하라	문서를 계약하거나 사고 파는 것은 모두 다 길하다
부부화순 희만가정 夫婦和順 喜滿家庭	수롱문권 업체결성 手弄文卷 業體結成	인유제발 자연영귀 人有提拔 自然榮貴	일려중천 금옥만당 日麗中天 金玉滿堂	신등용문 선천후귀 先賤後貴 身登龍門
부부가 화합하니 기쁨이 가득찬 가정으로 변하는 운세	손에 문서를 쥐니 업체를 결성할 운세로다	인거하는 사람이 있으니 자연 영귀하게 되는구나	해가 중천에 걸리니 금과 옥이 집을 채우는 운세	몸이 용문에 오르니 먼저는 천하고 뒤는 귀하게 되는 운세

인수용인격(印綬用印格)
비견비겁년월운세(比肩比劫年月運勢)

意氣旺盛 有意未就 의기왕성 유의미취	勿貪虛慾 遠求近失 원구근실 물탐허욕	信斧割足 恩人反害 은인반해 신부할족	求兎於海 終時不得 구토어해 종시부득	僅避狐狸 更踏虎尾 근피호리 갱답호미
의기는 왕성하나 뜻대로 일이 성취되지 않는 운세	먼 것을 구하려다가 가까운 것을 잃으니 허욕을 탐하지 말라	은인이 도리혀 해를 끼치고 믿는 도끼에 발등 찍히는 운세	토끼를 바다에서 구하니 마침내 얻지 못할 수로다	여우와 이리를 피하였으나 다시 범의 꼬리를 밟는 운세라
猛虎陷穽 有勇難施 맹호함정 유용난시	傍人之事 無端橫厄 방인지사 무단횡액	雖有財利 大往小來 수유재리 대왕소래	事不稱心 心多煩憫 사불칭심 심다번민	尋訪親友 反見害者 심방친우 반견해자
맹호가 함정에 빠져 용맹이 있어도 쓰기 어려운 운세	옆사람의 일로 무단 이 횡액을 당할까 염려되는 운세라	비록 재물과 이익이 생기나 큰 것이 가고 적은 것이 오는구나	일이 맘에 맞지 않고 마음에 번민만 생기는구나	친한 벗을 찾다가 도리혀 해치는 자를 만나는구나
勿爲他營 損財之數 물위타영 손재지수	官災可畏 勿爲言爭 관재가외 물위언쟁	莫信親友 終見失敗 막신친우 종견실패	兄弟不和 損財之數 손재지수 형제불화	勿爲妄動 橫厄非輕 물위망동 횡액비경
다른 일을 경영하지 말라 손재수가 있구나	남과 다투지 말라 관재수가 있을까 두렵구나	친한 친구를 믿지 말라 종내는 실패수가 있으리라	형제간에 불화하니 손재수가 두렵구나	망녕되히 동하지 말라 횡액이 두렵구나

232

인수용인격(印綬用印格)
상관식신년월운세(傷官食神年月運勢)

유성무형 호소무처 有聲無形 呼訴無處 소리는 있으나 형상이 없으니 어느 누구에게 호소할 곳이 없구나	좌불안석 거취미정 坐不安席 去就未定 앉은 자리가 편치 못하니 갈 곳을 정하기 어렵구나	수유변화 유명무실 雖有變化 有名無實 비록 변동을 하여도 이름만 있고 실속이 없을 운세	시비구설 관재가려 是非口舌 官災可慮 시비와 구설을 삼가하라 관재수가 두렵구나	경영부실 수지불균 經營不實 收支不均 경영하는 바가 부실하니 수입과 진출이 균형을 이루지 못하는구나
춘후심화 노이무공 春後尋花 勞而無功 봄이 지난후에 꽃을 찾으니 수고롭기만 하고 공이 없구나	음사난성 막설타인 陰事難成 莫說他人 비밀한 일이 이루기 어려우니 남에게 속 말을 하지 말라	상하불화 일무소득 上下不和 一無所得 위아랫 사람이 서로 불화하니 하나도 득이 없구나	문서계약 매매불리 文書契約 賣買不利 문서를 계약하거나 매매하는 일은 모두 불리하니 보류하라	여인동사 필유손재 與人同事 必有損財 남과 같이 하는 일은 반드시 손재수가 있으리라
임갈굴정 도로무공 臨渴掘井 徒勞無功 목마를 때 우물을 파니 힘만 들고 공이 없구나	신운불리 범사가신 身運不利 凡事可愼 신운이 불리하니 범사를 조심하고 또 조심하라	슬하지사 오지책임 膝下之事 吾之責任 손아랫 사람의 일이 결국 나의 책임이 되는구나	노이무공 소구난성 勞而無功 所求難成 노력을 하여도 공이 없고 구하려 하나 구하지 못하는 운세	언어조심 시은포덕 言語操心 施恩布德 말조심을 항상 하며 은혜와 덕을 널리 베푸리라

233

인수용인격(印綬用印格)
재년월운세(財年月運勢)

投資擴張 必是損財 투자확장 필시손재	心神退散 意慾喪失 심신퇴산 의욕상실	非理之財 愼之勿貪 비리지재 신지물탐	日暮西山 歸客失路 일모서산 귀객실로	莫信他言 以財傷心 막신타언 이재상심
사업에 투자하거나 확장하는 것은 삼가하라 반드시 손재를 볼 운세라	마음이 허약하고 심신이 퇴산하니 매사에 의욕이 없어질수	옳지 못한 재물은 탐하지 말라 그 해가 적지 않다	해가 져서 서산인데 돌아가는 나그네가 길을 잃었구나	남의 말에 귀를 기울이지 말라 재물로 인하여 상심하게 된다
貸借保證 其害非輕	因財因妻 結果不美	輕擧謀事 告人不成	在家心亂 出他無益	守口如甁 女亂可畏
대차보증 기해비경	인재인처 결과불미	경거모사 고인불성	재가심란 출타무익	수구여병 여란가외
돈을 빌리고 꾸어주는 것은 그 해가 적지 않다	재물과 처로 인해 좋지 못한 결과가 생길 수	경솔하게 남에게 고함으로서 꾀하는 일은 이루지 못하게 된다	집에 있으면 마음이 심란하고 밖으로 나가도 이익이 없구나	입을 병같이 하라 여자와의 관계로 화가 일어날까 염려된다
入山求魚 事有虛荒 입산구어 사유허황	損財莫甚 莫近酒色 손재막심 막근주색	求事不成 事無頭緖 구사불성 사무두서	散財如雲 後悔無益 산재여운 후회무익	苦盡甘來 莫嘆困苦 고진감래 막탄곤고
산에 들어가서 고기를 구하니 일에 허황됨이 많구나	주색을 가까이 하지 말라 손재수가 막심하구나	일에 두서가 없으니 일을 구하나 성사되지 못한다	재물의 흩어짐이 구름과 같은데 후회한들 무슨 이익이 있으리요	쓴 것이 가면 단 것이 오는 법, 곤고함을 탄식하지 말라

신수평론비결

인수용인격(印綬用印格)
정관편관년월운세(正官偏官年月運勢)

七年大旱 雨順風調	貴人來助 事事如意	災消福來 萬事太平	正心修德 福祿自來	官災口舌 是非訟事
칠년대한 가문 날에 비바람이 고르니 아니 좋을소냐	귀인이 와서 나를 도우니 일마다 뜻과 같이 성취될 운세	재앙은 소멸되고 이오니 만사가 태평하구나	바른 마음으로 덕을 닦으면 복록이 스스로 오는구나	관재와 구설수로 시비송사가 두렵구나
財祿隨身 名崇祿高	若非官祿 子孫慶事	身運通泰 所願成就	去舊生新 一身生光	疾病可畏 健康留意
재와 관록이 따르니 이름이 높아지고 또한 높아지는구나	만약 관록이 아니면 자손의 경사수로다	신운이 대통하니 소원을 성취하는 운세	옛 것은 가고 새 것이 오니 일신에 광채가 깃드는구나	질병이 가히 두렵구나 건강에 유의하라
凶化爲吉 官貴扶身	若逢貴人 必是成功	所望如意 此外何望	上下和合 必有榮貴	勿營他事 守舊安常
흉함이 화하여 길해지고 관에서 나를 도우니 어려움이 있으랴	만약 귀인을 만나면 반드시 성공할 운세	소망하는 바가 뜻과 같이 성취되니 이 밖에 무엇을 바랄고	위아랫 사람이 화합하니 반드시 영화와 부귀를 얻을 수라	다른 일을 경영하지 말라 그리고 옛것을 지키고 편히 안정하라

(12) 인수용겁격 (印綬用劫格)

인수용겁격은 일주가 약할때 재가 많으면 비견 비겁(比肩比劫)으로 용신한다.

나.

① 사주의 예

壬寅
壬寅
丁亥
庚戌

丁火가 비록 寅月에 출생하였다고는 하나 본기투출이 없으니 주중왕자(柱中旺者)로 인수격인데 아직도 한냉 한중에 金水가 투출하였으니 戌中 丁火로서 비견용신(比肩用神)한다.

壬寅
癸卯
丁酉
戊子

본기 투출이 없으니 주중왕자(柱中旺者)로 볼때 寅卯목국을 놓아 인수격인데 금수가 있으니 신약사주로서 年支 寅木으로 용신을 생각하여 보나 재가 많아 戌中 丁火로 비견용신한다.

② 인수용겁격의 특징

一 학업성적이 우수하지 못하니 상위권에 들어가기가 어렵다.

二 공부하는 재주보다 돈버는 재주가 뛰어나다.

三 육친(六親)의 덕이 없으니 의지할려고 하지말라. 자수성가 할 팔자이다.

四 사업을 할때는 윗사람의 자문을 받고 형제나 친구와 동업하면 자연 성공할 것이다.

五 남과 돈거래를 하거나 보증을 서거나 도장찍는 일은 매사를 확인한 후에 실행하라. 큰 손해를 볼 것이다.

六 처궁이 불미하니 재취 삼취할까 두렵다.

七 주색은 절대로 삼가하라. 관재 구설이나 신병이 두렵다.

八 여자도 남자와 크게 다를 바가 없으나 집단의 화목을 위주로 하고 자기주장을 관철할려고 고집하지 말며 매사를 참으면 결과적으로 복록이 따른다.

九 직업은 자기 개인 사업이 제일 좋고 재계와는 인연이 멀다.

● 좋은 운 = 木火운이 길하다. 즉 인수가 비견 비겁운이 좋은데 사주에 관살이 많아서 일주를 극제할 때는 상관식신(傷官食神)운도 길하다.

● 꺼리는 운 = 재운(金運) 관살운(水運) 상관 식신운이 불길하다. 돈이 들어오면 신병이 생기고 여난이 많다.

인수용겁격(印綬用劫格)
인수년월운세(印綬年月運勢)

문서유길 관록수신 文書有吉 官祿隨身	정성불권 적수성가 精誠不倦 赤手成家	영작보회 귀인래조 靈鵲報喜 貴人來助	소망여의 우산희생 所望如意 憂散喜生	천신조아 필유여경 天神助我 必有餘慶
문서의 기쁨이 있으며 관록이 몸을 따른다	정성이 게으르지 않으니 빈손으로 성가할 운세	신령 까치가 기쁨을 알리니 귀인이 와서 나를 도와주는 운세	이 여의하니 근심은 흩어지고 기쁨이 생긴다	천신이 나를 도와주니 반드시 경사수가 있구나
상하화합 환성통린 上下和合 歡聲通隣	의욕왕성 신규투자 意慾旺盛 新規投資	복록겸전 만인흠앙 福祿兼全 萬人欽仰	길인천조 불로이득 吉人天助 不勞利得	신왕재풍 희사중중 身旺財豊 喜事重重
상하가 화합하니 기쁜 소리가 이웃에 통하는구나	의욕이 왕성하니 사업에 신규투자하여도 크게 길한 운세	관록이 갖추어 있으니 만인이 흠모하고 우러러 보는구나	은 하늘이 도우니 수고롭지 아니하고도 이익을 얻는 운세	신왕하고 재물이 풍요하매 기쁜일이 거듭 생기는구나
귀인래조 명성리수 貴人來助 名成利遂	사업확장 전도양양 事業擴張 前途揚揚	백사여의 세사태평 百事如意 世事太平	일가화합 차외하망 一家和合 此外何望	성적월등 취직진학 成績越等 就職進學
귀인이 와서 도우니 이름과 이익이 따르고 가득하구나	사업을 확장하니 앞길이 양양한 운세	백가지 일이 뜻과 같으니 세상일이 태평하구나	한 집안이 화합하니 이 밖에 무엇을 더 바랄고	성적이 월등하게 좋으니 취직과 진학은 염려할 바가 없다

인수용겁격(印綬用劫格)
비견비겁년월운세(比肩比劫年月運勢)

인인성사 何事不成 因人成事	신축결사 업체확장 新築結社 業體擴張	어변성용 조화불측 魚變成龍 造化不測	귀인래조 수롱문권 귀인래조 貴人來助 手弄文券	청산송백 상수기절 청산송백 靑山松栢 常守其節
사람으로 인하여 일이 성사되니 어찌 일에 막힘이 있으리요	새로 집을 짓거나 회사를 설립하고 확장 하는 것은 다 길하다	고기가 변하여 용이 되니 그 조화를 측량 하기가 어렵구나	귀인이 와서 도와주 니 문서를 쥘 운세로 다	청산의 송백은 항상 그 절개를 지키니 이 아니 좋을소냐
結果貫徹 所信進行 결과관철 소신진행	枯木更生 寒谷回春 고목갱생 한곡회춘	憂散喜生 吉神照身 우산희생 길신조신	積小成大 百川歸海 적소성대 백천귀해	必是成功 誠心勤苦 필시성공 성심근고
소신껏 진행하며 결과는 관철될 것이다	추운 산골에 봄이 돌아오니 마른 나무가 다시 살아나는 운세	길신이 몸을 비치니 근심은 사라지고 기쁨이 생기는구나	백가지 냇물이 바다에 이르고 적은 것을 쌓아서 큰 것을 이룬 다	성심으로 근고하니 반드시 성공할 것이 로다
仇反恩人 凶化爲吉 구반은인 흉화위길	財豊身安 官祿隨身 재풍신안 관록수신	金玉滿堂 一朝功名 금옥만당 일조공명	福祿隨身 立身揚名 복록수신 입신양명	財祿隨身 一心不懈 재록수신 일심불해
원수가 변하여 은인이 되고 흉함이 화하여 길해지는 운세	재물이 풍요롭고 몸이 편안하니 관록이 따르는 운세	하루아침에 공명을 얻으니 금옥이 만당 할 운세	입신양명하니 복과 관록이 더욱 따르는 구나	일심으로 부지런하면 재와 관록이 몸을 따르는 운세

인수용겁격(印綬用劫格)
상관식신년월운세(傷官食神年月運勢)

以羊易牛 得失可知	意外貴人 偶來助力	小求大得 喜滿家庭	守口如瓶 口舌可畏	不得貴人 事有未成
양을 가지고 소를 바꾸었으니 잃고 얻음을 가히 알 것이다	뜻밖의 귀인이 우연히 와서 도와주니 아니 좋을소냐	작게 구해 크게 얻으니 기쁨이 집안에 가득하구나	입을 병같이 하라 구설수가 두렵구나	귀인을 얻지 못하였으니 일에 이루어짐이 없다
家庭有慶 所望如意	禍去福來 終時亨通	小往大來 財祿隨身	莫近是非 官厄可畏	上下不和 何以成事
집안에 경사가 있고 소망하는 바가 뜻대로 성취될 운세	화가 가고 복이 오니 마침내 형통할 운세	적은 것이 가고 큰 것이 오니 재와 관록이 따라오는 운세	시비를 가까이 하지 말라 관재액이 두렵구나	상하가 불화하니 어찌 일이 성사될 것인가
春回故國 百花爛漫	旱時草木 喜逢甘雨	貴人來助 財祿無窮	財福不遂 事與心違	若爲妄動 後悔無益
봄이 고국에 돌아오니 백가지 꽃들이 만발하였구나	가문 때에 초목에 기쁘게 단비가 내리는구나	귀인이 와서 도우니 재록이 무궁한 운세로다	일이 마음과 같이 되지 않으니 재와 복을 이루지 못하는구나	만일 망녕되히 행하면 후회한들 이익이 없다

인수용겁격(印綬用劫格)
재년월운세(財年月運勢)

欲速不達 欲巧反拙	謀事不利 守分爲上	損財莫甚 莫近酒色	因財官災 以德防禍	愼之親人 反爲虛荒
속히 하려고 하면 못미치고 교묘하게 하려면 도리혀 졸열해진다	꾀하는 일의 이로움이 없으니 분수를 지킴이 상책이라	주색을 가까이 하지 말라 손재수가 막심하다	재물과 여자로 관재수가 일어나니 덕으로 그 화를 막아라	친한 사람을 삼가하라 도리혀 허황된 일이 생길 운세라
勿貪非理 其害不少	與人同事 必有不利	夫婦不和 忍者有福	欲飛不能 向人莫言	善意莫忘 惡事勿施
옳지 못한 재물을 탐하지 말라 그 해가 적지 않다	남과 같이 하는 일은 반드시 좋지 않고 익이 없다	부부불화 인자유복 부부간에 불화하니 참는 자에게 복이 있다	날으려고 하나 날지 못하니 그 속마음을 남에게 말하지 말라	착한 뜻은 잊지 말고 악한 일은 베풀지 말라
因財致禍 勿爲妄動	得以財帛 有名無實	靑山歸客 彷徨失路	志苦心勞 祕密之事	세사여몽 心神散亂 世事如夢
인재치화 물위망동 여자와 돈으로 화가 생기게 되니 망녕되히 동하지 말라	비록 재물을 얻었으나 이름만 있고 실속은 없는 운세라	청산에서 돌아가는 나그네가 길을 잃고 방황하는 운세	뜻이 괴롭고 마음이 수고로움은 비밀스러운 일 때문이다	마음이 산란하니 세상일들이 꿈과 같구나

240

인수용겁격(印綬用劫格)
정관편관년월운세(正官偏官年月運勢)

임진무선 하일도강 臨津無船 何日渡江	관재가려 물참시비 官災可慮 勿參是非	만리원정 거거고산 萬里遠程 去去高山	상하충돌 결과불미 結果不美	막영거사 결과불리 莫營巨事 結果不利
강나루에 배가 없으니 언제 저 강을 건널까 근심하는 운세	관재가 염려되니 시비에 참여하지 말라	만리 머나먼 길이가도 가도 산이로구나	상하 서로가 충돌하면 결과는 불미하니 매사를 참아라	큰 일을 경영하지 말라 결과는 불리하다
사성미취 도상심중 似成未就 徒傷心中	탐리부정 후회막급 貪利不正 後悔莫及	선인친지 악인원지 善人親知 惡人遠之	시운불리 유로무공 時運不利 有勞無功	사무두서 심여란마 事無頭緒 心如亂麻
될 것 같으나 되지 않으니 한갓 심중만 상하는구나	부정한 이익을 탐하지 말라 후회 막급할 것이다	착한 사람은 친하게 알고 지내며 악한 사람은 멀리하라	시운이 불리하니 노력만 있고 공이 없구나	일에 두서가 없으니 마음만 어지러운 삼대 같구나
신지언어 망언유해 慎之言語 妄言有害	동분서주 별무소득 東奔西走 別無所得	질병침신 건강유의 疾病侵身 健康留意	자작지화 부수원구 自作之禍 復誰怨咎	수구안정 재해불침 守舊安靜 災害不侵
말을 항상 조심하라 망녕되이 한 말은 해가 적지 않다	동서로 분주하나 별로 소득이 없구나	질병이 몸에 침입하니 특별히 유의하라	자기가 만든 화근을 다시 어느 누구에게 원망하리요	옛 것을 지키고 안정하면 재해는 들어오지 않는다

(13). 인수용상식격 (印綬用傷食格)

인수용상식격은 일주가 강하고 비견 비겁(比肩 比劫)이 많으면서 관살(官殺)이나 재(財)가 없으면 상식으로 용신한다.

① 사주의 예

癸卯　子月 수왕당절 乙木이 亥卯 亥子로 水木국을 놓았
甲子　으나 사주원국이 한냉하여 丁火식신으로 용신한다.
乙亥
丁亥

丁亥　해월 수왕당절(水旺當節)의 乙木이 천한지동(天
辛亥　寒地凍)으로 동목(凍木)이 되어서 丁火식신으로
乙亥　조후(調侯) 용신한다.
丁亥

② 인수용상식격의 특징

一 육친(六親)의 덕이 있고 학업성적이 우수하여 천재소리를 듣는다.

二 위타진력(爲他盡力)으로 남을 위하여 노력하고 남의 일이라만 발벗고 나가 도와주는 성격이 특별하다

三 교육계로 나가서 후배양성에 노력하거나 포교 선교활동은 따를 사람이 없다.

四 신왕하니 신체가 건강하며 평생 질병으로 고생하는 일이 없으며 건강을 자본으로 삼아 활동무대가 광범위하다.

五 부부궁은 불미하여 모처불화로 입장이 난처하니 결과적으로 백년해로 하기가 어려운 형상이므로 가정화목에 특별한 배려를 하여야 한다.

六 부모궁은 부선망이 염려되며 항상 처의 의사를 존중하여야 집안이 평화롭다.

七 여자도 남자와 대동소이(大同小異)하니 지나친 고집은 삼가함이 화합의 근본이 되겠고 사회활동을 위주로 하니 자연 가정일에는 소홀함이 있게 된다. 고로 남편과 자손을 위주로 살아감이 말년에 자연 행복을 누리게 될 것이니 특별히 명심하라.

● 좋은 운 = 火土운이 길하다. 즉 식신 상관이나 재운이 좋다.

● 꺼리는 운 = 인수운은 도식(倒食)운이 되거나 또한 정편인(正偏印)을 막론하고 이인제상(以印制傷)되니 상관이 상진(傷盡)되거나 파료상관(破了傷官)이 되어서 불길하며 그리고 비견 비겁운도 역시 좋지 않다.

인수용상식격(印綬用傷食格)
인수년월운세(印綬年月運勢)

心如亂麻 外富來貧 심여란마 외부래빈	貸借不利 文書保證 대차불리 문서보증	日入雲中 欲明未明 일입운중 욕명미명	常有恐과 心神退散 심신퇴산 상유공파	勿負分外 反有損財 물탐분외 반유손재
밖은 부자요 속은 가난하니 마음이 심란하니 삼대밭과 같구나	문서를 다루거나 보증서는 것과 돈거래는 불리하다	해가 구름 속으로 들어가니 밝고자 하나 밝지 못한 운세	심신이 퇴산하니 항상 두려움이 떠나지 않는 운세	분수밖의 것을 탐하지 말라 도리혀 손재수가 있구나
畵中之餠 外華內困 외화내곤 화중지병	新築結社 保留若何 신축결사 보류약하	萬里滄派 一葉扁舟 만리창파 일엽편주	若無損財 堂上有厄 약무손재 당상유액	非理之財 其害非輕 비리지재 기해비경
겉으로는 화려하나 속은 곤하고 모든 것이 그림 안의 떡이로구나	신축하거나 회사를 설립하는 것은 보류함이 어떨까 손재가 염려된다	만리창파에 배 한척의 외로움을 어찌 알랴	만약 손재수가 아니면 어른의 액이 있을 수이다	옳지 못하고 떳떳하지 못한 재물은 그 해가 적지 않은 운세
勿謀他營 謀事不利 모사불리 물모타영	與人同事 勞而無功 여인동사 노이무공	進學就職 有意不滿 진학취직 유의불만	賣買契約 事前確認 매매계약 사전확인	日落西山 前路暗黑 일락서산 전로암흑
꾀하는 일이 불리하니 다른 일을 계획하지 말라	남과 같이 하는 일은 노력만 있고 공이 없구나	진학과 취직하는 것은 뜻은 있으나 만족하지 못하구나	사고 파는 것은 미리 매사를 확인하여라	해는 져서 서산인데 앞 길이 어두워 분별하기 어려운 운세라

인수용상식격(印綬用傷食格)
비견비겁년월운세(比肩比劫年月運勢)

심다번민 수심난해 心多煩悶 愁心難解 마음에 번민이 많으니 수심을 풀기가 어렵구나	수유재수 득이반실 雖有財數 得而半失 비록 재수는 있으나 얻고도 도리혀 잃는구나	고부불화 입장난처 姑婦不和 立場難處 모처간에 불화가 일어나니 나의 입장이 난처하구나	물영거사 결과불리 勿營巨事 結果不利 큰 일은 경영하지 말고 보류하라 결과적으로 이익이 없을 수라	분주사방 신고나하 奔走四方 辛苦奈何 사방을 분주하게 뛰어다니니 고생이 많으니 어찌된 일일까
막근주색 공손명예 莫近酒色 恐損名譽 주색을 가까이 하지 말라 명예를 손상할까 두렵구나	의욕왕성 사다장애 意慾旺盛 事多障碍 의욕은 왕성하나 많은 일에 장애가 생긴다	막신친인 감언지해 莫信親人 甘言之害 친한 사람을 믿지 말라 단 말의 해가 크다	진동백리 유성무형 震動百里 有聲無形 우뢰가 백리를 울리니 소리는 있으나 형태가 없는 운세	다사불성 별무소득 多事不成 別無所得 일은 많으나 성취됨이 없으니 별로 이익 됨이 없을 수라
				필시형우 恩人反害 必是兄友 은인이 도리혀 해를 끼치니 필시 형제나 친구로다
일득삼실 운수소관 一得三失 運數所關 하나를 얻고 셋을 잃으니 이것이 운수소관이라	사불여의 한탄불기 事不如意 恨嘆不己 일이 여의치 못하니 한탄한들 무엇하랴	시운불리 공연상심 時運不利 空然傷心 시운이 불리하니 공연히 마음만 상하는 운세라	안정수구 재해불침 安靜守舊 災害不侵 안정하여 옛 것을 지키면 재해는 침입하지 않으리라	

인수용상식격(印綬用傷食格)
상관식신년월운세(傷官食神年月運勢)

신신발동 소구가득 食神發動 所求可得 식신이 발동하니 구하고저 하는 바를 가히 얻으니 이 아니 좋을소냐	춘초봉우 욱욱청청 春草逢雨 郁郁靑靑 봄풀이 비를 만났으니 욱욱하고 청청하니 더욱 좋은 운세	유인래조 의외성사 有人來助 意外成事 사람이 와서 도와주니 뜻밖에 일이 성사 되는 운세	상하태평 신안심은 身安心隱 上下泰平 상하가 태평하니 몸도 편하고 마음도 편안할 수	화구위호 이양역우 畫狗爲虎 以羊易牛 개를 그리려다가 호랑이를 그리고 양을 가지고 소를 바꾸는 운세
칠년대한 감우대지 七年大旱 甘雨大地	신입금곡 황금만목 身入金谷 黃金滿目	일가화합 제사순성 一家和合 諸事順成	귀인상조 관록수신 貴人相助 官祿隨身	재성조아 득재관록 財星助我 得財官祿
칠년 대한 가문 날에 단비가 내리어 대지를 적시는구나	몸이 금곡에 드니 황금이 눈에 가득 차는구나	한 집안이 화평하니 모든 일이 순리대로 성취되는구나	이서로 도우니 관록이 몸에 임할 수라	재성이 집안을 비치니 재물과 관록이 따르니 이 아니 좋을소냐
의외득금 淘沙得金 意外橫財	의식풍족 관록수신 衣食豊足 官祿隨身	재성임신 소왕대래 財星臨身 小往大來	탁석견금 노이득귀 琢石見金 勞而得貴	적덕시은 복록장구 積德施恩 福祿長久
도사득금 모래를 일다 금을 얻으니 뜻밖의 횡재로구나	의식이 풍족한데 관록이 따르는 운세	재성이 몸에 비치니 적은 것은 가고 큰 것이 오는구나	돌을 깨어 금을 보니 노력하면 귀함을 얻는다	덕을 쌓고 은혜를 베풀면 복록이 장구하리라

인수용상식격(印綬用像食格)
재년월운세(財年月運勢)

범사순성 소원성취 凡事順成 所願成就	음양화합 필유양배 필유양배 必有良配	재소복래 심신자안 재消福來 心神自安	길운접회 자연부귀 길運漸回 自然富貴	집심일념 자연득리 執心一念 自然得利
범사를 순성하니 소원을 성취하는 운수라	음양이 화합하니 반드시 좋은 배필을 얻을 수라	재앙은 사라지고 록이 오니 심신이 편안하구나	길운이 점점 돌아오니 자연 부귀를 누리는구나	마음가짐을 한결같이 하면 자연히 이익을 얻는다
적소성대 굴토성산 積小成大 掘土城山	암야득촉 전정유명 暗夜得燭 前程有明	춘회고국 백초회생 春回故國 百草回生	소위경영 일익흥재 所爲經營 日益興財	인유제발 필견영귀 人有提拔 必見榮貴
적은 것을 쌓아서 큰 것을 이루고 흙을 파서 산을 만드는구나	어두운 밤에 촛불을 얻으니 앞길이 밝기만 하구나	봄이 고국에 돌아오니 백초가 소생하는 운수라	경영하는 사업은 날로 재물을 더할 운세	남이 천거하면 반드시 영귀함을 보리라
의기남아 필득대재 의기男兒 必得大財	부부화합 차외하망 夫婦和合 此外何望	신왕재왕 인기백배 신身旺財旺 人氣百培	운산월명 천지명랑 雲散月明 天地明朗	명리충심 불구자득 名利稱心 不求自得
의기남아가 반드시 큰 재물을 얻을 것이다	부부가 화합하니 이 밖에 무엇을 더 바랄고	신왕하고 재물 또한 왕성하니 사람의 인기가 백배로 올라가는구나	구름은 흩어지고 밝은 달이 뜨니 천지가 명랑하구나	명리가 맘에 맞으니 재물을 구하지 않아도 절로 오는구나

신수평론비결

인수용상식격(印綬用傷食格)
정관편관년월운세(正官偏官年月運勢)

재가심란 출타상심 在家傷心 出他傷心	구설가외 수구여병 口舌可畏 守口如瓶	일모도원 보보심황 日暮道遠 步步心慌	막행언쟁 가려상신 莫行言爭 可慮傷身	관재수신 이덕방화 官災隨身 以德防禍
집에 있으면 심란하고 출타하면 마음만 상하는구나	구설이 가히 두려우니 입지킴을 병같이 하라	해는 저물고 길은 멀으니 걸음마다 마음이 황망하구나	남과 싸우고 언쟁하지 말라 몸이 다칠까 염려되는구나	관재 구설과 시비수 가 있으니 덕으로 그 화를 막아라
유지미취 도상심신 有志未就 徒傷心神	경영지사 귀어수포 經營之事 歸於水泡	물탐허욕 손재막심 勿貪虛慾 損財莫甚	막청인언 신부할족 莫聽人言 信斧割足	좌불안석 거취미분 坐不安席 去就未分
뜻은 있으나 이루지 못하니 한갓 심신만 상하는구나	경영하는 일은 물거 품으로 돌아가는구 나	허욕을 탐하지 말라 그 손재가 막심하구 나	남의 말을 듣지 말라 믿는 도끼에 발등 찍힌다	앉은 자리가 편치 못 하니 거취를 알수가 없구나
심다번민 수심난해 심多煩悶 愁心難解	매사난성 동분서주 每事難成 東奔西走	질병염려 건강유의 疾病念慮 健康留意	전정무연 소망하성 前程無緣 所望何成	욕행부진 달수나하 欲行不進 達數奈何
심다번민 수심난해 心多煩悶 愁心難解	동서로 분주하나 매 사가 제대로 성취되 기가 어렵구나	질병이 염려되니 건 강을 특별히 유의하 라	앞길에 인연이 없으 니 바라는 바를 어찌 이루리	가려해도 나가지 못 하니 운수의 불길함 을 어찌 하리요
마음에 번민이 많으 니 수심을 풀기가 어 렵구나				

(14) 인수용재격 (印綬用財格)

인수용재격은 일주가 강하고 인수가 많으면 재로 용신한다.

① 사주의 예

己亥
丙子
甲子
乙亥

子月 수왕당절(水汪當節)의 甲木이 표류 지상동목(凍木)이 되어서 부목(浮木)을 방지하기 위하여 己土로 용신하니 火土운이 길하다.

庚申
癸酉
壬申
戊庚

임수가 금수로 신왕하나 사주원국(四柱原局)이 한냉(寒冷)하니 시지의 巳中丙火로 조후용신한다.

● 좋은 운 = 재, 관운이 길하다. 비견 비겁이 많을 때는 인수운도 길하다.

● 꺼리는 운 = 비견 비겁과 인수운이 불길하다.

② 인수용재격의 특징

一 세상에 태어나면서 궁함을 모르고 유복하게 성장하였으며 어머니의 정이 특별하니 사랑을 독차지 하나 모선망의 팔자라.

二 학업에 열중하여 성적이 뛰어나니 가히 천재란 말을 들으며 무엇이든지 배우는 것이라면 뛰어드는 학구파이나 남에게 의지하려는 마음이 흠이 되기도 한다.

三 인수는 원인이고 재는 결과가 되니 공부를 마친 후에는 재계에 뛰어들어 사업하는 재간도 남달리 뛰어나서 돈버는 재주도 비범하다.

四 인수가 태왕하니 자손궁이 불미하다. 자손의 교육을 너무 엄하게 하지 말고 본인의 의사를 존중하지 않으면 뜻하지 않는 자손액을 당할까 염려된다.

五 여자도 남자와 다를 바가 없으나 친정을 멀리하고 시가쪽과 화합하는데 노력하지 않으면 결과적으로 후회할까 두렵다.

六 직업으로는 처음은 교육계로 시작하여 경제계통으로 뛰어들게 된다.

인수용재격(印綬用財格)
인수년월운세(印綬年月運勢)

貴人反害 佛口蛇心 귀인반해 불구사심	結果不美 勿他營事 물타영사 결과불미	久旱不雨 草木不長 구한불우 초목부장	意慾旺盛 有頭無尾 의욕왕성 유두무미	事有未決 必有失敗 사유미결 필유실패
귀인이 오히려 해를 끼치고 그의 말은 부처님 말씀이나 속은 뱀의 마음이라	다른 일을 경영하면 그 결과가 불미할 것이다	오래 가물고 비가 오지않으니 초목이 자랄수가 없구나	의욕은 왕성하나 머리는 있고 꼬리가 없는 운세라	일에 미결함이 있으니 반드시 실패함이 있다
非理之財 勿爲貪之 비리지재 물위탐지	新築結社 保證不美 신축결사 보증불미	與人同事 別無所得 여인동사 별무소득	財如浮雲 得而難聚 재여부운 득이난취	有始無終 事事虛荒 유시무종 사사허황
비리의 재물을 탐하면 오히려 손재할 수 라	신축하거나 회사를 설립하고 보증서는 것은 다 불미하다	남과 같이 하는 일은 별로 소득이 없는 운세라	재물이 뜬 구름과 같으니 얻고 모으기가 어렵구나	처음은 있으나 끝이 없으니 일마다 허황됨이 있는 운세
入則心勞 出則身傷 입즉심로 출즉신상	貸借投資 賣買保留 대차투자 매매보류	淺水行舟 欲行不進 천수행주 욕행부진	外華內困 雖知私情 외화내곤 수지사정	信人有害 用人可愼 신인유해 용인가신
들어오면 마음이 수고롭고 나가면 상할까 두렵구나	돈 거래하는 것과 투자 매매하는 것도 또한 보류함이 좋다	얕은 물에서 배를 향하니 나가고자 하나 나가지 못할 운수	겉으로는 화려하나 속으로는 곤하니 어느 누가 나의 사정을 알리요	믿는 사람이 해로우니 사람 쓰기를 조심하라

인수용재격(印綬用財格)
비견비겁년월운세(比肩比劫年月運勢)

身運太否 何望榮貴 신운태비 하망영귀	兄友之事 損財不小 형우지사 손재불소	有功不實 徒費心力 유공부실 도비심력	莫近親知 空然損財 막근친지 공연손재	雖有生財 小得大失 수유생재 소득대실
신수가 너무 비색하니 어찌 영화와 부귀를 바라리오	형제나 친구의 일로 그 손재가 적지 않으니 조심하라	공이 있어도 상은 받지 못하니 한갓 심력만 허비하는 운세	친한 사람을 가까이 하지 말라 공연히 손재만 본다	비록 재물이 생기나 적게 얻고 많이 잃는다
綠陰芳草 飛霜何事 녹음방초 비상하사	神龍失勢 每事不進 신용실세 매사부진	意氣旺盛 有意未就 의기왕성 유의미취	與人不利 求財難得 여인불리 구재난득	經營擴張 投資保留 경영확장 투자보류
녹음이 푸르러 있는데 날으는 서리발은 어찌 된 일인가	신기한 용이 세력을 잃었으니 매사가 진행되기 어렵다	의기가 왕성하다 하나 뜻을 둔 일은 성사되기가 어렵다	남과 같이 하는 일이 불리하니 재물을 구하려하나 구하기가 어렵다	경영하는 사업을 확장하거나 투자하는 것은 보류함이 제일이다
謀事不愼 被害難免 모사불신 피해난면	四方無路 進退不知 사방무로 진퇴부지	事有瓦解 損財不小 사유와해 손재불소	事無頭序 勿爲妄動 사무두서 물위망동	盜難失物 事前防厄 도난실물 사전방액
모사하기를 삼가하지 못하였으니 피해를 어찌 면하리요	사방에 길이 없으니 나가고 물러섬을 알지 못하는구나	일에 와해가 많으니 손재가 적지 않을 세라	일에 두서가 없으니 망년되히 움직이지 말라	도난 당하거나 실물수가 있으니 사전에 액을 막고 조심하라

신수평론비결

인수용재격(印綬用財格)
상관식신년월운세(傷官食神年月運勢)

福祿自來 心仁積德 복록자래 심인적덕	大鵬振翼 雲路萬里 대붕진익 운로만리	東西南北 皆是大吉 동서남북 개시대길	細流歸海 積少成大 세류귀해 적소성대	有智有藝 意外成功 유지유예 의외성공
마음이 어질고 덕을 쌓으니 복록이 스스로 온다	큰 봉새가 날개를 떨치니 구름 길이 만리로구나	동서남북 사방으로 형통하니 모두 다 흉함이 없구나	적은 물이 바다에 이르고 적은 것을 쌓아서 큰 것을 이룬다	지혜가 있고 재주가 있으니 뜻밖에 성공할 운세라
東風和暢 百花爭發 동풍화창 백화쟁발	橫財若非 官祿之數 횡재지수 약비관록	壽福兼全 名利求吉 수복겸전 명리구길	名掛金榜 萬人仰視 명괘금방 만인앙시	人家和合 百事順成 인가화합 백사순성
동풍이 화창하니 백 가지 꽃들이 다투어 피는구나	만약 관록이 아니면 횡재할 운세이다	재물과 이름이 겸전한 운세이니 이 아니 좋으랴	이름이 금 방에 붙었으니 만인이 우러러 보는 운세라	집 안 사람이 화합하니 백가지 일이 순조롭게 성사된다
貴人來助 財祿可得 귀인래조 재록가득	財運大通 萬事如意 재운대통 만사여의	運到時來 何事不成 운도시래 하사불성	利在四方 到處春風 이재사방 도처춘풍	與人同心 其利必培 여인동심 기리필배
귀인이 와서 도와주니 재와 관록을 가히 얻을 운세로다	재운이 대통하니 만사가 뜻과 같이 성사 될 수 이다	운이 오고 때가 오니 어찌 안되는 일이 있으랴	이익이 사방에 있으니 가는 곳마다 춘풍이로구나	남과 더불어 마음이 같으니 그 이익이 배나 되는 운세라

인수용재격(印綬用財格)
재년월운세(財年月運勢)

1	2	3	4	5
財祿如山 一家和平	若非官祿 膝下慶事	渴龍得水 飢虎得食	官貴扶身 百事亨通	身上無憂 財祿隨身
재록이 산과 같으니 한 집안이 화평하매 이 밖에 무엇을 더 바라리요	만약 관록이 아니면 슬하에 경사수가 있으리라	목마른 용이 물을 얻고 굶주린 호랑이가 음식을 얻는 운세라	귀한 관이 나를 도와주니 백가지 일들이 형통하는 운세로다	신상에 근심이 없으니 재와 관록이 따르는구나
潛龍昇天 天下文明	春風暖和 萬物自生	運數亨通 不求自得	魚龍得水 造化無雙	上下和合 歡聲通隣
잠긴 용이 하늘에 오르니 천하가 문명을 즐기는 운세라	봄바람이 온화하니 만물이 스스로 소생하는 운세	운수가 형통하니 구하지 않아도 스스로 얻는구나	고기와 용이 물을 얻으니 그 조화가 무쌍하구나	상하가 다 화합하니 기쁜 소리가 이웃에 통하는구나
貴人來助 事事如意	枯木逢春 千里有光	以兔易牛 喜悅滿面	魚遊春水 意氣洋洋	結婚之運 必是良配
귀인 스스로 와서 나를 도우니 일마다 뜻대로 성취된다	마른 나무가 봄을 만나 꽃을 피우니 천리에 빛이 나는구나	토끼를 가지고 소를 바꾸니 얼굴에 기쁨이 가득하구나	고기가 봄 물에서 노니니 의기가 양양한 운세라	결혼할 운세니 반드시 좋은 배필을 얻을 것이로다

신수평론비결

인수용재격(印綬用財格)
정관편관년월운세(正官偏官年月運勢)

흉화위길 의기왕성 凶化爲吉 意氣旺盛	천유감우 지용간천 天有甘雨 地涌甘泉	재록흥왕 모사순성 財祿興旺 謀事順成	록중권고 입신양명 祿重權高 立身揚名	약비영귀 자손경사 若非榮貴 子孫慶事
흉함이 화하여 길해지니 의기가 왕성하니 아니 좋을소냐	하늘에서 단비가 내리니 땅에서는 단샘물이 솟는 운수	재록이 흥왕하니 꾀하는 일이 순리대로 성취되는구나	록이 중하고 권세가 높으니 입신양명 할 수로다	만약 영화와 부귀가 아니면 자손의 경사 수가 있다
길신수우 재록점태 吉神垂祐 財祿漸泰	수조창파 종득다어 垂釣滄波 終得多魚	시래운도 도처춘풍 時來運到 到處春風	재수대길 우연득재 財數大吉 偶然得財	관록수신 부창부수 官祿隨身 夫唱婦隨
길신이 도우니 재복과 관록이 점점 좋아지는구나	낚시를 창파에 던지니 마침내 큰 고기를 얻는다	때가 오고 운이 오니 가는 곳마다 춘풍이로구나	재수가 크게 형통하니 우연하게 재물을 얻을 운세라	관록이 몸에 따르고 부창부수하니 집안에 생기가 도는구나
집심정직 자유천우 執心正直 自有天佑	일신영귀 중인선망 一身榮貴 衆人羨望	용득명주 필득공명 龍得明珠 必得功名	결혼지운 필득성혼 結婚之運 必得成婚	구토득록 소구가람 求兎得鹿 所求可濫
마음을 정직하게 먹으니 스스로 하늘이 도우는 운세이다	일신이 영귀하여지니 많은 사람들이 부러워 하는구나	용이 밝은 구슬을 얻었으니 반드시 공명을 얻을 수라	결혼할 운세이니 반드시 혼사를 치루게 될 것이다	토끼를 구하려다가 사슴을 얻었으니 구하는 바가 넘치는구나

(15) 인수용관격 (印綬用官格)

인수용관격은 일주가 강한데 재가 있으면 관살로 용신한다.

극제(尅制)하매 불길하다.

① 사주의 예

壬辰
己酉
壬申
庚戌

壬水가 酉月 금왕당절에 申酉戌金局을 놓고 金水가 투출하여 신왕하여 己土로 정관용신하니 화토운이 길하다.

辛酉
戊戌
壬申
乙巳

壬水가 戌月에 수진기(水辰氣)가 된 중에 申酉戌금국을 놓고 辛金이 투출하였으니 신왕하여 戌土로 관용신하매 火土운이 길하다.

● 좋은 운 = 火土운이 길한데 바꾸어 말하자면 재관(財官)운이 길하다.

● 꺼리는 운 = 金水운이 불길한 것으로 다시 말하면 인수나 비견 비겁(比肩比劫)운이 불길하고 상관운이 오면 용신(用神)을

② 인수용관격의 특징

一. 신왕사주에 관인상생격(官印相生格)이 되니 좋은 가문에서 출생하여 나를 도와주는 자는 사방팔방이요 귀염둥이로 자란다.

二. 학업성적이 우수하여 국록지객(國祿之客)으로서 공직에서 국가를 위하는 애국심이 특별하고 일에 열중하니 관계에 대성할 팔자이다.

三. 자손과 화합하니 금상첨화격이다. 특히 재물과는 거리가 멀고 특히 돈이 모아지면 벼슬도 높아진다.

四. 결혼하면서 부터 가세가 번창하여지는 격이니 처의 말을 잘 들어 주어야 하고 처와 불화하면 오히려 직장에서나 가정에서 불행을 초래하게 된다.

五. 특별히 자존심이 강하고 자기주의 주장과 권위와 명예를 가장 소중하게 되는데 이렇게 되면 오히려 남으로 부터 배신을 당할까 두렵다. 항상 겸손하고 양보함을 미덕으로 삼아 처세하라.

六. 여명도 다를 바가 없은 즉 직장에 충실하다. 가정을 소홀하면 장차 후회할까 두렵구나.

인수용관격(印綬用官格)
인수년월운세(印綬年月運勢)

貴人到來 何事不成	官財隨身 必有貴人	經營之事 必是成功	學業優秀 昇進進學	上下和合 所望如意
귀인이 당도하였으니 어찌 이루어지지 않으랴	관록과 재물이 따르니 반드시 귀인의 도움이라	경영하는 일은 반드시 성공할 것이다	학업성적이 뛰어나니 승진하거나 진학은 뜻대로 될 것이다	상하가 다 화합하니 소망하는 바가 뜻과 같구나
位高祿多 名崇祿高	意慾旺盛 意外功名	吉星隨身 喜事重重	投資擴張 得利倍加	利在四方 到處春風
벼슬이 높아지고 수입 또한 좋아지니 이름이 사해를 진동한다	의욕이 왕성하니 뜻밖에 공명을 얻을 운세로다	길성이 몸을 따르니 기쁜 일이 거듭 생기는구나	투자하거나 확장하는 것은 그 이익이 배로 커지는 운세	이익과 재물이 사방에 있으니 가는 곳마다 봄바람이로구나
雲散月出 天地華麗	甘雨一過 萬物生光	精誠所到 金石可透	春回山谷 百花爭發	家運大通 百事順成
운산월출 천지화려 구름이 흩어지고 달이 나오니 천지가 화려한 운세로다	감우일과 만물생광 단비가 대지를 적시니 만물이 생기와 빛을 내는구나	정성소도 금석가투 정성이 이르는 곳에 금과 돌을 가히 뚫는다	춘회산곡 백화쟁발 깊은 산에 봄이 돌아오니 백가지 꽃들이 다투어 피는구나	가운대통 백사순성 가운이 대통하니 백가지 일들이 순리대로 성사되는구나

인수용관격(印綬用官格)
비견비겁년월운세(比肩比劫年月運勢)

필시손재 형우지사 병우지사 兄友之事 必是損財	구한불우 초목고조 久旱不雨 草木枯燥	사무두서 사유허황 事無頭緒 事有虛荒	외인물입 손재비경 손외인물입 損財非輕	수유생재 소득대실 雖有生財 小得大失
형제나 친구로 인하여 반드시 손재를 당할 운세이니 조심하라	오랫동안 비가 내리지 않으니 초목이 말라 들어가는 운세	일에 두서가 없으니 하는 일에 허황됨이 많을 수이다	남을 들이지 말라 그 손재가 적지 않을 수로다	비록 재물은 생기나 적게 얻고 크게 잃는다
사소지사 동기불화 些少之事 同氣不和	여인동사 별무소득 與人同事 別無所得	야우행로 신고불소 夜雨行路 辛苦不少	사업확장 투자불리 事業擴張 投資不利	신인유해 용인가신 信人有害 用人可愼
적은 일로 인하여 동기간에 불화할 수이다	남과 같이 하는 사업은 별로 소득이 없을 수	밤에 비오는 길을 가니 신고함이 적지 않은 운세	사업을 확장하거나 투자하는 것들은 다 불리하다	믿는 사람이 해로우니 사람 쓰기를 조심하라
비리지재 물위탐지 勿爲貪之 非理之財	유의미취 무두무미 有意未就 無頭無尾	물위타영 수구안상 勿爲他營 守舊安常	부부불화 막행시비 夫婦不和 莫行是非	명산심처 성심기도 名山深處 誠心祈禱
옳지 못한 재물은 탐하지 말라 그 결과는 불미하다	뜻은 있으나 일이 성사되지 않으니 머리도 꼬리도 없는 운세이다	다른 일을 경영하지 말라 그리고 옛 것을 지키고 편히 지내라	부부간에 불화할 수니 시비를 하지 말라 결과는 불리하다	명산 깊은 곳에 찾아가 성심껏 기도하라

신수평론비결

인수용관격(印綬用官格)
상관식신년월운세(傷官食神年月運勢)

十年磨劍 霜刀未試 십년이나 칼을 갈았으나 칼날을 써보지 못하는 운세	凡事多逆 愁心難免 많은 일에 거슬리는 것이 많으니 수심을 면하기가 어렵구나	雖有妙計 不中奈何 비록 묘한 계교는 있으나 맞지 않으니 어이하리요	莫信人言 甘言事違 남의 말을 믿지 말라 달콤한 말은 어그러지는구나	職場倦怠 轉職生覺 직장이 권태로워 직장을 옮길 생각뿐이다
兩心不動 必有相別 양심부동하니 반드시 서로이 별함이 있는 운수로다	上下不和 善功無德 상하불화 선공무덕이 맞지 않으니 공은 있었으나 덕이 없구나	膝下部下 損財莫甚 슬하부하 손재가 막심하고 책임을 지게 되는구나	千耶萬耶 忍之爲德 천야만야 인지위덕 참는 것이 덕이 되는구나	分外行事 反招其禍 분외행사 반초기화 분사 밖의 것을 행하다가 도리어 큰 손해를 부른다
口舌是非 必有訟事 구설과 시비로 반드시 송사수가 있으니 덕으로 화를 막아라	莫計巨事 欲飛難飛 막계거사 욕비난비 큰 일을 계획하지 말라 날으려 하나 날 수가 없구나	時尙未至 不可妄動 시상미지 불가망동 때가 아직 이르지 않았으니 망령되이 동하지 말라	心身不安 坐不安席 심신불안 좌불안석 심신이 불안하고 앉은 자리가 편치 못할 수이다	莫嘆困苦 先損後益 막탄곤고 선손후익 곤고함을 탄식하지 말라 먼저는 손해가 있으나 다음은 이익이 있구나

인수용관격(印綬用官格)
재년월운세(財年月運勢)

태평세월 제수희생 除愁喜生 太平歲月	재소복래 매사여의 災消福來 每事如意	유재유권 의기남아 有財有權 意氣男兒	처자경사 희열만면 妻子慶事 喜悅滿面	귀인항조 이재기중 貴人恒助 利在其中
수심은 사라지고 기쁨이 생기니 태평세월이라	재앙은 사라지고 복록이 따르니 매사가 뜻대로 성취되는 운세	재물도 있고 권세도 있으니 의기남아로서 활동할 운세이다	처자의 경사수가 있으니 얼굴에 기쁨이 가득하다	귀인이 항상 도와주니 이익이 그 가운데 있구나
한곡회춘 만물소생 寒谷回春 萬物蘇生	길성조신 우산희생 吉星照身 憂散喜生	용득명주 필득공명 龍得明珠 必得功名	재록풍만 가득대재 財祿豐滿 可得大財	재수대길 우연득재 財數大吉 偶然得財
추운 산골에 봄이 돌아오니 만물이 소생하는구나	길성이 몸에 비치니 근심은 사라지고 기쁨이 생기는구나	용이 여의주를 얻었으니 반드시 공명을 얻을 운세라	재록이 풍만한 운세이니 큰 재물을 얻을 수라	재수가 대길하여 우연하게 큰 재물을 얻는구나
배암향명 의욕왕성 背暗向明 意慾旺盛	재관수신 녹중권고 財官隨身 祿重權高	용왕매진 매사순성 勇旺邁進 每事順成	여인수신 결혼연애 女人隨身 結婚戀愛	상하화동 화기만당 上下和同 和氣滿堂
어둠을 등지고 밝음을 향하니 의욕이 왕성하고 소망이 뜻대로 이루어진다	재관이 몸을 따르니 재록과 관록이 점점 높아지는 운세	용기있게 진행하라 매사가 순성할 운세이다	여인이 따르니 결혼하거나 애인이 생길 수이다	위아랫 사람이 화합하니 집안에 화기가 만당할 운세로다

신수평론비결

인수용관격(印綬用官格)
정관편관년월운세(正官偏官年月運勢)

칠년대한 감우하강 七年大旱 甘雨下降	관록수신 자손경사 官祿隨身 子孫慶事	관귀부신 도처춘풍 官貴扶身 到處春風	어유대해 의기양양 漁遊大海 意氣洋洋	경영확장 투자개길 경영확장 투자皆吉 經營擴張 投資皆吉
칠년대한 가문 날에 단비가 내리여 대지를 적시니 시화연풍이라	관록이 몸을 따르니 관록을 얻거나 자손의 경사가 있다	귀한 관이 나를 항상 도우니 가는 곳마다 봄바람이로구나	고기가 큰 바닷물을 얻었으니 의기가 양양하구나	사업을 경영하고 확장 투자하는 것등은 다 길하다
춘풍래도 백화쟁발 春風來到 百花爭發	소왕대래 가치억금 小往大來 可致億金	여인동모 백사길리 與人同謀 百事吉利	구토득록 소구가람 求兎得鹿 所求可濫	명파원근 만인앙시 名播遠近 萬人仰視
춘풍이 돌아오니 백가지 꽃들이 다투어 피는구나	작게 나가고 크게 오니 가히 억금을 만지는구나	남과 더불어 꾀하는 일은 백가지 일이 길하고 이롭구나	토끼를 구하려다가 사슴을 얻었으니 하는 바가 넘치는 운세	이름이 원근에 퍼지니 만인이 우러러 보는 운세이다
갈자음수 기자득식 渴者飮水 飢者得食	갈용득수 적수성가 渴龍得水 赤手成家	소망여의 모사순성 所望如意 謀事順成	재물흥왕 슬하경사 財物興旺 膝下慶事	길신수우 만사여의 吉神垂祐 萬事如意
목마른 자가 물을 마시고 굶주린 자가 밥을 얻는 운세	목마른 용이 물을 얻었으니 빈손으로 성공할 운세	소망이 여의하니 꾀하는 일이 순리대로 성사된다	재물이 흥왕하고 슬하에 경사수가 있다	길신이 항상 나를 도와주니 만사가 뜻과 같이 성사되는구나

259

(16) 정재용인격 (正財用印格)

정재용인격은 일주가 약한데 관살 또는 상관이나 식신(食神)이 많을 때는 인수로 용신한다.

① 사주의 예

丙子
乙酉
戊辰
己巳

戊土 본기(本氣)가 투출되어서 정재격인데 辰月 乙木이라 하나 신약하여 시지의 子中 癸水로 용신하니 정재용인격으로 水木운이 길하다.

庚寅
丙戌
丁酉
辛巳

巳酉金국에 신금이 투출되어서 정재격인데 일락서산(日落西山)에 여광(餘光)이 반조(反照)라고는 하나 신약하여 寅中의 甲木으로 용신하니 木火운이 길하다.

● 좋은 운 = 위의 사주는 水木운이 길하고 밑의 사주는 木火운이 길하다.

● 꺼리는 운 = 재운이나 상관 식신운이 불길하다.

② 정재용인격의 특징

一 이 격의 특징은 돈은 있으나 육친(六親)과의 인연이 멀어 조실부모하는 예가 많으며 부모의 사랑을 오래받지 못하였으니 고독과 수심으로 성장과정이 불우하여 신세 한탄을 하기도 한다.

二 인수가 용신인 사람은 죽으나 사나 공부에 열중하여야만 살길이 생긴다는 비장한 각오로 학업에 열심히 하여야 출세길이 열린다.

三 만약 사업을 하거나 주색을 가까이 하면 패가망신으로 한많은 세월을 곤고하게 보낼 팔자이다.

四 특히 모처간에 불화하니 입장이 난처하고 가정불화가 잦으니 가정화합에 정열을 쏟아야 한다.

五 그리고 어떠한 어려운 일에 처했을 때는 어머니와 윗사람이나 은사의 자문을 받으면 잘 해결될 수도 있음을 명심하라.

六 재물과 여자를 탐하면 명예가 손상되니 비리의 재물은 탐하지도 말며 생각하지도 마라. 이것을 어기면 좌천하거나 직장을 버리게 됨을 명심하라.

七 여자도 이와 같으나 출가하면 시댁이 흥하고 남편도 출세길이 열리게 되나 시모와의 불화가 염려되니 항상 매사에 인내하고 수양과 덕을 쌓아 시댁 가족과 화합을 위주로 살아가야 한다.

만약 자기주장과 고집을 버리지 않는다면 해로하기가 어려움을 명심하라.

정재용인격(正財用印格)
인수년월운세(印綬年月運勢)

인인성사 사방귀인 因人成事 四方貴人	금당귀운 소원성취 今當貴運 所願成就	군명신현 가기태평 君明臣賢 可期太平	재여구산 차외하망 財如丘山 此外何望	시래운합 어약용문 時來運合 魚躍龍門
사람으로 인하여 일이 성사되는데 사방이 귀인이로구나	지금에야 길운을 만나니 소원을 성취하는 운세	왕이 밝고 신하가어지니 태평세월을 기약하구나	재물이 이산과 같으니 이밖에 무엇을 더 바랄고	때가 오고 운이 합하니 고기가 용문에서 뛰어 노는구나
록음심처 앵성가미 祿陰深處 鶯聲可美	문서계약 매매유리 文書契約 賣買有利	귀인래조 재록가득 貴人來助 財祿可得	신운통태 도처유재 身運通泰 到處有財	소망여의 금옥만당 所望如意 金玉滿堂
녹음 깊은 곳에 꾀꼬리 소리가 아름답구나	문서를 계약하거나 매매하는 일들은 다 이익이었다	귀인이 와서 나를 도우니 재와 록을 얻으리라	신수가 형통하니 도처에 재물이로구나	바라는 바가 뜻대로 성취되어 금옥이 집안에 차는 운세
정심적선 재록무궁 正心積善 財祿無窮	신축결사 확장가미 新築結社 擴張可美	성적우수 합격승진 成績優秀 合格昇進	약비횡재 슬하경사 若非橫財 膝下慶事	가도화락 관록수신 家道和樂 官祿隨身
바른 마음으로 선함을 쌓으니 재록이 무궁하구나	새로 집을 짓거나 회사를 설립확장하는 것은 다 좋은 운세	배움의 성적이 우수하니 합격하거나 승진할 것이다	만약 횡재하지 않으면 슬하에 경사수가 있으리라	집안이 화합하고 즐거우니 자연 관록이 따르는 운세로다

정재용인격(正財用印格)
비견비겁년월운세(比肩比劫年月運勢)

到處春風 男兒得意 도처춘풍 남아득의 의외성공 명진사해	意外成功 名振四海 의외성공 명진사해	百事順成 恩友扶身 백사순성 은우부신	春回陰谷 百花爭發 춘회음곡 백화쟁발	百戰百勝 凶化爲吉 백전백승 흉화위길 흥화위길 백화개승
남자가 뜻을 얻었으니 가는 곳마다 봄바람이로구나	뜻밖의 성공을 이루니 그 이름이 사해에 떨치는구나	백가지 일들이 순리로 이루어지니 가 친구들이 모두 도와줌이라	봄이 음지에 돌아오니 백가지 꽃들이 다투어서 피는구나	흥함이 화하여 길하여지니 백번 싸워도 백번 이기는구나
小往大來 赤手成家 소왕대래 적수성가	龍得明珠 造化無窮 용득명주 조화무궁	開花結子 吉事重重 개화결자 길사중중	東西奔走 有名得財 동서분주 유명득재	偶然貴人 官祿隨身 우연귀인 관록수신
적은 것이 가고 큰 것이 오니 빈손으로 큰 집을 이루는 운세	용이 여의주를 얻었으니 그 조화가 무궁하구나	꽃이 피고 열매를 맺으니 길한 일들이 거듭 일어나는 운세	동서로 분주하니 이름도 떨치고 재물도 얻는구나	우연히 귀인을 만나니 관록이 스스로 따르는구나
人家和合 百事順成 인가화합 백사순성	一朝富貴 衆人羨望 일조부귀 중인선망	吉人天佑 福祿如意 길인천우 복록여의	身數大吉 家道興旺 신수대길 가도흥왕	兄弟親舊 相扶相助 형제친구 상부상조
집안 사람들이 화합하니 백가지 일들이 순리로 성사되는구나	하루 아침에 부귀를 누리니 뭇사람들이 우러러 보는구나	길한 사람은 하늘이 돕는지라 복록이 뜻과 같구나	신수가 대길하니 집안이 스스로 흥왕하는구나	형제나 친한 벗의 도움으로 매사가 순조롭구나

정재용인격(正財用印格)
상관식신년월운세(傷官食神年月運勢)

久旱不雨 草木不長 구한불우 초목부장	事業擴張 投資不美 사업확장 투자불미	得而難取 財如浮雲 득이난취 재여부운	職場倦怠 變動之心 직장권태 변동지심	謀事無成 救而難財 모사무성 구이난재
오랫동안 가물고 비가 오지 않으니 초목이 자라지 못하는 운세	사업에 투자하거나 확장하는 일들은 별로 소득이 없고 아름답지 못한 운세	재물은 뜬 구름과 같으니 얻고 모으기가 어렵구나	직장이 싫어지고 권태로워 변동할 마음뿐인 운세	계획한 일들이 성사됨이 없고 재물을 구하여도 얻기 어려운 운세
別無所得 與人同事 별무소득 여인동사	是非口舌 以德防禍 시비구설 이덕방화	有始無終 事有虛荒 유시무종 사유허황	因妻因財 其害不少 인처인재 기해불소	莫嘆辛苦 苦盡甘來 막탄신고 고진감래
남과 동업하는 일들은 별로 이익됨이 없다	시비와 구설수가 따르니 덕으로서 그 화를 막아라	처음은 있고 끝이 없으니 일마다 허황됨이 있구나	처나 여자와 재물로 인하여 그 해가 적지 않은 운세	고생함을 한탄하지 말라 쓴 것이 가면 단 것이 온다
經營不實 支出過多 경영부실 지출과다	非理財物 其害非輕 비리재물 기해비경	坐不安席 心身不安 좌불안석 심신불안	下剋之上 上下不和 하극지상 상하불화	子孫之厄 名山祈禱 자손지액 명산기도
들어온 것은 적고 지출과 경영부실 출이 많으니 사업경영에 부실함이 많은 운세	비리재물 옳지 못한 재물은 그 따르는 화가 적지 않다	앉은 자리가 편치 못하고 마음과 몸이 불안하구나	하극지상 상하불화 아랫사람이 윗사람에게 덤벼드니 상하가 서로 화합치 못하구나	자손의 액이 따르니 명산에 기도하면 가히 면할 수 있으리라

정재용인격(正財用印格)
재년월운세(財年月運勢)

막탐재리 명예손상 莫貪財利 名譽損傷	신규투자 확장보류 新規投資 擴張保留	구재난득 노이무공 救財難得 勞而無功	우심부절 야불성면 憂心不絶 夜不成眠	막근여색 질병가외 莫近女色 疾病可畏
재물과 이익을 탐하지 마라 반드시 명예가 손상될 것이다	새로 사업에 투자하거나 확장하는 것은 보류함이 제일이라	재물을 구하려 하나 구할 수가 없고 은하나 공이 없구나	근심이 끊이지를 않고 밤에 잠을 이루지 못하는구나	여자를 가까이 하지 마라 질병이 염려된다
물청여언 재여치화 勿聽女人 財女致禍	다사허황 물위망동 多事虛荒 勿爲妄動	시운불리 신물경영 時運不利 愼物經營	재가심란 출타무익 在家心亂 出他無益	수유생재 득이반실 雖有生財 得而半失
여자의 말을 듣지 마라 재물과 여자로 인하여 화가 일어난다	일에 허황됨이 많으니 망녕되게 행동하지 마라	시운이 따르지 않으니 아무일도 경영하지 말고 보류하라	집에 있으면 마음이 산란하고 출타하여도 이익이 없구나	비록 재물을 얻을 수 나 잃은 것이 반이로 다
모처불화 입장난처 母妻不和 入場難處	지고심대 유의미취 志高心大 有意未就	심신퇴산 상유공파 심신공파 心身退散 常有恐怕	산재부운 후회무익 散財浮雲 後悔無益	학업부진 합격지난 學業不振 合格至難
어머니와 처가 불화하니 나의 입장이 난처하구나	뜻은 높고 마음은 크나 마음먹은 것이 뜻대로 성취되지 않는다	심신이 산란하고 항상 공포감과 두려움이 앞서는구나	재물이 구름과 같이 흩어지고 후회한들 이익이 없구나	학업의 성적이 좋지 못하나 합격하기는 어렵구나

정재용인격(正財用印格)
정관편관년월운세(正官偏官年月運勢)

鳳凰麟閣 必登青雲 봉황인각 필등청운	祿重權高 財貨湧出 록중권고 재화용출	官人來助 謀事如意 관인래조 모사여의	龍在天門 榮貴可期 용재천문 영귀가기	春城細雨 萬物皆樂 춘성세우 만물개락
봉황이 인간에 오르니 반드시 청운의 뜻을 펴리로다	관록이 높아지고 재물이 샘에서 물 솟듯 한다	관의 사람들이 나를 도우니 꾀하는 일들이 뜻과 같구나	용이 천문에 있으니 영귀하게 됨을 가이 기약할 운세로다	봄성에 가는 비가 내리니 만물이 다 같이 즐거워 하는구나
夫子榮光 此外何望 부자영광 차외하망	至誠感天 心身太平 지성감천 심신태평	君臣會慶 義氣冲天 군신회경 의기충천	男兒得意 何事不成 남아득의 하사불성	竿頭掛龍 名振四海 간두괘룡 명진사해
남편과 자식이 영광을 누리니 이 밖에 무엇을 더 바랄고	정성을 다하면 하늘이 감응하시니 마음과 몸이 태평하구나	임금과 신하가 한 자리에 모이니 의기가 하늘을 찌르는구나	남자가 때를 만나 뜻을 얻었으니 어찌 이 성사되지 않으리	낚시대에 용이 걸렸으니 이름이 사해에 떨치는구나
意外功名 必得貴子 의외공명 필득귀자	子孫慶事 家道和樂 자손경사 가도화락	昇進合格 榮轉可期 승진합격 영전가기	吉星照門 喜滿家庭 길성조문 희만가정	凶化爲吉 官祿隨身 흉화위길 관록수신
뜻밖에 공명을 세우고 귀자를 얻을 운세	자손의 경사수가 있으니 집안이 즐겁고 화합하는구나	승진하거나 전등은 가이 성사되리로다	길신이 내 집을 비추어 주니 기쁨이 가득할 운세	흉함이 화하여 길하여지니 관과 녹이 기쁘게 따라오는구나

(17) 정재용겁격 (正財用劫格)

정재용겁격은 일주가 약한데 재가 많으면 비견 비겁으로 용신한다.

① 사주의 예

辛卯　戊土本氣가 투출하였으니 정재격으로 구성되었으나
戊戌　火土가 많아서 신약하매 亥中의 甲木으로 용신하니
乙亥　정재용겁격으로 水木운이 길하다.
丙戌

乙未　인중의 戊土가 투출하였으니 정재격이 되나 土金이
戊寅　상왕(相旺)하니 신약사주가 되어서 乙木으로 용신
乙酉　하매 水木운이 길하다.
丁丑

● **좋은 운** = 인수나 비견 비겁운이 길하다. 그러나 사주에 병이 되는 관살이 많을 때는 상관 식신운도 제살하여 주는 관계로 길하다.

● **꺼리는 운** = 관살과 재운이 불길하다. 그러나 용신이 허약할 때는 상관 식신운이 오면 용신이 자연 설기되매 불길운으로 본다.

② 정재용겁격의 특징

一 육친(六親)의 덕이 없으니 조실부모 할까 두렵고 학업성적이 부진하니 공부하는 것보다 돈버는 생각만 자연 생기게 되는 팔자다.

二 그러나 돈이 벌리면 재다신약(財多身弱)이 되는 관계로 신병 이 두려우니 돈에만 집착말고 처와 자손이 합세하여 나를 몰아내는 형상으로 악처를 만날까 두려울 팔자다.

三 만약 재살태왕사주라면 처와 자손이 합세하여 나를 몰아내는 형상으로 악처를 만날까 두려울 팔자다.

四 주색잡기를 절대로 삼가하지 않는다면 패가망신으로 평생후회할 것이니 타고난 여난(女難)을 물리치고 매사에 열심히 정직하게 노력하고 성실하게 처세한다면 오히려 큰 돈을 모아서 치부(致富)할 것이다.

五 지나친 고집과 욕망을 버리고 옳지 못한 재물을 탐하지 말며 덕을 쌓고 은혜를 베풀며 자선사업을 많이 한다면 그 이름이 천하를 떨칠 것이다.

六 사업을 할 때는 형제나 친구와 동업을 한다면 반드시 성공할 것이다. 이것은 신약사주의 득비이재(得比理財) 원리이다.

七 여명도 남자와 같으나 시모와 불화가 자연 많아지게 되는 관계로 분가하여 사는 것이 좋으며 너무 돈에 대한 집착력이 강하여 사회활동에 나선다면 부부간의 불화로 해로하기가 어려울 팔자이다.

정재용겁격(正財用劫格)
인수년월운세(印綬年月運勢)

치마장안 득의춘풍 馳馬長安 得意春風 말을 장안에서 달리니 봄바람에 뜻을 얻었구나	투자확장 필시대성 投資擴張 必是大成 사업에 투자하고 확장하는 것은 반드시 크게 성공할 수라	상하화목 가도흥왕 上下和睦 家道興旺 상하가 화목하니 집안이 흥왕하는구나	굴지득금 반석득옥 掘地見金 盤石得玉 땅을 파서 금을 얻고 반석을 깨어서 옥을 얻는 형상	신축결사 문서유의 新築結社 文書留意 새로 집을 짓거나 문서를 취급하거나 회사를 설립하는 것은 보류함이 길하다
의외성공 명진사해 意外成功 名振四海 의외로 성공하여 그 이름이 사해에 떨치는구나	도처유재 남아득의 到處有財 男兒得意 도처에 재물이 있으니 남아가 뜻을 이룰 운세	갈용득수 구제창생 渴龍得水 救濟蒼生 목마른 용이 물을 얻었으니 창생을 구조하는 운세	각종시험 우수합격 各種試驗 優秀合格 여러가지 시험은 우수한 성적으로 합격할 수	은인반해 기해비경 恩人反害 其害非輕 은인이 도리어 해가 되니 그 해가 적지 않을 운세다
문서계약 매매유리 賣買有利 文書契約 문서를 계약하거나 사고 파는 곳이 이익을 있을 운세	재록수신 부여금곡 財祿隨身 富如金谷 재와 록이 몸을 따르니 부함이 금곡과 같구나	춘광재도 희사임문 春光再到 喜事臨門 봄빛이 또 다시 돌아오니 기쁜 일이 문에 임하는 운세	길경도문 적수성가 吉慶到門 赤手成家 길한 경사가 문에 들어오니 빈손으로 집을 일으키는 운세	당상유액 고부불화 姑婦不和 堂上有厄 어른의 액이 있으며 고부간에 불화할 운세

정재용겁격(正財用劫格)
비견비겁년월운세(比肩比劫年月運勢)

이인동심 하사불성 二人同心 何事不成	재록수신 위진사방 財祿隨身 威振四方	소망여의 희색만면 所望如意 喜色滿面	일호백락 위권무쌍 威權無雙 一呼百諾	재소복래 만사태평 災消福來 萬事太平
두 사람의 마음이 잘 맞으니 어찌 성사되지 않는 일이 있을소냐	재와 복록이 따르니 그 위세가 사방에 떨치는구나	소망하는 바가 뜻과 같이 성사되니 얼굴에 웃음꽃이 가득하다	한번 불러 백사람이 응하니 그 위력과 권세가 대단하구나	재앙이 소멸되고 만사가 태평하구나
형제친우 모사적중 兄弟親友 謀事適中	행봉귀인 록중권고 幸逢貴人 祿重權高	신림복록 치산가기 身臨福祿 治産可期	약비관록 횡재가지 若非官祿 橫財可知	우순풍조 백곡풍등 雨順風調 百穀豊登
형제나 친구간의 계획된 사업이 반드시 성사될 운세	다행이 귀인을 만나 니 관록이 더하고 권세가 높아지는 운세	내 몸에 복록이 따르니 재물을 다스리기를 가히 기약하겠구나	만약 관록이 아니면 횡재할 것을 가히 약하리로다	비가 순하고 바람이 고르니 백곡이 풍년 이구나
투자확장 거래득리 投資擴張 去來得利	화풍순조 백화경발 花風順調 百花競發	세류합천 진작대해 細流合川 振作大海	유재다권 도처춘풍 有財多權 到處春風	의외귀인 조아부아 意外貴人 助我扶我
사업에 투자하고 확장하는 등 거래하는 일은 반드시 이익이 있을 수	꽃바람이 순하게 불어오니 백가지 꽃이 다투어 피는구나	시냇물이 합쳐 큰 바다를 이루는 운세라	재물과 권세가 있으니 가는 곳마다 봄바람이라	뜻밖의 귀인이 나를 도우고 나를 부축하여 주는구나

정재용겁격(正財用劫格)
상관식신년월운세(傷官食神年月運勢)

사주제병 금상첨화 四柱除病 錦上添花 / 만약 사주 병을 제거하면 금상첨화로 더욱 길하다	막견실인 종견실패 莫信親人 終見失敗 / 친한 사람을 믿지 말라 끝내는 실패할 수 라	유해무공 한여지하 有害無功 恨如之何 / 손해만 있고 공은 없으니 한탄한들 무엇하리요	구설시비 인내제일 口舌是非 忍耐第一 / 구설과 시비수가 따르니 참는 것이 제일이라	근피호리 갱답호미 僅避狐狸 更踏虎尾 / 여우와 살쾡이를 근근히 피하였으나 다시 범의 꼬리를 밟는구나
흉화위길 백재소멸 凶化爲吉 百災消滅 / 흉함이 화하여 길하여지니 백가지 재앙이 소멸될 운세	구토어해 종시부득 求兎於海 終是不得 / 토끼를 바다에서 구하니 끝내 구하지 못한다	투자확장 계약불리 投資擴張 契約不利 / 사업에 투자하거나 확장하고 계약하는 것들은 다 불리하다	수유재리 대왕소래 雖有財利 大往少來 / 비록 재물은 얻으나 크게 가고 적게 들어오는 운세	거두하지 거취미분 擧頭何地 去就未分 / 머리를 어느 땅에 들고 갈 길이 분명치 않구나
신하봉군 희중가희 臣下奉君 喜中可喜 / 신하가 임금을 받드는 형상이니 기쁜중에 더욱 기쁘구나	추차산상 추거무공 推車山上 力培無功 / 수레를 끌고 산에 오르니 힘은 배가 드나 공이 없는 운세	호입함정 유지무계 虎入陷井 有志無計 / 범이 함정에 드니 마음은 계책이 없구나	재성봉공 허왕허래 財星逢空 虛往虛來 / 재물에 공망수가 붙으니 헛되이 왕래만 하는구나	좌불안석 심신산란 莖不安席 心身散亂 / 앉은 자리가 편치 않으니 마음과 몸이 산란하구나

정재용겁격(正財用劫格)
재년월운세(財年月運勢)

江山行人 偶逢險路 약비손재 횡액가외 若非損財 橫厄可畏	수지불균 지출막대 收支不均 支出莫大	막친여색 구설유해 莫親女色 口舌有害	음양불합 부처불화 부처불화 陰陽不合 夫妻不和	
강산에 행하는 사람 이 우연히 험한 길을 만나는구나	만약 손재하지 않으면 횡액이 두렵구나	수지가 맞지 않고 지출이 너무 많을 운세	여자와 색을 가까이 하지 말라 구설수와 해로움이 있을 수이다	음양이 맞지 않으니 부부간에 불화가 커지는구나
거거고산 부마등산 去去高山 負馬登山	비리탐재 기화비경 非理貪財 其禍非輕	관재시비 이덕방화 官災是非 以德防禍	계교허황 막계거사 計巧虛荒 莫計巨事	이성수신 심신곤고 異性隨身 心身困苦
가도 가도 높은 산인데 말을 지고 오르는 운세	옳지 못한 재물을 탐하는 것은 그 화가 적지 않구나	관재와 시비수가 따르니 덕으로 화를 막아라	계획한 일이 허황하니 큰 일을 계획하지 말라	이성(애인)이 따르나 마음과 몸만 고달프구나
가내불화 자유심란 家內不和 自有心亂	인처인재 손재지운 인처인재 損財之運	질고부절 좌불안석 疾苦不絶 坐不安席	귀인자퇴 모사불성 貴人自退 謀事不成	외화내곤 금의야행 外華內困 錦衣夜行
집안이 불화하니 스스로 심란하구나	처나 재물로 인하여 손재불수이므로 특별 유의하라	질고가 멎지 않으니 좌불안석이로다	귀인이 스스로 물러가고 꾀하는 일은 성사되지 않는구나	겉으로는 화려하나 속으로는 곤궁하고 비단옷 입고 밤길 걷기

270

정재용겁격(正財用劫格)
정관편관년월운세(正官偏官年月運勢)

官財口舌 其害非輕	失物損財 盜難留意	莫貪非理 損財落名	入山求魚 事有虛荒	日暮西山 歸客失路
관재와 구설수니 미치는 해가 적지 않구나	실물과 손재수가 따르니 도적 당할까 특별히 유의하라	옳지 못한 이익을 구하지 말라 손재하고 이름까지 더렵힌다	산에 가서 물고기를 구하니 일에 허황됨이 있구나	해는 져서 서산인데 돌아가는 나그네가 길을 잃었구나
雪上播種 安有生理	名山祈禱 災殃消滅	有聲無形 呼訴無處	有頭無尾 計巧不成	每事不成 身勢自嘆
눈 위에 종자를 뿌리니 어찌 싹이 나와 살 수가 있으리요	이름난 산에 올라가 기도하면 재앙이 소멸될 것이라	소리는 있으나 형상이 없으니 어느 곳에 가서 호소할까	머리만 있고 꼬리가 없으니 계획한 일들이 성사되지 못한다	매사가 이루어지지 않으니 한갓 신세를 탄식하는구나
勞多功少 每事虛荒	財數論之 求之不得	雖有變化 有名無實	他人過誤 吳之責任	昇進合格 有意未就
노력은 많으나 공이 적으니 매사가 허황됨이 있구나	재수를 논하면 구하려 하나 얻지 못한다	비록 변화를 한다고 하여도 이름만 있고 실속이 없구나	남의 잘못이 나의 책임으로 억울한 일로다	승진과 합격도 하나 뜻만 있고 성사되지 않을 운세

(18) 정재용상식격 (正財用傷食格)

정재용상식격은 일주가 강한데 비견 비겁이 많고 재가 약하거나 없을 때 상관 식신이용신이 된다.

① 사주의 예

壬戌
癸丑
戊申
丙寅

戊土가 丑月에 출생하여 사주원국이 한냉한 것으로 볼 것이나 午戌火局에 戊土가 투출하니 신왕하여 일지 申金으로 용신하매 金水운이 길하다.

癸未
癸亥
戊午
丁巳

戊土가 亥月에 실령(失令)하였다고는 하나 巳午未 火局을 형성하여 조후가 되어 있으니 巳중의 庚金으로 용신하여 金水운이 길하다.

● 좋은 운 = 상관 식신과 재운이 길하다.
● 꺼리는 운 = 인수 비견 비겁운이 불길하고 관살운도 꺼린다. 신왕한데 인수운이 오면 외화내곤(外華內困)이 되어서 불길하고 비견 비겁운이 오면 형제나 친구로 인하여 손해를 보게되니 믿는 도끼에 발등을 찍히게 된다.

② 정재용상식격의 특징

一 육친의 덕은 없으니 조실부모하거나 어릴때부터 집을 떠나서 남의 집 밥을 먹을 팔자이다.

二 사람이 신왕하니 고집이 세고 추진력이 있으며 매사에 착수하면 끝을 보고 마는 성격이니 적수성가(赤手成家)로 치부(致富)하게 될 팔자이다.

三 남의 일은 발벗고 끝까지 돌보아 주는 성격이 있으니 주위에 따르는 사람이 많고 남의 존경을 받기도 한다.

四 돈벌때는 구두쇠. 노랭이라는 별명도 붙기는 하였지만 돈을 벌고난 다음은 아낌없이 쓸줄도 아니 항상 불우한 사람을 도우고 자선사업에 열중하는가 하면 은혜와 덕을 널리 베푸니 남으로부터 존경을 받기도 한다.

五 그러나 직장은 관계보다는 재정. 금융. 교육. 자선사업계통에 진출하면 그 이름이 천하에 떨칠 것이다.

六 여자도 남자와 다를 바가 없으나 부부궁이 불미하니 부부화합을 위주로 하여야 하며 사회생활을 이유로 가정에 등한해진다만 해로하기가 어렵다. 상관식신이 용신인 사람은 남녀를 막론하고 언론, 출판, 문예, 교직, 육영사업과 복지사업이 길하다. 고로 자기의 특기와 기능소질을 살려서 혼자 살아갈 수 있는 능력을 키워야 한다.

정재용상식격(正財用傷食格)
인수년월운세(印綬年月運勢)

貴人反害 信斧割足	春光不倒 草木不生	時商未可 勿生虛慾	堂上有厄 健康留意	子孫之厄 名山祈禱
귀인반해 신부할족 귀인이 도리어 해를 끼치니 믿는 도끼에 발등 찍힌다	춘광부도 초목불생 봄빛이 오지 않으니 초목이 자랄 수가 없구나	시상미가 물생허욕 때가 오히려 불가하니 허욕을 내지 말라	당상유액 건강유의 집안어른의 건강을 조심하라	자손지액 명산기도 자손의 액이 있으니 산에 가서·성심껏 기도하라
莫信人言 甘言事違	慾巧反拙 事不如意	佛口蛇心 其害非輕	有志未就 諸事無謀	莫計巨事 守分安常
막신인언 감언사위 남의 말을 듣지 말라 말은 달고 일은 다르다	욕교반졸 사불여의 교묘하게 일을 시작하나 도리어 졸렬하니 일이 뜻과 같지 않다	불구사심 기해비경 말은 부처님의 말씀이나 그로 인한 해가 적지 않다	제사무모 유지미취 모든 일에 꾀가 없으니 뜻은 있으나 이루어지지 않는다	막계거사 수분안상 큰 일을 계획하지 마라 옛 것을 지키고 분수껏 행동하라
文書契約 保證不可	上下離脫 何以成事	家人不和 心身散亂	學業不振 合格至難	逆水行舟 事不如意
문서계약 보증불가 문서를 계약하는 것이나 보증하는 일들은 절대 불가하다	상하이탈 하이성사 윗사람과 아랫사람의 뜻이 맞지 않으니 어찌 일이 성사되랴	가인불화 심신산란 집사람과 화합하지 못하니 심신이 산란하구나	학업부진 합격지난 학업의 성적이 오르지 않으니 합격 승진은 어렵다	역수행주 사불여의 물을 거슬러 배가 올라가니 일이 뜻과 같지 않구나

정재용상식격(正財用傷食格)
비견비겁년월운세(比肩比劫年月運勢)

형제친구 경이원지 兄弟親舊 敬以遠之	입소용다 수지불균 入少用多 收支不均	물위퇴직 반유기해 물위퇴직 勿爲退職 反有其害	막신친인 기해비경 莫信親人 其害非輕	부부불화 형제지우 부부지우 夫婦不和 兄弟之憂
형제나 친구를 걸으로는 존경하고 속으로 멀리하라	들어오는 것은 적고 쓰는 것은 많으니 수지가 맞지 않는구나	직장을 물러나지 말라 오히려 해가 있다	친한 사람을 믿지 말라 은인이 도리어 원수가 되니 해가 적지 않구나	부부간에 불화하고 형제간에 근심이 있구나
호입야산 호리래침 虎入野山 狐狸來侵	금전거래 사전확인 金錢去來 事前確認	의욕왕성 매사부실 意慾旺盛 每事不利	입해구토 막구재리 入海求兎 莫求財利	사무두서 모사불성 事無頭緒 謀事不成
범이 야산에 나타나니 여우와 이리가 괴롭게 하는구나	돈을 주고 받는 것은 사전에 미리 확인하라	사업의 의욕은 왕성하나 하는 일마다 불리한 운세	바다에 들어가 토끼를 구하는 격이니 재물과 이익을 구하지 말라	일에 두서가 없고 꾀하는 일이 제대로 되지 않을 운세이다
투자확장 절대불가 投資擴張 絶對不可	육친무덕 은반위구 육친무덕 六親無德 恩反爲仇	목전곤고 견인위상 目前困苦 堅忍爲上	출즉유회 입즉상심 出則有悔 入則傷心	심중소회 향인막설 心中所懷 向人莫說
투자하거나 확장하는 것은 절대 이롭지 못하다	육친의 덕이 없으니 은혜를 배반하고 원수가 되는구나	눈앞이 곤고하니 굳게 참는 것이 제일이라	집을 나가면 후회하고 들어오면 마음이 상하는 운세	마음속의 말을 상대방에 하지 말라 그 해가 클 것이다

신수평론비결

정재용상식격(正財用傷食格)
상관식신년월운세(傷官食神年月運勢)

독대춘색 설리매화 獨帶春色 雪裡梅花	길신수우 재운점태 吉神垂祐 財運漸泰	집심정직 자유천우 執心正直 自有天佑	수조창파 종득대어 垂釣滄波 終得大魚	일신영귀 인인앙시 一身榮貴 人人仰視
눈속의 매화가 홀로 봄빛을 맞이하여 피하는구나	길신이 도와 재수가 점점 통하니 매사가 형통할 운세	마음을 정직하게 하니 스스로 하늘이 도우시는구나	낚시를 창파에 던지니 마침내 큰 고기를 얻었구나	일신이 귀하게 되니 사람마다 우러러 보는구나
금안준마 남아득의 金鞍駿馬 男兒得意	가인화합 화기도문 家人和合 和氣到門	재운방성 재록수신 財運方盛 財祿隨身	모계거사 물식전진 謀計巨事 勿息前進	재수흥왕 모사순성 財數興旺 謀事順成
금안장과 좋은 말을 타고 앉으니 남아가 큰 뜻을 얻었구나	집안 사람이 화합하니 화기가 문에 이른다	재운이 왕성하니 재와록이 기쁘게 따를 것이다	계획한 큰 일들은 쉬지 말고 시행하라 크게 형통할 운세라	재수가 흥왕하니 꾀하는 일이 제대로 되는구나
춘화일난 백화만발 春和日暖 百花萬發	귀인래조 필유성공 貴人來助 必有成功	동원홍도 화락결실 東園紅桃 花落結實	신수태평 재여구산 身數太平 財如丘山	각종시험 승진여의 各種試驗 昇進如意
꽃이 봄날을 만나니 백가지 꽃이 만발하는 운세	귀인이 와서 도우니 반드시 성공할 운세다	동원의 복숭아 꽃이 떨어지고 열매를 맺는구나	신수가 태평하니 재물이 산같이 쌓이는구나	여러가지 시험 승진 등은 뜻과 같이 이루어지는구나

정재용상식격(正財用傷食格)
재년월운세(財年月運勢)

음양화합 만물회생 陰陽和合 萬物回生	동남지방 귀인조아 동남지방 귀인助我 東南地方 貴人助我	춘초봉우 기색시신 其色新新 春草逢雨 其色新新	약비절계 생남지수 若非折桂 生男之數	수유생재 모사불성 雖有生財 謀事不成
음양이 잘 화합하니 만가지 생물들이 다 회생되는 운세	동남쪽에서 귀인이 있어 나를 도우는구나	봄 풀이 비를 만나니 그 색깔이 더 싱싱하구나	만약 과거를 하지 않으면 생남할 수라	비록 재물이 생기나 꾀하는 일은 성사되지 않는다
천지사방 백발백중 天地四方 百發百中	위고녹중 명진사해 位高祿重 名振四海	약비관록 필득재리 若非官祿 必得財利	재거복래 천우신조 財去福來 天佑神助	일득이실 희비쌍곡 一得二失 喜非雙曲
천지사방에 벌려놓은 일들이 다 잘되는 운세	벼슬이 높아지고 이름이 사해를 떨치는구나 만사여의 중하여지니 그	만약 관록이 아니면 반드시 재물과 이익을 얻을 것이다	재앙은 사라지고 복록이 오니 천신이 나를 도우는구나	하나를 얻고 둘을 잃으니 기쁨과 슬픔이 교차하는구나
재록가기 의기양양 財祿可期 意氣揚揚	시래운도 만사여의 만래운도 만사여의 時來運到 萬事如意	인재인처 모사성공 인재인처 因財因妻 謀事成功	소망여의 천지상응 천지상응 天地相應 所望如意	막탐재리 화중지병 莫貪財利 畫中之餠
재와 록이 따르니 기가 양양하구나	시가 오고 때가 오니 만사가 뜻대로 되는구나	재물이나 여자로 인하여 꾀한 일이 성사되는구나	천지가 서로 응하니 소망하는 바가 뜻대로 되는구나	재물과 여자를 탐하지 마라 그림 속의 떡이로구나

신수평론비결

정재용상식격(正財用傷食格)
정관편관년월운세(正官偏官年月運勢)

計巧不成 坐不安席 계교불성 좌불안석	東西奔走 別無所得 동서분주 별무소득	甘言莫信 恩反爲仇 감언막신 은반위구	是非口舌 忍耐第一 시비구설 인내제일	物泒訟事 勿參訟事 不利之數 물찬송사 불리지수 물참송사 불리지수
교묘하게 진행한 일이 성사되지 않으니 좌불안석이로구나	동서로 분주하나 별로 얻은 것은 없구나	감언이설을 믿지 마라 은인이 변하여 원수가 되는구나	시비와 구설수가 있으니 참는 것이 제일이라	송사에 참견하지 말라 불리할 수이다
心身散亂 事務始終 심신산란 사무시종	親人反仇 交友愼之 친인반구 교우신지	分外行事 反招其損 분외행사 반초기손	失物之數 盜賊愼之 실물지수 도적신지	反爲不美 莫信人言 막신인언 반위불미
일에 처음과 끝이 없으니 심신이 산란하구나	친한 이가 도리어 원수가 되니 친구를 조심하라	분수 밖의 일을 행하면 오히려 손해를 부른다	실물 수가 있으니 도적을 조심하라	사람의 말을 듣지 말라 도리어 아름답지 못하다
官災口舌 以德方禍 관재구설 이덕방화	龍失其珠 不能變化 용실기주 불능변화	疾病可畏 健康留意 질병가외 건강유의	欲速不達 安定待時 욕속부달 안정대시	上下不和 坐不安席 상하불화 좌불안석
관재구설수가 있으니 덕으로 큰 화를 막아라	용이 여의주를 잃었으니 변화를 부릴 수 없구나	질병이 가히 두려우니 건강에 유의하라	속히 하고자 하는 일은 쫓지 못하니 안정하고 때를 기다려라	위아랫사람이 서로 불화하니 좌불안석이로다

(19) 정재용재격 (正財用財格)

정재용재격은 일주가 강하고 인수나 비견 비겁이 많으면 재로 용신한다.

① 사주의 예

庚申
丙戌
癸亥
丁巳

金水로 신왕하여 丙火로 용신하매 木火土운이 길하다. 木운은 용신을 보강하니 길하고 土운은 용신지병이 되는 水를 제거하니 약운으로 더욱 좋은 운이다.

庚辰
庚申
己卯
乙未

庚金일생이 卯月에 실령(失令)하였으나 土金으로 신왕하여 乙木으로 용신하니 水木운이 東北 水木운에 거부가 된 사주이다.

● 좋은 운 = 상관식신이나 재운이 길하다. 사주에 용신지병이 되는 비견 비겁이 많을 때는 관운이 오면 제거병(除去病)하여 더욱 길하다.

● 꺼리는 운 = 비견 비겁이나 인수운이 불길하다.

② 정재용재격의 특징

一 정재란 글자 그대로 정당한 업무를 추진한 결과적인 보수로 받는 재물을 말한다. 고로 부정과 부당한 보수 옳지 못한 일의 돈을 탐하지않는 성격의 소유자이다.

二 정직 착실과 신용을 위주로 처세하는 사람의 인격으로 도야하는 게을리 하지 않으며 모든 일을 순리로 원리 원칙대로 수행하는 관계로 남들이 승인군자란 평을 하기도 한다.

三 가정교육이 잘 되어있으니 사람이 모난데가 없고 삐뚤어진 성격이란 찾아볼 수가 없으며 신왕사주이니 매사에 추진력이 강하며 한번 착수한 일이면 유종의 미를 걷을 수 있도록 최선을 다하는 집년이 강하니 자연적으로 치부하여 집안생활이 넉넉하므로 남부러울 것이 없이 살아간다.

四 평생 돈의 궁함이 없고 처덕이 있으니 현모양처로 처가 돈버는 재주도 남달리 특출하고 처세술 또한 능하다.

五 여자도 이와 같으나 출가이후 시가의 재산이 늘어나고 남편의 사업이 점점 번창해지며 권세도 높아지니 사모님으로 통하고 귀부인으로 등장하게 될 팔자이다.

정재용재격(正財用財格)
인수년월운세(印綬年月運勢)

勞而無功 有意未就 노이무공 유의미취	推車上山 何以成事 추차상상 하이성사	求事難成 事有多滯 사유다체 구사난성	其害非輕 恩人反害 은인반해 기해비경	佛口蛇心 新斧割足 불구사심 신부할족
뜻은 있으나 일은 이루어지지 않고 노력은 많으나 공이 없다	수레를 밀어 산에 오르고자 하는 격이니 어찌 일이 성사되랴	일에 막힘이 많으니 일을 구하나 이루지 못한다	은인이 오히려 해가 되니 그 미치는 해가 적지 않은 운세	믿는 도끼에 발등 찍히고 부처님 말씀이나 상대가 뱀의 마음이라
愼物聽之 傍人之言 방인지언 신물청지	畫中之餠 見而不食 견이불식 화중지병	文書契約 保證不利 문서계약 보증불리	所願未成 試驗昇進 시험승진 소원미성	事前確認 賣買之事 매매지사 사전확인
곁에 있는 사람의 말을 삼가 듣지 마라 해가 적지 않다	보고도 못먹는 것은 그림 안의 떡이로구나	문서를 계약하는 것과 보증서는 것은 불리하니 삼가하라	시험보는 것 승진하는 것 등은 소원을 이루기 어렵다	사고 파는 것들은 사전에 확인하라 손재가 두렵구나
有名無實 外華內困 외화내곤 유명무실	結果無益 莫計居事 막계거사 결과무익	新築結社 保留第一 신축결사 보류제일	陰害可慮 莫信人言 막신인언 음해가려	恩反爲仇 六親無德 육친무덕 은반위구
겉으로는 화려하나 이름만 있고 실속이 없구나	큰 일을 계획하지 말라 결과에 이익이 없다	새로 집을 짓거나 회사를 창립하는 것은 보류함이 제일 좋다	남의 말을 듣지 말라 음해할까 염려된다	육친의 덕이 없으니 은혜가 도리어 원수가 되는구나

정재용재격(正財用財格)
비견비겁년월운세(比肩比劫年月運勢)

형제친우 배신가외 兄弟親舊 背信可畏	금년신수 포해방수 금년신수 捕解放水	경영확장 동업불리 經營擴張 同業不利	내정불화 동상이몽 內庭不和 同床異夢	모사다단 부중나하 모사다단 謀事多端 不中奈何
형제나 친한 친구가 배신할까 두렵구나	금년의 신수는 계를 잡았다가 물에 놓치는 형상이라	경영하는 사업을 확장하거나 동업하는 것등은 다 불리하다	부부간에 불화하니 한 이불 속에 잠을 자도 피차 꿈은 다르다	꾀하는 일이 많으나 맞지 아니하니 어찌 할꼬
심중번민 수향설화 心中煩憫 誰向說話	물탐분외 흉모무용 勿貪分外 凶謀無用	의욕왕성 계교불성 意慾旺盛 計巧不成	막근시비 구설난면 莫近是非 口舌難免	실물패재 구사불성 失物敗財 求事不成
마음이 번거롭고 민하니 누구를 향하여 속의 말을 할고	분수 밖의 일을 탐하지 말라 흉한 꾀는 쓸데 없구나	모든 일에 의욕은 왕성하나 교묘한 계이성사되지 않을 운세	남과 다투지 말라 구설수를 면하기가 어렵구나	실물 수에 재수도 없고 일을 구하나 이루기가 어렵다
노이무공 신수나하 勞而無功 身數奈何	신재곤경 거처불안 身在困境 居處不安	심여부운 백무일성 心如浮雲 百無一成	서실미고 재로가절 鼠失米庫 財路可絶	사사다마 심번의란 事事多魔 心煩意亂
노력하여도 공이 없으니 신수가 불길함을 어찌 할까	몸이 곤경에 처해 있으니 거처가 불안하구나	마음이 뜬구름 같으니 백가지 하나도 이루어짐이 없다	쥐가 쌀 창고를 잃었으니 재물 길이 끊어진 형상이라	일마다 마가 많으니 마음이 번거롭고 뜻이 산란한 운세

280

신수평론비결

정재용재격(正財用財格)
상관식신년월운세(傷官食神年月運勢)

시봉대운(時逢大運) 만사유성(萬事有成)	곤극태회(困極泰回) 순환지리(循環之理)	봉황생추(鳳凰生雛) 서기영롱(瑞氣玲瓏)	투자확장(投資擴張) 매사여의(每事如意)	청용득수(靑龍得水) 의기충천(意氣冲天)
비로소 대운을 만나니 만사에 이로움이 있구나	곤함이 극하면 좋은 운세가 돌아오는 것은 순환하는 이치이다	봉황이 새끼를 낳으니 상서로운 기운이 영롱하구나	투자하고 확장하는 것은 매사가 뜻대로 성사된다	청룡이 물을 얻으니 의기가 하늘을 찌르는구나
화란춘성(花爛春成) 만화방창(萬和方暢)	관화위복(官化爲福) 관록지수(官祿之數)	삼강오호(三江五湖) 은우래조(恩友來助)	경영지업(經營之業) 일진월증(日進月增)	수도기년(水道幾年) 어변성용(魚變成龍)
꽃이 봄성에 만발하고 만가지가 봄날에 화창하구나	관귀가 화하여 복덕이 되니 관록에 오를 수라	삼강과 오호에서 은혜로운 친우가 나를 도와주는구나	경영하는 사업은 날로 더하고 달로 더 번창하는 운세	도를 닦은지 몇해인고 고기가 변하여 용이 되는 운세
어약용문(魚躍龍門) 의기양양(意氣洋洋)	여인모사(與人謀事) 백발백중(百發百中)	구토웅변(口吐雄辯) 육국종횡(六國縱橫)	의외귀인(意外貴人) 필연조아(必然助我)	시험승진(試驗昇進) 불필심려(不必心慮)
고기가 용문에 뛰어 오르니 의기가 양양하구나	남과 더불어 꾀하는 일은 백발백중 해롭구나	입으로 웅변을 토하며 육국을 종횡하니 이 아니 길조인가	뜻밖의 귀인이 반드시 나를 도와주는구나	시험 승진 등은 염려할 필요가 없다

정재용재격(正財用財格)
재년월운세(財年月運勢)

재운왕성 財運旺盛 終得大財	의외공명 名振四海 意外功名	동산화발 東山花發 蜂蝶探香	투자확장 投資擴張 所信進行	일려중천 금옥만당 日麗中天 金玉滿堂
재운이 왕성하니 침내 큰 재물을 얻을 운세	뜻밖의 공명을 얻으니 그 이름이 사방에 떨치는구나	동산에 꽃이 피니 벌과 나비가 꽃향기를 탐내는구나	사업에 투자하는 것 확장하는 것은 소신껏 진행하라	해가 중천에 떠있으니 금옥이 집안에 가득차는구나
년운대길 年運大吉 소망성취 所望成就	운세대통 運勢大通 백사여의 百事如意	사사여의 事事如意 가내화평 家內和平	슬하유경 약비혼인 若非婚姻 膝下有慶	가인동심 소망여의 家人同心 所望如意
금년 신수가 대길하니 소망한 바를 이룰 수이다	운세가 크게 형통하니 백가지가 뜻대로 성취될 수이다	일마다 뜻대로 이루워지니 집안이 화평하구나	만약 결혼이 아니면 슬하의 경사가 있을 수이다	집안사람들이 마음이 잘 맞으니 소망하는 바가 뜻대로 성취된다
귀인래조 수롱억금 貴人來助 手弄億金	어유벽해 의기양양 魚遊碧海 意氣洋洋	재록여의 女人隨身 財祿如意 여인수신	심신화평 제사형통 心身和平 諸事亨通	구토득장 희열만면 求兎得獐 喜悅滿面
귀인이 와서 도우니 손으로 억금을 희롱한다	고기가 벽해에서 노니니 그의 기가 양양하구나	재와 록이 뜻대로 성취되고 여자가 따를 운세	심신이 평화로우니 모든 일이 잘 형통한다	토끼를 구하려다가 노루를 구하였으니 얼굴에 기쁨이 가득하다

정재용재격(正財用財格)
정관편관년월운세(正官偏官年月運勢)

관귀부신 재명필진 官貴扶身 財名必振	약비관록 슬하유영 膝下有榮 若非官祿	화개결실 사다성공 事多成功 花開結實	춘회남국 백화쟁발 春回南國 百化爭發	천리타향 희봉고인 千里他鄕 喜逢故人
귀한 관이 나를 이끌어주니 재록과 이름이 반드시 떨칠 것이다	만약 관록이 아니면 슬하에 경사가 있을 수이다	꽃이 피고 열매를 맺으니 많은 일마다 성공하는 운세이다	봄이 남국에 돌아오니 백가지 꽃이 다투어 피는구나	천리타향에서 기쁘게 고향사람을 만났구나
신등용문 하사불성 身登龍門 何事不成	음양배합 생산지수 陰陽配合 生産之數	재록겸전 금옥만당 財祿兼全 金玉滿堂	이소역대 재관대통 以少易大 財官大通	청용득수 홍운시우 靑龍得水 興運施雨
몸이 용문에 오르니 어찌 일이 이루워지지 않으랴	음양의 합이 잘 이루워지니 자손의 경사수가 있다	재와 록이 겸전하니 금과 옥이 집안에 가득차는구나	적은 것을 가지고 큰 것을 얻으니 재운과 관운이 크게 형통하다	청용이 물을 얻으니 구름을 일으켜서 비를 내리는구나
천의중흥 하민안락 天意中興 下民安樂	한곡회춘 가점풍년 寒谷回春 可占豊年	명진일세 입마금문 名振一世 廿馬金門	입해구주 이재목전 入海求珠 利在目前	인인성사 작사여의 因人成事 作事如意
하늘의 뜻이 중흥하니 아래 백성들이 안락한 운세다	추운골에 봄이 오니 가히 풍년을 기약한다	이름이 세상을 떨치니 말을 금문에 세웠도다	바다에 들어 옥을 구하니 이익이 눈앞에 있다	사람으로 인하여 일이 성사되니 매사가 뜻대로 이루어지는구나

(20) 정재용관격(正財用官格)

정재용관격은 일주가 신왕한데 비견 비겁이 많으면 관살(官殺)로 용신한다.

① 사주의 예

癸酉
甲寅
辛酉
己丑

辛金일주가 연지 酉金의 록(祿)을 놓고 己土가 투출하여 신왕하고 寅월은 아직도 한기가 여심(寒氣餘甚)하니 丙火로 조후용신하매 木火운이 길하다.

癸酉
甲寅
辛酉
丙申

寅월은 아직도 한냉(寒冷)한데 금수가 많으니 조후(調侯)가 시급하여 丙火로 용신을 정하니 木火운이 길하다.

● **좋은 운** = 재운과 관살(官殺)운이 길하다. 사주원국에 상관식신이 많을 때는 인수운이 오면 이인제상(以印制傷)으로 길하다.

● **꺼리는 운** = 비견 비겁과 상관 식신운이 불길하다.

② 정재용관격의 특징

一 용호거문(龍虎踞門)에 뼈대있는 집안인 귀한 가문의 출생으로 사람의 인품도 영웅호걸 남아의 기상이며 지도자격으로서 성장과정도 복동이 귀동이므로 많은 사람으로부터 총망의 대상이 되었으며 지혜와 재주가 비상하여 기상이 고매하고 매사에 관대하며 호장과 감하고 의협심이 강하며 정의감이 대단하다.

二 고로 정직 성실을 위주로 처세하며 비리와 부정을 배척하고 매사에 시종일관 품위있고 많은 사람을 지도 통솔하는 능력이 뛰어나니 관계에 진출하여 승진을 거듭하여 고관대작의 팔자이다. 〈단. 대운이 좋을 때〉

三 재물과 권세를 겸비하여 엄격할때는 한없이 엄격하고 불우한 사람은 사재(私財)를 털어서 도와주기도 하니 그 명망이 사해를 떨치기도 한다.

四 처자복이 특출하여 처현자귀(妻賢子貴)로 오복을 갖춘 팔자로 명망이 점점 높아지기도 한다. 〈단. 대운이 잘 흘렀을 때〉

五 그러나 매사를 자기의 주의주장과 자존심이 강하고 약자를 누르려고 하는 단점도 있다. 항상 자숙하고 겸손하며 반성하는 자세로 처세하기 바란다.

六 여자도 다를바가 없으나 출가 이후 시집이 흥하고 남편의 출세길이 열렸으니 귀부인으로 통하나 시가쪽 가족과 화합을 위주로 살아가기 바란다.

정재용관격(正財用官格)
인수년월운세(印綬年月運勢)

귀인부신 의외성공 貴人扶身 意外成功	금옥만당 춘풍화기 金玉滿堂 春風和氣	재록겸전 단계가절 財祿兼全 丹桂可折	경영확장 매매신축 經營擴張 賣買新築	신부할족 불구사심 新斧割足 佛口蛇心
귀인이 나를 도우니 뜻밖에 성공할 운세	금과 옥이 집안에 가득하니 기쁜일이 거듭 생기는구나	재수와 록이 겸전하니 벼슬을 할 수라	경영하는 사업을 확장하고 사고 팔거나 집을 짓는 일은 다 길하다	믿는 도끼에 발등 찍히고 상대의 말은 부처님의 말씀이나 마음은 뱀이다
거구생신 광치전장 去舊生新 廣置田庄	가도은성 만인앙시 家道殷盛 萬人仰視	한천감우 보제창생 旱天甘雨 普濟蒼生	도처춘풍 사사여의 到處春風 事事如意	재정확인 보증불리 財政確認 保證不利
옛것은 가고 새 것이 오며 널리 전장을 두워 재산이 늘 수이다	집안이 번창하니 만사람이 우러러 보는구나	가문 하늘에 단비가 내리니 널리 창생을 구제하는 운세	가는 곳마다 봄바람이요 하는 일마다 뜻대로 성취된다	항상 재정사항을 직접 확인하고 보증계약 등은 불가하다
용득대해 조화비상 龍得大海 造化非常	재관여의 신유금곡 財官如意 身遊金谷	귀인우래 조아부아 貴人偶來 助我扶我	약비관록 의외횡재 若非官祿 意外橫財	물신인언 은반위구 勿信人言 恩反爲仇
용이 큰 바다를 얻으니 조화가 비상하구나	재물과 관이 뜻과 같으니 몸이 금곡에서 노는구나	귀인이 우연히 와서 나를 도와주고 붙어 주는구나	만약 관록이 아니면 뜻밖의 횡재수라	사람의 말을 믿지 말라 은혜가 도리어 원수가 되는구나

정재용관격(正財用官格)
비견비겁년월운세(比肩比劫年月運勢)

雖日親知 勿說內情	經營之事 有頭無尾	經營同業 勞而無功	兄弟親友 其害非輕	有意未就 莫計巨事
비록 친지라 하여도 속의 사정 말을 하지 마라 그 피해가 적지 않다	경영하고자 하는 일 유두무미 들은 머리만 있고 꼬리가 없는 형상이다	경영하는 사업을 동업하거나 남의 힘을 입고자 함은 이익이 없다	형제나 친구로 인하여 그 해가 적지 않다	뜻은 있으나 일이 이루워지지 않으니 큰일을 계획하지 마라
身運不利 財利何望	若非損財 口舌紛紛	守口如甁 是非口舌	運勢不吉 疾病愼之	物探虛荒 事事虛荒 勿貪分化
신운이 불리하니 재리하망 물과 이익을 어찌 바라리요	만약 손재가 아니면 구설이 분분할 것이다	입을 병같이 지키라 시비와 구설지수라	금년 운세가 좋지 못하여 질병을 앓을 수 있으니 건강에 유의하라	일마다 허황하니 분수에 넘치는 일을 탐하지 말라
勿謀他營 事多無益	外實內虛 誰有可知	春草逢霜 成長不完	夫婦不和 損財可知	名山深處 祈禱防厄
다른 사업을 경영하지 말라 일은 많으나 이익이 없구나	밖은 실하나 속이 허하니 어느 누가 속을 알랴	봄 풀이 서리를 만나니 성장이 완전하지 못하다	부부간의 불화로 손재수가 있으니 덕으로 화를 막아라	명산 깊은 곳에 찾아가서 정성껏 기도하여 액을 막아라

신수평론비결

정재용관격(正財用官格)
상관식신년월운세(傷官食神年月運勢)

勿貪非理 養虎之禍 물탐비리 양호지화 부정한 일은 탐하지 말라 호랑이를 길러 화를 당함과 같다	以臣伐君 其禍非輕 이신벌군 기화비경 신하가 임금을 치는 형상이니 미치는 화가 적지 않은 운세	投資擴張 絶對不利 투자확장 절대불리 사업에 투자하고 확장하는 일은 절대로 불리하다	官災口舌 莫行是非 관재구설 막행시비 관재구설이 있으니 남과 시비를 하지마라	時商未至 不可妄動 시상미지 불가망동 때가 아직 이르지 않았으니 동하지 말라
謀事不利 虛送歲月 모사불리 허송세월 계획하는 일이 불리하고 허송세월만 하는구나	職場倦怠 轉職生覺 직장권태 전직생각 직장이 싫어지고 태중이 생겨 직업변동 생각뿐이다	恩人反害 雖何信之 은인반해 수하신지 은인이 도리어 해를 끼치니 어느 누구를 믿을까	莫信人言 言甘事違 막신인언 언감사위 남의 말을 믿지마라 말은 꿀과 같아도 일이 성사되지 않는다	春光不倒 草木不生 춘광부도 초목불생 봄빛이 이르지 않으니 초목이 싹트지 못하는구나
事務頭緒 所望難成 사무두서 소망난성 일에 두서가 없으니 소망하는 바가 이루워지지 않는다	經營不實 入少用多 경영부실 입소용다 들어오는 것은 적고 나가는 것은 많으니 경영함이 부실하다	家人不和 心身散亂 가인불화 심신산란 집안사람들과 불화 하니 마음이 산란하구나	健康留意 疾病辛苦 건강유의 질병신고 질병으로 고생할 수 니 건강에 유의하라	未知去處 坐不安席 미지거처 좌불안석 앉은 자리가 편치 않으니 갈 곳을 알지 못하는구나

287

정재용관격(正財用官格)
재년월운세(財年月運勢)

초록강변 草綠江邊 욱욱청청 郁郁青青	귀인래조 貴人來助 여용득주 如龍得珠	가도은성 家道殷盛 만인앙시 萬人仰視	재록겸전 財祿兼全 단계가절 丹桂可折	적덕지가 積德之家 필유여경 必有餘慶
풀이 강변에 푸르니 더욱 더욱 푸르구나	귀인이 와서 도우니 용이 여의주를 얻음과 같구나	집안이 번창하니 만인이 우러러 보는구나	재수와 관록이 겸전하는 벼슬할 수라	덕을 쌓은 집에는 반드시 많은 경사가 따르는 법
화기도문 和氣到門 기불미재 豈不美哉	명리구흥 名利俱興 일실화기 一室和氣	횡재지수 橫財之數 희사중중 喜事重重	의외성공 意外成功 중인선망 衆人羨望	약비관록 若非官祿 의외횡재 意外橫財
화합한 기운이 가문에 이르니 어찌 아름답지 않으리	명의와 이익이 함께 들어오니 한 집안에 화기로구나	횡재수가 있고 기쁜 일이 거듭 일어난다	뜻밖에 성공하니 많은 사람들이 부러워 한다	만약 관록이 아니면 뜻밖에 횡재수라
광치전장 廣置田庄 거구생신 去舊生新	금옥만당 金玉滿堂 충풍화기 春風和氣	운왕재다 運旺財多 신유금곡 身遊金谷	한천감우 旱天甘雨 보제창생 普濟蒼生	남녀지간 결혼지수 男女之間 結婚之數
널리 전장을 두니 옛 것은 가고 새로운 것이 오는구나	금옥이 집안에 가득 차니 봄바람과 같이 집안이 화합하다	운이 좋으니 재물이 들어오고 몸이 금곡에서 노는 운세	가문 날에 단비가 널리 창생을 거느리는구나	남녀간에 결혼하고 생남할 수라

정재용관격(正財用官格)
정관편관년월운세(正官偏官年月運勢)

재관수신 매사풍족 財官隨身 每事豊足	서입진창 적미여산 鼠入陳倉 積米如山	음곡회춘 만물화생 陰谷回春 萬物和生	금인전신 만인래하 金印纏身 萬人來賀	길성래조 하불성사 吉星來照 何不成事
재와 관이 따르니 매사가 풍요롭구나	쥐가 창고에 들어가니 쌀이 산같이 쌓인 운세	음달에 봄이 돌아오니 만물이 모두 희생한다	금인이 박힌 비단관 복을 입으니 만인이 와서 축하하는구나	길성이 나를 도우니 어찌 일이 이루워지지 않으랴
도처춘풍 록중권고 到處春風 祿重權高	독점자아 인간청복 獨占者我 人間清福	관록부신 일진월증 官祿扶身 日進月增	금준미주 옥반가희 金樽美酒 玉盤佳希	희사중중 심신화평 喜事重重 心身和平
가는 곳마다 봄바람이니 관록이 높아지는 운세	인간의 맑은 복은 독차지한자는 바로 나로구나	관록이 나를 따르고 도우니 날로 달로 더욱 좋구나	금잔에 맛있는 술이요 옥반에 맛있는 안주가 생길 수이다	기쁜 일이 거듭 있으니 심신이 화평하구나
약비관록 생남지수 若非官祿 生男之數	용잠벽해 기지막측 龍潛碧海 其志莫測	의외득재 행봉귀인 意外得財 幸逢貴人	중인상조 재록흥왕 衆人相助 財祿興旺	세류합천 진작대해 細流合川 振作大海
만약 관록이 아니면 생남할 운세	바다에 숨어 있는 용의 뜻을 측량하기 어렵구나	다행이 귀인을 만나니 뜻밖의 재물을 얻을 수	뭇사람이 나를 도우니 재와 관록이 흥왕한다	시냇물이 합쳐서 큰 바다를 이루는 운세

(21) 편재용인격 (偏財用印格)

편재용인격은 일주가 약한데 관살 또는 상관이나 식신이 많으면 인수로 용신한다.

① 사주의 예

戊子
丁巳
甲子
丙寅

甲木日生인이 巳月 화왕당절에 丙火가 투출하니 사주원국이 조열하며 子中癸水로 조후용신하는데 水木운이 길하다.

戊子
丙寅
庚申
己巳

丙日主가 申月에 일락서산격(日落西山格)으로 신약하니 寅中甲木으로 인수용신하매 木火운이 길하다. 혹자 寅甲충이 되어서 甲木으로 용신할 수 없다고 할 것이나 甲子수국이니 탐합망충이 되어서 무방하다.

● 좋은 운 = 인수나 비견 비겁운이 길하다.
● 꺼리는 운 = 재나 상관 식신운이 불길하다. 재운이 오면 여자나 재물로 인하여 패가망신할 수 있다.

② 편재용인격의 특징

一 이 사람은 출생하면서부터 집안재산이 점점 늘기 시작하여 복동이로 귀여움을 독차지 하였으며 엄한 부친 밑에서 가정교육은 잘 되어 있으나 공부하는 것보다는 어릴때부터 돈버는 생각이 앞장서니 좋은 학업성적은 기대할 수가 없다.

二 부모궁이 부실하니 편친(偏親)슬하에서 자랄까 염려되며 사주자체가 재다신약이니 돈을 벌면 몸이 아프고 돈이 나가면 건강이 회복되는 팔자이다.

三 사주가 재로 시작해서 인수로 끝나니 학업에 취미를 붙여서 배워야 한다는 비장한 각오로 배움에 열중한다면 성공길이 열리게 된다.

四 어려운 일에 봉착하였을 때는 어머니나 윗어른, 선생님을 찾아서 자문을 구하면 잘 해결 될 것이다.

五 여자와 술을 멀리하지 않고 가까히 하면 돈이·나가고 병을 얻어 평생 씻지 못하는 후회할 일이 생겨서 결국 신망가패할까 두렵다.

六 고부간의 불화로 입장이 난처해 질 것이니 가정의 화합을 위주로 하라.

七 여자도 남명과 다를 바가 없으나 출가 이후 시댁은 흥하고 친정은 쇠퇴하여 질 것이며 시가쪽 친족과 화합을 위주로 살아가야 집안이 편안할 것임을 명심하라.

신수평론비결

편재용인격(偏財用印格)
인수년월운세(印綬年月運勢)

陰陽和合 萬事亨通 음양이 서로 화합하니 만사가 형통할 수 이다	賣買有利 事業擴張 사업을 늘리고 매매하는 것은 다 이롭다	若非慶事 財源汪洋 만약 경사가 아니면 재록의 근원이 더욱 좋다	手弄億金 萬事如意 만사가 뜻과 같으니 억금을 손에 쥘 운세	意外貴人 財祿隨身 뜻밖의 귀인이 도우니 재와 록이 따르는구나
花笑園中 蜂蝶來戱 꽃이 동산 속에서 활짝 피니 벌과 나비가 와서 좋아한다	手弄文卷 喜中可喜 문서를 쥘 운세니 기쁜 중에 더욱 기쁘구나	所願成就 身運通財 신운이 좋으니 소망한 바를 이룰 운세	財福自來 正心修德 마음을 바로 하고 덕을 쌓으니 재복이 스스로 오는구나	家有慶事 衆人羨望 집안에 경사수가 있으니 많은 사람들이 부러워 바라보는구나
無月洞房 化燭再輝 달 없는 동방에 화촉이 밝으니 이 아니 좋을소냐	龍動有喜 財福雙全 용이 동하면 기쁨이 있고 재와 복이 갖추어질 운세	漸漸亨通 積少成大 작은 것을 쌓아서 큰 것을 이루니 점점 형통하는구나	運勢吉利 合格無難 운세길리 합격무난 운수가 좋으니 합격에 어려움이 없다	雨順風調 百穀豊登 우순풍조 백곡풍등 비가 순하고 바람이 고르니 백곡이 풍등하구나

편재용인격(偏財用印格)
비견비겁년월운세(比肩比劫年月運勢)

시래운도 자연성공 時來運到 自然成功	길성입문 화기도문 和氣到門 吉星入門	갈자득수 기자봉풍 飢者逢豊 渴者得水	재록풍만 태평가정 財祿豊滿 泰平家庭	화거복래 일신안락 禍去福來 一身安樂
때가 오고 운이 이르나니 자연성공하는구나	길성이 문에 드니 기가 가문에 이른다	목 마른자가 물을 얻고 주린자가 풍년을 만날 운세	재와 록이 풍족하니 한 집안이 태평할 운세	화가 가고 복이 오니 일신이 안락할 운세
재운왕성 필유횡재 財運旺盛 必有橫財	명승록고 복록여산 名崇祿高 福祿如山	행봉귀인 차외하망 幸逢貴人 此外何望	귀인래조 사사여의 貴人來助 事事如意	세류불식 필달우해 細流不息 必達于海
재운이 왕성하니 반드시 횡재수가 있구나	이름이 높아질 복록 이 산과 같을 운세	다행이 귀인을 만났으니 이밖에 무엇을 더 바랄고	귀인이 와서 도우니 일마다 뜻과 같구나	적은 물도 쉬지 않으면 반드시 바다에 이른다
의외성공 명진사해 意外成功 名振四海	가인동심 하불성사 家人同心 何不成事	암중행인 우득명촉 暗中行人 偶得明燭	가중길경 희만가내 家在吉慶 喜滿家內	어룡득수 의기양양 魚龍得水 意氣洋洋
뜻밖에 성공하여 그 이름이 사해에 떨치는구나	집안 사람이 마음을 같이하니 어찌 일이 이루어지지 않으랴	어두운 길에 나그네가 우연이 촛불을 얻었구나	집안에 경사수가 있으니 기쁨이 가정에 가득하구나	고기와 용이 물을 얻으니 의기가 양양하구나

292

편재용인격(偏財用印格)
상관식신년월운세(傷官食神年月運勢)

근피호리 갱답호미 僅避狐狸 更踏虎尾	유해무공 한여지하 有害無功 恨如之何	가유질고 심신산란 家有疾苦 心身散亂	신축매매 보증불미 新築賣買 保證不美	사불칭심 심다번민 事不稱心 審多煩憫
여우와 살쾡이가 이리를 피하나 다시 범의 꼬리를 밟은 운세	손해만 있고 공은 없으니 한탄한들 무엇하리요	집에 병환이 있으니 마음이 산란하구나	새로운 집을 짓거나 사고파는 것과 보증을 서는 것은 다 좋지 못하다	일이 맘에 맞지 않고 마음에 번민이 많을 운세다
여인물쟁 시비운기 與人勿爭 是非雲起	가내불평 자유심란 家內不平 自由心亂	막신부하 종견실패 莫信部下 終見失敗	자하극상 가유불평 自下剋上 家有不平	물위급도 지즉유길 勿爲急圖 遲則有吉
남과 다투지 말라 시비가 구름같이 일어나는구나	집안이 불평하니 스스로 심란함이 있다	아랫사람들을 믿지 말라 마침내 실패를 볼 것이다	아래로서 위를 이기고자 하니 집안에 불평과 불화가 있을 수 이다	급히 도모하지 말라 더디게 함이 길하다
심방친우 반견구자 尋訪親友 反見仇者	구토어해 종시부득 求兎於海 終時不得	사업확장 투자불리 事業擴張 投資不利	약비손재 횡액가외 若非損財 橫厄可畏	오살래침 명산기도 惡殺來侵 名山祈禱
친한 벗을 찾다가도 리어 원수를 만나는 운세	토끼를 산에서 구하니 마침내 얻지 못하는구나	사업을 확장하거나 투자하는 것은 다 불리하다	만약 손재가 아니면 횡액이 있을까 가히 두렵구나	좋지 못한 살이 몸에 따르니 명산에 들어 가기도 하라

편재용인격(偏財用印格)
재년월운세(財年月運勢)

財物女子 其害非輕	姑婦不和 家庭不安	莫計巨事 有意未就	謀事不成 有頭無尾	家不安靜 疾苦之憂
재물과 여자를 멀리 하라 그 해가 적지 않다	고부불화하니 집안이 불안한 운세	큰일을 계획하지 말라 뜻은 있으나 이루 워지지 않는다	머리가 있으나 꼬리가 없으니 꾀하는 일이 이루어지지 않는다	집안에 우환이 있으니 집안이 조용하지 못할 운세
莫貪財利 名譽損失	勿爲妄動 橫厄之數	投資賣買 絶對不可	若貪非理 損財落名	臨渴掘井 徒勞無功
옳지 못한 재물은 탐하지 말라 명예가 손실된다	명녕되히 움직이지 마라 횡액을 당할가 염려된다	투자하거나 사고 파는 것은 절대로 불리 하다	만약 비리를 탐하면 손재와 더불어 이름이 땅에 떨어진다	목마를때 우물을 파니 힘만 들고 공이 없구나
因財是非 口舌言爭	龍失江水 造化不能	勿爲强求 安居守分	有聲無形 呼訴何處	雖有變化 有名無實
돈과 여자로 인하여 구설언쟁할 수니 매사를 참고 조심하라	용이 강물을 잃었으니 조화를 부릴 수 없다	억지로 구하지 말고 편이 있어 분수를 지키라	소리는 있으나 형상이 없으니 어느 곳에 호소할고	비록 변동수는 있으나 이름만 있고 실속이 없구나

신수평론비결

편재용인격(偏財用印格)
정관편관년월운세(正官偏官年月運勢)

意氣洋洋 魚龍得海 의기양양 어룡득해	財祿豊滿 此外何望 재록풍만 차외하망	財數大吉 不拘自得 재수대길 불구자득	百事順成 凶化爲吉 백사순성 흉화위길	家人同心 何事不成 가인동심 하사불성
고기와 용이 바닷물을 얻으니 그의 기가 양양하구나	재와 록이 꽉 찼으니 이밖에 더 무엇을 바랄고	재가 크게 형통하니 구하지 않아도 스스로 얻는다	흥함이 화하여 길해지니 백사가 제대로 이루어진다	집안사람과 맘이 합치니 안되는 일이 있으랴
貴人來助 官貴扶身 귀인래조 관귀부신	若非生子 官祿隨身 약비생자 관록수신	渴者飮水 飢者逢豊 갈자음수 기자봉풍	吉星入門 到氣和門 길성입문 도기화문	財祿豊滿 一家太平 재록풍만 일가태평
귀인이 나를 도와주고 관과의 일도 뜻대로 되는구나	만약 아들을 낳지 않으면 관록이 따를 운세	목마른 사람이 물을 얻고 굶주린 자가 풍년을 만나는 운세	길성이 문에 드니 화기가 집안에 감돈다	재와 록이 풍만하니 한 집안이 화평하구나
財祿隨身 手弄億金 재록수신 수롱억금	若逢貴人 名振天下 약봉귀인 명진천하	暗中行人 偶得明燭 암중행인 우득명촉	名高祿重 福祿如山 명고록중 복록여산	昇進合格 百發百中 승진합격 백발백중
재와 관록이 나를 따르니 억금을 손에 쥐고 노는구나	만약 귀인을 만나면 그 이름이 천하를 떨칠 것이다	어두운 길을 행하는 자가 등불을 얻었으니 이 아니 좋을까	이름이 높고 록이 중하니 복록이 산과 같구나	직장에서 승진하거나 합격하는 것은 백발백중이다

(22) 편재용겁격 (偏財用劫格)

편재용겁격은 일주가 약한데 재가 많을 때는 비견 비겁(比肩 比劫)으로 용신한다.

① 사주의 예

乙亥 己土가 亥子水局에 乙木이 투출하니 재살태왕(財殺
戊子 太旺)으로 신약하여 戊土로 비겁용신하매 화토운이
己未 길하다.
庚戌

甲寅 辛金일주가 卯月에 포궁(胞宮)이 되고 木火가 태왕
丁卯 하니 신약사주가 되어서 辛금으로 비겁용신하매 土
辛丑 金운이 길하다.
戊子

● 좋은 운 = 인수나 비견 비겁운이 길하고 사주에 병이 있을 때는 상관 식신운이 약운이 되어서 길하다.

● 꺼리는 운 = 재운과 관살운이 불길하고 상관이나 식신이 있어서 용신이 설기태심 할 때는 불길하다.

② 편재용겁격의 특징

一 편재용겁격의 사주는 결과적으로 재다신약(財多身弱)사주이니 조년극친(早年剋親)에 타가기(他家奇)식으로 남의 밥을 먹고 성장할 팔자이다.

二 그리고 외화내곤(外華內困)에 부옥빈인(富屋貧人)이며 공처가에다 대인 관계에 있어서 매사에 인색한 점이 있어 많은 사람으로부터 지탄을 받기도 한다.

三 처와는 인연이 멀어서 어릴 때부터 돈 벌 계획을 세우고 실천하려고 노력은 많이 하나 매사가 뜻대로 되지 않는 것이 세상일이다.

四 사업을 할 때는 친구나 형제와 동업을 할 것이며 사업보다는 직장생활에 전념하는 것이 성공의 비결이 될 것이다.

五 처궁은 불미하니 부부간의 화합을 위주로 살아가야 하며 처의 의견을 존중하면 가정의 복록을 누릴 것이나 독선적일 때는 재취 삼취를 거듭할 것임을 명심하라.

六 주색잡기를 삼가 하지 않으면 돈 나가고 병을 얻어 평생후회 할 일이 생길수다.

七 여자도 대동소이하다 시가일이라면 발벗고 뛰어드는 성격이나 결과적으로 시가쪽과 자연 불화하게 될 수니 자기의 소질과 특기를 살려서 자립할 수 있는 경제적인 기반을 튼튼하게 쌓아두어야 할 것이다.

신수평론비결

편재용겁격(偏財用劫格)
인수년월운세(印綬年月運勢)

약봉귀인 관록수신 약봉귀인 관록수신 若逢貴人 官祿隨身	재성조문 도처유재 재성조문 도처유재 財星照門 到處有財	길운성덕 소원성취 길운회태 소원성취 吉運回泰 所願成就	정심선덕 슬하유경 정심선덕 슬하유경 正心善德 膝下有慶	우봉귀인 가득영리 우봉귀인 가득영리 偶逢貴人 可得營利
만일 귀인을 만나면 관록이 몸에 따른다	재성이 가문에 비치니 가는 곳마다 재물 이로구나	길한 운세가 돌아오니 뜻하고 소원하는 바가 성취된다	마음을 바로 하고 정 선하면 슬하에 경사 가 있을 수이다	우연히 귀인을 만나 니 경영하는 일에 이 득을 볼 수이다
모처불화 입장난처 모처불화 입장난처 母妻不和 入場難處	가운흥왕 복록무궁 가운흥왕 복록무궁 家運興旺 福祿無窮	귀인부신 하사불성 귀인부신 하사불성 貴人扶身 何事不成	사업확장 매매득리 사업확장 매매득리 事業擴張 賣買得利	선곤후태 해변위길 선인후태 해변위길 先因後泰 害變爲吉
모처간에 불화하니 입장이 난처하다	집안의 운이 좋으니 복과 록이 무궁할 운 세	귀인이 와서 나를도 와주니 어찌 일이 성 사되지 않으리	사업을 확장하거나 사고파는 것은 결과 적으로 이익이 있다	먼저는 곤고하나 뒤 에는 편안하니 해가 변하여 길하여진다
의외성공 희열만면 의외성공 희열만면 意外成功 喜悅滿面	시래운합 어약용문 시래운합 어약용문 時來運合 魚躍龍門	각종시험 우수합격 각종시험 우수합격 各種試驗 優秀合格	군명신현 가기태평 군명신현 가기태평 君明臣賢 可期泰平	재명진진 가유길경 재명진진 가유길경 財名津津 家有吉慶
뜻밖에 성공하니 얼 굴에 기쁨이 가득할 수이다	때가 오고 운이 합하 니 고기가 용문에 뛰 어 오르는 운세	모든 시험은 우수한 성적으로 합격한다	왕이 밝고 신하가 어 지니 태평성세를 기 약하는 수이다	재와 이름이 높아지 니 집안에 경사수가 있을 수이다

297

편재용겁격(偏財用劫格)
비견비겁년월운세(比肩比劫年月運勢)

日進月增 自卑登高 日進月增 자비등고 일진월증	百事順成 家門和合 백사순성 가문화합	雲露歸 大鵬振翼萬里 운로만리 대붕진익	積小成大 細流歸海 적소성대 세류귀해	金玉滿堂 日麗中天 금옥만당 일려중천
낮은 곳에서 높은 곳으로 오르고 날로 달로 점점 좋아진다	집안이 화합하니 백가지 일들이 잘 이루어진다	큰 붕새가 날개를 떨치니 구름길 만리를 잘도 헤쳐 나간다	적은 물이 흘러서 바다에 이르고 작은 것을 쌓아서 큰 것을 이룰 수 이다	해가 중천에 떠서 빛나고 금옥이 집안에 가득할 수이다.
求兎得獐 畫狗爲虎 화구위호 구토득장	七年大旱 喜逢甘雨 칠년대한 희봉감우	手弄億金 若非官祿 수롱억금 약비관록	萬人仰視 名掛金榜 명괘금방 만인앙시	必有成功 與人同事 여인동사 필유성공
개를 그리려다가 범을 그리고 토끼를 구하려다가 노루를 구한다	칠년동안 가문 달에 기쁘게 단비를 만나는구나	만일 관록이 아니면 억금을 손에 쥔다	이름이 금방에 걸리니 많은 사람들이 우러러 보는구나	남과 더불어 사업하면 반드시 성공할 수 이다
財祿興旺 因人成事 인인성사 재록흥왕	飢者得食 渴者得水 갈자득수 기자득식	所望如意 名利俱全 소망여의 명리구전	福祿自來 心仁積德 심인적덕 복록자래	財祿可得 貴人來助 귀인래조 재록가득
사람으로 인하여 일이 성사되고 재와 록이 흥왕할 운세	목마른 사람이 물을 얻고 굶주린 자가 밥을 얻는 운세	명리가 다 길하니 뜻하는 바를 이룰 수 이다	마음이 어질고 덕을 쌓으니 복록이 스스로 오는구나	귀인이 와서 도우니 재물과 록을 가히 얻을 수이다

신수평론비결

편재용겁격(偏財用劫格)
상관식신년월운세(傷官食神年月運勢)

喜逢甘雨 旱時草木 希逢甘雨 한시초목 희봉감우 가뭄때에 쁜단비를 만나는 운세	凶禍爲吉 錦上添花 금상첨화 흥화위길 흥함이 화하여 길하여지니 비단 위에 꽃이로구나	不羨陶朱 積小成大 적소성대 불선도주 적은 것을 쌓아서 큰 것을 이루니 도주를 부러워하지 않는다	坐不安席 不安焦燥 불안초조 좌불안석 불안함과 초조한 마음이 앉은 자리가 편치 못하다	可免其厄 名山祈禱 명산기도 가면기액 이름 있는 깊은 산에 가서 기도하면 모든 액을 면하리라
喜中加喜 子孫防敵 자손방적 희중가희 내 자손이 원수를 갚아주는 운세니 기쁜 중에 더욱 기쁘다	官祿豊足 飢者逢豊 기자봉풍 관록풍족 굶주린 자가 풍년을 만나고 관록 또한 풍요롭구나	所求可濫 求兎得鹿 구토득록 소구가람 토끼를 구하려다 사슴을 얻으니 구하는 바가 넘치는구나	莫計巨事 守舊安常 막계거사 수구안상 큰 일을 경영하지 말고 옛 것을 지키고 현상 유지가 제일이라	口舌是非 事前防厄 구설시비 사전방액 구설과 시비수가 있으니 미리 액을 막아라
貴人來助 必要財旺 귀인내조 필요재왕 귀인이 와서 나를 도우니 반드시 재록이 왕한 운세라	名播遠近 萬人仰視 명파원근 만인앙시 이름이 원근에 퍼지니 만인이 우러러 보는 운세	所望之事 每事如意 소망지사 매사여의 소망하는 바는 매사가 뜻과 같이 된다	信斧割足 佛口蛇心 신부할족 불구사심 믿는 도끼에 발등 찍히고 상대의 말은 부처님 말씀이나 속은 뱀의 마음이다	家患之厄 健康留意 가환지액 건강유의 집안에 우환이 있으니 항상 가족건강에 유의하라

편재용겁격(偏財用劫格)
재년월운세(財年月運勢)

인재인처 기해비경 因財因妻 其害非輕	가인불화 심신불평 家人不和 心身不平	수지불균 경영부실 收支不均 經營不實	막신여우 손재지수 莫信女友 損財之數	약위망동 후회무익 若爲妄動 後悔無益
돈과 여자로 인하여 그 해가 적지 않다	집안사람이 불화하니 심신이 불평하다	수지가 고르지 못하니 사업경영함이 부실한 운세	여자친구를 믿지마라 손재할 수로구나	만일 망녕되히 행동하면 후회만 있고 이익이 없다
비리지재 결과불리 非理之財 結果不利	막청감언 유해무익 莫聽甘言 有害無益	시상미가 물생허욕 時尚未可 物生虛慾	피록봉호 반위흉화 避鹿逢虎 反爲凶禍	성적부진 목표미달 成績不振 目標未達
정도에 맞지 않는 재물과 여자는 결과적으로 불리하다	감언을 듣지 마라 해만 있고 이익은 없다	때가 오히려 불가하니 허욕을 탐하지 마라	사슴을 피하여 범을 만나니 도리어 흉화가 된다	성적이 오르지 않으니 목표에 도달하기가 어렵구나
춘광불도 초목불생 春光不到 草木不生	동서분주 유로무공 東西奔走 有勞無功	욕행미취 도로무공 欲行未就 徒勞無功	막근시비 구설불면 莫近是非 口舌不免	탐재괴인 명예손상 貪財壞印 名譽損傷
봄빛이 이르지 않으니 초목이 싹트지 못하는 운세	동서로 분주하나 노력은 하여도 공이 없구나	행하려하나 이루지 못하니 수고만 하고 공은 없구나	남과 다투거나 시비하지 마라 구설을 면하기가 어렵구나	재물을 탐하면 명예가 훼손될 것이니 분수를 지켜라

신수평론비결

편재용겁격(偏財用劫格)
정관편관년월운세(正官偏官年月運勢)

風起西北 落帽何處 풍기서북 락모하처	官災口舌 紛紛來侵 관재구설 분분래침	所望難成 事無頭緖 소망난성 사무두서	憂苦何事 事有未決 우고하사 사유미결	日落西山 不知去處 일락서산 부지거처
바람이 서북에 일어나니 모자를 어느 곳에 떨어뜨렸는고	관재구설수가 따르니 매사를 조심하라	일에 두서가 없으니 소망을 이루지 못하는구나	일에 미결함이 있는데 집안의 근심걱정은 무슨 일인고	해는 져서 서산인데 갈 곳을 알지 못하는 운세
力能拔山 江東難渡 역능발산 강동난도	十年磨劒 霜刀未試 십년마검 상도미시	凡事多逆 愁心難免 범사다역 수심난면	必有失敗 與人同業 필유실패 여인동업	疾病可畏 健康留意 질병가외 건강유의
힘이 능히 산을 빼나 강동은 건너기가 어렵구나	십년이나 칼을 갈았으나 칼날을 써보지 못하였구나	범사가 많이 거슬리니 수심을 면하기가 어렵구나	남과 동업하게 되면 반드시 실패할 수라	질병이 염려되니 건강에 유의하라
謀事不利 虛送歲月 모사불리 허송세월	勿聽人言 空積歲月 물청인언 공적세월	兩心不同 必有相別 양심부동 필유상별	莫嘆財窮 初困後泰 막탄재궁 초곤후태	雖有謀計 不中奈何 수유모계 부중나하
꾀하는 일들이 이롭지 않으니 세월만 헛되이 보내는구나	남의 말을 듣지 마라 공연히 세월만 허비한다	두 사람의 마음이 같이 않으니 반드시 상별함이 있다	재물이 궁한 것을 한탄하지 말라 처음은 곤하나 뒤는 태평하다	비록 묘한 계획을 세웠으나 적중하지 않으니 어찌할고

23 편재용상식격 (偏財用傷食格)

편재용상식격은 일주가 강하고 비견 비겁(比肩 比劫)이 많은데 재관이 없거나 미약할 때 상관 식신으로 용신한다. 〈단 신약할 때도 관살이 많으면 상관식신으로 제살코저 용신한다.〉

① 사주의 예

甲午
辛酉) 용신하매 金水운이 길하다.
甲子
癸未 으로 사주원국이 너무 조열하니 癸水로 조후(調候)
乙亥 辛金일주가 일지 酉金에 祿을 놓았으나 午未 火局

丙寅
甲子 야 하나 용신이 미약할 때는 용신을 돕는 자가 용
戊辰 火土운이 길하다. 원칙적으로는 戊土재로 용신하여
甲寅 甲일주가 水木으로 신왕하여 丙火로 식신 용신하니
신이라는 법칙에 따른 것이다.

● **좋은 운** = 상관식신이나 재운이 길하다.
● **꺼리는 운** = 인수나 비견 비겁운이 불길하다. 그러나 상관식신용신이 허약할 때는 관살운이 불길하다.

② 편재용상식격의 특징

一 사람이 영리하고 재주가 많으며 말을 잘하고 웅변가로 통하며 사람을 설득하여 내사람으로 만드는데 일가견이 있음이 특징이기도 하다.

二 친화성이 있으며 지기를 싫어하고 사교적이기는 하나 사람의 자부심이 강하여 남한테 지기를 싫어하고 반드시 이기고 마는 성품이다.

三 욕심이 과다하니 헛된 희망과 공상으로 허송세월하는 단점이 있으니 이점을 반성하고 직업으로는 언론 출판 문예 고직 육영사업이 길하다.

四 표리(表裏)없는 허언(虛言)을 삼가하고 화를 내지 않는 너그러운 성품을 기르고 겸손을 제일로 처세하여 천부의 재능을 활용한다면 그 이름이 천하에 떨칠 것이다.

五 평생 돈 그리운 줄 모르고 살 팔자이나 육친의 덕은 없으며 자손궁도 불미하니 자손에게 큰 욕망은 가지지 말고 자손의 의견을 존중하여야 하며 여난(女難)이 많으니 부부화합을 위주로 처세함이 제일이다.

六 여명도 남명과 같으나 출가이후 시집의 살림살이가 늘어가니 한때는 귀한 며느리로 칭찬도 자자 하였으나 부부간에 불화가 잦아지고 시댁과도 화합하지 못하여 한심과 수심으로 세월을 보내게 될 것이나 매사를 참고 인내한다면 말년에 행복을 누리게 될 것이다.

편재용상식격(偏財用傷食格)
인수년월운세(印綬年月運勢)

모사대시 개암 謀事皆暗 대시이행 待時而行	성적부진 합격지난 成績不進 合格至難	호진기진 매사부진 虎進氣盡 每事不進	보증대차 일체불가 保證貸借 一切不可	유궁무시 래적하방 有弓無矢 來敵何防
꾀하는 일이 어두우니 때를 기다려 행하라	성적이 오르지 않으니 합격하기가 어렵구나	범이 나가다가 기운이 다하니 매사가 부진하구나	보증서는 것 꿔주고 빌리는 것도 역시 일체 삼가하라	활은 있으나 살이 없으니 오는 도적을 어찌 막으리요
약무손재 질고불리 若無損財 疾苦不利	금의야행 외화내곤 錦衣夜行 外華內困	사무두서 심사난정 事舞頭緒 心思難定	막탄곤고 도시운수 莫嘆困苦 都市運數	귀인반해 기해비경 貴人反害 其害非輕
만일 손재가 없으면 우환이 떠나지 않으리라	비단옷 입고 밤길 걷기요 겉으로는 화려하나 속으로는 곤하다	일에 두서가 없으니 심사를 정하기가 어렵구나	곤고함을 탄식하지 말라 이것이 다 운수 소관이라	귀인이 오히려 해가 되니 그 해가 적지 않은 운세
경영지사 여성불성 經營之事 與成不成	사면초가 이아자수 四面楚歌 利我者誰	사유분수 막탐외재 事有分數 莫貪外財	막신친인 손재가외 莫信親人 損財可畏	문서매매 계약보류 文書賣買 契約保留
경영하는 일들은 될 것 같으나 이루어지지 않는다	사면으로 적이 둘러쌓인 형상이니 나를 이롭게 할 자가 누구인고	일에는 분수가 있으니 밖의 재물을 탐하지 말라	친한 사람을 믿지 마라 손재할까 두렵구나	문서를 쥐거나 사고 팔고 계약하는 일은 보류함이 좋다

편재용상식격(偏財用傷食格)
비견비겁년월운세(比肩比劫年月運勢)

欲行無路 運數奈何 욕행무로 운수나하	守舊安靜 莫計巨事 수구안정 막계거사	若無損財 疾病侵身 약무손재 질병침신	錦衣夜行 百花深處 백화심처 금의야행	四顧無親 都是我敵 사고무친 도시아적
가려고 하나 길이 없으니 모두 다 운수인 것을 어찌 하랴	옛 것을 지키고 안정함이 제일이며 큰일을 계획하지 말라	만약 손재수가 아니면 질병이 몸에 침입할까 두렵구나	일백가지 꽃이 깊은 곳에 있고 비단옷 입고서 밤길 걷다	주위를 돌아보아도 아는 사람이 없고 모두 다 나의 적이로다
小貪大失 自古而然 소탐대실 자고이연	每事有滯 莫向虛荒 매사유체 막향허황	人心猝變 事事多滯 인심졸변 사사다체	世事浮雲 外華內困 세사부운 외화내곤	祈禱名山 此厄可免 기도명산 차액가면
작은 것을 탐내다 큰 것을 잃음은 예로부터 그러하다	모든 일에 막힘이 있으니 허황된 일은 하지 말라	사람들에 마음이 조석으로 변하니 일마다 막힘이 많다	겉으로는 화려하나 손으로는 곤하고 상일이 뜬 구름과 같구나	명산을 찾아서 기도하면 이 액을 가히 면할 수가 있으리
兄弟親友 敬以遠之 형제친우 경이원지	智短謀淺 欲巧反拙 지단모천 욕교반졸	行路不寧 何日渡江 행로불녕 하일도강	日入雲中 欲明未明 일입운중 욕명미명	損財失物 是非口舌 손재실물 시비구설
형제나 친우를 조심하라 겉으로는 존경하고 속으로는 멀리 하라	지단모천하여 교묘히 하려고 하였으나 도리어 졸열한 운세	길 다님이 편치 못하니 언제 강을 건널고	해가 구름속에 들어있으니 밝고자 하나 밝지 못하구나	손재와 실물수가 있으며 시비와 구설수를 조심하라

신수평론비결

편재용상식격(偏財用傷食格)
상관식신년월운세(傷官食神年月運勢)

新築結社 賣買有利	家人同心 利在其中	莫與爭訟 口舌不利	財是隨身 手弄億金	貴星照門 所望如意
집을 짓거나 회사를 설립하고 사고 파는 일도 다 이룹다	집안 사람들이 마음을 같이하니 이익이 그 중에 있다	남과 다투지 말라 설수로 불리하다	재성이 몸에 따르니 손에 억금을 희롱한다	귀한 길신이 집을 비치니 소망하는 바가 뜻대로 이루어진다
隣友和合 喜喜樂樂	暗中行人 偶得明燭	今年之數 披雲見月	財祿豐滿 家門和平	食神挾財 遠行成功
이웃과 친구간에 잘 화합하니 즐거움이 가득하다	어두운 가운데 행하는 나그네가 우연히 등촉을 얻었구나	금년의 신수는 구름을 헤치고 달을 보는 운세	재와 관록이 풍만하니 집안이 화평하구나	식신이 재물을 끼고 있으니 원행하면 성공할 것이다
去舊生新 百事如意	雲捲青天 明月自新	官祿隨身 名高四方	若逢貴人 必是成功	井魚出海 其氣洋洋
옛 것은 가고 새 것은 오니 백가지가 뜻대로 잘 이루어진다	구름이 청천에 걷히니 밝은 달이 스스로 새롭구나	관록이 몸에 따르니 그 이름이 사방에 떨친다	만약 귀인을 만나면 크게 성공할 수라	우물 안의 고기가 바다에 이르니 그 기운이 양양하구나

편재용상식격(偏財用傷食格)
재년월운세(財年月運勢)

黃龍登天 望者皆驚 황용등천 망자개경	花發春山 萬紫千江 화발춘산 만자천강	去舊生新 百事如意 거구생신 백사여의	家有吉慶 膝下有榮 가유길경 슬하유영	身運回泰 所爲皆吉 신운회태 소위개길
황용이 하늘에 오르니 바라보는 사람들이 모두 놀란다	꽃이 봄 산에 피니 만자천홍이로구나	옛것은 가고 새로운 것이 오니 백사가 뜻대로 이루어진다	집안에 경사수가 있고 슬하에도 영화로움이 있을 수이다	신운이 대통하니 하는 바가 모두 길하구나
大明中天 金玉滿堂 대명중천 금옥만당	必有喜事 官祿隨身 필유희사 관록수신	到處有財 名振四海 도처유재 명진사해	若非橫財 官祿隨身 약비횡재 관록수신	貴人來助 月明家窓 귀인래조 월명가창
밝은 햇빛이 떠오르고 금옥이 집 안에 차는 운세	관록이 몸에 따르니 반드시 기쁜일이 생긴다	도처에 재물이 있으니 그 이름이 사해를 떨치는구나	만약 횡재하지 않으면 관록이 따를 수이다	밝은 달빛이 창문에 비치고 귀인이 나를 도와주는 운세
名利必振 冠蓋天上 명리필진 관개천상	天地四方 百發百中 천지사방 백발백중	魚變成龍 變化無雙 어변성용 변화무쌍	百事順成 人氣集中 백사순성 인기집중	事業擴張 投資有利 사업확장 투자유리
명리가 반드시 떨치니 천하에 그 이름을 떨칠 운세	천지사방에 벌려 놓은 일들이 백발백중인 운세	고기가 변하여 용이 되니 그 변화가 무궁하구나	백사가 순리대로 되고 인기가 나에게로 집중되는 운세	사업을 확장하거나 투자하는 것들은 모두 다 유리하다

편재용상식격(偏財用傷食格)
정관편관년월운세(正官偏官年月運勢)

入山求魚 事有虛荒 사유허황 입산구어	官災口舌 一身困苦 관재구설 일신곤고	莫計巨事 其害非輕 기해비경 막계거사	健康可畏 疾病留意 질병유의 건강가외	猛虎陷穽 有勇難施 유용난시 맹호함정
산에 들어가 고기를 구하니 일에 허황됨이 있다	이내 몸이 곤하고 달프며 또한 관재와 구설수를 조심하라	큰 일을 계획하지 말라 그 해가 적지 않다	몸 건강에 유의하라 질병이 가히 두렵구나	맹호가 함정에 빠졌으니 용맹이 있어도 쓰지 못한다
心神退散 常有恐怖 심신유공 상유공포	非理之財 愼之勿貪 신지물탐 비리지재	新築結社 擴張保留 확장보류 신축결사	分外行事 反招其損 반초기손 분외행사	不安恐怖 坐不安席 좌불안석 불안공포
심신이 퇴산하니 항상 두려움이 있는 운세	옳지 못한 재물은 탐하지 말라	신축하거나 회사를 설립하고 확장하는 것은 보류함이 좋다	분외의 일을 하면 도리어 손해를 보게 된다	마음이 불안 공포하니 앉은 자리가 편치 못하다
有頭無尾 事事不成 사사불성 유두무미	日暮西山 歸客失路 귀객실로 일모서산	在家心亂 出他無益 출타무익 재가심란	謀事反誤 莫信人言 모사반오 막신인언	心無所定 進退兩難 진퇴양난 심무소정
머리는 있으나 꼬리가 없으니 일마다 이루어지지 못한다	해가 서산에 저믄 는데 돌아가는 나그네가 길을 잃은 운세	집에 있어도 심란하고 출타하여도 이익이 없다	남의 말을 믿지 말라 꾀하는 일이 도리어 화가 된다	마음이 들떠 있었으니 나가고 물러섬이 양난인 운세

(24) 편재용재격(偏財用財格)

편재용재격은 일주가 강한데 인수나 비견 비겁이 많은데 관살이 없을 경우 재로 용신한다.

① 사주의 예

戊子
丙辰
甲子
丙寅

甲木이 辰月에 목퇴기(木退氣)라고는 하나 水木으로 신왕(身旺)하여 戊土로 편재용신을 정하니 火土 운이 길하다.

戊寅
庚申
丙午
癸巳

丙火日生이 申月에 일락서산격이라고는 하나 木火로 신왕하니 庚金으로 용신하매 土金운이 길하다.

● **좋은 운** = 상관 식신이나 재운이 길하나 만약 사주원국에 비견 비겁인 용신지병이 많을 때는 관살운은 약운이 되어서 길하다.

● **꺼리는 운** = 비견 비겁이나 인수운이 불길하다.

② 편재용재격의 특징

一 부친이 사는 고장에서는 명문대가로 통하고 넉넉한 집안에서 출생하여 매사에 궁함을 모르고 호강이로 성장하였다.

二 엄격하고 완고한 부친밑에서 가정교육이 잘 되어서 성격 형성이 올바로 되어 있으나 고집과 자존심이 특히 강하여 남에게 굴복하지 않으며 타인의 의사를 무시하고 독선적인 면과 자기 주장을 관철하려는 단점이 있어서 남의 지탄을 받기도 한다.

三 신왕사주이니 매사에 추진력이 강하고 저돌적이니 한번 어떤 일에 착수하면 끝을 보고 마는 성품으로서 시행에 많은 착오를 겪기도 한다. 고로 항상 타인의 자문을 구하는 것이 출세의 첩경이 됨을 명심하라.

四 공직계통보다는 사업계에 투신하여 자기 분수에 알맞게 정진한다면 재계에서 크게 성공할 팔자이다. 〈단 대운이 잘 흘렀을 때〉

五 그러나 너무 재물에 집착한다면 혈육간에 골육상쟁(骨肉相爭)으로 재물 싸움이 생기게 됨을 특별히 유의하여 대처하여야 한다.

六 처자덕이 있으나 여난(女難)이 항상 뒤따르니 주색을 조심하고 삼가하지 않으면 예기치 못할 비극이 따름을 명심하라.

七 여명도 출가 후 시가가 흥하고 남편의 출세길이 열리게 되으며 사회활동무대가 넓어 치부(致富)하는데도 특별한 재주가 있으나 가정에 충실하여야 함을 명심하여야 한다.

신수평론비결

편재용재격(偏財用財格)
인수년월운세(印綬年月運勢)

行人失劍 戰兵失劍 전병실검 행인실로	心中之事 莫脫於人 심중지사 막탈어인	莫爲急圖 晩則爲吉 막위급도 만즉위길	乘馬失路 擧頭何處 승마실로 거두하처	文書契約 保證不利 문서계약 보증불리
행하는 사람이 길을 잃고 전쟁중의 병사가 칼을 잃은 운세	심중의 생각과 뜻을 타인에게 말하지 말라	급하게 도모하지 말라 늦으면 길하리라	말을 타고 길을 잃었으니 머리를 어느 곳으로 돌릴까	문서를 계약하거나 보증서는 것은 절대 불리하다
文書之事 終聞口舌 문서지사 종문구설	貴人反害 背恩忘德 귀인반해 배은망덕	雖有生財 得而半失 수유생재 득이반실	事煩心神 徒勞無功 사번무공 도노심신	莫計巨事 守舊安常 막계거사 수구안상
문서의 일로 인하여 마침내 구설수에 오른다	귀인이 도리어 해를 끼치고 배은망덕하는 운세	비록 재물은 생기나 얻어서 반은 잃는다	일은 많고 공이 없으니 한갓 몸과 마음만 수고롭구나	큰 일을 계획하지 말고 옛 것을 지키고 분수를 알라
莫信他人 陰害可慮 막신타인 음해가려	移徙改築 擴張保留 이사개축 확장보류	家有不祥 預先祈禱 가유불상 예선기도	所營之事 雪上加霜 소영지사 설상가상	信者反害 信斧割足 신자반해 신부할족
남을 믿지 말라 음해할까 염려된다	이사하거나 집을 고치거나 확장하는 것들은 보류하라	집에 상서롭지 못한 일이 있으니 미리 기도하라	경영하는 일은 설상가상격이로구나	믿는 자가 오히려 해를 끼치고 믿는 도끼에 발등 찍힌다

편재용재격(偏財用財格)
비견비겁년월운세(比肩比劫年月運勢)

약비손재 若非損財 횡액가지 橫厄可知 만약 손재수가 아니면 횡액을 당할까 염려된다	외화내곤 外華內困 금의야행 錦衣夜行 겉으로는 화려하나 비단옷 입고 밤길 걷기	가정불화 家庭不和 인내제일 忍耐第一 집안이 불화하는 것이 제일이라	동업불가 同業不可 독행가미 獨行可美 동업함은 불가하니 혼자 경영하면 해를 면하고 결과는 좋다	무두무미 無頭無尾 성사가난 成事可難 머리도 없고 꼬리도 없으니 성사하기가 어렵구나
가환지액 家患之厄 가내불안 家內不安 가환지액 가내불안 집안에 우환을 당할 액이 있으니 집안이 불안하구나	시운불리 時運不利 신물경영 愼物經營 시운이 이롭지 못하니 아무일도 경영하지 말라	심유은우 心有隱憂 유수지지 有誰知之 심중의 숨은 큰 근심을 어느 누가 알리요	다사허황 多事虛荒 물위망동 勿爲妄動 일에 허황함이 많으니 망녕되이 움직이지 말라	신지도적 愼之盜賊 실물가외 失物可畏 도적을 조심하라 실물할까 두렵구나
호사다마 好事多魔 시기부절 猜忌不絶 좋은 일에 마가 많으니 시기하는 자가 많구나	재성봉공 財星逢空 구재부득 求財不得 재에 공망수니 재물을 구하려 하나 뜻과 같지 않구나	막근여인 莫近女人 공손명예 恐損名譽 여자를 가까이 하지 말라 명예의 손상이 있을 수 있다	불구사심 佛口蛇心 경이원지 敬以遠之 상대의 말은 부처이나 그 속은 뱀의 마음이다 겉으로는 존경하고 속으로는 멀리하라	형우지간 兄友之間 기해비경 其害非輕 형제 친구간으로 인하여 미치는 손해가 적지 않다

편재용재격(偏財用財格)
상관식신년월운세(傷官食神年月運勢)

陰陽和合 萬物回生	執心正直 事事如意	時來運倒 萬事亨通	經營擴張 新築結社	財利可得 家事吉慶
음양이 화합하니 만물이 회생하는 운세	마음을 정직하게 지니고 하는 일마다 뜻과 같이 성사되는 운세	때가 오고 운이 오니 만사가 형통하는구나	새로 집을 짓거나 회사를 설립하고 경영을 확장하는 것은 좋다	집에 경사수가 있고 재물과 이익을 얻을 수이다
有財有權 人人來賀	天佑神助 到處慶事	財官隨身 貴人在傍	春草逢雨 其色培新	成績向上 百發百中
재물도 있고 권세도 있으니 사람마다 축하하러 오는구나	하늘과 신이 도우니 도처에 경사로구나	재와 관이 따르고 귀인이 항상 곁에 있는 운세	봄풀이 빛을 만나니 그 색이 더욱 푸르구나	성적이 좋아지니 승진 취학은 백발백중이다
推金積玉 何事不成	名振四海 位高金多	衆人羨望 意外功名	必是成功 經營之事	財祿隨身 災去福來
금을 쌓고 옥을 쌓으니 어찌 이루워지지 않는 일이 있으랴	벼슬이 높아지고 재물도 많으니 이름이 사해에 떨친다	뜻밖에 공명을 얻으니 많은 사람이 부러워할 수이다	경영하는 일들은 반드시 성공할 것이다	재앙은 가고 복록이 오며 재와 록이 따르는 운세

편재용재격(偏財用財格)
재년월운세(財年月運勢)

災消福來 一身安閑 재소복래 일신안한 재앙은 사라지고 복록이 흥왕하니 이 편안할 수이다	春風細雨 楊柳青青 춘풍세우 양류청청 봄바람과 가는 비에 버드나무가 푸르고 푸르구나	所望如意 男兒得意 소망여의 남아득의 소망이 뜻하는 바와 같으니 남아의 의기가 양양하구나	求財如意 謀事順成 구재여의 모사순성 재물을 구하매 뜻과 같고 꾀하는 일은 잘 성사된다	萬里無雲 海天一碧 만리무운 해천일벽 만리에 구름이 없고 바다와 하늘이 다같이 푸르구나
若非官祿 橫財之數 약비관록 횡재지수 만약 관록이 아니면 횡재할 운세라	祿亨千鍾 萬事如意 록형천종 만사여의 녹형천종의 만사가 뜻과 같구나	身運大通 到處有權 신운대통 도처유권 신운이 크게 형통하니 가는 곳마다 권세를 쥐는 수이다	漁龍得水 活氣更新 어룡득수 활기갱신 고기와 용이 물을 얻으니 활기가 넘치는구나	漁遊春水 其意洋洋 어유춘수 기의양양 고기가 춘수에 놀고 그 뜻이 양양하구나
財物隨身 富如金谷 재물수신 부여금곡 재물이 몸에 따르니 부하기가 금곡과 같구나	身數大吉 到處得財 신수대길 도처득재 신수가 크게 좋으니 도처에서 재물을 얻는구나	貴人助我 必有成事 귀인조아 필유성사 귀인이 나를 도우니 반드시 성사하리라	君子進德 小人漸退 군자진덕 소인점퇴 군자는 덕에 나가고 소인은 점점 물러간다	昇進進學 所願成就 승진진학 소원성취 승진과 진학은 소원하는 대로 성취된다

신수평론비결

편재용재격(偏財用財格)
정관편관년월운세(正官偏官年月運勢)

우순풍조 백곡풍등 (雨順風調 百穀豊登)	적소성대 점점형통 (積少成大 漸漸亨通)	재소복래 만사태평 (災消福來 萬事泰平)	약무과갑 슬하유경 (若無科甲 膝下有慶)	자손경사 화기만당 자손경사 화기만당 (子孫慶事 和氣滿堂)
비바람이 순하고 고르니 백곡이 풍등한 운세	적은 것을 쌓아서 큰 것을 이루니 점점 형통하는 운세	재앙이 소멸되고 복록이 오니 만사가 태평하구나	만약 관록이 아니면 슬하에 경사수라	자손의 경사수가 있으니 집안의 화기가 차는구나
음양화합 생남지수 (陰陽和合 生男之數)	상하화동 경사중첩 (上下和同 慶事重重)	신운통태 소원성취 (身運通泰 所願成就)	어재어록 만사순성 (於財於祿 萬事順成)	진학취직 소원성취 (進學就職 所願成就)
음양이 화합하니 생남하거나 자손의 경사수이다	위 아래가 화합하니 경사가 거듭 따르는구나	신수와 운세가 크게 형통하니 소원을 성취한다	재와 과록이 따르니 만사가 순성한다	입학하거나 취직하는 것은 소원을 성취한다
용동유희 재복쌍전 (龍動有喜 財福雙全)	신축결사 확장개길 (新築結社 擴張皆吉)	소망여의 가득대재 (所望如意 加得大財)	도처재관 백사구길 (到處財官 百事求吉)	재록수신 부어금곡 (財祿隨身 富於金谷)
용이 기쁘게 노니는 형상이니 재와 복록이 쌍전하구나	신축결사 확장개길 새로 집을 짓거나 회사를 설립 확장하는 것은 다 길하다	소망하는 바가 뜻과 같으니 큰 재물을 얻을 수라	가는 곳마다 재와 관록이 따르니 백가지 일이다 좋은 운세	재와 록이 따르니 부함이 금곡과 같구나

(25) 편재용관격 (偏財用官格)

편재용관격은 일주가 강하고 비견 비겁이 많으면 관살(官殺)로 용신한다.

① 사주의 예

丙戌
庚子
己未
乙丑

己土일주가 子月에 출생하였으니 편재격으로 신왕하여 시상의 乙木으로 용신하니 水木운이 길하고 상식이 많을때는 火운은 약운이 되어서 역시 좋다.

乙未
戊子
己未
丙寅

己土가 子月에 출생하여 사주원국이 한냉하다고는 하나 丙火가 장생지에 있으니 조후가 잘되어 있어서 乙木으로 편관용신하매 水木운이 길하다.

② 편재용관격의 특징

一 용호거문(龍虎踞門) 출생으로 고향에서는 조부대에 걸쳐서 명문대가로 통한다.

二 고로 위인이 지도자격에 호걸기상으로 그 성품이 관대 호장하고 위인이 정의감이 강한 성격의 소유자이다.

三 신왕사주로 사람이 줏대와 고집과 아집이 강하고 돈과 권세만 있으면 매사가 다 성취될 수 있다는 생각으로 다른 사람을 멸시하고 하대하며 천상천하 유아독존(唯我獨尊)으로 자기가 제일이란 삐뚤어진 사고 방식으로 처세하는 일이 있기도 하다.

四 이런 단점을 고치고 항상 남에게 친절하고 덕을 쌓으며 한편으로는 은혜를 베푼다면 그 이름이 천하에 떨칠 것이다.

五 재록(財祿)은 타고 난 팔자이니 재정계통으로 출세하기 시작하여 고관대작에 오를 팔자이나 〈단 대운이 잘 흘렀을 때〉항상 사회활동으로 가정을 등한하고 처궁이 부실함이 흠이 된다. 고로 평소에 부부화합을 위주로 수신제가 치국평천하라고 하는 말을 명심하여야 말년에 다복한 가정을 유지할 수가 있을 것이다.

六 여자도 남자와 다를 바가 없다. 출가이후 부영자귀(夫榮子貴)로 귀부인의 팔자이다.

● 좋은 운 = 재운이나 관살운이 길하고 만약 사주원국에 병(病)이 있을 때는 인수운도 역시 길하다.

● 꺼리는 운 = 비견 비겁과 상관운이 불길하고 사주원국에 인수가 많을 때는 인수운이 오면 용신이 설기태심으로 무력하여지니 역시 불길하다.

314

신수평론비결

편재용관격(偏財用官格)
인수년월운세(印綬年月運勢)

文書賣買 保證不利	就職進學 所望如意	魚龍得水 造化非常	因人成事 作事如意	黃菊滿發 香氣滿堂
문서매매 보증불리	취직진학 소망여의	어용득수 조화비상	인인성사 작사여의	황국만발 향기만당
문서를 다루거나 매매 보증하는 일들은 모두 불리하다	취직하는 것과 진학하는 것은 소망하는 대로 성취된다	고기와 용이 물을 얻으니 그 조화가 비상하구나	사람으로 인하여 일이 성사되고 하는 일마다 뜻대로 성사된다	누런 국화가 만발하니 집안에 향기가 가득차는구나
莫計巨事 勿營他事	意慾旺盛 官貴扶身	若非官祿 必有名譽	順風掛帆 前途洋洋	金樽美酒 玉盤佳肴
막계거사 물영타사	관귀부신 의욕왕성	필유명예 약비관록	순풍괘범 전도양양	금준미주 옥반가희
큰일을 하지 말고 다른 일은 경영하지 않는 것이 좋다	의욕이 왕성하니 관과 귀인이 나를 도와주는 운세	만약 관록이 아니면 반드시 명예가 있을 것이다	순풍에 돛을 다니 앞길이 양양하구나	금술잔에 맛좋은 술이요 옥소반에 좋은 안주를 맞이하는구나
信者反害 信斧割足	財祿隨身 勿息前進	時來運到 自然成功	身遊他鄉 人人敬我	文書契約 賣買得利
신자반해 신부할족	재록수신 물식전진	시래운도 자연성공	신유타향 인인경아	문서계약 매매득리
믿는 사람이 배반하면 믿는 도끼에 발등 찍힌다	재와 관록이 쉬지 말고 전진하라	때가 오고 운이 오니 자연 성공할 운세로구나	몸이 타향에 이르러 도 사는 사람마다 나를 공경하는 운세	문서를 계약하고 팔고 사는 곳에 반드시 이익이 있을 수이다

편재용관격(偏財用官格)
비견비겁년월운세(比肩比劫年月運勢)

범사다체 수심난면 범사다체 수심난면 凡事多滯 愁心難免 일에 막힘이 많으니 수심을 면하기가 어려운 운세	유의미취 욕비난비 유의미취 욕비난비 有意未就 慾飛難飛 뜻은 있으나 이루어지지 않고 날려고 하나 날지 못하는구나	친인반해 물청인언 친인반해 물청인언 親人反害 勿聽人言 친한 사람이 나를 해치니 남의 말을 듣지 말라	입소용다 외화내곤 입소용다 외화내곤 入小用多 外華內困 들어오는 것은 적고 쓰는 것은 많으니 겉으로는 화려하나 속으로는 곤하다
형우지언 경이원지 兄友之言 敬以遠之 형제나 친구의 말을 믿지 말고 겉으로는 존경하고 속으로는 멀리하라	유명무실 소영귀허 有名無實 所營歸虛 이름만 있고 실속이 없으며 경영하는 일은 허사가 되는 운세	선공무덕 욱인무나 善功無德 旭人無奈 성공을 베푸나 덕이 없으니 남을 허물하여 무엇하리요	수유묘계 부중나하 雖有妙計 不中奈何 비록 묘한 계책은 있으나 맞지 않으니 어찌할고	여답춘빙 여답호미 如履春氷 如踏虎尾 봄 얼음을 디딤과 같고 범의 꼬리를 밟음과 같구나	금전대차 보증불리 金錢貸借 保證不利 돈을 빌리거나 꾸어주는 것과 보증서는 것은 다 불리하다
모사불리 허송세월 謀事不利 虛送歲月 꾀하는 일이 이롭지 못하니 세월만 헛되이 보내는구나	여인동사 필유난성 與人同事 必有難成 남과 더불어 같이 하는 일은 반드시 어려움이 있어 성사되지 못한다	물탐외재 반위손재 물탐외재 反爲損財 밖의 재물을 탐하지 말라 오히려 손재가 있으리라	약무구설 건강불리 若無口舌 健康不利 만약 구설수가 아니면 건강이 불리하다	막탄신고 고진감래 莫嘆辛苦 苦盡甘來 곤고함을 탄식하지 말라 쓴 것이 오면 단 것이 오는 것은 세상이치이다

편재용관격(偏財用官格)
상관식신년월운세(傷官食神年月運勢)

勿營他事 到處不利	口舌是非 訟事之數	動則有失 守舊爲上	暮入山路 誰何指路	謀事不利 憂苦不絶
다른 일을 경영하지 말라 도처에서 이롭지 못하다	구설과 시비수가 있으며 송사수가 겸하였으니 미리 조심하라	동하면 실수가 있으니 옛것을 지킴이 상책이로다	저물어 산길에 들어서니 어느 누가 길을 가르쳐 줄고	꾀하는 일이 불리하니 근심과 피로움이 있을 운세
得羊失牛 有何益也	職場倦怠 上下不和	每事蹇滯 健康留意	雖有忿心 忍之上策	每事有滯 徒費心力
양을 얻고 소를 잃으니 무슨 이익이 있을소냐	직장에 권태증이 생기며 위아랫사람이 불화할 수이다	매사에 막힘이 많고 건강에 유의하라	비록 분한 마음이 있더라도 참는 것이 상책이라	매사에 막힘이 많으니 한갓 심력만 허비하는구나
莫近酒色 言行操心	如醉如夢 多事暗昧	入海求金 求兎碧海	勿與人爭 官厄可慮	名山深處 精誠祈禱
주색을 가까이 하지 말며 언행을 조심하라	취한 것도 같고 꿈 같기도 하니 일에 두움이 많을 수이다	바다에서 금을 구하고 벽해에서 토끼를 구하는구나	남과 다투지 말라 관재액이 가해 두렵구나	명산 깊은 곳에 들어가 정성껏 기도하면 재액을 면하리라

편재용관격(偏財用官格)
재년월운세(財年月運勢)

積少成大 自卑登高 喜逢甘雨 七年大旱	喜逢甘雨 七年大旱	與人同事 利盛甚多	財星入門 橫財之數	東風和暢 百花爭春
낮은 곳에서 높은 곳으로 오르고 작은 것을 쌓아서 큰 것을 이룰 수.	칠년대한 가믄 날에 단비가 내리니 기쁘기가 한량 없구나	남과 같이 하는 일은 이익이 심히 많을 운세라	재성이 집안을 비치니 횡재할 운세로다	동풍이 화창하니 백가지 꽃들이 봄을 다투는구나
琢石得玉 淘沙見金	求兎得鹿 以小易大	到處春風 萬人仰視	若非官祿 子孫慶事	福祿自來 心仁積德
모래를 일어 금을 얻고 돌을 쪼아서 옥을 얻는 운세	토끼를 구하려다가 사슴을 구하고 적은 것으로 큰 것을 바꾸는 운세	가는 곳마다 봄바람이니 만인이 우러러 보는구나	만약 관록이 아니면 자손의 경사수가 있구나	마음이 어질고 덕을 쌓으니 복록이 스스로 오는구나
此外何望 萬事亨通 家人和合 家運大通	何事不成 家人和合	萬事如意 家運大通	所望如意 一出門外	財祿可得 貴人來助
만사형통 차외하망 밖에 무엇을 더 구할고	가인화합 하사불성 집안식구가 화합하니 무슨 일이든 성사되지 않으랴	가운대통 만사여의 집안에 운이 대통하니 만사가 뜻과 같이 성취할 수	일출문외 소망여의 한번 문밖을 나가면 소망하는 바가 뜻대로 성취된다	귀인래조 재록가득 귀인이 와서 도우니 재와 관록을 얻을 운세

신수평론비결

편재용관격(偏財用官格)
정관편관년월운세(正官偏官年月運勢)

관록수신 하객만정 官祿隨身 賀客滿庭	약비관록 자손경사 若非官祿 子孫慶事	수복구전 진명천하 壽福俱全 振名天下	한곡회춘 백화쟁발 寒谷回春 百花爭發	군신회경 국태민안 君臣會慶 國泰民安
관록이 몸을 따르니 축하객이 뜰에 가득할 운세	만약 관록의 경사가 아니면 자손의 경사가 있을 수	목숨과 복을 갖추었으니 그 이름이 천하를 떨칠 운세로다	추운 산골에 봄이 돌아오니 백가지 꽃들이 다투어 피는구나	임금과 신하가 한자리에 모여 경사로우니 나라가 태평하고 백성이 편안한 운세
맹호첨익 백수경탄 猛虎添翼 百獸驚嘆	암중행인 우득명촉 暗中行人 偶得明燭	의외영귀 인다흠앙 意外榮貴 人多欽仰	소망여의 우산희생 所望如意 憂散喜生	우순풍조 년년대풍 雨順風調 年年大豊
맹호가 날개를 달았으니 백가지 짐승들이 탄신하는구나	어둠 속에 밤길을 가는 나그네가 우연히 밝은 등불을 얻을 수라	뜻밖에 영귀하니 사람들이 흠모하고 우러러 보는구나	소망하는 바가 뜻대로 성취되며 근심이 사라지고 기쁨이 득할 운세	비바람이 고르니 해마다 풍년이 드는 운세로다
매사가득 소신진행 每事可得 所信進行	길성조문 관귀래조 吉星照門 官貴來助	천신여조 백사여의 天神自助 百事如意	양인동심 필유득재 兩人同心 必有得財	성력불권 적수성가 誠力不倦 赤手成家
매사를 순조롭게 얻을 운세니 소신껏 진행하라	길성이 집안을 비치니 귀한 관인이 와서 나를 도와주는구나	천신이 스스로 도우니 백사가 다 뜻대로 성취될 운세	두 사람과 마음이 같으니 반드시 재물을 얻는다	정성과 노력을 아끼지 않으니 빈손으로 자수성가할 수라

319

(26) 식신용인격(食神用印格)

식신용인격은 일주가 약한데 식신 상관이 많거나 관살이 많으면 인수로 용신한다.

① 사주의 예

己酉
戊辰
丙辰
辛卯

辰月 丙火가 설기태심(泄氣太甚)한 중에 土金이 상왕하니 진상관격으로 신약하여 시지 卯木으로 용신하매 木火운이 길하다.

戊戌
丙寅
戊戌
丙戌

丙火가 戌月에 일락서산(日落西山)격인데 五土에 설기태심하니 진상관격이 되어서 寅中 甲木으로 인수용신하니 木火운이 길하다.

● 좋은 운 = 木火운이 길하다. 비견 비겁운이 오면 일주를 보강하는 동시에 용신지병(用神之病)을 제거하고 인수운이 오면 일주를 생하는 동시에 식신 상관을 제거하니 길하다.

● 꺼리는 운 = 토금운이 길하다. 상관운이 오면 탐재괴인운(貪財壞印運)이 되어서 불길하고 재운이 오면 탐재괴인운(貪財壞印運)이 되어서 사망할 수도 있다.

② 식신용인격의 특징

一 사람의 도량이 넓고 위타진력(爲他盡力)의 성격이니 남의 일은 발벗고 돌보아주니 주위에 따르는 사람이 많다.

二 바쁜 와중에도 항상 배움에 열중하니 동서문물에 있어 모든 것을 모르는 것이 없은 즉 남들이 말하기를 백과사전이라고 한다.

三 돈하고는 인연이 없다. 돈을 탐하면 탐재괴인격(貪財壞印格)이 되어 용신이 피상(被傷)되니 신병이 생기거나 가정의 불란이 생기게 된다. 그리고 자손궁이 약하니 자손으로 인한 근심이 떠날 날이 없다.

四 또한 여자와 돈을 탐하게 되면 명예가 훼손되는 관계로 직장에서 퇴직하거나 좌천하게 되니 비리부정한 재물은 생각하지도 말고 탐하지도 마라. 그리고 부모를 모시고 살면 매사가 형통한다.

五 항상 베푸는 마음뿐이니 친구와 더불어 회식을 하여도 밥값과 술값은 먼저 내는 성격이니 지출이 너무 많아 가정생활에 여유가 없게 되며 집안에 불화가 생기게 되니 이점을 유의하라.

六 여자도 남자와 다를바가 없으며 부부간에 금슬이 좋지 않으니 항상 남편위주로 생활하지 않으면 가정불화로 이혼할까 두렵구나.

신수평론비결

식신용인격(食神用印格)
인수년월운세(印綬年月運勢)

因人成事 喜悅滿面	救兎得獐 意外橫財	身立世上 前程可期	喜書到門 賀客滿堂	堂上慶事 此外何望
사람으로 인하여 성사되니 얼굴에 기쁨이 가득하구나	토끼를 구하려다 노루를 구하니 뜻밖의 횡재로구나	내가 세상에 서서 계획하고 뜻하는 바는 앞날에 성공할 것을 가이 기약한다	기쁜 문서가 집에 들어오니 축하객이 집을 채우는 격이다	부모님의 경사수가 있으니 이 밖에 무엇을 구할고
手弄文卷 文書取得	七年大旱 早天甘雨	恩賀貴人 紫府	雨順風調 萬物蘇生	送舊迎新 福祿無窮
손에 문서를 쥐는 격이니 매매가 이루어진다	칠년동안 큰 가문 날에 단비가 나리니 이 밖에 무엇을 더 구하고	다행이 귀인을 만나서 벼슬하는 은혜를 입는구나	비바람이 순조로우니 대지에 만물이 소생하는 운세	낡은 것은 가고 새 것을 맞이하니 복록이 무궁하구나
賣買擴張 自由自在	健康回復 每事自信	喜喜樂樂 每事亨通	成績向上 人氣集中	移賤坐貴 凶化爲吉
사고 팔거나 사업을 확장하는 것은 뜻대로 잘된다	매사에 자신이 있는 것은 건강이 회복되기 때문이다	매사가 뜻대로 잘 이루어지니 얼굴에 기쁨이 가득하구나	성적이 오르니 모든 인기가 나에게 집중되는구나	천한 곳을 옮기여 귀한 곳으로 앉으니 더욱 좋다

식신용인격(食神用印格)
비견비겁년월운세(比肩比劫年月運勢)

형야친야 좌우협야 兄耶親耶 左右協調	진합태산 불식전진 塵合泰山 勿息前進	운권청천 백화쟁발 雲捲靑天 百花爭發	불구사심 형제친구 佛口蛇心 兄弟親舊	입산구어 구이난득 入山求魚 救而難得
형제와 친구가 좌우에서 협조하여 주니 어찌 어려움이 있으랴	티끌을 모아 태산을 이루는 격이니 쉬지 말고 전진하여라	하늘의 구름은 걷히고 날씨가 맑으니 백가지 꽃이 다투어 피는구나	상대의 말은 부처님 말씀이나 그 마음은 뱀과 같으니 형제나 친구를 조심하라	산에 들어가 물고기를 구하려고는 애를 쓰나 어찌 구할 수 있으리요
매사자신 의욕충천 每事自信 意慾冲天	어용득수 전도양양 漁龍得水 前途洋洋	행운천리 공명영문 幸運千里 功名盈門	사필유손 신부할족 事必有損 信斧割足	유의미취 도상중심 有意未就 徒傷中心
하는 일마다 자신이 있으니 그의 의욕이 하늘을 찌른다	고기와 용이 물을 얻으니 앞길이 양양하구나	행운이 천리에 이르니 공명이 집안에 가득 차는구나	하는 일에 손재수가 있으니 믿는 도끼에 발등 찍힌다	뜻은 있으나 이루어 짐이 없으니 바쁘기만 하고 마음만 상하더라
은인래조 재리여의 恩人來助 財利如意	신검참사 제수희생 神劒斬蛇 除愁喜生	상하화합 가도락락 上下和合 家道樂樂	봉입계군 이상임하 鳳入鷄群 以上臨下	사무두서 심여란마 心如亂麻
은인이 나를 도와주니 재물과 이익이 뜻과 같구나	좋은 칼로 뱀의 목이 베이니 근심은 흩어 지고 기쁨이 가득하다	상하가 화합하니 집안에 즐거움과 기쁨이 가득하다	봉황이 닭들 속에 들어 가니 높은 데서 낮은 곳으로 내려온다	일에 순서가 없고 마음이 어지러움이 삼대와 같구나

322

신수평론비결

식신용인격(食神用印格)
상관식신년월운세(傷官食神年月運勢)

거거고산 유의미취 去去高山 有意未就	부하실수 난회책임 部下失手 難回責任	주작암동 구설가외 朱雀暗動 口舌可畏	수유분심 인지위덕 雖有墳心 忍之爲德	건강유의 질병가외 健康留意 疾病可畏
가도 가도 산길이니 뜻은 있으나 이루어짐이 없다	내 밑의 직원이나 자손의 실수가 그 책임을 면하기 어렵구나	주작이 발동하니 구설수와 시비수가 이 두렵다	비록 분한 마음이 있더라도 참으면 복이 된다	항상 건강에 조심하라 질병에 걸릴까 두렵구나
잠용실세 추어희지 潛龍失勢 鰍魚戱之	하극지상 결과불리 下剋之上 結果不利	하극지상 거취미정 去就未定	수도원악 종견길리 修道遠惡 終見吉利	가정불화 풍파부절 家庭不和 風破不絕
물에 잠긴 용이 세력을 잃으니 미꾸라지가 나를 희롱하는구나	윗사람에게 덤벼들고 반항하면 그 결과는 불리하다	아래사람과 윗사람과 불화하니 갈길이 분명하지 않을 운세	덕을 닦고 악을 멀리하면 마침내 길함을 얻을 것이다	집안이 편치 못하고 불화하니 집안에 풍파가 그치지 않는다
관재시비 좌불안석 官災是非 坐不安席	여인동사 피해불소 興人同事 被害不少	구설다단 관재염여 官災念慮	시운불리 막계거사 時運不利 莫計巨事	좌정관천 소견불광 坐井觀天 所見不廣
관재구설과 시비송사니 앉은자리가 편치 못하구나	남과 같이 동업하면 피해가 적지 않다	구설이 그칠 날이 없으니 관재수가 두렵구나	운세가 좋지 못하니 큰일을 시작하지 마라	우물안에 들어앉아 하늘을 쳐다보니 소견이 넓지 못하구나

식신용인격(食神用印格)
재년월운세(財年月運勢)

금슬부조 특별인내 琴瑟不調 特別忍耐	물모타영 필유손재 勿謀他營 必有損財	막행시비 송사불리 莫行是非 訟事不利	화락무춘 호접방황 花落無春 蝴蝶彷徨	막탐재리 기해비경 莫貪財利 其害非輕
부부간에 불화가 생길수니 특별히 참고 또 참아라	다른 사업을 경영하지 마라 반드시 손재수가 있으리라	항상 시비구설을 참고 견디어라 송사수가 있을까 두렵다	꽃은 지고 봄이 없으니 나비와 벌들이 방황하는 격이라	재물을 탐하지 마라 그 미치는 해가 적지 않다
자금불통 속수무책 資金不通 束手無策	성적부진 막근재녀 成績不振 莫近財女	수구여병 의외구설 守口如瓶 意外口舌	막탐여색 명예손상 莫貪如色 名譽損傷	입해구금 금불가득 入海求金 金不可得
자금이 자돌지 않으니 매사가 뜻대로 되지 않으니 대책이 없구나	공부의 성적이 오르지 않으니 여자와 돈을 조심하라	입막기를 병같이 하라 뜻밖의 구설수라	여자를 탐하지 마라 명예가 손상됨을 심하라	바다에 들어가서 금을 구하니 수고롭기만 하고 금을 얻기 어렵구나
사입용굴 수승수부 蛇入龍窟 誰勝誰負	고부갈등 심사산란 姑婦葛藤 心事散亂	견이불식 화중지병 見而不食 畵中之餅	금년지수 추상살초 今年之數 秋霜殺草	서강갈수 불구득어 西江渴水 不救得魚
뱀이 용의 굴로 들어갔으니 누가 이기고 누가 질까 판단하기 어렵다	어머니와 처사이에 불화가 잦으니 마음이 산란하구나	보고도 먹지 못하는 것은 그림속의 떡이로다	금년 신수는 가을 서리가 풀을 죽이는 격이라	서강에 물이 마르니 고기를 구하려 구하기 어렵다

신수평론비결

식신용인격(食神用印格)
정관편관년월운세(正官偏官年月運勢)

청조서래 傳我喜信 靑鳥西來 전아희신	위수지기 文王來臨 渭水之磯 문왕래림	재여구산 義氣揚揚 財如丘山 의기양양	관귀부신 何事不成 官貴扶身 하사불성	흉화위길 仇反恩人 凶化爲吉 구반은인
청조가 서쪽에서 와 나에게 기쁜 소식을 전하는구나	위수의 낚시터에 문왕이 두번 오시니 아니 기쁘랴	재물이 산과 같으니 의기가 양양하니 아니 기쁘랴	관에서 나를 도우니 하는 일이 어찌 성사 되지 않으랴	흉함이 화하여 길해 지고 원수가 변하여 은인이 된다
앵제양류 片片黃金 鶯蹄楊柳 편편황금	매사여의 億金可取 每事如意 억금가취	동원춘도 花落結實 東園春桃 화락결실	재리여의 太平世月 財利如意 태평세월	결혼지운 必是成事 結婚之運 필시성사
꾀꼬리가 버드나무 위에서 우니 조각조각이 금이로다	매사가 뜻대로 잘 성사되니 억금을 손에 쥐리로다	동산의 봄 복숭아꽃 이 지고 열매를 맺는 격이라	재와 이익이 뜻과 같으니 태평세월이로 구나	결혼할 운세이니 반드시 성사될 것이다
귀인래조 事事如意 貴人來助 사사여의	약비혼인 膝下有慶 若非婚姻 슬하유경	흉화위길 喜中可喜 凶化爲吉 희중가희	소왕대래 積少成大 小往大來 적소성대	성적우수 必是合格 成績優秀 필시합격
귀인이 와서 나를 도 와주니 매사가 뜻대 로 이루어지는구나	만약 결혼을 하지 않 으면 슬하에 경사가 있으리로다	흉함이 화하여 길하 여지니 기쁨 중에 또 한 기쁨이로다	적은 것이 가고 큰 것이 오니 적은 것을 쌓아서 크게 이룬다	성적이 좋으니 반드 시 합격할 것이다

(27) 식신용겁격 (食神用劫格)

식신용겁격은 일주가 약한데 재가 많으면 비견 비겁으로 용신 한다.

① 사주의 예

庚戌　戊土가 申戌金局에 뿌리한 庚金이 투출하였으니 주중왕자(柱中旺者)로 격을 정하는 법칙에 의하여 식신격이 형성되어서 신약하니 戊土 비견으로서 용신하매 火土운이 길하다.

戊寅

戊申

癸亥

癸酉　戊土가 申酉금국에 庚金이 투출하였으니 신약하여 戊土로 비견용신하는데 火土운이 길하다. 혹자는 子午충으로 午火가 피상되었으니 申子수국으로 탐합망충(貪合忘冲)이 다고 할것이나 申子수국으로 종아격으로 된다

庚申

戊子

戊午

● 좋은 운 = 火土운이 길하다. 인수운이 오면 일주를 보강하는 동시에 식신금을 제거하니 이인제상(以印制傷)이 되어서 길하고 비겁운은 일주를 부신(扶身)하여 길하다.

● 꺼리는 운 = 금수목운이다. 즉 식신(食神)운이 오면 설기태심하고 관운이 오면 일주를 극제하며 재운이 오면 재다신약(財多身弱)이 되어 불길하다.

② 식신용겁격의 특징

一 이 사람은 소위 외유내강격으로 재주가 많고 행동이 민첩하여 말재주도 대단하여 설득력이 있음이 특징이기도 하다.

二 사람이 양성적이며 평은(平隱) 인자하여 남주기를 좋아하고 남의 일은 열심히 돌보아 주며 사람이 결백하고 깨끗하다.

三 항상 향상심이 많고 정력가인데 반해서 속직하여 비밀이 없고 인내력이 약하고 남을 조급하니 실패를 자초하는 일이 있다.

四 자존심이 강하여 남을 멸시 경시하는 경향이 있으며 불평불만 논쟁으로 남에게 지기를 싫어하는 성격이 또한 강하다.

五 고로 구설 시비 송사를 피하고 의협심과 친절성을 위주로 하고 매사를 참고 은혜와 덕을 많이 베풀며 봉사한다면 크게 성공할 것이다.

六 큰일을 계획하고 착수할 때는 동업이 길하고 자손궁이 불미함이 흠이 되며 자손교육에 있어 항상 자손의 말을 잘 들어주는 방향으로 하라.

七 직업으로는 언론, 출판, 교육, 문예, 복지사업, 육영사업이 길하다.

八 여자는 부부궁이 불미하니 남편과의 화합을 위주로 하고 자기의 특기를 살리고 쌓여서 홀로 살아갈 수 있는 기반을 확고하게 하여야 한다.

식신용겁격(食神用劫格)
인수년월운세(印綬年月運勢)

귀인래조 貴人來助 우이조력 偶爾助力	매사여의 계획달성 每事如意 計劃達成	매매계약 결과유리 賣買契約 結果有利	가유경사 만인치하 家有慶事 萬人致賀	화호위용 매사영광 畵虎爲龍 每事榮光
귀인이 와서 나를 도우니 우연히 매사가 성사된다	매사가 뜻대로 이루어지고 계획한 일들이 잘 성사된다	사고 파는 것은 결과가 유리하다	집안에 경사가 있으니 만인이 축하하여 준다	범을 그리려다가 용을 그리니 매사가 영광스럽구나
암야득등 의외생기 暗夜得燈 意外生氣	후원벽도 춘도자발 後圓碧桃 春到自發	신축결사 문서취득 新築結社 文書取得	적덕지고 재산흥왕 積德之故 財産興旺	의외성공 명진사해 意外成功 名振四海
깊은 밤에 등불을 얻으니 뜻밖에 생기가 난다	후원의 복숭아 꽃이 봄이 옴에 스스로 피는구나	새로 집을 짓거나 회사를 설립하는 등 문서를 잡을 운세라	덕을 항상 쌓은 연고로 재산이 점점 늘어 간다	뜻밖에 성공하니 그 이름이 사해에 떨친다
운수통달 재취여의 運數通達 財聚如意	길인천우 자유복록 吉人天佑 自由福祿	신수대길 가도흥왕 身數大吉 家道興旺	매매지사 결과유리 賣買之事 結果有利	성적향상 합격무의 成績向上 合格無疑
운수가 달통하니 재물이 뜻과 같이 모이는구나	길한 사람을 하늘이 돕는지라 스스로 복록이 오는구나	신수가 좋으니 집안이 흥하고 화목하구나	사고 파는 것은 결과에 이익이 있구나	학업성적이 향상되니 시험에 합격할 것은 의심이 없다

식신용겁격(食神用劫格)
비견비겁년월운세(比肩比劫年月運勢)

치마장안 得意春風 馳馬長安 득의춘풍	명월고루 明月高樓 一身自安 일신자안	진인첨재 和氣樂樂 進人添財 화기락락	용기백배 勇氣百倍 去舊生新 거구생신	건강회복 生氣百倍 健康回復 생기백배
말을 타고 장안을 달리는 격이니 봄바람에 뜻을 얻었구나	밝은 달 높은 루각에 있으니 내 몸이 편안하구나	사람도 모이고 재물이 뜻과 같으니 집안에 화기와 즐거움이 가득하다	용기가 백배로 늘고 옛 것은 가고 새 것이 들어오는구나	건강이 회복되니 생기가 백배로 생기는구나
사산부성 二人同心 事散復成 이인동심	의외성공 名振四海 意外成功 명진사해	춘원도리 春園桃李 逢時花發 봉시화발	동업지사 同業之事 作事何難 작사하난	행봉귀인 太平生活 幸逢貴人 태평생활
흩어진 일이 다시 이루어짐은 두 사람의 마음이 합치되는 까닭이다	뜻밖에 성공하니 그 이름이 천하를 떨치는구나	봄 동산에 복숭아와 오얏이 때를 만나서 꽃을 피우는구나	동업하면 하는 일에 어찌 어려움이 있으랴	다행이 귀인을 만나니 태평생활이로구나
은우래조 何不成事 恩友來助 하불성사	도처유재 到處有財 男兒得意 남아득의	재록수신 富如金谷 財祿隨身 부여금곡	재소복래 一家和平 災消福來 일가화평	신축결사 賣買有利 新築結社 매매유리
은인이 친한 친구와 나를 도우니 어찌 일이 이루어지지 않으랴	도처에 재물이 있으니 남자가 큰 뜻을 얻는구나	재와 록이 기쁘게 따라오니 부함이 금곡과 같구나	재앙은 가고 복록이 오니 한 집안이 화평하구나	새로운 집을 짓거나 회사를 설립하는 것들은 사고 파는 것이 길하다

328

식신용겁격(食神用劫格)
상관식신년월운세(傷官食神年月運勢)

凶化爲吉 百戰百勝	金榜之名 名振四海	求兎得獐 每事進展	入則守困 出外無益	以德防禍 口舌是非
흉함이 화하여 길해지니 백번 싸워도 백번 이기는 격이다	금방에 이름을 쓰니 이름이 사해를 떨친다	원수가 변하여 은인이 되니 매사가 잘 진전된다	집에 있으면 곤고하고 나가도 별 이익이 없구나	구설과 시비수가 있으니 덕으로 그 화를 막아라
移賤坐貴 喜悦滿面	財星隨身 意外得財	口舌是非 結果無咎	莫交他人 損財不少	莫計巨事 保留第一
천한 곳을 옮기여 귀한 곳을 앉으니 얼굴에 기쁨이 가득하구나	재물이 몸을 따르니 뜻밖에 재물을 얻는다	구설과 시비수가 있으나 두려워할 것이 없다	남을 사귀거나 친하지 마라 손재가 적지 않다	큰 일을 계획하거나 진행하지 말라 보류함이 제일 좋다
部下之德 萬事亨通	威權萬里 一呼百諾	名利救吉 不求自豊	坐不安席 心身未定	信斧割足 佛口蛇心
아랫사람의 덕으로 매사가 형통하리라	한번 불러 백사람이 응하니 권위와 위세가 만리를 떨친다	명리가다 길하니 스스로 구하지 않아도 모두가 풍족하구나	앉은 자리가 바늘방석이요 심신이 편치 못하다	믿는 도끼에 발등 찍인다 상대의 말은 부처님이나 그 속은 뱀의 마음이다

식신용겁격(食神用劫格)
재년월운세(財年月運勢)

猛虎陷井 有勇難施	遠救近失 勿貪虛欲	七年大旱 草木不長	動必有悔 愼勿出行	疾病可畏 健康留意
맹호가 함정에 빠졌으니 용맹이 있어도 쓰기가 어려운 운세라	먼데 것을 구하려다 가까운 것을 잃으니 허욕을 갖지 마라	칠년대한 가뭄에 초목이 성장할 수가 없구나	움직이면 후회할 일 이 생기니 멀리 출행 함을 삼가하라	질병에 걸릴까 염려된다 건강에 유의하라
花落無實 有意未就	傍人之事 無端橫厄	勿與人爭 官災可畏	莫交他人 損財不少	成績不振 實力未盡
꽃이 떨어져도 열매가 없는 형상이니 뜻은 있어도 이루기가 어렵다	옆의 사람일로 인하여 무단한 횡액을 당한다	남과 다투지 말라 관재구설수가 두렵다	타인과 너무 가까이 심정을 말하지 마라 손재가 적지 않다	학업의 성적이 오르지 않으니 실력이 따르지 못한다
損財因妻 因財非輕	勿爲他營 結果不美	酒色愼之 事有失敗	事不稱心 心多煩惱	家庭不和 忍耐第一
인재인처 손재비경 재물과 여자로 인하여 큰 손해가 가볍지 않다	다른 일을 경영하지 마라 결과가 좋지 않다	주색신지 사유실패 여자와 돈을 탐하지 마라 일에 실패가 따른다	사불칭심 심다번민 모든 일이 마음에 맞지 않고 마음에 번민만 많구나	가정불화 인내제일 집안이 화목하지 못하고 불화하니 참는 것이 제일이라

신수평론비결

식신용겁격(食神用劫格)
정관편관년월운세(正官偏官年月運勢)

官鬼到門 家有不安	日暮西山 未知去處	獨自停立 青山細雨	新築結社 一切禁物	無頭無尾 事無頭序
관재구설수가 따르니 집안이 불안하구나	해는 서산을 넘어 날은 어두운데 갈 곳을 알 수가 없구나	청산에 가는 비는 내리는데 홀로 시름없이 서있구나	새로 집을 짓거나 큰 계획을 세우는 것은 일체하지 마라	일에 두서가 없으니 머리도 없고 꼬리도 없는 형상이로구나
憂心甚多 疾苦不絶	心身散亂 少女謀害	不知頭尾 兩手執餠	進退不知 心無所定	救而難得 入山救魚
질고가 우심심다 질고가 끊이지 않으니 근심과 걱정이 많구나	소녀모해 심신산란 소녀가 만사 한갓 마음 치못하고 산란하구나	양수집병 부지두미 두 손에 떡을 쥐었으니 머리와 꼬리를 분간하기 어렵구나	심무소정 진퇴부지 마음을 정한 바가 없으니 나가고 물러설 곳을 알 수가 없구나	입산구어 구이난득 산에 들어가 물고기를 구하니 구할라야 구할 수가 없는 격이라
到處得談 是非口舌	反受其害 莫信親人	動則有悔 勿爲妄動	必有虛荒 莫貪外財	愼之相爭 夫婦不和 신지상쟁 부부불화
시비구설도 처득담 이니 가는 곳마다 말썽이 많다	막신친인 반수기해 친한 사람을 믿지 마라 도리어 그 해를 받는다	물위망동 동즉유회 망녕되는 행동을 하지마라 움직이면 큰 후회를 하게 된다	막탐외재 필유허황 밖의 재물을 탐하지 마라 반드시 허황됨이 있을 것이다	부부간에 불화하니 싸우는 것을 삼가하라

(28) 식신용상식격 (食神用傷食格)

식신용상식격은 일주가 강하고 비견 비겁이 많고 관살과 재가 없을 때 식신이나 상관으로 용신한다.

① 사주의 예

丙寅
甲辰
丙寅
己亥

寅月甲木이 寅辰 寅亥로 신왕(身旺)하니 丙火 용신하매 火土운이 길한데 이것은 寅中丙火 암장투 자(暗藏透干者) 丙火로 격을 정하는 원칙에 의하여 식신격이 된다.

辛酉
癸巳
丁卯
甲子

癸日 생인이 卯月에 진상관격이나 연지 子에 득록 하고 巳酉금국에 辛금이 투출하니 약화위강격이 되어서 卯중 乙木으로 용신하니 木火운이 길하다.

● 좋은 운 = 식신 상관운이 길하고 용신지병(用神之病)인 인수 가 있을 때는 재운이 길한데 이것은 약운(藥運)이 되기 때문이 다.

● 꺼리는 운 = 인수 관살 비견 비겁운이 불길하다.

② 식신용상식격의 특징

一 이 사람은 영웅호걸의 기상이고 남의 지도자격이다. 사람의 기상이 고매하고 매사에 관대하며 호언장담에 과감하고 의협 심이 있어 지나치게 남의 일에 몰두하고 주선하는데 앞장서 는 성격이다.

二 항상 남을 위하여 노력하고 은혜와 덕을 베풀어 가면서 세상 을 살아가니 남들이 승인군자란 별명을 붙여 주기도 한다.

三 모선망할 팔자이며 자손궁이 불미하여 수심과 한숨으로 세월 을 보내나 손자대에 가서는 대발할 것이다.

四 처궁 또한 부실하니 주색을 특별히 삼가하여야 하고 만약 주 색에 몰두하면 큰병을 얻어서 신망가패할까 염려된다.

五 특별히 말솜씨가 좋아서 웅변가로 통하며 사람을 설득하는데 는 일가견이 있으며 불행한 일이 닥칠때는 부하직 원이나 혹은 손아래 사람에 위임하면 잘 해결될 것임을 명심 하라.

六 직업은 역시 언론, 출판, 문예, 교직, 육영사업, 복지 사업, 정치계통이 좋으나 관직은 불미하여 자유직업이 가장 좋다.

七 여자도 남자와 같으나 해로하기 어려우니 자기의 소질과 특 기를 키워서 자립할 수 있는 기반을 튼튼하게 하여야 한다.

식신용상식격(食神用傷食格)
인수년월운세(印綬年月運勢)

一身困苦 不運奈何 일신곤고 불운내하	新築契約 其害莫甚 신축계약 기해막심	春後尋花 勞而無功 춘후심화 노이무공	文書帶殺 鳥變白鷺 문서대살 조변백로	物件賣買 事前確認 물건매매 사전확인
이내 몸이 곤하고 달프니 이것이 금년 운세인 것을 어찌하랴	새로 집을 짓거나 계약하는 것은 그 미치는 해가 적지 않다	봄이 지난 뒤에 꽃을 찾으니 수고는 많으나 공이 없구나	문서에 흉살이 띄었으니 문서를 조심하라 까마귀가 백로로 변한다	물건을 사고 파는 것은 미리 알아보고 시행하라
財數論之 求財不得 재수론지 구재부득	事業擴大 保證不可 사업확대 보증불가	臨渴掘井 徒勞無功 임갈굴정 도로무공	若無疾病 口舌難免 약무질병 구설난면	雖有變化 有名無實 수유변화 유명무실
금년 재운을 논하면 재물을 구하려 하나 구하지 못한다	사업을 늘리거나 보증하는 일은 절대로 피해야 한다	목 마를때 우물을 파니 힘만 들고 공이 없구나	만약 질병이 아니면 구설수를 면하기가 어렵구나	비록 변동한다고 하더라도 결과는 이름만 있고 실속이 없다
偏印之運 片瓦未留 편인지운 편와미류	有聲無形 呼訴何處 유성무형 호소하처	外華內困 富屋貧人 외화내곤 부옥빈인	恩人反害 意外損失 은인반해 의외손실	家有不平 夫婦不和 가유불평 부부불화
금년이 편인운이면 깨진 기와 조각하나 안 남는다	소리는 있으나 형상이 없으니 어느 곳에 호소할까	겉으로 화려하나 속으로는 곤하고 남보기는 부자이나 속으로는 가난하다	은혜를 입은 사람이 오히려 해를 끼치니 뜻밖의 손실수라	집안의 불평수가 있으니 부부간에 불화할 수라

식신용상식격(食神用傷食格)
비견비겁년월운세(比肩比劫年月運勢)

여관한등 객심처연 旅舘寒燈 客心悽然	수유노력 노이무공 雖有努力 努而無功	일락서산 귀객실로 日落西山 歸客失路	천리타향 고독단신 千里他鄕 孤獨單身	사불여의 수구안상 事不如意 守舊安常
여관 한가로운 등불 밑에서 나그네 마음 이처량한 형상이다	비록 노력은 하여도 그 노력한 것이 공이 없구나	해는 저서 서산인데 나그네가 갈 길을 잃었구나	천리타향에 고독한 내몸 하나가 매사 뜻대로 이루워짐이 없다	일이 뜻과 같지 않으니 옛 것을 지키고 새 계획을 세우지 마라
필유실패 여인동사 必有失敗 與人同事	막신친우 필견기해 莫信親友 必見其害	막청인언 사다허황 莫聽人言 事多虛慌	조동모서 분주불하 朝東暮西 奔走不暇	노용무력 등천가난 老龍無力 登天可難
남과 동업하는 일들은 반드시 실패할 것이로다	친구를 믿지 마라 반드시 해를 당하리라	남의 말을 듣지 마라 일마다 허황한 꿈이로구나	동서로 뛰어다니며 한가롭지 않으나 속은 없다	늙은 용이 힘이 없으니 하늘에 오르기는 어렵다
형제친우 손실막대 兄弟親友 損失莫大	물탐분외 반유손재 勿貪分外 反有損財	물위상쟁 시비구설 勿爲相爭 是非口舌	부부불화 의처의부 夫婦不和 疑妻疑夫	목전소리 종언손재 目前少利 終焉損財
형제나 친구로 인하여 손재가 막심하구나	분에 넘치는 일을 탐하지 마라 오히려 손재를 볼 것이다	남과 더불어 싸우지 마라 시비와 구설수라	부부간에 불화하고 피차간에 의처증과 의부증이 있다	눈앞의 적은 이익이나 중에 큰 손해가 되는구나

신수평론비결

식신용상식격(食神用傷食格)
상관식신년월운세(傷官食神年月運勢)

청천월백 경색갱신 청천월백 景色更新	정심수덕 이재기중 正心修德 利在其中	어변성용 변화막측 魚變成龍 變化莫測	재록수신 태평세월 財祿隨身 泰平歲月	소망여의 희색만면 所望如意 喜色滿面
푸른 하늘에 달이 희고 밝으니 아름다움 이 다시 새롭구나	마음을 바로 하고 덕 을 베푸니 모든 이익 이 그 중에 있구나	고기가 변하여 용이 되었으니 무궁한 변 화를 측량하기 어렵 구나	재와 록이 기쁘게 따 라오니 태평세월이 로구나	소망하는 바가 뜻대 로 잘되니 얼굴에 기 쁨이 가득하구나
삼년병객 우봉명의 三年病客 偶逢名醫	수유재수 구설시비 雖有財數 口舌是非	갈용득수 조화무쌍 渴龍得水 造化無雙	재운통태 억금불선 財運通泰 億金不羨	록재천리 분주사방 록在千里 奔走四方
삼년이나 병든 사람 이 우연히 명의를 만 나서 회복되는 격이 다	비록 재수는 대길하 나 시비와 구설수가 있을까 두렵구나	목마른 용이 물을 얻 었으니 그 조화가 무 쌍하구나	재운이 대통하니 억 만금이 부럽지 않구 나	록이 천리에 이르렀 으니 사방에 걸쳐 분 주하구나
양인동심 인인성사 兩人同心 因人成事	백사유성 차외하망 百事有成 此外何望	춘심옥수 백화쟁발 春心玉樹 百花爭發	명고사방 만인앙시 名高四方 萬人仰視	자손경사 심신안정 子孫慶事 心身安定
두 사람의 마음이 같 으니 사람으로 인하 여 일이 잘 이루워지 는구나	백가지가 성사되니 이 밖에 무엇을 바랄 고	봄이 옥수에 깊은데 백가지 꽃이 다투어 피는구나	이름이 높고 사방에 떨치니 만명의 사람 이 우러러 보는구나	자손의 경사수가 있 으니 마음과 몸이 평 안하구나

335

식신용상식격(食神用傷食格)
재년월운세(財年月運勢)

金入煉爐 終成大器 금입련로 종성대기 큰 쇠가 제련소에 들어가니 종내에는 큰 그릇을 이루는구나	因人成事 此外何望 인인성사 차외하망 사람으로 인하여 목적한 바를 이루니 이 밖에 또 무엇을 구할고	名成利財 萬人羨望 명성이재 만인선망 이름을 떨치고 이익을 얻으니 만인이 우러러 보는구나	投資擴張 萬事如意 투자확장 만사여의 사업에 투자하고 확장하는 것은 뜻과 같이 성사되는구나	兄弟親友 敬以遠之 형제친우 경이원지 형제나 친구를 겉으로는 존경하고 속으로는 멀리하라
身逢運吉 立身揚名 신봉운길 입신양명 신운이 길함을 만났으니 끝내는 출세하는 형상이로다	月明紗窓 必逢佳人 월명사창 필봉가인 달 밝은 사창에서 반드시 아름다운 짝을 만날 것이다	吉星照門 福祿自來 길성조문 복록자래 길성이 집안을 비치니 복록이 스스로 오는구나	龍得明珠 喜事重重 용득명주 희사중중 용이 맑은 구슬을 얻었으니 기쁜 일들이 거듭 생기는구나	馬行山路 進退險難 마행산로 진퇴험난 말을 타고 산길을 달리니 앞길이 험난하구나
吉星照宅 一身榮貴 길성조택 일신영귀 길성이 집안을 비치니 일신에 영귀함이 있으리라	持心堅貞 名利自足 지심견정 명리자족 마음가짐이 굳고 곧으면 이름과 이익이 스스로 만족하리라	若非添口 意外得財 약비첨구 의외득재 만약 가족이 늘지 않으면 뜻밖의 재물을 얻는다	與人謀事 必得大財 여인모사 필득대재 남과 더불어 사업을 계획하면 반드시 큰 재물을 얻으리라	深山求魚 終身不得 심산구어 종신부득 깊은 산에 들어가 물고기를 구하니 끝내 구할수가 없구나

신수평론비결

식신용상식격(食神用傷食格)
정관편관년월운세(正官偏官年月運勢)

是非口舌 守口如瓶 是非口舌 守口如瓶	月入雲間 不見好月 月入雲間 不見好月	擴張投資 保留第一 擴張投資 保留第一	龍頭蛇尾 每事不振 用之不進 매사부진	成績不振 合格之難 성적부진 합격지난
시비와 구설수가 치니 말조심하고 입을 병같이 하라	달이 구름 속으로 들어가니 좋은 달을 볼 수가 없구나	사업을 확장하고 투자하는 것은 보류함이 제일 좋다	매사가 뜻대로 되지 않고 용의 머리가 뱀의 꼬리로 되는 형상	학업의 성적이 오르지 않으니 합격하기가 어렵구나
若非官厄 疾病侵身 약비관액 질병침신	愼之盜賊 失物有數 신지도적 실물유수	緣木求魚 畫中之餅 연목구어 화중지병	愼之口舌 得而難聚 신지구설 득이난취	上官失手 吾之責任 상관실수 오지책임
만약 관재구설수가 아니면 질병을 조심하라	도적과 실물을 조심하라 그 해가 적지 않다	나무에 올라가 고기를 구하고 그림 속의 떡이로다	얻어도 모으기가 어렵고 구설수를 조심하라	윗사람의 잘못된 일들이 나의 책임으로 이어지는구나
日落西山 所懷何事 일락서산 소회하사	雖有謀事 他人有害 수유모사 타인유해	雖有知慧 不如乘時 수유지혜 불여승시	天不賜福 强求不得 천불사복 강구부득	心無定處 事有虛荒 심무정처 사유허황
해는 저서 서산인데 생각하는바 무슨 일이든 어찌 성사되랴	비록 어떤 일을 계획하나 남으로 인하여 해가 되는구나	비록 지혜가 있으나 때를 만나지 못하였구나	하늘에서 복을 주지 않으면 강제로 구하려 하나 구할 수가 없구나	마음의 안정됨이 없으니 일마다 허황됨이 많구나

(29) 식신용재격 (食神用財格)

식신용재격은 일주가 강한데 인수가 많아서 더욱 신왕한 중에 혹은 상관 식신이 많으면 재로 용신한다.

① 사주의 예

甲申
丙戌
癸亥
丁巳

寅月은 천한지동(天寒地凍)으로 사주원국이 한냉하니 丙火로 조후용신하매 木火운이 길하다.
寅中火木 本氣甲木이 투출하였으니 식신용재격이다

戊辰
壬申
庚申
乙卯

庚金이 두 申금에 록(祿)을 놓고 戊己土가 투출하니 신왕하여 卯中乙木으로 용신하니 木火운이 길하다. 申中의 壬水가 투출하였으니 암장투간자로 식신격이 된다.

● **좋은 운** = 식신상관과 재운이 길하다. 상관운은 통관(通官)하는 동시에 용신을 보강하여 좋고 재운도 용신을 보강하며 조후로 길하고 관운은 병신(病神)을 제거하는 약운이 되어서 길하다.

● **꺼리는 운** = 인수나 비견 비겁운이 불길하다.

② 식신용재격의 특징

一 사람이 영리하고 재주가 많으며 온순하고 말재주가 많으니 웅변가이다. 친화성이 있으며 사교적이다.

二 그러나 자부심이 강하여 교만하고 욕심이 많으면서 남을 멸시하고 능멸하는 경향이 있으며 결단성이 없으므로 항상 번민하기도 한다.

三 표리없는 허언을 삼가하고 화내지 않으며 욕심을 버리고 겸손하게 천부의 재능을 이용하면 대성할 수 있다.

四 항상 남주기를 좋아하고 남의 일은 자기 일도 제쳐놓고 앞장서서 해결해 주는 장점이 있고 은혜와 덕을 베푸니 나를 따르는 사람이 많다.

五 특히 사업을 경영하는 능력이 뛰어나서 돈버는 재주는 남달리 월등하니 치부는 자연 이루어 지고 결혼하면서 부를 축적하게 된다.

六 처궁은 좋으나 여자가 많이 따르니 여난(女難)이 두렵다.

七 직업으로는 언론, 출판, 문예, 교직, 육영사업, 복지사업, 재정, 경제와 자유직업이 좋다.

八 여자도 남자와 대동소이한데 호걸여성으로 활동력이 강하고 말솜씨가 좋으며 돈버는 재주도 비상하다.

신수평론비결

식신용재격(食神用財格)
인수년월운세(印綬年月運勢)

外實內虛 誰有可知	賣買確定 其害非輕	坐不安席 心身未定	困龍在山 何望大海	事多進退 心煩意亂
겉으로는 있어 보이나 속으로는 비어 있으니 누가 내 심정을 알겠는가	사고 팔거나 사업을 확장하는 것은 그 해가 적지 않다	앉은 자리가 편치 못하고 마음이 안정되지 못한다	곤한 용이 산에 머무르고 있으니 언제나 큰 바다를 바라리요	일의 진퇴가 많아 마음이 번거롭고 뜻이 어지럽구나
不見好月 帶笠觀天	雖曰親知 勿說內情	母妻不合 心事散亂	事多暗昧 凶神來侵	錦衣夜行 富屋貧人
삿갓을 쓰고서 하늘을 쳐다보니 어찌 좋은 달을 볼 수가 있으랴	비록 친한 사람이라도 속말을 털어 놓지 마라	어머니와 처가 불화하니 심사가 편치 못하다	흉신이 내 몸에 침입하니 매사에 어두운 그림자로구나	비단 옷을 입고 밤길 걷기요 부잣집에 사는 것 같으나 빈곤하구나
新築變動 保留第一	勿營計事 事事無益	文書契約 保證不利	每事多滯 徒傷心慮	畫虎不成 反爲狗子
새로 집을 짓거나 변동하는 것은 보류함이 제일 좋다	다른 일을 계획하지 마라 하는 일마다 이익이 없으리라	문서를 계약하거나 보증서는 것은 일체 삼가하라	매사에 막힘이 많으니 한갓 마음만 상하는구나	범을 그리려다 이루지 못하고 도리어 강아지를 그리었구나

식신용재격(食神用財格)
비견비겁년월운세(比肩比劫年月運勢)

意外之財 朝得暮失	與人謀事 都無成事	兄耶弟耶 損災何事	猛虎陷井 有勇難施	夫婦不和 忍耐第一
의외지재 조득모실 뜻밖의 재물이 아침에 얻고 저녁에 나가는구나	여인모사 도무성사 여인과 같이 일을 동업 하면 성사됨이 어렵고 해를 당한다	형제제야 손재하사 형이나 동생으로 인하여 손재를 당하니 어찌된 일인가	맹호함정 유용난시 맹호가 함정에 빠져 있는 격이니 용맹이 있어도 쓸데가 없구나	부부불화 인내제일 부부간에 화합하지 못하나 참는 것이 제일이라
若非損財 身憂疾病	莫貪財利 口舌紛紛	上下不調 必有損財	心無所定 行如浮雲	入少用多 自作自禍
약비손재 신우질병 만약 손재수가 아니면 몸에 근심이 있거나 질병이 염려된다	막탐재리 구설분분 재물을 탐하지 마라 구설수가 분분하구나	윗사람과 아랫사람 의 마음이 맞지 않으니 반드시 손재수가 있으리라	심무소정 행여부운 마음에 정한 바가 없으니 행하는 바가 구름같구나	입소용다 자작자화 들어오는 것은 적고 쓰는 것은 많으니 이 모두가 자기가 만든 노릇이다
其實不全	枯木朽株 春來不榮	雖有財數 先吉後困	恩人反害 詐欺背信	勿與人爭 官厄可畏
막신친우 기실부전 친한 친구의 말을 믿지 말라 그 실상이 온전치 못하다	고목후주 춘래불영 마루나 나무 썩은 등걸은 봄이 와도 소용 이 없구나	수유재수 선길후곤 비록 재수가 있다고 는 하나 먼저는 길하 고 나중은 곤하다	사기배신 은인이 도리어 해를 끼치고 사기와 배신 을 당하는구나	물여인쟁 관액가외 타인과 다투지 마라 관재구설이 두렵구나

신수평론비결

식신용재격(食神用財格)
상관식신년월운세(傷官食神年月運勢)

福星調臨 災去福來 (복성조림 재거복래)	夏日枯田 大雨降臨 (하일고전 대우강림)	寒谷回春 萬物皆生 (한곡회춘 만물개생)	渴龍得水 變化無窮 (갈용득수 변화무궁)	旱天逢雨 其葉青青 (한천봉우 기엽청청)
복된 길성이 나를 도우니 재앙은 사라지고 복록이 오는구나	여름날 마른 밭에 비가 나리니 이 아니 좋을소냐	추운 산골에 봄이 돌아오니 만물이 모두 회생하는 격이다	목마른 용이 물을 얻었으니 변화가 뭉궁하구나	가문 날의 풀이 단비를 만나니 그 잎이 더욱 푸르구나
禍變爲福 百事大吉 (화변위복 백사대길)	事事如意 勇氣百倍 (사사여의 용기백배)	魚遊大川 其尾洋洋 (어유대천 기미양양)	金樽美酒 玉盤佳肴 (금준미주 옥반가효)	猛獸得林 義氣冲天 (맹수득림 의기충천)
화가 변하여서 복이 되니 백가지 일들이 다 좋아지는구나	일마다 뜻대로 잘 되니 용기가 백배로 나는구나	고기가 큰 물에 노니 그 꼬리가 양양하도다	금잔에 맛있는 술이요 옥소반에 맛있는 안주로구나	맹호가 숲을 얻으니 의기가 하늘을 찌르는구나
意外得財 手弄億金 (의외득재 수롱억금)	祿重權高 名振四海 (록중권고 명진사해)	幸逢貴人 意外財數 (행봉귀인 의외재수)	小求大得 謀事有吉 (소구대득 모사유길)	生産之運 喜悅滿面 (생산지운 희열만면)
뜻밖의 재물을 얻으니 손에 억금을 쥐누나	록과 권세가 점점 높아지니 그 이름이 사해를 떨치는구나	다행이 귀인을 만나니 뜻밖의 재수로구나	적은 것을 구하려다 큰 것을 얻으니 꾀하는 일이 길함이 있다	애기 낳을 운세이니 얼굴에 기쁨이 가득하구나

식신용재격(食神用財格)
재년월운세(財年月運勢)

잠용승천 만인앙시 潛龍升天 萬人仰視 잠긴 용이 하늘에 오르니 만명의 사람이 우러러 보는구나	길성조택 일신영귀 吉星照宅 一身榮貴 길성이 집에 비치니 일신이 크게 귀하게 될 것이다	이성수신 희중가희 異姓隨身 喜中可喜 애인 뒤따르니 중에 더욱 기쁘구나	양인동심 복록진진 兩人同心 福祿津津 두 사람의 마음이 같으니 복록이 진진하구나	호위백수 의기양양 虎威百獸 意氣揚揚 범이 백가지 짐승에 위세를 부리니 의기가 양양하구나
금입연로 종성대기 金入鍊爐 終成大器 쇠가 풀무에 들어가 큰 그릇을 이루는구나	인인성사 만사여의 因人成事 萬事如意 사람으로 인하여 일이 이루어지니 만사가 뜻대로 되는구나	여인모사 필득재물 與人謀事 必得財物 남과 일을 꾀하면 드시 재물을 얻을 것이다	노이후득 천사발복 勞而後得 天賜發福 수고한 후에 얻으니 하늘이 내린 큰 복이로구나	이양역우 재운길리 以羊易牛 財運吉利 양을 가지고 소를 바꾸니 재운이 크게 좋구나
신운봉길 입신양명 身運逢吉 立身揚吉 신운이 길함을 만났으니 입신하여 그 이름을 떨칠 것이다	약비첨구 의외득재 若非添口 意外得財 만약 가족이 늘지 않으면 뜻밖의 재물을 얻는구나	확장투자 결과유리 擴張投資 結果有利 사업을 확장하거나 투자하는 것은 결과가 유리하다	어변성용 금의환향 魚變成龍 錦衣還鄕 고기가 변하여 용이 되니 금의환향(고향간다) 하는구나	백년가약 필시성사 百年佳約 必是成事 백년을 약속하는 혼사는 반드시 성사하겠다

342

식신용재격(食神用財格)
정관편관년월운세(正官偏官年月運勢)

심고지족 이재기중 심고지족 利在其中	일신안락 심신화창 一身安樂 心身和暢	귀인상조 의외성공 貴人相助 意外成功	점입가경 조화비상 漸入佳境 造化非常	금년운세 도처재관 今年運勢 到處財官
마음이 높고 그 뜻하는 바가 흡족하니 재물 구함이 뜻과 같다	이내 몸이 편안하고 즐거우니 마음과 몸이 화창하구나	귀인이 와서 나를 도와주니 뜻밖의 일이 성사 되는구나	점점 좋아지니 그 조화가 비상하구나	금년의 운세는 가는 곳마다 재물과 관의 일이 뜻대로 된다
구봉부군 희열만면 久逢夫君 喜悅滿面	경영지사 도처유리 經營之事 到處有利	어유대천 기의양양 魚遊大川 其意洋洋	고목봉춘 엽무화개 枯木逢春 葉茂花開	벽도화개 춘광정려 碧桃花開 春光正麗
오래간만에 남편을 만나니 얼굴에 기쁨이 가득하구나	경영하는 곳마다 유리하구나	고기가 큰 내에서 노니 그 뜻을 활짝 펴는구나	고목이 봄을 만났으니 나뭇잎이 무성하고 꽃이 피는 격이다	벽도에 꽃이 만발하니 봄빛이 아름답기 만 하구나
가운왕성 월출흑운 家運旺盛 月出黑雲	승용승호 변화무쌍 乘用乘虎 變化無常	길사만망 길사중망 萬人羨望	취직소망 백발백중 就職所望 百發百中	의외득재 약비혼인 意外得財 若非婚姻
가운이 왕성하니 달이 구름을 벗어나는구나	용도 타고 범도 타니 그 변화와 재조가 무상하구나	길한 일들이 거듭 생기니 만명의 사람이 부러워하는 격이다	취직이나 소망하는 바는 뜻대로 잘 성취된다	뜻밖의 재물을 얻지 않으면 결혼한 운세이다

(30) 식신용관격(食神用官格)

식신용관격은 일주가 강하고 재와 관살이 있으면 관살(官殺)로 용신한다.

① 사주의 예

甲子
己木
辛酉
戊寅

己土가 酉月 금왕당절에 辛金이 투출하였으니 식신격인데 寅中戊土에 뿌리한 戊土가 장생지(長生地)에 있으니 신왕하여 寅木으로 정관용신하니 水木운이 길하다.

丙申
甲寅
癸巳
丙寅

甲木이 巳月 화왕당절에 출생하여 신약하나 연지와 일지 寅木에 祿을 놓고 癸水가 있으니 신왕하여 辛金으로 정관용신하매 土金운이 길하다.

② 식신용관격의 특징

一 이 사람의 성격은 외유내강격으로 총명 정직하고 인격이 고상하여 덕을 겸비한 자는 대성하고 용열한 사람은 실패하기 쉽다.

二 특별히 자존심이 강하고 교만한데가 있어 항상 상대방을 적으로 만드니 주위에 사람이 잘 따르지 않을 수가 있고 너무 큰 욕망을 가져서 일생을 망칠 수도 있다.

三 불평이 너무 많고 고집이 세며 남을 멸시 학대하며 이기심이 있으니 사회나 가정불화가 많을 수며 항상 상사에 순종하여 직분을 지켜서 성심껏 노력하며 허욕을 버리고 마음을 비우면 대성할 수가 있다.

四 육친(六親)의 덕은 있고 귀자를 둘 팔자이며 처도 현모양처형을 얻을 것이다.

五 직장은 공직계통아 좋고 교직도 국립계통이 길하다.

六 여자도 다를바가 없으나 공직계통이 좋으며 남편을 위주로 하고 남편의 말에 귀를 기울이고 가정싸움은 삼가하여야 백년해로 할 수 있음을 명심하라.

● 좋은 운 = 재관운이 길하고 만약 사주에 병(病)이 있을 때는 인수운이 오면 제거병(除去病)하여 더욱 좋다.

● 꺼리는 운 = 인수나 비견 비겁운은 불길하다. 만약 상관운 (금운)이 오면 용신이 피상(被傷)되니 신망가패(身亡家敗)할까 두렵다.

신수평론비결

식신용관격(食神用官格)
인수년월운세(印綬年月運勢)

新築結社 保留第一	鳳入鷄群 其格卑下	鼠入穀倉 財利大通	和氣滿堂 豈不美哉	潛龍得珠 變化無常
신축결사 보류제일 새로 집을 짓거나 회사를 설립하는 것은 보류함이 제일이다	봉입계군 기격비하 봉황이 닭 속에 들어가니 그 격이 낮아지는 운세	서입곡창 재리대통 쥐가 쌀창고에 들어간격이니 재물과 이익이 대통한다	화기만당 기불미재 화기가 집안에 가득 차니 어찌 아름답지 않으랴	잠용득수 변화무상 물에 잠긴 용이여의 주를 얻었으니 변화가 무상하구나
雖有謀事 他人有害	經營之事 有頭無尾	財旺興福 不羨金谷	相生相應 名振四海	猛虎添翼 氣勢冲天
수유모사 타인유해 비록 어떤 계획을 세울지라도 타인의 방해가 심하구나	경영지사 유두무미 경영하는 일이 머리만 있고 꼬리가 없구나	재왕흥복 불선금곡 재물과 복덕이 흥왕하니 금곡을 부러워 하지 않는구나	상생상응 명진사해 서로 생하고 서로 응하니 그 이름이 사해를 떨치는 운세이다	맹호첨익 기세충천 맹호가 날개를 달았으니 그 기세가 하늘을 찌르는 격이다
姑婦不和 父母之厄	親友保證 文書契約	學業成績 日進月增	偶然貴人 殷道復興	世人貴人 何不成事
고부불화 부모지액 처와 어머니 사이에 불화가 심하고 부모의 액이 있을 수이다	친우보증 문서계약 친구의 보증을 서는 것과 문서계약은 일절 삼가하라	학업성적 일진월증 학업성적이 날로 하고 달이 갈수록 더욱 좋아진다	우연귀인 은도부흥 우연히 귀인을 만나니 은나라가 다시 흥하는구나	세인귀인 하불성사 세상 사람들이 전부 귀인이니 어찌 일이 이루어지지 않으랴

식신용관격(食神用官格)
비견비겁년월운세(比肩比劫年月運勢)

월입운중 불견호월 月入雲中 不見好月 달이 구름 속으로 들어갔으니 좋은 달빛을 볼 수가 없구나	친우형제 불구사심 親友兄弟 佛口蛇心 친구나 형제의 말들은 부처님 말씀이나 그 속은 뱀의 마음이다	주토봉망 보보분망 走兎逢虎 步步奔忙 달리던 토끼가 범을 만나니 걸음이 바쁘구나	입소용다 지출불균 入少用多 支出不均 들어오는 것은 적고 쓰는 것은 많으니 지출의 균형이 맞지 않는다	막탐재여 기해비경 莫貪財女 其害非輕 재물과 여자를 탐하지 말라 그 해가 적지 않구나
야봉산군 진퇴양난 夜逢山君 進退兩難 밤길에 범을 만났으니 나가고 물러서기가 어렵구나	동업투자 필시손재 同業投資 必是損財 동업하고 투자하는 것들은 반드시 손해를 보리라	시운불리 수구안분 時運不利 守舊安分 운세가 불리하니 옛것을 지키고 또한 분수를 알라	오비삼척 하가고인 吾鼻三尺 何暇顧人 내 코가 석자이니 어찌 남을 돌아봐 줄 여유가 있으랴	부부불화 인내제일 夫婦不和 忍耐第一 부부가 화합하지 못하니 참는 것이 제일이다
모입산로 유수지시 暮入山路 有誰指示 해는 저서 서산인데 갈 길을 어느 누가 가르쳐 줄까	약비실물 처궁불미 若非失物 妻宮不美 만약 실물수가 아니면 처궁의 액을 면하기가 어렵구나	막근시비 관재구설 莫近是非 官災口舌 남과 다투지 말라 관재와 시비가 두렵구나	연목구어 화중지병 緣木求魚 畵中之餠 나무를 가지고 고기를 구하니 그림 안의 떡이로구나	천불사복 운수나하 天不賜福 運數奈何 하늘이 복을 주지 않으니 운수가 따르지 않는 것을 어찌하랴

식신용관격(食神用官格)
상관식신년월운세(傷官食神年月運勢)

만반계획 성취난제 萬般計劃 成就難題	막청인언 사다허망 莫聽人言 事多虛妄	성도명산 서혹가면 誠禱名山 庶或可免	약비신액 슬하유우 若非身厄 膝下有憂	물참시비 수도원악 勿參是非 修道遠惡	
만가지의 계획이며 리속에서 맴도나 성취하기가 어렵구나	타인의 말을 듣지 말라 일은 많고 허망하기만 하구나	이름난 명산에 가서 기도를 정성껏 하면 가이 그 액을 면하리라	만약 신액이 아니면 자손에 해가 있으리라	시비하는데 참견하지 말라 도를 닦고 악을 멀리하라	
가정불안 신지쟁론 家庭不安 慎之爭論	막신형우 손재가외 莫信兄友 損財可畏	입이불안 좌불안석 立而不安 坐不安席	행로실마 행진가난 行路失馬 行進可難	신운비색 신지위상 慎之爲上 身運否塞	
집안이 불안하니 가족간에 싸울까 염려된다 조심하라	형제나 친구의 말을 듣지 마라 손재할까 두렵구나	서 있어도 불안하고 앉아도 바늘방석과 같이 불안하구나	길을 가다가 말을 잃었으니 갈 길을 가기 어렵구나	신수가 불리하니 심하고 참는 것이 상책이라	
수유득재 수이난취 雖有得財 得而難聚	슬하지사 오지책임 膝下之事 吾之責任	심중유우 수능가지 心中有憂 誰能加知	모사불성 손재불소 謀事不成 損財不少	밀운불우 한묘난생 密雲不雨 旱苗難生	
비록 재물을 얻으나 모으기가 어렵구나	부하나 손아랫사람이 저지른 일들이 나의 책임이로구나	내 마음속에 근심이 태산같으나 어느 누가 내 마음을 알고	일을 꾀하나 일이 성사되지 않으니 그 손재가 적지 않다	구름은 흐르나 비가 오지 않으니 가문 싹이 나기 어렵다	

식신용관격(食神用官格)
재년월운세(財年月運勢)

양인동심 구사가성 兩人同心 求事可成	기자득식 금옥만당 飢者得食 金玉滿堂	구토웅변 육국종횡 口吐雄辯 六國縱橫	유곡춘회 하사불성 幽谷春回 何事不成	의외영귀 필시귀인 意外榮貴 必是貴人
두 사람의 마음이 같으니 일을 경영하매 가히 성사하리로다	굶주린 자가 밥을 먹으니 생기가 백배에 금옥이 집안에 차는구나	입으로 웅변을 토하여 여섯나라를 종횡무진하고 다니는구나	깊은 골에 봄이 드는 격이니 어찌 경영하는 일들이 성사되지 않으랴	뜻밖에 영화와 부귀를 누리겠으니 반드시 귀인이 도우리라
약비관록 생산가지 若非官祿 生産可知	화란충성 만화방창 花爛春成 萬和方暢	시봉대운 만사유성 時逢大運 萬事有成	여인수신 백년가약 女人隨身 百年佳約	일가화평 기불미재 豈不美哉 一家和平
만약 관록이 승진하지 않으면 자식을 생산할 수라	꽃이 봄성에 난만하니 만물이 화합하고 화창하구나	좋은 대운이 돌아오니 만사가 뜻대로 성취될 수이다	미인이 뒤따르니 백년의 맹서가 성취될 수이다	집안이 화평하여 웃음꽃이니 어찌 아름답지 않으랴
도처재록 인인앙시 到處財祿 人人仰視	관화위복 관록지수 官化爲福 官祿之數	재재원방 출행가득 財在遠方 出行可得	화발춘산 봉접자래 花發春山 蜂蝶自來	성적우수 일류직장 成績優秀 一流職場
가는 곳마다 재와 록이 뒤따르니 많은 사람들이 우러러 본다	관이 화하여 부록이 되니 관록이 따를 수라	재물이 멀리 있으니 출행하면 가히 얻을 것이다	꽃이 봄산에 피니 나비와 벌들이 모이는구나	성적이 뛰어나니 좋은 직장은 반드시 보장될 운세이다

식신용관격(食神用官格)
정관편관년월운세(正官偏官年月運勢)

입해구주 入海求珠 이재목전 利在目前	도리봉춘 화개결실 桃李逢春 花開結實	청룡득수 흥운시우 靑龍得水 興雲施雨	관록수신 금자영신 官祿隨身 金紫榮身	천리타향 희봉고인 千里他鄕 喜逢故人
바다에 들어가 구슬을 구하니 이익이 앞에 있구나	복숭아 나무가 봄을 만났으니 꽃이 피고 열매를 맺는구나	청룡이 물을 얻으니 구름을 일으켜 단비를 내리게 하는구나	관록이 몸을 따르니 금관조복에 영화를 누리는 운세이다	천리길 머나먼 타향에서 고향 사람을 만나니 기쁘기한이 없다
기우명산 희중가희 祈于名山 喜中可喜	관왕재왕 금의환향 官旺財旺 錦衣還鄕	약비절계 슬하유경 若非折桂 膝下有慶	춘초봉우 수복자래 春草逢雨 壽福自來	옥룡승천 오운영롱 玉龍升天 五雲玲瓏
명산에 가서 기도하면 기쁜 중에 더욱 기쁜 일이 생길수라	관과 재운이 좋으니 성공하여 금의환향(고향)하는 격이다	만일 관록이 아니면 슬하(자손)의 경사가 있을 수라	봄풀이 비를 만나고 수복이 스스로 오는구나	옥용이 하늘에 오르니 다섯가지 구름이 영롱하구나
가화만사 자손경사 家和萬事 子孫慶事	이천좌귀 차외하망 移賤坐貴 此外何望	우연귀인 억금자래 偶然貴人 億金自來	흉화위길 가산지왕 凶化爲吉 家産之旺	수도기년 어변성용 修道幾年 魚變成龍
집안의 만가지 일이 다 화합하고 자손의 경사수라	천한 곳을 옮기여 귀한 곳에 앉으니 이 밖에 무엇을 더 바랄고	우연이 귀인을 만나니 수억의 돈이 스스로 오는구나	흉함이 화하여 길해지고 집안의 재산이 점점 늘어만 간다	도를 닦은지 몇해든지 고기가 변하여 용이 되었구나

(31) 상관용인격 (傷官用印格)

상관용인격은 일주가 약한데 상관 식신 또는 관살(官殺)이 많으면 인수로 용신한다.

① 사주의 예

戊寅
己未
丙戌
乙未

未月에 본기(本氣)인 己土가 투출하여 상관격인데 丙火일주가 진상관격으로 乙木용신인데 일주를 생해주는 동시에 왕토를 제거하는 두가지 역할을 하게 된다. 고로 木火격(以印制傷格)으로 길하다.

戊午
己未
丙戌
己亥

丙일주가 왕토(旺土)에 설기가 태심하매 亥中 甲木으로 인수용신하여 일주를 생해주는 한편 왕토를 제거하니 이인제상운이 길하다.

● 좋은 운 = 인수는 일주를 생하는 동시에 왕한 상관을 제거한다. 그러나 관살운도 용신을 생해줄 때는 무방하다.

● 꺼리는 운 = 상관식신이나 재운이 불길하다. 즉 상관운이 오면 부행상관(復行傷官)이 되어서 불길하고 재운이 오면 용신이 피상되어서 불길하다.

② 상관용인격의 특징

一 상관격의 특징은 자존심이 강하고 활동력도 대단하나 남을 멸시하고 능멸하는 경향이 너무 많아서 항상 남으로부터 미움을 사기도 한다.

二 이 사람은 지혜가 많고 재주도 있으며 온순하고 사교성도 많으나 자기주의 주장이 너무 강하여 남으로부터 지탄을 받으니 이러한 점을 고치고 특히 진취적인 기상이 풍부하니 자기의 장점과 능력을 발휘하지만 조급하게 모든 일을 서두르면 실패하기가 쉽다.

三 선천적으로 경솔하고 자기 자신이 제일임을 생각하고 매사에 임하여 쉽게 생각하고 뜻대로 되지 않으면 자포자기하는 일이 많다.

四 고로 후천적으로 열심히 배우고 갈고 닦아서 좋은 인품을 형성하는데 최선을 다하여야 한다. 다시 말하면 공부하지 않으면 살 수 없다는 비장한 각오로 임한다면 학계에 진출하여 대성할 수가 있다.

五 어려운 일이 있을 때는 부모나 선생님, 웃어른에 자문을 받아서 매사에 임한다.

六 특히 자손궁이 부실하고 모처간에 사이가 나쁨이 흠이니 자손과 처의 의견을 항상 존중하여 주어야 한다.

七 여자도 대동소이하나 부부궁이 부실하니 자기가 혼자 살아갈 수 있는 생활의 기반을 튼튼히 하여야 하고 부부화합을 위주로 처세하라.

350

신수평론비결

상관용인격(傷官用印格)
인수년월운세(印綬年月運勢)

구토득장 이소역대 求兎得獐 以少易大	춘회남국 백화쟁발 春回南國 百花爭發	매매지사 결과유리 賣買之事 結果有利	점득생기 사중구생 漸得生氣 死中求生	귀성조문 인인성사 貴星照門 因人成事
토끼를 구하려다 노루를 구한 격이니 적은 것을 가지고 큰 것을 바꾸는구나	봄이 남쪽에서 돌아오니 백가지 꽃이 투어 피는구나	사고 파는 것은 그 결과가 모두 다 이익이 있구나	점점 생기를 얻으니 죽을지경에서 삶을 얻을 운세라	귀한 길성이 집안을 비치니 사람으로 인하여 하는 일을 성사할 수 이다
운산월출 경색일신 運散月出 景色一新	심정대시 필유흥왕 心定待時 必有興旺	헹운기회 복록자래 幸運己回 福祿自來	문서중첩 속도즉길 文書重疊 速圖則吉	문서협재 필봉귀인 文書挾財 必逢貴人
구름이 흩어지고 달이 나오니 그 달빛이 찬란하구나	마음을 곧고 바르게 하여 때를 기다리면 반드시 크게 일어나리라	다행이 운세가 돌아오니 복과 록이 스스로 오는구나	문서가 거듭 들어오니 속히 매사를 도모하여야 길하다	문서가 재물을 끼니 반드시 귀인을 만나서 성사한다
군신회동 화기충천 君臣會同 和氣冲天	일문십지 성적우수 一聞十知 成績優秀	선득대리 후득안정 先得大利 後得安靜	신축확장 수롱문권 新築擴張 手弄文卷	재록겸전 금옥만당 財祿兼全 金玉滿堂
임금과 신하가 한자리에 모이니 화합한 기운이 하늘을 찌르는 격	하나를 듣고 열을 아니 내 성적이 우수하구나	먼저는 큰 이익을 얻고 뒤에는 편안하고 태평하구나	새로 집을 짓거나 회사를 설립하는 등 문서를 취하리라	재와 관록이 겸전하니 금과 옥이 집안에 가득차는 운세

상관용인격(傷官用印格)
비견비겁년월운세(比肩比劫年月運勢)

한천감우 백곡풍등 早天甘雨 百穀豊登	복화위재 재원심장 福化爲財 財源深長	경영지사 인인성사 經營之事 因人成事	형야제야 경이원지 兄耶弟耶 敬以遠之	금전대차 기해비경 金錢貸借 其害非輕
칠년대한 가문날에 단비가 내리니 백가지 곡식이 풍년을 만났구나	복이 화하여 재물이 되니 재물의 근원이 깊고도 멀구나	경영하는 사업은 인인으로 인하여 성사하는 운세	형제나 친구를 겉으로는 존경하고 속으로는 멀리하라	돈을 꾸어 주고 빌리는 것은 그 해가 적지 않다
형제친우 동업성공 兄弟親友 同業成功	서입곡창 재리대통 鼠入穀倉 財利大通	갈자득음 기자봉식 渴者得飮 飢者逢食	불구사심 신부할족 佛口蛇心 信斧割足	정심수도 명산기도 正心修道 名山祈禱
형제나 친구와 동업하면 반드시 성공할 수라	쥐가 쌀창고에 들어 간격이니 재수와 이익이 크게 형통한다	목마른 사람이 물을 얻고 굶주린 자가 배가 부른 격이니 매사가 뜻대로이다	상대의 말은 부처님의 설법이나 마음은 뱀이니 믿는 도끼에 발등 찍힌다	바른 마음으로 마음을 닦고 명산에 가서 기도하면 액을 면하리라
맹호득림 위세당당 猛虎得林 威勢當當	일편채운 서기영롱 一片彩雲 瑞氣玲瓏	약비득재 절계가기 若非得財 折桂可期	사유미결 유두무미 有頭無尾	부부불화 이덕면액 夫婦不和 以德免厄
맹호가 숲을 얻었으니 그 위세가 당당하구나	한조각 채운(구름사이로 비치는 광채)이 서기가 영롱하구나	만약 재물을 얻지 않으면 관록을 얻을 수라	일에 미결함이 있으니 머리는 있고 꼬리는 없구나	부부간에 화합하지 못하니 덕으로 화를 면하라

신수평론비결

상관용인격(傷官用印格)
상관식신년월운세(傷官食神年月運勢)

고목무춘 개화난망 枯木無春 開花難望	막탐외재 필유허황 莫貪外財 必有虛荒	직장권태 하극지상 職場倦怠 下剋之上	입소용다 경영부실 入少用多 經營不實	상하불화 배은망덕 上下不和 背恩忘德
고목이 봄을 만나지 못하니 꽃 피우기는 어렵구나	재물을 탐하지 마라 반드시 허황됨이 있으리라	직장이 싫어지고 태중이 생기니 윗사람과 화합하지 못한다	들어오는 것보다 쓰는 것이 많으니 경영하는 일이 부실하구나	아랫사람과 윗사람의 마음이 맞지 않고 배은망덕을 당하는구나
관재구설 이덕방화 官災口舌 以德防禍	투자확장 필유손재 投資擴張 必有損財	사면초가 이아자수 四面楚歌 利我者誰	노다공소 모사불성 勞多功少 謀事不成	부부불화 생산지수 夫婦不和 生産之數
관재와 구설수가 들어오니 덕을 쌓아서 그 화를 막아라	사업을 투자하고 확장하는 것은 반드시 손재주가 있으리라	사방을 돌아보아도 나의 적이니 나를 이롭게 할 자가 누구일고	노력은 많이 하나 공은 적고 꾀하는 일은 이루워지지 않는다	부부간에 화합하지 못하나 자식을 낳을 운세이다
재가수심 출외심한 在家愁心 出外心閒	맹호무력 진퇴양난 猛虎無力 進退兩難	자손지액 성심기도 子孫之厄 誠心祈禱	화락무실 광풍하사 花落無實 狂風何事	부자지액 명산기도 夫子之厄 名山祈禱
집에 있으면 근심걱정이요 밖에 나가면 마음이 한가롭구나	맹호가 힘이 없으니 나가기도 어렵고 물러가기도 어렵구나	자손의 액이 있으니 정성껏 기도하라	꽃은 떨어지고 열매가 없는데 광풍은 무슨 일인고	남편과 자식의 액이 있으니 명산을 찾아서 성심껏 기도하라

상관용인격(傷官用印格)
재년월운세(財年月運勢)

추월삼경 사가자탄 秋月三更 思家自嘆	수구안분 물영타사 守舊安分 勿營他事	수심부절 구설가침 愁心不絕 口舌可侵	뇌물수수 명예회손 賂物授受 名譽毀損	막탐재여 기해막심 莫貪財女 其害莫甚
가을밤 달 밝은 삼경에 집안 일을 생각하고 탄식하는구나	옛 것을 지키고 분수를 생각하며 다른 일을 경영하지 마라	근심걱정이 끊일 날이 없으며 구설수가 있구나	뇌물을 주고 받으면 명예가 훼손되니 특별히 명심하라	재물과 여자를 탐하지 마라 그 미치는 해가 적지 않다
용미생각 조천불능 龍未生角 朝天不能	막신타인 사다창황 莫信他人 事多蒼慌	수위노력 반위무공 雖爲努力 反爲無功	욕비난비 사무두서 欲飛難飛 事無頭序	막계거사 보류제일 莫計巨事 保留第一
용의 뿔이 나지 않았으니 하늘에 오르지 못하는구나	남을 믿지 말라 일마다 허황됨이 많구나	비록 노력은 하나 도리어 성사됨이 없구나	날려고 하나 날지 못하니 일의 두서가 없구나	큰 일을 계획하지 말라 보류하고 다음 기회를 보는 것이 제일이라
막탐허욕 별무소득 莫貪虛慾 別無所得	일입운중 동서미분 日入雲中 東西未分	입즉심란 출즉노심 入則心亂 出則勞心	노룡무력 조화불성 老龍無力 造化不成	처모불화 참고처신 妻母不和 參考處身
허욕을 부리지 말라 별로 얻는 것이 없으리라	해가 구름 속으로 들어갔으니 동서를 분별키 어렵구나	집에 들면 심란하고 밖에 나가면 마음만 수고롭구나	늙은 용이 힘이 없으니 조화를 부릴래야 부릴 수가 없구나	처와 어머니 사이가 화합치 못하니 각하여 처신하라

신수평론비결

상관용인격(傷官用印格)
정관편관년월운세(正官偏官年月運勢)

錦上添花 凶化爲吉 흉화가 화하여 길해지니 비단 위에 꽃이로구나	金玉滿堂 大明中天 대명중천 금옥만당 밝은 빛이 중천에 떠 오르니 금과 옥이 집 안에 가득차는구나	上下和樂 每事順成 매사순성 상하화락 윗사람과 아랫사람이 이 화합하니 매사가 뜻대로 성취될 운세	必有弄璋 黃龍得珠 황용득주 필유롱장 황용이 구슬을 얻으니 반드시 생남하거나 자손 경사수	若非官祿 橫財之數 약비관록 횡재지수 만약 관록이 아니면 반드시 횡재할 수라
望月玉兎 清光滿腹 망월옥토 청광만복 달을 보는 옥토끼가 맑은 빛이 배에 가득하구나	冠盖天上 名利必振 명리필진 관개천상 이름과 명예가 크게 떨치니 천하에 으뜸이 될 운세	喜悦滿面 去舊生新 거구생신 희열만면 옛 것은 가고 새 것이 오니 얼굴에 기쁨이 가득하구나	造化無常 魚變成龍 어변성용 조화무상 고기가 변하여 용이 되었으니 그 조화가 무궁무진하구나	意氣當當 魚遊大川 어유대천 의기당당 고기가 큰 물에서 노니 그 의기가 당당하다
望者皆驚 黃龍驟雲 황용구운 망자개경 황용이 구름을 모으니 바라보는 자들이 모두 놀라는구나	花發春山 萬紫千紅 화발춘산 만자천홍 꽃들이 봄산에 만발하니 만가지가 붉고 아름답기만 하구나	貴人來助 財祿如意 귀인래조 재록여의 귀인이 와서 나를 도우니 재와 록이 가득하구나	到處名聲 萬人仰視 도처명성 만인앙시 가는 곳마다 이름을 떨치니 만사람이 우러러 보는 운세	處女過宿 必是良配 처녀과숙 필시양배 처녀나 홀로 사는 여자는 반드시 좋은 배필을 만날 운세

(32) 상관용겁격 (傷官用劫格)

상관용겁격은 상관과 재가 왕하여 일주의 설기가 많을 때 비견 비겁으로 용신한다.

① 사주의 예

癸亥 유는 본기(本氣)가 투출되지 않아도 그 자체로 격을 정할 수가 있으며 金水가 많으니 신약하여 己土
辛酉 비겁으로 용신하매 화토운이 길하다.
戊申
己未

戊辰 己土가 申月에 申酉금국을 놓고 庚金이 투출하였으
庚申 니 상관용겁격으로 연상(年上) 戊土가 용신인데 앞
己酉 으로 화토운이 길하다.
癸酉

● **좋은 운** = 인수나 비견 비겁운이 길하다. 다시 말하면 인수나 비견 비겁운에서 일주를 보강하고 인수운에서는 신(身)을 생하여 주는 한편 상관 식신을 제거하여야 한다.

● **꺼리는 운** = 관살재운이 불길하고 상관식신운도 불길하다.

② 상관용겁격의 특징

一 이 사람은 영리하고 말재주가 좋으니 남들이 웅변가라고들 한다. 그러나 상관이란 뜻자체가 관을 해치는 것이니 하극상으로 윗사람에 덤벼들고 타인을 멸시하대며 마침내는 시비불화로 번져서 상대방을 적으로 만들기도 한다.

二 항상 어떤 일을 시작할 때는 부모 선배나 선생님 등 주변사람들의 자문과 도움을 받으면 비약적으로 발전하는 기회가 많을 것이니 이때는 적극적으로 행동하고 정도를 지키고 비리의 재물과는 담을 쌓고 인간 관계에 있어서도 친화성에 유의하라.

三 수단과 방법을 가리지 않고 남을 앞질러 가려는 지나친 욕심을 버리지 않고 자기자신을 과신하여 망영되이 움직인다면 씻을 수 없는 과오를 받게 되고 결과적으로 늦게 고생하게 된다는 것을 명심하여야 한다.

四 육친(六親)의 덕이 없고 자손궁이 불미함은 팔자소관이고 자수성가 할 운명이다.

五 여자도 남자와 같으나 부부금슬이 불미하여 해로하기가 어렵고 자손궁도 좋지 않으니 동서득자(東西得子)할까 염려되며 사회생활에 참여하여 혼자 살아갈 수 있는 기반을 튼튼하게 구축하여야 한다.

356

신수평론비결

상관용겁격(傷官用劫格)
인수년월운세(印綬年月運勢)

청용득수 조화무궁 青龍得水 造化無窮	재리성수 필시성공 財利成遂 必是成功	천지상응 소망여의 天地相應 所望如意	성적월등 우수합격 成績越等 優秀合格	중인조아 복록여산 福祿如山 衆人助我
청용이 물을 얻었으니 그 조화가 무궁하구나	재물과 이익이 뒤따르니 반드시 성공할 것이다	하늘과 땅이 서로 마음이 합치니 소망하는 바가 뜻대로 성사된다	성적이 점점 좋아지니 우수한 성적으로 합격한다	많은 사람들이 나를 도우니 복록이 산과 같은 운세이다
귀인래조 필시은인 貴人來助 必是恩人	위고록중 명진사해 位高祿重 名振四海	세류합천 진작대해 細流合川 振作大海	이사변동 개위유리 移徙變動 皆爲有利	길성수신 도처유영 吉星隨身 到處有榮
귀인이 와서 나를 도와주니 반드시 은인이 되는구나	벼슬이 높아지고 이름이 사해에 떨칠 운세	작은 물이 합쳐서 바다를 이루는구나	이사하고 변동하는 것은 전부 유리하다	길신이 몸을 따르니 가는 곳마다 영화로움이 있구나
신축매매 계약득재 新築賣買 契約得財	경영지사 필시성공 經營之事 必是成功	한곡회춘 백화쟁발 寒谷回春 百花爭發	의외황국 봉시만발 意外黃菊 逢時晩發	고부불화 매사인내 姑婦不和 每事忍耐
집을 새로 짓거나 계약하거나 회사설립은 모두 결과가 좋다	경영하는 일은 반드시 성공할 것이다	추운 산골에 봄이 돌아오니 백가지 꽃들이 다투어 피는구나	뜻밖의 국화가 때를 만나서 활짝 피는 운세	어머니와 처사이가 불화하니 매사를 참고 인내하라

상관용겁격(傷官用劫格)
비견비겁년월운세(比肩比劫年月運勢)

일신영화 人人仰視 인인앙시 一身榮華	이소역대 喜悅滿面 희열만면 以少易大	일려중천 金玉滿堂 금옥만당 日麗中天	청풍명월 美人對酌 미인대작 清風明月	월명오동 鳳凰生雛 봉황생추 月明梧桐
내 몸에 영화가 깃드니 사람마다 우러러 보는구나	적은 것을 가지고 큰 것을 얻었으니 얼굴에 기쁨이 가득하구나	해의 아름다움이 중천에 떠 있고 집안에 금옥이 꽉차 있는 운세	청풍명월에 미인과 서로 술잔을 기우니 아니 기쁠소냐	달빛이 오동나무에 밝으니 봉황이 새끼를 낳았구나
가산흥왕 家道和樂 가도화락 家産興旺	소망여의 所望如意 경영지사 經營之事	귀인래조 得利可得 득리가득 貴人來助	투자확장 結果有利 결과유리 投資擴張	어유춘수 義氣洋洋 의기양양 魚遊春水
집안의 재산이 점점 늘어만 가니 집안이 다 화합하구나	경영하는 일은 매사가 뜻대로 진행된다	귀인이 와서 나를 도우니 이익을 가이 얻을 수라	투자하고 사업을 확장하는 것들은 결과가 유리하다	고기가 봄 물을 얻었으니 의기가 양양하구나
자비등고 積少成大 적소성대 自卑登高	신운통태 無往不利 무왕불리 身運通泰	군명신현 可期泰平 가기태평 君明臣賢	약비관록 橫財之數 횡재지수 若非官祿	형제친구 相互協同 상호협동 兄弟親舊
낮은 곳에서 높은 곳으로 오르고 적은 것을 쌓아 큰 것을 이룬다	신수가 형통하니 되는 일이 없는 운세 안	임금이 밝고 신하가 어지니 가히 태평세월이로구나	만약 관록이 아니면 반드시 횡재할 수라	형제나 친구들이 서로 도와주니 매사가 뜻대로 된다

358

신수평론비결

상관용겁격(傷官用劫格)
상관식신년월운세(傷官食神年月運勢)

經營不實 入少用多 非理之財 勿爲貪之 비리지재 물위탐지 경영부실 입소용다	非理之財 勿爲貪之 옳치 않은 재물은 절대로 탐하지 말라	入則心勞 出則心悲 입즉심로 출즉심비 집에 들면 마음이 고롭고 밖에 나가면 마음이 슬프다	淺水行舟 欲行不進 잔수행주 욕행부진 얕은 물에 배를 띄우니 빨리 가고자하나 나아갈 수가 없구나	勞而功他 結果虛妄 노이공타 결과허망 내가 노력은 하나 공은 다른 사람이 차지하니 결과가 허망하구나
들어오는 것은 적고 쓰는 것은 많으니 경영하는 일이 부실하다				
擴張投資 絕對保留 확장투자 절대보류	新婦割足 背信之事 신부할족 배신지사	名山高處 誠心祈禱 명산고처 성심기도	口舌是非 以德防禍 구설시비 이덕방화	成事在天 難而求得 성사재천 난이구득
사업을 확장하고 투자하는 것은 보류함이 제일이라	믿는 도끼에 발등 찍히고 믿는 사람으로부터 배신을 당한다	이름있는 높은 산에 가서 성심껏 기도하면 액을 면하리로다	금년은 구설시비수가 있으니 덕으로 그 화를 막아라	일이 성사됨은 하늘 뜻에 있으니 구하려 하나 뜻대로 되지 않는구나
久旱不雨 草木不長 구한불우 초목부장	與人同事 結果無益 여인동사 결과무익	坐不安席 去處未分 좌불안석 거처미분	財如浮雲 得而難聚 재여부운 득이난취	子孫之厄 家庭不和 자손지액 가정불화
오랫동안 가물고 비가 오지 않으니 초목이 자랄 수가 없는 운세	남과 같이 하는 일은 결과적으로 이익이 없다	앉은 자리가 바늘 방석이며 갈 곳을 분간하기 어려운 운세	재물이 뜬구름과 같으니 얻고 모으기가 어렵구나	자손에게 액이 있으며 집안이 화합치 못할 운세

359

상관용겁격(傷官用劫格)
재년월운세(財年月運勢)

畫中之餅 見而不食 화중지병 견이불식	損財非輕 貸借契約 손재비경 대차계약	守舊安常 莫貪財利 수구안상 막탐재리	神龍失勢 鰍魚戱之 신용실세 추어희지	兩虎相鬪 望者失色 양호상투 망자실색
보고 못 먹는 것은 그림안에 떡이로구나	돈 거래와 사업계약 하는 것들은 손재가 많으니 보류하라	재물과 이익을 탐하지마라 그리고 현상 유지가 제일이다	신기한 용이 세력을 잃어 힘이 없으니 미꾸라지가 희롱하는구나	두 범이 서로 싸우니 바라보는 자가 실색하는구나
木前猛虎 日前猛虎 進退兩難 진퇴양난	事無頭序 終乃失敗 사무두서 종내실패	勿爲人爭 口舌之數 물위인쟁 구설지수	逆水行舟 勞而無功 역수행주 노이무공	百計謀事 難而成事 백계모사 난이성사
눈 앞의 호랑이를 만났으니 진퇴를 결정하기 어렵구나	일의 두서가 없으니 종내는 실패할까 두렵다	남과 다투고 시비하지마라 구설수가 두렵구나	배가 물을 거슬러 올라가니 노력은 하나 공이 없는 운세	백가지 계획과 꾀하는 일들은 성사하기가 어렵구나
事有瓦解 損財不少 사유와해 손재불소	財難女亂 特別留意 재난여난 특별유의	家人各心 家有不平 가인각심 가유불평	分外行事 反招其損 분외행사 반초기손	財政去來 每事確認 재정거래 매사확인
일에 와해가 있으니 손재가 적지 않을 수 이다	재난과 여난 특별유의 라 그 미치는 해가 적지 않다 돈과 여자를 조심하	집안사람의 마음이 다 각각이니 집안의 불평이 부절이라	분수에 넘치는 일은 오히려 손해를 부르게 된다	재정거래 매사확인 상매사를 확인하라 재물(돈) 거래는 항 손재를 볼까 두렵구나

360

상관용겁격(傷官用劫格)
정관편관년월운세(正官偏官年月運勢)

배월향암 불견호월 背月向暗 不見好月	천불사복 강구부득 天不賜福 強求不得	상하불화 반목질시 上下不和 反目嫉視	모사불성 피해난면 謀事不成 被害難免	욕비난비 유의미취 欲飛難飛 有意未就
달을 등지고 어두움을 향하니 좋은 달을 볼수가 없구나	하늘이 복록을 주지 않으니 강제로 구하려 하나 구하기 어렵다	윗사람과 아랫사람이 서로 미워하고 질투하는 격이니 처세에 조심하라	어떤 계획을 세우나 해만 있고 성사되지 않는 운세	날려고 하나 날지 못하고 뜻은 있으나 이루워지지 않는다
관재송사 사전방액 官災訟事 事前防厄	용입사혈 이상임하 龍入蛇穴 以上臨下	신병가외 건강유의 身病可畏 健康留意	범사불리 제사주의 凡事不利 諸事注意	이성수신 기해비경 異性隨身 其害非輕
관재와 송사수가 있으니 미리 대비하여 그 액을 막아라	용이 뱀의 굴로 들어가니 높은 데서 낮은 곳으로 내려오는 격	몸에 병이 들까 염려된다 건강에 유의하라	매사가 불리하니 모든 일을 생각하여 시행하라	남자가 따르니 조심하라 그 해가 적지 않다
선득후실 도상심신 先得後失 徒傷心身	망동즉해 수분즉길 妄動則害 守分則吉	진동백리 유성무형 震動百里 有聲無形	일락서산 미지거처 日落西山 未知去處	자손지액 수심부절 子孫之厄 愁心不絶
먼저 얻고 나중에 잃으니 한갓 수고롭고 마음만 상하는 운세	망녕되이 움직이면 손해요 분수를 지키면 길하다	우뢰가 백리에 떨치나 소리만 있고 형태가 없구나	해는 져서 서산인데 갈 곳을 알수가 없구나	자손의 액이 있으니 근심과 수심이 가득하다

(33) 상관용상식격 (傷官用傷食格)

상관용상식격은 일주가 강하고 관이 상하였거나 재 또는 관성의 뿌리가 없어서 상관으로 용신한다. 특히 관살이 많을때는 일주가 약하더라도 상식(傷食)으로 용신 제살(制殺)하는 경우가 있다.

① 사주의 예

丁卯
甲寅
庚午
己卯

午中丁火 본기가 시상에 투출하여 식신격이 된다. 午月 甲日이 신약하다고는 하나 일지 寅에 록을 놓고 두 卯木에 양인을 놓아서 신왕하여 식신용 신하니 火土운이 길하다.

丁亥
乙亥
丙子
壬子

乙木이 午에 진상관격으로 신약하나 亥子 수국에 임수가 투출하니 약화위강격(弱化爲强格)이 되어서 丁火로 용신하니 火土운이 길하다.

- **좋은 운** = 상관식신이나 재운이 길하다. 이 사주의 경우는 火土운이 오면 대발하게 된다.
- **꺼리는 운** = 이 경우는 인수나 비견 비겁운이 불길하다. 즉 인수나 비견 비겁운은 외화내곤(外華內困)으로 좋지 않으며 관살운은 용신火가 병사궁(病死宮)이 되어서 불길로 본다.

② 상관용상식격의 특징

一. 이 사람의 도량이 한없이 넓어 바다와 같고 대인관계에 있어서 매사를 관용과 아량을 베풀고 친지의 경조사가 있을 때는 슬픔과 기쁨을 같이 하는 팔방미인의 성격으로 주위의 칭찬이 대단하다.

二. 사회활동무대가 넓고 말재주와 사람을 포섭하는 설득력이 특출하니 항상 주위의 친한 사람들이 떠나질 않는다.

三. 또한 사업과 치부하는데는 일가견이 있으니 건강과 의욕을 재산으로 정진하고 매사에 열중하매 자연 부자소리를 듣게 된다.

四. 어릴때 부터 학업성적이 우수하였으니 재동으로 성장 후 학계, 재계에서 이름을 떨치게 된다. 〈단, 대운이 좋았을 때〉

五. 여자로 인하여 여난(女難)이 특별히 많을 것이니 가정화목을 위주로 하여야 하고 항상 은혜를 베풀고 덕을 쌓으면 말년에 편안한 여생을 보내게 될 것이다.

六. 여명도 대동소이하나 부부궁이 불미하니 부부간에 화합을 위주로 대화를 풀어 나가야 하며 사회생활을 구실로 자기고집과 자존심을 앞세운다면 해로 하기가 어려운 팔자이다.

신수평론비결

상관용상식격(傷官用傷食格)
인수년월운세(印綬年月運勢)

입소용다 경영부실 入少用多 經營不實 들어오는 것은 적고 나가는 것은 많으니 경영하는 사업이 부실하다	유의미취 도로무익 有意未就 徒勞無益 뜻은 있으나 헛수고만 하고 아무 이익이 없을 수이다	동업지사 반위허황 同業之事 反爲虛荒 사업을 동업하는 것들은 결과적으로 허황됨을 알게 된다	인인견패 경이원지 因人見敗 敬以遠之 사람을 믿다가 도리어 패하니 겉으로는 존경하고 속으로는 멀리하라	일중불결 호사다마 日中不決 好事多魔 해가 지도록 결단을 내리지 못하니 좋은 일에 마가 많구나
막근시비 관재가외 莫近是非 官災可畏 시비를 삼가하라 관재수가 따를가 염려된다	외화내곤 목풍식흉 外華內困 目豊食凶 겉으로는 화려하고 속으로는 곤하니 실속은 없는 격이다	치력무공 한무내하 致力無功 恨無奈何 힘을 드려도 공이 없으니 한탄해도 어찌 할 수가 없구나	계약신축 매매불길 賣買契約 新築不吉 계약하거나 매매하는 것이나 집을 짓거나 다 불길하다	유언무덕 유변위흉 有言無德 吉變爲凶 말만 있고 덕이 없으니 길함이 변하여 흉함만 있구나
부득귀인 사유미결 事有未決 귀인을 만나지 못하니 미결된 일이 많구나	고부불화 가정풍파 姑婦不和 家庭風波 어머니와 처 사이에 불화가 있을 수니 가정에 풍파가 일어날 수다	보증대차 인장주의 保證貸借 印章注意 보증서는 것 돈거래 도장관리 등은 특별히 유의하라	사업확장 회사설립 事業擴張 會社設立 사업을 확장하거나 회사를 설립하는 것들은 보류함이 제일 좋다	귀인변흉 수하신지 貴人變凶 誰何信之 귀인이 변하여 흉해져 누구를 믿을까

상관용상식격(傷官用傷食格)
비견비겁년월운세(比肩比劫年月運勢)

부부불화 고부상쟁 夫婦不和 姑婦相爭	탐리부정 후회막급 貪利不貞 後悔莫及	안중유액 범사신지 安中有厄 凡事愼之	청산귀객 실로방황 靑山歸客 失路彷徨	화락무춘 봉접불래 花落無春 峰蝶不來
부부간에 화합치 못한 중에 고부간에 서로 싸우는구나	부정한 이익을 탐하지 마라 후회가 막심하구나	편안 중에 액이 있으니 매사를 조심하고 삼가하라	청산에서 집으로 돌아가는 길에 길을 잃고 방황하는 운세	꽃은 떨어져도 봄은 없으니 벌과 나비가 찾아오지 않는구나
잠용무기 하일등천 潛龍無氣 何日登天	만리원정 거거고산 萬里遠征 去去高山	물위인모 반위기해 勿爲人謀 反爲其害	욕비난비 지고심로 欲飛難飛 志苦心勞	약위망동 후회막급 若爲妄動 後悔莫及
물에 잠긴 용이 기력이 없으니 언제 하늘에 오르리요	머나먼 만리길을 가려하나 갈수록 태산이로구나	남과 어떤 사업을 하지마라 오히려 해를 입으리라	날으려 하나 날지 못하니 뜻은 괴롭고 한갓 마음 고생뿐이다	만약 경솔한 행동을 하게 되면 후회가 막급할 것이로다
사다허망 종내무공 事多虛妄 終乃無功	설리파종 난수기공 雪裡播種 難收其功	욕속불달 임진무선 欲速不達 臨津無船	비밀지사 향인막론 祕密之事 向人莫論	형제친구 동업불가 兄弟親舊 同業不可
일에 허망함이 많으니 마침내 공이 없구나	눈속에 종자를 심으니 거두어 드릴 수가 없었으며 노력뿐 공이 없다	빨리 하려하니 뒤따르지 못하고 나룻터에 배가 없는 형상이다	비밀스러운 일들을 남에게 말하지 말라 손재가 따른다	형제나 친구간에 동업하지 말라 그 손해가 적지 않다

신수평론비결

상관용상식격(傷官用傷食格)
상관식신년월운세(傷官食神年月運勢)

六馬交馳 男兒得意	滴水添河 掘土爲山	忽然恩人 作事如意	天佑神助 日進月增	金冠玉帶 皇恩自得
육마교치의 남아득의	적수첨하 굴토위산	홀연은인 작사여의	천우신조 일진월증	금관옥대 황은자득
여섯 말을 사귀여 타고 달리니 남아가 뜻을 얻었구나	방울물로 큰 내를 이루고 흙을 파서 산을 이루는 운세	뜻밖의 은인을 만나니 하는 일이 뜻대로 성사된다	하늘이 돕고 길신이 도와주니 날로 달로 더하여지니 크게 길하다	금관조복을 입고 금을 만나는 운세이니 승진영전할 수라
龍隱淸潭 近善遠惡	開花弄春 可得功名	渴龍飮水 喜事重重	積德如山 大福自來	以羊易牛 得失可知
용은청담 근선원악	개화롱춘 가득공명	갈용음수 희사중중	적덕여산 대복자래	이양역우 득실가지
용이 맑은 못에서 착한 일은 가까이하고 악한 일은 멀리한다	꽃피여 봄을 희롱하고 즐거우니 공명을 얻을 운세라	목마른 용이 물을 얻은 격이니 기쁨이 거듭 생기는구나	덕을 쌓은 것이 산과 같으니 큰 복록이 스스로 오는구나	양을 가지고 황소로 바뀌었으니 크고 적은 것은 가이 알리로다
財祿隨身 此外何望	春和日暖 萬物始生	投資擴張 新築皆吉	十年勤苦 錦衣還鄕	生産之數 家道和樂
재록수신 차외하망	춘화일난 만물시생	투자확장 신축개길	십년근고 금의환향	생산지수 가도화락
재와 관록이 따르니 이 밖에 무엇을 더 바랄까	봄이 화창하고 날이 따뜻하니 만물이 소생하는 운세	투자하고 확장하거나 신축하는 것들은 다 길하다	십년동안 부지런히 노력한 결실로 금의환향하는구나	생산지수가 도화락 자식을 얻을 수니 집안이 화목하구나

싱상관용식격(傷官用傷食格)
재년월운세(財年月運勢)

一日百日 暖花 風爭 和發	身財신 財身 祿數 大自수 自大旺吉	必美필 是人시 良隨수 配身배	損恩은 財人인 非半반 輕害해	官交관 災通재 口事구 舌故설
날이 따뜻하고 훈풍 이 불어오니 백가지 꽃들이 다투어 피는 구나	신수가 크게 좋으니 재와 복록이 왕성할 운세	미인이 뒤따르니 반 드시 좋은 배필을 만 날 것이다	은인이 도리어 해를 끼치는 격이니 그 손 재가 적지않을 운세	관재 구설수나 교통 사고를 주의하라
今금 自經 若자 特여 妄수 然營 非비 別자 動구 成擴 官관 留재 有안 福張 祿록 意물 敗정	經경 投자 若약 子자 특여 妄망 營영 資유 非비 孫손 別자 動동 擴확 有익 官관 榮영 留재 有유 張장 益 祿록 貴귀 意물 敗패	자손이 귀하게 되거 나 영화가 있을 수이 다	여자재물 독별유의 女子財物 特別留意	守수 舊구 安안 靜정 妄망 動동 有유 敗패
금년운세는 모든 것이 스스로 이루어 져 복록이 오는 격	경영하는 사업은 투 자하거나 확장하는 것들은 다 유익하다	만약 관록이 아니면 자손이 귀하게 되거 나 영화가 있을 수이 다	여자와 재물을 특별 히 조심하고 또 조심 하라	옛 것을 지키고 형상 을 유지하라 분에 넘 치는 일은 손해만 있 을 뿐이다
到도 百백 處처 事사 得득 如여 財재 意의	先선 苦고 盡진 甘감 來래 損後후 益익	積적 必필 有유 餘여 慶경 積善之家	誠성 疾질 心심 病병 祈기 可가 禱도 畏외	夫부 家가 婦부 庭정 不불 不불 和화 安안
가는 곳마다 재물이 니 백가지 일들이 뜻 과 같구나	먼저 잃은 것을 나중 에 얻으니 쓴 것이 가면 단 것이 오는 이치이다	적선한 집은 반드시 경사수가 따르는 법	지성껏 기도하라 질 병이 따를까 염려된 다	부부가 화합하지 못 하니 자연 가정이 불 안한 운세이다

366

상관용상식격(傷官用傷食格)
정관편관년월운세(正官偏官年月運勢)

外富内貧 虛名無實	愁心不絶 子孫之厄	茫茫大海 四面風波	職場倦怠 變動意思	莫行是非 官災口舌
겉으로는 부자인 듯 하나 속은 가난하고 이름만 있고 실속이 없구나	자손의 액이 있으니 수심이 가시지 않는 운세	망망한 큰 바다에서 사방의 풍파를 만날 운세	직장이 싫어지고 태로우니 변동할 마음뿐	남과 다투지 말고 참아라 관재와 구설수가 두렵구나
無益之事 愼勿干涉	雖有墳心 忍之爲德	甘言莫信 恩反爲仇	上下不和 誰知心思	謀事不成 心思散亂
이익이 없는 일에 간섭하지 마라 손재 볼까 두렵구나	비록 분한 마음이 있더라도 참는 것이 도리어 덕이 된다	감언이설에 속지 마라 은인이 도리어 원수가 되는구나	윗사람과 아랫사람이 서로 화합하지 못하니 이내 마음을 누가 알랴	꾀하는 일이 성사되지 않으니 마음만 산란하구나
宿虎冲鼻 後患念慮	欲速付達 安靜待時	東奔西走 勞而無功	秋草逢霜 愁心不解	去就未分 坐不安席
잠자는 범의 코를 짜르니 후환이 두려운 운세	빨리 하려고 하여도 되지 않으니 안정하고 때를 기다려라	동분서주 다니어도 노고롭기만 하고 공은 없구나	가을풀이 서리를 맞았으니 수심이 풀리지 않는 운세	앉은 자리가 불안하고 갈 곳을 가늠하기가 어렵구나

(34) 상관용재격 (傷官用財格)

상관용재격은 일주가 강하고 인수가 많으면 재로 용신한다.

① 사주의 예

丙申
戊戌
丁巳
乙巳

戌月에 본기 戊土가 투출하고 신왕하여 연지 申중의 庚金으로 용신하니 상관용재격으로 土金운이 길하고 水운은 약운이 되어서 더욱 좋아진다.

癸亥
乙卯
壬申
乙巳

乙木본기가 투출하고 金水로 신왕하니 巳중의 丙火로 용신하매 상관용재격으로 木火운이 길하며 土 관살운은 왕수(汪水)병을 제거하니 역시 대길한 운이다.

② 상관용재격의 특징

一 영웅호걸의 기상에다가 겸손함과 온건함이 배합이 잘 되어서 아래 윗사람의 비위를 잘 맞추고 사치하고 양성적인 성격이다.

二 한번 어떤 일을 시작하면 저돌적으로 서두르는 기질이 있어 휩쓸리게 되니 보기에는 너그럽고 대담해 보이나 성질이 급하니 마음 한 구석에는 불안 초조함이 깃들고 있다.

三 또한 눈치가 빠르고 재간도 비상하며 날쌔어서 시작은 잘 하지만 경솔함이 있고 지구력과 인내력이 없음이 흠이 되어 실패하는 일도 있을 것이다.

四 그러나 박력이 있고 추진력이 있으며 말솜씨와 설득력이 풍부하여 돈버는 재주는 비상하니 일찍 치부하게 되나 인색한 데가 있으매 구두쇠. 노랭이라는 말도 듣게 된다.

五 고로 사회에 봉사하고 덕과 은혜를 베풀면서 처세하는데 노력하라.

六 여명도 남자와 비슷하나 돈버는데 정신이 없어 집안일에 소홀하기가 쉽고 남편과 자연 충돌을 자주하게 될 팔자이니 항상 부부화합에 노력하지 않으면 해로하기가 어렵게 되니 이 점을 특별히 유의하라.

● 좋은 운 = 상관 식신이나 재운이 길하며 사주원국에 용신지 병(用神之病)이 있을 때는 관살운도 역시 길하다.

● 꺼리는 운 = 인수운은 신왕한데 더욱 신왕하니 겉으로는 화려하나 속으로는 곤하고 비견 비겁운은 재용신이 피상되어 불길하다.

신수평론비결

상관용재격(傷官用財格)
인수년월운세(印綬年月運勢)

賣買不利文書保證매매불리문서보증	雖有生財得而半失수유생재득이반실	謀事不成事多無功모사불성사다무공	無頭無尾成事可難무두무미성사가난	女子金錢名譽毀損여자금전명예훼손
문서 다루는 것 보증 매매 등은 매사를 확인하라 결과는 불리하다	비록 재물이 생긴다 고는 하나 얻어서 반은 잃는다	꾀하는 일은 이루어 지지 않고 일은 많으나 공이 없구나	머리도 없고 꼬리도 없으니 성사하기가 어렵구나	여자와 재물을 조심하라 결과적으로 명예가 훼손될 수라
新築結社一切保留신축결사일체보류	家有不祥誠心祈禱가유불상성심기도	背恩忘德信斧割足배은망덕신부할족	莫信人言陰害可慮막신인언음해가려	手上之事吾之責任수상지사오지책임
새로 집을 짓거나 회사를 설립하는 것은 보류함이 제일 좋다	집안에 불상사가 일어날 수니 성심껏 기도하라	믿는 도끼에 발등 찍히고 은인이 도리어 배신하는구나	사람의 말을 믿지 마라 나를 음해할까 두렵구나	윗 사람의 잘못이나 의 책임으로 돌아온다
有名無實外華內困유명무실외화내곤	經營之事有意未就경영지사유의미취	日落西山行客失路일락서산행객실로	姑婦不和是以何事고부불화시이하사	莫計巨事待時機會막계거사대시기회
겉으로는 화려하나 속으로는 곤하니 이름만 있고 실속은 없구나	경영하고 하는 일은 뜻은 있으나 마음대로 성사되지 않는다	해는 져서 서산인데 길을 가는 나그네가 길을 잃었구나	어머니와 처 사이가 불화하니 이것이 어찌 된 일인가	큰 거사를 시작하지 말고 시기와 때를 기다려라

상관용재격(傷官用財格)
비견비겁년월운세(比肩比劫年月運勢)

형야제야 경이원지 兄耶弟耶 敬以遠之 형제나 친구를 결으로는 존경하되 겉으로는 멀리 하라	심신산란 사유공파 心身散亂 事有恐파 마음과 몸이 산란하고 일에 두려움이 많은 운세	확장투자 결과불미 擴張投資 結果不美 사업을 확장하거나 투자하는 것은 결과가 좋지 않은 운세	재가심란 출즉무익 在家心亂 出則無益 집에 있으면 마음이 산란하고 나가도 이익이 없구나	부부불화 패재지수 夫婦不和 敗財之數 부부간에 불화하고 재물에 실패할 수라
동업지사 결과불리 同業之事 結果不利 동업하는 사업은 하지 마라 결과적으로는 불리하다	유두무미 모사불성 有頭無尾 謀事不成 머리는 있으되 꼬리가 없으니 꾀하는 일이 이루어지지 않는다	범사물속 욕속부달 凡事勿速 欲速不達 범사를 빨리하려 애쓰지 마라 하면 결과를 그릇친다	막신인언 불구사심 莫信人言 佛口蛇心 사람의 말을 듣지 마라 그 말은 부처님의 말씀이나 속은 뱀이라	일득이실 반유손재 一得二失 反有損財 하나를 얻고 둘을 잃으니 오히려 손재하는 운세
입산구어 사유허망 入山求魚 事有虛望 산에 들어가서 고기를 구하는 것은 일에 허망함이 있으리라	비리지재 신지물탐 비리지재 非理之財 信之勿貪 비리의 재물을 조심하고 탐내지 말라	막탄선곤 만절생광 莫嘆先困 晩節生光 처음에 곤함을 한탄하지 마라 늦게서야 빛이 나리라	수구여병 구설난면 守口如瓶 口舌難免 입막기를 병같이 하라 구설수를 명하기가 어려울 수	막여쟁론 송자지수 莫與爭論 訟事之數 남과 다투지 말라 송사가 따를 수라

신수평론비결

상관용재격(傷官用財格)
상관식신년월운세(傷官食神年月運勢)

용득대해 조화비상	재록풍만 희열만면	군자도장 소왕대래	암중행인 우득명촉	시래운도 자연성공
용이 바다를 얻었으니 그 조화가 비상하구나	재와 록이 풍족하니 얼굴에 기쁨이 가득 차는구나	군자의 도가 깊으니 적은 것은 가고 큰 것이 오는구나	어두운 밤길을 걷는 사람이 우연히 촛불을 얻은 운세	때가 오고 운이 따르니 자연 성공하는구나
재물수신 수록억금 手弄億金	귀인래조 사사여의 貴人來助 事事如意	재수대길 불구자득 財數大吉 不求自得	명고록중 복록여산 名高祿重 福祿如山	미혼지여 결혼지운 未婚之女 結婚之運
재물이 몸을 따르니 억금을 손에 쥐고 노는구나	귀인이 와서 나를 도우니 매사가 뜻과 같구나	재수가 크게 길하니 구하지 않아도 스스로 오는 형상이라	이름이 높아지고 복록이 중하여지니 복록이 산과 같구나	결혼하지 않은 처녀나 과부는 결혼하거나 재혼할 수라
물참시비 관재가외 勿參是非 官災可畏	구반은인 정어출해 仇反恩人 井魚出海	어용득수 기자봉풍 魚龍得水 飢者逢豊	관록수신 명진사해 官祿隨身 名振四海	재운왕성 소망여의 財運旺盛 所望如意
시비를 조심하라 재수가 가히 두렵구나	원수가 오히려 귀인이 되고 우물 안의 고기가 바다를 얻은 형상	고기와 용이 물을 얻고 주린 자가 풍년을 만났구나	관록이 몸을 따르니 그 이름이 사해에 떨치는구나	재운이 왕성하니 뜻하는 바가 제대로 이루워진다

상관용재격(傷官用財格)
재년월운세(財年月運勢)

井魚出海 義氣冲天 정어출해 의기충천	若非生子 官祿隨身 약비생자 관록수신	財祿豊滿 一家和平 재록풍만 일가화평	修道遠惡 終見吉利 수도원악 종견길리	吉運己回 貴人來助 길운기회 귀인내조
우물 안의 고기가 바다를 얻었으니 그 뜻이 하늘을 찌르는구나	만약 자식을 얻지 않으면 관록이 따를 것이다	재와 록이 풍만하니 한 집안이 화평하구나	도를 닦고 악을 멀리하니 마침내 길함을 보는구나	길한 운이 이미 돌아오니 귀인이 와서 나를 도우는구나
勇將龍馬 百戰百勝 용장용마 백전백승	披雲見月 其色燦爛 피운견월 기색찬란	鍊鐵成金 積少成大 연철성금 적소성대	竿頭掛龍 名振四海 간두괘용 명진사해	雲捲靑天 明月自新 운권청천 명월자신
용맹스러운 장군이 용마를 얻었으니 백번 싸우고 백번 이기는구나	구름을 헤치고 달을 보니 그 색채가 찬란하구나	쇠를 불에 넣어 금을 이루니 적은 것을 쌓아서 큰 것을 이루는구나	낚시대에 용이 걸리니 그 이름이 사해에 떨치는구나	구름이 청천에 걷히니 명월이 스스로 빛나는구나
東西南北 財神助我 동서남북 재신조아	幸逢貴人 泰平歲月 행봉귀인 태평세월	家人同心 利在其中 가인동심 이재기중	春城細雨 萬物皆樂 춘성세우 만물개락	貴星照門 因人成事 귀성조문 인인성사
동서남북에서 재신이 나를 도우는구나	다행이 귀인을 만나니 태평세월이로구나	집안 사람들이 한마음이니 이익이 그 가운데 있구나	봄성에 가는 비가 내리니 만물이 다 즐거워하는구나	귀한 길신이 나의 집안을 비치니 사람으로 인하여 성사하는구나

신수평론비결

상관용재격(傷官用財格)
정관편관년월운세(正官偏官年月運勢)

귀인우래 조아부아 귀인우래 조아부아 助我扶我	재록겸전 단계가절 丹桂可折 財祿兼全	관록수신 만인앙시 官祿隨身 萬人仰視	귀인래조 여용득주 如龍得珠 貴人來助	초록강변 욱욱청청 草緑江邊 郁郁青青
우연히 귀인이 와서 나를 도와주고 부축하여 주는 운세	재수와 관록이 겸전하니 관직을 얻거나 관과의 일은 잘 성사된다	관과 록이 따르니 만명의 사람이 우러러 보는구나	귀인이 와서 나를 도우니 용이 여의주를 얻은 운세	풀이 강변에 푸르니 더더욱 청청하고 아름답구나
여자결혼 남자득자 男子得子 女子結婚 意外成功 名振四海	의외성공 명진사해 意外成功 名振四海	가도은성 재록자왕 家道殷盛 財祿自旺	명리구흥 일가화기 名利俱興 一家和氣	화기도문 기불미재 和氣到門 豈不美哉
여자는 결혼할 운세이고 남자는 자식을 얻을 운세이다	뜻밖에 성공하니 그 이름 사해에 떨치는구나	집안이 번창하고 재와 록이 스스로 왕성하는 운세	이름과 이익이 함께 일어나니 한 집에 화기가 꽉 차는구나	화기가 가문에 이르니 어찌 아름답지 않으리요
약비관록 의외횡재 若非官祿 意外橫財	한천감우 보제창생 旱天甘雨 普濟蒼生	갈용득수 기자봉식 渴龍得水 飢者逢食	금옥만당 춘풍화기 金玉滿堂 春風和氣	거구생신 흉화위길 去舊生新 凶化爲吉
만약 관록이 아니면 뜻밖에 횡재수라	가문 하늘에서 단비가 내리니 널리 창생을 건느도다	목마른 용이 물을 얻은 격이요 굶주린 자가 음식을 얻은 형상	금옥이 집안에 가득하고 춘풍에 화기가 가득한 운세	옛것은 가고 새로운 것이 오고 흉함이 화하여 길하여진다

(35) 상관용관격(傷官用官格)

상관용관살격은 일주가 강한데 비견 비겁이 많을 때는 관살(官殺)로 용신한다.

① 사주의 예

壬戌
己酉　암장 하나밖에 없는 것은 그 자체로 격을 정하기 때문에 상관격이다. 비록 酉月에 신약이나 四土로 신왕하니 乙木으로 정관용신하매 水木운이 길하다.
戊戌
乙卯

辛未
辛卯　卯中 乙木이 있어 상관용신인데 壬水 일주가 金水로 신왕하여 己土로 정관용신하니 상관용관살격으로 火土운이 길하다.
壬辰
己酉

● 좋은 운 = 재관운이 길하다. 사주원국에 병신(病神)이 있을 때는 인수운이 길한데 이는 이인제상(以印制傷)하기 때문이다.

● 꺼리는 운 = 비견 비겁이나 상관 식신운이 된다. 비견 비겁은 신왕한데 필요가 없고 상식운은 용신지병이 되기 때문이다.

② 상관용관살격의 특징

一 이 사람은 육친(六親)의 덕이 없고 성장과정이 순조롭지 못하며 사회활동으로 자수성가할 팔자이다.

二 정직하고 성실하며 유순한 것 같지만 자존심이 강하고 남을 멸시하며 하대하고 기어코 이기고 마는 성질이 있어 주위 사람들의 지탄을 받기도 한다. 항상 윗사람을 존경하고 복종하는 인내심을 길러야 한다.

三 재주도 많고 임기응변으로 어려운 일에 잘 대처하는 수완이 천부적으로 풍부하다.

四 그러나 교만편협하며 이기적이고 명예욕이 강하여 얕은 꾀를 부리다가 실패하는 일도 있다. 고로 항상 남을 존경하고 정성어린 충고를 잘 받아들이고 귀를 기울이는 아량이 필요하다는 것을 명심하라.

五 사업과는 인연이 멀어 실패하는 일이 있으니 공직계통이나 직장생활이 길하나 윗사람에게 절대복종한다는 인내력이 없으면 직장을 자주 바꾸게 됨을 유의하라.

六 자손궁이 불미하니 자손교육에 최선을 다하고 자식의 의사를 들어주는 방향으로 노력하라.

七 여명도 이와 같으나 항상 남편을 위주로 존경하는 생각이 화합을 가져오게 된다. 그러나 지나친 자존심과 고집은 파경으로 가게 됨을 유의하라.

신수평론비결

상관용관격(傷官用官格)
인수년월운세(印綬年月運勢)

귀인부신 인인성사 貴人扶身 因人成事	우순풍조 락화결실 雨順風調 落花結實	행우귀인 고진감래 幸偶貴人 苦盡甘來	록중권고 명전사방 祿重權高 名傳四方	음곡회춘 만물개생 陰谷回春 萬物皆生
귀인이 와서 나를 도우니 사람으로 인하여 여성사된다	비바람이 고르게 조화를 이루니 꽃은 떨어지고 열매를 맺는구나	다행하게도 우연히 귀인을 만나니 쓴 것이 가고 단 것이 오는 운세	록이 중해지고 권세가 높아지니 그 이름이 사방에 떨치는 운세	음달에 봄이 돌아오니 만물이 모두 회생하는구나
서입곡창 차외하망 鼠入穀倉 此外何望	계약매매 문서유익 契約賣買 文書有益	거구생신 일신안은 去舊生新 一身安隱	곤이득안 의외생재 困而得安 意外生財	성적향상 필시적중 成績向上 必是適中
쥐가 쌀창고에 들어간 격이니 이 밖에 무엇을 더 바라랴	계약하거나 매매하는 것과 문서를 다루는 것은 이익이 있다	옛 것이 가고 새로운 것이 오니 이내 몸이 편안하구나	곤하다가 편안하니 뜻밖에 재물이 생기는 운세	배움의 성적이 향상되니 반드시 시험에 적중할 것이다
명월청풍 한좌롱금 明月清風 閑坐弄琴	신축결사 확장개길 新築結社 擴張皆吉	사사여의 불로이득 事事如意 不勞而得	용잠벽해 조화무량 龍潛碧海 造化無量	중인상조 재록흥왕 衆人相助 財祿興旺
달 밝은데 맑은 바람이 살랑거리고 한가이 앉아 거문고를 타는구나	새로 집을 짓거나 사업을 확장하는 것은다 길하다	매사가 뜻과 같이 잘 성사되니 노력은 적어도 얻는 것이 많은 운세	큰 바다에 숨어 있는 용의 조화가 한량없구나	많은 사람이 서로 와 주니 재와 관록이 흥왕하구나

상관용관격(傷官用官格)
비견비겁년월운세(比肩比劫年月運勢)

우중망희 신지위상 일득이실 심사산란 정즉유길 동즉불리 배은망덕 수하신지 곤용재산 하망대해 憂中望喜 愼之爲上 一得二失 心事散亂 靜則有吉 動則不利 背恩忘德 誰何信之 困龍在山 何望大海
근심 중에 기쁨을 바라보나 소용없고 근신함이 제일이라	하나를 얻고 둘을 잃으니 심사가 산란하구나	가만히 있으면 길하고 움직이면 불길하구나	은혜를 배반 당하고 덕을 잃게 되었으니 어느 누구를 믿을고	곤한 용이 산에 있으니 어찌 큰 바다를 바랄 수 있으랴
막행시비 구설우려 부부불화 심즉파경 막탐재리 구설가외 임진무선 하이월강 형제친우 기해비경 莫行是非 口舌憂慮 夫婦不和 甚則破鏡 莫貪財利 口舌可畏 臨津無船 何以越江 兄弟親友 其害非輕
남과 다투지 마라 구설수가 따르니 조심하라	부부간에 화합하지 못하니 심하면 파경될까 두렵구나	재물과 이익을 탐하지 마라 구설이 가히 두렵구나	나루터에 배가 없으니 어찌 강을 건널까	형제 친구로 인하여 그 미치는 해가 가볍지 않구나
봉입계군 이상입하 봉입계군 이상입하 막계기사 유의미취 양심부동 모사불성 막신타인 유명무실 신재로중 손재가외 鳳入鷄群 以上臨下 莫計巨事 有意未就 良心不同 謀事不成 莫信他人 有名無實 身在路中 損財可畏
봉황이 닭 속으로 들어가니 높은 곳에서 낮은 곳으로 내려오는 운세	큰 계획을 세우지 마라 뜻만 있으나 성취하기 어렵다	두 사람의 마음이 맞지 않으니 꾀하는 일이 성사되기가 어렵구나	남을 믿지 마라 이름만 있고 실속은 없구나	몸이 길 중간에 있으니 손재할까 가히 두렵구나

376

상관용관격(傷官用官格)
상관식신년월운세(傷官食神年月運勢)

야우행인 진퇴미정 夜雨行人 進退未定	양인각심 사유허망 兩人各心 事有虛妄	명산기도 재앙소멸 名山祈禱 災殃消滅	물모타영 필유실패 勿謀他營 必有失敗	맹호함정 유용난시 猛虎陷井 有勇難施
밤비에 길을 걷는 그네가 나가고 물러감을 결정하지 못하고 있구나	두 사람의 마음이 서로 다르니 일에 허망됨이 있을 수이다	이름난 산에 가서 기도하면 재앙이 소멸될 것이다	다른 일을 경영하지 마라 반드시 실패가 있을까 염려되는구나	맹호가 함정에 빠졌으니 용기는 있어도 쓸데가 없는 운세
물위망동 횡액가외 勿爲妄動 橫厄可畏	좌불안석 초조불안 坐不安席 焦燥不安	심중유고 사유허황 心中有苦 事有虛荒	상하부조 매사건체 上下不調 每事蹇滯	가정불화 인내제일 家庭不和 忍耐第一
망녕되게 행동하지 마라 횡액이 있을까 두렵구나	앉은 자리가 편치 못하니 마음만 초조하고 불안하구나	마음에 괴로움이 있으니 일에 허황됨이 있을 수이다	윗사람과 아랫사람의 조화가 이루어지지 않으니 일에 막힘이 많을 수	집안이 불화할 수니 참는 것이 제일이라
안분수신 이대천명 安分修身 以待天命	약비질병 구설불면 若非疾病 口舌不免	매사권태 유의미취 每事倦怠 有意未就	약비손재 인관치해 若非損財 因官致害	성적불량 합격지난 成績不良 合格至難
분수에 편하고 몸을 닦아서 천명을 기다림이 상책이라	만약 질병이 아니면 구설을 면하기가 어렵구나	매사 하는 일에 권태중이 생기니 뜻은 이루어지지 않는다	만약 손재수가 아니면 관재로 해가 따를 수이다	배움의 성적이 오르지 않으니 합격하기가 어렵구나

상관용관격(傷官用官格)
재년월운세(財年月運勢)

財生宅照 意外得財	高山植木 積少成大	事業擴張 投資有利	意外成功 財貨湧出	偶然橫財 廣置田庄
재성이 집을 비치니 뜻밖의 재물을 얻었구나	높은 산에 나무를 심어 적은 것을 쌓아 큰 것을 이루는 격이라	사업을 확장하거나 투자하는 일은 결과적으로 이익이 있을 수	뜻밖의 성공으로 재물이 샘에서 물 솟아지듯 하는 길운이라	우연하게 횡재수가 있으니 재물과 전답이 가득한 운세
早草逢雨 其色靑靑	財祿豊滿 到處生光	時和年豊 泰平歲月	利在到處 日得億金	每事如意 何不成事
칠년 대한 가문 날에 단비가 나리니 푸른 초목의 생기가 더하는구나	재물과 관록이 몸을 따르니 가는 곳마다 빛이 나는구나	때가 고르고 풍년이 드니 태평세월이로구나	이득금 이익이 가는 곳마다 따르니 하루에 억금을 만지는 격이다	매사가 뜻과 같이 이루어지니 어찌 안 되는 일이 있으랴
身數大吉 家中和樂	飛龍在天 雲行雨施	潛龍昇天 萬人仰視	身醉花間 其樂長久	異姓隨身 必是佳約
신수가 크게 길하니 집안이 화합하여 즐거움이 가득하다	날으는 용이 하늘에 있어 비와 구름을 마음대로 활용하는구나	물에 잠자던 용이 하늘에 오르니 만명의 사람의 우러러 보는 운세	몸이 꽃밭에서 취하여 있으니 그 즐거움이 오래 가는구나	이성이 나를 따르니 반드시 백년가약을 맺으리로다

상관용관격(傷官用官格)
정관편관년월운세(正官偏官年月運勢)

相生相應 名振四海	魚龍得水 活氣冲天	官祿隨身 君臣和合	吉神來助 天賜官祿	富貴門前 衆人羨望
서로 생하고 서로 응하여 주니 그 이름이 사해를 떨치는구나	고기와 용이 인물을 얻었으니 활기가 하늘을 찌르는 격이다	관록이 따르니 임금과 신하가 서로 화합한 운세	길신이 와서 도우니 하늘에서 관록을 내리는 운세	부귀영화가 문앞에 다다렀으니 많은 사람들이 부럽게 바라본다
以羊易牛 其利不少	財旺身旺 所望如意	猛虎得林 百獸驚嘆	晝耕夜讀 所願成就	細流歸海 積少成大
양을 가지고 황소를 바꾸니 그 이익이 적지 않구나	재물도 왕하고 이내 몸도 왕하니 바라는 바가 뜻과 같구나	맹호가 숲을 얻었으니 백가지 짐승이 탄식을 하는구나	낮에 일하고 밤에 공부하여 소원을 성취하는 격	적은 물들이 바다를 이루니 작은 것을 쌓아서 큰 것을 이룬다
名崇祿高 錦衣還鄉	貴人來助 福祿無窮	得男貴子 慶事重重	金冠玉帶 趨拜鳳闕	處女寡宿 必是良配
이름과 관록이 높아지니 금의환향하는 운세	귀인이 와서 도우니 복록이 무궁한 운세	귀자를 얻었으니 경사가 거듭 일어나는 격	금관옥대를 두르고 임금에 절을 드리는 운세	처녀나 과부는 반드시 좋은 짝을 얻을 것이다

(36) 양인용인격 (羊刃用印格)

양인용인격은 일주가 약한데 상관 식신이 많거나 관살이 많을 때는 인수로 용신한다.

① 사주의 예

己未
癸酉
庚午
戊寅

庚金일주가 酉月에 출생하여 양인격인데 寅午화국으로 신약하니 戊土로 용신하매 土金운이 길하다.

癸酉
戊午
戊申
壬子

戊土가 午月에 출생하여 양인격인데 午未화국과 午未화국을 놓았으니 강화위약격(強化爲弱格)으로 신약하여 午火로 인수용신하매 火土운이 길하다.

● 좋은 운 = 인수나 비견 비겁운이 길하다.
● 꺼리는 운 = 재운과 상관식신운이 불길하다.

② 양인용인격의 특징

一 이 사람은 성격이 내성적으로는 원래 약하나 외형적으로는 강직하고 매사에 투철한 사명감과 추진력이 특출하다.

二 하지만 독단, 과장된 행동과 사람의 의사를 무시하고 억압하는 단점이 있어 다른 사람으로부터 지탄의 대상이 되기도 하니 이 점을 고친다면 빠른 성공을 기약할 수 가 있다.

三 그리고 신체적인 특징은 눈이 크고 구렛나루의 수염이 많으며 광대뼈가 나오고 힘이 세어 건강한 체격이다.

四 특히 직업으로는 옛날 같으면 백정이 많았으나 시대의 변천에 따라서 총칼을 취급하는 군인과 경찰권을 잡는 경찰, 수사권을 가진 직업을 많이 볼 수가 있다.

五 출세의 비결은 학업에 열중하는 것이며 만약 재물이나 여자를 탐한다면 명예손상으로 결국 좌천하거나 자연 직장을 떠나게 되는 일이 생기기도 한다. 이러한 위기가 닥쳤을 때는 조부나 외가집과 상의하면 해결의 실마리가 풀릴 것이다.

六 여자는 출가 하면 시집이 흥하고 부군의 출세길이 열리니 시집에서 귀여움을 독차지 하게 되나 만약 재가 많은 사주라면 엄격한 시어머니 비위맞추기에 신경을 많이 쓰게 된다.

380

신수평론비결

양인용인격(羊刃用印格)
인수년월운세(印綬年月運勢)

祿重權高 振名四海 록중권고 진명사해	萬物蘇生 寒谷回春 한곡회춘 만물소생	到處貴人 意氣百倍 도처귀인 의기백배	移賤坐貴 上下和合 상하화합 이천좌귀	到處春風 除愁喜生 제수희생 도처춘풍
재물과 관록이 점점 높아지니 그 이름이 사해에 떨친다	추운 산골에 봄이 돌아오니 만물이 소생하는 운세라	가는 곳마다 귀인이 따르니 의기가 백배나 되는구나	위아랫사람이 화합하니 천한 곳을 옮겨 귀한 곳으로 앉는구나	근심은 사라지고 가는 곳마다 춘풍이로구나 쉬지 말고 전진하라
小往大來 一失三得 소왕대래 일실삼득	財數亨通 何不成事 재수형통 하불성사	因人成事 官祿隨身 인인성사 관록수신	榮轉昇進 賀客滿庭 영전승진 하객만정	以兎易牛 其利倍得 이토역우 기리배득
적은 것이 가고 큰 것이 오니 하나를 잃고 셋을 얻을 운세라	재수가 크게 형통하니 어찌 일이 성사하지 않으랴	사람으로 인하여 성사되니 관록이 몸을 따르는 운세	영전하고 승진할 수 있으니 축하객이 집안에 가득할 운세로다	토끼를 가지고 소를 바꾸어 왔으니 이익이 배로구나
賣買得利 目標貫撤 매매득리 목표관철	貴人扶身 百事順成 귀인부신 백사순성	吉運回泰 所望如意 길운회태 소망여의	魚龍登天 吉事重疊 어용등천 길사중첩	漸得其利 投資擴張 투자확장 점득기리
매매하여 이득이 크니 목표를 달성할 운세라	귀인이 도와주어 백사가 잘 성취되니 기쁨이 가득할 수	길한 운이 점점 오니 소망하는 바를 성취할 수라	고기와 용이 등천하는 운세이니 길한 경사수가 생기는구나	투자하고 확장하는 것은 점점 그 이익이 많아지는 운세

381

양인용인격(羊刃用印格)
비견비겁년월운세(比肩比劫年月運勢)

文書大王 手弄文券 문서대왕 수롱문권	有權有財 人人致賀 유권유재 인인치하	貴人來助 萬事順成 귀인래조 만사순성	必是成功 財利成遂 필시성공 재리성수	家和萬事 災去福來 재거복래 가화만사
문서가 왕기를 띠었으니 손에 문서를 쥘 수라	권세도 있고 재물도 있으니 사람마다 치하를 하여 주는 운세	귀인이 와서 도와주니 만사가 뜻대로 성취될 수이다	재물과 이익이 몸에 따르니 반드시 성공하리로다	재앙은 사라지고 복록이 오니 집안이 화합하고 만사태평할 수라
陰陽和合 萬物生氣 음양화합 만물생기	天地四方 到處春風 천지사방 도처춘풍	會社設立 經營得利 회사설립 경영득리	位高金多 名振四海 위고금다 명진사해	天地相應 所望如意 천지상응 소망여의
음양이 화합하니 만물이 생기를 내뿜는 구나	천지사방으로 가는 곳마다 도처에 춘풍 이로구나	회사를 설립하거나 사업을 경영하는 것은 다 이익이 있을 수	벼슬이 높아지고 재물이 불어나니 그 이름이 사해에 떨칠 수이다	천지가 서로 상응하니 소망하는 바가 뜻대로 이루어질 수로다
貴人在傍 官耶財耶 귀인재방 관야재야	每事如意 意氣揚揚 매사여의 의기양양	今年之數 人因成事 금년지수 인인성사	學業優秀 就職進學 학업우수 취직진학	官祿隨身 錦上添花 관록수신 금상첨화
귀인이 곁에 항상 있으니 벼슬운이냐 재물운세냐 두가지로다	매사가 뜻과 같이 잘 성사되니 의기가 양양한 운세이다	금년에 하는 일은 사람으로 인하여 성사될 운세라	학업성적이 우수하니 취직과 진학은 성사될 운세	관록과 재물이 따르니 금상첨화로다

양인용인격(洋刃用印格)
상관식신년월운세(傷官食神年月運勢)

(1)	(2)	(3)	(4)	(5)
財印相爭 財名落照 돈과 명예가 서로 상극되는 이치이니 재물과 명예가 서산으로 지는 운세	運去奈何 被斯四方 운수가 가니 어찌할 것인가, 사방에서 나를 속이는구나	勞而無功 逆水行舟 물을 거스려 배를 행하니 수고롭기만 하고 공이 없구나	損財之數 偶然來客 우연하게 온 손님이 손재를 입히는구나	勞而無功 事多奔走 일에 분주함이 노력만 하고 공이 없구나
龍虎相鬪 望者失色 용과 호랑이가 서로 싸우니 바라보는 자가 질색하는 운수	勿營他事 莫計巨事 다른 일을 경영하거나 큰 사업을 계획하지 말고 보류하라	家庭不合 母妻不和 모친과 아내간에 화목치 못하니 가정에 불화가 생길 수 이다	不見好月 背月向暗 달을 등지고 어두운 길을 가고 있으니 밝은 달을 볼 수 없는 운세	勿貪虛慾 非理之財 옳치 못한 재물에 허욕을 부리지 말라 해가 적지 않다
後有追兵 臨津無船 뒤에서 군사가 쫓아오는데 강에 배가 없으니 어찌 피할고	莫近酒色 因財致禍 여자와 재물로 화를 부르니 주색을 가까이 하지 말라	無益干涉 愼勿干涉 이익이 없는 남의 일에 간섭하는 것을 삼가하라	心身勞苦 欲飛難飛 날려고 하나 날지 못하니 심신만 노로구나	反損威德 鳳入烏群 봉황이 까마귀 무리에 들어가니 오히려 위험과 덕이 없어지는구나

양인용인격(羊刃用印格)
재년월운세(財年月運勢)

불안초조 이직생각 不安焦燥 離職生覺	막탐허욕 기해비경 莫貪虛慾 其害非輕	음양부조 모사불성 陰陽不調 謀事不成	분외행사 반초기손 分外行事 反招其損	주작발동 구설시비 朱雀發動 口舌是非
항상 불안하고 초조하여 직장을 떠날 생각뿐이다	허욕을 탐하지 말라 그 해가 적지 않구나	음양이 조화를 이루지 못하니 꾀하는 일을 이루기가 어렵구나	분수밖에 일을 행하면 되려 큰 손해를 부르리라	주작이 발동하여 구설과 시비수가 있으니 특별히 조심하라
막신인언 손재락명 莫信人言 損財落名	수유상심 인지위복 雖有傷心 忍之爲福	사무두서 안분대시 事無頭緒 安分待時	범사불리 심신산란 범사불리 凡事不利 心身散亂	사여행운 취산무상 事如行雲 聚散無常
남의 말을 듣지 말라 손재와 명예가 손상될까 두렵다	비록 분함이 있더라도 참으면 덕이 되는 구나	일에 두서가 없으니 편안히 때를 기다려라	범사가 불리하니 마음만 산란하구나	일이 떠가는 구름과 같아 모이고 흩어짐이 무상하구나
지출과다 경영부실 支出過多 經營不實	물참송사 불리지수 勿參訟事 不利之數	사소지사 허경빈번 些少之事 虛驚頻繁	막행언쟁 관재가외 莫行言爭 官災可畏	하극지상 하이성사 下剋之上 何以成事
지출이 너무 심하고 경영하는 일이 부실한 운세로다	송사하는데 참여하지 말라 반드시 불리한 일이 생길 수 있다	사소한 일로 공연하게 놀라는 일이 자주 생기는구나	남과 싸우지 말라 관재구설이 가히 두렵구나	아랫사람이 윗사람을 극제하는 운세이니 어찌 일이 이루어지랴

신수평론비결

양인용인격(羊刃用印格)
정관편관년월운세(正官偏官年月運勢)

凶化爲吉 到處春風	轉禍爲福 喜色滿面	億金自來 積手成家	意外成功 事業興旺	小求大得 財運漸回
흉함이 화하여 길하여지는 운세이니 처에 춘풍이로다	전화위복 되니 얼굴에 기쁨이 가득하구나	억금이 스스로 오는 운세이니 빈손으로 자수성가하는 운세라	뜻밖에 성공 영하는 사업이 날로 흥왕하는 운세로다	적은 것을 구하려다 큰 것을 얻으니 재운이 점점 돌아오는구나
天地燥熱 甘雨降臨	得人歡心 何事不成	名利稱心 人人仰視	若非官祿 生男之數	上下和合 祿重權高
천지가 가물어 조열한데 하늘에서 단비가 내리니 풍년 가기라	사람으로부터 인심을 얻고 덕을 쌓으니 어찌 일이 이루어지지 않으리	이름 이익이 높아지니 사람마다 우러러 보는구나	만약 관직과 녹봉이 아니면 생남할 수로다	위 아랫사람들이 서로 화합하니 관록이 점점 높아지는구나
官貴扶身 財祿豊滿	鼠入穀倉 衣食自足	正心修德 福祿自來	時逢好雲 萬事如意	若無昇進 膝下有慶
귀한 관이 나를 도와주니 재록이 가득차는 운세로다	쥐가 쌀 창고에 들어간 운세이니 의식이 스스로 만족하는구나	바른 마음으로 덕을 쌓으니 복록이 스스로 오는구나	좋은 운이 돌아오니 만사가 뜻과 같구나	만약 승진을 하지 않으면 슬하에 경사가 있을 수로다

(37) 양인용겁격 (羊刃用劫格)

양인용겁격은 일주가 약한데 재나 관살이 많거나 상관 식신이 많을 때 인수가 없으면 비견 비겁으로 용신한다.

① 사주의 예

丙午
庚子
壬午
癸卯

壬日생인이 子月에 출생하였으나 木火가 많아 신약하니 癸수로 비겁 용신하매 금수운이 길하다.

己丑
丁卯
甲午

甲日生이 卯月에 득령(得令)하였으나 火土가 태중(太重)하니 신약사주로 乙木이 용신이 되매 水木운이 길하다.

② 양인용겁격의 특징

一 이 사람의 성격은 내유외강격이나. 그러나 고집이 강하고 진취의 기상이 풍부하고 자부심과 명예욕이 강하며 자기의 책임과 의무를 다하려고 노력한 지구력이 약하다.

二 육친의 덕이 없어 일찍 집을 나와서 자수성가할 팔자이다.

三 어떤 일에 어려움이 닥쳤을 때는 형제나 친구 또는 스승의 자문을 구하거나 동업을 하면 반드시 성공할 것이다.

四 직업으로는 군인, 경찰, 법조계, 기타 형권이나 수사권을 가진 직업과 의약직업이 적성에 맞는다.

五 옳지 못한 재물과 여자와 주색을 탐하게 되면 신병을 얻기도 한다.

六 부부궁이 부실하니 부부화합에 최선을 다하지 않으면 재취, 삼취를 면치 못하게 된다.

七 여자도 남자와 다를 바가 없으나 개성이 너무 강함을 단점으로 깨달아야 하며 가정보다는 직장생활을 우선으로 한다면 파경을 면치 못할 것임을 유의하여야 한다.

● 좋은 운 = 인수나 비견 비겁운이 좋으며 관이 많을 때는 상식운도 길하다.

● 꺼리는 운 = 관살운이나 재운을 꺼리며 상관 식신운은 용신이 무력해 진다.

신수평론비결

양인용겁격(羊刃用劫格)
인수년월운세(印綬年月運勢)

천리타향 喜逢故人 千里他鄉	수도백년 魚變成龍 修道百年	우봉귀인 偶逢貴人 萬事如意	부지자중 扶之者衆 自然成功	문서취득 경영확장 文書取得 經營擴張
천리타향에서 옛친구를 기쁘게 만났으니 이 아니 기쁘랴	도를 닦은지 백년이 되니 고기가 변하여 용이 되는 운세라	우연하게 귀인을 만나서 만사가 뜻과 같구나	붙드는 자가 많으니 자연 성공할 운세로구나	문서를 쥐거나 경영하는 업체를 확장하는 것은 다 길하다
옥용승천 五雲玲瓏 玉龍昇天	춘초감우 壽福自來 春草甘雨	신왕재왕 得意還鄉 身旺財旺	인인성사 財祿如意 因人成事	취직입학 就職入學 所望如意
옥용이 하늘로 올라가니 다섯 가지 무지개가 영롱하구나	봄풀이 비를 만나니 수복이 수와 복록이 스스로 오는구나	몸과 재물이 왕성하니 기쁜 마음으로 고향에 가는 운세	사람으로 인하여 성사되니 재물과 관록이 뜻과 같구나	취직하는 것과 입학하는 것은 소망하는 대로 성취될 수 이다
청룡득수 興雲施雨 青龍得水	도처귀인 祿重權高 到處貴人	신안심평 百事俱吉 身安心平	신축결사 賣買得利 新築結社	음양배합 陰陽配合 此外何望
청룡이 물을 얻으니 구름을 일으켜 비를 주는구나	가는 곳마다 귀인이니 록이 더하고 권세가 높아지는구나	몸이 편하고 마음이 편하니 백사가 다 길하구나	신축하거나 회사를 설립하고 매매하는 것은 다 이익이 있다	음양이 잘 맞으니 이 밖에 무엇을 더 바랄고

양인용겁격(羊刃用劫格)
비견비겁년월운세(比肩比劫年月運勢)

거구생신 去舊生新 일신생광 一身生光 옛 것을 버리고 새 것을 취하니 일신에 광채가 생기는구나	횡재가기 행봉귀인 幸逢貴人 橫財可期 다행히 귀인을 만나 횡재할 것은 가히 기약할 운세라	형제친우 동업개길 兄弟親友 同業皆吉 형제나 친구와 동업하는 것은 다 길한 운세라	재소복래 만사태평 災消福來 萬事泰平 재앙이 사라지고 복록이 오니 만사가 태평하구나	의욕왕성 작사여의 意慾旺盛 作事如意 의욕이 왕성하니 하는 일이 뜻대로 잘 성사되는 운세라
양인합심 매사여의 兩人合心 每事如意 두 사람의 마음이 잘 맞으니 매사가 뜻과 같이 잘 성사될 수	여인모사 필시성사 與人謀事 必是成事 남과 더불어 하는 사업은 반드시 성사할 것이로다	소왕대래 적토성산 小往大來 積土成山 적은 것이 가고 큰 것이 오며 흙을 쌓아서 산을 이루는구나	신운통태 하불성사 身運通泰 何不成事 신운이 대통하니 하고자 하는 일이 어찌 이루어지지 않으랴	적소성대 점점형통 積小成大 漸漸亨通 적은 것을 쌓아서 매사가 점점 형통되는구나
가재길경 희만가정 家在吉慶 喜滿家庭 가재길경 희만가정 집안에 경사수가 있으니 집안에 기쁨이 가득하구나	정심수덕 복록자래 正心修德 福祿自來 마음을 바로 하고 덕을 닦으니 복록이 스스로 오는구나	투자확장 물식전진 投資擴張 勿息前進 사업에 투자하거나 확장하는 것은 쉬지 말고 진행하라	소망여의 가득대재 所望如意 可得大財 소망하는 바가 뜻과 같으니 가히 큰 재물을 얻을 운세라	우순풍조 풍년가기 雨順風調 豐年可期 비바람이 잘 조화를 이루니 풍년을 기약하는구나

신수평론비결

양인용겁격(羊刃用劫格)
상관식신년월운세(傷官食神年月運勢)

食神制殺 除愁喜生	暗中行人 偶得明燭	意氣洋洋 一失二得	不安恐怖 坐不安席	兩心不同 必有相別
자손이 원수를 물리치는 운세이니 수심은 사라지고 기쁨이 생길 수	암중행인 우득명촉 밤길을 걸어가는 그네가 우연히 등촉을 얻었으니 이 아니 좋을소냐	일실이득 의기양양 하나를 잃고 둘을 얻으니 의기가 양양하구나	불안공포 좌불안석 항상 불안함과 공포감이 생기니 앉은 자리가 편치 못하구나	양심부동 필유상별 두 사람의 마음이 같지 아니하니 반드시 이별함이 있을 수라
凶化爲吉 喜中可喜	求兎得鹿 其利倍加	時運到來 自然成功	莫行是非 官災可畏	與人同事 必有失敗
흉화위길 희중가희 흉함이 화하여 길해지니 기쁜 중에 더욱 기쁘구나	구토득록 기리배가 토끼를 구하려다가 사슴을 얻었으니 그 이익이 배가 넘는 세라	시운도래 자연성공 시운이 돌아오니 자연히 성공할 운세로다	막행시비 관재가외 남과 다투지 말라 관재수가 염려되는구나	여인동사 필유실패 남과 같이 동업하는 일은 반드시 실패하는 일이 있구나
雖有官災 災消福來	萬事如意 膝下之德	吉神照命 轉禍爲福	上下不和 離職生覺	物有意未就 勿爲妄動
수유관재 재소복래 비록 관재구설수가 있으나 재앙은 사라지고 복록이 오는 운세	만사여의 슬하지덕 손아래 사람의 덕으로 만사가 뜻과 같이 성사될 수라	길신조명 전화위복 길신이 나를 도와주니 화가 변하여 복이 되는 운세이다	상하불화 이직생각 상하가 불화하니 직장을 변동할 생각 뿐이로다	유의미취 물위망동 뜻은 있으나 성사되지 않을 수니 망녕되이 움직이지 말라

389

양인용겁격(羊刃用劫格)
재년월운세(財年月運勢)

凡事多逆 愁心難免	莫近酒色 其害非輕	經營擴張 投資保留	月入雲間 不見其色	東西奔走 勞而無功
범사가 많이 거슬리니 수심을 면하기가 어렵구나	주색을 삼가하라 그 해가 적지 않을 운세라	사업경영하는 것을 확장하거나 투자하는 것은 보류하라	달이 구름 사이로 들어가니 그 밝은 색을 볼 수가 없구나	동서로 분주하나 노력하나 공이 없는 운세라
有名無實 所營歸虛	因財致禍 每事愼之	欲巧反拙 事不如意	心身虛弱 家人不和	金錢去來 保證不利
이름만 있고 실속이 없으니 경영하고자 하는 바가 허사로구나	여자와 돈으로 인하여 화가 생길 수 있으니 매사를 조심하라	기교를 지나치게 부리어 오히려 졸렬하게 되니 일이 뜻과 같지 않을 수	집안 사람과 불화하니 심신이 허약하여 지는구나	금전을 거래하거나 보증서는 것은 다 불리하니 삼가하라
事無頭緖 所望難成	事有未決 憂苦何事	時尙未可 勿生虛慾	有害無益 莫聽甘言	事無始終 心身散亂
일에 두서가 없으니 소원하는 바를 이루기가 어렵구나	일에 미결함이 있는 데 근심과 걱정은 무슨 일인고	시상이 아직 아니니 허욕을 탐내지 말라	감언이설을 듣지 말라 해만 있고 이익이 없구나	일에 시작과 끝이 없으니 공연히 심신만 산란하구나

신수평론비결

양인용겁격(羊刃用劫格)
정관편관년월운세(正官偏官年月運勢)

1	2	3	4	5
天不賜福 強求不得 천부사복 강구부득 하늘이 복을 주지 않으면 억지로 구해도 복을 얻지 못한다	運否時乘 謹愼免厄 운부시승 근신면액 운이 비색하고 때가 어긋나니 근신해야 재앙을 면하리라	雖有虛名 別無所得 수유허명 별무소득 비록 빈 이름은 있으나 별로 소득은 없구나	新築結社 擴張不可 신축결사 확장불가 새로 집을 짓거나 사업을 확장하고 회사를 설립하는 등은 불가하다	若非身病 官災口舌 약비신병 관재구설 만약 병을 앓지 않으면 관재구설수가 있으니 액을 막아라
勿聽人言 是非腹非 물청인언 시비복비 옳지 못한 말을 듣지 말라 말은 옳으나 속은 그르구나	在家不安 出他成功 재가불안 출타성공 집에 있으면 불안하니 출타해야 성공할 것이로다	莫近官人 被害不少 막근관인 피해불소 관인을 가까이 하지 말라 피해가 적지 않으리라	莫行爭鬪 官災可畏 막행쟁투 관재가외 남과 싸우지 말라 관재구설수가 두렵구나	名山深處 誠心祈禱 명산심기 성심기도 성심 명산 깊은 곳에 가서 성심으로 기도하면 가히 액을 면하리라
凡事可愼 落眉有厄 락미유액 범사가신 낙미의 액이 있으니 범사를 조심하라	險路己過 更逢泰山 험로기과 갱봉태산 험한 길은 이미 지났는데 다시 태산을 만난 운세라	妄生虛慾 徒傷心身 망생허욕 도상심신 망녕되이 허욕을 부리지 말라 한갓 심신만 상하는구나	雖有名譽 別無神奇 수유명예 별무신기 비록 명예가 생기나 별로 신기한 것이 없구나	妄動有害 守分則吉 망동유해 수분즉길 망녕되이 행동하면 해가 있고 분수를 지키면 길하리라

391

(38) 양인용상식격 (羊刃用傷食格)

양인용상식격은 신왕한데 재나 관이 없을 때는 상관식신이 용신이다.

一 신왕사주로 사람이 강직하고 박력감과 진취력이 강하며 책임감과 집념이 강하여 맡은 바 소임완수에 최선을 다하는 성격이다.

二 육친의 덕이 없으며 객지에서 자수성가할 팔자다. 매사를 진행함에 있어서 융통성이 적어서 원리원칙에 따르는 장점이 있다.

三 대인관계에 있어서는 자기주장과 의사를 관철하기 위하여 상대방의 의사를 존중하지 않는 경향이 있으니 이 점을 고쳐야 한다.

四 그리고 항상 은혜와 덕을 널리 베풀고 상대방이 어려운 처지에 있을 때 발벗고 도와주는 등 사회복지사업이나 자선사업에 임한다면 출세에 많은 도움이 있을 것이다.

五 부부간에 불화가 심하면 해로하기 어려우니 항상 부부화합을 위주로 가정생활을 이끌어 가야 한다.

六 직업으로는 언론, 출판, 교직, 문예계통이나 사업계통이 좋다.

七 여자도 남자와 다를 바가 없으며 사회활동이나 가정생활에 등한하므로 인하여 부부생활에 파경이 올까 염려된다.

① 사주의 예

丙申　壬日생인이 甲子수국에 癸水가 투출하니 丙火가 용
庚子　신이 될 것이나 용신이 미약할 때는 용신을 돕는
壬寅　것이 용신이라는 법칙으로 寅木이 용신이다.
癸卯

癸酉　土金으로 신왕하여 丙火로 용신코저 하나 무력하여
辛酉　부득이 癸水 상관으로 용신하니 水木운이 길하다.
庚戌
丙子

② 양인용상식격의 특징

● 좋은 운 = 상관 식신이나 재운이 길하다.
● 꺼리는 운 = 인수와 관살운이 불길하다.

신수평론비결

양인용상식격(羊刃用傷食格)
인수년월운세(印綬年月運勢)

귀인반해 수하신지 貴人反害 誰何信之	신지친우 이리상의 愼之親友 以利傷義	재불수신 구지부득 財不隨身 求之不得	외화내곤 화중지병 外華內困 畵中之餠	친우신지 은반위구 親友愼之 恩反爲仇
귀인이 오히려 나를 해하니 어느 누구를 믿을까	친한 벗을 삼가하라 재물로 인하여 상심할까 두려운 운세	재물이 몸에 따르지 않으니 구하여도 얻지 못한다	겉으로는 화려하나 속으로는 곤하니 그림안의 떡이로구나	친한 사람을 조심하라 은인이 도리어 원수가 되는 운세로다
계약매매 보증불리 契約賣買 保證不利	구설유수 명예손상 口舌有數 名譽損傷	시운불리 안분수구 時運不利 安分守舊	심신퇴산 상다허경 心身退散 常多虛驚	막계거사 손재불소 莫計巨事 損財不小
계약하거나 팔고 사는 것과 보증서는 것 모두가 불리하다	구설수가 있어 명예가 손상될까 두려우니 덕으로 화를 막아라	시운이 이롭지 못하니 분수를 지키고 새 일을 시작하지 말라	마음이 흐터지고 산란하니 항상 매사가 허실하고 두려운 운세	큰 일을 새로 계획하지 말라 손재가 적지 않구나
범사불리 제사주의 凡事不利 諸事注意	전정유험 수신제가 前程有險 修身齊家	상하불화 이귀천좌 移貴賤坐	입소용다 사다허황 入少用多 事多虛荒	막탄신고 초곤후태 莫嘆辛苦 初困後泰
범사가 불리하니 모든 일을 확인하고 주의하라	앞길에 험함이 있으니 수신제가에 소리하지 말라	상하가 불화하니 귀한 곳을 옮겨서 천한 곳으로 앉는 운세	들어오는 것은 적고 나가는 것이 많으며 일에 허황됨이 많은 운세	처음에 곤한 것을 한탄하지 말라 종내에는 형통하리라

양인용상식격(羊刃用傷食格)

비견비겁년월운세(比肩比劫年月運勢)

여인모사 피해막심 與人謀事 被害莫甚	물탐외재 반위손재 勿貪外財 反爲損財	범사다역 수심난면 凡事多逆 愁心難免	일득이실 손재비경 一得一失 損財非輕	의욕왕성 유의미취 意慾旺盛 有意未就
남과 더불어 동업하는 일은 삼가하라 그 피해가 막심하다	분수밖의 일을 탐하지 말라 도리어 손재수가 많구나	매사에 거역되는 일이 많으니 수심을 면하기가 어렵구나	하나를 얻고 둘을 잃어버리는 형상이니 그 손재가 가볍지 않구나	의욕은 왕성하나 뜻대로 매사가 이루어지지 않는 운세
용입사혈 기격비하 龍入蛇穴 其格卑下	여리춘빙 여답호미 如履春氷 如踏虎尾	구설분분 연고하사 口舌紛紛 緣故何事	유명무실 소영귀허 有名無實 所營歸虛	신부할족 불구사심 信斧割足 佛口蛇心
용이 뱀의 굴에 들어가니 그 격이 낮아지는구나	매사가 봄 어름을 밟는 형상이며 범의 꼬리를 밟는 운세라	구설수가 분분하니 이것이 무슨 연고인가	이름은 있으나 실속이 없으며 경영하자 하는 일은 매사가 허사로다	믿는 도끼에 발등 찍히는 형상이며 상대의 말은 부처의 말씀이나 속은 뱀의 마음
부부불화 매사인내 夫婦不和 每事忍耐	무단손재 형우지간 無端損財 兄友之間	수유묘계 불중나하 雖有妙計 不中奈何	사두무미 소망난성 사두무미 所望難成	육친무덕 도처유해 六親無德 到處有害
부부간에 불화수가 있으니 매사에 또 참아라	뜻밖의 손재수가 있으니 이것은 형제나 친구간의 원인이라	비록 묘한 계획이 있으나 이것이 적중하지 않으니 어이할고	일에 머리만 있고 꼬리가 없으니 매사 소망하기가 어렵구나	육친의 덕이 없으니 가는 곳마다 손해가 있구나

신수평론비결

양인용상식격(羊刃用傷食格)
상관식신년월운세(傷官食神年月運勢)

(5)	(4)	(3)	(2)	(1)
新築結社 投資擴張 신축결사 투자확장 신축하거나 회사를 설립하고 확장하는 것은 모두 길하다	貴人偶來 助我扶我 조아부아 귀인우래 귀인이 와서 우연하게 도와주고 부축하여 주니 이 아니 좋을까	凶化爲吉 仇反恩德 흉화위길 구반은덕 흉함이 화하여 길해 지고 원수가 변하여 은인이 되는 신수라	名利俱興 一家和睦 명리구흥 일가화목 이름과 재물운이 함께 일어나니 한 집안 이 화목하구나	久淨喜逢 喜悅滿面 구정희봉 희열만면 옛 정인과 친구를 만 나니 얼굴에 기쁨이 가득하구나
時運到來 所信進行 시운도래 소신진행	財祿豐饒 道德名高 도덕명고 재록풍요 도덕 명고 재록풍요 하니	萬物蘇生 旱天甘雨 한천감우 만물소생	春風和氣 金玉滿堂 금옥만당 춘풍화기	財祿兼全 所望如意 재록겸전 소망여의
때가 오고 좋은 운이 돌아오니 매사를 소신껏 진행하라	도덕과 이름이 높으니 재물과 관록이 풍요롭구나	칠년대한 가문 날에 단비가 내리니 만물이 소생하는구나	금옥이 집안에 가득 차고 봄바람의 화기 가 넘치는 운세라	재물과 관록이 겸전 하니 소망하는 바가 뜻과 같구나
積德之家 必有餘慶 적덕지가 필유여경	若非官祿 意外橫財 약비관록 의외횡재	意氣揚揚 意外成功 의외성공 의기양양	堂上膝下 意氣投合 당상슬하 의기투합	貴人來助 如龍得珠 귀인래조 여룡득주
덕을 쌓은 집안에는 반드시 경사가 넘치는 법이다	만약 관록이 아니면 뜻밖의 횡재수가 있 을 운세라	뜻밖에 성공하니 의 기가 양양하구나	위아랫사람의 마음 이 잘 화합하니 매사 가 형통할 수로다	귀인이 와서 나를 도 와주고 용이 여의주 를 얻은 운세로다

양인용상식격(羊刃用傷食格)
재년월운세(財年月運勢)

상생상응 명진사해 相生相應 名振四海	매사여의 불로이득 每事如意 不勞而得	곤이득재 제수회생 困而得財 除愁喜生	경제거래 최호지운 經濟去來 最好之運	조업무연 자수성가 祖業無緣 自手成家
서로 사랑하고 서로 도와주니 그 이름이 사해를 떨치는구나	매사가 뜻과 같으나 크게 노력하지 않아도 얻을 수가 있구나	곤고한 중에 재물을 얻으니 수심은 사라지고 기쁨이 생기는 구나	경제를 하는데는 가장 좋은 운세이니 용기를 가지고 진행하라	조상의 유산은 없으나 자수성가할 운이로다
필득형통 재진형통 필득거재 必得巨財 財進亨通	록중권고 명전사방 祿重權高 名傳四方	어유대천 기미양양 기미양양 魚遊大川 其尾洋洋	적소성대 만인앙시 積小成大 萬人仰視	축토득록 실반위득 逐兎得鹿 失反爲得
재물운이 형통하니 반드시 큰 재물을 얻을 운세이다	녹이 중하고 권세가 높아지니 그 이름이 사방에 떨칠 운세로다	고기가 큰 물을 얻었으니 그 꼬리가 양양한 운세라	적은 것을 쌓아서 큰 것을 이루니 만인이 우러러 보는 운세	토끼를 쫓다가 사슴을 얻었으니 잃은 것보다 얻은 것이 크구나
우순풍조 낙화결실 雨順風調 落花結實	구재여의 모사성취 求財如意 謀事成就	의기왕성 과감경영 意氣旺盛 果敢經營	소구대득 모사유길 小求大得 謀事有吉	구설시비 결과무구 口舌是非 結果無咎
비바람이 고르니 꽃이 떨어지고 열매를 맺는 운세이다	재물을 구함은 뜻과 같고 꾀하는 일은 잘 성취되는구나	의기가 왕성하니 매사를 과감하게 진행하라 경영에 성공할 수이다	적은 것을 구하려다 가 큰 것을 얻으며 꾀하는 일이다 길한 운세로다	구설시비수가 있으나 결과는 염려할 필요가 없다

신수평론비결

양인용상식격(羊刃用傷食格)
정관편관년월운세(正官偏官年月運勢)

약비관재 若非官災 膝下之厄 만약 관재구설수가 아니면 슬하의 액이 있을 운세이다	임강무도 欲渡不渡 臨江無渡 강에 도착하였으나 배가 없으니 강을 건널 수 없는 운세	건강유의 健康留意 疾病侵身 건강에 유의하라 질병이 몸에 들어올 운세로다	욕면재액 名山祈禱 欲免災厄 재액을 면하려면 명산을 찾아서 성심껏 기도하라	비조절익 飛鳥折翼 進退不知 날으는 새의 날개가 부러지니 진퇴를 알지 못하는구나
곤용재산 困龍在山 何望大海 곤한 용이 산에 있으니 어찌 큰 바다를 바라볼 수가 있으리요	외화내곤 外華內困 有名無實 겉으로는 화려하나 이름만 있고 실속은 없구나	물영타사 守分第一 勿營他事 힘에 넘치는 다른 일을 경영하지 말라 분수를 지킴이 제일이다	맹호함정 猛虎陷穽 有勇難施 맹호가 함정에 빠졌으니 용맹이 있어도 쓸때가 없구나	구사다처 別無所得 求事多處 구하는 곳은 많으나 별로 소득이 없다
막청감언 莫聽甘言 是非口舌 남의 달콤한 말을 듣지 말라 시비와 구설수로다	막탐외재 莫貪外財 口舌紛紛 밖의 재물을 탐하지 말라 구설수가 분분 하구나	서산락일 西山落日 去就未分 해는 져서 서산인데 그네가 갈 곳이 분명치 않은 운세	약비손재 因官致害 若非損財 만약 손재수가 아니면 관으로 인하여 손해를 볼 수라	심중유우 心中有憂 誰向可説 마음 속에 근심이 있으나 어느 누구를 향하여 속사정을 말하고

(39) 양인용재격 (羊刃用財格)

양인용재격은 인수나 비견 비겁이 많아 신왕한데 관살이 없을 경우는 재로 용신한다.

① 사주의 예

戊寅 甲木일생이 水木이 많아서 신왕하여 戊土재로 용신
乙卯 하니 火土운이 길하다.
甲戌
甲子

辛亥 壬日생인이 금수가 태왕하여 신왕하니 午中 丁화로
甲午 용신하매 火土운이 길하다.
壬子
辛亥

● 좋은 운 = 상관식신이나 재운이 길하고 사주원국에 병(病)이 많을 때는 관살운도 좋다.

● 꺼리는 운 = 인수나 비견 비겁운이 불길하다.

② 양인용재격의 특징

一 이 사람의 성격이 외유내강격으로 남보기에는 부드러운 듯 하나 마음속은 강직하여 의협심이 강하고 결단력이 대단하여 매사에 자신감이 앞선다.

二 직업으로는 재정 공무원이나 은행직이 좋으며 사업을 경영하는데도 남보다 능력이 뛰어나게 닦아 놓고 남의 선망의 대상이 되기도 한다. 〈단 대운의 흐름이 좋을 때〉

三 처복이 있어 결혼후부터 집안이 늘기 시작하였으며 어려운 일이 있을때는 처나 처가집과 상의하면 일이 잘 해결될 것이다.

四 항상 남을 위해 노력하는 마음과 행동이 필요하며 부하직원이나 친지의 어려움을 잘 돌보아주는 것이 결과적으로 나 자신을 위하는 것임을 명심하라.

五 남녀를 막론하고 부부궁이 좋지 않으니 항상 가정생활을 영위함에 있어서 화합을 위주로 하고 피차간의 의사와 인격을 존중하는 것이 부부생활의 파경을 막는 길이다.

양인용재격(羊刃用財格)
인수년월운세(印綬年月運勢)

前有高山 後有峻嶺 전유고산 후유준령	堂上有厄 健康留意 당상유액 건강유의	事多瓦解 此亦奈何 사다와해 차역나하	金錢去來 保證不利 금전거래 보증불리	親人反害 損財非輕 손재비경 친인반해
앞에는 높은 산이 있고 뒤에는 태산준령이 있구나	윗어른의 신병이 염려되니 건강에 유의하라	일에 와해가 많으니 이것이 어찌 된 일인가	금전을 거래하거나 보증서는 것은 모두가 불리한 운세라	친한 사람이 나를 해롭게 하니 그 미치는 손재가 적지 않구나
外華內困 外富內貧 외화내곤 외부내빈	得而多失 反不如無 득이다실 반불여무	貪慾不可 分守第一 탐욕불가 분수제일	經營投資 別無所得 경영투자 별무소득	枯木無春 開花難望 고목무춘 개화난망
겉으로는 화려하나 속은 곤하고 겉은 부자이나 속으로는 가난하다	얻는 것보다 잃는 것이 많으니 도리어 없는 것만 못하다	허욕을 탐하지 말고 분수를 지킴에 제일 좋다	사업을 경영함에 있어 투자하는 것은 별로 소득이 없을 수	고목은 봄이 없으니 꽃피는 것은 바라기 어려운 운세
求事難成 事有多滯 사유다성 구사난성	世事無味 度日如年 세사무미 도일여년	事不如意 心多煩悶 사불여의 심다번민	身運否塞 勿營他事 신운부색 물영타사	莫計巨事 有意未成 유의미성 막계거사
일에 막힘이 많으며 구하는 일은 이루어 지지 않는 운세로다	세상일이 재미가 없으니 하루를 보냄이 달과 해 같구나	일이 여의치 못하니 마음에 번민함이 많은 운세이다	신운이 비색하니 다른 일을 절대로 경영하지 말라	뜻은 있으나 이루어 짐이 없는 운세이니 큰 일을 계획하지 말라

양인용재격(羊刃用財格)
비견비겁년월운세(比肩比劫年月運勢)

狂風忽作 落花紛紛 광풍이 홀연히 일어나니 낙화가 분분하매 수심이 가득한 운세	經營不進 到處損財 경영하는 일에 진전이 없으니 도처에서 손재만 보는구나	反爲失敗 莫出過慾 지나친 욕심을 부리지 말라 오히려 실패할까 두렵구나	詐欺背信 盜難紛失 도난과 분실수가 있고 남으로부터 사기 배신을 당할 운세라	勿作他營 守舊安常 다른 일을 경영하지 말고 옛것을 지키고 편안히 있는 것이 상책이다
意氣旺盛 事無頭序 의기는 왕성하나 모든 일에 앞뒤가 없는 운세로다	莫信兄友 結果不美 형제나 친구와 친한 사람을 믿지 말라 결과는 불미하다	口舌侵身 不宜爭訟 구설침신 어 송사수가 몸에 비치어 송사수가 있으니 대항하지 말고 참아라	夫婦不和 若無損財 부부불화 만약 손재수가 아니면 부부간에 불화할수라	財物去來 保證不可 재물거래 보증불가 큰 돈의 거래와 남의 보증서는 것은 일체 불리하다
推車上山 努力無功 추차상산 노력무공 수레를 밀어 산에 오르니 노력은 하였으나 공이 없구나	欲飛難飛 身數奈何 욕비난비 신수나하 날려고 하나 날지 못하는 형상이니 신수가 비색함을 어찌하랴	與人同業 損失可畏 여인동업 남과 더불어 동업하는 일은 손재수가 있을까 두렵구나	世事浮雲 誰說內情 세사부운 수설내정 세상일이 뜬구름과 같으니 어느 누구에게나 나의 속사정을 말할까	祈禱名山 可免此厄 기도명산 가면차액 可免此厄 명산을 찾아가서 기도하면 이 액을 가히 면할 수가 있으리라

신수평론비결

양인용재격(羊刃用財格)
상관식신년월운세(傷官食神年月運勢)

춘회남국 백화경발 春回南國 百花競發	소망달성 물식전진 勿息前進 所望達成	화천용출 매사순성 貨泉湧出 每事順成	순풍괘범 전도무애 順風掛帆 前途無碍	길성조문 귀인부신 吉星照門 貴人扶身
봄이 남국으로 돌아오니 백가지 꽃이 투어 피어나는 운세이다	쉬지 말고 전진하라 소망하는 바를 반드시 달성할 것이다	돈이 샘에서 물나오듯 하는 운세이니 매사가 뜻대로 성취된다	순풍에 돛을 다니 앞길이 구애됨이 없이 매사가 형통할 수 있다	길성이 집안을 비추니 귀인이 와서 나를 도와주는구나
도처춘풍 만물개환 到處春風 萬物皆歡	상하화합 하사불성 上下和合 何事不成	재수대통 필유횡재 財數大通 必有橫財	행운기회 복록자래 幸運己回 福祿自來	재록겸전 도처진명 財祿兼全 到處振名
가는 곳마다 봄바람이니 만물이 다 기뻐하는 운세로다	위 아랫사람들이 화합하니 어찌 일이 이루어지지 않으랴	재수가 대통하니 반드시 횡재수가 있으리라	행운이 돌아오니 복록이 스스로 찾아오는 운세로다	재물과 관록이 겸전하였으니 도처에 이름을 떨치는구나
재취여산 굴토성산 財聚如山 掘土城山	흉화위길 희열만면 凶化爲吉 喜悅滿面	경영확장 투자개길 經營擴張 投資皆吉	선득대리 후득안정 先得大利 後得安靜	점득생기 사중구생 漸得生氣 死中求生
재물이 산과 같고 흙을 파서 산을 만드는 형상이니 매사가 형통할 수	흉함이 화하여 길해지니 얼굴에 기쁨이 가득하구나	경영하는 사업을 확장하고 투자하는 것은 다 길한 운세다	먼저 큰 이익을 얻고 뒤에는 안정하는 운세라	점점 생기를 얻으니 사지에서 다시 살아나는 운세로다

401

양인용재격(羊刃用財格)
재년월운세(財年月運勢)

복거왕지 수롱억금 福居旺地 手弄億金	한곡회춘 필시풍년 寒谷回春 必是豐年	경영지사 인인성사 經營之事 因人成事	용득대해 조화무궁 龍得大海 造化無窮	만리변성 영웅성공 萬里邊城 英雄成功
복덕에 왕지를 띄우니 손에 큰 재물을 쥘 운세로다	추운 산골에 봄이 돌아오니 반드시 풍년을 기약하는 운세라	경영하는 일은 사람으로 인하여 뜻대로 성사되는 운세로다	용이 큰 바다를 얻었으니 그 조화가 비상하구나	만리변성에서 영웅이 성공하는 운세이니 매사가 뜻대로 성취될 수
약비관록 필득양배 若非官祿 必得良培	백사구순 길사중중 百事俱順 吉事重重	소망지사 필유성취 所望之事 必有成就	백사성취 희만가정 百事成就 喜滿家庭	출장입상 만사여의 出將入相 萬事如意
만약 관록이 아니면 반드시 좋은 배필을 만날 수라	백가지 일들이 순리대로 풀리는 운세이니 길한 경사가 거듭 생긴다	소망하는 일은 반드시 성취될 수이다	백가지 일들이 잘 성취되어 나가니 집안에 기쁨이 가득하구나	나가면 장수요 오면 정승이니 만사가 여의하다
의외귀인 우래조력 意外貴人 偶來助力	가운왕성 귀인조아 家運旺盛 貴人助我	약비득재 관록수신 若非得財 官祿隨身	록중권고 차외하망 祿重權高 此外何望	용등천문 영귀가지 龍登天門 榮貴可知
뜻밖의 귀인이 우연히 와서 나를 도와주는구나	집안 운세가 왕성하니 귀인이 와서 도와주는 연고이다	만약 재물을 얻지 않으면 관록이 따를 수라	재물과 관록이 점점 높아지니 이밖에 무엇을 더 구할고	용이 천문에 오르니 부귀영화를 누릴 운세로구나

신수평론비결

양인용재격(羊刃用財格)
정관편관년월운세(正官偏官年月運勢)

錦衣還鄉 所願成就 금의환향 소원성취	造化無雙 渴龍得水 조화무쌍 갈용득수	意外榮貴 上下相信 상하상신 의외영귀	權在四方 到處春風 권재사방 도처춘풍	官祿隨身 昇進榮轉 승진영전 관록수신
소원을 성취하여 금의환향하는 운세이다	목마른 용이 물을 얻었으니 그 조화가 무쌍하구나	상하가 서로 믿으니 뜻밖에 영화와 부귀를 누릴 운세	권세가 사방에 있으니 도처에 춘풍이로구나	관록이 몸을 따르니 승진하거나 영전할 수라
賀客滿堂 財祿興旺 재록흥왕 하객만당	所望如意 官貴扶身 관귀부신 소망여의	名高四方 衆人羨望 명고사방 중인선망	終得大魚 垂釣滄波 수조창파 종득대어	子孫慶事 若非榮貴 약비영귀 자손경사
재물과 관록이 흥왕하니 축하객이 집안에 가득한 운수	귀한 관인이 나를 도와주니 소망하는 바가 뜻대로 성취되는구나	이름이 사방에 떨치니 마침내 큰 고기를 얻은 운세라	낚시를 창파에 던지니 마침내 큰 고기를 얻은 운세라	만약 높은 벼슬을 얻지 않으면 자손의 경사수라
滿室春風 安分樂道 안분락도 만실춘풍	君臣會坐 太平宴席 태평연석 군신회좌	偶然名醫 三年病客 삼년병객 우연명의	與人同謀 百事俱吉 여인동모 백사구길	此外何望 財祿丘山 재록구산 차외하망
분수를 지켜 도를 즐기며 봄바람이 집안에 가득하매 아니 좋을소냐	태평연석에 임금과 신하가 한자리에 모여 앉은 현상이니 큰 경사수라	삼년이나 병들어 앓던 병객이 명의를 어쩌어 병을 고친 운세이다	남과 같이 하는 일은 백가지 일들이 다 잘 성사될 수이다	재물과 관록이 산과 같으니 이밖에 무엇을 더 바라리요

(40) 양인용관격 (羊刃用官格)

양인용관격은 인수나 비견 비겁으로 신왕한데 상관이나 재가 없을때는 관살로 용신한다.

① 사주의 예

庚申
己卯
甲寅
丁卯

甲木日生인이 신왕하여 庚金으로 용신하니 土金운 이 길하다.

甲寅
丁卯
甲辰
庚午

甲일생이 寅卯辰木局에 甲木이 투출하여 신왕하여 庚金으로 용신하니 土金운이 길하다.

● 좋은 운 = 재운과 관운이 길하다.
● 꺼리는 운 = 인수나 비견 비겁운이 불길하고 상관 식신운도 좋지 않다.

② 양인용관격의 특징

一 명문대가 가문의 후의로 출생하여 아무 어려움이 없이 부모의 사랑을 받고 성장하였으며 큰 희망과 야망을 가지고 세파에 시달리면서 자수성가할 팔자이다.

二 투철한 사명감과 준법정신이 강하니 항상 윗사람의 사랑을 독차지하고 상사의 주선과 인도로 출세길 또한 빠르니 남으로부터 부러움을 받는 대상이 되기도 한다.

三 직업으로 상경계가 좋으며 관계 또한 적성에 맞아 가정일보다는 직장생활에 더 열중하는 편이다.

四 사주가 신왕하니 배짱좋고 뚝심이 있으니 어떤 일에 착수하면 결과를 보고야 마는 인내력과 업무추진 능력 또한 강하다.

五 용신이 관살이니 정치 군인이나 형권을 잡는 직장을 선택한 다면 일찍 출세가도를 달리며 그 이름이 천하에 떨칠 것이다. 〈단, 대운의 흐름이 좋을 때〉

六 남녀를 막론하고 자손궁과 부부궁은 좋은 관계로 부부 특히 여자는 사회활동으로 가정을 등한하게 하는 관계로 부부 불화관계가 염려되니 부부화합을 위주로 생활하여야만 파경을 면할 수 있음을 명심하여야 한다.

404

신수평론비결

양인용관격(羊刃用官格)
인수년월운세(印綬年月運勢)

雪滿春山 草木不生 설만춘산 초목불생	文卷關聯 保證不可 문권관련 보증불가	新築結社 賣買保留 신축결사 매매보류	因人成事 計巧達成 인인성사 계교달성	貴人來助 財利可得 귀인래조 재리가득
눈이 봄산에 가득하니 초목이 자라날 수가 없는 형상이다	문서에 관련된 보증은 서지 말라 결과는 불미하다	신축하거나 회사를 설립하고 매매하는 것은 보류하는 것이 좋다.	사람으로 인하여 성공할 수로 계획한 일 이 성사될 운세	귀인이 와서 나를 도와주니 재물과 이익이 가득할 운세로다
有名無實 外華內困 유명무실 외화내곤	凡事多逆 愁心難免 범사다역 수심난면	貴人反害 誰何信之 귀인반해 수하신지	正心積善 財祿自旺 정심적선 재록자왕	若逢貴人 官祿隨身 약봉귀인 관록수신
이름만 있고 실속이 없으며 겉은 화려하나 속은 곤하구나	매사가 거슬리고 뜻대로 성취되지 않으니 수심을 면하기가 어렵구나	귀인이 도리어 나를 해치니 어느 누구를 믿을고	마음을 바르게 하고 덕과 선을 쌓으니 재록이 스스로 왕성해진다	만약 귀인을 만나면 관록이 따라올 수로구나
所望不成 事無頭緖 소망불성 사무두서	莫計巨事 必有損財 막계거사 필유손재	意慾旺盛 欲飛難飛 의욕왕성 욕비난비	今當吉運 所願成就 금당길운 소원성취	意氣旺盛 勿息前進 의기왕성 물식전진
일에 두서가 없으니 소망하는 바를 이루기가 어렵구나	큰 일을 계획하지 말라 반드시 손해가 있을까 염려된다	의욕은 왕성하여 날고자 하나 날을수가 없으니 운수소관이라	이제서야 길운을 만나니 소원을 성취하는구나	의기가 왕성한 운세이니 쉬지말고 전진하라

405

양인용관격(羊刃用官格)
비견비겁년월운세(比肩比劫年月運勢)

內外不和 家庭風波 내외불화 가정풍파 부부간에 불화하니 가정풍파가 염려되는구나	收支不均 入小用多 수지불균 입소용다 들어오는 것보다 쓰는 것이 더 많으니 지출과 수입이 맞지 않는다	求而不得 身數奈何 구이부득 신수나하 구하고자 하나 구하지 못하니 신수가 불길한 것을 어찌하리요	此長被短 勿與人爭 차장피단 물여인쟁 매사가 잘맞지 않은 운세이니 남과 다투지 말라 손재수라	雖有妙計 不中奈何 수유묘계 부중나하 비록 묘한 계교는 있으나 적중하지 않으니 어찌하리요
經營不實 愁心不絶 경영부실 수심부절 경영하는 일이 부실하니 수심이 끊이질 않는구나	親人反害 敬以遠之 친인반해 경이원지 친한 사람이 해를 끼치니 겉으로는 존경하고 속으로는 멀리하라	勿營他事 分守第一 물영타사 분수제일 다른 사업을 경영하지 말라 분수를 지킴이 제일이라	深山幽谷 指路者誰 심산유곡 지로자수 심산유곡에서 길을 잃었으니 어느 누가 길을 가르쳐 줄까	兄友之事 結果不美 형우지사 결과불미 형제나 친구로 인하여 결과가 좋지 못하다
損財莫甚 莫近酒色 막근주색 손재막심 주색을 조심하라 그 손재수가 막심하구나	反爲損財 勿貪外財 물탐외재 반위손재 분수 밖의 재물을 탐하지 말라 도리어 손재를 면키 어려운 운세다	莫貪財利 一得二失 막탐재리 일득이실 재물을 탐하지 말라 하나를 얻고 둘을 잃는 운세이다	雖有勞苦 徒勞無功 수유로고 도로무공 비록 노력은 하였으나 노력만 있을뿐 공이 없는 운세이다	必有失敗 與人同業 여인동업 필유실패 남과 동업하는 일은 결과적으로 실패함이 있으리라

신수평론비결

양인용관격(羊刃用官格)
상관식신년월운세(傷官食神年月運勢)

辛苦難堪 萬里遠程 辛苦難堪	相互不信 下剋之上 相互不信	心身散亂 事不從心 心身散亂	官災可畏 勿爲妄動 官災可畏	束手無策 平地風波 束手無策
만리 원정에 피로움을 견디기 어려운 운세로다	아랫사람이 윗사람한테 덤벼드니 서로가 불신하는 운세다	일이 마음과 같지 않으니 심신이 산란하구나	망녕되히 움직이지 말라 관재수가 가히 두렵구나	평지의 풍파가 일어나 어찌 할 방도가 없는 운세로다
坐不安席 焦燥恐怖 坐不安席	官災口舌 若非爭鬪 官災口舌	有險不進 驗路馳馬 有險不進	下人之事 吾之責任 下人之事	致誠名山 損財口舌 致誠名山
매사에 항상 초조하고 공포 속에서 허덕이며 앉은 자리가 편치 못하다	만약 남과 싸우지 않으면 관재구설수로다	험한 길에 말을 달리니 앞길이 험하여 나아가지 못하는 운세이다	아랫사람의 과오가 나의 책임이 되는구나	손재와 구설수가 있으니 명산을 찾아서 성심으로 기도하라
離職生覺 職場怠慢 離職生覺	更逢泰山 險不已過 更逢泰山	膝下有厄 若非身病 膝下有厄	事如浮雲 無頭無尾 事如浮雲	經營不實 入小用多 經營不實
직장이 싫어져서 태만하여지고 직장을 떠날 생각뿐이로구나	험한 곳을 이미 지났으나 다시 태산준령을 만난 운세다	약비신병이 아니면 자손의 액이 있을수로다	대가리도 없고 꼬리도 없으니 세상일이 뜬 구름과 같구나	들어오는 것은 적고 나가는 것은 많으니 경영하는 사업이 부실하구나

양인용관격(羊刃用官格)
재년월운세(財年月運勢)

1	2	3	4	5
제수희생 만사여의 除愁喜生 萬事如意	천지조열 감우대지 天地燥熱 甘雨大地	길인천우 자유복록 吉人天祐 自由福祿	귀인래조 하불성사 貴人來助 何不成事	록중권고 인인래하 祿重權高 人人來賀
근심은 사라지고 기쁨이 생기니 만사가 뜻과 같구나	비가 오지 않아 천지가 조열한데 단비가 대지를 적시는구나	길한 사람은 하늘이 돕는지라 스스로 복록이 따르는구나	귀인이 와서 도와주니 어찌 일이 이루어지지 않으랴	관록이 점점 높아지니 사람마다 축하를 하여주는 운세라
재소복래 재록수신 災消福來 財祿隨身	동분서주 유명유재 東奔西走 有名有財	적소성대 굴정득금 積小成大 掘井得金	소신진행 만사형통 所信進行 萬事亨通	이소역대 이소왕래 以小易大 以小往來
재앙은 사라지고 복이 오며 재물과 관록이 따르는 운세로다	동서로 분주하니 이름도 있고 재물도 얻는구나	적은 것을 쌓아서 큰 것을 이루고 샘을 파서 금을 얻는 운세라	소신껏 매사를 진행하라 만사가 형통할 수로다	적은 것으로 큰 것을 바꾸고 적은 것은 가고 큰 것이 오는구나
약비관록 횡재지수 若非官祿 橫財之數	승진영전 금의환향 昇進榮轉 錦衣還鄉	천강감우 지유감천 天降甘雨 地有甘天	유권유재 갱유하망 有權有財 更有何望	가정화평 경사중중 家庭和平 慶事重重
만약 관록이 아니면 횡재할 운세로다	승진과 영전으로 금의환향하는 운세로다	하늘에서는 단비가 내리고 땅에서는 샘물이 솟는 운세로다	권세도 있고 돈도 있으니 더 이상 무엇을 더 바랄고	집안이 화합하고 경사가 거듭 생기는 운세로다

양인용관격(羊刃用官格)
정관편관년월운세(正官偏官年月運勢)

신수평론비결

十年積功 今時成事	凶化爲吉 官貴扶身	與人同事 利盛甚多	成功萬里 男兒得意	運數亨通 事事如意
십년동안 공을 드리니 이제서야 성사되는 운세라	흉함이 화하여 길해지고 귀한 관이 나를 도와주는구나	남과 동업하면 이익이 심히 많을 운세라	공을 만리 밖에서 이루니 남아가 큰 뜻을 얻는구나	운수가 형통하니 일마다 뜻과 같이 성사되는구나
官祿隨身 子孫慶事	大鵬振翼 雲路萬里	細流歸海 積少成大	七年大旱 喜逢甘雨	暗中行人 偶得明燭
관록이 몸을 따르고 자손의 경사수라	큰 붕새가 날개를 펼치니 구름길 만리를 날으는구나	작은 물이 바다로 모이고 적은 것을 쌓아서 큰 것을 이룬다	칠년 대한 가문날에 기쁘게 단비를 만나는 운세로다	어두운 길을 가는 나그네가 우연히 밝은 등촉을 얻었구나
名播遠近 所願成就	若非官祿 橫財之數	吉神垂祐 每事如意	淘沙見金 琢石得玉	上下和合 歡聲通隣
이름이 원근에 떨치니 소원성취할 운세로구나	만약 관록이 아니면 횡재할 운세로다	길신이 도우니 매사가 뜻하는 대로 성취되는구나	모래를 일어 금을 얻고 돌을 쪼아서 옥을 얻는 운세라	상하가 화합하니 기쁜 소리가 이웃까지 들리는구나

(41) 건록용인격 (建祿用印格)

건록용인격은 월지에 록을 놓고 상관식신이나 관살이 많을 때는 인수용신한다.

① 사주의 예

庚申
辛巳
丙寅
壬辰

신약한데 인목으로 통관용신(通關用神)하니 木火운이 길하다.

辛酉
辛卯
乙巳
癸未

乙木이 卯月에 득령(得令)하였으나 巳午화국에 사주원국이 너무 조열하고 칠살이 태왕하여 癸水로 인수용신하니 살인상생격이 되어서 水木운이 길하다.

- ● 좋은 운 = 인수나 비견 비겁운이 길하고 인수용신이 약할 때는 관살운이 길하다.
- ● 꺼리는 운 = 상관 식신이나 재운이 불길하며 용신 허약할 때는 견겁운이 설기태심하니 꺼리게 된다.

② 건록용인격의 특징

一 신약사주이니 사람의 근본이 뚜렷하나 매사에 의지가 약하니 자립심을 길러야 하고 장남이 아니더라도 부모를 모시면 세상을 살아나가는데 많은 도움이 될 것이다.

二 어떤 어려움이 있을 때는 부모님이나 은사에게 자문을 구하면 일이 잘 해결될 것이다.

三 만약 사업을 한다면 친구나 형제와 같이 동업을 하게 되면 혼자 하는 것보다 성공길이 빠를 것이다.

四 직업으로는 교육계통이 좋으면 공직에 근무한다고 하더라도 그 기관의 연수원이나 직원을 교육시키는 업무를 담당하면 출세도 빠를 것이다.

五 항상 공부하고 연구하여야 살아간다는 비장한 각오를 가지고 손에서 책을 놓지 말라. 바로 이것이 출세의 지름길이다.

六 재정, 상경계통은 불리하고 재물을 탐하면 명예가 손상되니 특별히 여자와 주색을 멀리하여야 함을 명심하라.

七 여자도 남자와 다를 바가 없으나 시모와 불화할 팔자이니 매사를 참고 시부모를 존경하고 모시는 일에 감사히 생각하고 효부가 된다는 각오를 가진다면 부부간 화합과 가정의 행복은 반드시 보장될 것임을 명심하라.

신수평론비결

건록용인격(建祿用印格)
인수년월운세(印綬年月運勢)

삼양회태 우순풍조 三陽回泰 雨順風調	인인성공 만인선망 因人成功 萬人羨望	재리구길 만면화기 財利俱吉 滿面和氣	관록수신 가도화락 官祿隨身 家道和樂	시운도래 어약용문 時運到來 魚躍龍門
삼양이 돌아와 비바람이 순조로우니 매사가 형통할 수로다	사람으로 인하여 성공하니 만사람이 부러워하는 운세라	재물과 이익이 다갖추어진 운세로 얼굴에 화기가 가득하구나	관록이 몸을 따르니 집안이 화락하구나	때가 오고 운이 이르니 고기가 용문에 오르는 운세라
유재유권 만사순성 有財有權 萬事順成	용득명주 필득성공 龍得明珠 必得成功	귀인항조 이재기중 貴人恒助 利在其中	여인동사 백사구길 與人同事 百事俱吉	소왕대래 일실이득 小往大來 一失二得
재물도 있고 권세도 있으니 만사가 뜻과 같이 순리대로 성사된다	용이 여의주를 얻었으니 반드시 성공할 것이로다	귀인이 항상 도와주니 이익이 그 가운데 있구나	남과 더불어 동업하면 백가지 일이 다 잘 풀릴 것이로다	적은 것은 가고 큰 것이 오고 하나를 잃고 둘을 얻는 운세로다
이인동심 하사불성 二人同心 何事不成	록중권고 입신양명 祿重權高 立身揚名	갈자득음 기자득식 渴者得飲 飢者得食	소망여의 모산순성 所望如意 謀山順成	부창부수 가도흥왕 夫唱婦隨 家道興旺
두 사람의 마음이 잘 맞으니 어찌 일이 성사되지 않으랴	재물과 권세가 점점 높아지니 입신양명할 운세로구나	목마른 자가 물을 얻고 굶주린 자가 음식을 얻은 운세	소망하는 바가 뜻과 같이 꾀하는 일이 잘 성사될 수이다	남편이 부르니 부인이 따르고 거역함이 없으니 가도가 흥왕하는 운세

건록용인격(建祿用印格)
비견비겁년월운세(比肩比劫年月運勢)

재자천래 횡재지수 財自天來 橫財之數	심신안락 귀인상대 心身安樂 貴人相對	구토득록 소구가람 求兎得鹿 所求可濫	투자확장 자유자재 投資擴張 自由自在	형우지덕 매사순조 兄友之德 分事順調
재물을 하늘에서 내리니 횡재할 수라	심신이 안락하니 항상 귀인만 만나게 되는 운세라	토끼를 구하려다가 사슴을 구하니 구하는 바가 넘치는구나	투자하고 확장하는 것은 자유자재로 크게 길한 운세이다	형제나 친구로 인하여 경영하는 일 매사가 순조롭구나
귀인상조 복록비경 福祿非輕	뇌인성공 필유명리 賴人成功 必有名利	길운래도 제수희생 吉運來到 除愁喜生	시승적덕 재록흥왕 時乘積德 財祿興旺	귀인내조 수롱억금 貴人來助 手弄億金
귀인이 서로 도우니 복록이 가볍지 않구나	남으로 인하여 성공하니 이익이 반드시 이름과 이익이 빛나리라	길운이 돌아오니 근심은 사라지고 기쁨이 돌아오는구나	때를 만나고 덕을 쌓은 재록이 흥왕한 운세	귀인이 와서 도와주니 큰 금을 얻을 운세로구나
명재재록 도처춘풍 名在財祿 到處春風	굴정득금 적토성산 掘井得金 積土城山	행봉귀인 모사여의 幸逢貴人 謀事如意	소영지사 필시성공 所營之事 必是成功	의기남아 하사공구 意氣男兒 何事恐懼
재물과 관록이 따르는 운세이니 가는 곳마다 봄바람이로구나	샘을 파다가 금을 얻고 흙을 쌓아서 성을 이루는구나	다행히 귀인을 만나 꾀하는 일이 뜻과 같이 성사될 수	경영하는 일들은 반드시 성공할 운수라	의기와 용기가 꽉차 있는 남자가 무슨 두려운 일이 있으랴

신수평론비결

건록용인격(建祿用印格)
상관식신년월운세(傷官食神年月運勢)

春光不到 草木不長	不安焦燥 何處依持	上下不調 每事多滯	進退不知 心事散亂	莫行是非 口舌訴訟
아직 봄이 오지 않으니 초목이 자랄수가 없는 운세로다	불안하고 초조하니 어느 곳에다 의지할고	상하가 조화를 이루지 못하니 힘이 많은 매사가 막 운세이다	나아가고 물러섬을 알지 못하니 그 심사가 산란하구나	남과 시비하지 말라 구설과 소송이 있을 운세라
莫信人言 甘言利設	少女謀害 其害非輕	東奔西走 勞而無功	經營不實 收支不均	有志未就 徒傷心身
남의 말을 믿지 말라 전부가 감언이설이다	시비와 구설수가 있으니 그 해가 적지 않구나	동분서주하고 노력은 하였으나 공이 없구나	경영하는 사업이 부실하니 수입과 지출이 어긋나는구나	뜻은 있으나 이루어짐이 없으니 한갓 심신만 상하는구나
慾巧反拙 事不如意	忍耐爲上 萬事之中	諸事無謀 有意未就	每事倦怠 離職生覺	莫嘆初困 晩時生光
교묘하게 하려다가 도리어 졸열하여지니 일이 뜻과 같지 않구나	만사지중 인내위상 만사 중에서 항상 참는 것이 제일이라	제사무모 유의미취 모든 일에 꾀가 없으니 뜻은 있으나 성취하기가 어렵구나	매사에 권태를 느끼니 직장을 버릴 생각뿐인 운세라	처음에 곤고한 것을 탄식하지 말라 늦게 서야 빛이 나리라

413

건록용인격(建祿用印格)
재년월운세(財年月運勢)

재인상쟁 신운부색 財印相爭 身運否塞	비리지재 기해막심 非理之財 其害莫甚	고부불화 입장난처 姑婦不和 入場難處	신축결사 문서지해 新築結社 文書之害	수유생재 득이반실 雖有生財 得而半失
재물과 문서와 여자를 조심하라 신운이 비색하니 매사 확인후 시행하라	옳지 못한 재물을 탐하지 말라 그 해가 막심하다	고부간에 불화하니 입장이 난처하구나	신축하거나 회사를 설립하고 문서를 다루는 것은 불리하다	비록 재물은 생기나 얻어서 반은 잃는구나
재운봉공 막구재리 莫求財利 財運逢空	시탐재리 결과불미 莫貪財利 結果不美	시상미가 물생허욕 時尙未可 勿生虛慾	물영타사 분수제일 勿營他事 分守第一	가유불상 예선기도 家有不祥 豫先祈禱
재운에 공망이 맞은 형상이니 재물을 구하지 말라	여자와 재물을 탐하지 말라 결과가 불미하다	때가 오히려 불가하니 허욕을 탐하지 말라	다른 일은 경영하지 말라 분수를 지키는 것이 제일이다	집에 상서롭지 못함 이 있으니 깊은 산에 가서 미리 기도하라
막근주색 명예손상 莫近酒色 名譽損傷	막청감언 유해무익 莫聽甘言 有害無益	성사재천 불가강구 成事在天 不可強求	수신안분 재해불침 修身安分 災害不侵	신지도적 실물가외 愼之盜賊 失物可畏
주색을 가까이 하지 말라 반드시 명예가 손상될 것이다	남의 단 말은 듣지 말라 해만 있고 이익 이 없으리라	성사는 하늘의 뜻이지 억지로는 구하지 못하는 것이다	몸을 수도하고 분수를 지키면 재앙이 침노치 않을 것이로다	도적을 조심하라 실물수가 두렵구나

건록용인격(建祿用印格)
정관편관년월운세(正官偏官年月運勢)

건마도전 蹇馬到店 제수희생 除愁喜生	근검불해 勤儉不懈 가득대재 可得大財	여인동사 與人同事 사반공배 事半功培	거구생신 去舊生新 백사여의 百事如意	적덕지가 積德之家 필유여경 必有餘慶
절록거리는 말이 주막에 도착하였으니 근심은 사라지고 뻠이 생기는구나	항상 부지런하여 성실하고 해이하지 않으니 가히 큰 재물을 얻을 수	남과 더불어 경영하면 일은 반이나 공은 갑절이나 될 수	옛 것은 버리고 새 것이 생기니 백사가 뜻과 같은 운세라	덕을 쌓은 집안은 반드시 경사수가 있는 법이다
운권청천 雲捲靑天 일월상명 日月相明	관록수신 官祿隨身 소망여의 所望如意	귀성조신 貴星照身 재록풍만 財祿豊滿	도처재록 到處財祿 명진사해 名振四海	지성감천 至誠感天 소원필성 所願必成
구름이 청천에 걸히니 해와 달이 서로 광채를 내는 운세라	관록이 몸을 따르니 소망하는 바가 뜻과 같구나	귀성이 나를 도우니 재물과 관록이 풍만한 운세로다	가는 곳마다 재록이 가득하니 그 이름이 사해를 떨칠 수로다	지성이면 감천이라 반드시 소원하는 바를 성취하리라
관귀부신 官貴扶身 만사형통 萬事亨通	상하화합 上下和合 도처춘풍 到處春風	약비관록 若非官祿 자손경사 子孫慶事	흥화위길 凶化爲吉 필유경사 必有慶事	남아득의 男兒得意 록중권고 祿重權高
귀한 관인이 나를 도와주니 만사가 형통할 운세로다	상하가 서로 화합하니 가는 곳마다 봄바람이로구나	만약 관록이 아니면 자손의 경사수가 있다	흥함이 화하여 길해지니 반드시 경사가 있을 수로다	남아가 득의하니 재물과 관록이 점점 높아지는구나

(42) 건록용겁격 (建祿用劫格)

건록용겁격은 월지에 록을 놓고 신약한데 재살이 태왕할 때 비견 비겁으로 용신한다.

① 사주의 예

戊寅 壬日生인이 亥月에 득록하였으나 癸水가 戊癸로 합
癸亥 거하였으니 신약하여 壬水로 용신하여 金水운이 길
壬戌 하다.
壬寅

甲戌 壬日主가 상관태왕(傷官太旺)으로 신약하여 강화
乙亥 위약(强化爲弱)이 되었다. 고로 비겁용신하니 金
壬寅 水운이 길하다.
癸卯

- **좋은 운** = 인수나 비견 비겁운이 길하며 관살이 많아서 용신 이 미약할 때는 상식운은 약운이 되어서 좋다.
- **꺼리는 운** = 재운과 관살운이 불길하며 용신이 약할 때 상식 운은 용신이 설기태심하여 꺼리게 된다.

② 건록용겁격의 특징

一 월지에 록을 놓았으니 겉으로는 강한 것 같으나 심성이 착하고 허약하니 매사에 끝을 보지 못하며 도중에서 포기하게 되고 직장생활도 이리 저리 바꾸어 보았으면 하는 것이 그대의 솔직한 심정이다.

二 매사에 임하면 끝을 보고야 만다는 강인한 정신을 구현하는 데 최선을 다하여야 한다. 이러한 결심이 없다면 실패를 면 치 못할 것이다.

三 육친의 덕이 없어 객지에서 자수성가할 팔자요. 어떤 일에 막힘이 있을 때는 형제나 친구의 도움을 청하면 잘 해결될 것이니 당황하지 말고 침착하게 행동하라.

四 평소에 많은 사람에게 덕과 은혜를 베풀어서 내 사람으로 만 들어라. 지나친 고집과 자만심은 결과적으로 손해만 볼 뿐 이익이 없음을 명심하라.

五 친구와 화합하고 종친회. 동창회. 계모임 등을 많이 가져 서 사람들을 많이 알게 되고 사귀게 됨이 그대의 힘이 되고 출세길에 도움이 될 것이다. 이것은 신약 사주가 되어서 남 의 힘을 끌어 모이게 되는 원리이다.

六 부부간의 불화가 예상되니 절대로 주색을 삼가해야 한다.

七 여자도 남명과 대동소이하나 사회활동에 집념이 강하니 자연 가정생활에 등한하게 되므로 부부간에 불화로 파경에 임할까 염려된다. 가정을 위주로 부부화합에 최선을 다하고 시가의 일이라면 발벗고 덤벼든다는 각오로 임한다면 가정의 행복은 자연 보장될 것임을 명심하기 바란다.

건록용겁격(建祿用劫格)
인수년월운세(印綬年月運勢)

필시귀인 소원성취 必是貴人 所願成就	금옥만당 춘풍화기 金玉滿堂 春風和氣	상하조화 만사형통 上下調和 萬事亨通	승진진학 소원성취 昇進進學 所願成就	구재여의 모사성취 구재성취 求財如意 謀事成就
반드시 귀인의 도움으로 인하여 소원성취하리라	금옥이 집안에 가득 차고 봄바람에 화기가 도는 운세이다	상하가 조화를 이루니 만사가 형통할 운세라	승진하고 진학하는 것은 소원하는 대로 성취되는구나	재물을 구하매 매사 여의하고 모든 일이 뜻대로 성취될 수라
구한지여 홀봉감우 久旱逢甘雨	의외귀인 조아부아 意外貴人 助我扶我	투자확장 매매개길 投資擴張 賣買皆吉	소구대득 일실이득 小求大得 一失二得	록중권사방 명전사방 祿重權四方 名傳四方
오랫동안 가문 끝에 홀연히 단비가 대지를 적시는 운세로다	뜻밖에 귀인이 와 나를 도와주고 부축하여 주는구나	투자하고 확장하거나 매매하는 것은 모두다 길하다	적은 것을 구하려다 큰 것을 얻고 하나를 잃고 둘을 얻는 운세라	관록과 재록이 높아지니 그 이름이 사방에 떨칠 수이다
수롱문권 희열만면 手弄文卷 喜悅滿面	관록수신 도처생광 官祿隨身 到處生光	행운귀인 고진감래 幸運貴人 苦盡甘來	계입봉군 필시영귀 鷄入鳳群 必是榮貴	재록여의 일가화목 財祿如意 一家和睦
손에 문서를 쥐니 얼굴에 기쁨이 가득할 수	관록이 몸에 따르니 가는 곳마다 빛이 나는구나	다행히 귀인을 만나니 쓴 것은 가고 단 것이 오는 운세로다	닭이 봉황 속으로 들어간 형상이니 반드시 영귀함을 얻을 운세	재물과 관록이 여의하니 한 집안이 화목하구나

건록용겁격(建祿用劫格)
비견비겁년월운세(比肩比劫年月運勢)

의기왕성 하사불성 意氣旺盛 何事不成	양인합심 동업필영 兩人合心 同業必榮	조업무연 자수성가 祖業無緣 自手成家	용기백배 춘화우일 용기백배 春花遇日	이양역우 기리배가 以羊易牛 其利倍加
사람의 의기가 왕성하니 어찌 하는 일이 성사되지 않으랴	두 사람의 마음이 잘 맞으니 동업하면 반드시 성공할 수	조상의 유산은 없으나 자수성가할 수로다	용기가 백배로 생기니 꽃이 봄날을 만난 것과 같은 운세이다	양을 가지고 소를 바꾸니 그 이익이 배나 되는구나
길운래도 과감진행 吉運來到 果敢進行	형우협조 경영득재 兄友協助 經營得財	갈용득수 필유경사 渴龍得水 必有慶事	각종시험 소망여의 各種試驗 所望如意	적소성대 재리가득 積少成大 財利可得
길한 운이 돌아오니 매사를 과감하게 행하라 반드시 성공할 수	형제나 친구가 협조하여주니 경영하는 일이 형통하여 득재할 수	목마른 용이 물을 얻은 운세이니 반드시 경사수가 있으리라	여러가지 시험과 취직은 소망하는 바와 같이 성사된다	적은 것을 쌓아서 큰 것을 이루니 재물과 이익이 가득하구나
축토득록 실반위득 실토위득 逐兎得鹿 失反爲得	세류합천 진작대해 世流合川 振作大海	우산희생 화기만당 憂散喜生 和氣滿堂	의외성공 의기양양 意外成功 意氣揚揚	상하태평 신안심화 上下泰平 身安心和
토끼를 쫓다가 사슴을 얻었으니 잃은 것보다 얻음이 큰 운세	골짜기 흐르는 물이 내를 이루고 그 냇물이 모여 큰 바다를 이루는 운세	근심은 흩어지고 기쁨이 생기니 집안에 화기가 꽉 차는 운세	뜻밖에 성공하니 의기가 양양한 운세이다	상하가 태평하니 몸이 편안하고 마음이 화합되니 길한 운세라

신수평론비결

건록용겁격(建祿用劫格)
상관식신년월운세(傷官食神年月運勢)

상하불화 시은포덕 上下不和 施恩布德	관재구설 시비송사 官災訟事 是非訟事	재록여의 여인모사 與人謀事 財祿如意	부하지덕 만사형통 部下之德 萬事亨通	어룡득수 활기수배 魚龍得水 活氣數倍
위 아랫사람들이 불화할 운세이니 은혜를 베풀고 덕을 쌓아라	관재구설수와 송사수가 있으니 미리 조심하라	남과 더불어서 꾀하는 일은 재록이 뜻과 같구나	부하 직원이나 아랫사람 덕으로 만사 형통할 운세	고기와 용이 물을 얻었으니 그 활기가 배나 되는구나
물영타사 손재불소 勿營他事 損財不小	사다요란 신지구설 事多擾亂 愼之口舌	백화쟁발 천리유광 百花爭發 千里有光	우봉귀인 재록여의 偶逢貴人 財祿如意	흥화위길 선흉후길 凶化爲吉 先凶後吉
다른 일을 경영하지 말라 손재가 적지 않다	일이 요란함이 많으니 구설수를 조심하라	백가지 꽃들이 다투어 피니 천리에 밝은 빛이 향기롭구나	우연히 귀인을 만나니 재록이 뜻과 같구 나	흉함이 화하여 길해 지니 먼저는 흉하나 나중은 길한 운세
구재다처 별무소득 求財多處 別無所得	막근주색 필수기해 莫近酒色 必受其害	재왕신왕 소망여의 財旺身旺 所望如意	굴정득수 굴토위산 掘井得水 掘土爲山	소녀모해 종내무구 少女謀害 終乃無咎
일을 여러 곳에서 구하나 별로 얻은 바가 없을 운세	주색을 가까이 하지 말라 반드시 해를 받을 운세니 조심하라	재물운도 좋고 몸도 건강하니 소망하는 바가 뜻대로 진행될 수	샘을 파서 물을 얻고 흙을 파서 산을 쌓는 운세로다	비록 구설시비 관재 수이나 염려할 것이 없다 종내는 형통하리라

419

건록용겁격(建祿用劫格)
재년월운세(財年月運勢)

비리지재 손재막심 非理之財 損財莫甚	유두무미 유의미취 有頭無尾 有意未就	막탐재리 명예훼손 莫貪財利 名譽毀損	손재구설 내환가외 損財口舌 內患可畏	막계거사 보류제일 莫計巨事 保留第一
옳지 못한 재물은 탐하지 말라 그 손해가 적지 않다	머리는 있고 꼬리가 없으며 뜻은 있으나 이루어지지 않는다	옳지 못한 재물과 여자를 탐하지 말라 명예훼손수가 있다	손재와 구설수가 있으며 집안에 우환이 있으니 미리 액을 막아라	큰 일을 계획하지 말라 보류함이 제일이다
인재인처 기해비경 因財因妻 其害非輕	경영부실 매사다체 經營不實 每事多滯	모사다단 유의난성 謀事多端 有意難成	명산심처 지성기도 名山深處 至誠祈禱	수유허명 유명무실 雖有虛名 有名無實
재물과 여자로 인하여 손재수가 적지 않으니 미리 조심하라	경영하는 일이 제대로 되지 않고 매사에 막힘이 많을 수	꾀하는 일은 많으나 뜻이 있어도 성사되기가 어렵구나	이름있는 깊은 산을 찾아가서 지성껏 기도하면 액을 면하리라	비록 헛된 이름은 있으나 이름만 있고 속이 없구나
외화내곤 금의야행 外華乃困 錦衣野行	금전거래 보증불가 金錢去來 保證不可	소득다용 신수나하 小得多用 身數奈何	심서천만 수하가설 心緒千萬 誰何可說	동분서주 노이무공 東奔西走 勞而無功
겉으로는 화려하나 속으로는 곤하고 비단옷 입고 밤길 걷기다	금전거래하는 것과 보증서는 것은 불가하니 미리 확인하라	적게 얻고 많이 쓰는 형상이니 이것이 신수의 소관이다	마음속의 심란함이 많으나 어느 누구에게 속말을 털어놓을까	동분서주로 항상 분주하고 노력은 하여도 공이 없는 운세

신수평론비결

건록용겁격(建祿用劫格)
정관편관년월운세(正官偏官年月運勢)

관재구설 시비송사 官災口舌 是非訟事	모사불리 안정위길 謀事不利 安定爲吉	사다미결 필유심고 事多未決 必有心苦	물모대사 손재막중 勿謀大事 損財莫重	슬하지사 오지책임 吾之責任 膝下之事
관재구설과 시비송사가 있으니 항상 덕을 쌓아 화를 방지하라	계획하는 일이 불리하니 안정하는 것이 길하다	일에 미결됨이 많으니 반드시 마음이 괴롭기만 하구나	큰 일을 경영하지 말라 손재수가 막중하다	아랫사람 잘못이나 의 책임이 되는 운세이니 미리 조심하라
평지풍파 경인손재 반지풍파 경인손재 驚人損財	두문불출 물참시비 杜門不出 勿參是非	노룡실수 강변경루 老龍失水 江邊驚淚	의욕왕성 일무성사 意慾旺盛 一無成事	불인소사 필란대모 不忍小事 必亂大謀
평지풍파로 인하여 사람이 놀라고 손재수가 있구나	집밖에 나가 남의 시비에 참석하지 말라 해가 적지 않다	늙은 용이 물을 잃었으니 강가에서 눈물을 흘리는 운세	의욕은 왕성하나 하나도 성사되는 일이 없구나	적은 일을 참지 못하면 반드시 큰 일을 부르게 될 수라
어룡실수 일시곤고 魚龍失水 一時困苦	제사유체 심중유우 諸事有滯 心中有憂	인언물신 필연손재 人言勿信 必然損財	심유고민 세사부운 心有苦憫 世事浮雲	약비관재 신병가외 若非官災 身病可畏
고기와 용이 물을 잃었으니 한때는 곤란하고 괴롭구나	모든 일에 막힘이 많으니 심중에 근심이 있을 운세이다	남의 말을 듣지 말라 반드시 손재수가 있으리라	마음속에 고민이 있으니 세상일이 뜬구름만 같구나	만약 관재가 아니면 신병이 있을까 염려 된다

421

(43) 건록용상식격 (建祿用傷食格)

건록용상식격은 월지에 록을 놓고 신왕한데 사주원국에 재관이 없을 경우에는 부득이 식상용신한다.

① 사주의 예

辛丑
庚寅
甲辰
乙亥

甲木일생이 寅月에 득록하고 水木으로 신왕하여 아직도 寅月에 한기가 여심하여 병화로 조후용신한다.

甲戌
乙亥
壬寅
庚子

壬日主가 亥月에 득록한 중에 亥子수국을 놓고 庚金이 투출하였으니 신왕하여 甲木으로 용신하매 木火운이 길하다.

- 좋은 운 = 상관식신이나 재운이 길하다.
- 꺼리는 운 = 인수나 비견 비겁운이 불길하고 관살운은 신왕하여지니 꺼린다.

② 건록용상식격의 특징

一. 신왕사주가 되어 사람이 기가 고강(高强)하게 매사에 자신감이 넘쳐 흐르니 자연 한없는 욕망과 희망이 크다. 항상 남의 일이라면 발벗고 돌보아 주는 성격이니 자연 팔방미인의 소리를 듣게 된다.

二. 사람의 머리가 영리하고 매사에 추리력과 판단력에는 따를 사람이 없으며 어떤 어려움에 처해도 잘 피해나가는 요령이 기가 막히니 남들이 조조라는 별명을 붙이기도 한다.

三. 그러나 들어오는 것 보다 지출이 많으며 남의 일을 돌보는데 정신이 없으니 가정에 소홀해지고 가정은 자연 궁하게 되는 관계로 부부간에 불화를 초래하게 됨이 단점이다. 고로 이점을 고려하여 지출을 줄이는 것이 우선 급선무이다.

四. 직업으로 교육계통 즉 연수원 등에서 봉직함이 적성이다. 공직계통에 근무한다고 하더라도 이런 계통을 항상 염두에 두어야 하고 특히 언론, 출판, 문예, 복지사업, 육영사업 등이 좋다.

五. 부부궁과 자손궁이 불길한데 부부화합을 위주로 처신하여야 하며 불구자손이나 외방득자(外邦得子)할까 염려된다.

六. 항상 은혜와 덕을 베풀어 살아 간다는 마음가짐과 행동으로 임한다면 그 이름이 천하를 떨칠 것이다.

七. 여자도 이와 같으나 사회생활에 몰두하다 보니 자연 가정에 등한하게 되어서 결과적으로 부부간에 불만불평으로 파경이 염려되니 가정화합에 최선을 다하라.

신수평론비결

건록용상식격(建祿用傷食格)
인수년월운세(印綬年月運勢)

근피호리 갱답호미 僅避弧狸 更畓虎尾 겨우 여우와 이리를 피하였으나 다시 범의 꼬리를 밟는 운세라	구정상봉 유명무실 久情相逢 有名無實 옛친구를 만났으나 이름만 있고 실속이 없구나	형우지사 도로상심 兄友之事 徒勞傷心 형제나 친구의 모든 일이 허사가 되고 마음만 상하는 운세라	직장권태 이직생각 職場倦怠 離職生覺 직장에 권태증이 생기니 직장을 바꿀 생각뿐이다	막신친인 손재비경 莫信親人 損財非輕 친한 친구나 형제를 믿지 말라 그 손재가 적지 않을 수로다
맹호함정 유용무력 猛虎陷穽 有勇無力 맹호가 함정에 빠졌으니 용기는 있으나 무력하여지는구나	원구근실 물탐허욕 遠求近失 勿貪虛慾 먼데서 구하려다가 가까운 것을 잃으니 허욕을 탐하지 말라	가내불화 자유심란 家內不和 自有心亂 집안이 불화하니 스스로 심란한 마음뿐이다	부처질환 건강유의 父妻疾患 健康留意 부친과 처의 질환이 있을까 염려되니 건강에 유의하라	막탐비리 손재락명 莫貪非理 損財落名 옳지 못한 재물을 탐하지 말라 손재와 명예 손상이 있을수라
화락무실 무의무탁 化落無實 無依無托 꽃은 떨어지고 열매가 없으니 어느 곳에 의지할 것인가	방인지사 무단횡액 傍人之事 無端橫厄 옆에 사람의 일로 공연히 횡액을 당하게 될 수니 미리 조심하라	음양불합 부부불화 陰陽不合 夫婦不和 음양이 맞지 아니하니 부부간에 불화하구나	취직승진 진학난망 就職昇進 進學難望 취직과 승진과 진학하는 것은 어려운 운세로다	매사다체 도처손재 每事多滯 到處損財 매사에 막힘이 많으니 도처에 손재수가 있을까 두렵구나

423

건록용상식격(建祿用傷食格)
비견비겁년월운세(比肩比劫年月運勢)

新築結社 文書有害 신축하거나 회사를 설립하는 것과 문서를 다루는 것은 결과가 불미하다	貴人反害 每事多滯 귀인이 도리어 나를 해치니 매사에 막힘이 많을 수라	信斧割足 甘言二説 남의 단 말은 듣지 말라 결국 믿는 도끼에 발등 찍힐수라	虛慾有害 勿貪分外 허욕을 부리지 말며 분수 밖의 이익도 탐하지 말라	雖有經營 不中奈何 비록 사업을 경영하나 적중하지 않으니 어이하리
賣買去來 損財莫甚 물건을 매매하고 거래하는 것은 손재가 막심하다	成績不進 合格至難 성적이 부진하니 취직과 진학 등은 합격하기가 어렵구나	富屋貧人 外富內虛 부자집 같으나 속은 가난하고 겉으로는 화려하나 속은 허하구나	親人反害 契約保證 친한 사람이 도리어 나를 해치는 운세니 계약 보증을 삼가하라	吾鼻三尺 何暇顧人 내 코가 석자인데 어찌 남을 돌아볼 수 있으랴
池中之魚 終無活計 연못 가운데 고기가 활발하게 자기 뜻을 펼 수가 없구나	有始無終 事無頭緒 시작은 있으나 끝이 없고 착수는 하였으나 실마리가 풀리지 않을 수	事有虛妄 謀事不利 일에 허망함이 많으니 꾀하는 일도 불리하다	運數不吉 堂上有厄 운수가 불길하니 어른의 액이 있을가 염려된다	深山失路 東西未分 깊은 산에서 길을 잃었으니 동서를 분별하기가 어렵구나

건록용상식격(建祿用傷食格)
상관식신년월운세(傷官食神年月運勢)

제수희생 희열만면이면 근심은 사라지고 기쁨이 돌아오니 얼굴에 기쁨이 가득차는구나 / 除愁喜生 喜悦滿面	도처유재 소영가길 도처에 재물이 있으니 경영하는 사업은 잘 진행되는구나 / 到處有財 所營可吉	재복겸전 의기왕성 재복이 겸전한 운세이니 의기가 왕성하구나 / 財福兼全 意氣旺盛	매사건체 유의미취 매사에 막힘이 많으니 뜻은 있으나 성사되기가 어렵구나 / 每事蹇滯 有意未就	금의야행 화중지병 비단옷 입고 밤길 걷기요 매사가 그림 안의 떡이로다 / 錦衣夜行 畵中之餅
한곡회춘 만물소생 寒谷回春 萬物蘇生	귀인부신 하불성사 귀인이 나를 항상 도와주니 어찌 일이 이루어지지 않으랴 何不成事 貴人扶身	길인천우 종필대형 吉人天佑 終必大亨	은인하신지 수하신지 恩人反害 誰何信之	금전대차 보증불가 금전대차는 보증불가 金錢貸借 保證不可
추운 산골에 봄이 돌아오니 만물이 소생하는 운세라	귀인이 나를 와주니 마침내 크게 형통하리로다	길한 사람은 하늘이 도와주니 마침내 크게 형통하리로다	은인이 해치니 도리어 나를 믿을까 어느 누구를	금전 거래나 보증하는 것은 절대로 삼가 하라
형우사업 기리배득 其利倍得 兄友事業	성심구지 물무불성 誠心求之 物無不成	창외황국 봉시만발 窓外黃菊 逢時滿發	외부내빈 허명무실 外富內貧 虛名無實	매사다마 망동즉해 每事多魔 妄動則害
형제나 친구와 같이 하는 사업은 그 이익이 배나 되는 운세로다	마음으로 정성껏 최선을 다하면 매사에 이루어지지 않음이 없으리라	창밖의 황국화가 때를 만나 만발한 운세라	겉으로는 부자나 속으로는 가난하니 허명무실한 운세라	매사에 마가 많으니 망녕되이 움직이면 해가 적지 않으리라

425

건록관용식격 (建祿用傷食格)
재년월운세 (財年月運勢)

吉運回泰 財利可得	財數亨通 萬事如意	因財因妻 每事亨通	財祿如意 得而半失	貪財塊印 分守第一
좋은 운이 돌아오니 재물과 이득이 가득할 운세이다	재수가 형통하니 만사가 뜻과 같이 성사될 수로다	재물과 여자로 인하여 매사에 걸림이 없이 잘 형통될 수이다	재록은 뜻과 같으나 얻은 것보다 잃는 것이 더 많다	재물을 탐하면 화가 일어나니 분수를 지킴이 제일이라
經營擴大 必得聚財	資金流通 自由自在	結婚運勢 良得配匹	外華內困 每事多滯	經營不實 資金杜絕
경영하는 사업을 확대 투자하면 반드시 큰 재물을 얻을 수라	자금유통은 자유자재로 잘 되니 매사가 형통하는구나	결혼할 운세이니 좋은 배우자를 얻을 수라	겉으로는 화려한 속으로는 곤고하고 매사에 막힘이 많을 수	사업을 경영함이 부실하고 자금이 두절되니 어려움이 많을 수
若非官祿 橫財之數	凶化爲吉 錦上添花	魚龍大海 意氣冲天	內外不和 家庭愁心	酒色之禍 名譽毀損
만약 관록이 아니면 횡재할 수로구나	흉함이 화하여 길하여지니 금상첨화의 운세로다	고기와 용이 바다를 얻었으니 그 큰 뜻이 하늘에 닿는 운세	부부간에 불화하니 집안에 근심과 수심이 많을 수	여자와 주색을 조심하라 명예 손상이 될까 두렵구나

신수평론비결

건록용상식격(建祿用傷食格)
정관편관년월운세(正官偏官年月運勢)

부마등산 노이무공 負馬登山 勞而無功 말을 등에 지고 산에 오르니 노력은 많으나 공이 없는 운세	신병가외 건강유의 健康留意 몸에 신병이 염려되니 항상 건강에 조심하라	호미갱답 양호유환 虎尾更踏 養虎遺患 호랑이 꼬리를 밟고 범을 키워 화를 당하는 운세	직장권태 상사불화 職場倦怠 上司不和 직장에 권태증이 생기고 상사와 불화하니 진퇴양난이로구나	유의미취 욕비난비 有意未就 欲飛難飛 뜻은 있으나 성취되지 않고 날으려고 하나 날지 못하는 운세라
관재구설 소송지수 官災口舌 訴訟之數 관재 구설과 소송사건이 염려되니 특별히 유의하라	좌충우돌 심신불안 心身不安 좌충우돌 충돌함이 많으니 항상 심신이 불안한 운세	귀인반해 유의미취 貴人反害 留意未就 귀인이 오히려 나를 해치고 일이 성사되지 않을 수	업무과중 신경쇠약 業務過重 神經衰弱 업무는 과중하여지고 직장에서 불화하니 신경쇠약이 염려된다	관록자퇴 분수제일 官祿自退 分守第一 관록이 스스로 물러가는 운세이니 분수를 지킴이 제일이다
불안초조 거취미분 去就未分 항상 마음이 불안하고 초조하니 갈 곳이 아득하구나	용입사혈 이상임하 龍入蛇穴 以上臨下 용이 뱀의 굴로 들어가는 운세이니 품격이 낮아지는 형상이라	거거고산 임진무선 去去高山 臨津無船 가도가도 산이요 나루터에서 배가 없으니 어떻게 강을 건널고	만인불신 구설시비 萬人不信 口舌是非 많은 사람들이 나를 믿지 않으니 구설시비수가 자주 일어날 운세	봉입계군 신세자탄 鳳入鷄群 身世自嘆 봉황이 닭 속으로 들어가는 운세이니 신세를 스스로 한탄하는구나

(44) 건록용재격(建祿用財格)

건록용재격은 월지에 록을 놓고 일주가 고강(高強)한데 관살이 없으며 상관식신과 재가 있을 때 재로 용신한다.

① 사주의 예

戊寅
癸亥
壬子
丙午

壬日主가 亥子水局에 金水로 사주원국이 한냉하여 丙火로 조후용신하니 木火土운이 길하다.
〈단 토운은 약운이다〉

甲戌
乙亥
壬申
丙午

壬日主가 亥月에 득록(得祿)하고 金水로 한냉하여 丙火로 용신하니 木火운이 길하고 土운은 약운이 된다.

● 좋은 운 = 상관 식신이나 재운이 길하고 사주원국에 용신지 병(用神之病)이 많을 대는 관살운 또한 좋다.

● 꺼리는 운 = 인수나 비견 비겁운이 불길하다.

② 건록용재격의 특징

一. 신왕사주이니 출생후 부모덕으로 부족함을 모르고 호강하면서 성장하였고 뱃장이 두둑하고 매사에 추진력이 강하며 또한 맡은 바 소임을 다하고 자존심이 강하여 남의 충고를 받아 드리지 않으니 잘못하면 지탄의 대상이 되기도 하고 상대방을 적으로 만들기도 하니 이 단점을 고쳐야 한다.

二. 고로 항상 남을 위하여 노력하는 인생관을 가지고 은혜와 덕을 베풀며 살아가는 것이 성공의 비결이기도 하다.

三. 육친의 덕이 있으며 특히 처자덕이 좋고 결혼이후 부터 출세길이 열리기 시작하여 남의 부러움을 독차지하는 대상이 되기도 한다.

四. 특히 공직계통도 재정이나 상경계로 진출하면 금상첨화로 대성할 것이며 돈을 벌고 나면 정치계통에 나가서 이름을 떨칠 팔자이다. 〈단. 대운의 흐름이 좋을 때〉

五. 출세후에도 육영사업이나 복지사업에 열중한다면 그 이름이 천하에 떨칠 것이다.

六. 여명도 호걸여성으로 사회 활동력이 대단하여 두각을 나타내며 가정생활에 소홀히 하게 되므로 시가와 불화하게 되고 그 여파로 부부불화까지 생길까 염려되니 어려운 일에는 시모와 남편과 상의하면 잘 해결될 것이며 특히 부부간과 시모와 불화가 없어야만 말년에 행복된 생활을 누리게 될 것이다.

신수평론비결

건록용재격(建祿用財格)
인수년월운세(印綬年月運勢)

恩人反害 何處依支	新築賣買 保證不利	經營擴張 投資保留	大運重復 生不如死	日入雲中 欲明未明
은인이 도리어 나를 해치니 어느 곳에 의지할 것인가	신축하거나 사고 파는 것 보증서는 것은 절대로 삼가하라	사업경영을 확장하고 투자하는 것은 보류함이 제일이다	대운이 중복되면 살아도 산 것 같지 않는 고생을 할 수이다	해가 구름속으로 들어가니 밝은 햇빛을 보고자 하나 볼 수가 없구나
日落西山 貴人自退	非理之財 其禍非輕	文卷去來 每事確認	每事不成 仰高就下	人心猝變 每事多滯
해는 져서 서산이 되고 귀인은 스스로 물러가는 운세다	옳지 못한 재물을 탐하면 그 해가 적지 않을 수로다	문서에 관한 거래는 매사를 확인한 후 시행하라	매사가 성사되지 않으니 높은데서 낮은 곳으로 내려오는 운세	사람의 마음이 하루아침에 변하니 매사에 막힘이 많은 운세이다
外華內困 錦衣夜行	意慾旺盛 每事不吉	母妻不和 心事散亂	手票去來 自前確認	名山祈禱 此厄可免
겉으로는 화려하나 속으로는 곤고하고 비단옷 입고 밤길 걷는 운세	의욕은 왕성하나 매사가 불길한 운세이니 미리 조심하라	모친과 처간에 불화하니 심사가 산란한 운세이다	수표거래 등은 사전에 반드시 확인후 시행하라	명산을 찾아가서 기도하면 이 액을 가히 면할 수가 있으리라

건록용재격(建祿用財格)
비견비겁년월운세(比肩比劫年月運勢)

임진무선 하일도강 臨津無船 何日渡江	귀인반해 유의미취 貴人反害 有意未就	물영타사 수구안상 勿營他事 守舊安常	소원난성 입학취직 入學就職 所願難性	일락서산 전도불리 日落西山 前途不利
강나루에 배가 없으니 언제저긴 강을 건너갈고 수심이 많구나	귀인이 도리어 나를 해치니 뜻은 있으나 이루어지지 않을 수	다른 일은 경영하지 말라 옛것을 지키고 편안히 시기를 기다려라	입학하는 것과 취직하는 것은 소원을 성취하기가 어렵다	해는 져서 서산인데 앞길이 어두우니 갈 길이 아득하구나
용신극파 운수불길 用神剋破 運數不吉	시기모함 초조불안 猜忌謀陷 焦燥不安	막탐재리 욕속부달 莫貪財利 欲速不達	도처불석 좌불안석 到處背信 坐不安席	맹호함정 유용난시 猛虎陷穽 有勇難施
용신이 피해를 입는 해이니 운수가 심히 불길하구나	시기와 모함이 많으니 항상 초조하고 불안하구나	재물과 이익을 탐하지 말라 급하게 하면 목적을 달성키 어렵다	도처에 배신하는 사람이 많으니 좌불안석이로구나	맹호가 함정에 빠져 있으니 용기는 있으나 쓸데가 없는 운세
형야제야 손재막심 兄耶弟耶 損財莫甚	노다공소 전공가석 勞多功少 前功加惜	재물대차 자물거래 貸借不利	부부불화 도상노심 夫婦不和 徒傷勞心	불구사심 신부할족 佛口蛇心 信斧割足
형이나 동생으로 인하여 손재가 막심할 운세로다	노력은 많이 하였으나 공이 없으니 옛 공이 아깝구나	재물거래와 꾸어주는 것 빌리는 것은 결과가 불미하다	부부간에 불화하니 모든 일이 손에 잡히지 않고 마음만 노롭구나	말은 부처님이나 그 마음은 뱀이요 믿는 도끼에 발등 찍히는 운세

430

신수평론비결

건록용재격(建祿用財格)
상관식신년월운세(傷官食神年月運勢)

흉화위길 배암향명 凶化爲吉 背暗向明	재록수신 차외하망 財祿隨身 此外何望	입학취직 백전백승 入學就職 百戰百勝	수유구설 시비무구 雖有口舌 是非無咎	부하지공 작사여의 部下之功 作事如意
흉함이 화하여 길해지고 어두움을 등지고 밝음을 향하는 운세	관록과 재물이 따르니 이 밖에 무엇을 더 바라리요	입학과 취직은 만사가 뜻대로 성취될 수로다	비록 구설 시비수가 있으나 염려할 바가 못된다	부하의 덕으로 하는 일이 잘되니 이 아니 기쁘랴
도처춘풍 의기충천 到處春風 意氣冲天	재수형통 구재도수 財數亨通 久財到手	귀인상봉 작사하난 貴人相逢 作事何難	일실이득 취재지운 一失二得 取財之運	진합태산 적소성대 塵合泰山 積少成大
가는 곳마다 봄바람이고 의기가 하늘을 치솟는 운세로다	재수가 크게 형통하고 오래된 재물이 내 손에 이르는 운세	귀인을 만났으니 어찌하는 일에 어려움이 있으랴	하나를 잃고 둘을 얻으니 재물을 모을 운세로다	티끌을 모아 태산을 이루고 적은 것을 이루는구나 큰 것을 이루는구나
도처취재 매사형통 到處聚財 每事亨通	동업위길 경영활발 同業爲吉 經營活發	길운도래 보보생금 吉運到來 步步生金	소왕대래 구토득장 小往大來 求兎得獐	한천감우 만물소생 旱天甘雨 萬物蘇生
가는 곳마다 재물이요 매사가 형통하는 운세로다	동업함도 좋으며 경영하는 사업은 활발하게 운영되는구나	길운이 돌아오니 걸음걸음이 다 재물이라	적은 것이 가고 큰 것이 오니 토끼를 구하려다가 노루를 얻을 수	오랫동안 가문 날에 단비가 내리니 만물이 소생하는 운세라

건록용재격(建祿用財格)
재년월운세(財年月運勢)

妻子慶事 家和萬事	祿重權高 賀客滿堂	財聚如山 勞小功多	兩人合心 經營活發	到處貴人 勇氣百倍
처자경사 가화만사하니 집안에 경사수가 있으니 집안에 만사가 화합하구나	록중권고 하객만당이니 관록이 점점 높아지니 축하객이 집에 가득한 운세이다	노소공다 재취여산이라 노력은 적게 하여도 공이 많으니 재물이 산과 같이 모일 운세라	양인합심 경영활발하다 두 사람이 합심하여 경영하는 사업이 활발하게 성사될 수로다	도처귀인 용기백배 가는 곳마다 귀인이 나를 도와주니 용기가 백배로 생기는구나
吉神照身 財數大通 길신조신	家道和樂 妙計的中	英雄逢時 天下無敵	官祿隨身 昇進榮轉	取財無窮 貨泉湧出 화천용출
재수대통 길신조신 財數大通 吉神照身이라 재수가 대통하는 길신이 나를 도와 준 원인이라	묘계적중 가도화락 묘한 계획이 적중하니 집안이 화락하구나	천하에 대적할 만한 이가 없으니 이는 영웅이 때를 만난 운세라	승진하거나 영전하게 되니 이것은 관록이 이 몸을 따르는 운세이다	돈이 샘에서 물솟듯 하니 재물 모으기가 한량없는 운세
事散復成 除愁喜生 사산부성 제수희생	振作大海 細流合川	百獸驚嘆 猛虎得林	必得兩配 結婚之運	投資擴張 新築結社
제수희생 사산부성 除愁喜生 事散復成 근심은 사라지고 기쁨이 생기며 흩어진 일들이 다시 성사될 수	세류합천 진작대해 細流合川 振作大海 산골의 물이 모여서 바다에 이르니 앞길이 양양하구나	맹호득림 백수경탄 猛虎得林 百獸驚嘆 맹호가 숲속에 들어가니 백가지 짐승들이 놀라고 탄복하는구나	결혼지운 필득양배 結婚之運 必得兩配 결혼할 운세이니 반드시 좋은 배우자를 만날 운세로다	신축결사 투자확장 新築結社 投資擴張 신축하거나 회사를 설립하고 투자하는 것은 모두가 길하다

신수평론비결

건록용재격(建祿用財格)
정관편관년월운세(正官偏官年月運勢)

부색지운 작년종길 否塞之運 昨年終吉	운세대통 소망여의 運勢大通 所望如意	승진영전 희중가회 昇進榮轉 喜中可喜	약비관록 자손경사 若非官祿 子孫慶事	확장투자 기리배가 擴張投資 其利倍加
불길한 운은 끝나고 좋은 운이 돌아오니 과감하게 진행하라	운세가 대통하니 소망하는 바가 뜻대로 성취될 운세	승진하거나 영전하니 기쁜 중에 더욱 기쁘구나	만약 관록이 아니면 자손의 경사수가 있구나	사업을 확장하거나 투자하는 것은 그 이익이 배나 될 운세라
심신안정 악고자퇴 心身安定 惡苦自退	록중춘고 도처춘풍 祿重權高 到處春風	귀인부신 만사형통 貴人扶身 萬事亨通	길운도래 재록풍등 吉運到來 財祿豐登	입학취직 소망달성 入學就職 所望達成
심신이 안정되는 것은 고민과 수심이 물러간 원인이다	권력과 재물이 점점 높아지니 가는 곳마다 봄바람이로구나	귀인이 나를 도와주니 만사가 형통할 수로다	길운이 돌아오니 재물과 관록이 풍등한 운세라	입학하는 것과 취직은 소망하는 바를 달성할 수라
의기왕성 작사여의 意氣旺盛 作事如意	양인합신 하사불성 兩人合心 何事不成	흉화위길 재록수신 凶化爲吉 財祿隨身	관록임신 하객만당 官祿臨身 賀客滿堂	동분서주 도처취재 東奔西走 到處聚財
의욕과 기운이 왕성하니 하고자 하는 일이 뜻대로 성취될 수	두 사람의 마음이 잘 맞으니 어찌 일이 이루어지지 않으리요	흉함이 변하여 길해 지니 재물과 관록이 따르는 운세라	관록이 몸을 따르니 축하객이 집안에 가득할 운세로다	동분서주하니 가는 곳마다 재물을 얻을 운세라

(45) 건록용관격(建祿用官格)

건록용관격은 월지에 록을 놓고 신왕할 때는 관살로 용신한다.

① 사주의 예

庚子
戊午
癸丑
乙丑

癸日생인이 午月에 무력하나 金水로 신왕하니 왕수(汪水)를 제지(制止)코저 戊土로 정관용신하매 火土 운이 길하다.

辛未
丁酉
辛未
丙寅

辛金일주가 酉月에 록지(祿地)가 되고 土金이 많아서 신왕하니 丁火로 편관용신하매 木火운이 길하다

- **좋은 운** = 재관운이 길하며 사주원국에 용신지병(用神之病)이 많을 때는 인수운은 약(藥)이 되어서 길하다.
- **꺼리는 운** = 인수나 비견 비겁운이 불길하며 용신이 무력할 때는 상관식신운이 병운(病運)이 되어서 꺼린다.

② 건록용관격의 특징

一 선조대의 명문대가 후의로 출생하여 귀여움을 독차지하고 성장하였으나 선대의 유산은 없으니 자수성가할 팔자이다.

二 인품은 영웅호걸의 의기 남아로 사람됨이 지혜와 총명함을 겸비하고 주관성이 확고하며 판단력이 빠른 것이 특징이다. 불의를 싫어하고 정의간에 불타니 항상 정도(正道)를 걸어가는 성격이다.

三 고로 사람이 너무 강직하여 남과 타협할 줄 모르니 공연한 시기와 모략을 받아 한때는 곤경에 처하기도 하나 사필귀정으로 자연 오해가 풀리게 된다.

四 윗사람의 신임을 한몸에 독차지하는 팔자이니 관계에 진출하면 출세길이 빨라서 그 이름이 사해에 떨칠 것이다. <단, 대운이 잘 흐를 때>

五 결혼후 부터 가산이 풍족해지고 자손이 출생하면서 부터 승진과 영전을 거듭하게 될 것이다. 이것이 팔자소관이다.

六 항상 처와 자손의 말에 귀를 기울이고 어려운 일이 있을때는 처가쪽이나 상사의 말에 자문을 구하면 잘 해결될 것이다.

七 여명은 특히 자존심과 자기의 사를 관철하고저 하는 아집때문에 부부간에 불화가 생길까 염려된다. 항상 부부와 가정화합을 위주로 생활하여야 함을 명심하라.

신수평론비결

건록용관격(建祿用官格)
인수년월운세(印綬年月運勢)

因人成事 除愁喜生	猛虎得林 百獸驚嘆	上下合心 目標成就	龍得難海 造化無力	日落西山 前途暗黑
사람으로 인하여 성사되니 근심은 사라지고 기쁨이 생기는 운세	맹호가 숲을 얻었으니 백가지 짐승들이 놀라고 탄복하는 운세	위아랫사람의 마음이 잘 맞으니 목표를 성취할 운세로다	용이 바다를 얻지 못하여 조화를 부릴 수 없으니 무력한 운세	해가 져서 서산이 되니 앞길이 점점 캄캄하여지는 운세이다
新築結社 文書取得	貴人扶身 作事何難	意慾旺盛 經營得利	外華內困 誰何信知	有意未就 作事難成
신축하거나 회사를 설립하거나 문서를 절 운세로다	귀인이 도와주니 찌하는 일에 어려움이 있으랴	의욕이 왕성하니 경영하는 일에 큰 이득을 볼 운세로다	겉으로는 화려하나 속으로는 곤고하니 어느 누가 알아주리요	뜻은 있으나 이루어지지 않을 운세이니 큰 계획을 진행하지 말라
賣買契約 可得倍利	試驗就職 不必心慮	祿重權高 到處春風	文書契約 保證不可	姑婦不和 立場難處
큰 물건을 사고 파는 것은 그 이익이 배가 되는 운세다	시험 취직은 뜻대로 성취될 것이니 염려할 필요가 없다	재물과 관록이 점점 높아지니 가는 곳마다 봄바람이로구나	문서를 계약하거나 보증서는 것은 불리하니 특별히 유념하라	고부간에 불화하니 입장이 난처하구나

건록용관격(建祿用官格)
비견비겁년월운세(比肩比劫年月運勢)

意外損財 兄弟親友 의외손재	求財難得 一得二失 일득이실 구재난득	經營不實 入少用多 입소용다 경영부실	財星逢空 得而半失 재성봉공	事無頭緖 以牛易羊 사무두서 이우역양
형제나 친구로 인하여 뜻밖의 손재를 당할 운세로다	하나를 얻고 둘을 잃으니 재물을 구하려 하나 구할수가 없수	들어오는 것은 적고 지출이 많으니 경영함에 부실함이 있을 수	재물에 공망수가 있으니 얻은 것에 반을 잃을 수 이다	소를 가지고 양을 바꾸니 일에 두서가 없구나
每事多滯 貴人反害 귀인반해	莫貪財利 勿營他事 물영타사 막탐재리	盜難紛失 損財之數 도난분실 손재지수	好事多磨 勞而無功 호사다마 노이무공	信斧割足 恩人反害 신부할족 은인반해
귀인이 나를 해치니 매사에 막힘이 많으니 이를 어찌 할고	다른 일을 경영하지 말고 재물과 이익을 너무 탐하지 말라 재수라	금년운은 도난 분실 등으로 손재수가 있을 수니 미리 조심하라	좋은 일에 마가 많이 생기니 노력은 하였으나 공이 없구나	믿는 도끼에 발등 찍히고 은인이 도리어 손해를 기칠 운세로다
親人猜忌 損失莫大 친인시기	夫婦不和 忍耐第一 부부불화 인내제일	貸借投資 擴張不利 대차투자	與人同事 損財難免 여인동사 손재난면	意慾旺盛 每事虛荒 의욕왕성 매사허황
친한 사람이 시기하니 손실이 막대할 운세이다	부부간에 불화할 운세이니 참는 것이 제일이다	돈을 꾸어주고 빌리고 투자하며 사업을 확장함은 모두가 불리하다	남과 동업하는 것은 손재수를 면하기가 어렵구나	사업에 의욕은 왕성하나 매사에 허황됨이 많을 수라

신수평론비결

건록용관격(建祿用官格)

상관식신년월운세(傷官食神年月運勢)

사업투자 한강투석 事業投資 漢江投石	관재구설 시비가외 官災口舌 是非可畏	자손지액 사전방화 子孫之厄 事前防禍	의욕대단 매사부진 意慾大端 每事不進	시기모략 심사산란 猜忌謀略 心思散亂
사업에 투자하는 것은 한강에 돌을 던지는 운세이니 미리 보류하라	금년의 운세는 관재 구설과 시비수가 두렵구나	자손의 액이 있으니 미리 기도하고 액을 막아라	의욕은 대단하나 매사가 뜻대로 되지 않을 수라	남이 나를 시기하고 모략하니 심사가 산란한 운세로다
하극지사 상하불화 下剋之事 上下不和	슬하지사 오지책임 膝下之事 吾之責任	탐재반화 기해비경 貪財反禍 其害非輕	수지불균 채무누적 收支不均 債務屢積	수유묘계 별무신통 雖有妙計 別無神通
아랫사람 에게 덤벼드니 상하 가 불화할 운세로다	아랫사람의 잘못이 나의 책임이 되는 운세이다	재물을 탐하면 그 미치는 해가 적지 않구나	경영함에 수지가 맞지 않으니 채무가 점점 누적될 운세이다	비록 묘한 계획이 있으나 별로 신통함이 없을 수라
직장태만 이직생각 離職生覺	상하불신 귀인자퇴 貴人自退	소녀모해 좌불안석 少女謀害 坐不安席	물참시비 구설지화 勿參是非 口舌之禍	재록락조 불안공포 財祿落照 不安恐怖
직장에서 재미가 없으니 태만하고 직장을 떠날 생각뿐이로다	상하가 서로 믿지 못하고 귀인이 스스로 물러가는 운세로다	구설수가 닥치니 앉은 자리가 편치 못한 운세이다	남의 싸움에 참견하지 말라 구설수가 두렵구나	재물과 관록이 물러가는 운세이니 항상 불안하고 공포증이 생길수

437

건록용관격(建祿用官格)
재년월운세(財年月運勢)

의욕왕성 작사여의 意慾旺盛 作事如意 사업의 의욕이 왕성하고 하는 일들이 뜻과 같이 성취될 수라	사시춘풍 도처취재 四時春豊 到處聚財 사시가 봄바람이고 가는 곳마다 재물을 모을 운세로다	화천용출 생기백배 貨泉湧出 生氣百倍 돈이 샘에서 물 나오듯 하니 생기가 백배 나 생기는구나	귀인조아 재취여산 貴人助我 財取如山 귀인이 와서 나를 도와주니 재물이 산과 같이 모이는구나	호운도래 악고자퇴 好運到來 惡苦自退 좋은 운이 돌아오니 악하고 고민스러운 일들이 스스로 물러가는구나
관귀부신 하불성사 官貴扶身 何不成事 귀한 관인이 나를 와주니 어찌 일이 이루어지지 않으리요	미인수신 구정상봉 美人隨身 久情相逢 아름다운 여자가 따르고 옛날 정인을 서로 만날 운세이다	적소성대 재록수신 積小成大 財祿隨身 적은 것을 쌓아서 큰 것을 이루고 재와 록 이 따를 운세로다	경영투자 확장개길 經營投資 擴張皆吉 사업에 투자하거나 확장하는 것은 모두 가 길하다	재관수신 희열만면 財官隨身 喜悅滿面 재물과 관록이 따르니 얼굴에 기쁨이 가득할 수라
진학취직 소망여의 進學就職 所望如意 진학과 취직은 뜻하는 대로 소망이 성취 될 운세이다	용득대해 의기양양 龍得大海 意氣洋洋 용이 큰 바다를 얻으 니 그의 기가 양양하 구나	결혼지운 필시양배 結婚之運 必是良配 결혼할 운세이니 반 드시 좋은 배필을 얻 을 수	한천감우 소원성취 旱天甘雨 所願成就 오랫동안 가문 날에 단비가 내리니 소원 을 성취할 수로다	영전승진 가화만사 榮轉昇進 家和萬事 영전하거나 승진하 게 되니 집안의 만사 가 화평할 운세라

신수평론비결

건록용관격(建祿用官格)
정관편관년월운세(正官偏官年月運勢)

동분서주 東奔西走 도처득리 到處得利	백발백중 百發百中 소망지사 所望之事	소왕대래 小往大來 적소성대 積小成大	매사순성 每事順成 관록횡재 官祿橫財	흉화위길 凶化爲吉 관록수신 官祿隨身
항상 동분서주하니 가는 곳마다 이익이 있을 운세이다	소망하는 일들은 매사가 백발백중이로구나	적은 것을 쌓아서 것을 이루고 적은 것이 가고 큰 것이 오는구나	매사가 순리대로 성취되니 관록과 횡재수가 있을 운세이다	흉함이 변하여 길해지고 관록이 몸에 따르니 경사수가 있으리라
제수희생 除愁喜生 영웅봉시 英雄逢時	재취여산 財聚如山 금옥만당 金玉滿堂	상관신입 上官信任 승진영전 昇進榮轉	귀인부신 貴人扶身 희열만면 喜悅滿面	소원성취 所願成就 금의환향 錦衣還鄕
근심은 사라지고 기쁨이 생기니 영웅이 때를 만난 것 같구나	재물 모이는 것이 산과 같고 금옥이 집안에 가득한 운세라	상관이 나를 믿어주니 승진하거나 영전할 운세로다	귀인이 나를 도와주니 얼굴에 기쁨이 가득한 운세이다	소원을 성취하여 비단옷을 입고 고향으로 돌아가는 운세
록중권고 祿重權高 명진사해 名振四海	귀인자래 貴人自來 의외성공 意外成功	부창부수 夫唱婦隨 군창신화 君唱臣和	자손경사 子孫慶事 약비관록 若非官祿	재록여의 財祿如意 도처영광 到處榮光
재물과 관록이 점점 높아지니 그 이름이 사해를 떨치는구나	귀인이 스스로 와서 나를 도와주니 뜻밖에 성공할 수라	임금이 신하와 화합하고 부부간에 화한 운세이니 이 아니 좋을까	만약 관록이 아니면 자손의 경사수가 있으리라	재물과 관록이여 가는 곳마다 영광이 깃드는구나

439

웃고 삽시다

목사님이 교회 헌금을 호소하고 있었다. 「주님께서 여러분을 위해 많은 일을 하셨으니 여러분도 그 보답을 하셔야 합니다. 오늘 여기 모이신 여러분 모두 십일조(소득의 10분의 1)을 내셔야 합니다.」

이 설교에 감동한 한 교인이 외쳤다. 「여러분, 십일조로는 충분하지 못합니다. 우리 모두 이십일조(소득의 20분의 1)을 내도록 합시다.」

어느 화가가 부유하고 권세있는 사람의 초상화를 그려 주었다. 그러나 그 사람은 초상화가 마음에 들지 않았다. 「화가 선생, 이건 그다지 좋은 미술작품이 아닌 것 같소」화가가 말하길 「당신도 그다지 좋은 자연의 작품이 아닌 것 같습니다.」

어떤 사람이 유명한 화가의 화실을 방문했다. 그가 화폭에 손을 대려 하자 화가가 「손대지 마세요! 아직 마르지 않은게 안보이세요?」라고 소리쳤다. 그러자 그 사람은 이렇게 대꾸했다. 「괜찮소. 난 장갑을 끼고 있으니까요.」

사회주의 : 당신이 두 마리의 암소를 가지고 있을 때. 정부가 두 마리를 다 빼앗아 가고 당신한테 우유를 준다.

공산주의 : 당신이 두 마리의 암소를 가지고 있으면. 정부가 두 마리를 다 빼앗아 가고 당신한테 우유를 판다.

자본주의 : 당신이 두 마리의 암소를 가지고 있을 때. 당신은 그 중 한 마리를 팔아서 황소를 산다. 그리고 정부는 그것에 대해서 세금을 물린다.

대학 기숙사에서 엿들은 대화
「오늘밤 뭘 할까?」「동전을 던져서 결정하자. 동전 앞쪽이 나오면 여자를 만나러 가고. 뒷쪽이 나오면 영화를 보러 가는 거야. 그리고 만일 동전이 옆으로 서면 공부나 하자구. 좋지?」

복통을 앓는 여인이 의사에게 갔더니 의사의 말이 맹장염이니 수술을 해야 한다고 했다. 그러나 그녀는 다른 의사의 의견도 들기로 했다. 두번째 의사는 심장병이라고 했다. 그러자 여인이 이 말했다.

「첫번째 의사한테 가겠어요. 심장병보다는 맹장염을 앓는게 낫지요.」

신수평전

제 1 장 고문비전(古文秘傳)

= 고문으로 본 생년대 월일시 성격과 운명 =

(一) 자년생(子年生) 의 성격과 운명

子년생은 부성애와 모성애가 강하고 영리해서 눈치가 빠른 편강단이 있으며 매사에 세심해서 조그만 일에는 잘 놀라나 큰 일에는 대범한데가 있다.

그러나 이기심과 욕심이 많으며 집념이 강한 것이 특징이기도 하다. 항상 두려움에 빠지기가 쉽고 인색하여 적은 것을 탐내다가 큰 일을 그르치는 수가 있으며 사람과 더불어 화목하지 못하여 상대를 적으로 만들어 불이익을 당하게 될 수가 있다.

교묘한 꾀는 많으나 용기가 없는 것이 흠이 되어 잘못하면 일생에 걸쳐 고생과 노고가 많으니 이러한 결점을 고치고 사람과 더불어 원만한 사교를 한다면 중년운에 이르러 순시간(舜時間) 행운이 순조로와 잘 발전할 것이며 소망하던 계획을 진행하면 목적을 달성하게 되니 크게 성공하여 이름을 떨칠 것이다.

○ 결혼 : 소띠 용띠 원숭이띠가 길하고 말띠 양띠 닭띠는 불길.
○ 직업 : 상업 농업 회사원 공무원 문예(文藝) 금속 목재 건설 등은 좋으나 정치가는 불길하다.
○ 병증 : 중풍 각기병 신경통 마비계통 자궁질환 비뇨기계통 남녀 모두가 물조심하여야 한다.

일생에 걸쳐서 중요한 운세

四세 七세 十세 큰병을 조심하고 수족골절 상액이 있으며

十三세 十七·八세가 소망여의하고 정신이 쾌락하여 공부성적이 향상된다.

十九세 신병수와 신상의 큰 변동수로 많은 번민과 근심이 있는수다.

二三세부터 행운이 오나 주색을 조심하라 이로 인하여 실패할 수가 있다.

二六세 二七세에 재물복이 있으나 매사를 신중하게 고려하고 행동하지 않으면 후회할 일이 생긴다.

二八세 운세가 막힘이 많으니 옳지 않은 재물을 탐하지 말아야 하며 매사를 총명하고 지혜롭게 행동하지 않으면 실패할까 두렵구나

二九세 三十세는 만사가 대길하여 좋은 기회가 생기니 이 시기를 놓치지 말라

三一세는 뜻밖의 손재수와 부모의 액이 있다.

三八·三九세 모든 일이 대길할 수니 기회를 잘 이용하라

四十세부터 四三세까지 일이 일생에 걸쳐 제일 큰 액운이다. 매사를 조심하여야 하며 큰 일을 경영하지 말라

四五세 이후부터 길운으로서 큰 재물을 모으고 말년까지 편안하게 즐거운 세월을 보내게 될 것이다.

신수평전

자년생인명운표 (子年生人命運表)

생년과 년운	원서내용	해석	생월과 월운	원서내용	해석
子年運	財源廣進必有多端	재원광진필유다단 로가 있을 것이다 재물복은 크게 좋으나 하는 일에 많은 애	一月	人形光彩時有不利	인형광채시유불리 하니 큰 일을 계획하지 말라 비록 사람 모양에 광채가 나나 때가 불리
丑年運	雖有光明陰人暗害	수유광명음인암해 로 음해하는 가 있을 것이다 비록 앞길에 광명이 비치나 시기하는 자	二月	風吹草動無事過關	풍취초동무사과관 별일없이 어려움을 지나갈 운세라 바람이 부니 초목이 움직이나 (子卯刑) 분수
寅年運	離鄕求利事業變動	이향구리사업변동 객지나 외국에 나가서 사업과 이익을 구 하게 되나 변동수가 많다	三月	不利遠方守之則安	불리원방수지즉안 를 지키며 편히 때를 기다려라 먼 곳으로 출행하지 말라 불리하니 분수
卯年運	添丁發財口舌是非	첨정발재구설시비 식구가 점점 많아지고 재물복도 있으나 구설과 시비수가 많다	四月	一枝二葉半天下雨	일지이엽반천하우 비를 만난 형상이니 반흉반길의 운세 한가지에 두 잎이 반은 하늘을 보고 반은
辰年運	順水行舟小人之劫	순수행주소인지겁 좋으나 손재수가 많다 평생 재주가 있으니 순풍에 돛단배 같이	五月	大有奇觀五中一急	대유기관오중일급 큰일이 형통하니 기특함을 볼 좋은 운세 이나 적은 근심이 있을 수
巳年運	一火三烟一場困苦	일화삼연일장곤고 걸은 화려하나 속은 곤고한 운세 불은 적은데 연기가 많이 나는 형상이니	六月	來小去多有事急水	래소거다유사급수 이나 물이 급히 필요할 때가 있으리라 적은 것이 가고 큰 것이 많이 오는 운세
午年運	人財失色七古八怪	인재실색칠고팔괴 로 되지 않고 구설과 시비수라 사람과 재물 손재가 있으며 매사가 뜻대	七月	天官賜福不怕風浪	천관사복불파풍랑 람을 두려워하랴 하늘이 관록과 복을 내려주니 어찌 바
未年運	無往不利心上心下	무왕불리심상심하 이룰수가 없구나 동서남북 왕래가 없으니 마음의 안정을	八月	天淸氣明氣象迎人	천청기명기상영인 할 운세로다 하늘이 맑고 일기가 좋으니 사람을 맞이
申年運	人情生煩無風生浪	인정생번무풍생랑 니 바람은 불지않는데 물결이 이는 운세 사람이 살아가는데 번뢰와 고민이 많으	九月	三分之情言多必損	삼분지정언다필손 말이 많으면 반드시 손재수가 있다 사람과의 정이 셋으로 갈리는 운세이니
酉年運	十分美景須事小心	십분미경수사소심 이 생길 것이니 일과 마음이 안찬다 좋은 운세이나 신경쓰는 (귀문관살) 일	十月	其樂洋洋事有機會	기락양양사유기회 것이로다 즐거움이 많을 운세로 좋은 기회가 생길
戌年運	曲港推車虫入木中	곡항추차충입목중 니 일의 두서가 없고 매사가 허실하다 꾸불꾸불한 항구에서 수레를 미는 격이	十一月	彦談小心逍遙自在	언담소심소요자재 없다) 조용하게 때를 기다려라 말솜씨는 좋으나 마음은 작으니 (욕심이
亥年運	無中生有花之逢雨	무중생유화지봉우 얻으니 더욱 아름다운 운세로다 곤한 가운데 일이 성사되고 꽃이 단비를	十二月	安然康泰太陽可愛	안연강태태양가애 운세이니 햇빛도 사랑스럽구나 몸도 건강하고 매사가 편안하여 태평한

443

자년생인명운표 (子年生人命運表)

생일과 일운	원서내용	해 석
子日	四海風光貴人得助	사해로 좋은 바람이 부니 반드시 귀인이 도와줄 것이다
丑日	萬事如意四處和平	만사가 뜻과 같이 성취되며 사방이 화평하구나
寅日	奔走四方多勞精神	동서남북 사방으로 분주하고 노력은 많이하나 결과는 적다
卯日	聰明敏捷喜氣將來	사람이 총명하고 민첩하니 장차 기쁨이 올 것이다
辰日	命利雙受三元可安	이름과 재물이 뜻과 같으니 평소 건강에 특별히 조심하라
巳日	病在疊至必要細慮	몸에 신병이 염려되니 안할 운세라
午日	凶厄頭臨忠行不利	흉액이 닥칠 운세이니 원행하다 액을 당할까 염려된다
未日	自我心强不服人管	자존심이 너무 강하여 많은 사람들을 관리함에 어려움이 있다
辛日	家有餘慶道德雙蔭	집안에 경사수가 겹치니 이것은 조상의 덕을 쌓은 음덕이라
酉日	風流才子桃腎之番	풍류재자도 순지심 재주있는 아들이 풍류이니 여색을 조심하도록 잘 살펴라
戌日	不得不快人疲馬勞	부득불쾌인피마로 가진 것도 없고 말과 피로할 뿐이다
亥日	外傷之災須事小心	외상지재수사 소심 몸을 다칠 운세이니 모름지기 실물수를 조심하라

생시와 시운	원서내용	해 석
子時	一帆順風婚姻早配	돛단배가 순풍에 잘도 가고 결혼은 일찍 할 운세로다
丑時	郎才女貌女掃男家	재주있는 남자와 얼굴이 아름다운 여자이나 딸은 없고 들만 있을 수
寅時	風流才子男掃女家	풍류재자 남소여가 풍류와 재조를 겸비한 사람이나 아들은 없고 딸만 있을 수
卯時	志氣雄猛爲人干直	지기웅맹위인간직 뜻과 기운이 용맹스러우나 사람됨이 너무 강직하구나
辰時	一成一敗始終無一	일성일패시종무일 한번 이루고 한번 하니 시종 남는 것이 없구나
巳時	夫妻星暗男憂女悲	부처성암남우여비 부부궁이 암담하니 남자는 근심이요 여자는 슬픔이로다
午時	遭難遇災防止未然	조난우재방지미연 우연히 재난과 조난을 당할 운세이니 미리 조심하고 방지하라
未時	波浪絶息三成三敗	파랑절식삼성삼패 사람이 살아가는데 풍파가 쉴 날이 없으며 세번 성공하고 세번 패한다
辛時	淸榮安光時有小硬	청영안광시유소경 부귀영화를 누리기도 하지만 때에 따라 어려움도 있을 수라
酉時	福如東海子孫滿門	복여동해자손만문 복록이 동해바다와 같고 자손이 번창할 수니 이 아니 좋을소냐
戌時	安居守分不利風頭	안거수분불리풍두 항상 지나친 욕심은 삼가하고 분수를 지키라 불리한 일이 생길 수
亥時	身上不利宜戒色難	신상불리의계색난 항상 주색을 조심하고 삼가하라 신상에 불리한 일이 생길까 염려된다

(2) 축년생(丑年生)의 성격과 운명

丑년생은 성실하고 인내심이 많으며 부지런하며 원만한 두령급의 소유자로 사기성이 없다. 매사에 평범하며 열심으로 자기 책임을 다하면서 일하는 체질로서 끝맺음에 절도가 있으며 한편으로는 느리나 명예욕이 강하다.

그러나 매사에 고집이 많고 애교와 사교성이 없는 것이 사회 생활을 영위해 나가는데 흠이 되기도 한다. 매사에 신용이 있고 틀림이 없음이 장점이 되나 남의 감언이설에 잘 속아 넘어가서 실패하는 화를 당하여 후회막급하는 일이 있으니 항상 대인관계에 있어서 매사를 확인하고 상대의 심리를 잘 파악하여 행동하여야 한다.

그러나 형제간에 인연이 박하고 일찍 고향을 떠나 자수성가할 팔자이며 초년에는 행복하나 중년에 들면서 노고(勞苦)가 많으며 또한 정신적인 번뇌와 고민이 많으나 말년에 이르면 복록과 영화를 누리게 되나 부부궁이 부실함이 흠이 된다.

○ 결혼 : 뱀띠 닭띠 쥐띠가 좋으며 양띠 말띠 용띠는 불길하다
○ 직업 : 회사원 공직자 의약사 예술 농업 정치가와 불을 다루는 직업과 금속(金屬)을 다루는 직업이 좋다
○ 병증 : 흉부 각기병 귀·코의 병 안질 등을 항상 조심하면 장수할·수라

일생에 걸쳐서 중요한 운세

四세에 병으로 신음
六세 많은 사람으로부터 사랑받고 칭찬을 받으나 양자로 가면 좋다
七세에 신병이고 다칠 수라
十四세에 일취월장으로 길하고
十八세 뜻하지 않은 횡재수가 있으며 이성과 사랑에 빠질 수
十九세 二十세 신병수에 재난을 당하게 되며
二三세 二四에 결혼운이 피고 명예를 날리며 높은 지위에 오르게 된다
二八세 二九세 매사가 막힘이 많고 수심이 많으며 집을 떠나 객지로 나갈 수라
三一세 운세가 불길하며 매사를 신중하게 결정하여야 하며 도난 당하거나 남에게 사기를 당할 수라
三五세 三六세 길운이 돌아오니 재물과 관록이 따르고 경영하는 사업도 순조롭게 성취되니 크게 성공할 운세라
四一세 四二세는 길흉이 반반이며 큰 일을 계획하지 말라
四五세 四六세 행운이 계속되니 좋은 기회를 잃지 말고 매사를 적극적으로 진행하라
五十세 이후는 평생 순탄하여 노래에 행복을 누리고 상수할 수 있으나 수색을 삼가하여야 한다 만약 여기에 몰두하면 씻을 수 없는 후회가 생길수라.

축년생인명운표 (丑年生人命運表)

년운과 생년	원서내용	해석	생월과 월운	원서내용	해석
子年	天官化吉喜氣臨門	천관이 화하여 길해지니 기쁜 기운이 집 안으로 들어오는 운세	一月	愁腸百結守之卽安	수심과 창자가 끊어지는 듯한 가난을 넘긴 백결선생을 생각하고 인내하라
丑年	多用精神有虛無實	다용정신유허무실 업드려서 시름만 하니 정신만 소모되고 허함만 있으며 실속이 없다	二月	心猿意馬樂極生悲	심원의 마락극생비 마음이 흔들리고 안정되지 못하니 즐거움과 슬픔이 교차하는 운세
寅年	內憂外利伬儷之禧	내우외리항려지회 집안에 걱정은 있으나 밖으로는 이익이 많으며 기쁜일이 거듭 생긴다	三月	氣象迎人逍遙自在	기상영인소요자재 많은 사람을 맞이하는 길한 운세이니 매사가 뜻대로 형통될 수
卯年	刑厄難免災禍臨頭	형액난면재화임두 관재 구설과 시비 송사액을 면하기 어려우니 매사를 조심하라	四月	離亂習來不止變動無常	이란부지변동무상 재액이 닥칠 운세이니 마음이 노고롭고 무상함이 많구나
辰年	勞而無功須事謹愼	노이무공수사근신 노력은 하나 공이 없는 운세이니 모든 기매사를 조심하고 근신하라	五月	災厄襲來多勞精神	재액습래다로정신 재물과 관록이 형통할 운세이나 가족 출입의 변동이 많으니 세상만사가
巳年	指背破害與人長短	지배파해여인장단 남으로부터 지탄받고 배신당할 운세이니 사람들과 더불어 화합하라	六月	吉凶參半天乙化下	길흉참반천을화하 길흉이 상반한 운세이나 천을귀인이 도와주니 염려할 것이 없다
午年	雲開月郞飮人暗害	운개월랑음인암해 구름은 걷히고 달은 밝으나 나를 음해하고 비방하는 자가 많을 수	七月	利路亨通猿子排徊	이로형통원자배회 재물과 관록이 형통할 운세이나 구설수가 비친다
未年	冲庫破財半失一箭	충고파재반실일전 재물의 손재수가 있으나 길흉이 상반하고 비방하는 자가 많을 수	八月	藝術人貧四海流通	예술인빈사해류통 예술인은 원래가 빈곤한 형상이나 동서 남북으로 매사가 형통될 수
申年	貴人化下萬事吉昌	귀인화하만사길창 귀인이 나를 도와주니 대길한 운이라	九月	五風十兩發其祥	오풍십양발기상 길운이 돌아오니 매사가 기쁜일만 닥치는구나
酉年	七古八怪人形似鬼	칠고팔괴인형사귀 여러가지 괴이한 일들이 많으니 사람의 형상이 말이 아니다	十月	旭日東昇光前裕後	욱일동승광전유후 해가 동쪽에서 솟아 올라오는 운세이니 앞뒤가 풍요롭구나
戌年	馬出他鄕吉多凶少	마출타향길다흉소 말이 객지에 나간 형상이니 기쁨과 흉함이 이 반반인 운세	十一月	馬走險涯舟在淺水	마주험애주재천수 말이 험한 길을 달리며 배가 얕은 물을 지나가니 진퇴양난인 운세라
亥年	平地風波木之經霜	평지풍파목지경상 평지에 풍파이며 나무가 서리를 맞는 형상이니 미리 조심하라	十二月	自信滿滿却敗禍根	자신만만각패화근 자신만만하니 백가지 화가 다 없어지는 길한 운세라

신수평전

축년생인명운표 (丑年生人命運表)

생일	원서내용	해석
子日	土合比肩兩人相好	토합비견양인상호 되는 형상이니 꽃 가운데 또 꽃이 있으니 이 아니 기쁘랴 모든 길신이 도와주는 수
丑日	意志投合萬里前程	의지투합만리전정 앞 날의 매사가 순조롭구나 흉한 신이 길신을 맞으니 마음속에 근심과 번민이 가득하구나
寅日	木之疏土五內不開	사람과 사람의 뜻이 잘 화합하니 만리 앞 날의 매사가 순조롭구나 화성입우재난원천무인 세이니 하늘을 어찌 원망하는 운
卯日	木剋丑土爭長競短	나무로 아무리 땅을 파 보아야 끝이 없으니 경영하는 일이 순조롭지 못하다 화촉을 밝히게 되는 운세로 새로 사람을 맞이하는 운
辰日	木喜龍水女人相助	비수를 특별히 상극되는 형상이니 구설시 비수를 특별히 조심하라 일어날 수라
巳日	三合會局利路亨通	삼합회국으로 형통 오매 과감하게 진행하면 성공할 수라	소가 물을 좋아하는 운세이니 여자의 도 움으로 성공할 수라
午日	無中之害酒色禁忌	무중지해주색금기 심하지 않으나 특별히 주색을 조심하라	巳酉가 합을 이루는 운이니 길운이 돌아 오매 과감하게 진행하면 성공할 수라
未日	牛羊相鬪必有一傷	우양상투필유일상 시 몸을 다칠수니 조심하라	별로 해로움이 없으나 특별히 주색을 조심하지 않으면 낭패한다
辛日	相生一氣財利行通	상생일기재리행통 통할 길한 운세라	염소와 소가 서로 상생하니 재물과 이익이 형 시 몸을 다칠수니 조심하라
酉日	合中有盜心情不合	합하는 가운데 도난당할 수이니 심히 괴로울 수라	酉申이 서로 상생하니 재물과 이익이 형 통할 길한 운세라
戌日	刑之不利口舌是非	형지불리구설시비 아서서 그 화를 막아라	관재구설과 시비송사수니 미리 덕을 쌓 아서서 그 화를 막아라
亥日	土疊制水奮鬪精神	토첩제수분투정신 고 열심히 노력하라	흙으로 물을 막아야 할 운세이니 쉬지말 고 열심히 노력하라

생시	원서내용	해석
子時	花上有花萬象喜神	꽃 가운데 또 꽃이 있으니 이 아니 기쁘랴 모든 길신이 도와주는 수
丑時	歲星入度心中憂悶	흉한 신이 길신을 맞으니 마음속에 근심과 번민이 가득하구나
寅時	花燭迎人怨天無人	화촉을 밝히게 되는 운세로 새로 사람을 맞이하는 운 세이니 하늘을 어찌 원망하리
卯時	凶星入宮災難重重	흉성을 만나게 되는 운세로 재난이 거듭 일어날 수라
辰時	陰殺占宮男女不宜	음흉한 살이 뒤따르는 운세이니 남녀를 막론하고 불길한 수라
巳時	交際小心指背作害	교제소심지배작해 남과 교제할 마음도 없는데 상대방이나 를 배신하고 해를 끼치는구나
午時	沐浴遇喜不是光曜	목욕우회불시광요 수가 있으니 특히 여자를 조심하라	목욕살이 따르매 주색으로 인하여 손재 수가 있으니 특히 여자를 조심하라
未時	沖開難合災星占害	충개난합재성점해 재난이 닥칠수니 시비를 삼가하라	丑未가 상충살이 되매 합하기가 어렵고 재난이 닥칠수니 시비를 삼가하라
辛時	天地賜福月在東空	천지사복월재동공 나 동쪽을 조심하라	천지가 복록을 내려주니 대길한 운세이 나 동쪽을 조심하라
酉時	交易不利白虎破財	교역불리백호파재 가 있을 것이니 미리 방지하라	경영하는 사업이 부실한 운세로 손재수 가 있을 것이니 미리 방지하라
戌時	福星守庫一見鐘情	복성수고일견종정 이 천하를 떨칠 수	복성이 몸에 따르니 좋은 운세로 그 이름 이 천하를 떨칠 수
亥時	天狗作崇事無可成	천구작숭사무가성 될 가망성이 없을 수	흉신이 뒤따르니 계획하는 일들이 성취 될 가망성이 없을 수

447

(3) 인년생(寅年生)의 성격과 운명

寅年生은 겉으로 보기에는 너그럽게 보이나 속으로는 강직하고 용감하고 명예욕이 강한 반면에 고통이 크고 독선적이다. 고로 용감하고 명예욕이 강한 반면에 염세적이고 적을 많이 만들 염려가 있으며 공격적이고 방어형으로 필요한 일만 한다.

그러나 사람이 자비심이 많으니 자기 일보다는 남을 돌보아 주는 의리가 있고 남의 앞에 나서기를 좋아하고 의협심이 많아서 남으로부터 미움을 받아 불리한 위치에 서게 될 수가 있으며 이기주의적인 성격과 의지가 약하니 부모 형제로부터 소외당할 수도 있다.

자기의 단점을 보완하기 위해서는 지나친 자존심과 독선을 버리고 사람들과 화목을 위주로 하여야 하며 자신을 낮추고 남에게 믿음과 신용과 존경을 받도록 노력하라.

초·중년에 부침(浮沈)과 변화수가 많으며 중년후 점점 좋은 기회가 생기며 말년에는 덕망과 명망이 높아지니 편안하게 지내리라.

○ 참고: 남녀 모두가 평생 큰 화재수를 한번 당하게 된다.
○ 결혼: 말띠 개띠는 좋으나 원숭이띠 양띠 돼지띠 닭띠는 불길하다
○ 직업: 공무원 제분업 유리상 연료상(燃料) 음식물업 여관 교육자 정치가 불과 물을 나루는 직업이 좋다
○ 병증: 흉부계통 뇌 신경계통 폐 대장질환을 조심하라

일생에 걸쳐서 중요한 운세

七세 다치거나 병액

十四세부터 二년동안 길하고

二六세 큰 재물을 얻을 수 그러나 주색은 조심하라

三五세 대길운으로 그 이름이 천하에 떨친다

四三세 일생에 제일 불길한 운이니 큰 재물의 손실이 있다

四七세 길운이 돌아오니 많은 사람을 거느리고 매사가 뜻대로 성사될 수라. 큰 육영사업과 복지사업을 경영하면 크게 서공할 운세라

六十세 이후 너무 교만하고 독선적인 행동으로 처세하게 되면 오히려 화를 부르게 되기 쉽다

고로 대인관계를 원만하게 하고 덕을 많이 베풀면 오래 행복하게 지날 운세라

특히 평생에 걸쳐서 큰 화재로 인한 재난과 주색으로 인한 액을 당하게 될 수이니 평생 명심하여 이 액을 면하기 바란다.

448

인년생인명운표 (寅年生人命運表)

생년과 년운	원서내용	해 석
자년 子年	비료정신천구침해 費了精神天狗侵害	천구살이 따르니 정신만 소비하고 매사에 목적을 달성키 어렵구나
축년 丑年	길경희임두뇌소병 吉慶喜臨頭腦小病	길한 경사와 기쁜 일이 거듭 생기나 마음속의 병이 생김은 어찌된 일인가
인년 寅年	부침미정번뇌고민 浮沈未定煩惱苦悶	뜻은 있으나 매사에 진전이 없으니 한갓 번민과 고뇌스러운 일이 생긴다
묘년 卯年	천관화신태양고조 天官化神太陽高調	천관성의 길신이 몸에서 있는 형상이 이 떠 비치니 대길한 태양이 높
진년 辰年	용쟁호문맹종곡죽 龍爭虎門孟宗哭竹	용과 호랑이가 집대문에서 있는 형상이 니 불길한 일이 생길 수이다
사년 巳年	음살입궁추초봉상 陰殺入宮秋草逢霜	음흉한 살이 집안에 들어오니 가을풀이 서리를 맞는 운세라
오년 午年	재원추수천지계 財源秋水天之桂	재물 운세가 들어오니 가을 하늘 계수나무와 같이 아름답구나
미년 未年	마주원경사유간난 馬走遠境事有干難	말이 원행하니 그 피로하고 괴로워하는 운세로 어려움이 많을 수
신년 申年	상충불리이재남방 相冲不利利在南方	寅申이 서로 상충되는 운세이니 남쪽으로 향하여 가면 크게 길할 수
유년 酉年	귀인하화봉흉화길 貴人下化逢凶化吉	귀인이 와서 나를 도와주니 흉함이 화하여 길해지는구나
술년 戌年	모사이기삼진삼성 謀事利機三進三成	계획하는 일이 성취될 좋은 운세인즉 번 나가도 세번다 성공할 수라
해년 亥年	순중반역수류전도 順中反逆水流顚倒	매사에 막힘이 많고 뜻대로 성사되지 않으니 큰 계획을 세우지 말라

생월과 월운	원서내용	해 석
一月	호출산곡정신쾌락 虎出山谷精神快樂	범이 산골에 들어가니 용기가 생기고 매사가 뜻대로 성취되니 정신이 쾌락할 수
二月	세여파죽물탐횡재 勢如破竹勿貪橫財	운세가 크게 형통하여 매사가 이로우나 재물을 너무 탐하지 말라
三月	기상영인청운유로 氣像迎人青雲有路	길운이 돌아와 사람을 불러 들이는 운세이니 청운의 꿈을 성취한다
四月	이기이인난계생향 利己利人丹桂生香	매사에 이로움이 많으니 목단꽃과 계수나무에서 향기가 나는 운세라
五月	순수행주화개여의 順水行舟花開如意	순풍에 돛을 다니 배가 잘도 나아가고 꽃이 활짝 핀 운세라
六月	일장곤난래소거다 一場困難來小去多	매사에 입장 난처하고 남의 시비에 참견하지 말라 송사수가 있다
七月	언담소인심상심하 言淡小人心上心下	구설시비수니 말조심하고 앞길이 광채가 나고 빛이 나며 만리에 구
八月	일로광창만리무운 一路光昌萬里無雲	름 한점 없는 것과 같이 크게 길한 수
九月	고중난설수미부전 苦中難說愁眉不展	고생하는 것을 말할 수 없이 수심과 근심이 그치지 않을 수
十月	반청반우목지경상 半晴半雨木之經霜	반은 개이고 반은 비가 오며 초목이 서리를 만난 형상이니 매사를 조심하라
十一月	적인공성수지즉안 敵人攻城守之卽安	사방에 적이 쳐들어 오는 형상이니 미리 덕을 베풀고 분수를 지켜라
十二月	소인암전미우조류 小人暗箭未雨影謬	소인이 암전으로 나를 배신하고 음해하는 사람이 많은 운세이니 매사에 최선을 다하라

인년생인명운표 (寅年生人命運表)

생일과 일운	원서내용	해석
子日	天狗凶星出入注意	천구흉성이 돔에 따르니 원행함이 있어 교통사고를 주의할 것
丑日	紅鸞高照不利外出	홍란성이 비치니 객지에 여행하거나 원행하는 것은 다 불길하니 조심하라
寅日	兩虎相門交易小心	호랑이 두 마리가 문 앞에 있는 형상이니 매사 경영하는 일에 어려움이 있다
卯日	太陽落山多迷多醉	태양이 서산을 넘어가는 형상이니 정신의 혼미함이 취한 사람과 같은 운세
辰日	龍虎排牙口舌是非	호랑이와 용이 어금니를 내놓고 있는 형상이니 구설시비를 조심하라
巳日	龍頭蛇尾反目無情	매사가 머리는 있으나 꼬리가 없으며 서로 시기하고 질투할 운세
午日	三合將星出將入相	삼합장성출장입상이니 나가면 장수요 들면 재상운이라
未日	月德臨照萬事迎吉	월덕길신이 비치니 만사가 계획한 대로 성취되어 나갈 수라
辛日	冲破不宜小耗破財	충파불의 소모파재는 것은 적고 나가는 것이 많을 수라
酉日	紫微入宮貴人相扶	자미입궁귀인상부 자미성 길신이 몸을 따르고 귀인이 도와 주니 어찌 성사되지 않으리
戌日	福德臨盟月有風光	복덕임맹월유풍광 복덕길신이 도우니 만사가 형통할 수니 과감하게 전진하라
亥日	一馬千里回家困難	일마천리회가곤난 말이 천리타향으로 나간 운세이니 매사가 괴롭고 수심이라

생시와 시운	원서내용	해석
子時	死喪破害房事禁忌	사상파해방사금기 상문조객수니 매사에 분주를 지키고 특히 子時에 합궁하지 말라
丑時	男女合歡樂不待人	남녀합환락불대인 남녀가 서로 사랑하고 기쁨을 즐기는 운세이니 매사가 형통할 수라
寅時	星光明朗事有迪吉	성광명랑사유적길 별과 달이 명랑한 운세이니 경영하는 일을 과감하게 진행하라
卯時	春風多情精神和合	춘풍다정신화합 봄바람이 불어 따사롭고 다정한 운세니 정신이 화합하매 길한 징조라
辰時	有虛無實假戲假鳳	유허무실가희가봉 허함만 있고 실속이 없으니 큰 일은 계획하지 말고 보류하라
巳時	陰霧不開凶來又凶	음무불개흉래우흉 구름이 끼여 음산한 운세이니 모두가 흉한 일만 거듭 닥치는구나
午時	福自天來進退如意	복자천래진퇴여의 하늘에서 복록을 내리니 매사가 진행될 운세라
未時	逢凶化吉百事可成	봉흉화길백사가성 흉함이 있어 타향에 나아가니 가는 곳마다 일들이 성취될 수이다
辛時	驛馬離鄉風光好處	역마이향풍광호처 역마성이 사해에 가는 운세이니 매사가 광명
酉時	月正東升四海光明	월정동승사해광명 해가 동쪽에서 솟는 운세로 사해가 광명이니 매사가 형통할 수라
戌時	忽然有事隨機應變	홀연유사수기응변 어떤 일이 있더라도 때에 따라 임기응변을 잘해야 액을 면하리라
亥時	草木逢霜枝落冷寒	초목봉상지락냉한 초목이 서리를 만나고 낙엽이 진후 한냉한 운세이니 매사를 조심하라

(4) 묘년생(卯年生)의 성격과 운명

卯년생은 성질이 온화하고 고요하며 조용하게 있는 것을 좋아 하는 한편 움직이는 것을 싫어하는 특징이 있다. 특히 눈이 맑고 천재적인 머리를 자랑하나 적은 일에도 잘 놀라고 부모덕 이 없으나 부모를 위할 줄은 안다. 청빈한 선비형으로 매사에 인내력이 많다. 그러나 생각하는 일이 남달리 깊어서 임기응변 의 결단력이 없으니 좋은 기회를 놓치기도 한다.

자선심이 많아서 불우한 사람을 도와주는데 돈을 많이 쓰고 친구와 주의 사람들과 화목을 도모하나 너무 다정하고 인정이 많 아서 누차에 걸쳐 실패하는 일이 있다. 특히 사람이 민첩하고 기억력이 강하며 자비(慈悲) 회의(懷疑) 질서(秩序) 견실(堅 實) 겸양(謙讓) 침울(沈鬱) 고립(孤立)심이 있다. 그러나 색 정(色情)으로 인하여 일생에 불행이 닥칠수가 있으니 근신하여 야 한다.

초년운은 대길하고 중년운은 평길하며 노년에 이르면 신체가 쇠약해지고 질환이 생기니 특별히 건강에 유의해야 한다.

○ 결혼: 돼지띠 양띠 개띠가 좋으며 닭띠 원숭이띠 잔나비(원숭 이)띠가 불길하다
○ 직업: 법학가 군인 농업 의약사 잡화상 물과 불을 다루는 직 업이 좋다
○ 병증: 하복부 각기병 심장 중풍 황달 냉증 알레르기성을 조심

하라

특히 남자는 흡연과 자확으로 인해서 기관지 폐가 약해지고 여자는 우울증에 빠지기 쉬우므로 심장 질환에 잘 걸린다. 뜻밖에 도전적이고 질서 정연한 이론을 전개하여 보통 사람들 과 거리감을 조성하는 특기가 있다.

일생에 걸쳐서 중요한 운세

초년운은 대체적으로 좋으나
十세부터 十三세까지 질병이 있고 몸을 다칠수가 있으며
十五세부터는 윗사람의 많은 사랑을 받는 운세라.
二十세는 뜻밖의 손재를 당하여 수심이 많으며
二二세는 주색으로 인하여 큰 손해를 당하며 신상의 액이 있고 병환이나 재난을 당하게 될 운세이니 매사에 근신하여야 한다.
三三세 三五세 최고의 길운이 되나 너무 자기 주장과 고집을 부 리면 손재를 보게 된다.
四三세는 운세가 막히니 분수를 지키고 재물과 여자를 탐하면 오히려 낭패를 당한다.
四四세부터 四八세에 좋은 운이 돌아 오니 기회를 실기(失機)하 지 말고 과감하게 진행하면 말년에 안락한 생활을 보내게 된다. 여자는 고집이 강하여 부부불화가 많아 결국 이별을 염려가 있 으니 항상 부부화합을 위주로 하고 주위사람들과 화목하며 매사 를 참으면 이 액을 면할수가 있으니 특별히 명심하라.

묘년생인명운표 (卯年生人命運表)

생년과 년운	원서내용	해 석
자년 子年	天德福星喜氣臨門	천덕복성이 집을 비추니 집안의 경사로 기쁨이 가득할 운세이다
축년 丑年	半天半雨流浪四方	하늘이 반은 개이고 반은 비가 오는 운세이니 동서남북을 운행할 수라
인년 寅年	變幻百端身上缺欠	변동수가 많으며 마음의 진실됨을 얻을 수 없음이 흠이라
묘년 卯年	名利雙收凡事精通	명예와 재물운이 돌아오니 무릇 하는 일마다 성사될 운세라
진년 辰年	其樂洋洋四處流浪	기락양양사처류랑 하여 견문을 넓히는 운세라
사년 巳年	兎蛇相爭在家有殃	토사상쟁재가유앙 토끼와 뱀이 서로 싸우는 형상이니 집안의 재앙이 있을 수라
오년 午年	滿面笑容花逢雨露	만면소용화봉우로 얼굴에 웃음꽃이 활짝 피고 꽃이 비와 이슬을 먹는 길한 운세
미년 未年	合之成事木鬼作崇	합지성사목귀작숭 모든 것이 서로 잘 화합하여 일의 성사가 잘되나 목귀가 침범한다
신년 申年	無故生煩半天投石	무고생번반천투석 큰 일도 없는데 마음의 번뇌는 무슨 일이며 하늘을 향해 돌을 던지는 수
유년 酉年	天空害地混戰一場	천공해지혼전일장 천공흉살이 범하나 자미성으로 화하니 흥주할 운세이니 덕을 쌓아
술년 戌年	天殺責罰紫微化解	천살책벌자미화해 천살이 침범하나 자미성으로 화합하여 길해지는 운세라
해년 亥年	凡事謹愼防止未然	범사근신방지미연 범사를 조심하고 근신하며 화합하여 화를 미리 방지하라

생월과 월운	원서내용	해 석
一月	終日不休勞碌碌	하루종일 쉬지 않고 일을 해도 항상 자갈밭을 헤매는 운세이니 매사를 인내하라
二月	人形光彩高枕安眠	사람 얼굴에 광채가 나는 길한 운세인즉 은 벼개를 비고 편히 쉬는 수
三月	花如吐秀萬事吉昌	꽃의 아름다움과 향기를 토해내는 운세이니 만사가 형통하 수라
四月	一路順風平地而行	일로순풍평지이행 순풍에 돛단 배처럼 매사가 순조롭게 성사되니 이 아니 좋을소냐
五月	以禮待人天有三光	이례대인천유삼광 예의로서 사람을 대하니 하늘에서 세가지 복록을 내리는 운세
六月	利路亨通四海光明	이로형통사해광명 밝은 빛을 스스로 얻으니 매사하는 일이 뜻과 같이 성취될 수라
七月	光風自得凡事如意	광풍자득범사여의 착함을 구하고 덕을 베푸니 스스로 좋은 기회를 맞이하는 운세
八月	善求行德自有良機	선구행덕자유양기 착함을 구하고 덕을 잘 살피고 분수를 지키면 스스로 편안한 자리에 앉을 것이다
九月	聽天由命靜坐安位	청천유명정좌안위 하늘의 뜻을 따르고 부지런히 하면 스스로 편안함을 얻으리라
十月	交友和渴自得安	교우화갈자득안위 친한 벗과 사귀기를 부지런히 하면 스스로 편안함을 얻으리라
十一月	物事停滯舟在灘焦	물사정체주재탄초 매사 하는 일에 지체됨이 많고 좌초되는 운세니 매사를 조심하라
十二月	四方皆賊宜要謹新	사방개적의요근신 사방에 모두가 나의 적이 되니 매사를 신중히 하고 근신하여야 한다.

묘년생인명운표 (卯年生人命運表)

생일과 일운	원서내용	해석
子日	子卯相刑口舌相爭	자묘상형구설상쟁 자묘가 서로 형이 되는 운세이니 구설과 시비를 삼가하고 액을 막아라
丑日	互相交剋必有一傷	호상교극필유일상 서로 상극되는 형상이니 나 다칠수가 있으니 조심하라
寅日	虎入林內大小災殃	호입임내대소재앙 범이 숲속에 들어가니 크고 작은 재앙이 있을 운세라 매사에 조심하라
卯日	玉兎出現到處皆通	옥토당극천도방광명 달이 떠서 하늘의 생기가 돌고 해가 떠서 밝은 빛을 내리 좋은 운세
辰日	龍氣出現到處皆通	용기출현도처개통 용이 기운을 차리고 나타나는 형상이니 가는 곳마다 매사가 형통한다
巳日	毒蛇逢龍事有奸計	독사출봉용사유간계 독사와 용이 출현하니 반드시 간사한 계획에 휘말리는 수라
午日	驛馬逢財內助有賢	역마봉재내조유현 원행하여 득재할 운세에 집안 사람들의 도움이 있어 매사가 성사될 수
未日	少鬼作祟出外小心	소귀작숭출외소심 불길한 흉신이 몸에 따르니 외출함을 삼가하고 도적을 조심하라
酉日	猿逢火山身上有殃	원봉화한신상유앙 원숭이가 화산을 만난 운세이니 신상에 재앙이 있을 수니 조심하라
戌日	冲卽災害禍端口出	충즉재해화단구출 卯酉가 서로 상충되는 운세이니 말조심 하라 화가 생길 수이다
亥日	吉多凶小福星高照	길다흉소파성고조 길한 중에 흉함이 적으니 이것은 복성이 비춰주는 운세라
亥日	白虎入交多少破財	백호입교다소파재 백호수가 들어오니 재물에 손재가 있을 수니 매사를 미리 조심하라

생시와 시운	원서내용	해석
子時	迎新去舊多情多欲	영신거구다정다욕 새 것을 맞이하고 옛 것은 돌아가는 운세이니 인정도 많고 욕심도 많을 수
丑時	不明不解無明無日	불명불해무명무일 밝지도 않고 풀리지도 않은 헤와 달이 없는 운세이니 미리 근신하라
寅時	性爆心亂多情不利	성폭심란다정불리 성질이 횡폭하여지고 마음이 심란한 운세로 매사에 어려움이 많을 수라
卯時	一聲名震天下無雙	일성명진천하무쌍 한 목소리가 천하를 진동하는 좋은 운이 돌아오니 무서울 것이 없다
辰時	雲霧不晴老馬不戰	운무불청로마부전 구름과 안개가 걷히지 않으니 늙은 말이 싸울 수 없는 운세로 분수를 지켜라
巳時	暫離得安無馬難行	잠리득안무마난행 잠시 쉬는 사이에 말이 없어졌으니 먼 길을 어찌 갈까 때를 기다려라
午時	有難得救光天化日	유난득구광천화일 어려운 중에서 목적한 바를 구하니 하늘에서 복을 주는 원인이다
未時	合喜生悲防止未然	합희생비방지미연 매사를 너무 탐하면 오히려 빈하게 되매 미리 이 액을 방지하라
酉時	貪者貧字邪心必敗	탐자빈자사심필패 탐하는 자는 가난한 자니 간사한 마음은 반드시 패한다
戌時	冲之無益一片虛空	충지무익일편허공 충자무익일편허공 이고 한 조각 뜬구름이니 분수를 지켜라
戌時	天災不幸貴人化下	천재불행귀인화하 천재를 당할 불행한 운세이나 귀인이 도와주니 큰 염려할 것은 없다
亥時	合之有○不測風雲	합지유무불측풍운 주색을 멀리하라 예측하지 못할 비바람 이 불어 올 운세라 미리 액을 막아라

453

(5) 진년생(辰年生)의 성격과 운명

용띠해에 출생한 사람은 그 성격이 굳건하고 활발한 중에 교만하고 자존심이 강하니 항상 윗사람과 의견차이로 불화가 많으나 사람이 대의적(大義的)이고 공상적인 마음이 있으니 신앙심이 두터우면서도 이율배반적인 면도 있다. 그러나 통이 크고 작은 일과 현실에 집착하지 않으며 주위 사람의 이목을 대수롭지 않게 여기는 행동을 서슴치 않는 점도 있으나 사람과 교제술이 원만함도 또한 특징이다. 사람이 급한 일이 없고 인내심과 과대한 마음이 있으나 어떤 일을 시작하면 너무 서두는 점이 있어 오히려 실패하는 수도 있다. 고로 이러한 결점을 고치는데 최선을 다해야 된다. 특히 이론이 많고 사색(思索) 분투(奮鬪)의 지강(意志强) 권위(權威)심이 대단하고 남자는 남의 윗사람의 위치에 오르고 여자는 돈과 유혹에 약하고 사치를 좋아한다.

여자는 고독하고 자신감이 강하고 타인의 의견을 존중하지 않으며 독선적인 이면이 있어 앞길을 망치는 수가 있다. 고로 부부간에 화합을 위주로 매사에 인내력을 가져야 한다. 중년에 이성관계로 화를 일으킬 염려가 있다.

○ 결혼 : 쥐띠 용띠 닭띠가 좋으며 개띠 돼지띠 원숭이띠가 불길하다.

○ 직업 : 공무원 은행 의약업 전기화학 불과 쇠를 다루는 직업이 좋다.

○ 병증 : 흉부 뇌신경계통 눈병 습진을 조심하여야 하고 남녀간에 화재 총이나 카로 몸을 다칠 수

일생에 걸쳐서 중요한 운세

一세부터 七세까지는 몸에 병이 들어 고생하고 다칠 운세

十五세부터 좋은 운세로 많은 사람들로부터 사랑을 받는다

十九세에 큰 병으로 고생하며 식중독으로 신음한다

二十세에 길운이 돌아오니 좋은 기회를 잘 잡으면 장래에 성공할 기초를 세운다

二十五세에 큰 변동수가 있으니 은혜를 베풀고 덕을 쌓으면 크게 복록을 누리게 된다. 만약 분수를 지키지 않고 주색으로 경거망동하면 크게 실패할 수도 있다.

四八세부터 五十세 중간에 최고로 활동하는 좋은 시기이니 좋은 계획을 세워 준비하고 실천하면 말년에 큰 행복을 누리게 된다. 이 기회를 놓치게 되면 말년에 큰 고생을 하게 된다.

신수평전

진년생인명운표 (辰年生人命運表)

생년과 년운	원서내용	해석
자년 子年	有道生財經營得利	재물의 길이 열리니 경영하는 일이 번창하여 큰 재물을 얻을 운세라
축년 丑年	福德扶持諸事迪吉	복덕길신이 도와주니 모든 일은 과감하게 밀고 나가면 성공한다
인년 寅年	龍虎爭鬪外鄕有利	용과 호랑이가 싸우는 형상이니 객지에 나가서 활동함이 유리하다
묘년 卯年	龍虎奪珠事多刺激	쌍용탈주라 다사다격이니 일만 많고 성사가 안된다
진년 辰年	浮沈未定運氣遲滯	두 마리 용이 구슬을 놓고 서로 싸우는 기가 막힌 원인이다
사년 巳年	太陽高照女人不吉	태양은 높이 떠서 세상을 밝히니 여자를 조심하라
오년 午年	雙龍奪珠事多刺激	세이나 특히 여자를 조심하라
미년 未年	災害襲來遠觀有傷	뜻하지 않은 재해가 닥쳐오니 멀리 있어도 피해를 당하는 운세라
신년 申年	主有句交災滯傷身	구교흉신이 닥치니 재난으로 인하여 몸을 다칠수니 교통사고를 조심하라
유년 酉年	指背破害交友小心	믿는 사람으로부터 배신을 당하여 피해를 입게 되고 친구로 인해 손재수라
술년 戌年	合者風流悲喜交集	기나 슬픔과 기쁨이 교차하는 수
해년 亥年	冲見破財口舌是非	합자풍류비희교집 辰戌로 상충이 되니 재물의 손재수가 있고 특히 구설시비수를 조심하라
—	川流不息凡事如意	흘러가는 물이 쉬지 않은 형상이니 범사가 뜻대로 성공할 수라

생월과 월운	원서내용	해석
一月	五시不樂勞而無功	오니 불락 노이무공하나 공이 없는 운세라
二月	良而類景作事可成	양이미경작사가성 용과 호랑이가 싸우는 형상이니 임하니 매사가 아름답고 하는 일에 성공할 수라
三月	有志必成旭日東昇	유지필성욱일동승 뜻이 있으니 반드시 성공하는 운세로 해가 동쪽에 솟아오르니 길한 운이다
四月	名利雙受人傑地靈	명리쌍수인걸지령 명예와 이익이 내 몸을 따르니 이는 천지와 사람이 도와줌이라
五月	樂不待言人事利達	락불대언인사리달 매사에 즐거움이 거듭 닥치니 성공하여 목적을 달성할 수라
六月	困難疊疊浮沈未定	곤난대대부침미정 매사에 곤난함이 거듭 닥치니 저리같까 안정되지 못할 수
七月	春風順調秋雨好時	춘풍순조추우호시 봄바람이 순조롭게 불고 가을비가 맞춰 내리는 운이니 길하다
八月	雲游四海喜氣昇	운유사해희기승평 구름따라 사해를 놀아다니니 매사에 로움이 있고 기쁜일이 거듭 생길 수
九月	謀事如意安心行程	모사여의안심행정 꾀하고 계획하는 일이 뜻대로 성사되니 매사를 안심하고 행하라 성공할 수라
十月	前途有難凡事細慮	전도유난범사세려 앞길에 어려움이 많으니 매사에 주의와 생각으로 행하라
十一月	月暗難行守之平安	월암난행수지평안 밤중에 달빛이 어두워 앞길을 가기가 어려운 운세니 분수를 지켜라
十二月	水多卽漂迷空無形	수다즉표미공무형 물이 많아 모든 것이 떠내려가는 불길한 운세로 매사가 형태가 없구나

455

진년생인명운표 (辰年生人命運表)

생일과 일운	원서내용	해석
子日	順水行舟福星高照	배가 순풍에 돛단 것과 같이 잘도 흘러가는 운세로 복성이 몸에 임한다
丑日	天官賜福出外好景	하늘에서 관록과 복록을 내려주는 운세이니 밖에 나가면 더욱 좋은 운세
寅日	驛馬走路利在遠方	역마주로이재원방 역마헤가 되니 객지나 외국에 나가면 더욱 재물이 뜻과 같이 따를 수라
卯日	須事小心絶星閉巽	수사소심절성폐손 모름지기 큰일을 계획하지 말고 분수를 지켜라 모든 일이 지체된다
辰日	太歲堂頭事無可成	태세당두사무가성 용두마리가 임하는 운세이니 빈손으로 크게 성공할 수라
巳日	貴人保護凡事迪吉	귀인보호범사적길 귀인이 나를 항상 도와주니 매사를 과하게 밀고 나가면 성공할 수라
午日	浮沈未定吉凶難分	부침미정길흉난분 뜻은 있으나 성공하기가 어려우니 길흉을 분간하기가 어려운 운세라
未日	織機斷絲麻煩苦惱	작기단사마번고뇌 매사에 성사됨이 없고 막힘이 많으니 번뇌와 고민만 생기는구나
辛日	三合水位通流萬里	삼합수위통류만리 지잘 유통되는 운세로 申辰으로 삼합을 이루니 매사 길흉
酉日	六合歡喜謹愼必成	육합환희근신필성 辰酉로 육합되는 운세로 매사를 근신하여라
戌日	財庫冲破風波常在	재고충파풍과상재 재물창고가 충파되니 항상 풍파가 뒤르는 운세로 조심하라
亥日	紫微入宮萬事順成	자미입궁만사순성 자미성의 길신이 몸에 따르니 좋은 운세로 만사가 순성할 수라

생시와 시운	원서내용	해석
子時	合之成之好好安排	子辰으로 삼합을 이루니 매사가 순조롭게 성취될 길한 운세라
丑時	滿面春風喜談河川	얼굴에 춘풍이 가득하니 기쁜 일이 거듭 생기고 매사가 뜻대로 성취될 운세
寅時	驛馬天狗凡事小心	역마와 천구흉신이 따르니 특히 교통사고와 손재수를 주의하라
卯時	剋之不利内容過關	극지불리내용과관 매사에 서로 상극되는 운세니 계획을 베풀고 화합하면 액을 면한다
辰時	和合順調謀事如意	화합순조모사여의 서로 화합되니 아름다워 매사 하는 일에 뜻대로 성취된다
巳時	相生一氣事無大凶	상생일기사무대흉 서로 상생되니 꾀하는 일이 뜻대로 크게 흥함을 수라
午時	口中之禍守之即安	구중지화수지즉안 말로서 화를 일으키니 특별히 말조심하고 분수를 지켜라
未時	陰殺交加口舌多端	음살교가구설다단 음살이 서로 다투어 따르는 불길한 운이니 구설과 시비가 많을 수라
辛時	土金相生省意安寧	토금상생성의안녕 土金으로 서로 상생되니 뜻과 마음이 편안한 좋은 운세라
酉時	樂極生悲挑花注意	낙극생비도화주의 너무 즐거운 일이 생기면 슬픈 일이 또한 생기는 법 특히 주색을 조심하라
戌時	歲破不利事有麻煩	세파불리사유마번 辰戌로 서로 상충되니 매사에 불리하고 번민이 많은 불길한 운세라
亥時	龍得高照逢凶化吉	용득고조봉흉화길 용이 높은 빛을 얻은 운세이니 흉함이 화하여 길해지는구나

(6) 사년생(巳年生)의 성격과 운명

사년에 출생한 사람은 그 성질이 온화하고 재주와 지혜가 있으며 두뇌가 명석하여 좋은 시기를 잘 찾아 나아가고 물러서는 교묘한 재치가 있을뿐만 아니라 대인관계에 제성이 많으며 사람의 인품이 고상하니 좋은 친구가 많아 평판이 좋다.. 특히 숨은 재주가 많으며 유혹은 천부적으로 타고 났으며 허영심이 많다. 이지적인 성품을 갖추지 못하면 음란성이 많아서 주위사람들의 지탄을 받기도 하며 체위(體位) 변태성이 많아서 권태가 빠르고 중년 이후 사회적으로 적응을 못하여 고립당하고 은둔생활을 즐기게 된다. 그리고 내심으로 음흉하고 질투심이 강하여 어려운 일이 생기고 상대방을 적으로 만든다는 단점도 있다. 또한 색정으로 항상 좋은 기회를 잃어버리는 수가 있으니 특히 이런 단점을 고치는데 수양을 쌓아야 한다.

장점은 용감하고 사람의 인품이 좋고 친절한 점이다. 단 여자는 집안일을 좋아하고 특히 성질이 단기로 화를 잘내며 흥분하기도 하고 사치와 음란성이 흠이 되니 이것을 고쳐야 한다.

소년시절에는 여러가지 풍상과 애로가 많아 고생하게 되며 남자는 중년에 여난(女難)과 색정으로 재앙을 부르게 되고 말년은 행복을 누리게 된다.

○ 결혼:: 닭띠 소띠가 좋으며 돼지띠 원숭이띠 범띠가 불길하다.

○ 직업:: 외교관 관리 운송업 토목사업 목재상 건축 인쇄 양장점 서점 등이 좋다.

○ 병증:: 뇌계통 신경쇠약 위병 폐병 심장병 특히 남녀간에 화재와 색정을 경계하여야 한다.

일생에 걸쳐서 중요한 운세

초년부터 十四세까지 길운이 되어서 많은 사람으로부터 사랑을 받으며 학업성적도 좋다.

十六세 전후 신병이 침신하니 건강에 유의하여야 하고 심신불안과 번뇌가 많다.

二一세부터 二六세까지 윗사람에게 발탁되어 복록이 좋아서 재물도 많이 쥐게 된다. 그러나 이성관계와 색정으로 인하여 여러 가지 고민을 많이 하게 된다.

三三세 三八세 四五세에 최고의 길운이 돌아오니 좋은 기회를 십분 이용하여 사업계획을 세워서 과감하게 진행하면 반드시 적중하여 말년에 행복한 생활을 얻게 되는 튼튼한 기반을 닦게 될 것임을 명심하라.

만약 이 기회를 놓치게 되면 노래에 곤궁한 생활을 면하기가 어려울 것이다.

사년생인명운표 (巳年生人命運表)

생년과 년운	원서내용	해석
자년(子年)	喜氣臨門龍飛鳳舞	기쁜 기운이 집을 비추니 용이 날고 봉황이 춤추는 운세로 대길하다
축년(丑年)	飛天破財白虎傷害	비천과 재백호 상해 운세는 불길하여 재물이 날아가고 백호가 발동하니 몸을 다칠 수라
인년(寅年)	刑者多端驚險後吉	형자가 다단경험하는 해이니 寅巳로 삼형이 되는 해이니 놀랄 일과 험한 일이 있으나 다음은 길하다
묘년(卯年)	東奔西走未得安寧	동분서주하나 매사에 평안함이 없으니 미리 기도하라
진년(辰年)	龍遊淺水遭蝦戲欺	용이 얕은 물에 있으니 곤고한 운세로 난을 당하거나 남에게 사기 당할 수
사년(巳年)	交友反睦太歲當頭	교우반목태세당두 하니 친한 친구간에 서로 불화하고 복음되는 해니 매사가 부진하다
오년(午年)	心上心下事有難關	심상심하사유난관 아래 윗사람의 의사가 서로 맞지 않으니 어려운 일만 닥치는 운세라
미년(未年)	家庭風波凡事缺吉	가정풍파범사결길 금년 운세는 가정의 풍파가 일어날 수며 범사에 막힘이 많다
신년(申年)	陰殺侵害改除一切	음살침해개제일체 음살이 몸에 따르는 흉한 운세이니 큰사 업에 손을 대지 말라
유년(酉年)	合之三台財源豊富	합지삼대재원풍부 하여 매사가 뜻대로 성취된다 巳酉로 삼합을 이루니 재물운세가 풍부
술년(戌年)	時機一變改換門間	시기일변개환문간 좋은 운세가 아니므로 수를 조심하고 분수를 지켜라
해년(亥年)	渚出平洋發如猛虎	저출평양발여맹호 巳亥로 상충되니 좌충우돌할 운세로 나 친 욕섬을 삼가하라

생월과 월운	원서내용	해석
一月	一事急水時機未到	매사를 신중하게 생각하고 진행하라 일사급수시기미도 형단로 아직 좋은 때가 오지 않는다
二月	花遇風雨損害心機	꽃이 바람을 만나는 운세이니 손해가 적지 않아 심기가 불편할 수라
三月	利在三江多勞多功	이재삼강다로다공 객지에 나가면 흥함하는 해이니 노력도 많이 하나 또한 공도 많을 수라
四月	技藝精通一帆順風	기예정통일범순풍 모든 재주가 잘 통하는 해이니 순풍에 돛 단배처럼 매사가 성사된다
五月	隨機應變一生平安	수기응변일생평안 좋은 기회를 잘 이용하면 일생에 걸쳐서 편안하게 지날 수라
六月	有道得財事曲不成	유도득재사곡불성 길이 있으나 재물은 얻게 되나 큰 일은 성사되기가 어려울 운세라
七月	知勇雙全福祿自來	지용쌍전복록자래 지혜와 용기가 있으니 복록이 스스로 따 라오는 좋은 운세라
八月	幸福逼來富貴榮達	행복돈래부귀영달 행복이 숨어 들어오는 좋은 운세이니 귀와 영화로 이름을 떨칠수라
九月	似私爲貴靜觀待得	사사위귀정관대득 내가 귀하게 될 것 같으나 아직은 때가 아니니 참고 기다리면 좋아질 수라
十月	出入不便凡事細慮	출입불편범사세려 나가고 들어옴이 불편한 운세이니 범사 를 깊이 생각하고 매사에 임하라
十一月	悶悶不樂求神保佑	민민불락구신보우 는 운세이나 길신이 도우니 즐거움이 없 마음의 번민이 거듭 생기니
十二月	雪夜難行犬哭月影	설야난행견곡월영 깊은 밤 눈길을 가기가 어려운 운세로 매 사에 막힘이 많으니 때를 기다려라

신수평전

사년생인명운표 (巳年生人命運表)

생일과 일운	원서내용	해 석
子日	龍得拱照亦無大害	용이 좋은 빛을 얻을 운세로 큰 해는 없으니 매사를 소신껏 진행하라
丑日	守屈安分以免破財	수기안분이면 파재 않으면 큰 재난을 면하리라 매사에 분수를 지키고 큰 일을 계획하지
寅日	交易不利謀事大吉	교역불리모사대길 큰 일은 불리하나 적은 일은 성사된다 그러나 시비와 관재를 조심하라
卯日	愁悶苦惱天狗爲害	수민고뇌천구위해 범한 원인이다 매사를 심사숙고하라 수심과 고민이 많으니 이는 천구살이 침
辰日	紅艶風波須事考慮	홍염풍파수사고려 길수가 닥치니 애정문제로 풍파가 생길 수이니 매사를 심사숙고하라
巳日	指背反睦血刃並見	지배반목인넹건 남으로부터 배신당하고 불화하게 되고 피를 흘리거나 칼로 다칠수라
午日	逆境不常家內缺安	역경불상가내결안 뜻밖에 불상사가 생겨 집안이 불안한 운이니 매사에 조심하라
未日	喜樂色情逢災化祥	희락색정봉재화상 기쁨과 즐거운 색정으로 봉변을 당할 수 있으니 화하여지니 재난이
辛日	口舌訴訟貴人得助	구설소송귀인득조 시비구설로 소송수가 있으나 뜻밖에 귀인이 도와주니 크게 염려할 것은 없다
酉日	三仙歸潤財利皆通	삼선귀윤재리개통 길신이 도와주니 경영하는 일이 잘 형통하여 재물을 얻는 운세라
戌日	死符破財家口平安	사부파재가구평안 사부살이 침입하니 재물 손재와 집안식구의 우환이 염려된다
亥日	一走千里茫茫苗苗	일주천리망망묘묘 한걸음에 천리를 뛰어가나 앞길이 망망할 뿐 아무 소득이 없는 운세라

생시와 시운	원서내용	해 석
子時	水火無情不得安寧	수화무정부득안녕 水火는 본래 상극이니 무정한 운세로 일신이 편치 못하고 마음이 괴롭다
丑時	火土相生凡事安然	화토상생범사안연 火土가 서로 상생되는 운이니 범사가 형통하고 매사가 편안할 수라
寅時	刑字有化前途光明	형자유화전도광명 寅巳가 비록 삼형살이 되나 흉화위길 상이니 앞길에 광명이 온다
卯時	天狗臨宮凡事小心	천구임궁범사소심 천구살이 침신하니 매사가 뇌락한 심정으로 소원성취되다
辰時	一帆順風快樂自在	일범순풍쾌락자재 매사가 돛단배처럼 잘 진행되는 운세이니 삼한 주의로 매사에 임하라
巳時	比肩同伴多有反睦	비견동반다유반목 친한 친구나 가까운 사람을 조심하라서로 반목질시하는 운세라
午時	雙火即炎多情廣交	쌍화즉염다정광교 두 불이 타 오를라 그 불빛이 찬란한 운이니 사람마다 다정하고 교제가 넓을 수 있으니
未時	火燒羊寮凡事缺利	화소양요범사결리 불행한 일이 닥칠 운세로 범사에 손재수가 있으니 명산대찰에 기도하라
辛時	火山爆發終此麻煩	화산폭발종차마번 화산이 폭발하는 운세에 삼형살이 침하니 일에 마가 많아 번민만 생길 수
酉時	八仙釣棋財稱如山	팔선조기재칭여산 여덟 사인의 신선이 낚시에 장기를 두는 운세이니 재물이 산과 같이 모일 수
戌時	狗走夾卷多少不利	구주협권다소불리 개가 좁은 곳을 뛰어든 운세이니 불길하다 미리 덕을 쌓아라
亥時	水火相爭相方比力	수화상쟁상방비력 巳亥로 서로 상충되는 운세이니 돌이라 시비와 구설을 삼가하라 좌충우돌

(7) 오년생(午年生)의 성격과 운명

말띠해에 출생한 사람은 바삐 움직임을 좋아하고 조용하게 있는 것은 싫어하며 항상 멀리 나가는 것을 취미로 삼는다. 사교성이 있어 대인관계에 화합하는 묘한 기교가 있고 남의 일에 간섭을 많이 하고 남으로부터 사랑을 받으며 발탁되어 성공하기도 한다. 밖으로는 관대하나 집안일에는 관심이 없으며 투기사업을 좋아하고 사람의 성품이 강직하여 사람으로부터 미움을 사고 적극적이고 실질을 숭상하며 음식 식성이 까다롭고 이가 드문드문 나는 것도 특징이다. 또한 적극적이고 실질을 숭상하며 음식성이 까다롭고 이가 드문드문 나는 것도 특징이다. 그리고 사람이 괴벽(怪癖)하여 자기 주장을 관철하려고 하며 영리하고 민첩하며 사람이 친절하고 여행을 좋아하며 남을 위하여 희생정신이 많으며 자기 과장성이 많고 항상 불안함과 그리고 비관성 초조함이 많다.

여자는 돈이 있으면 교만하고 사치를 좋아하며 돌아다니기를 좋아하고 불평불만이 많으여 부부금실에 금이 가기도 한다. 앉아서 놀지 못하고 바람기가 많으며 계돈으로 인하여 액을 당하고 물과 인연이 많고 또한 눈물이 많다. 이혼을 많이 하고 골반이 큰 것이 특징이며 신앙심이 많은 편이며 접도 많고 현실을 도피하려고한다.

○ 결혼: 범띠 개띠 양띠가 좋으며 쥐띠 소띠가 불길하다
○ 직업: 군인 공무원 정치가 건축업 목재상 양품점 인쇄업 지물포 흙과 나무를 다루는 직업
○ 병증: 위장 두통 안병 열병 심장병을 조심하여야 하고 남녀 모두 화재를 조심하고 색정을 삼가하여야 한다.

일생에 걸쳐서 중요한 운세

초년부터 八세까지는 별탈없이 잘 성장하고 十三세 때 몸에 병으로 고생하거나 몸을 다칠 수이니 특히 교통사고를 주의하여야 하며 부모를 여의기도 한다. 十五세부터 二十세 전후에 사고력(思考力)과 계교(計巧)가 뛰어나서 학업 성적도 우수한 편이며 일찍 사회에 진출하여 하고자 하는 일을 성취하고 뜻밖에 귀인이 도와주어 성공하기도 한다. 二五세 전후도 좋은 운이 돌아오니 매사를 용감하고 성실하게 진행하면 소원을 성취하게 된다. 그러나 부부궁이 부실하여 여난(女難)이 많은 운세로 특별히 주색으로 인해 실실할 수니 조심하여야 한다.

三七세에 불길한 운세로 매사에 막힘이 많아 크게 실패하거나 부부이별과 재난을 불러 일으키게 되는 것을 유의하라.

四八세에 좋은 운이 돌아오니 이 기회를 놓치지 말고 포착하여 매사에 열심히 진행하면 큰 지위와 명예를 얻게 되어 말년에 행복을 누리게 된다.

오년생인명운표 (午年生人命運表)

생년과 년운	원서내용	해석
子年 자년	冲破災難萬事不吉	子午로 상충되는 해이니 만사가 불길하므로 큰 일을 계획하지 말라
丑年 축년	逢凶化吉家內乏安	봉흉화길 가니 집안 산림이 넉넉치 못하니 때를 기다려라
寅年 인년	浮沈未定白虎爲害	부침미정백호위해 뜻은 있으나 일에 성사가 될듯 말듯 한 운세이니 이는 백호가 든 원인이다
卯年 묘년	玉兔當升四方可行	옥토당승사방가행 달이 솟는 운세이니 동서남북 가는 곳마다 매사가 순조롭구나
辰年 신년	天狗占宮吉少逆多	천구점궁길소역다 흉함이 많은 운세라
巳年 사년	毒蛇爲害事無可成	독사위해사무가성 독사로 인하여 해를 당하는 운이나 흉화위길로 심려한 것은 없다
午年 오년	馬頭縣花事有隆興	마두현화사유융흥 말머리에 꽃을 얹은 형상이니 매사에 융성하고 반은 흥하는 운이라
未年 미년	合而不合變走他鄕	합이불합변주타향 면 성공할 운세이다
申年 신년	旭日昇天凡事安寧	욱일승천범사안녕 해가 동쪽에서 솟아오르는 운세이니 범사가 뜻대로 성취되는구나
酉年 유년	喜氣重疊瑞雲盈門	희기중첩서운영문 기쁜 일이 거듭 생기고 상서로운 운기가 집에 가득차는 운세이다
戌年 술년	三仙歸洞近官見貴	삼선귀동근관견귀 세 신선이 동네로 오는 형상이니 따라 옴에 몸이 귀하게 될 수라
亥年 해년	雲開月出四海光明	운개월출사해광명 구름은 걷히고 밝은 달이 뜨고 사해에 밝은 햇빛이 비치니 좋은 운세라

생월과 월운	원서내용	해석
一月	花如吐秀歡樂太平	꽃이 향기로움을 토하는 형상이니 일이 편안히 태평세월이라
二月	狂風暴雨過算宜安	광풍폭우과산의안 비바람이 몰아치는 운세이니 키고 편안히 기다려라
三月	馬有千里人有冲天	마유천리인유충천 말은 천리 밖에 있고 사람은 하늘을 찌르는 형상이니 분수밖의 일은 삼가하라
四月	以流不息日夜忙忙	이류불식일야망망 물은 쉬지 않고 흐르나 헤는 저서 어두운 형상이니 다른 일을 경영하지 말라
五月	一分勞力得來汗錢	일분노력득래한전 장성의 운세이니 크게 노력하지 않아도 겨우 목적을 달성할 수로구나
六月	行舟逆風焦心狂費	행주역풍초심광비 두려운 운세이니 매사 조심하라 달리는 배가 태풍을 만났으니 좌초할까
七月	利己利人安樂少愁	이기이인안락소수 매사에 이익은 상반되어 편하고 즐거움 이 있으나 근심이 있을 운세라
八月	紫氣東來吉星高照	자기동래길성고조 자기성의 길신이 몸에 비치고 모든 길신 이 도와주니 좋은 운세라
九月	缺勇乏謀攸閃之福	결용핍모유한지복 용기와 꾀가 부족하나 매사 진행에 복록 이 따르니 분수를 지켜라
十月	馬馬虎虎不三不四	마마호호불삼불사 말 두 마리와 호랑이 두 마리가 앞에 있으니 길흉이 반반인 운세라
十一月	風前燈火凡事多難	풍전등화범사다난 바람 앞의 등불인 운세이니 매사에 움이 많은 형상으로 미리 조심하라
十二月	水底撈月勞而無功	수지노월노이무공 물에서 달을 건져내는 형상이니 노력은 하여도 공이 없구나

오년생인명운표 (午年生人命運表)

생일과 일운	원서내용	해석
子日	歲破爲害口舌是非	세파상충이 해가 되니 구설시비 손재수 니 덕을 쌓아 화를 막아라
丑日	紫微拱照謀事必成	자미성의 길신이 몸을 비추니 계획하고 꾀하는 일이 반드시 성취될 수라
寅日	白虎臨日時有干難	백호일진이니 매사를 조심하고 명산대천을 찾아가서 기도하면 액을 면하리라
卯日	天喜占宮一帆順風	천희성이 들어오니 순조롭게 성사되는구나
辰日	天厄犯凶浮沈未定	천액흉신이 침범하니 뜻은 있으나 성사되기가 어려운 운세이다
巳日	天液犯凶浮沈未定	천액살이 들어서 몸을 해롭게 하니 앉으나 누우나 항상 마음이 불안하다
午日	小耗害身座臥不安	소모살이 침범하니 재물과 이익이 생길 수니 이 아니 좋을소냐
未日	將星帶權財利雙全	장성이 권세를 쥐게 되니 재물과 이익이 생길 수니 이 아니 좋을소냐
申日	太陽高照利在遠方	태양이 높이 떠서 세상을 밝히는 운세이니 객지로 나가면 큰 재물이 생긴다
酉日	太陰帶殺星一氣冲天	태음대안일기충천 세로 매사를 과감하게 진행하라
戌日	驛馬帶鞍萬事有麻煩	역마대안사유마번 역마에 말안장을 얹혔으니 크게 길한 운세니라
亥日	太陰殺星身座臥不安	태음살성이 몸에 침범하니 매사에 마가 많고 번거롭기만 하다
戌日	文昌學堂喜中不美	문창학당 귀인이 임하니 기쁜 중에 아름답지 않으랴
亥日	病符入宮小小破財	병부입궁소소파재 병부살이 집안에 들어오는 운세이니 재물의 손재가 생길수라

생시와 시운	원서내용	해석
子時	月在東空人多相冲	달이 동쪽에 비어 있는 형상이니 사람은 많으나 서로 충돌되는 운세라
丑時	牛馬快樂不待其害	우마쾌락불대기해 소와 말이 쾌락을 누리는 운세이니 어찌 해로움이 있으랴
寅時	時有干難終有奏功	시유간난종유주공 때가 어려움이 많은 운세이니 얼굴에 봄바람이 가득한 운세라
卯時	春色迎入滿面春風	춘색영입만면춘풍 사람들이 봄을 맞이하니 얼굴에 봄바람이 가득한 운세라
辰時	浮沈暗淡寂寞無限	부침암담적막무한 성질은 급하고 마음이 다급한 운세이니 너무 변화가 많구나
巳時	火熱心急宜要靜觀	화열심급의요정관 성사되고 패하고 범사가 뜻대로 성취될 운이라
午時	比肩相座凡事安寧	비견상좌범사안녕 형제가 서로 모여 앉은 운세이니 범사가 뜻대로 성취될 운이라
未時	錦歸故鄕人人恭仰	금귀고향인인공앙 소원성취하고 금의환향하는 운세사람마다 우러러 보는구나
申時	猿落火抗無死半命	원락화항무사반명 원숭이가 떨어져서 불속으로 들어가는 운세이니
酉時	燒鷄香味喜氣樂樂	소계향미희기락락 닭을 불에 구어서 안주로 드는 형상이니 희희락락 좋은 운세라
戌時	合喜相悲事慮考應	합희상비사려고응 午戌로 합을 이루니 기쁜 중에도 또한 슬픔이 생기니 매사를 신중히 하라
亥時	水火相剋修養精神	수화상극수양정신 水火가 서로 상극이 되어서 싸우는 형상이니 정신수양에 힘을 쓰라

(8) 미년생(未年生)의 성격과 운명

未年生은 그 성품이 온유하고 효성이 지극하며 또한 예의가 있으나 거만스럽고 자존심이 무척 강한 편이며 남에게 좋고 싫음을 내색하지 않고 큰 욕심을 내고 옳지 못한 재물은 탐하지 않는다. 사람이 영리하고 십성이 강하고 인내력과 지구력이 있고 학문에는 능하여 자신감과 우월감을 가지며 동서양을 막론하고 학자는 양띠가 제일 많고 학구적인 연구와 사색을 즐기며 남에게 간섭받는 것을 싫어하는 편이고 경제력에는 관심이 없는 편이나. 꾸준히 노력하고 빈틈이 없으며 청빈을 위주로 하고 남에게 궁한 내색을 하지 않으며 항상 아름다움을 좋아하고 자기를 희생하여 남을 위해서 노력을 아끼지 않으니 많은 노력과 곤고함과 어려움을 항상 느끼게 된다. 또한 앞뒤를 생각하는 점이 깊으므로 미술과 공예에 취미가 있고 종교계통에 정열을 쏟는 신념이 강하며 항상 조용함과 한가하게 사는 것을 원하는 한 편 사람으로부터 많은 배신을 당하기도 한다.

이 사람의 특징은 서예 진취(進取) 인의(仁義) 원만(圓滿) 도량(度量) 화합(和合)을 위주로 하는 성품이다.

여자는 재력이 있으면 사회사업하는 것을 원하며 이지적이나 때에 따라서는 조화를 이루지 못하고 내성적이어서 항상 불안하여 안정된 마음을 갖기가 어렵고 남으로부터 착하다는 말을 듣는다. 그러나 결혼에 실패하는 수가 많음이 특징이기도 하다.

○ 결혼:: 돼지띠 토끼띠 말띠가 좋으며 소띠 개띠 쥐띠 범띠가 불길하다.

○ 직업:: 의약사 교육계 공업 전기 은행계통이 좋으며 쇠를 다루는 직업이 좋다.

○ 병증:: 눈병 뇌신경계통 귀・코병 흉부 계통을 신경써서 건강에 유의하여야 장수하게 된다.

일생에 걸쳐서 중요한 운세

一세부터 七・八세까지 사람으로 인하여 놀랄일이 있으니 남으로부터 유괴당할 염려가 있으니 밖으로 혼자 내보내지 않는 방향으로 교육을 시켜야 한다.

十三세에 큰 병으로 고생을 하거나 피를 흘리는 액을 당하게 되고 조실부모로 통곡하는 일이 있게 된다.

十五세부터 二十세에 두뇌가 명석하니 학업이 우수하여 남의 칭찬을 많이 받기도 한다.

三一세에 큰 길운이 돌아오니 이 기회를 놓치지 말고 이용하면 크게 성공할 수며 만약 이 기회를 잃으면 많은 고생을 하게 된다.

四一세에 또한 길운이니 장래를 생각하여 종신(終身) 사업으로 계획을 세워 열심히 노력하면 크게 성공하여 말년에 다복하게 된다.

미년생인명운표 (未年生人命運表)

생년과 년운	원서내용	해석	생월과 월운	원서내용	해석
子年 자년	花前月下時樂難言	꽃이 피는 달밤에 키쁘기는 하지만 어려움이 많음을 이루 말할 수가 없구나	一月	三陽開泰四海風光	삼양이 돌아와 양기가 점승하는 운으로 사해가 아름다운 바람이라
丑年 축년	月空歲破是非多端	세운과 丑未로 상충되어 세파를 이루 시비와 구설수가 생기니 미리 막아라	二月	平路走馬四路皆通	말이 평지 좋은 길을 달리니 사방으로 통하지 않은 곳이 없구나
寅年 인년	正官主命琴瑟和鳴	정관이 와서 합하고 부부 금실이 좋으니 만사가 형통할 좋은 운세라	三月	月到中天萬事叫吉	달이 중천에 떠 있으니 만사가 대길한 운세라 과감하게 진행하라
卯年 묘년	正官主令利路亨通	정관주령하니 만사가 형통할 운통	四月	心內變遷事業未定	마음이 안정되지 못하고 변동이 많으니 일의 끝이 나지 않은 운세라
辰年 진년	財星當頭利路亨通	재성당두하니 재물운이 사방에 있으니 재수가 대길한 운세라	五月	五虎山下意氣高強	오호산하의 기양양 다섯 호랑이가 산을 내려 오는 운세로 의기가 양양하구나
巳年 사년	劫殺一到洗掃一空	겁살이 돌아오니 손재수가 한두가지가 아니라 매사를 조심하라	六月	魚龍得水志意洋洋	어룡득수지의 고강 용이 물을 얻었으니 길한 운세로 의기가 고강하여 매사에 성공할 수라
午年 오년	印綬相扶凡事必成	인수상부범사 필성 시 성공할 수라	七月	資性英敏智勇雙全	자성영민지용쌍전 사람의 자성이 영민하고 지혜와 용기가 쌍전하니 어찌 안되는 일이 있으랴
未年 미년	六合喜事諸事皆通	육합희사제사개통 귀인이 도와주는 운세이니 범사가 반드시 형통할 수라	八月	一技二葉招災多端	일기이엽초재다단 한가지에 나무잎이 둘 뿐인 운세이니 재난이 한두가지 아니로구나
申年 신년	太歲當頭必有其災	태세당두필유기재 복음해가 되어서 매사가 제자리 걸음이니 반드시 재앙이 있으리라	九月	平常而已不利貪慾	평상이이불리탐욕 평상이기불조재다단 물욕에 탐하면 오히려 손재할 것이니 분수를 지켜 안정하라
酉年 유년	正印逢身坐食山空	정인을 만나는 형상이니 동서남북이 이로워서 뜻대로 성공할 수라	十月	官祿四海出外皆通	관록사해출외개통 관록이 사해에 있으니 밖을 나가면 크게 성공할 수라
戌年 술년	食神食神空流年不佳	식신일견좌식산공 앉아서 달을 쳐다본다 식신해서가 되니 금상첨화라 편안하게	十一月	謀事未遂財力困難	모사미수재력곤난 모든 일의 결과가 없으니 자금의 회전이 잘 되지 않아 곤고한 운세라
亥年 해년	官殺當見造成敵城	관살당견조성적성 관살이 문에 비치는 운세이니 상대방이 전부 적이다 덕을 쌓아라	十二月	一喜一悲隨機應變	일희일비수기응변 한번 기쁘고 한번 슬프니 때에 따라서임 기응변을 잘하라

미년생인명운표 (未年生人命運表)

생일과 일운	원서내용	해 석
子日	咸池酒色敗財多費	금년은 도화해가 되니 주색을 탐하지 말라 손재가 한두가지가 아니다
丑日	沖財破口宜要謹愼	충재파구의 요근신 丑未로 상충되는 해가 돌아왔으니 매사에 근신하고 세심한 주의를 하라
寅日	喜事進來半暗半吉	희사진래반암반길 기쁜 일이 돌아오나 반흉반길이라 신경 쓸 일이 많이 생기는 운세라
卯日	白虎臨孟注意小人	백호임맹주의소인 백호가 문에 들어오는 형상이니 도적과 실물수가 있구나
辰日	福星高照出外有榮	복성고조출외유영 복성이 높이 떠서 비추니 객지에 나가면 성공하여 영화를 누리리라
巳日	驛馬動走外有之利	역마동주외유지리 역마해가 되여서 객지로 나갈수나 밖에 나가면 반드시 손재 당한다
午日	嘉喜迎門前途分明	가희영문전도광명 기쁜 경사수가 문전에 이르니 앞길에 광명이 비치는 길운이라
未日	三陽開泰萬事皆空	삼양개태순역분백 금년은 복음되는 해이니 큰 일을 계획하지 말라 반드시 손재 당한다
申日	紅鸞占空萬事皆空	홍란점공만사개공 공망수로 진전됨이 없다
酉日	口舌落地作事多端	구설다단다 소유앙 관재구설이 많으니 재앙이 따른다
戌日	狗頭落地作事多端	구두락지작사다단 개의 머리가 땅에 떨어지는 형상이니 하는 일에 어려움이 많을 수라
亥日	指背反目災殃襲來	지배반목재앙습래 친한 사람이 배신하고 반목질시하니 재앙이 따를 운세라

생시와 시운	원서내용	해 석
子時	有樂有悲曲巷推車	유락유비곡항추차 즐거움도 슬픔도 같이 따라오니 꾸부리진 항구에 수레를 끄는 운세라
丑時	沖爲不和口角不讓	충위불화구각부양 丑未로 상충되고 삼형이 되는 운세이니 구설시비를 조심하라
寅時	天官賜福衆星明朗	천관사복중성명랑 천관이 복록을 내리니 경사수가 겹쳐 안이 명랑한 운세라
卯時	將星守門無人敢來	장성수문무인감래 장군이 문앞을 지키고 있는 형상이니 외인이 명랑한 운세라
辰時	桃色之爭言多必敗	도색지쟁언다필패 도색지쟁명이부정 주색으로 구설시비수가 있어 손재할 것이니 미리 조심하라
巳時	驛馬生命動而不靜	역마생명동이부정 역마해로 객지를 나갈 운세이니 객지로 나가 보아야 아무 이익이 없다
午時	玉堂貴人喜氣揚揚	옥당귀인희기양양 옥당천을 귀인이 도와주는 운세이니 기쁨과 의기가 양양하구나
未時	華蓋當見刺客怒氣	화개당견자객노기 화개가 비록 몸을 비추어 주니 아무 매사가 성사되지 않는다
申時	太陽高照無憂樂樂	태양고조무우정락 태양이 높이 떠서 나를 비추어 주니 근심이 없고 즐거움만 있구나
酉時	水塞不流事有停滯	수색불류사유정체 물이 막혀 흐르지 못하고 하는 일에 많으니 때를 기다려라
戌時	貪花損精交加就來	탐화손정교가취래 未戌로 삼형되는 운세이니 주색을 탐하지 말라 명예가 손상된다
亥時	少鬼無理交友不利	소귀무리교우불리 겉은 화려하나 속으로는 곤고하고 친한 사람이나 친구가 불리하다

(9) 신년생(申年生)의 성격과 운명

申年生은 그 성질이 활발하고 부지런하게 움직이는 것을 좋아하고 영리하며 말을 잘하는 화술이 좋을 뿐만 아니라 교묘한 재주가 있고 자유롭게 반복되는 행위와 언어 지식에 남다른 조예가 깊으니 약삭빠른 인격의 소유자이다. 가정적으로는 불우하나 풍류적인 환상과 낭만성의 멋이 있어 항상 유머를 잘하니 남을 웃기는 재치와 자유업을 즐기며 고독과 명상으로 혼자 있는 것을 싫어하고 단체성과 종족 보존에 뛰어난 힘을 발휘하나 이기주의가 강한 성격을 가지고 있어 남으로부터 지탄을 받기도 한다.

특히 남과 경쟁하는데 민첩한 수완이 있으며 또한 의협심이 있어 나른 사람과 다정다감하게 대화를 잘하고 남을 돌아주며 자기 사업에 정열을 기우리지 않고 시간을 허비하기도 한다. 자기와 뜻이 맞지 않으면 참을성을 가지지 않고 즉시 직선적으로 맞서는 성품이 있어 말의 실수가 많다.

이치에 맞지 않은 말과 행동으로 구설 시비 송사를 일으켜 생하는 수도 있다. 그러니 이 단점을 반드시 고치면 좋은 기회를 얻어서 성공할 수도 있다.

이 사람의 특징은 사람이 관대하고 직성력강(直盛力强)하며 매력과 아량이 있다.

여자는 초혼에 실패하는 수가 있으니 자기 자신을 수양하고 인내력을 키워야 하며 순종하는 미덕을 위주로 평생을 살아가야 하고 정조를 목숨처럼 생각하여야 한다.

○ 결혼 : 쥐띠 용띠가 길하고 범띠 뱀띠 토끼띠가 불길하다.
○ 직업 : 군인 공무원 정치 농업 토목사업 미곡상 음식점 흙이나 물을 다루는 직업이 좋다.
○ 병증 : 눈병 고혈압 귀병 습진 흉부계통 다치는 것을 조심하여야 하고 남녀간에 항상 말조심하지 않으면 항상 구설수의 재난을 당하며 끓은 물이나 불조심을 하여야 한다.

일생에 걸쳐서 중요한 운세

十세 전후에 많은 사람으로부터 사랑을 독차지하고
十五세 전후에 큰 질병으로 고생하거나 몸을 다칠 수니 항상 건강에 유의하여야 하고
十八세부터 二三세 중에 좋은 길운이 돌아오니 결혼수가 있으며 특히 여자들에게 인기가 있으나 주색을 특별히 조심하라.
二八세때 사업에 실패하거나 질병과 재난으로 큰 액을 당하게 된다.
三五세부터 좋아지기 시작하여 四七세에 큰 벼슬과 재물을 얻어서 부귀영화를 누릴 좋은 기회이나 이 때를 놓치게 되면 말년에 고생을 면하기가 어렵게 됨을 명심하라.

신수평전

신년생인명운표 (申年生人命運表)

생년과 년운	원서내용	해석
자년(子年)	利在三江諸事迪吉	이재가 동서남북 사방에 있으니 부지런히 활동하면 득재한다
축년(丑年)	添丁發財順水行舟	첨정발재 순수행주 가족도 늘고 재물도 늘어나는 운세이니 배가 순풍을 만난 격이라
인년(寅年)	浮沈未定必作必敗	부침미정필작필패 일의 두서가 없으니 뜻은 있으나 매사가 성사되기가 어렵구나
묘년(卯年)	喜氣盈門福滿乾坤	희기영문복만건곤 기쁜 기운이 문에 가득한 운세이니 복록이 천지에 가득차는 격이다
진년(辰年)	白虎破財不測風雨	백호파재불측풍우 백호가 재물을 파하게 되니 측치 못한 비바람이 부는 격이라
사년(巳年)	福星高照貴人得助	복호고조귀인득조 복성길신이 높이 떠서 비추니 귀인의 도움으로 매사가 형통할 수
오년(午年)	天狗災害事不利	천구재해수사불결 친구가 발등하여 재해가 생기는 운세이니 매사를 조심하라
미년(未年)	小耗當頭行運缺佳	소모당두행운결가 소모살이 당두하매 불리한 운세이니 매사에 분수를 지켜라
신년(申年)	指背反睦一喜一憂	지배반목일회일우 남에게 배신당하고 주위와 화목하니 비가 쌍곡이라
유년(酉年)	樂極生悲色情之難	락극생비색정지난 즐거움이 너무 많으면 슬픔이 많은 것이니 주색을 조심하라
술년(戌年)	喪門常見不利採喪	상문상견불리채상 상문수가 닥치니 상가에 가지 말라 그해 가 적지 않다
해년(亥年)	陰殺當見交加常在	음살당견교가상재 음살이 닥치는 운이니 새로운 일을 계획하고 경영하지 말라

생월과 월운	원서내용	해석
一月	新春氣夾小有不利	정월 운세는 불길하니 매사에 분수를 지키고 구설시비를 삼가하라
二月	驚直虛空生災不己	이월달은 뜻하지 않은 재난이 일어나고 신경쇠약 증세가 있다
三月	淸明喜入江湖之財	삼월달은 기쁨이 들어오는 운이니 사방에 재물이 가득하구나
四月	立夏收谷互相助	사월달은 평길하니 노력하는 대로 거두는 운세라
五月	芒種播種不能休息	오월달은 뜻은 있으나 성사되지 않을 수 있게 진행하라
六月	小暑來交樂樂無憂	유월달은 기쁨이 풍요로운 운세로 기쁘게 진행하라
七月	入秋風登逍遙快樂	칠월달은 매사가 풍요하니 이 가득하구나
八月	白露初冷名利雙收	팔월달은 명예와 이익이 몸을 따르니 이름을 떨친다
九月	寒露氣强爭取精神	구월달은 길한 운세이니 매사에 최선을 다하면 매사 형통할 수
十月	立冬團圓福祿自然	시월달은 매사가 견고한 운세이니 복록이 자연 뒤따른다
十一月	大雪憂悶浮沈未定	십일월은 근심과 걱정이 태산같으니 음이 안정되지 않는다
十二月	小寒侵身苦惱憂悶	십이월은 몸이 고달프고 근심과 번뇌가 많은 운세라

신년생인명운표 (申年生人命運表)

생일과 일운	원서내용	해석
子日	將星虎威內有奸臣	장군이 범과 같은 위세를 떨치나 군사 중에 간신이 있는 운세다
丑日	月德拱照離鄉喜氣	월덕길성이 비취니 고향을 떠나면 기쁜 일이 생길수다
寅日	大耗劫地浮沈不定	대모겁지살이 비취니 매사가 뜻대로 성사되지 않는다
卯日	天殺先難害後益	천살이 비취니 먼저는 어렵고 곤난하나 유월이후는 길하다
辰日	飛廉有福小人暗害	비염유복소인암해 비염으로 복록이 있을 운세이나 남이 음해할까 두렵다
巳日	貴人臨孟殺氣程	귀인임맹봉화화길 귀인이 도와주니 흉함이 있을수나 해하여 길하여지는 운세다
午日	天狗災難殺氣程	천구재난살기정 천구살이 침범하여 재난이 있을수니 매사에 분수를 지켜라
未日	病符不宜交友不利	병부불의교우불리 병부살이 있어 불길하고 모든 일에 공망수가 있으니 조심하라
辛日	指背破害一切皆空	지배파일체개공 로부터 배신당하고 모든 일에 공망수가 있으니 조심하라
酉日	咸池色難喜上生憂	함지색난희상생우 도화살이 있으니 주색을 조심하라. 기쁜 중에 근심이 생긴다
戌日	喪門災難守己安分	상문재난수기안분 상문수가 있어 재난을 당할수이니 매사에 분수를 지켜라
亥日	太陰勾殺癩癩口舌	태음구살마번구설 태음과 구교살이 따르니 매사에 번뇌와 구설수가 있다

생시와 시운	원서내용	해석
子時	高枕無憂安居樂樂	고침무우안거락라 목침을 높이 베고 누웠으니 아무 근심이 없고 기쁨이 가득하다
丑時	驛馬沿途大有美京	역마연도대유미경 역마성이 비취니 밖에 나가면 좋은 일이 많을수다
寅時	虎落平洋有虛無實	호락평양유허무실 범이 바다에 빠져 아무 힘이 없구나 만 있고 실속이 없구나
卯時	逢凶化吉凶變吉來	봉흉화길흉변길래 흉함이 변하여 길해지는 운세이니 가득하구나
辰時	合者抽吉微少之利	합자추길미소지리 매사에 합이드는 운세이니 과감하게 행하라
巳時	一好一敗有利無害	일호일패유리무해 길흉은 있으나 성실하게 매사를 조심하고 세번생각해서 일에 임하면 길하다
午時	有凶無咎三思而行	유흉무구삼사이행 현실에 만족하고 부지런히 일하면 흉함은 있으나 매사를 조심하고 길한 운세다
未時	守基和平者得良馬	수기화평자득양마 각해서 일에 임하면 길하다
申時	有酒有肉酒餠朋友	유주유육주연붕우 술도 있고 고기도 있는데 좋은 친구를 만났으니 이아니 좋을까!
酉時	花天喜地總是無益	화천희지충시무익 비록 꽃피고 좋은 땅으로 길지가 되나 별로 이익이 없는 운세이다
戌時	有理難行逆情順意	유리난행역정순의 이로움은 있고 어려움이 없으니 길한 운로 매사가 순리대로 성사된다
亥時	協之和順可人圓滿	협지화순가인원만 주위와 서로 협조하고 화합하니 모든 일 이 원만하게 성사될 운세다

(10) 유년생(酉年生)의 성격과 운명

유년생은 그 성질이 성실하고 지혜가 많으며 영리하고 많은 사람과 대화를 잘하고 교제성이 좋은 관계로 많은 신망을 얻으니 귀인을 만나서 큰 야망과 자기의 목표(目標)한 계획을 달성하여 일찍 출세길을 빠르게 달려 남들로부터 두려움을 받기도 한다.

그러나 새벽닭이 훼를 길게 세번이상 치고 꼬리를 흔들면서 울면 귀신과 호랑이 늑대들도 동리 근처에 와있다가 물러간다고 하니 사람이 한편으로는 까다롭고 고집이 세어 불의(不義)를 쫓아내는 성격이 있으며 매사를 필요이상으로 생각하니 신경과민 증으로 고생하는 일이 있으며 꿈을 잘꾸고 염감력이 강하여 앞일을 예언하는 초능력이 생기기 시작하며 까닭없이 몸이 아프고 부부생활을 싫어하는 등 신경질이 많아져서 특히 무당으로 나가는 수도 있다.

한편으로는 성질이 급하기도하고 냉정한 점도 있어 자포자기 하는 면도 있으며 특히 자기가 불리할때는 자기를 합리화시키려 다가 오히려 손해를 보는 일도 있다.

이사람의 특징은 관대(寬大) 후정(厚情) 예민(銳敏) 강기(剛氣) 이식(利食) 모방(模倣)이 많으면 여행을 좋아한다. 특히 여자는 비밀(秘密)이 많으니 남의 말을 잘하고 과식(過食)을 많이 하며 자존심이 많으니 싸움을 잘하게 되고 자립심이 약하여 남에게 의지할려고하는 마음이 많으니 이런점을 고치고 수양을 쌓으면 홍화위길로 복록을 누리기 된다.

○ 결혼 : 뱀띠 소띠 용띠가 좋으며 토끼띠 쥐띠가 불길하다
○ 직업 : 의약사 공무원 교직계통 농업 미곡상 청과 빙과류 흙이나 물을 다루는 직업이 길하다
○ 병증 : 눈병 종기 신경쇠약 패혈증 근육통 골통(骨痛) 등의 병을 조심하면 장수할 팔자다.

일생에 걸쳐서 중요한 운세

二, 三세에 사람들의 사랑을 독차지하며 건강하게 자라고 十三세에 병으로 고생하고 이밖에 몸을 다칠수가 있으며 十七세, 二十一세에 좋은 운이 돌아오니 공부도 잘하고 만사가 형통하게되며 독립적인 생활로 사업전선에 나가서 돈을 벌게 될 운세다.

二十五세에 여자관계로 많은 신경을 쓰게되고 사업에 많은 손재를 보게 된다.

三十一세에 대길운으로 매사가 뜻대로 성취되니 이 기회를 잘 활용하면 대성할수다.

四十五세에부터 五十三까지 고목이 봄을 만나 다시 꽃을 피우는 형상으로 크게 성공하여 만년에 복록을 누릴 운세이다. 그러나 평생 주색을 삼가하지 않으면 병을 얻어 몸을 망치고 재물까지 물거품이 될 것임을 명심하여야 한다.

유년생인명운표 (酉年生人命運表)

생년과 년운	원서내용	해석
자년 子年	춘색영인회락애비 春色迎人喜樂哀悲	봄바람으로 사람을 맞이하니 기쁘고 즐거우나 슬픔과 애통함이 있다
축년 丑年	금광찬란가동인심 金光燦爛可動人心	금빛이 찬란한 운세이라 인심이 나를 따르고 도와주니 이 아니 기쁘랴
인년 寅年	생재유도대유양기 生財有道大有良氣	도처에 재물의 길이 열였으니 좋은 기회 다 과감하게 진행하라
묘년 卯年	충파불의수사세려 冲破不宜須事細慮	卯酉로 살충되는 헤이니 모름지기 매사를 조심하라
진년 辰年	육합지년요무양위 六合之年燿武揚威	육합되는 좋은 운세로 매사에 성공하여 이름을 떨칠 수
사년 巳年	합의무심유명무리 合意無心有名無利	합함이 화려한 것 같으나 이름만 있고 실속이 없구나
오년 午年	일실일패회희사연리 一失一敗喜見事連理	한번 잃고 한번 실패하는 운세이니 매사에 분수를 지켜라
미년 未年	목양출고희견태양 木羊出孤喜見太陽	목양이 쥐덧을 피해 나왔으니 앞길이 밝아 대성할 운세다
신년 申年	원계불화쌍면도귀 猿鷄不和雙面刀鬼	원숭이와 닭사이가 서로 불화니 뚝은 있으나 막힘이 많다
유년 酉年	당년태세범지불의 當年太歲犯之不宜	당년이 태세범의 복음해가 되어 매사에 불길하니 마라
술년 戌年	오풍십우풍취동서 五風十雨風吹東西	오풍십우가 몰아닥칠 운세이니 큰 계획을 세우지 말라
해년 亥年	반천반우범사결길 半天半雨凡事缺吉	흐리고 비가 오는 운세로 범사에 결점이 많으니 매사에 조심하라

생월과 월운	원서내용	해석
一月	만상회춘자유자재 萬象回春自由自在	만상회춘이 돌아오는 운세로 매사가 뜻대로 성취할수다
二月	월한불가취사공평 月限不佳取事公平	모유가 서로 상충하는 달이니 매사를 순리대로 행하라
三月	천관복록광명승진 天官福祿光明昇進	천관복록신이 따르니 승진하는 경사가 있을수다
四月	수유양기파재유시 雖有良機破財有時	비록 좋은 기회이나 더러 손재볼수가 있으니 관재구설을 조심하라
五月	파랑미식대유양기 波浪未息大有良機	모든 것이 좌불안석이나 앞으로 좋은 기회가 오니 놓치지 마라
六月	수지즉안내심무우 守之卽安內心無憂	분수를 지키면 평안하고 집안에 근심이 없을 것이니 이 아니 기쁘랴
七月	심원의마다유길경 心猿意馬多有吉慶	마음은 원숭이나 뜻은 말이 되는 운세이니 많은 경사가 있을수다
八月	제강쌍전소모여의 堤剛雙全所謀如意	제하길이라 하나 꾀하는 바가 대로 취될 운세다
九月	영창기상리로형통 永昌其祥利路亨通	영창기상리로 형통할 운세다
十月	재해난면사응근신 災害難免事應謹愼	재해난면하기 어려우니 매사에 근신하고 명산대찰에 가서 기도하라
十一月	만사좌절역경불순 萬事挫折逆境不順	만사좌절되는 역경이 있으니 수를 지키고 조심하라
十二月	소길보지이면재화 少吉保持以免災禍	소길보지이면 길운이 되어서 재난을 면할 수 있으니 기쁘다

유년생인명운표 (酉年生人命運表)

생일과 일운	원서내용	해석
子日	유재무고난득평안 有財無庫難得平安	재물은 있으나 창고가 없는 운세이니 어찌 편안함이 있으랴
丑日	일기일도삼승삼패 一起一倒三勝三敗	한번 일어나고 한번 자빠지는 운세이니 매사에 세심한 주의를 하라
寅日	삼광이음사무익리 三光二陰事無益利	하나를 잃고 둘을 얻는 운세이니 움직이지 않아도 이익이 생길 수다
卯日	대해풍랑의계선척 大海風浪宜戒船隻	큰 바다에 태풍이 부는 운세이니 관재구설과 시비수를 조심하라
辰日	일촌광명후시대운 一寸光明候時待運	辰, 진유로 합이 되는 운세로 전도가 양양할 것이니 때를 기다려라
巳日	당심행차방지미연 當心行車防止未然	금년은 교통사고의 위험성이 있으니 항상 세심한 주의를 하라
午日	일희일우천관화하 一喜一憂天官化下	한번 기쁘고 한번 슬픈 일이 생기니 매사에 허욕을 탐하지 마라
未日	득인화기청풍명월 得仁和氣清風明月	길운이 돌아오니 청풍명월에 희희락락하는 운세로다
辛日	삼사불명오육난관 三四不明五六難關	갈길이 분명치 않아서 앞길에 어려운 일들이 생길 운세니 조심하라
酉日	산명수수초재진보 山明水秀招財進寶	산수가 아름다운 운세로 재물과 보배가 가득한 형상인 길하다
戌日	가희가봉의지집중 假戲假鳳意志集中	토금으로 상생되는 해이니 뜻과 마음이 집중에 매사가 순탄하구나
亥日	경주수면실의항랑 輕走水面失意港浪	물위를 걸어가는 운세이니 매사가 뜻대로 되지 않을 수다

생시와 시운	원서내용	해석
子時	변태일시작무대사 變態一時作無大事	마음이 안정되지 못하는 형상이니 큰일을 계획하지 마라
丑時	대담감작사유다단 大膽敢作事有多端	마음은 대담하고 과감하게 매사를 진행하고저 하나 일에 막힘이 많을 수다
寅時	온유태도인인경애 溫柔態度人人敬愛	사람이 온유하고 태도가 분명하니 사람마다 존경하고 사랑하는구나
卯時	치지불리반목무상 置之不理反睦無常	모든 것이 이치대로 순리로 풀리지 않고 사람과 불화할 운세다
辰時	가흔가가인정상호 可欣可加人情相好	기쁜 일이 거듭 일어나니 사람들이 축하하여 주고 서로 정답고 좋아한다
巳時	우화연금만물성기 遇火年金萬物成器	불로 금을 녹여 만가지 물건을 만드는 길한 운세이니 과감하게 진행하라
午時	마입니토고정난설 馬入泥土苦情難設	말이 진흙에 빠져서 고생하니 그 어려움을 일로 말할 수 없는 운세다
未時	양입체포란지파주 羊入采圃亂之파走	양이 체소밭에 들어가 뛰노니 농작물을 버리는 운세라 매사를 조심하라
辛時	살계교원범사소심 殺鷄教猿凡事小心	닭과 원숭이가 뜻이 맞지 않는 운세이니 범사를 깊이 생각하고 행하라
酉時	가인지인재백홍왕 佳人指引財帛興旺	훌륭한 사람이 나를 도와주는 운세이니 재록이 홍왕하는구나
戌時	구중천외부지세사 九重天外不知世事	酉戌로 육해살이 비취니 몸건강에 유의하고 다른 일을 경영하지 마라
亥時	지일식이가고강구 知一識二可苦強求	하나를 알고 둘을 아니 어려운 중에도 능히 헤쳐나가 목적을 달성한다

(11) 술년생(戌年生)의 성격과 운명

술년생은 그 성품이 강직하고 의리와 신의를 중하게 생각하고 사람이 착실하여 윗사람으로부터 신용을 얻으며 매사를 경영함에 있어서 부지런하고 성실한데다가 있을 뿐만 아니라 담력과 분투(奮鬪)성이 투철하고 활동성이 강하며 총명하고 직감성(直感性)이 있으며 사람이 민첩하고 큰 야망을 가져 모든 일에 정열을 기울이며 남을 위하여 돈의 소비가 많고 성질이 급하며 특히 윗사람이나 주위사람들에게 충성심과 사랑을 많이 베풀어 사랑을 받기도 한다.

그러나 잔인하면서도 온순하고 순박함을 즐기는 양면성이 있으며 애정표시는 솔직 담백하고 남성은 궤변에 능통하고 여성은 학술적인 언어학에 조예가 깊다.

는 것은 자신감이 있음으로 따를자가 없고 음성이 풍부하고 소리를 필요로 하는 말싸움으로 따를자가 없고 대그맨 웅변가에서 활동함을 많이 볼 수 있으며 그리고 말조심을 하지 않아 화를 입는 수도 있으나 남과 다투고 나면 뒤끝이 없고 대의명분에 뚜렷한 개성파이기도 하며 남으로부터 중상모략과 배신을 당하기도 하고 특히 여자는 사람을 끄는 매력이 있으며 자기 마음이 자주 변하기도 하고 허영심 단기(短氣) 노고성(勞苦性)이 많으며 참을성이 없고 견실(堅實)성이 적으니 이것을 자기수양으로 고치면 성이 없고 색욕이 강하다.

자연 좋은 운이 오게 된다.

○ 결혼 : 범띠 말띠 토끼띠가 좋으며 용띠 소띠 양띠 뱀띠가 불길하다.

○ 직업 : 의약사 교육가 금방 전기 농업 다과점 철공계통과 불과 쇠를 다루는 직업이 길하다.

○ 병증 : 흉부 복부 눈병 신경질환 등에 조심하여야 하고 한 남녀를 막론하고 충칼에 다칠수가 있으며 특히 불과 물을 평생 조심하여야 한다.

일생에 걸쳐서 중요한 운세

十七세부터 二十세에 만사형통운이 되어서 일찍 발탁되어 승진을 거듭하고 경영하는 사업도 순조로워서 대내외적으로 신용이 있으니 크게 성공할 운세다.

三十세 전후 병으로 고생하거나 더칠수가 있으며 만약 그렇지 않으면 사업상 실패할까 염려되니 항강 건강에 세심한 주의를 하여야 하며 경영하는 일도 앞뒤를 살피어서 재액(災厄)을 면하여야 한다.

三五세부터 四五세에 일생일대에 걸쳐서 최고로 좋은 길운이니 이 기회를 잘활용하여 성실하게 노력하면 큰 복록을 누리게 되며 만약 방종(放縱)하거나 주색에 몰두하면 패가망신하게 됨을 특별히 유의하여야 한다.

신수평전

술년생인명운표 (戌年生人命運表)

생년과 년운	원서내용	해석
자년 子年	吉凶滲半進退考慮	길흉이 반반이니 큰일을 계획하지 말고 현실에 만족하라
축년 丑年	言多必失禮多必詐	말이 많으면 잃는 것이 많을 것이니 구설 시비를 삼가하라 큰 액이 있겠다
인년 寅年	交友逆賊官鬼作崇	교우역적관귀작숭 친한 사람이 오히려 손재를 치는 운세이니 금전거래를 조심하라
묘년 卯年	防止盜難官鬼無憂	방지도난관사무우 세이니 만사에 근심이 없다
진년 辰年	天羅地網三思而行	천라지망살이 비취니 세번 생각하고 매사에 임하라 관재가 두렵구나
사년 巳年	龍得保身凡事安寧	용득보신범사안녕 용이 편안함을 얻은 운세로 매사가 뜻대로 성취되고 편안할 수다
오년 午年	一路隆昌喜氣昇平	일로융창희기승평 길운이 다가오니 매사가 번창하고 기쁜 일이 가득할 운세다
미년 未年	事有停滯後得財源	사유정체후득재원 일에 막힘이 많으나 다른 일을 경영하지 말고 현실에 충실하라
신년 申年	多勞精神持財源	다로정신후득재원 정신을 쏟아서 일을 많이 하니 재록이 뜻과 같이 성사될 수다
유년 酉年	一場困難不利貪作	일장곤난불리탐작 불의의 재물과 이익을 탐하지마라 곤난한 입장에 처하게 된다
술년 戌年	太歲奉拜庇佑無災	태세봉배자우무재 금년운세는 대길하니 힘이 없어 성공할 수다
해년 亥年	良而美景大有良기	양이미경대유양기 좋은 기회가 닥치니 매사에 좋은 경사만 생기는구나

생월과 월운	원서내용	해석
一月	合歡喜食防小人劫	합환희식방소인겁 모두 친한 사람들이 모여서 회식을 하는 좋은 운세이나 손재수가 있다
二月	剛情硬氣招惑災禍	강정경기초혹재화 사람이 너무 강하게 나가면 오히려 재앙과 화를 부르니 화목하게 지내라
三月	喜風入度好景臨門	희풍입도호경임문 기쁜 바람에 좋은 운세가 돌아오니 가문에 이르는 수다
四月	吉凶交塞利劫三勝	길흉교집삼패삼승 길흉이 반반이니 분에 넘치는 일은 하지 말고 매사를 인내하라
五月	海運多塞座靜安然	해운다색좌정안연 운에 막힘이 많으니 다른 일을 시작하지 말고 편안히 때를 기다려라
六月	夏月炎炎染利劫空	하월염염리겁공 더운 여름에 매사가 뜻대로 되지않고 노력은 많으나 공이 없다
七月	煩番碌碌臨事考慮	번번록록임사고려 번번히 자갈밭을 헤매는 운세이니 매사를 깊이 생각하라
八月	能事能通四海光茫	능사능통사해광망 모든일에 능통하고 재주는 많으나 이 막막하구나
九月	隋機慶變星光朗廊	수기경변성광랑랑 매사에 임기응변을 잘하면 앞길이 명랑 하고 기쁜 일이 있을 수다
十月	求之不得不能如	구지부득불능여 구하여야 구할수가 없는 운세이니 분수를 지키고 때를 기다려라
十一月	少進有利大行損身	소진유리대행손신 비록 진전이 있고 적은 재물을 얻으나 손해가 더 클 운세다
十二月	家門隆昌福壽綿長	가문융창복수면장 가문이 융창하고 경사수와 복록이 따르니 과감하게 진행하라

술년생인명운표 (戌年生人命運表)

생일과 일운	원서내용	해석
子日	不三不四馬馬虎虎	시작은 있으나 끝이 없고 말과 호랑이가 서로 대적하는 운세니 조심하라
丑日	魚兒上鈞難得自由	어린 고기가 낚시에 걸리었으니 자유를 얻지 못하는 운세. 매사에 근신하라
寅日	閉事不管守己安分	폐사 불관수기안분 일에 막힘이 많으니 지나친 물욕을 탐하지 말고 현실에 만족하라
卯日	三角戀愛必有阻害	삼각연애로 좌불안석인 운세이니 반드시 일에 막힘이 있을 수다
辰日	陰處勿臨亦無災害	음처물림역무재해 주색을 특별히 조심하면 재난은 없으니 명심하라
巳日	水流無情改換從新	수류무정개환종신 물은 흘러가니 인정이 없는것. 옛것을 버리고 새것을 취하는 운세
午日	合中必守出外小心	합중필수출외소심 오술이 합되는 운세이나 객지에 나가면 부리할 수다
未日	忍一時貴不要怨機	인일시귀불요원기 매사를 참으면 귀한 것을 얻게 되고 흥분하면서 길해진다
酉日	多忙不展何用心機	다망부전하용심기 항상 분주하게 노력은 하나 하는일에 이익이 없는 운세다
辛日	愁眉不展何用心機	수미부전하용심기 얼굴에 수심과 근심이 쌓일 운세이나 얼굴에 수심과 근심이 쌓일 운세이나 음을 너그럽게 하라
戌日	土多積山後山有古	토다적산후산유고 흙을 쌓아서 산이 있는 운세로 매사에 뒤에 또 산이 있는 운세다
亥日	滿面春風人人遵好	만면춘풍인인준호 얼굴에 봄바람이 가득한 길운을 만났으니 매사 형통할 수다

생시와 원서내용		해석
子時	리이미리표동부정 利而未利漂動不定	매사에 이익됨이 없고 변동하여도 변수 가 없으니 현실에 만족하라
丑時	逢凶卽凶逢吉卽吉	봉흉즉흉봉길즉길 길흉이 상반에 축술로 삼형살되는 해이 니 관재구설시비를 조심하라
寅時	身前身後四圍周密	신전신후사위주밀 앞뒤로 항상 내 신상을 돌보고 옳지 못한 일은 하지 마라 손재수라
卯時	合者卽開開者卽合	합자즉개개자즉합 묘술로 합이 되니 매사에 의욕이 있고 매사에 성취될 수다
辰時	言談小心壁邊有耳	언담소심벽변유이 항상 말조심하라 관재구설수가 따른다
巳時	太乙保障好景無罷	태을보장사무치패 태을귀인이 노와주니 일에 막힘이 없 잘 성사된다
午時	三仙歸洞好景來	삼선귀동호경여래 세 신선이 돌아오는 길한 운세니 좋은 경기를 누릴 수라
未時	吉上如吉花上添花	길상여길화상첨화 길한중에 또 길하고 꽃위에 또 꽃이니 아니 기쁘랴
酉時	三旦孔明事不如順	삼차공명사종여순 제갈공명의 하는 일이 어찌 틀림이 있으랴 매사가 뜻대로 되는 해
辛時	見敎鷄敬不利夜遊	견교계경불리야유 개가 짖으니 닭이 놀래는 운세로 특히 밤길을 조심하라
戌時	雙狗動頭刺激在心	쌍구동두자격재심 두 마리 개가 다친 형상이니 매사에 움이 많다 때를 기다려라
亥時	事無好空守座光明	사무호공수좌광명 일에 어려움이 없고 앉아서 밝은 빛을 보 는 길한 운세다

(12) 해년생(亥年生)의 성격과 운명

亥年生은 그 성질이 솔직담백하고 마음이 옳지 못한 사람은 상대하지 않고 마음이 결백한 사람을 좋아하고 항상 자기자신을 돌아보고 주의를 태만히 하지 않으며 많은 사람을 사랑하고 아량을 베푼다.

남이 보기는 부드럽고 순박한 것 같지만 속마음은 항상 각진 면이 있으며 특별히 욕심이 많고 모든 음식을 잘 먹고 소화도 잘하며 과식하는 것이 특색이나 부모의덕이 없다 독립심이 많고 독선적이며 하반신이 약하나 남에게 의지하려는 속셈이 있으며 추진성이 강력하다 그러나 남의 옳고 그름을 평판하고 시비를 잘하고 인내성이 부족하고 매사에 솔선수범하는 것이 장점이기도 하고 어떠한 일이 있어도 좌절하지 않고 밀고나가는 마음과 교제성이 부족함이 흠이 되니 이러한 점을 고치는데는 특별한 자기 수양이 필요하다.

여자는 게으름이 많고 남을 시기 질투하는 결점이 있으며 필요없는 공상을 많이 하고 성질이 단기가 되어서 적은 일에도 흥분하고 잘 싸우며 폭발하는 성격이 있으니 이러한 단점을 보강하면 현모양처 형이다.

○ 결혼 : 토끼띠 양띠가 좋으며 돼지띠 뱀띠 용띠 범띠가 불길하다.

○ 직업 : 공무원 은행원 금방 전기 목재 공업 운송업 농업과 쇠

나 나무를 다루는 직업이 길하다.

○ 병증 : 하복부 각기병 풍병(중풍) 산증 화류병을 조심하여야 장수할 수 있으며 특별히남녀를 막론하고 평생 물조심을 조심하여야 한다.

일생에 걸쳐서 중요한 운세

十세에 큰병으로 고생할 수 이며

十九 二十 二一세에 삼년동안은 원행하거나 분수에 넘치는 일을 하면 큰해를 입게 된다

二三세에 관재구설과 시비를 조심하여야 하고.

二六세에 주색을 삼가하지 않으면 명예손상이 크다.

二八세에 길운이 돌아오니 귀인의 도움을 받아 매사에 형통할 수로 이 기회를 잘 활용하면 출세길을 달리게 된다.

三一세부터 삼년동안은 분수를 지키고 옳지 못한 재물과 여색을 탐하면 큰 손재를 보게 된다.

三七세부터 대길운이니 큰 재물과 명예를 얻어 이름을 떨칠 운세이니 이기회를 잘 활용하면 대부 대귀하여 말년에 복록을 누릴 것이나 이 기회를 실기하면 말년에 고생을 면치 못할 것이니 특별히 유의하여야 한다

해년생인명운표 (亥年生人命運表)

생년과 년운	원서내용	해석
자년(子年)	月移花影空思夢想	달은 흘러서 꽃그림자만 생기는 운세이니 공상과 헛된 꿈만 꾸는 운세
축년(丑年)	左作右中察時行事	좌로 우로 매사를 살피고 심사숙고한 후에 일을 진행하라
인년(寅年)	半夜西風浮雲暗月	반야에 서풍부운암월 육해살이 비추니 밤중에 서풍이 불어 구름이 달을 덮는 운세
묘년(卯年)	先難後易如魚得水	선난후이 어득수 처음에는 어려움이 있으나 다음에는 매사가 잘 풀리니 고기가 물을 얻은 격이다
진년(辰年)	美中不足良而美景	미중부족양이미경 길운이 돌아오니 모든 일이 잘 형통할 운이나 원진해가 되니 구설을 조심하라
사년(巳年)	先難後易의 어득수	사해가 서로 충되는 해로 역마가 발동하니 객지에 나갈 것이나 불리하다
오년(午年)	如此如己不利遠方	자신과 집안에 큰 경사가 있을뿐만 아니라 매사가 스스로 잘 풀린수다
미년(未年)	大有鑑慶光風自得	대유여경광풍자득 길운이 돌아가는 형상이니 건강조심
신년(申年)	心猿意馬事事關心	마음은 원숭이 뜻이 되니 마음의 안정을 찾기어려운 하는 일도 없이 매사에 마음이 흘러가는 형상이니 건강조심
유년(酉年)	無故生煩水流花放	무고생번수류화방 재물과 사람으로 인하여 항상 불안하고 들어오는 것은 적고 나가는 것이 많다
술년(戌年)	人財不安來少多	인재불안래소거다 하는 일이 잘되다가 막힘이 많은 운세니 분수밖의 일을 계획하지마라
해년(亥年)	順中反逆雲中之月	순중반역 운중지월 사람의 형태가 귀신과 같고 자갈밭에 수레를 밀고가는 운세니 때를 기다려라
인형(人刑) 以鬼曲巷行車		

생월과 월운	원서내용	해석
一月	生長殿裏春秋長富	생장전이 춘추장부 장생과 인해가 합이 되는 운세로 재록이 뜻과 같이 잘 성사될 수
二月	人傑地靈五福其昌	인걸지영오복기창 사람이 땅의 좋은 영기를 타고난 운세니 오복이 창성하는 길운이라
三月	五福臨門千祥集福	오복임문천상집복 오복이 집안에 들어오는 운세이니 천가지 상서로운 일과 복록이 가득하다
四月	急流雄猛勇進爲佳	급류웅맹용신위가 영웅과 맹호가 급류에 떠내려가는 형상이니 때를 기다려라
五月	太平之月芝蘭斯香	태평지월지란사향 태평세월인 길운이 돌아오니 난초의 향기 가득한 좋은 운이다
六月	文光射斗學富五車	문광사두학부오차 문필에 재주가 뛰어났으니 부귀를 누릴 운세이니 과감하게 진행하라
七月	和氣致祥迎福集祥	화기치상영복집상 화기가 집안에 가득하고 상서로운 일이 있으니 반드시 복록을 질 운세
八月	秋雨春風四海風光	추우춘풍사해풍광 비바람이 봄가을에 고르게 오니 사해가 풍요로운 운세로 길하다
九月	長髮基祥福祿無疆	장발기상복록무강 장차 좋은 운세가 닥치니 복록이 무량할 수라 매사를 성실하게 행하라
十月	天貴物華三陽甚昌	천귀물화삼양기창 천귀길신이 화려하게 나를 도와주니 매사가 번창하고 형통할수다
十一月	淸風明月山明水秀	청풍명월산명수수 청풍명월에 산이 아름답고 수세가 아름다운 운세 이밖에 무엇을 바랄꼬
十二月	寒梅呈秀靜觀自得	한매정수정관자득 거울에 매화나무 꽃이 활짝 핀 형상이니 앉아 있어도 재물을 얻을 수다

신수평전

해년생인명운표 (亥年生人命運表)

생일과 일운	원서내용	해 석
子日	太陽高照逢凶化吉	태양이 높이 떠서 밝은 빛을 비치는 운세이니 흉함이 화하여 길해질 수
丑日	太陰高照陰人之害	태음이 높이 비치니 믿는 사람으로부터 모략을 받을 수니 조심하라
寅日	虎落平洋被犬欺弱	호랑이가 바다에 빠져 있으니 약한 개로부터 놀림을 받는 운세라
卯日	有財有益小人不夾	재물도 있고 이익도 있으니 내 앞에 무슨 근심이 있으랴
辰日	有事中中小人破財利	기쁜 일이 거듭 생기나 진해로 원지되는 헤인 손재가 있으리라
巳日	強求不理陷落泥池	모든 것을 강제로 구하려 하여도 구할 수 가없고 진흙에 빠진 운세라
午日	喜事重重小破財利	재물도 있고 이익이 있으니 내 앞에 무슨 근심이 있으리라
未日	龍得貴人諸事抽吉	용과 귀인을 얻었으니 매사를 쉬지 말고 진행하라 이익이 있으리라
辛日	白虎破害好景不常	백호살이 따르니 재물의 손재가 있고 경기는 좋으나 실속은 없다
酉日	天德福星大事化少	천덕복성이 도와주니 매사가 순리대로 진행될 수라
戌日	不利遠方事有干難	불리원방사유간난 원행하면 매사에 어려움이 따른다 분수를 지키고 있으라
亥日	移花接木心無實意	이화접목심무실의 꽃을 옮겨 접목을 시키는 좋은 운세이니 매사를 정성껏 행하라
	太歲凶星交易細慮	태세흉성교역세려 태세가 복음되는 해이니 매사에 진전이 없다 모든 일에 신중하라

생시와 시운	원서내용	해 석
子時	招蜂引蝶終有事端	꽃이 나와 벌을 부르는 도화 운세이니 종내는 일에 어려움이 많을 수
丑時	思無遠慮必有近憂	사무원려필유근우 민훗날일을 생각하지 말고 목전에 근심을 생각하고 매사에 조심하라
寅時	短氣失敗忍氣求財	단기실패인춘안연 성질을 급하게 가지면 실패가 다리면 성사된다
卯時	步步堅固寸寸安然	보보견고촌촌안연 사람이 너무 자존심이 많으니 편안함이 있을수라
辰時	爲人慷慨損益自己	위인강계손익난분 분키 어려운 웅세 조심하라
巳時	一成一敗善惡難分	일성일패선악난분 한번 성공하고 한번 실패하니 길흉을 구분하기 어려운 웅세 조심하라
午時	良而美景大有奇觀	양이미경대유기관 재록운이니 매사가 뜻대로 계획한 일들이 잘 성취되는 해라
未時	族日失恨會告又遲	족일실한회고우지 한번 실수로 발목이 빠진 것을 이제 후회한들 무엇하랴
辛時	三寸具色信以爲貴	삼촌구색신이위귀 언행을 조심하여 남으로부터 믿음을 받으면 귀함을 얻을수라
酉時	貪一時利失去大財	탐일시리실거대재 재물과 이익을 지나치게 탐하지 마라 오히려 큰 재물이 나갈것이다
戌時	春風滿堂喜氣洋洋	춘풍만당희기양양 춘풍이 집안에 가득찼으니 기쁜 기운과 의기가 양양한 운세
亥時	夜雨尋人黃連入口	야우심인황연입구 밤중에 사람을 찾는 운세로 모든 일에 힘이 많을 수라

제 2 장 육십육문답법(六十六問答法)

저자가 가장 존경하는 엄윤문 선생님의 은사로 상통천문(上通天門) 하달지리(下達地理)하여 역학계(易學界)의 대가였던 고 이석영 선생님의 육십육 문답법(六十六問答法) 비결을 소개하기로 한다.

제 一 문 = 이날것 복서책(卜筮冊)에서 보지 못한 「연탄가스」스며든다는 문제는 어떻게 아는 것인가?

답 = 그것은 다름이 아니라 二爻나 三爻에 현무(玄武) 화관귀(火官鬼)가 임하여 있는 까닭이다. 왜냐하면 二爻는 부엌, 三爻는 방이요, 화관귀(火官鬼)는 불의(不意)의 재앙(災殃)이요 현무(玄武)는 도적이요 午官)는 불의 형상이다. 그러니 눈에 보이지 않게 스며드는 불의의 재앙은 연탄가스 스며드는 형상이 아니겠는가. 현무(玄武) 화관귀(火官鬼) 이밖에 백호(白虎)(火官鬼)도 이에 많이 해당하는 것을 왕왕(往往) 경험하고 있다.

제 二 문 = 침수소동(浸水騷動)이라고 한 것은 무슨 원리인가?

답 = 二爻나 三爻에 주작수(朱雀水)(騰蛇水)가 임하여 있는 까닭이다. 왜냐하면 二爻는 부엌, 三爻는 방 안뜰인즉 주작수(朱雀水)는 말썽 많은 水이니 집안뜰 부엌에 물로서 말썽 많은 것인즉 첨가하여 백호수관(白虎水官)이나 주작수관(朱雀水官)이 있으면 수도료(水道料) 징수원과 언쟁이 있다고 보는 것이다. 이것은 지세(持世)와 충극(沖剋)이 되면 더욱 확율이 높은 것이다.

제 三 문 = 인근화재(隣近火災)가 있다고 한 것은 무슨 원리인가?

답 = 四爻에 등사 백호 주작 화관귀(白虎 朱雀 火官鬼)가 임하여 있는 탓이다. 왜냐하면 四爻는 인근(隣近)이요, 등사는 허경(虛驚), 백호는 흉폭(凶暴) 휘발유 전기 누전 예(揮發油 電氣 漏電 例) 주작(朱雀)은 불이야! 의 함성으로서 화관귀(火官鬼) 즉 화재(官鬼)가 되는 까닭이다. (千金賦, 官鬼는 斷作禍殃이라)

제 四 문 = 그런데 남방 몇째집이라는 식까지 아는 방법은 무엇인가?

신수평전

답 = 그것은 간단하다. 가령 四爻에 午火가 붙어 있으면 午는 남방 丙午 七로서 七에 해당(該當)되고 또 午는 甲己子午 九로서 九에 해당되는데 九를 六에서 제(除)하면 三이 남는다. 고로 남방으로 세째 집이나 일곱째 집에서 불이 난다고 하게 된다.

첨언(添言)하면 그 午火를 충함이 괘내에 있으면 寅方 寅午戌 三合 또는 六合으로 午未合되어 午火가 괘내에 합이 있으면 子午 충으로서 子方은 첫째집이나 아홉번째 집에서 子午불이 난다고 하게 되는 것이다.

이나 또는 未方은 四八째(丑未 十-六=四) (네째나 여덟번째) 집이다. 또는 그, 午火가 괘내에 합이 있으면 子午 충으로서 子方은 첫째집이나 아홉번째 집에서(子午九)불이 난다고 하게 되는 것이다.

제 五 문 = 부엌 바람벽이 무너진다고 한 것은 무슨 원리인가?

답 = 二爻에 丑戌未辰土 공(空)이 된 까닭이다. 왜냐하면 三爻는 부엌 辰戌丑未 土空은 파괴(破壞)인즉 부엌 흙이 파괴되는 형상이니 부엌 바람벽 파괴가 아니겠는가? 따라서 위와 같이 해석 판정한다. 그런데 백호문서(白虎文書)가 가(加)하여지면 더욱 확실한 것이다. 이는 하지인가 옥우괴요 부입백호 체수괴라고한 하지않가에 기인한다. (何知人家 屋又壞요 交入白虎 體囚壞라고 한다)

제 六 문 = 외가귀로(外家歸路)에 노상손액(路上孫厄)이라고 하는 것은 어떠한 원리인가?

답 = 사효(四爻) 자손에 공망을 놓은 까닭이다. 사효(四爻)는 처가 또는 외가요 자손공망은 자손의 외가가 되는데 자손이 피상되는 형상으로 이와 같이 판단하게 된다. 고로 나의 처가인즉 자손의 외가가 되는데 자손이 피상되는 형상으로 이와 같이 판단하게 된다.

제 七 문 = 가두손액(街頭孫厄)이라고 하는 것은 무슨 원리인가?

답 = 오효(五爻)에 자손효가 공망이 된 까닭이다. 오효(五爻)는 도로효요 가두(街頭)요. 자손공망은 자손피상인즉 오효손공은 가두손액이라고 한다. 특히 백호등사가 오효손공(五爻孫空)이면 유혈손액(流血厄)이 있다.

제 八 문 = 철로선상(鐵路線上)에 속우혈상(贖牛血傷)이라고 한 것은 무슨 원리인가?

답 = 五爻 申酉에 白虎 子孫空이 되는 탓이다. 왜냐하면 오효(五爻)는 도료요 신유(申酉)는 금인즉 금도(金道路)는 철도노선이 아니겠는가? 그리고 五爻는 소요 자손(子孫)은 즉 새끼인즉 송아지가 아니겠는가? 그런데 그에 공

(空)을 맞아 피상(破傷)되었은즉 이상과 같은 논법이다.. 따라서 위와같이 판단하게 된다.

제九문 = 식모(食母)가 상(傷)한다 또는 식모가 도주한다고 한것은 어떠한 원리인가?

답 = 육효(六爻)는 노복(奴僕) 즉 직공, 식모의 효요 공방(空傍)이라고 해석되므로 인하여 위와같이 판단하게 된 것이다. 다시 말하여 육효(六爻)에 부가 붙으면 식모나 부모벌 되는 격이니 노식모다.

주작(朱雀)이 붙으면 그 식모가 말이 많고 등사가 붙으면 몸 맵시는 갈비씨고 후라이 기가 많다. 구진이면 그에 식모 뚱뚱한 체격이고 청룡이면 인격이 훌륭하다.. 백호면 그에 성격이 좀 난폭하고 몸을 좀 다친다.

육효(六爻) 현무면 그 성격이 좀 음흉하다라는 식으로 해석할 수 있는 것이다.

제十문 = 파장축대(破墻築臺)라고 한 것은 어떤 원리인가?

답 = 육효(六爻)는 축대 울타리에 속하고 공망을 맞은 탓이다. 고로 육효(六爻) 백호 문서 공망이면 더욱 확율이 높다.

제十一문 = 무덤을 옮긴다 또는 사초(沙草)를 하는 운이 있다고 하는 것은 어떤 원리인가?

답 = 육효(六爻)동 도는 육효(六爻)에 공망이 맞은 까닭이다. 즉 六爻는 조상 또는 분묘 효이다. 또한 동(動)은 발동이요 공망은 파괴로서 발굴을 뜻함이니 六爻동 六爻공망은 위와같이 판단한다.

제十二문 = 상석 비석 또는 족보나 문집(文集)하는 것까지 어떻게 아는가?

답 = 육효(六爻)에 土 문서가 동한 까닭이다. 즉 육효(六爻)는 무덤 또는 조상이요 土는 土.石. 세멘트요 동(動)은 발동이요 문서는 조상이나 문서는 조상을 뜻하는 글이다.. 따라서 육효토(六爻土) 문서 등은 무덤에 돌글이나 조상 문서가 동하는 형상인즉 그것이 비석 상석 또는 족보 문장 족보(조상글)가 아니겠는가 따라서 이와같이 판단한다.

제十三문 = 내환(內患)이 있는 것은 육효법상(六爻法上)으로 어떻게 아는가?

답 = 이효(二爻) 관귀(官鬼)가 임한 까닭이다. 이효(二爻)는 가모부(家母父) (家庭主婦)요 관은 화근(禍根)

병(病)이다. 그러니 이효(二爻) 관은 가정주부의 병이 아니겠는가? 따라서 이와같이 판단하게 된다.

제十四문 = 개가 나가거나 죽으면 내환(內患)이 면하게 된다는 것은 무슨 원리인가?

답 = 이효(二爻)는 주부 즉, 처효가 되는 것이며 이효관은 처의 병인 동시에 동시에 개의 병으로도 해당되기 때문에 개가 죽거나 집을 나가면 주부의 액이 면하게 되는 것이다.

제十五문 = 五爻는 아버지 즉 가장(家君, 父君) 효인즉 부친(家長, 戶主) 액이 있을때 육축(六畜) 으로는 소(牛) 효인즉 동시에 소가 죽으면 그 가장의 액을 멸할 수 있다고 판단하게 되는가?

답 = 그렇다. 당연한 이치다.

그리고 初爻는 소아 또는 닭효인즉 어린 아이의 액이 있을때 닭도적을 맞거나 닭이 죽으면 어린 아이의 액을 면할 수 있다고 판단하게 되는 것도 똑같은 이치이다.

제十六문 = 집에 괴성이 들린다는 것은 어떠한 원리인가?

답 = 이효 삼효(二爻 三爻) 에 등사관(螣蛇官) 백호관(白虎官) 이 임하여 있는 까닭이다. 이효(二爻)는 처한이나 주작관(朱雀官) 삼효(三爻)는 방이나 집터가 된다. 그런데 등사는 처한 부엌,

것 백호는 흉한 것 주작은 지껄이는 것 관은 재앙이 되기 때문에 이효(二爻) 삼효(三爻)에 백호(白虎) 등사(螣蛇) 주작(朱雀)관 이 임하면 집터에 공연한 인적기가 있다든가 또는 부엌에 솥이 쩡쩡하는 소리를 낸다든가 또는 어쩐지 무엇이 나오는 듯한 불쾌한 감상이 생기게 된다고 판단하게 된다.

제十七문 = 가정에 식구숫자를 아는 것은 무슨 원리인가?

답 = 五爻에 붙은 十二地支의 수(數)로서 五爻는 인구수로서 식구爻가 되기 때문이다. 가령 五爻에 子는 三, 七, 九. 丑은 二四. 寅은 三, 七, 六, 八이요 辰은 五, 十이요 巳는 二. 四. 八이요 戌은 五, 十이요 亥는 四. 六. 十이 된다. 만약 대가족 가정으로 그의 극대수의 수를 초과할 경우는 그 극대수의 수에 소수 또는 대수를 합하여 보면 된다.

예를 들어 五爻에 子가 붙었다면 그 수는 三, 七, 九인데 九는 극대수 七은 중수 三은 소수인 것인데 九가 초과하는 경우라면 九에 소수 三을 합하여 十二가 된다. 또 九에 중수 七을 합하여 十六이 된다. 또는 九에 대수 九를 합하여 十八이다 라는 식으로 보게 되는 것이다.

제十八문 = 식구 출입이 빈번하게 있다는 것은 어떠한 원리

로서 아는가?

답 = 오효(五爻)가 발동한 탓이다. 즉 五爻는 식구효요 동은 발동인즉 五爻동은 식구발동이 있다고 판단한다.

제 十九 문 = 노봉도실(路逢盜失)이라고 한 것은 무슨 원리인가?

답 = 오효(五爻)에 현무재공(玄武官)이나 현무형제(玄武兄弟) 또는 현무재공(玄武財空)이 있는 원인이다. 오효(五爻)는 도로효로서 가두(街頭)요 현무관은 도적지재(盜賊之財)요 현무형은 도적 탈재(奪財)요 현무재공망은 도적 재물 피상(被傷)은 도재, 재손(盜財, 財損)이 되는 형상으로 이와같이 판단하게 된다.

제 二十 문 = 가두처액 (街頭妻厄)이라고 하는 것은 무슨 원리인가?

답 = 오효(五爻) 재(財)에 공망 또는 재에 등사 혹은 오효(五爻)재에 백호가 임한 탓이다.

오효(五爻)는 가두(街頭) 즉 길거리이고 재는 처요, 공망은 피상이니 오효(五爻) 재공망은 노상처액(路上妻厄) 형상이다. 그리고 五효재 등사는 노상에서 처가 불안한 상대요 오효재 백

호는 처가 흉액을 당하게 되는 형상이라고 판단한다. 특히 백호재에 공망이 五爻에 임하면 五爻는 노상 재공망은 교통사고로 인하여 혈광(血光)으로서 이와같이 놓이면 노상에서 피상 백호는 유혈지액(流血之厄)이 있다고 판단한다.

그리고 이에 준하여 五爻에 백호문서가 공망을 맞으면 부모가 노상에서 유혈액(流血厄)이 있으며 또한 五爻에 형제 백호공망이면 노상에서 형제가 유혈액(流血厄)이 있다는 등으로 판단한다.

제 二十一 문 = 돼지가 많다고 하는 것은 무슨 원리인가?

답 = 삼효(三爻)에 백호 등사 또는 주작이 붙거나 아니면 삼효에 공망이 임한 까닭이다.

즉 삼효는 돼지효요 백호는 혈광(血光)이니 돼지가 죽는 형상이요 등사는 허한 놈 즉 꿀꿀 소리를 지르고 살이 찌지 못하는 형상이고 함치는 놈이니 꿀꿀 소리를 지르고 살이 찌지 못한 놈이요 또 주작은 구설 요 삼효 공망은 돼지효요 공망은 피상이 되는 형상이다.

그리고 삼효에 청룡(靑龍) 희신(喜神)으로서 경사요 亥수는 四. 六. 十수요 자손은 희열(喜悅)(喜神)으로서 경사요 亥수는 四. 六. 十수요 자손은 새끼인즉 이러한 경우는 돼지가 새끼를 네마리나 여섯마리를 낳게 된다고 해석하게 된다.

또한 목양(牧養)과 양잠(養蠶)은 四爻로서 잘되고 안되는 것

신수평전

을 가리키면 된다.

또 농사는 구진효로서 구별하는 것인데 구진丑土에 공망이 임하였다고 하면 동북간 밭에 곡식 종자가 잘 안나오게 되다(東北間田에 播種이 可畏)라고 하게 되는 것이고 또 구진未土에 공망이 임하였으면 西南間方 밭에 곡식 종자가 잘 안나오게 된다고 해석을 한다.

제 二十二 문 = 외화획득(外貨獲得)을 어떻게 아는가?

답 = 외괘(外卦)에 (四爻 또는 五, 六爻) 청룡재이나 백호재가 임하여 있는 탓이다.

외재(外財)는 타국재(他國財)요 (혹 지방재도 됨) 청룡은 기쁨, 백호는 급속이므로 위와같이 임하면 희열, 타국재(喜悅, 他國財)의 형상으로 판단하게 된다.

제 二十三 문 = 사주재소(四柱財少)에 비견 비겁이 태왕한데 재운이 오면 부자가 되는 것이 아니겠는가?

답 = 그럴듯한 이론이다. 그러나 실지현상은 그와 반대로 대패한다. 그리고 재소(財少)에 재년이 오면 그 비견 비겁(比肩 比劫)이 달려들어 쟁재(爭財)하기 때문에 큰 실패로 보는 것이다.

庚申

生月 午火財 하나에 年之申宮 壬水 月上 壬水 日

壬午
壬子
己酉

支子中癸水로서 재소비견 태왕(財少比肩 太旺)으로 丙申 丁酉年에 토지몰수(土地沒收) 당하였고 丙午 丁未年에 모두 재물실패(財物失敗)를 많이 보았던 사주이다.

이런 해에 자신보다도 그의 처가 손재를 보인다든가 타인에 의해서 탈재(奪財)되는 수가 많다. 이런 때에는 처재이재 중중(妻財理財 損失重重)이라고 하면 잘 맞는다.

제 二十四 문 = 그러면 비견 비겁(比肩 比劫)은 아주 나쁜 것이 아니겠는가?

답 = 그런 것이 아니다. 이의 질문은 나의 형제간은 나 혼자 받을 부모유산을 가르게 되니 형제는 나쁜 것이 아니겠는가는 질문과 꼭 같다.

그러나 재산에는 비견 비겁(比肩 比劫)(兄弟)이 탈재(奪財)가 되지만 어려움에 처하였을 경우는 비견 비겁(比肩 比劫)이 오히려 협조가 된다는 것과 같이 신약(身弱)한 (日主弱) 때에는 크게 도움이 되는 것이다.

살인상정(殺刃相停)은 바로 이 비겁(比劫)을 말하는 것인데 (比劫은 刃 즉 羊刃인 것이다.) 크게 귀히 되는 것이다. 일명 합살위귀(合殺爲貴) (合殺은 比劫이래야 된다)라고 한다. 계선편(繼善篇)에 庚得壬男이 制丙火인데 化長年甲이 을 매(乙妹)로 처경(妻庚)하니 흉위길조(凶爲吉兆)라.

이 글을 해석하면 庚金이 자기 아들을 시켜 丙火를 제(制)할려고 하는데 甲木이 생각하니 자기아들 丙火가 壬水에 상(傷)하게 됨을 깨닫고 자기의 여동생 乙木으로 하여금 그 주동자인 庚金의 妻로 (乙木은 庚金의 正財이니 正妻이다) 안겨주니 그 사건은 원만하게 해결하여 흉화길조(凶化吉兆)가 되는 것이다.

이것 역시 합살위귀(合殺爲貴)인데 이런 경우를 병법(兵法)에서는 미인계라고 말한다. 따라서 간단히 말하여 비견 비겁(比肩 比劫)이 신왕재소(身旺財少)에서는 탈재(奪財) 신약사주(身弱四柱)에는 방조(幇助)가 되는 것이다.

제二十五문 = 재다신약(財多身弱)에 사주인약(四柱印弱)인 경우 인수년(印綬年)이 오면 크게 성공하는 것이 아닌가?

답 = 천만의 말씀이다. 수표부도(手票不渡)나고 패가(敗家)한다.

왜냐하면 미약한 인수(印綬)가 인수년(印綬年)을 만나서 인수(印綬)를 믿다가 그 재(財)를 감당못하고 마는 형상이 되어서 인수(印綬)즉 문서(財物文書)는 手票證券例로서 부도나고 집문서 빌려주었다가는 집 날아가게 되는 것이다.

제二十六문 = 인수격국(印綬格局)으로 이루어진 사주가 재년(財年)을 만나면 탐재괴인(貪財壞印)이 되어 크게 재물을 탐내어 印이 파괴되어 수뢰죄(收賂罪)에 걸리게 되는 것이 아니겠는가?

답 = 원칙적으로는 그러나 그렇지 않은 특례가 있다. 예를 들면 다음과 같다.

甲子
乙亥
甲子
戊辰

이 경우는 지지에 亥子子 辰子子로 전부 水木이 태왕하여 무근(無根)이 된다. 분명 인수가 되는 분명 인수격국(印綬格局)이나 이러한 경우는 財가 되는 그 운 또는 그 연에 대성공하게 되는 것이다.

인수시결(印綬詩訣)에 이르되 목봉임계(木逢壬癸)가 수표류(水票流)인데 일주무의(日主無依)(根)에 망도추(罔度秋)라 세운(歲運)에 약봉재왕처(若逢財旺處)면 흥화위길우왕후(凶化爲吉遇王侯)라 탐재괴인(貪財壞印)이 막언흉(莫言凶)하소 수요참상(須要參詳)이면 묘리통(妙理通)이라.

이 글을 해석하면 木日主가 亥子가 많으면 亥中壬水 子中癸水로서 壬癸水가 汪하여 木은 무근지목(無根之木)으로서 뿌리를 못받고 둥둥 뜨게 되는데 이런 경우 세운(歲運)에 재(財)가 되는 토(土)를 만나면 (戊己年) 왕수(汪水)를 제어(制

禦)하여 부목(浮木)을 방지하게 된다. 고로 인수(印綬)에 적(敵)이 되는 재(財)가 오히려 나에게 은인이 되어 흉화위길(凶化爲吉)로 높이 벼슬하게 되는 것이다. 그러니까 탐재괴인(貪財壞印)이라 무조건 흉하다고 단정을 내리지 말아야 한다.

제 二十七 문 = 사주 상관격국(四柱 傷官格局)이 되면 일주도기(日主盜氣)(傷官 食神은 日主가 生하여설기(泄氣)된다는 것이므로 그 기를 도적질 한다하여 一名 도기(盜氣)라고 한다)되어 있는데 인수운(印綬運)이 오면 크게 성공하게 되는 것이 아닌가?

답 = 그 설기(泄氣)의 정도 또는 성질의 문제에 따라 생사문제가 달라진다.

이를 구체적으로 예를 들면 다음과 같다.

癸亥
癸亥　이 경우는 가상관격(假傷官格)으로 시상병화(時上
甲寅　丙火)를 용신(用神)하는데. (甲日丙火는 식신(食神
丙寅　)이지만 총총 상관(總층 傷官)이라고 함) 이 사주

은 고사하고 대패하게 된다는 사실이다.

즉 인수(印綬)되는 年月 癸水의 정을 듬뿍 받고 점량지절(漸涼之節)에 丙火가 조후(照侯)하는 한편 설기를 잘 하니 목화통명(木火通明)으로 대길한데 그만 壬癸水運을 만나면 그 설정하는 丙火 구멍을 꽉 막아치는 것이 되어 마치 배가 잔뜩 부르게 밥을 먹은 사람이 방귀구멍을 틀어막는 형상이 되어서 큰 고통을 받게 되는 형상이다. 이런 경우를 명리학상의 술어로서는 가상관(假傷官)에 봉인수운(逢印綬運)이면 파료상관;破了傷官)하여 손수원(損壽元)이라고 말하는 것이다.

이 경우는 가상관병정년(假傷官丙丁年)에 대성공(大成功)하게 된다. 이와같이 가상관 격국(假傷官 格局)에 대운(大運)이 인수(印綬)가 되고 또다시 연운(年運)이 인수(印綬)가 되면 그 때는 손수원(損壽元)(죽는것) 하게 된다.. 또다시 예를 들면,

丁未　甲日生人이 年月에 丙丁상관(傷官)이 투출(透出
丙午　하고 지지(地支)에 午未火局을 이루어 진상관(眞
甲子　傷官)이 분명(分明)하고 시상(時上)의 壬水가 지지
壬申　(地支) 申金에 장생궁(長生宮)을 얻고 申子長水局을

이루며 時上 壬水로 조후용신(照侯用神)하는데 이 사주는 인수(印綬)되는 壬癸水 연운(年運)을 좋아하게 되므로 인수년(印綬年)에 크게 성공하게 된다. 이격에서 大運 丙丁 혹은 寅午戌에 年運 丙丁火가 오면 필사(必死)한다고 기록되어 있다.

신봉서(神峯書) 명리정종(命理正宗) 상관 식신격(傷官 食神格)에서 이르되 정위 가상관(正謂 假傷官)에 인운(印運)이 오면 필사(必死)하고 진상관(眞傷官)에 행상관(行傷官)이면 필멸(必滅)이라 여갑을목(如甲乙木)이 견사오미월(見巳午未月) 상관(傷官)은 설기태심(泄氣太甚)인데 재행(再行) 인오술(寅午戌) 화운이면 설목정영(泄木精英)이 태심(太甚)하여 안득불사호(安得不死乎)아!

서운(書云)하되 목작비회(木作飛灰)라고 기록(記錄)되어 있다. 이 상관격(傷官格)에 남아요수(男兒妖壽)라고 이것은 연해자평(淵海子平) 천변만화(千變萬化)하니 추진용심 (推盡用心機)하라고 하였으니 격국(格局)을 추리할 때는 진상관(眞傷官), 가상관(假傷官), 상관용인 (傷官用印), 상관용겁(傷官用劫), 파료상관(破了傷官), 상관 유제(傷官有制), 상관(傷官)이 불견관(不見官) 또는 목화상관(木火傷官), 금수상관(金水傷官), 수목상관(水木傷官), 화토상관(火土傷官), 토금상관(土金傷官) 등 복잡하게 분류(分類)하고 있는데 이것은 시결(詩訣)에서 이르되 격국(格局)이라고 천변만화(千變萬化)하니 추진용심기(推盡用心機)하라고 하였으니 격국(格局)을 추리할 때는 정신을 바짝 차리고 보아야 한다고 하였다.

제 二十八 문 = 여명(女命)이 관약상관다(官弱傷官多)의 경우 관운(官運)이 오면 관왕(官旺)하여 부주증영부주증영(夫主增榮夫主增榮)하게 될 것이 아니겠는가?

답 = 그렇지 않다.. 도리어 과부되는 것을 많이 경험하고 있다. 상관(傷官)이 많으면 관(官)을 치는 병정(兵丁)들이 잔뜩 무장하고 임전태세를 갖추고 있는 형상인데 관운(官運)이 오면 관(官)과 남편(男便)이 번듯 나타나는 형상인데 그 대기하고 있던 상관(傷官)들은 일시에 집중공격하여 그 관(官)이 상하게 되므로 (傷官=傷夫)인(因)하여 상부(傷夫) 다시 말하여 과부가 되는 것이다.

따라서 관소상관왕격(官少傷官旺格)에 상관년(傷官年) 보다 도리어 관살(官殺) 편관. 정관(正官)년(年)에 상부(傷夫)하는 것을 많이 보고 있다. 물론 관(官)과 상관(傷官)이 대등될때에 관살년(官殺年)은 부주증영(夫主增榮)하는 것이 사실(事實)이다.

제 二十九 문 = 여명(女命)에 다관제약(多官制弱)인 경우 관년(官年)이 오면 어떻게 되는가?

답 = 이별하게 된다.

관(官)은 남편인데 많은 남편을 제(制)함이 적은 중에 또다시 남편년운(男便年運)이 오게 되면 다관성(多官星)이 되어 다른 남편을 따라 집을 나가게 될 것이 아니겠는가? 따라서 신봉서(神峯書) 명리정종(命理正宗) 연경론(涓涇論)에서는 이렇게 말하고 있다.. 관살(官殺)이 다시 관살운(官殺運)이나 관살년(官殺年)을 만나면 이별하는 법이라고 하였다.. 관성이 부행관운이면 경파재분이라.. (官星이 復行官運이면 鏡破釵分이라)

〈예〉

甲子
庚午
戊寅
乙亥

이 사주는 年干 甲木 日支寅中 甲木時上乙木·時支 亥中甲木으로서 다관성(多官星)인데 그 木을 제(制)하는 金星은 庚金은 乙亥 단하나 밖에 없어 정위다관제약(正謂 多官制弱)이 되는데 甲乙年을 만나면 관성(官星)이 부행관운(復行官運)이 되어 거울을 깨고 비녀를 꺾어 이별의 눈물을 흘리게 되는 것이다.

제三十문 = 七殺은 나를 제(制)하는 놈으로서 나에 구적(仇敵)이 되는 것이즉 그 칠살(七殺)은 무조건 제거하여 없애는 것이 좋지 않겠는가?

답 = 그렇게 단순히 생각해서는 안된다.
계선편(繼善篇)에서 말하기를 칠살(七殺)은 희제복(喜制伏)이나 불의태과(不宜太過)라고 말하였다.
이 글을 해석하여 보면 칠살(七殺)은 나를 치는 놈이나 그놈을 제어하는 것은 마땅히 기쁜 일이나 그렇다 하여 너무 태과(太過)하게 제거하면 오히려 좋지 않다는 뜻이다. 이것을 비유하여 말하면 나를 치러오는 놈은 제외하여 이용하는 것은 가능하나 아주 죽여버리면 못쓴다는 뜻이다. 예를 들면 다음과 같다.

丙申
辛丑
庚辰

이 四柱는 고(故) 이기붕 선생(李起鵬 先生)의 四柱인데 丑月 심냉동지시(甚凉凍之時)에 신왕(身旺)으로서 연상(年上) 丙火를 용신(用神)하게 되는데 冬月로서 (亥子丑月) 水月이 되고 그 지지(地支)에 申金이 되어 金生水로서 丙火가 심히 약(弱)하여 제과(制過) 되고 있다.

亥子月에 이 사주는 금수상관(金水傷官)에 丙丁火가 약(弱)하여 혹수서생(皓首書生)으로 빈유(貧儒)의 격(格)인데 다행히 丑月로서 寅月로 향양(向陽)하여 나가고 丙火투출(透出)하여 쓰게 되는 것인데 병(病)이 든 丙火가 大運에 第二人者가지 되만나 일발여뢰(一發如雷)하여 당당히 일국에 火를 쓰게 되었던 것인데 오언독보(五言獨步)에 이르되 四柱에 유병(有病)이래야 방위귀(方爲貴)라. 이 사주의 경우 丙火가 大運 丙午 丁未運에 火를 궁(水長生宮)의 임수제(壬水制)를 받아 심히 미약하다. 이런 경우 丙火를 유병지화(有病之火)라고 한다. 戊申大運에 中運에 들고 年運 庚子年이 되자 申子水局이 되어 또다시 극병화(剋丙火)하게 되니 정위칠살(正謂七殺)(庚日에 丙火는 七殺)은 희제복(喜制伏)이나 불의태과(不宜太過)하여 불록(不祿)(世上을 下直하는 것)하게 된 것이다. 이와같이 칠살(七殺)이 제과(制

관격국(傷官格局)이 세운(歲運)에 상관년(傷官年)을 만나면 어떠한가?

답 = 남자의 경우 상관은 아들 딸로서 상관(傷官)은 상자녀(傷子女)가 되어 자녀에 대한 비운을 당하게 되는 동시에 또 상관(傷官)은 군관장(郡官長)을 극(剋)하는 형상이 되어 이하 범상(以下 犯上)으로 형벌을 받게 되는 관재나 송사가 많이 일어나게 되고 또는 도기(盜氣)가 되어 도난, 신병, 공포 등의 사고가 발생하는 것을 각별히 명심하여야 한다. 그러므로 상관년(傷官年)이 오면 가상관(假傷官)을 도리어 좋아하는 데도 불구하고 무조건 상관자년은 나쁘다고 해도 아마 십에 구할(九割) 가까이 적중하게 된다는 사실이다. 우리나라 역술계에서 가장 유명하였던 고 이명학 선생님이 상관(傷官) 이라면 그렇게도 무서워하고 싫어하시다가 자신이 상관년에 작고(作故)하신 웃지못할 사실이 여기에도 있었다는 사실이다.

제 三十二 문 = 남자의 경우 가상관격(假傷官格)을 제외한 상 과(過) 되었을때에 또다시 그 칠살(七殺)을 제(制)하는 대운(大運)이나 세운(歲運)이 오면 이것을 명리학상(命理學上) 진법무민(盡法無民)(法이 진하여 백성을 잃는다)이라고 하게 되는데 실권(失權)하고 부하(部下)(子孫도 部下와 같음)에 철퇴(鐵鎚)를 맞아 죽는다는 것이다.

이 사주는 너무나도 명리학상에서 논술한 글에 추호도 어김없는 격이다.

혹자(或者)는 이 사주가 庚辰日 괴강(魁罡)으로서 또 시간에 庚辰 괴강(魁罡)을 만나 대권을 잡았던 것이라고 하는 사람도 있으나 그것은 너무나 단면적인 격에만 격국(格局)을 종합해보지 않는 것 치우친 것이다.

괴강격시결(魁罡格詩訣)에는 이렇게 기록되어 있다. 괴강사일(魁罡四日)(庚辰 庚戌 壬辰 壬戌)이 최위선인데 첩첩상봉(疊疊相逢)이면 장악대권(掌握大權)이라고 하였다.

제 三十一 문 = 여자의 사주인 경우 진법무민년(盡法無民年)은 어떠한가?

답 = 흔히 비명(非命)으로 간다. 다시 말하여 음독 기타의 사고로 사망하거나 상부(傷夫)하기 쉽다.

제 三十三 문 = 도대체 도식년(倒食年)이란 무엇이며 어떠한 작용을 하는가?

답 = 가령

甲子
壬申
甲子

甲子日이라면 甲日 식신은 시상 丙화인데 월상 壬
上 壬水 편인이(甲一對 壬水는 편인임) 시상의 丙
火를 극제한다. 즉 식신을 타도한다. 따라서 이런

丙寅　경우 壬水를 도식운(倒食運)이라고 하는데 글자 그대로 식록이 타도되어 밥그릇이 뒤집혀지는 형상으로 실직되고 파가한다. 사주격국은 편인년이 와도 그대로 편인이라고 호칭하며 도식작용(倒食作用)이 나타나지 않는다.

제 三十四 문 = 겁재왕재소격(劫財旺財少格)이 재년(財年)을 만나면 재물로는 군비쟁재(郡比爭財)로 대패가(大敗家)한다고 하였는데 손재가 없으면 인사상으로는 어떻게 되는가?

답 = 재물상으로는 시상편재(時上偏財) 이면 꼭 時偏財가 아니고 正偏財도 해당된다) 가 우겁성(遇劫星) 이면 전원(田園)이 파진(破盡)하니 고환빈(苦還貧)이라 손처상첩(損妻傷妾)에 다조욕(多遭辱)하니 식불상자(食不相資)가 곤재진(困在陳)이라고 하는 이 글을 해석하면 사주재소(四柱財少)에 비견 비겁다(比肩 比劫多)에 다시 비견 비겁운(比肩 比劫運)을 만나면 논. 밭다 팔아 먹고 고생과 빈곤으로 돌아간다.

그리고 처첩을 이별하거나 또는 처첩이 상하여 (죽는것) 욕(辱)을 봄이 많은데 그 식생활은 옛날 공자님이 진나라에서 七일동안 식량이 없어 끼니를 건너뛴것과 같이 생활에 어려움이 많다고 연해자평 시상편재격 시결에 기록되어 있다. 내가 경험한 결과 이 경우의 견겁(肩劫) 연도(年度)를 만나면

처첩이 안살겠다고 도주함이 많아 처첩을 찾아 헤매는 일이 많고 붙들면 죽여버린다는 말을 꼭 하게 되며 사랑의 복수를 하려고 하는 것을 경험하고 있다.

제 三十五 문 = 사주 재격국(財格局)에 재관년은 재관이 더욱 강하여 더 큰 부귀를 누리게 되는가?

답 = 사주 성질에 따라서 다르다. 신왕재관약(身旺財官弱)인 경우 재관년이 오면 물론 부귀를 누리게 되지만 신약(身弱)(日主弱)한데 재관이 왕한 경우에 또 재관년이 오면 재생살(財生殺)하여 신병 또는 기타의 재앙이 일어나게 되니 그 화(禍)가 일어남이 한두가지가 아니다.

제 三十六 문 = 인수격국(印綬格局) 사주에 관운이 오면 좋은가?

답 = 사주 성질에 따라서 다르다. 그러나 대체적으로 좋다. 인수시결(印綬詩訣)에 이르되「월봉인수(月逢印綬)가 희관성(喜官星)인데 운입관향도(運入官鄕도) 복필청(福必淸)」이라고 하였다.

제 三十七 문 = 寅卯巳午未月 庚寅日生 庚午日生 庚戌日生 또는 辛卯日生 辛巳日生 辛未日生이 다시 甲乙寅卯 대운이거나 또

는 丙丁巳午 寅戌 대운을 만나고 또다시 甲乙年이나 丙丁年을 만나면 사주 재관왕격이 다시 재관운에 재관년을 만나게 되는 것인데 이때는 어떻게 되는가?

답 = 十이면 八, 九 죽는것을 보게 되는데 흔히 혈병(피를 토하거나 심장마비) 고혈압, 장병으로 급사하는 것을 많이 보고 있다.

지지에 화국이 왕한데 丙丁 화년을 만나도 또는 甲乙목운을 만나서 生火할때에 일어나는 현상인데 이것은 「금약(金弱)이 우화재지지(遇火災之地)에 혈병이 무의(無疑)」하는 글에 기인하며 庚日生에 火官星은 피이며 또 건조하는 성격을 가지기 때문이다.

그리고 水不足(壬癸亥子)하고 화왕사주(火旺四柱)는 본래 침이 잘 마른다는 것인데 특히 丙丁火年을 만나면 입안이 조(燥)하여 애태우게 된다 이런 사주 주인공은 식이요법으로 물많은 일이나 채소를 많이 섭취함이 좋다.

제三十八 문 = 여자 사주에 상관 식신이 미약한데 인수운을 만나면 어떠한가?

답 = 여자 사주에 상관 식신은 자식이 되는데 인수(印綬)는 상관 식신을 극제하는 것이므로 아들이나 딸이 상하게 되는 형상인즉 그 자손의 액이 일어나게 된다.

그리고 상관이 미약하고 인수가 태왕한데 상관운을 만나도 역시 자녀액이 있다. 이것은 앞에서 설명한 바 있다. 여자 사주에 관살이 미약한데 상관태왕격(傷官太旺格)에 관년(官年)을 만나면 과부가 많이 되는 것을 볼 수 있는 것과 같다.

제三十九 문 = 여자가 경조(經調) 피가 마르는 것은 어떠한 연도이며 무슨 원리인가?

답 = 庚辛日生人이 사주 지지에 화국을 놓고 다시 丙丁 화년에 일어나며 그 원리는 다음과 같다. 여자 사주에 庚辛日生 화년이

제四十 문 = 여명(女命)에 혼인이 다 되었다가도 또 파혼이 잘되는 것은 어떠한 해를 만난 탓인가?

답 = 여자의 혼사문제는 주로 관살로 남편을 삼기 때문에 관살이 미약할때 그 관살을 극제하는 상관식신격 또는 그 관살을 빼앗는 비견 비겁년이나 상관태왕에 관살이 심히 부족한 사주에 관살년을 만나면 파혼이 잘 된다는 것이다.

제四十一 문 = 남자사주에 인수나 비견 비겁이 많고 재성이 미약한 사주가 견겁(肩劫)이 태왕한데 인수년을 만나면 어떠한가?

답 = 처의 질환이나 또는 이별함이 많다. 다음과 같다.

癸亥
壬戌
己未
戊辰

이 사주는 己未대운 丙神년에 처와 이별하였다. 이는 군겁쟁재(郡劫爭財)가 된 원인이다. 시결(詩訣)에 보면 군겁쟁재(郡劫爭財)는 손처파재(損妻破財)라고 예시되어 이를 실증하고 있다.

제 四十二 문= 육효상(六爻上)으로 말코 사주 육친법상으로 신축결사(辛築結社)는 어떠한 해에 잘 이루어 지는가?

답= 인수년(천간 지지의 인수를 말함)에 이루어 진다. 예를 들어 甲乙생에는 壬癸년 또는 亥子년에 丙丁일생에는 甲乙년이나 寅卯년운에 신축결사를 하게 된다.

그 이유는 인수(印綬)는 인장(印章)으로서 표식기점(標識起點)을 말하는 것인데 나의 생신기점(生身起點)은 어머니에서부터 출생되므로 인하여 어머니를 인수라고 하게 되는 것이고 다음 자라서 생활기점은 주택에서 이루어지기 때문에 집을 인수(六爻書에서는 父田 또는 文書라 칭함)로 하는 것이기 때문이다.

하지장(何知章)에서 말하되 하지인가 옥수신(何知人家 屋守新)이 이 부입청왕상진(父入靑旺相眞)이라 하여 부즉 부시 말하여 인수를 가옥에 주로 한것이 내가 말한 이상의 원칙에 서이다.

제 四十三 문= 군신불화(君臣不和)란 무엇이며 어떠한 형상이 일어나는가?

답= 일주에서 년도를 극하는 편재년을 말한다. 예를 들어 甲木일생이 戊土 세군(歲君)을 (年度) 극하고 乙목일생이 기토세군을 극하는 등이다.

즉 일주는 신(臣)이 되고 연도는 세군이 되어 신(臣)이 군(君)을 치는 형상이 되어, 군신불화(君臣不和)라고 하게 되는데 가정주부에 또는 부자간에 사제간에 사회 상하간에 시비하거나 충돌함이 많게 된다. 고로 이 편재년(偏財年)은 항상 참을 인자를 잘 생각하여 처세할 것이다.

제 四十四 문= 직업상 신상 가정상 큰 변동이 일어나는 것은 어떠한 해에 일어나는가?

답= 그것은 대운 또는 중운(中運)에서 일어난다. 예를 들면 一운이라고 하면 十一, 二十一, 三十一, 四十一, 五十一, 六十一식으로 대운이 주기적으로 변동한다는 것이니 예를 또 들면 一~十一 사이의 중간인 六세, 十一세에서 二十一사이에 十六식으로 二六, 三六, 四六, 五六, 六六세 되는 해에 중간운이 갈아들때 이에 따라서 직업상 신상 가정상 큰 변동이 일어나게 된다. 이것은 사주의 결과가 육친에 대하여

략을 문답하였고 이하는 일지 또는 지지국(地支局)으로 관계되는 연도와 기타의 문제에 대하여 역시 문답식으로 기술코자 한다.

제四十五문 = 子年生人이 子年 丑年生人이 丑年식으로 출생년지와 세국년지가 같은 자가 오면 나쁘다고들 하는데 그 이유는 무엇인가?

답 = 이것은 복음법(伏吟法)이라고 하는 것이고 그밖에 子年生人이 午年 丑年生人이 未年식으로 충하는 해를 반음(反吟)법이라고 하는데 이것은 큰 영향을 받지 않고 있다.
그리고 혹자는 이문제를 생년지(生年支)로 보지 않고 일주를 기준하여 가령 子日生人이 子年이 오면 복음년(伏吟年)이라고 하는데 이것은 생년지를 기준하여 보는 것이 적중률이 많다고 하는 것을 경험하였다.

제四十六문 = 지지상으로 어떤 연도에 관재, 수술병, 기타의 사고가 많이 일어나겠는가?

답 = 일지에 형(刑)이 닿는 해이다.
예를 들면 子일생인이 卯年, 丑일생인이 戌未年, 寅일생인이 巳申年, 卯일생인이 子年, 辰일생인이 午辰戌年, 巳일생인이 寅申年, 午일생인이 丑戌年, 申일인이 巳申年, 未일생인이 丑戌年, 申일
생인이 寅巳年, 酉일생인이 酉卯年, 戌일생인이 丑戌未年, 亥일생인이 亥巳年에 잘 일어난다.

제四十七문 = 혹자는 십이신살(十二神殺)을 통하여 가령 申子辰생이 亥年을 만났을 경우 망신해가 되어 크게 패가망신 한다고 보는데 사실인지요?

답 = 이유가 있다고 본다. 그러나 나는 이것을 전적으로 중시하지 않는다. 부적쓰고 살풀이 하는 술자들은 구실로 삼는 것을 볼 수 있다.

제四十八문 = 구(句) 교신(絞神)이란 무엇이며 어떠한 작용이 일어나는가?

답 = 구(句)라 함은 구신(句神)을 말함인데 즉 명전사위(命前四位)이다.
예를 들면 子年生人이 卯年 丑年生人이 辰年 寅年生人이 巳年식으로, 세운을 만나는 것을 말하는 것이고 교신(絞神)을 말하는 것인데 예를 들면 子年生人이 酉年, 丑年生人이 申年, 寅年生人이 未年운을 만나는 것을 말하는 것인데 그 작용에 있어서는 집설(集設)이라는 글에서 말하기를 세운에 이것을 만나면 재앙이 항상 일어나며 특히 상신(傷身)하거나 퇴재(退財)당하게 되며 구신(句神)운에서는 납치 포로 당하는 것을

많이 볼 수 있다.

그리고 조미론(造微論)이라고 하는 글에서는 구신과 교신에 (句神과 絞神) 삼형살이 가세하면 빈조편배(頻遭偏配)(이것은 재혼하거나 작첩하는 것을 말한다) 당한다고 하였다.

제四十九문 = 여자가 결혼하는 것은 지지면(地支面)으로만 볼때에 어느 해에 당는가?

답 = 화개(華蓋)나 三合되는 해 또 三合의 중간자를 충하는 해에 많이 출가하게 되고 또한 양여(陽女)는 양년(陽年) 음여(陰女)는 음년(陰年)에 많이 간다. 예를 들면 丙戌生하면 寅午戌에 화개(華蓋)는 戌이고로 령년이 경술년이나 인오술 삼합의 간자를 충하는 자년을 말한다.

그러나 이미 시집을 갔다면 양생(陽生)은 양년(陽年)으로라는 법칙에 의하여 二十三歲 戊申이 된다.

그러나 이것은 사주적으로 대운과 관살년을 참작하여 조혼될 것이냐 만혼될 것이냐를 가리고 년운(年運)의 관살 합중을 가려서 단정을 하여야 한다.

그리고 남자의 결혼하는 해도 한가지로 해석하지만 대개는 三合年 반안(攀鞍)년 당는 해에 결혼함을 보고 있다.

제五十문 = 지지상으로만 볼 때에 어느 해 자손을 낳게 되는

가?

답 = 이 문제도 보는 방법이 세가지가 있는데 첫째도 사주의 관살 영허(盈虛)(왕상, 후수)와 대운 흐름에 관살관계를 가려서 보는 법이고, 둘째도 앞에서 말한 바 있는 六爻에서 자손이 동함으로서 보는 방법이 있으며 세째로는 다음과 같다.

①年支를 상괘(上卦)로 하고 ②月支를 하괘(下卦)로 하여(先天 數法으로 함) 무슨 괘라는 것을 얻은 다음 자손효가 붙어 있는 효의 수(數)로서 아는 법인데 가령 申生하면 子에서부터 申은 九번째가 되므로 九극天이요 이것은 상괘(上卦)가 되고 다음 午月이라면 寅月(正月)로 午月은 다섯번째가 되므로 오손풍(五巽 卦) 風이 합하여 하괘(下卦)로 정하게 되니 상괘(上卦) 天과 하괘(下 卦) 風이 합하여 천풍구괘(天風구卦)가 된다.

그런데 천풍구괘(天風구卦)의 子孫爻는 二爻에 亥水가 되는 데 亥는 四, 六, ○이 된다. 따라서 二六. 四十. 四十四. 四 十六歲에 자손태기(子孫胎氣) 또는 출생이 있게 된다는 것이다.

즉 丑은 二, 四, 八. ○ 寅은 三, 七, 九 卯는 六, 八, 二 辰 은 五, 七. ○. 三 巳는 四, 八. 二 午는 三, 七, 九 一 未 二, 四, 八, ○ 申은 一, 三, 七, 九 酉는 四, 六, ○ 戌은 五, 七. ○, 三 亥는 四, 六, 八에 해당한다. 이곳에서 영은 三○. 四○의 예를 든 것이다.

제 五十一 문 = 해외출입은 지지상(地支上)으로 볼때에 어느 해에 닿게 되는가?

답 = 양역마(陽驛馬) 양지살(陽地殺)은 양년(陽年), 음역마(陰驛馬) 음지살(陰地殺)은 음년(陰年)에 가게 되는 것이다.

본래 역마(驛馬)나 지살(地殺)은 寅申巳亥에 해당되는 것인데 인역마(寅驛馬)나 인지살자(寅地殺者)는 인오술년(寅午戌年), 해역마(亥驛馬)나 해지살(亥地殺)은 유해자묘미년(酉亥子卯未年), 사역마(巳驛馬)나 사지살(巳地殺)은 사유축년(巳酉丑年), 신역마(申驛馬)나 신지살(申地殺)은 신술자진년(申戌子辰年)에 해외출입함이 있게 된다.

제 五十二 문 = 그러면 해외(海外)에 나갈 수 있는 역마지살(驛馬地殺)을 일견요연(一見瞭然)하게 기술하여 줄 수 없는지요?

답 = 이를 자세히 설명하면 다음과 같다.

㉠ 申子辰年日生에 寅, 寅午戌年日生에 申, 巳酉丑年日生에 亥, 亥卯未年日生에 巳

㉡ 申子辰年日生이 重見申, 寅午戌年日生이 重見寅, 巳酉丑年日生이 重見亥, 亥卯未年日生이 重見巳

㉢ 다
亥年 申日又는 申年 亥日生
寅年 亥日又는 亥年 寅日生
巳年 寅日又는 寅年 巳年生
巳年 申日又는 申年 巳年生
巳年 申日又는 申日巳年生
亥子丑月 壬癸日生
亥子丑月 甲乙日生

이상과 같이 놓인 자는 반드시 海外出入이 있다고 본다.

제 五十三 문 = 사람들은 모두 합년(合年)을 좋아하고 충년(冲年)을 좋아하는데 귀하(貴下)도 그렇게 보는가?

답 = 이것은 어디까지나 원칙론에 불과한 것이다. 때에 따라서는 그와 반대(反對)되는 특별예(特別例)가 있다. 그것은 무엇인가 하면 사언독보(四言獨步)에 말한 바와 같이 재관임고(財官臨庫)인데 사주지지(四柱地支) 잡기재관격(雜氣財官格)에는 희형상합(喜刑相合)운운하여 충(冲)을 대단히 좋아하는 것이고 또 갑자시에 발(發)하지 못하여 사주에 충(冲)이나 유년(酉年)에 충(冲)을 대단히 좋아하는 것이고 또 甲子시에 요사격(子遙巳格)으로서 子中癸水가 그 요사(遙巳)하는 (멀리 동경하는 것) 巳中의 戊土로서 戊癸合으로 연애를 하는데 그 巳中에 戊土와 같이 있던 丙火는 그들이 사랑하는 것을 차마 보고만 있을 수 없어 출동하여 酉官 辛金을 찾아 丙辛合을 출동시키니 辛金은 甲子日 正官이라 그리하여 귀(貴)로 작용하게 되는데 그 甲子日 甲子時의 子와 합이 되는 丑이 있으면 子丑合에 탐이 나서 요사(遙巳)를 합하지 않으므로 귀성(貴星)을 발동시킬 수 없어 이것을 대단히 싫어한다. 축요사격(丑遙巳格)이나 비천록마격(飛天祿馬格) 등은 모두 사주합이나 유년에 합을 싫어하는 것이다.

제 五十四 문 = 지지적(地支的)으로만 보아 부모상(父母傷)은 어떤 해에 당하게 되는가?

답 = 父는 재성(財星)이 입묘, 절(入墓, 絶)에 해당하는 해에 당한다. 예를 들면 병정일생(丙丁日生)의 재(財)는 경신금(庚辛金)이요 금(金)이 입묘, 절(入墓, 絶)하는 해는 丑이 되고 절(絶)하는 해는 寅이 되어 丙丁大運이나 丑寅年 당하는 해는 인수가 묘, 절(墓, 絶)에 해당하는 연도에 흔히 부모의 상을 당하는 것을 볼 수가 있다.

그리고 무일생(戊日生)은 인수가 丙火인데 火는 申宮이 되는바 申中壬水 장생(長生)으로 인수(印綬)의 살지(殺地)가 되니 묘, 절, 絶보다 병되는 申年에 모상(母喪)을 당하는 일이 많이 일어나는 것을 본다. 그리고 삼재가 닿는 해에 많이 부모상을 당하는 것을 보게 된다. 이와 같이 육친(六親)과 대운을 잘 살피고 또 육효괘(六爻卦)의 상문 조객(喪門 吊客) 부모효의 공망 등을 참작하여 단안을 내려야 한다.

제 五十五 문 = 삼재(三災)란 무엇이며 또 어느 해에 닿으며 그것을 어떻게 생각하는가?

답 = 삼재(三災)란 天災, 人災, 地災의 세가지 재앙(災殃)을 말하는 것이다.

천재(天災)는 홍인상종(凶人相從), 한재(旱災)를 말하고 인재(人災)는 관재(官災)를 말하며 지재(地災)는 지역적으로 일어나는 환경의 재앙을 말함이다.

흔히 삼재팔난(三災八難)이라고들 하는데 삼재(三災)는 위의 해설과 같고 팔난(八難)이란 다음과 같다.

군위난신위난(君爲難臣爲難) = 나라가 어려우면 임금 노릇 하기도 어렵고 신하 노릇 하기도 어렵다.

부위난자위난(父爲難子爲難) = 아버지 노릇 하기도 어렵고 아들 노릇하기도 어렵다.

부위난부위난(夫爲難婦爲難) = 지아비 노릇하기도 어

럽고 처노릇 하기도 어렵다.

붕위난 우위난(朋爲難 友爲難) = 벗노릇 하기도 힘들고 친구노릇 하기도 어렵다.

이상과 같이 팔난(八難) 즉 여덟가지 어려움이 있다하여 삼재팔난(三災八難)이라고 한다. 이 삼재팔난(三災八難)이라고 재미있는 전설이 있다.

옛날 서화담 선생이 제주도를 간 일이 있는데 그곳에서 우연히 어떤 신선을 만나게 되었는데 그 신선이 말하기를 선생도 선도를 같이 믿자고 하였다. 화담선생이 선도를 믿으면 어떻게 됩니까? 하고 물었더니 신선이 말하기를 삼재팔난(三災八難)을 면하고 영생불사를 한다고 말하자 서화담은 그런 도는 필요없다. 인생이 그 나라에서 태어 나 그 민족과 같이 즐거울때는 같이 즐겁고 슬플때는 같이 슬퍼하여 삼재팔난(三災八難)을 겪을 때 같이 겪는 것이 인생으로 태어난 보람이 아니겠는가? 나만 슬그머니 빠져 재난을 안받겠다고 하는 것은 가치없는 인간이라 생각하여 나는 그런 도는 싫다고 일언지하에 거절한 일이 있었다고 한다.

보편적으로 삼재에 재난이 있는 것이 사실이나 대운과 세운이 좋으면 아무일이 없이 무방하다는 것을 강조한다. 그러나 무당집에서는 삼재에 대한 공포감을 불어넣어 굿을 하라고 하는 것을 볼 수 있는데 이는 잘못된 일이다.

제 五十六 문 = 집못짓는 나이는 언제며 집짓는 어느 해에 닿는가?

답 = 건축하는데 있어서 팔자유년수(八字流年數)에 나오는 해가 있는데 그해에는 자연적으로 짓게 되어 있다. 집짓는 운을 보는 것은 금루사각(金樓四角) 성조길년(成造吉年)과 불길년법(不吉年法)을 보면 다음과 같다.

성조 불길운(成造不吉運)으로는

1	11	21	31	41	51	61
3	13	23	33	43	53	63
7	17	27	37	47	57	67
9	19	29	39	49	59	69

는 절대로 집을 짓지 못한다고 하였으나 이것을 크게 시하지는 않는다. 성조(成造)라는 것은 새집을 짓는 것을 말하는데 그 성조는 인수운(印綬運)에 집짓는 것을 많이 볼 수 있으며 연령에 구애됨이 없이 사주에 격국과 용신을 보아서 판단할 문제이다.

성조대운(成造大運)이 되고

2	12	22	32	42	52	62
4	14	24	34	44	54	64
5	15	25	35	45	55	65
6	16	26	36	46	56	66
8	18	28	38	48	58	68
10	20	30	40	50	60	70

제 五十七 문 = 귀하는 연도를 보는데 있어서 천간(天干)을 상반기(입춘에서 입추전날까지) 지지(地支)를 하반기(입추에서 입춘전날까지)로 참작하여 본다는데 사실인가?

답 = 사실이다.

가령 庚戌年 하면 상반기를 庚으로 하반기를 戌로 참작하고 日辰에 있어서도 甲子日 하면 午前은 甲午로 참고하고 時에 있어서도 庚午時 하면 낮 11 시에서 12 시까지를 午로 참작한다. 그리고 戌하면 土이지만 寅午戌로 합하여 화작용(火作用)하는 것을 많이 보고 申하면 金이 되나 申子辰으로 수작용(水作用)하는 것을 많이 보고 있다.

제 五十八 문 = 생년 지지(生年 地支)로 보아 대개 반개 폐개년법(大開 半開 閉開年法)에 있어 대개년(代開年) 혼(婚)은 대길하고 반개년혼(半開年婚)은 반길하며 폐개년혼(閉開年婚)은 대불길이라 하였는데 그 법을 꼭 지켜야 하는가?

답 = 나 개인의 의사로서는 그 법에 얽매어 따라야 된다고 강조할 생각은 없다.

왜냐하면 대개년혼(大開年婚)도 대행복가(大幸福家)의 부부가 많고 폐개년혼(閉開年婚)도 대불길한 부부가 많은 까닭이다.

제 五十九 문 = 운맞이란 무엇인가?

답 = 운맞이란 나의 개인의사를 종종 말하여 보았던 것인데 이제 많이 유포되고 있다.

이 맞이란 영(迎)인데 기쁘게 맞아 들인다는 뜻이다. 이 맞이는 우리나라 태고적부터 전하여 오며, 우리 민족 신앙이다. 한맞이(大迎節)라 하여 陰三月 十六日에 우리 민족은 지금의 陰 四月八日의 관등놀이 또 陽 十二月 二十五日의 크리스마스의 축제 이상으로 세계 제천사상 제일 처음으로 성황한 축제가 공양했었던 것이다. 그리고 영고라든가 불교로서 전하는 맞이 공양 또는 삼신님 맞이 등 맞이라는 말이 모두가 이상에서 유래된 말인데 지금 말하는 운맞이라는 새말을 냈것도 인생의 대운이 십년에 한번씩 주기적으로 변하고 있는데 십년 되는 생일마다 운맞이 의식을 거행함이 좋을듯 하다는 뜻이다.

이 의식을 한다하여 결혼식처럼 성대히 하여야 한다는 것이 아니라 보통 생일과 같이 간소화하며 새로이 맞이하는 감사도 드리며 지나간 십년을 회고하며 삼신님께

나는 후자의 것을 택한 것이다.

앞의 구체적인 경우를 예시하면 다음과 같다. 건위천(乾爲天)이라면 지지(地支)를 작용하여 寅卯는 재월령(財月令)으로서 재수가 있다. 辰戌丑未는 土로서 건금괘(乾金卦)에 父 즉 문서가 되어 나를 생하고 협조하여 주는 달이다. 巳午月은 火로서 건괘(乾卦)를 극하는 관이 되어 관인에는 길하나 평민에는 관재 또는 일에 곤고하다. 신유월은 건괘(乾卦)에 형제가 되어 탈재(奪財)로서 매사에 손재가 있다. 亥子月은 水니 자손월(子孫月)로서 매사 순조롭다. 소우번환(所憂變歡)이라는 식으로 평하게 되는 것이고, 후자법(後者法)을 구체적으로 예를 들면 정

庚申 운(運)午〜丁亥大運 庚戌年이라면. 庚戌년의

壬午 월은 年의 正月은 戊寅 二月은 巳卯가 되는데

壬子 이 사주는 시상의 己土로 용신하나 己土가 심

己酉 히 약한데 대운이 戊己운이니 더한층 명예와 인기가 있게 되고고 三, 四月은 庚辰 辛巳로서 역시 문서에 영화가 있다고 하는 것이며 五, 六月은 壬午 癸未로서 대운해(大運亥)(四五〜五〇세 丁運 五〇〜五五 亥運)비견과 합류하여 손실이 두렵다고 판단하게 되며 七, 八月에는

제 六十 문 = 신수월평(身數月評)은 무엇에다 기준을 두고 하는가?

답 = 이것을 평하는 방법에는 두가지가 있는데 하나는 六爻에 의하여 육친(六親)에 따라서 평하는 것이고 또 하나는 사주와 그 운세와 월건의 육친을 다시 평하는 것인데

십년간의 계획을 세우며 과거의 십년이 불행하였으면 그경험을 살려 앞으로 십년을 방환대비(防患對備)하며 행운의 개척을 연구하여 十年間 행복의 기반을 굳건히 다짐하여 부지런히 일하고 저축하여 더욱 행복의 기반을 굳건히 다짐하여 힘차게 일하여 본다는 정신을 가지고 부모님의 덕을 높이 감사하며 음덕을 보답하겠다는 것을 맹세하며 이 하루를 즐겁게 맞이하는 것이 보답하겠다는 나의 의사였다. 그런데 최근에 들어 역술계에 종사하는 사람들이 나의 근본정신과는 달리 당신은 이제 좋은 운이 오는데 운맞이를 안하면 운이 들어 오지 않는다고 하여 교묘한 방법으로 운맞이를 시켜 금품을 요구하는 일이 있는 모양인데 이 운이란왔다가 환영하지 않는다고 다시 나가는 법도 없고 잘 환영한다고 더 좋아지는 법도 없는 것이며 또한 운맞이를 하는데 있어서는 조상님 앞에 부모님 앞에서 경건한 마음으로 정신적으로는 하는 것이 더욱 좋다고 생각한다.

甲申 乙酉로서 甲乙木이 용신(用神) 己土를 극제하여 심사산란(心思散亂)하며 중상모략이 있을 것이며 九, 十月은 丙戌 丁亥로서 丙丁火가 生死하여 보용신(補用神)하니 명예는 더욱 좋으나 사주 일주와 대운의 군비(群比)가 쟁재(爭財)하여 손재수가 있다.

十一, 十二月은 戊子, 己, 丑으로서 戊己土가 용신에 합류하는 동시 일주 壬水에 관이 되어 인인앙시(人人仰視)이라고 하는 예이다.

나는 이와 같이 후자의 도평(到評)으로서 사주를 근본으로 하여 대운과 세운과 월건을 모두 종합하여 보는 것이다.

제六十一문 = 월중 흉변 판단은 사주 대운적으로 하는가? 아니면 六爻로서 하는가?

답 = 六十間의 답과 같다. 큰 줄거리는 사주를 위주로 하고 그밖의 내용은 六爻에 의한다. 이것을 한곳으로만 치우치는 것이 보통인데 옛날 전학봉 선생, 채청남 선생은 六爻를 도외시 하고 사주로만 치우쳐 평하였으며 또 六爻점하는 분들은 흔히 六爻에만 치우치고 사주를 도외시 하게 되는 것이다.

그러나 옛날 전백인 선생, 박재완 선생은 외곽은 사주로 내부는 육효(六爻)로 하였는데 나도 역시 후자의 평법을 택하고 있다.

제六十二문 = 흉변(凶變)의 일진까지 어떻게 판단하는가?

답 = 이것은 육효(六爻)의 그 주된 효를 보아 직접 판단한다. 예를 들어 간위산괘(寅木白虎官)에 육효백호(六爻白虎)라면 인목백호관(寅木白虎官)이 된다. 괘중에 층이 있으면 합하는 때에 사건이 일어난 즉 괘중 합즉충하는(卦中合卽沖) 이것은 寅月 寅日이거나 亥月 亥日에 무슨 사태가 일어나는 것인데 백호관은 관재구설이다. 고로 이상의 날을 지정 판단하게 되는 것이다. 이 경우 흔히 직접 寅月 寅日로서 금년의 괘라면 正月 二十二日이라고 지정하게 된다.

제六十三문 = 해외에 나가는 연도를 먼저 알아야 하는데 申年에 나간다고 하였으면 申을 중심으로 七月이라고 하며 그밖에 합충되는 寅月 또는 子辰月이라고 하면 틀림없이 적중된 예는 해외에 어느 달에 갈 수 있겠는가 또는 어느 날에 발령이 날 수 있겠는가를 문의할때는 무엇에 의하여 답하는가?

다. 또 나가는 해가 巳年이라면 巳를 중심하여 四月 그리고 합충되는 亥月이나 酉丑月이라고 하면 된다.

다음 발령에 있어서도 甲乙日生 사주라면 인수년월을 가려야 되는데 이 경우 인수는 水요 시수보는 해가 壬子年이라면 인수월은 正二月로서 正二月에 있게 된다고 하면 되는 것이다.

이런 경우 보편적으로 관월보다 인수월이 더욱 잘맞고 사주 · 구조 · 성격을 보아 관이 요구되는 사주는 관월로 판단하면 되는 것이다.

제六十四문 = 자손잉태 또는 산월(產月)을 물을때 어떻게 하는가?

답 = 이것 역시 육효(六爻)에 의한다. 가령 육효(六爻)에 청룡자손이 임하였고 괘에 육충(六冲)이 있으면 辰酉합이니 청룡자손이 입태(入胎) 또는 되는 것이다. 그리고 아들이냐 딸이냐를 물을때에도 자손효괘가 양인가 음인가를 보고 판단하면 된다.

제六十五문 = 귀하는 분초까지 맞히는 일이 있다는 말을 들었는데 이것은 어떤 원리에서 인가?

답 = 분. 초를 분석하는 것은 옛날은 一時間은 지금의 두

시간인데 이 두시간은 百二十分이 된다. 그런데 이 百二十分을 子丑寅卯는 모두 十二支로서 十二종이 된다. 百二十分을 十二支로 배당하여 보면 一종에 十分씩이 해당된다. 따라서 가령 午時라면 낮 十一시에서 낮 一시까지인데 子분이면 낮 十一시에서 十一시 十분까지 十분이면 十一시 十분~十一시 二十분, 寅분이면 十一시 二十분~十一시 三十분, 이하 같은 방법으로 내려가면 된다. 또한 초를 분석하는 법은 子분 丑분 하는 그 분이 十분씩에 해당되는데 十분은 六百초가 되는 것이므로 子초 丑초 이것은 一, 二종이 되므로 이에 일종은 50초에 해당되는 것이다.

따라서 가령 午時 寅분 丑초라 하면 午시는 낮 十一시 사이인데 寅분 즉 子, 丑, 寅으로 일종이 十분 씩인즉 三十분이 되어 낮 十一시 三十분에 해당되고 丑초는 子丑으로서 두번째에 해당되는데 종이 五十초에 해당하여 一분 四十초를 가산하여 「午時寅分丑초라면」午전 十一시 三十一분 四十초가 된다. 이것을 빨리 계산하는 법은 다음과 같다.

寅時酉分이라면 寅時는 午前 三~五요 酉는 子에서 十번째로서 한자리가 十분씩으로 百분 즉 一시간 四十분에 해당된다. 즉 오전 三시부터 한시간 四十분은 오전 四시 四十분이 된다는 것을 말하면 된다.

또 戌초라면 戌은 子에서 11번째이다. 이 한자리는 五十초씩에 해당되므로 11분은 五百五十초이다.

이것을 분으로 환산하면 1분 60초가 되므로 五百五十초를 六十으로 제하면 九분하고 十초가 남게 되므로 五百五十초는 九분 千초가 된다. 만약 卯초라면 子로부터 네번째인고로 한자리가 五十씩이 되어서 四×五=二十으로 二百초가 된다.

이것을 분으로 환산하면 二百÷六十=三분 二十초가 되는 것이다. 이렇게 계산하면 무슨 시 무슨 분 무슨 초라고 하여도 간단하게 척척 계산할 수 있다.

제 六十六 문 = 청소년 남녀의 가출을 어떻게 아는가?

답 = 문답한 바 있는 해외출입하는 연도에 준하여 그대로 보면 되는 것이다.

역마나 지살에 인수나 상관이 있으면 역마지살은 다니는 것인수나 상관은 문화예술론인즉 등산. 관광. 극장구경에 끌려 가출하고 역마지살에 재(財)가 있으면 재는 인수를 극하므로 공부하기 싫어해 나가고 또 역마나 지살이 고로 여자에 반하여 나가고 또 역마나 지살에 관이 있으면 취직한다. 또는 남자가 여명(女命)에 한하여 가출하고 또한 군신불화(君臣不和)에 지살이나 역마가 있으면 부모나 형제간에 걱정듣고 가출하기가 쉽다.

초속견표(秒速見表)	분속견표(分速見表)
子초 = 0초 ~ 0.50초	子分 = 0초 ~ 10분
丑초 = 50초 ~ 1.40초	丑分 = 10초 ~ 20분
寅초 = 1.40초 ~ 2.30초	寅分 = 20초 ~ 30분
卯초 = 2.30초 ~ 3.20초	卯分 = 30초 ~ 40분
辰초 = 3.20초 ~ 4.10초	辰分 = 40초 ~ 50분
巳초 = 4.10초 ~ 5.0초	巳分 = 50초 ~ 60분
午초 = 5.0초 ~ 5.50초	午分 = 60초 ~ 70분
未초 = 5.50초 ~ 6.40초	未分 = 70초 ~ 80분
申초 = 6.40초 ~ 7.30초	申分 = 80초 ~ 90분
酉초 = 7.30초 ~ 8.20초	酉分 = 90초 ~ 100분
戌초 = 8.20초 ~ 9.10초	戌分 = 100초 ~ 110분
亥초 = 9.10초 ~ 10.0초	亥分 = 110초 ~ 120분

이 문답에 대하여 한이 없겠지만 이상의 六十六 문답만 속독하면 대개의 요령은 알게 될 것이라고 믿고 붓을 놓기 앞서서 꼭 한마디 부탁할 것이 있는데 이 법을 악용하여서는 아니된다.

칼은 같은 칼이로되 요리사나 식모가 쓰면 식도요, 과일을 깎으면 과도요, 연필을 깎으면 연필칼이요, 이발사가 쓰면 면도요, 괴한이 쓰면 살인흉기가 되는 것이고, 장군이 쓰면 보검이 되는 것이니 이 칼을 쓰는데는 활인지업(活人之業)의 칼로 써야 한다는 것을 명심하여야 한다.

웃고 삽시다

어느 날 노부인이 딸을 데리고 병원에 갔다. 진찰실에 들어서자 의사가 딸을 보고 말했다.
「진찰을 할 수 있게 옷을 벗으세요.」
「진찰을 받을 사람은 전데요.」
노부인의 말에 의사가 말했다.
「그럼 입을 벌리세요.」

502

저　자 : 恩實(은실) 李英禮(이영례)
　　　　　利來漢文書堂(이래한문서당) 訓長(훈장)

출　생 : 충남 청양
저　서 : 明心寶鑑精說(명심보감정설)
　　　　四字小學精說(사자소학정설)
　　　　格局用神 身數大全(격국용신 신수대전)
　　　　이것이 易學通辯術(역학통변술)이다
　　　　佛說地藏經(불설지장경)
주　소 : 경기도 광명시 철산2동 105-1 상가 202호
전　화 : (02) 2686-9940
　　　　017-202-5004
현 강의 : 불교방송국 문화센타 출강
　　　　　현대, 애경. LG백화점 문화센타 출강

| 판 권 |
| 본 사 |

격국용신 신수대전   값 30,000원

1995년 7월 1일   발행
2005년 5월 1일   재판

지은이   이영례
펴낸이   안영동

펴낸곳   동양서적
　　　　주소   경기도 파주시 광탄면 용미리 251-2
　　　　TEL (031) 957-4766
　　　　FAX (031) 957-4768

등록번호   제 6-11호
등록일자   1976년 9월 6일

ISBN 89-7262-027-0 13180